Barbara Honner
Guatemala Handbuch

"Guatemala ist ein surrealistisches Land.
Alle, Menschen, Landschaften und Dinge,
alles schwebt in einem surrealistischen Klima
von Wahnsinn und übereinanderliegenden Bildern."
Miguel Angel Asturias 1954
(Guatemaltekischer Literaturnobelpreisträger)

Die
Peter Rump Verlags- und Vertriebsges. mbH
ist Mitglied der
Verlagsgruppe

REISE KNOW-HOW

Barbara Honner
Guatemala Handbuch

Impressum

Barbara Honner
Guatemala Handbuch

erschienen in der

Reise Know-How Verlagsges.mbH Peter Rump
Hauptstr. 198
D-4800 Bielefeld 14
neue PLZ: 33647 Bielefeld

© *Peter Rump*
2. komplett aktualisierte Auflage 1993

ALLE RECHTE VORBEHALTEN

Gestaltung:
Umschlag: M. Schömann, P. Rump
Inhalt: Peter Rump
Karten, Pläne: Catherine Raisin; Umschlagkarte vorn: Bernhard Spachmüller
Fotos: Barbara Honner, Fridolin Birk, Margit Birk, David Unger, Hans Dettner
Satz: digitron, Bielefeld
Druck, Bindung: Fuldaer Verlagsanstalt GmbH, Fulda

ISBN: 3-89416-214-7

PRINTED IN GERMANY

Dieses Buch ist erhältlich in jeder Buchhandlung der BRD, Österreichs, der
Niederlande und der Schweiz. Bitte informieren Sie Ihren Buchhändler über
folgende Bezugsadressen:

BRD: Prolit GmbH, Postfach 9, D-6309 Fernwald (Annerod), neue PLZ: 35461
Schweiz: AVA-buch 2000, Postfach 89, CH-8910 Affoltern
Österreich: Robo Verlag GmbH, Postfach 601, A-1060 Wien
Niederlande: Nilsson & Lamm bv, NL-1380 AD Weesp

Wer im Laden trotzdem kein Glück hat, bekommt unsere Bücher gegen
Voreinsendung des Kaufpreises plus DM 5,- für Porto und Verpackung (Scheck
im Brief) direkt bei:
Rump-Direktversand
Heidekampstr. 18, D-4450 Lingen (Ems), neue PLZ: 49809

● Alle Angaben leider ohne Gewähr. Wir freuen uns über Kritik, Kommentare und
Verbesserungsvorschläge.
● Der Verlag sucht *Autoren* für qualitativ gleichartige Reiseführer.

Vorwort

Guatemala — Besuch im Land der *Chapínes* und *Indígenas*. So nennen sich die Ladinos und die Indianer Guatemalas. Die einen stammen aus der Verschmelzung von Einheimischen und Spaniern, die anderen werden – etwas undifferenziert – als Maya-Nachkommen bezeichnet. Beide Ethnien sind in Guatemala etwa gleichstark vertreten, doch kann von Gleichheit und Gleichbehandlung aller Guatemalteken nicht die Rede sein.

Der Besucher wird also im *"Land des ewigen Frühlings"* auf Gegensätze, Unterschiede und Ungereimtheiten treffen. Die Allgegenwart weitauseinanderliegender kultureller Epochen – Maya-Zeit, Kolonialismus und Moderne – prägt das Leben in Guatemala in einzigartiger Weise. Aber auch die abwechslungsreiche Landesnatur mit ihren Küsten, Hochplateaus, Vulkanen, Regenwäldern und Seen fasziniert Jahr für Jahr mehr und mehr Europäer. Einen der nachhaltigsten Eindrücke wird der Reisende jedoch von der Fremdartigkeit indianischer Kultur- und Lebensformen mit nach Hause nehmen.

Die Zukunft der guatemaltekischen Indianer wird ein entscheidender Indikator sein für den politischen, wirtschaftlichen und sozialen Kurs aller in Guatemala herrschenden Kräfte.

Zum Verständnis der gegenwärtigen Situation des Landes gibt dieser Reiseführer wertvolle Hintergrundinformationen mit auf den Weg. Den-noch wird dem Besucher in Guatemala vieles rätselhaft und geheimnisvoll bleiben – gemäß der Einschätzung Miguel Angel Asturias' (s. S. 4).

Vorwort zur 2. Auflage

Es ist einige Zeit vergangen seit der 1. Auflage des Guatemala-Handbuches. Vieles hat sich verändert, insbesondere Informationen und Daten, die der Besucher für die Organisation seiner Reise innerhalb des Landes benötigt. An vielem aber scheint die Zeit in Guatemala spurlos vorübergegangen zu sein.

So hätte ich gehofft, nach zwei Jahren mehr mit der Überarbeitung und Aktualisierung der politischen, wirtschaftlichen und sozialen Gegebenheiten zu tun zu haben. Während aber in diesem Bereich die dringend notwendigen Veränderungen auf sich warten lassen, zeigt sich der touristische Sektor beweglicher. Guatemala – ein Land zwischen Wandel und Erstarrung.

An dieser Stelle gilt mein herzlicher Dank all jenen, die mir durch ihre Mithilfe bei der Aktualisierung geholfen haben. Die vielen lieben Briefe haben mir gezeigt, daß ich die Leser wohl nicht enttäuscht habe.

Inhalt

Reisevorbereitung von A-Z

Praktische Tips von A-Z

Landeskunde

Reisen in Guatemala

Regionen und Orte

Exkurse zwischendurch

CACIF, 60
Indianer - Indígenas - Indios, 72
Der Mais, 80
Marimba, 86
Miguel Angel Asturias, 96
Die Presse, 101
Die Maras, 194
Iximché, 217
Die koloniale Stadt, 228
Ein Maya-Gott in Nadelstreifen, 283
Nahualismus, 305
Triángulo Ixil, 325
Der Jaguar von Ixcán, 328
Rigoberta Menchú, 332
Flüchtlinge, 333
Biotopo del Quetzal, 337
Der Quetzal, 339
Die Deutschen in Guatemala, 346
Die Herrschaft der Bananen, 363
Belize, 383
Die Götter der Maya, 393

Gebrauchsanweisung

Das **Guatemala-Handbuch** besteht im wesentlichen aus drei großen Teilen: einem praktischen Tip- und Informationsteil für die Zeit vor und während der Reise, einem ausführlichen landeskundlichen Teil für entsprechendes Background-Wissen über Guatemala und einem detaillierten Reiseteil mit allen notwendigen Infos, die bewußtes, unkompliziertes und erlebnisreiches Reisen im Land ermöglichen. Stadtpläne erleichtern das Zurechtfinden in den Zentren, Ausschnittskarten verschaffen einen Überblick über die Region oder die Gegend und thematische Karten verdeutlichen landeskundliche Merkmale. Hin und wieder wird der Leser auf kleingedruckte Exkurse stoßen, die ein bestimmtes Thema vertiefen, z.B. die Wesenszüge einer kolonialen Stadt, die Geschichte der *United Fruit Company* in Guatemala, die Einwanderung der deutschen Kaffeepflanzer im 19. Jahrhundert und anderes Historisches oder Aktuelles, das ich der eingehenderen Besprechung wert fand.

Der Reiseteil ist so angelegt, daß unterschiedliche Natur- bzw. Kulturräume beschrieben sind, die ausgehend von Städten oder größeren Orten leicht zu "erforschen" sind. Die einzelnen Regionen folgen so aufeinander, daß sie bei einer ausreichenden Dauer des Aufenthaltes im Land eine große Rundreise ergeben könnten. Genauso gut kann aber jeder sein eigenes Programm nach Lust und Laune zusammenstellen und findet dafür die entsprechenden Empfehlungen und Tips. Auch wer sich abseits der großen Verbindungen für das Hinterland Guatemalas interessiert, erfährt darüber alles Wissenswerte, Nützliche und Notwendige. Für alle, die weniger Zeit haben und trotzdem möglichst viel erleben wollen, habe ich einige **Tourenvorschläge** unterschiedlicher Dauer und "Schwierigkeitsgrade" ausgearbeitet und selbst ausprobiert. Über die kurze Skizzierung hinaus sind alle Punkte innerhalb des großen Reiseteils detailliert beschrieben.

Die Informationen über Verbindungen, Hotels und Restaurants sind um so ausführlicher gehalten, je größer der Ort und je lohnenswerter der Aufenthalt dort ist. Bei ausgesprochenen Touristenzentren habe ich außerdem ein **Verzeichnis von A bis Z** angehängt, das eine schnelle Information über Adresse, Öffnungszeit oder Sonstiges ermöglicht.

Ein Reiseführer über Guatemala kann niemals das leisten, was man sich vielleicht gerne von einem solchen Buch erwartet: genaue Preisangaben, exakte An- und Abfahrtszeiten der Busse, ein vollständiges Hotelverzeichnis. Ich habe bewußt auf die **Angabe von Preisen** verzichtet, da die Inflation in Guatemala mal schnell voranschreitet, mal aber wieder stagniert. Die Hotels und *Hospedajes* beispielsweise sind dafür in drei Kategorien eingeteilt, die ungefähr einem Teuer - Mittel - Billig-Schema entsprechen. Natürlich ist "teuer" in der Hauptstadt etwas anders als in Quetzaltenango. Die Relationen zwischen Stadt und Land wird jeder nach kurzer Zeit in Guatemala selbst herausfinden. Die Übernachtungkosten in Guatemala sind in der Regel so günstig, daß es nicht zwingend ist, von jedem Hotel den genauen Übernachtungspreis zu wissen. (Näheres siehe unter Reisekosten)

Was das **Busfahren** betrifft, herrscht in Guatemala so etwas wie organisiertes Chaos. Wer Busfahren will, braucht Zeit und Geduld. Wann wo welcher Bus wohin fährt, vermag oft niemand mit Sicherheit sagen zu können, obwohl die Guatemalteken um keine detaillierte Auskunft verlegen sind. In Guatemala ist nämlich keine Auskunft unhöflicher als eine falsche, daran muß man sich gewöhnen. Aber der Bus kommt bestimmt und wenn nicht der erwartete, dann eben ein anderer, der in dieselbe Richtung fährt.

Zu guter Letzt sei darauf hingewiesen, daß ein Reiseführer niemals eine Informationsgarantie gewähren kann. Viel zu schnell ändert sich viel zu viel in einem Land wie Guatemala. Ein Reiseführer ersetzt nicht selbständiges Reisen. Ebensowenig soll er eigene Entdeckungen und Erfahrungen vorwegnehmen.

In diesem Sinne

bienvenidos à Guatemala y buen viaje.

Reise-vorbereitung

von A-Z

Basisdaten Guatmala

Größe:
108.900 Quadratkilometer (etwa so groß wie Bayern und Baden-Württemberg)

Staatsform:
Republik

Präsident:
Jorge Serrano Elías

Hauptstadt:
Nueva Guatemala de Asunción, kurz: Guatemala Ciudad mit ca. 2 Millionen Einwohnern.

Einwohner:
Mit fast 9,5 Millonen Menschen das bevölkerungsreichste Land Mittelamerikas. Bis zum Jahr 2000 schätzt man 12,5 Mio.

Bevölkerung:
50-60% der Guatemalteken sind *Indígenas* und gehören unterschiedlichen indianischen Ethnien an. Die zweitgrößte Gruppe sind *Ladinos (Mestizen),* außerdem gibt es Schwarze und Weiße.

Bevölkerungswachstum:
2,5-3%. Im Durchschnitt hat eine guatemaltekische Familie 6 Kinder. Doch natürlich sind es bei den Indígenas auf dem Land mehr, bei den Ladinos in der Stadt weniger.

Sprache:
Offizielle Landessprache Spanisch und über 20 verschiedene Indianersprachen.

Wirtschaft:
Landwirtschaft repräsentiert 65% des Exports

Exportprodukte:
Kaffee, Zucker, Bananen, Kardamom, Baumwolle, Fleisch, Erdöl, Mineralen, nicht-traditionelle Produkte wie Blumen, Gemüse und Konfektionstextilien.

Auslandsverschuldung:
Ca. 2,7 Milliarden US-Dollar

Inflation:
Rate schwankt zwischen 15 und 20% jährlich

Gesundheit:
Zwei Drittel der Bevölkerung sind fehl- und unterernährt. Ein Drittel aller Kinder stirbt vor Erreichen des 15. Lebensjahres.

Bildung:
Etwa 55-65% der Bevölkerung sind Analphabeten. Auf dem Land erhöht sich der Prozentsatz.

Anreise

Guatemala wird von folgenden *Fluglinien* angeflogen: Continental Airlines, American Airlines (USA), KLM (Holland), Iberia (Spanien), Copa (Panama), Mexicana (Mexiko), Lacsa (Costa Rica), Taca (El Salvador), Sahsa (Honduras), Sam (Kolumbien). Lufthansa plant für die 90er Jahre ebenfalls eine Flugverbindung nach Guatemala.

Flüge ab Europa: Direkt nach Guatemala fliegen KLM und Iberia. KLM fliegt ab Stuttgart und Frankfurt über Amsterdam, Mexico-City und San José (Costa Rica) nach Guatemala Ciudad. Ankunft derzeit spätnachmittags in Guatemala. Iberia fliegt von Frankfurt, München und Zürich über Madrid und Miami. American-, United- und Continental Airlines fliegen von Frankfurt aus über Dallas bzw. Houston nach Guatemala. Ankunftszeit in Guatemala derzeit am späten Abend. Die Preise sind abhängig vom Flugmonat und der Laufzeit des Tickets. Am billigsten sind die amerikanischen Tickets mit ca. 1900 DM, gefolgt von KLM und Iberia mit ca. 2200 DM. Direkte Charterflüge nach Guatemala sind seltener. Es gibt immer mal wieder Sondertarife und Ermäßigungen. Erkundigen! Die Obergrenze des mitgeführten Gepäcks liegt bei den europäischen Fluglinien bei 20 kg.

Daneben gibt es eine lange Reihe von *Flug-Varianten,* bei denen man die Fluggesellschaft wechseln muß. Oft ist mehrmaliges Umsteigen zwar billiger als ein Direktflug, es kostet aber dafür mehr Zeit und oft auch Nerven. Anschlußflieger warten in der Regel nicht, das Gepäck muß selbst umgecheckt werden und je nach Land muß man trotz Weiterflug Zollformalitäten und Durchsuchungen über sich ergehen lassen. Bei Gepäckverlust fühlt sich erfahrungsgemäß zunächst keine Linie zuständig. Besonders schwierig wird es, wenn Gepäckstücke bei Zwischenflügen verloren gehen, deren Fluggesellschaft keine Vertretung in Guatemala hat.

Anreise ab Mexiko: Die guatemaltekische Fluggesellschaft Aviateca fliegt ab Mexiko-City und Cancún. Daneben fliegt die mexikanische Fluglinie Mexicana Guatemala an. Billiger sind in jedem Fall Busfahrten. Gute Verbindungen gibt es von Mexico-City, Tuxla Guitiérrez und San Cristobal de Las Casas aus. Busse fahren nur bis zur Grenze. Abenteuerlicher sind die Einreisen über den *Petén*, z. B. von Palenque oder Tenosique von Mexiko aus oder über den Rio Naranjo per Boot). Das wichtigste dabei ist, daß man nie ohne Ausreise- bzw. Einreisestempel das Land wechselt!

Ausrüstung

Guatemala hat die unterschiedlichsten Klimata von tropisch heißen Küstenregionen bis hin zu kalten Hochlandplateaus, wo besonders während der Trockenzeit in der Nacht die Temperaturen unter den Gefrierpunkt absinken können. Die Auswahl der *Kleidung* sollte entsprechend sein. In Guatemala ist jede Art von Kleidung erhältlich, falls es nötig sein sollte. Auf olivgrünes Camouflage ist unbedingt zu verzichten.

Am bequemsten reist es sich natürlich mit einem **Rucksack** ohne Tragegestell. Gepäckstücke werden auf Busfahrten nicht geschont. Etwas Flickzeug im Gepäck ist daher empfehlenswert. Da Guatemala eine herrliche Auswahl an kleinen Tages-Rucksäcken und Taschen aus den typischen Indianer-Stoffen hat, sollte man nicht zuviel kleinere Handgepäckstücke mitnehmen. Für den Rucksack ist ein Schloß erforderlich.

Wen **Moskitos** um den Schlaf bringen, wird ohne Netz nicht an die Küste oder in den *Petén* fahren können. Diese sind jedoch rar in Guatemala. Weniger effektiv, aber trotzdem nützlich sind insektenabweisende Mittel.

Von allen wichtigen **Papieren** (Reisepaß, Ticket) müssen Fotokopien angefertigt werden. Nicht vergessen, die Reiseschecknummern zu notieren. Ein paar Paßfotos in Reserve könnten nützlich sein. Was den Führerschein betrifft, empfehle ich, den nationalen in jedem Fall zusätzlich zum internationalen mitzunehmen. Als wir unseren internationalen Führerschein einmal zeigen mußten, zweifelten die Beamten an der Echtheit des Dokumentes: Er hatte ihrer Ansicht nach zu wenig Stempel und Unterschriften. Brustbeutel und Bauchgurte sind noch immer die beste Möglichkeit, Papiere zu verstauen. Zur Ausrüstung gehören auch Taschenlampe, Taschenmesser und Sonnenbrille.

Sehr empfehlenswert ist die Anfertigung eines **Inlets** aus Leintüchern. Zum einen verschmutzt der Schlafsack nicht so schnell und zum anderen ersetzt er in heißen Gegenden den warmen Schlafsack. Außerdem vermeidet man damit den direkten Kontakt mit weniger sauberen Betttüchern in billigen *Hospedajes*.

Tip fürs Packen: Alles in Plastiktüten verstauen. Beim Herumsuchen gerät somit weniger durcheinander, außerdem ist es praktischer und erspart langes Suchen nach Einzelteilen.

Einreise

Für Guatemala ist kein **Visum** erforderlich. Der Paß muß noch mindestens ein halbes Jahr gültig sein. Wer über Land einreist, muß an der Grenze gewöhnlich diverse "Gebühren" entrichten. Die Höhe des Betrages variiert mit der Laune des Beamten.

Bei der Einreise werden **Aufenthaltsgenehmigungen** von 30, 60 oder 90 Tagen erteilt. Ich bin nie dahinter gekommen, nach welchen Kriterien die Beamten dem einen mehr, dem anderen weniger Tage zugestehen. Ich empfehle, bei der Ankunft in Guatemala oder an der Grenze auf jeden Fall 90 Tage zu verlangen.

Elektrizität

In alle Ländern Mittelamerikas sind Flachstecker üblich: 110 V Wechselspannung. Mitgebrachte Geräte müssen also umschaltbar sein, außerdem ist ein Adapter notwendig.

Fotografieren

In allen größeren Städten Guatemalas gibt es *Kodak*-Vertretungen, die Negativ-Filme und Dia-Filme (ca. 15 DM) verkaufen und entwickeln. Nur hochempfindliche **Filme** sind teurer als bei uns, sofern überhaupt erhältlich. Über die Menge der mitgebrachten Filme gibt es in der Regel keine Diskussionen beim Zoll.

Beim Fotografieren von militärischen Einrichtungen, Hafenanlagen, Flugplätzen etc. sollte man etwas vorsichtiger zu Werke gehen oder vorher um Erlaubnis fragen. Nicht weniger zurückhaltend natürlich bei Aufnahmen von religiösen Handlungen oder sonstigen "typischen" Szenen aus der Welt der *Indígenas*. Aber das versteht sich von selbst. Ein **Teleobjektiv** ist hierbei nützlich und weniger aggressiv. Viele Kinder,

besonders in den Dörfern rund um den Atitlán See, wissen um ihre Attraktivität (*"takapitsch, takapitsch!"* = "take a picture!") und verlangen "Gage" für die Schnappschüsse der Gringos. Ob man die zahlen will oder nicht, muß jeder selbst entscheiden. Ich habe das Fotografieren lieber sein gelassen, als den Kindern dafür Geld zu geben.

●Wer an Reisefotografie interessiert ist, kann sich in dem Buch *"Die Welt im Sucher - Handbuch für perfekte Reisefotos"* von Helmut Hermann, Reihe Reise Know-How, informieren.

Geld

Guatemalas **Währung** ist der *Quetzal* (Q), unterteilt in 100 *Centavos*. Lange Jahre war der *Quetzal* soviel wert wie der Dollar. Aus wirtschaftspolitischen Erwägungen heraus wurde der Kurs vor einigen Jahren freigegeben und schwankt nun um Q 5 pro Dollar. Meist bekommt man auf dem Schwarzmarkt ein paar Centavos mehr als auf der Bank.

Wie überall in Mittel- und Südamerika zählen *"dolares"*. Es ist also wenig hilfreich, DM, Franken oder Schilling mitzunehmen. **Traveller-Schecks** werden auf allen großen Banken eingelöst, z.T. auch auf dem Schwarzmarkt. Ausbezahlt wird grundsätzlich nur in *Quetzal*.

International bekannte **Kreditkarten** (*Euro-Card, VISA, Master-Card, American Express*) werden nur in teuren Hotels, Restaurants, von Mietwagenunternehmen und exklusiven

Läden akzeptiert. Gegen die Mitnahme einer Kreditkarte spricht nichts, aber man kann sich auf keinen Fall darauf verlassen, daß sie im Notfall die notwendige Hilfe ermöglicht. Die Guatemalteken kassieren am liebsten in *"efectivo"*, d.h. Bargeld.

Es empfiehlt sich außerdem, **Bardollars** in kleinen Noten mitzunehmen, aber nur soviel, wie es das eigene Sicherheitsgefühl zuläßt.

Guatemalas **Quetzalscheine** (à 50 *Centavos*, 1, 5, 10, 20, 50 und 100 *Quetzales*) sind in der Regel stark abgegriffen. Keine angerissenen oder beschädigten Scheine annehmen! Sie werden vor allem von *Indígenas* nicht akzeptiert, da die Banken sich häufig weigern, ihnen das Geld einzutauschen. Man sollte darauf achten, so wenig große Scheine wie möglich bei sich zu haben, da bereits ab Q 20 das ewige Wechselproblem beginnt.

Ein **Konto** zu eröffnen, ist teuer, da die Banken eine Art Kaution verlangen. Außerdem verlangen sie drei oder vier Bürgen. Überziehungskredite gibt es nicht.

Überweisungen von zuhause werden ebenso wie Dollar-Schecks nur in *Quetzales* ausbezahlt. Das einfache Überweisungssystem innerhalb des Landes kennen die Guatemalteken nicht. Es wird entweder in bar bezahlt oder mit Scheck.

Gesundheit

Dringend anzuraten ist eine Auffrischung der **Tetanus-Impfungen.** Langzeitreisende sollten wissen, daß nach 6 Monaten die dritte und letzte Tetanusspritze ansteht. Allen, die sich auf den Weg ins Hinterland machen, empfehle ich eine Typhus-, Polio-(Kinderlähmung) und Hepatitis A (Gelbsucht)-Schutzimpfung.

Wer sich besonders viel an der Küste und im *Petén* aufhält, während der Regenzeit von Mai bis Oktober reist oder einfach auf Nummer sicher gehen will, kann eine **Malaria-Prophylaxe** (*Resochin, Weimerquin forte* u.a.) machen. Beginn eine Wo-

che vor Antritt der Reise, Ende sechs Wochen nach Rückkehr. In Guatemala sind Malaria-Mittel unter dem Namen *Aralen* bekannt.

Impfungen gegen Gelbfieber oder Cholera sind für Guatemala keine Pflicht. Über Einzelheiten, Kosten, Wirkung usw. geben die **Tropeninstitute** in Berlin, Bonn, Hamburg, Heidelberg, Koblenz, München, Tübingen, Würzburg, Wien und Basel Auskunft. Inzwischen gibt es auch die Möglichkeit der homöopathischen Impfung.

Zur **Reiseapotheke** gehören neben Pflaster und Verbandszeug, Schmerztabletten, Kohle- und Durchfalltabletten (z.B. Metifex), *Aspirin* (auch überall in Guatemala erhältlich), etwas gegen Erkältung, Verstauchungen, Sonnenbrand und Insektenstiche. Für Notfälle auch Antibiotika mitnehmen. Zu empfehlen sind außerdem Tabletten zur Wasserdesinfektion *(Micropur)* und gegen Moskitos-Netz und Räucherspiralen. Mehr zur Gesundheit unterwegs in Praktische Tips.

Informationsstellen in der Bundesrepublik

Informationsstelle Lateinamerika
Heerstr. 205
5300 Bonn (neue PLZ: 53111)
Tel. 0228/65 86 13 und 69 52 66

Botschaft von Guatemala
Zietenstr. 16
5300 Bonn (neue PLZ: 53173)
Tel. 0228/35 15 79

Peace Brigades International
Engerserstr. 74 A
5450 Neuwied (neue PLZ: 56564)
Tel. 02631/24 52 9

In der Schweiz

INGUAT
Guatemala Tourist Commission
Bienenstr. 63
4104 Oberwil/BL
Tel. 0041/61/40 15 03 2

Guatemala-Komitee Zürich
Postfach 35
8029 Zürich
Tel. 0041/1/46 23 77 0

In Österreich

Österreichisches Lateinamerikainstitut
Schmerlingplatz 8
1010 Wien
Tel. 0043/222/52 33 31 5

Informationsgruppe Lateinamerika
Münzwardeingasse 2
1060 Wien
Tel. 0043/1/56 34 68

Botschaft von Guatemala
Andreas Gasse 4-5
1070 Wien
Tel. 0043/1/71 43 57 0

Karten

Die übliche **Touristenkarte** "Mapa Turistico" (1:1 Mio.) von *INGUAT* gibt es auch dort: siehe Informationsstellen. Mit ihr reisen die meisten Touristen. Es gibt praktisch keine andere in diesem handlichen Kleinformat. Eventuell ist in einigen Buchhandlungen das Blatt 240 von International Travel Map, Vancouver, im Maßstab 1:500.000 zu beziehen.

Die *Mapa Turistico* gibt es billiger in Guatemala zu kaufen. Noch immer wird die Ausgabe von gutem Kartenmaterial in Guatemala sehr streng gehandhabt. Die geographische Abteilung war und ist ein Teil des Militärapparats. Wer **Detailkarten** möchte, muß in der Regel Forschungszwecke nachweisen können.

Kontakte

Deutsche sind sehr beliebt in Guatemala und werden daher gerne in ein Gespräch verwickelt. Obwohl sich die wenigsten Guatemalteken eine Vorstellung von der Entfernung und der Größe Alemanias machen können (Indígenas fragen gerne, ob man mit dem Bus gekommen sei), sind sie neugierig auf das Land und die Familie, aus der man kommt. *Fotos* und **Postkarten** sind daher ein gutes **Kommunikationsmittel.** Auf Fragen, was der Flug gekostet hat (eine häufige Frage) antwortet man am besten etwas ausweichend und ohne Angabe des Preises. Bei einem guatemaltekischen Durch-schnittsverdienst von 200-300 DM im Monat versteht sich das fast von selbst ... Und daß wir "reich" sind, sehen sie ohnehin.

Post

Briefe und **Karten** von Guatemala nach Europa dauern in der Regel **2-3 Wochen.** Schneller geht es, die Post anderen Reisenden mit auf den Heimflug zu geben. Für diesen Fall sollte man ausreichend Briefmarken von zu Hause mitnehmen, um den Kurieren Kosten und Aufwand zu ersparen.

Die **Paketpost** dauert einige Wochen, ist teuer und muß eine aufwendige Zollkontrolle passieren. Genaueres über Tarife in "Praktische Tips".

Post in Guatemala zu empfangen ist möglich. **Postlagernde** Sendungen kann man an die Deutsche Botschaft, an ein Hotel oder an das American Express Büro schicken lassen, wenn man im Besitz einer Kreditkarte ist. Viele Traveller lassen sich die Post auf das Postamt der Touristenorte Antigua oder Panajachel schicken. Die Sendung muß dann den Vermerk *Lista de Correos* tragen. In der Regel wird die Post einen Monat aufbewahrt. Sicherheitshalber sollte man sich an Ort und Stelle danach erkundigen.

Reisekosten

Noch ist Guatemala ein Billigreiseland. In Touristenzentren kostet ein **einfaches Zimmer** etwa 15-20

Quetzales. Auf dem Land ist es entsprechend billiger. Für ein **Mittelklasse-Hotel** bezahlt man in der Hauptstadt 30-50 *Quetzales* pro Person. Bei einem mittleren Umrechnungskurs von 5 *Quetzales* pro Dollar läßt sich leicht ersehen, daß eine einfache Übernachtung in Guatemala nicht mehr als 10 DM kostet. Je teurer der Dollar für die Guatemalteken, desto billiger die Reise für die Deutschen.

Busfahrten mit den großen Pullman-Bussen (*Galgos, Rutas Orientales, Litegua* etc.) sind etwa doppelt so teuer wie mit den normalen *Camionetas.* So kostet eine Fahrt mit Galgos von der Hauptstadt nach Quetzaltenango (200 km) ca. 15 *Quetzales.* Wer sich aber weg vom Touristenstrom ins Hinterland begibt, wird ohnehin auf die billigen *Camionetas* umsteigen müssen.

Das **Essen** in guten Restaurants außerhalb der Hauptstadt ist selten teurer als 30 *Quetzales.* Ein einfaches Mittag- oder Abendessen ist aber schon für 10-15 *Quetzales* zu haben.

Camioneta

Reisezeit

Guatemala kennt eine Trocken- und eine Regenzeit, die sich am deutlichsten im Zentralen und Westlichen Hochland auswirkt. Die **Regenzeit** beginnt etwa im **Mai** mit ein paar heftigen Regengüssen pro Woche und erreicht mit regelmäßigen Platzregen am Nachmittag oder Dauerregen ihren **Höhepunkt** im **August** und **September.** Von Mitte Juli bis Mitte August gibt es allerdings eine **Zwischentrockenzeit** (Caniculas). Wer diese in der Reiseplanung erwischt, erlebt das Land rundum grün und trotzdem trocken.

Ab Ende Oktober setzt die Trockenzeit ein. Blauer Himmel, Sonne und kühlere Nächte kennzeichnen diese Zeit bis zum nächsten Mai. Zwischen Regen- und Trockenzeit gibt es im immerfeuchten Regenwald des Petén und an der Küste kaum Unterschiede. Die Guatemalteken nennen die Regenzeit Winter, die Trockenzeit Sommer. **"Ewiger Frühling"** herrscht in den Höhen um 1500 m wie in der Hauptstadt und in Antigua, wo die Temperaturunterschiede zwischen Tag und Nacht nicht so extrem in Erscheinung treten. Obwohl während der Regenzeit das Hochland grüner ist, sollte die Trockenzeit als Reisezeit vorgezogen werden.

Sprachschulen

Noch immer ist Antigua die Stadt der Sprachschulen schlechthin. Doch leider hört man auch immer öfter Klagen über unprofessionellen Unterricht, unerfahrene Lehrer und fehlende Konzeption. Außerdem ist Antigua ein Travellerzentrum, in dem ohehin mehr Englisch als Spanisch gesprochen wird. Dagegen entwickelt sich Quetzaltenango seit einigen Jahren zu einer echten Alternative. Meine Empfehlung lautet daher: in Antigua mit dem Sprachunterricht beginnen, um nicht zuletzt den "Kulturschock" etwas zu mildern, dann aber zum "Büffeln" ins Hochland.

Sprachschulen in Guatemala gibt es z. Zt. in der Hauptstadt Antigua, Panajachel, Quetzaltenango, Todos Santos Cuchumatán, Cobán und San Andrés (bei Flores).

Versicherungen

Der Abschluß einer Reiserücktritts-, Reisehaftpflicht- und Gepäckversicherung ist vom Sicherheitsbedürfnis jedes einzelnen Reisenden abhängig. Je nach Ausrüstung (Kamera, Filmgeräte usw.) ist eine spezielle Fotoversicherung sinnvoll.

Auf eine **Auslandskrankenversicherung** sollte man auf keinen Fall verzichten. Gesetzlich Krankenversicherte müssen eigens eine Reise-Krankenversicherung abschließen. Die Tarife sind sehr unterschiedlich, ein Vergleich lohnt sich. Die Leistungen dagegen unterscheiden sich minimal. Privatversicherte müssen prüfen, ob die Kasse eine Krankenversicherung für Guatemala übernimmt.

Landeskunde

Naturraum

Die Landschaften Guatemalas

Die sehr unterschiedlichen Naturräume Guatemalas sind in den entsprechenden Reisekapiteln eingehend beschrieben, so daß ich mich hier nur auf einen Überblick beschränke.

Die **Costa Sur** (Südküste) von Guatemala ist ein 40-50 km breiter und 240 km langer Küstenstreifen entlang des pazifischen Ozeans, der sich parallel zur Kordillere von Nordwesten nach Südosten wenig abwechslungsreich hinzieht. Landvorsprünge sind durch Strandversetzungen (Nehrungen) miteinander verbunden. Die Topographie der Costa Sur ist eben, der Untergrund aus mächtigen Schwemmablagerungen aufgebaut, und die Böden sind aufgrund vulkanischer Sande und Aschen, die von hunderten kleiner Flüsse hierher transportiert wurden, fruchtbar und für eine landwirtschaftliche Nutzung besonders geeignet. Zusammen mit hohen Temperaturen und ausreichenden Niederschlägen gehört die Costa Sur zu den reichsten Regionen für eine ausgedehnte Exportproduktion.

Typisch, doch für den Tourismus weniger attraktiv, ist der schwarze Sand am Pazifikstrand. Das Land wird von Großgrundbesitzern mit ihren Arbeitern und Kleinbauern bewirtschaftet.

Ein schmaler grüner Streifen schiebt sich zwischen das Küstentiefland und die höher gelegenen Gebiete Guatemalas. Die feuchte und üppige **Boca Costa** mit ihren sandigen Böden ist der Kaffeegürtel des Landes, der auf nur kurzer Distanz einen Höhenunterschied von rund 1000 m aufweist. Die Besitzstrukturen gleichen im wesentlichen der Costa Sur. Die Großgrundbesitzer sind Eigentümer des Landes, während die ländliche Bevölkerung entweder auf den Fincas lebt oder dort arbeiten geht. Eine lange Vulkankette, die nach Osten hin immer niedriger wird, schließt die Boca Costa ab. Mit dem **Tajumulco** (4220 m) besitzt Guatemala den höchsten Vulkan Zentralamerikas.

Das Zentrale und Westliche **Hochland** oder der **Altiplano** liegt auf einer Höhe zwischen 1500 und 3000 m. Beherrschende Gebirgszüge sind die **Sierra Madre** im Süden, die sich von Mexiko kommend durch den gesamten mittelamerikanischen Kontinent zieht und die **Sierra Los Cuchumatanes** im Norden des Hochlandes. Die Temperaturen sinken hier während der Trockenzeit in der Nacht bis weit unter den Gefrierpunkt. Obwohl der Altiplano nur rund ein Viertel der Gesamtfläche Guatemalas ausmacht, ist diese Region mit Abstand die bevölkerungsreichste des Landes. Er ist der Lebensraum der indianischen Bevölkerung, die zurückgezogen und weithin ausgeschlossen von den ohnehin dürftigen Errungenschaften des guatemaltekischen Fortschritts auf ihrem kleinen Stückchen Land (Minifundien) lebt. Auf den oft unter 1 ha großen Parzellen pro Familie wird

Naturräume

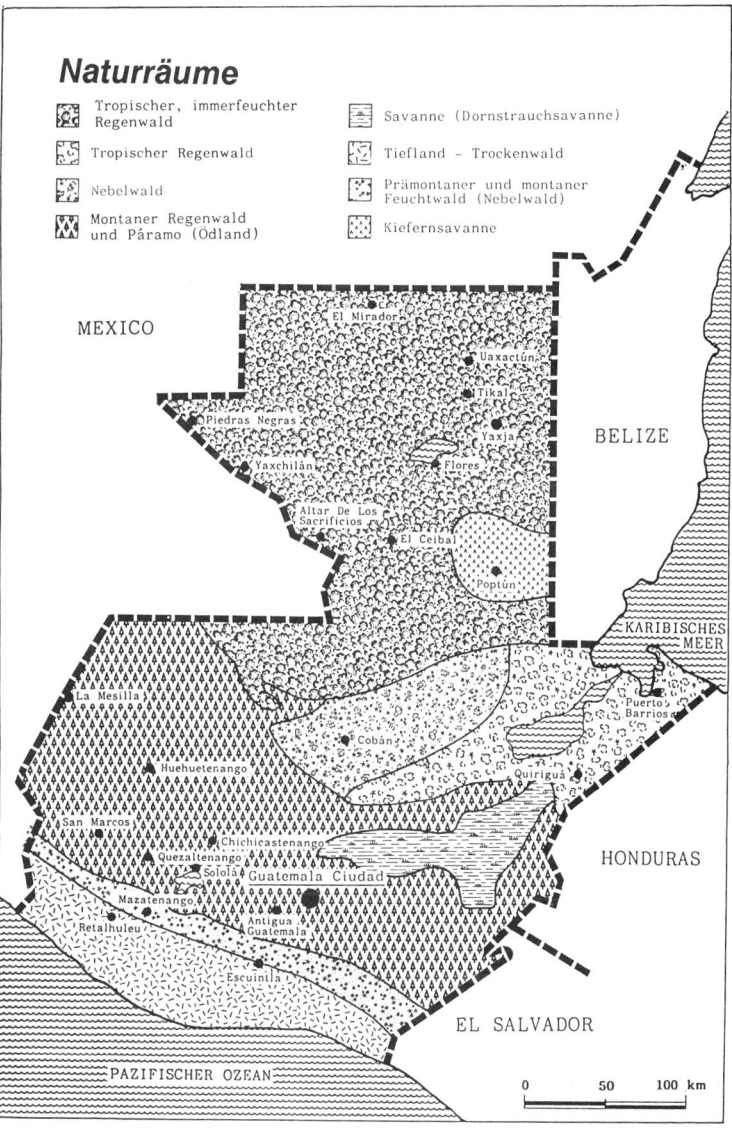

Tropischer, immerfeuchter Regenwald

Tropischer Regenwald

Nebelwald

Montaner Regenwald und Páramo (Ödland)

Savanne (Dornstrauchsavanne)

Tiefland – Trockenwald

Prämontaner und montaner Feuchtwald (Nebelwald)

Kiefernsavanne

MEXICO

El Mirador

Uaxactún

Tikal

Piedras Negras

Yaxja

Yaxchilán

Flores

BELIZE

Altar De Los Sacrificios

El Ceibal

Poptún

KARIBISCHES MEER

La Mesilla

Puerto Barrios

Cobán

Huehuetenango

Quiriguá

San Marcos

Chichicastenango

Quezaltenango

Sololá

Guatemala Ciudad

HONDURAS

Mazatenango

Antigua Guatemala

Retalhuleu

Escuintla

EL SALVADOR

PAZIFISCHER OZEAN

0   50   100 km

25

Kleine Parzellen: Typisch für das Westliche Hochland

hauptsächlich Mais, Bohnen, Kartoffeln, Weizen und, wo Boden und Klima es zulassen, auch Gemüse und Obst angebaut.

Die **Städte des Hochlands** liegen in breiten Tälern oder Ebenen. Antigua, Quetzaltenango, San Marcos oder Huehuetenango sind keine modernen Großstädte, dafür ist ihnen aber ein provinzieller Charme eigen. Alte Maya-Kultur, koloniales Erbe und moderne Einflüsse vermischen sich hier allerdings nicht immer so verträglich, wie es den Anschein hat.

Der **Oriente** Guatemalas östlich der Hauptstadt bis zur Grenze von Honduras und El Salvador ist ein trockenes Gebiet, das nur um den Motagua-Fluß fruchtbare Böden aufweist. Es gibt nur wenig touristische Attraktionen, weswegen diese heiße Region den meisten Guatemala-Reisenden unbekannt bleibt.

Der **Izabal See** und die **Karibik** sind dagegen durch die ausreichende Versorgung mit Niederschlägen wieder Gebiete, in denen eine Fülle von tropischen Früchten und landwirtschaftlichen Produkten wächst.

Der Izabal See ist mit 960 km² der größte See Guatemalas und durch den **Río Dulce** mit dem Atlantik verbunden. An dieser kleinen Küste, der Bucht von *Amatique*, leben die schwarzen Guatemalteken *(Garífunas)* relativ abgeschlossen. Sie sind die Nachkommen karibischer und afrikanischer Sklavenarbeiter, die im späten 18. Jahrhundert von den West Indies und Roatan (Honduras) deportiert wurden und später hierher geflüchtet sind. *Santo Tomás de Castilla* ist der wichtigste Atlantikhafen Guatemalas.

Die beiden Departamentos **Alta** und **Baja Verapaz** sowie der östliche Teil des Quiché sind ähnlich wie die Boca Costa im Süden Guatemalas eine Kaffeeanbauregion mit gemäßigten Temperaturen und hohen Niederschlagsmengen. Neben dem **Kaffee,** den die Deutschen Mitte des 19. Jahrhunderts hier erstmals kultiviert haben, ist **Kardamom** das zweite bedeutende Exportprodukt. Landschaftlich werden die Verapaces durch den tropischen Karst bestimmt, der mit seinen bizarren Formen der Gegend einen überaus reizvollen Charakter verleiht.

Die weite Ebene des **Petén** ist der südliche Teil einer großen Kalktafel, die die **Halbinsel von Yucatán** aufbaut. Im Vergleich zu seiner Größe ist das ehemalige Siedlungsgebiet der Tiefland-Maya heute nur dünn besiedelt. Durch Kolonisationsprojekte versucht die Regierung, den Petén zum Entlastungsgebiet für den dichtbesiedelten Altiplano auszubauen. Abholzung, Brandrodung und die Entdeckung von Lagerstätten haben hier wie in ganz Guatemala das ökologische Gleichgewicht bereits empfindlich gestört.

Nebelwald: Immergrüner Dschungel um 1.500m Höhe.

Vulkane und Erdbeben

Guatemala besitzt **33 Vulkane,** von denen drei als aktiv eingeschätzt werden. Sie sind Teil einer langen Vulkankette, die sich perlschnurartig von Mexiko bis Panama an der pazifischen Küstenlinie entlang zieht. Die meisten sind quartären Ursprungs, also geologisch jung und verändern rasch ihre Gestalt. Mit wenigen Ausnahmen sind die guatemaltekischen Vulkane sogenannte **Stratovulkane** (Schichtvulkane) mit einer fast perfekten Kegelform und steilen Abhängen, die aus Asche- und Lavaschichten aufgebaut werden. Der höchste Vulkan Guatemalas und damit der höchste Zentralamerikas überhaupt ist der *Tajumulco* mit 4220 m. Der zur Zeit am meisten gefürchtete ist der kleine *Santiaguito*, der beim letzten Ausbruch des Santa María Anfang dieses Jahrhunderts entstand.

Ihre Entstehung verdanken die Vulkane dem Eintauchen der ozeanischen Platte des Pazifiks unter die amerikanische Kontinentalplatte mit ihrer zentralamerikanischen Landbrücke. Der Druck auf die Landmasse presst die im Erdmantel eingeschmolzenen Ozeankruste nach oben und läßt dabei die Vulkane entstehen. Neben der ständigen Gefahr durch den aktiven Vulkanismus ist Guatemala auch der Gefahr von **Erdbeben** ausgesetzt. Die Geologie Mittelamerikas ist gekennzeichnet durch viele Brüche, die als labile Zonen innerhalb einer sich stets in Bewegung befindlichen Plattentektonik auftreten. Jede Verschiebung oder Zerrung hat ein *Terremoto* zur Folge. Meist erwachen dann auch die Vulkane.

Guatemala kennt eine Reihe verheerender Vulkanausbrüche und Erdbeben in seiner Geschichte. Zum Teil waren sie so einschneidend, daß 1773 sogar die Hauptstadt verlegt werden mußte. Vulkanausbrüche, wie die des Santa María 1902 bei Quetzaltenango besiegelten die Blütezeit der Stadt. 1916 und 1917 legten zwei Erdbeben die

Übersetzung: Guatemala verletzt – aber nicht tödlich.

Klima

Guatemala ist ein Land der Tropen. Hier sind also nicht so sehr die Unterschiede im Temperaturverlauf eines Jahres prägend, als vielmehr die zwischen Tag und Nacht.

Was man sich jedoch landläufig unter Tropen vorstellt, nämlich den immerfeuchten Regenwald mit seiner immensen Artenvielfalt an Flora und Fauna, trifft in Guatemala nur auf ein Drittel des Landes zu. Der Rest des Landes zählt zu den periodisch-feuchten Tropen. Damit ist bereits die unterschiedliche Verteilung der Niederschlagsmengen angesprochen, die sich durch ausgeprägte Trocken- und Regenzeiten bemerkbar macht. Sie variieren außerdem mit der Höhe und entsprechend der Luv- und Leelage.

Die **höchsten Niederschläge** erhält die Karibikküste und das Tiefland des Petén mit bis zu 5000 mm pro Jahr. (Zum Vergleich: in der kühl-gemäßigten Klimazone Mitteleuropas fallen im Durchschnitt 1000 mm Niederschläge pro Jahr). Entsprechend der Lage Guatemalas in der Nähe des nördlichen Wendekreises ist der Nordostpassat Hauptregenbringer. Er lädt sich über dem Atlantik mit Feuchtigkeit auf und regnet sich anschließend über der im Luv gelegenen Ostküste der mittelamerikanischen Landbrücke ab. Es ist derselbe Passat, der mit seinem Nordostdrift von den europäischen Eroberern zur Überfahrt benutzt wurde. Niederschlagsärmer dagegen ist das näher der Westkü-

Ausbruch der Santiaguito

neue Hauptstadt Guatemala Ciudad in Schutt und Asche. Die jüngste und eine der folgenschwersten Katastrophen überhaupt ereignete sich am 4. Februar 1976 um 3 Uhr morgens. 30 Sekunden nur bebte die Erde mit einer Stärke von 7,5 auf der Richterskala. 22.800 Tote und 76.500 Verletzte waren zu beklagen. Das Epizentrum lag 10 km westlich von Los Amates im Motagua-Tal (Dept. Izabal), in einer sensiblen Schwächelinie. Ein Großteil der insgesamt 1 Million obdachlos gewordenen Menschen strömten damals vom Land in die Hauptstadt, weil ihre Adobehäuser wie Kartenhäuser in sich zusammengefallen waren.

Bei Erdbeben gibt es keinen Schutz. Die Guatemalteken leben mit dieser Gefahr. Über jedes noch so kleine "Temblor" (Zittern) informiert das *Instituto de Sismología, Vulcanología, Meteorología e Hidrología INSIVUMEH*. Ende Mai 1988, als die Erde vier Tage lang durch 56 "Temblores" Menschen und Häuser erzittern ließ, waren es in Wirklichkeit 1470 registrierte Erdstöße von 2 bis 4,5 Grad auf der Richterskala, deren Epizentrum im Südwesten der Capital lag. Unruhig ist hier auch die scheinbare Ruhe. Ein Zustand, der Guatemala nicht nur seismographisch kennzeichnet.

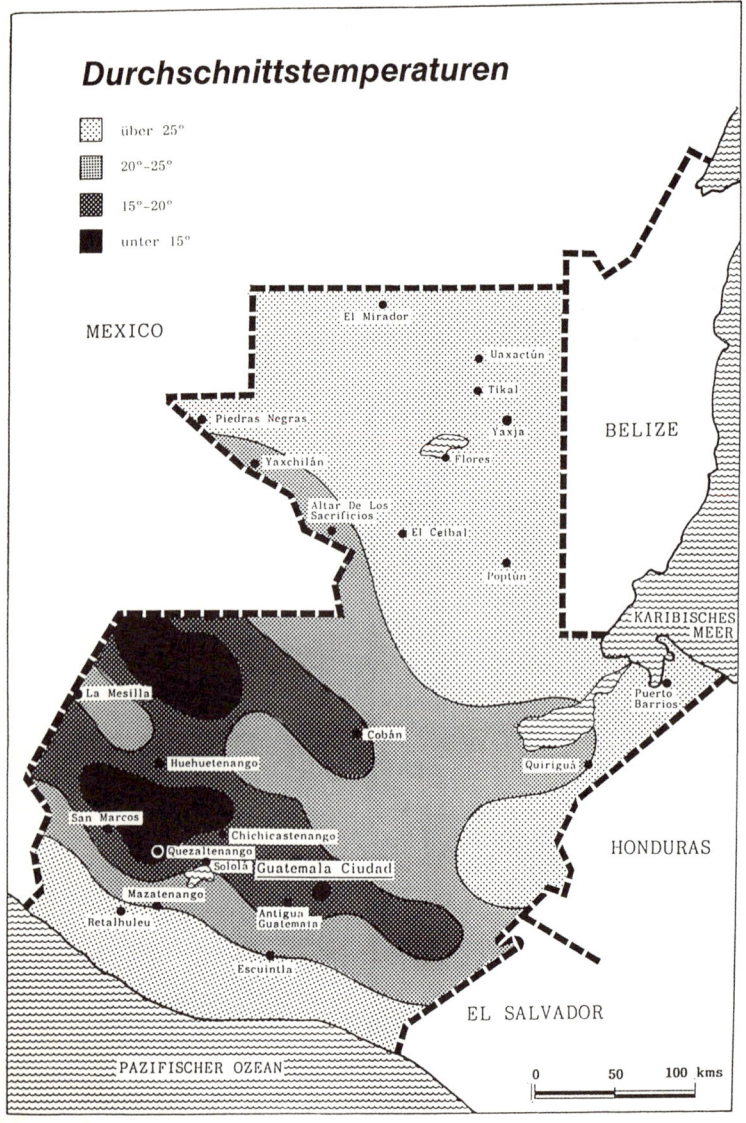

Durchschnittstemperaturen

- über 25°
- 20°–25°
- 15°–20°
- unter 15°

MEXICO

El Mirador

Uaxactún

Tikal

Piedras Negras

Yaxjá

Yaxchilán

Flores

Altar De Los Sacrificios

El Ceibal

Poptún

BELIZE

KARIBISCHES MEER

Puerto Barrios

La Mesilla

Cobán

Huehuetenango

Quiriguá

San Marcos

Chichicastenango

Quezaltenango

Sololá   Guatemala Ciudad

HONDURAS

Mazatenango

Antigua Guatemala

Retalhuleu

Escuintla

EL SALVADOR

PAZIFISCHER OZEAN

0   50   100 kms

ste gelegene Hochland von Guatemala und der pazifische Küstensaum mit 600 bis 1500 mm Jahresniederschlag im Lee des Passates.

So unterschiedlich wie die Niederschlagsmengen sind auch die Temperaturen, die mit der Höhenlage variieren. In der *"tierra caliente"* des nördlichen Tieflandes, der Pazifik- und Karibikküste herrscht eine mittlere Jahrestemperatur von 26°C. Zusammen mit den hohen Niederschlägen findet sich hier bis in ca. 800 m Höhe die typische Vegetation des immergrünen und immerfeuchten Regenwaldes mit bis zu 50 m hohen Urwaldriesen. Die Luftfeuchtigkeit, die in der Nacht und am Morgen 90% betragen kann, schafft ein Klima, an das sich der Mitteleuropäer erst langsam gewöhnt. Um so verwunderlicher, daß sich gerade in dieser scheinbar klimatischen Ungunstzone mit seinem schier undurchdringlichen Urwald eine der bemerkenswertesten Hochkulturen der Menschheitsgeschichte entwickeln konnte. Auf die heiße "tierra caliente" folgt bis in eine Höhe von 1800 m die gemäßigte Zone, die im Gliederungsschema der tropischen Höhenstufung *"tierra templada"* genannt wird. Mittlere Temperaturen zwischen 16°C und 23°C herrschen vor. Es ist die Zone des Kaffees, der als der beste der Welt gilt.

Die größte Bevölkerungsdichte weist die *"tierra fria"* auf, die bis 3000 m ansteigt und zugleich der Lebensraum der indianischen Bauern ist. Höher liegen nur noch die Gipfel der Vulkane, von denen Gua-

temala zwei 4000er besitzt. Schon der Name "tierra fria" verrät, daß die Jahrestemperaturen sehr niedrig sind. Im Mittel liegen sie bei 15°C und darunter. Da die Luft jedoch sehr trocken ist, kommt es einem nicht eigentlich kalt vor. In der Nacht allerdings sinken die Temperaturen so drastisch, daß man nicht ohne dicken Pullover oder Jacke das Hochland besuchen sollte.

Mit der zunehmenden Höhe im Landesinneren wirken sich mehr und mehr die Unterschiede im Temperaturverlauf innerhalb eines Tages aus. Hinzu kommt, daß das guatemaltekische Hochland im Gürtel des tropischen Wechselklimas liegt, so daß hier von November bis April eine *Trockenzeit* herrscht, die die Guatemalteken *verano* (Sommer) nennen. Die *Regenzeit* von Mai bis Oktober wird als *invierno* (Winter) bezeichnet. Besonders während der Sommer/Trockenzeit kann es im Tagestemperaturverlauf zu Unterschieden bis 30°C und mehr kommen (tags 20°C, nachts -10°C). Die Hochlandsommernächte sind somit die kältesten. In der Regenzeit gehen ein bis zweimal am Tag Regenschauer mit einer solchen Heftigkeit nieder, daß sie für sich gesehen schon ein Erlebnis sind. So abrupt wie sie einsetzen, enden sie, und die Sonne trocknet innerhalb kürzester Zeit Straßen und Plätze wieder. Nur die Wege und Erdstraßen des Hochlands bleiben Schlammpisten, was eine Busfahrt nicht selten zum Abenteuer macht.

Die unterschiedlichen Klimazonen

spiegeln sich in der natürlichen Vielfalt der Vegetationsformen wider. Das feuchttropische Petén-Tiefland und die Karibikküste, die wechselfeucht gemäßigte Zone des zentralen Hochlands, die trockenen Regionen der Pazifikküste und des Ostens, sowie die höchsten, im Westen gelegenen Gebirgsregionen mit regelmäßigen Frösten bilden daher ein kleinräumiges Vegetationsmosaik. Vielfalt in vielerlei Hinsicht ist überhaupt eines der Merkmale Guatemalas, dem Land, das sich *"Land des ewigen Frühlings"* nennt, da Blütezeiten über das gesamte Jahr hindurch zu beobachten sind.

Pflanzen- und Tierwelt

Entsprechend den unterschiedlichen klimatischen Gegebenheiten sind *Flora und Fauna* in Guatemala *sehr vielfältig.* Es gibt allein mehrere hundert Baumarten. Der größten Artenvielfalt begegnet man im Petén-Tiefland, dem Gebiet des immergrünen Regenwaldes, dessen botanische Üppigkeit das Ergebnis hoher Temperaturen und ganzjähriger Niederschläge ist. Charakteristisch für einen Regenwald, wie man ihn hier und anderswo antrifft, ist der Stockwerkbau. Urwaldriesen ragen aus der grünen Masse auf. Unter ihnen bilden die Bäume ein Dach, durch das fast kein Sonnenlicht mehr dringt. Im Halbschatten hat die dritte Baumschicht jedoch nichts an Vielfalt und Schönheit verloren. Da sich nach dem Weggang der Maya aus diesem Gebiet die Vegetation

auf den sich schnell regenerierenden Kalkböden in kürzester Zeit wieder einstellen konnte, können wir im Petén einen urwüchsigen Wald erleben, wie es ihn nur noch sehr selten gibt.

Regenwald

Neben zahlreichen Fruchtbäumen, Schlingpflanzen, Lianen, Moose, leuchtenden Blumen und Orchideen sind es vor allem *vier Baumarten,* die als Charakterbäume typisch für die "tierra caliente" des Regenwaldes sind.

Der *Mahagoni* (caoba) wird wegen seines wertvollen Holzes geschätzt. Der mäßigen Infrastruktur im Petén-Tiefland ist es zu verdanken, daß sich die Nutzbarmachung der Hartholzbestände noch in Grenzen hält. Mit der Verwirklichung des Transversal del Norte-Projekts, das einen Straßenausbau der Randzonen des Tieflandes vorsieht, wird sich gewiß auch der Anteil des Holzeinschlags erhöhen.

Das harte, schwer faulende und Termiten abweisende Holz des *Zapote* (Manilkara zapota) wurde schon von den Maya als Baumaterial geschätzt. Sein weißes Harz lieferte ihnen außerdem Chicle, den Kautschukrohstoff, den sie zur Herstellung von Gummibällen für ihr rituelles Ballspiel benötigten und der Ende des 19. Jahrhunderts das Rohprodukt für Kaugummi werden sollte. Auf ihren Streifzügen durch den Regenwald wurden die Chicleros nicht selten zu Entdeckern einzelner, längst von der Vegetation zurückeroberten Mayastätten.

Einen ganz besonderen Schutz genießt die **Ceiba** *(Ceiba pentandra, Bombax ceiba)*. Sie gehört mit 30 m Höhe und einem Umfang von 3-5 m zu den Urwaldriesen. Bereits bei den Maya war die Ceiba ein heiliger Baum und wurde als Mutterbaum der Menschheit geschont und verehrt. Sie hat eine tausendjährige Tradition als kosmischen Symbol. Die Ceiba begrenzt die vier Ecken des Universums, das sich die Maya als Quadrat vorstellten. Ihr Stamm weist dem Menschen den Weg zur Tagwelt, und an ihren Ästen stieg er nach seinem Tod zum Himmel empor. Heute ist die Ceiba oft Mittelpunkt der Dorfplätze, unter deren Schatten das Volk zum Handeln, Tanz und Feiern zusammenkommt.

Frucht des Kopalharzbaumes

Ein etwas kleinerer Baum mit einer Höhe von 10-20 m ist der **Kopalharzbaum** *(Protium copal)*. Sein Harz (die Indígenas nennen es *Pom*) war bei den Maya und ist heute noch bei den Indianern eine wichtige Beigabe bei zeremonialen Anlässen. Das Verbrennen der blaubemalten Pomballen oder -kuchen in besonders gefertigten Tongefäßen soll z.B. die Wolkenbildung bewirken und ist somit Teil der Regen-Bittriten am Winteranfang. In vorspanischer Zeit war das Kopalräucherharz neben dem Kakao und Salz ein wertvolles Handelsobjekt. Der Kopalharzhandel kam jedoch zum Erliegen, als die Spanier große Bestände von Kopalbäumen abschlagen ließen, um umgesiedelte Indianer an der Rückkehr in ihre angestammten Lebensräume zu hindern. In Chichicastenango kann man auf den Treppen der Kirche Santo Tomás Indianern beim Verbrennen von Pom zusehen. Es ist dem Weihrauch sehr ähnlich und riecht ebenso würzig.

In Guatemala wurden über **900 Arten von Vögeln** erfaßt, die dort permanent heimisch sind. Die schönsten, wie der schwarz-gelbe **Tucan** oder die bunten **Aras** leben im Petén. Schlangen, Affen, Raubkatzen und Wild gehören zum Regenwald wie die unüberschaubare Menge an Insekten und Schmetterlingen.

Besonders im Alta Verapaz und an der Karibik sind die **Orchideen** heimisch, die mit etwa 25.000 Arten die zweitgrößte Pflanzenfamilie der Welt bilden. Im Regen- und Nebelwald wachsen sie als Baumbewohner in den mannigfaltigsten Formen und

Tukan

Farben. An warmen Standorten der höheren Lagen blühen sie am Boden oder im warmen Dampf aktiver Vulkane, wo sie besonders am Pacaya eine interessante ökologische Anpassung zeigen. Ihrer Schönheit und "Reinheit" wegen erhoben die Guatemalteken die *Monja blanca* (weiße Nonne) zur **Nationalblume.** Ebenso zahlreich wachsen **Bromelien** und Riesenfarne in dieser Region. Die Nebelwälder bis 2000 m Höhe sind auch die Heimat des **Quetzal,** eines grünrotes Vogels, der **Guatemalas Symbol** schlechthin darstellt. An den feuchten subtropischen Standorten der nördlichen (Verapaz) und südlichen Abdachung (Boca Costa) des Hochlandes treten vermehrt **Kaffee-, Kardamom-** und **Kakaopflanzungen** auf.

Hochland

Im Hochland selbst, insbesondere im gebirgigen Westen, dominieren **Nadelhölzer.** Auf Graniten, kristallinen Schiefern, paläozoischen Kalken und Sandsteinen herrschen Zypressen und Kiefern vor. Nur in klimatisch günstigen Becken und Tälern, wie rund um den Atitlan See, in Antigua oder der Hauptstadt findet sich bis 1500 m Höhe eine reizvolle subtropische Vegetation mit Hibiscussträuchern, Bougainvillen, Jacarandas und vielen anderen blühenden Sträuchern und Bäumen, die wirklich einen "ewigen Frühling" suggerieren. Die Nadelhölzer des Hochlands sind eine wichtige Überlebensbasis der vorwiegend indigenen Bevölkerung. Von insgesamt 80% des Gesamteinschlages finden nur 2% der Nadelhölzer Verwendung als Nutzholz. Der Rest dient der Bevölkerung als Brennholz *(lena)*. Die Abholzung, die mancherorts bereits den Charakter des Kahlschlags erreicht hat, führt zu irreparablen Erosionserscheinungen. Die Folge ist eine zunehmende Verringerung wertvollen Anbaulandes. Ebenso leiden Pinienwälder und Eichenbestände unter dem Bedarf an Brennholz. Beide Arten kommen nur noch als Reste einst zusammenhängender Wälder vor. Ab 3000 m Höhe (Waldgrenze) wachsen Büschelgräser *(pajon)*, die als Deckmaterial für Dächer verwendet werden.

Die wildlebenden Tiere des Hochlandes sind so gut wie ausgestorben. Auch Vögel und Insekten wurden stark dezimiert und sind gefährdet. Schuld ist die Bevölkerungsdichte des Gebietes und die Zerstörung des Lebensraumes der Tiere. Den Bedingungen haben sich nur die Hunde Guatemalas angepasst, die sich als mehr oder weniger wilde Haustiere unkontrolliert vermehren.

Pazifikküste

Die pazifische Küstenebene, die nur noch geringe Niederschläge des sich über dem Tiefland und der Ostküste abgeregnenden Nordostpassates erhält, besitzt Savannencharakter. Waldflächen trifft man nur noch vereinzelt an, ihren Platz haben Baumwoll- und Zuckerrohrfelder, Bananenplantagen und Viehweiden eingenommen. Eine exotische Tierwelt lebt jedoch in den kleinen Lagunen und *Mangrovengebieten,* wo man, wie an der Karibikküste, Krokodile, Schildkröten, Leguane und andere Amphibienarten beobachten kann.

Guatemala hat bisher nur vereinzelt *kleine Naturschutzgebiete* ausgewiesen. Private Naturschutzorganisationen wie *Amigos del Bosque, Sociedad Audubon de Guatemala* und *Defensores de la Naturaleza* fordern weitere Maßnahmen zur Erhaltung der ökologischen Ressourcen. Das wirtschaftliche Interesse einflußreicher Kreise in Guatemala ist jedoch so mächtig und das Umweltbewußtsein der Bevölkerung so unterentwickelt, daß die Notwendigkeit umweltpolitischer Maßnahmen nur schwer vermittelbar ist. Das Beispiel Costa Rica, dem Vorreiter in Sachen Ökologie in Mittelamerika, hat zumindest in Guatemala dazu geführt, daß eine Umweltschutzkommission gegründet wurde.

Riesengroß und farbenprächtig: Guatemalas Schmetterlinge

Staat und Politik

Regierungssystem

Der offizielle Staatsname Guatemalas lautet *"República de Guatemala".* 1984 leiteten die Wahlen zur Verfassungsgebenden Versammlung nach langer und blutiger Militärherrschaft einen ersten Demokratisierungsprozeß ein. Die Verfassung des Landes ist seit 1985 in Kraft. Nach ihr ist der Präsident, der zugleich Regierungschef ist, sowie der Nationalkongreß (100 Abgeordnete) auf fünf Jahre direkt vom Volk gewählt. Am 14.1.1986 übernahm der Christdemokrat *Vinicio Cerezo Arévalo* die Regierungsgeschäfte. Seit Januar 1991 heißt der **Präsident Guatemalas** *Jorge Serrano Elías* und regiert mit einer aus verschiedenen Parteien und Organisationen zusammengewürfelten Ministerrunde.

Die demokratische Öffnung des Landes begann nicht ohne Pakt mit dem Teufel. In der Regel ernennt und entläßt der Präsident laut Verfassung die Minister. Im Falle des Verteidigungsministeriums erzwang das Militär die Berufung des Ministers aus ihren eigenen Reihen, was ihnen nicht nur ein Mitspracherecht, sondern auch wichtige Entscheidungsbefugnisse einräumt. So erkannte Cerezo bei Amtsantritt ganz richtig, daß er zwar an der Regierung ist, aber noch lange nicht an der Macht. Beispielsweise mußte er Gesprächsangebote der Guerilla unter dem Druck der Militärs ablehnen. Bemerkenswert ist allerdings auf dem Hintergrund von 30 Jahren Militärdiktatur (mit einigen kurzen Unterbrechungen), daß Cerezo bis zu seinem letzten Regierungstag als Präsident des Landes - nicht nur physisch - überlebt hat. Der zweite Präsident Serrano hat kurz nach

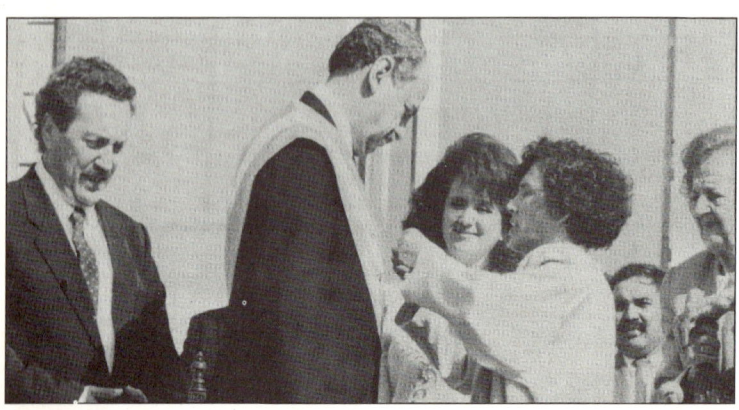

J.S.   Eliás bei seinem Antritt als Präsident (links: V. Cerezo)

Amtsantritt den ersten Anschlag bereits überstanden. Die Demokratie Guatemalas wird noch viele Bewährungsproben zu bestehen haben.

Verwaltungsmäßig ist Guatemala in **22 *Departamentos*** (Provinzen) aufgeteilt. Jedes Departament besitzt eine *Cabecera* (Hauptstadt), die an Größe und Bedeutung meist wenig Konkurrenz im Umkreis hat. Die Departamentos wiederum sind unterteilt in bis zu 30 *Municipios*, die sich als Gebiete mit größter kultureller Homogenität verstehen, was Tracht, Sprache, Costumbres und Wirtschaftsweise betrifft.

Außenpolitik

Die aggressive Einmischungspolitik der Nordamerikaner in Guatemala seit Ende des letzten Jahrhunderts verhinderte aktiv das Selbstbestimmungsrecht des Landes in außenpolitischen Fragen. Unterstützt wurde das Vorgehen der USA durch die Haltung der guatemaltekischen Präsidenten, die indirekt von der US-Regierung eingesetzt wurden.

Der 1984 eingeleitete Demokratisierungsprozeß verhalf Guatemala zu einem neuen Image, das unter der Militärherrschaft negativ gelitten hatte. Das Ausland zeigte sich spendabel bei der Finanzierung des neuen Systems (bis 1988 mehr als 1 Milliarde Dollar) und anerkannte die Bemühungen der christdemokratischen Regierung auf ihrem neu eingeschlagenen Weg der "aktiven Neutralität".

Ex-Präsident Cerezo übernahm dabei eine Führer-und Vermittlerrolle innerhalb der zentralamerikanischen Friedensinitiativen. Ein respektabler Schritt nach vorne gelang ihm, als er die Präsidenten von Honduras, El Salvador, Nicaragua und Costa Rica im Mai 1986 und August 1987 in der guatemaltekischen Kleinstadt Esquipulas an einem Tisch zusammenbrachte. Dabei wurde als von Guatemala ausgehende Initiative der Vorschlag für ein Zentralamerikanisches Parlament in das Abkommen aufgenommen. Bisher fehlt es an der Umsetzung dieser Idee, die nicht nur eine politische Hilfe bei der Befriedung der Region sein könnte, sondern auch ein neues Selbstwertgefühl gegenüber der Großmacht USA aufbauen könnte.

Rückschläge des neuen außenpolitischen Kurses mußte Cerezo bei der Aufnahme diplomatischer Beziehungen mit dem Osten einstecken. So mußte er auf Druck konservativer Kreise beispielsweise die Kontakte mit Jugoslawien wieder abbrechen, um nicht in den Verdacht kommunistischer Umtriebe zu geraten und den internen Demokratisierungsprozeß nicht zu gefährden. Auch wegen seiner neutralen Haltung gegenüber Daniel Ortega geriet Cerezo oft zwischen die Fronten. Selbst eine geplante Aufführung des Moskauer Bolschoi-Balletts im Nationaltheater von Guatemala-Ciudad mußte einmal abgesagt werden, weil niemand für die Sicherheit der russischen Tänzer garantieren konnte.

Die innen- und außenpolitischen Abhängigkeiten der Regierung bestimmen noch immer den Grad der diplomatischen Öffnung des Landes. Vor allem das Militär muß erst noch lernen, daß es auch eine andere Sprache gibt als die der Gewalt.

Die politischen Parteien

Politische Parteien spielen in Guatemala eine sehr untergeordnete Rolle. Da es praktisch keine echte Opposition gibt, beschränkt sich ihre Funktion auf die Stabilisierung des herrschenden Systems und auf die Aufrechterhaltung einer demokratischen Fassade, hinter der sich das Militär als der wahre Machthaber im Land verbirgt. Politik wurde in der Geschichte der Parteien meist als ein Geschäft betrachtet, daß zum Vorteil einer kleinen gesellschaftlichen Gruppe betrieben wurde. Die Mehrheit der Parteien verfügen daher weder über ideologische Programme, noch haben sie sich als demokratische Volksvertreter bewährt. So sind die Auseinandersetzungen während des

Wahlkampfes weniger parteiideologischer Natur als ein Kampf der Kandidaten, bei dem der politische Gegner, nicht der politische Zustand des Landes, das Feindbild abgibt. Da kann es durchaus vorkommen, daß Präsidentschaftskandidaten mitten im Wahlkampf die Partei wechseln.

Die guatemaltekische Bevölkerung weiß um die politische Unfähigkeit der Parteien, die Bestechlichkeit ihrer Mitglieder und deren schlechte Arbeitsmoral. Kein Wunder also, daß von mehr als drei Millionen wahlberechtigter Guatemalteken nur 185.000 Mitglieder einer Partei sind.

Den ersten Präsidenten der jungen Demokratie stellte 1985 die *Democracia Cristiana DC* (Christdemokratische Partei). Besonders auf dem Land hat diese Partei ein großes Wählerpotential. Die Christdemokratie ist in Mittelamerika vor allem in El Salvador und Guatemala eine maßgebende politische Kraft. Grund hierfür ist die tragende Rolle der Kirche in Guatemala und El Salvador, die ihr Selbstverständnis seit Mitte der 60er Jahre zugunsten einer an der sozialen Realität orientierten Anschauung revidierte. In Honduras, Nicaragua und Costa Rica dagegen bewegen sich die christdemokratischen Parteien eher am Rande der politischen Landschaft.

1955 war die DC mit einem extrem antikommunistischen Programm und einem bedingungslosen Ja zur Kirche angetreten, begann jedoch bald, oppositionelle Standpunkte zu vertreten und konnte im Laufe der Zeit durch die Basisarbeit der Priester auf dem Land einen gewissen Rückhalt in der Bevölkerung verbuchen. Doch mußte sie bald erkennen, daß Reformwilligkeit in Guatemala einen langen Atem und Opfer erfordert und es deshalb von Vorteil ist, sich mit gewissen Teilen des Militärs und der Oligarchie zu verständigen. So kennzeichneten Arrangements und Zugeständnisse die Politik der christdemokratischen Regierung. Der Putschversuch vom 8. Mai 1988 war eine unmißverständliche Aufforderung des Militärs an die Regierung, den Weg der demokratischen Öffnung und des Dialogs mit oppositionellen Gruppen nicht weiter zu verfolgen.

Überraschungssieger der Wahlen von 1990/91 war der protestantische Ingenieur Jorge Serrano Elías, dessen *Movimiento de Acción Solidaria MAS* (Bewegung der Solidarischen Aktion) vom Ausschluß Rios Montts von den Wahlen profitierte. Seine Stimmen waren jedoch eher Solidaritätserklärungen der städtischen Evangelistenbewegung Guatemalas als Zusagen zu seinem Parteiprogramm, das sich einen sozialen Anstrich verlieh. Obwohl er sein herzliches Verhältnis zu Rios Montt nicht abstreitet, distanziert sich Serrano von der Ultrarechten militärischer Prägung. Präsident Serrano wird mit seiner kleinen Partei nicht ohne Koalitionspartner regieren können.

Während des Militärregimes von Rios Montt 1983 gründete der Zeitungsverleger (El Grafico) Jorge Carpio Nicolle die *Unión del Centro Nacional UCN* (Nationale Zentrumspartei). Nach nur siebenmonatigem

  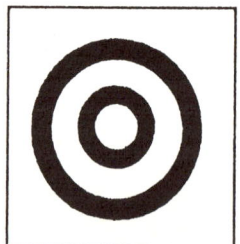

Symbol wichtiger Parteien (v.l.n.r.): MAS; DC; UCN; MLN; PAN; PSD

Bestehen gelang es dem populären Carpio, eine Oppositionspartei aufzubauen, die bei den Wahlen 1985 als schärfster Konkurrent der DC auftrat und bis heute ohne Koalitionspartner auskommt. Carpio setzt wie Serrano auf den privaten Sektor als treibende wirtschaftliche Kraft. Der Kampf gegen Korruption und Steuerhinterziehung gehört zum guten Ton einer Partei in Guatemala.

Eine der ältesten und bestorganisierten Partei ist die dem guatemaltekischen Unternehmerverband CACIF nahestehende *Movimiento de Liberación Nacional MLN* (Bewegung der nationalen Befreiung). Sie faßte nach der Konterrevolution 1954 die ultrareaktionären Teile der guatemaltekischen Oligarchie zusammen und wurde viele Jahre von Mario Sandoval Alarcón angeführt. Die MLN brachte 1970 bzw. 1974 die Militärs Manuel Arana Osorio und Kjell Laugerud García an die Macht. Man weiß, daß die MLN über internationale Kontakte zu rechten Diktaturen verfügt und überdies im Land selbst an der Finanzierung paramilitärischer Terrorkommandos beteiligt war.

Aushängeschild der *Partido de Avanzada Nacional PAN* (Partei der Nationalen Vorhut) ist der Ex-Bürgermeister der Hauptstadt Alvaro Arzú, der mit seiner jungen, aufstrebenden Partei einen beachtlichen Erfolg bei den Wahlen 1990 erzielen konnte. Nach seiner Niederlage wurde Arzú unter Serrano für kurze Zeit Außenminister.

Aus der Zeit der Revolutionsjahre 1945-54 stammt das Gedankengut der *Partido Socialista Democratico PSD* (Sozialistische demokratische Partei), die 1978 von Alberto Fuentes Mohr gegründet wurde. Mohr wurde 1979, ein Jahr darauf, auf offener Straße erschossen. Die PSD ist die einzige "linke" Partei Guatemalas, die sich Sitze im Kongreß sichern konnte.

In der guatemaltekischen Parteienlandschaft existieren außerdem noch die *CAN* (Authentisches Nationales Zentrum), die sich 1969 für Oberst Mauel Arana Osorio stark machten, später jedoch für den Übergang zur Demokratie stimmte. Nationalistisch geprägt ist die einstige Wahlkampftruppe des Obersten Enrique Peralta Azurdia *PID* (Institutionalisierte Demokratische Partei). 1974 ging die Partei mit der rechten MLN eine Koalition ein und brachte den Militär Kjell Laugerud García an die Macht. Nicht wesentlich anders ist die Rechtspartei *MEC*, die ebenfalls mehrere Koalitionen hinter sich hat und bei den Wahlen 1990 mit Benedicto Lucas García antrat, der 1982 Verteidigungsminister unter seinem Bruder Romeo war. Die *PR* (Revolutionäre Partei), war 1957 mit dem Anspruch angetreten, das Reformprogramm der Revolutionsregierung von 1944-54 durchzusetzen. Doch bereits unter Méndez Montenegro, als die PR die Regierungsgewalt in der Hand hatte, zeigte die mittlerweile von der Industrie- und Finanzbourgeoisie durchsetzte Partei, ihr wahres Gesicht. 1978 koalierte sie sogar mit dem rechten Terrorregime Romeo Lucas García.

Die Gewerkschaften

Guatemala erlebte mit der Einführung der Demokratie 1985 zum zweiten Mal in seiner Geschichte ein Aufkeimen der Gewerkschaftsbewegung. Während der demokratischen Jahre unter Arévalo und Arbenz 1945-54 waren schätzungsweise 10% der Arbeiter organisiert und konnten ihrer Arbeit ungehindert nachgehen. Mit dem gewaltsamen Ende der demokratischen Ära begann der Leidensweg der guatemaltekischen Gewerkschaften, der seinen Höhepunkt 1980 mit der Liquidierung von 27 führenden Gewerkschaftern der **CNT (Central Nacional de Trabajadores)** erreichte.

Die Zahl der Gewerkschaften hatte unter Cerezo wieder zugenommen. Laut Pressemeldungen existierten heute in Guatemala über 800 Gewerkschaften. Der damalige Arbeitsminister sah darin ein "deutliches Zeichen des Vertrauens", doch vertreten die Gewerkschaften nur 5-7% der Arbeiterschaft (1989). Noch immer ist die Angst vor Verfolgung, Denunzierung und Verschleppung extrem hoch und reduziert somit den politischen Druck, den die Gewerkschaften ausüben könnten.

Hinzu kommt die ideologische Gespaltenheit der einzelnen Arbeitervertretungen, der Mangel an professionellen Gewerkschaftsführern, Finanzschwäche und die fehlenden Beziehungen zu internationalen Organisationen. Der Generalsekretär der *Central General de Trabajadores de Guatemala CGTG* und Arbeiterführer Rigoberto Dueñas weiß, daß momentan keine Gewerkschaft dazu in der Lage wäre, die Regierung ins Wanken zu bringen. Selbst der zehnwöchige Lehrerstreik von 1989 endete "nur" mit einer Gehaltserhöhung der Pädagogen, löste aber keine Solidaritätswelle bei der Bevölkerung aus, da vor allem die Kinder der staatlichen Schulen vom Unterrichtsausfall betroffen waren.

Die Zukunft der guatemaltekischen Demokratie wird wesentlich vom Erfolg der Arbeiterbewegung und Arbeitskämpfe abhängen. Das Protestpotential jedenfalls ist vorhanden. Noch immer werden zwei Drittel der guatemaltekischen Bevölkerung als arm bis extrem arm eingestuft, die Arbeitslosen-

1. Mai: Arbeiter-Demonstration in Quetzaltenango

quote geht in die Millionen. An jedem 1. Mai demonstrieren Zehntausende von Menschen aus allen Teilen des Landes gegen Wirtschaftsmaßnahmen der Regierung, niedrige Löhne, steigende Lebenshaltungskosten, ungerechte Landverteilung und politische Repression. 1990 beteiligten sich zum ersten Mal 3000 Indígena-Witwen am Protestmarsch in der Hauptstadt. Bleibt zu wünschen, daß es zu jener "fruchtbaren Zusammenarbeit zwischen des Sozialpartnern" kommt, die von Regierungsseite offiziell beschworen wurde.

Das System der Sicherheitskräfte

Im Gegensatz zum sozialen Versorgungssystem ist das der Sicherheitskräfte, die mehr "Unsicherheit" als Sicherheit schaffen, im Land flächendeckend und lückenlos. Das Netz der Überwachung und Kontrolle der guatemaltekischen Bevölkerung ist engmaschig, und die Knotenpunkte des Systems sind bestens miteinander verbunden. Noch immer ist es so, daß die Sicherheitskräfte eine Art Immunität genießen und bei Verfahren gegen Mitglieder des Militärs oder der Polizei mit anderen Maßstäben geurteilt wird, als dies sonst der Fall ist. Der repressive Charakter des Militärs und die selbstherrlichen Wesenszüge der Polizei sind seit Einführung der Demokratie nicht verschwunden. Zu viele Schlüsselpositionen werden noch immer von den Repräsentanten der ehemaligen Terrorregimes besetzt, und es sieht so aus, als ob nur die Zeit sie überleben könnte.

Das Militär

Die guatemaltekische Armee gilt nach Angaben der Amerikaner als die größte, am besten ausgerüstete und ausgebildete Armee in ganz Lateinamerika. Zu diesem Zustand hat die USA wesentlich beigetragen, ja, man kann sogar behaupten, ohne die ideologische und finanzielle Unterstützung der Nordamerikaner hätte Guatemala heute nicht jenen starken Militärapparat, der trotz offizieller Demokratie als der eigentliche Machtfaktor im Land angesehen werden muß.

Kaibiles: Die gefürchtete Anti-Guerilla-Spezialeinheit

41

Die zahlenmäßige Stärke der Armee kann nur geschätzt werden, da offizielle Daten nur bruchstückhaft vorhanden sind. Die Armee der Berufssoldaten umfaßt etwa 14.000-17.000 Mann, einschließlich Luftwaffe und Marine. Verstärkt wird sie durch die Antiguerilla-Spezialeinheit Kaibiles und eine Reihe paramilitärischer Gruppen. Die meisten dieser Gruppen entstanden in den 60er Jahren als Antwort auf die Untergrundbewegung, welche in dieser Zeit aktiv wurde. Ihre Namen *Mano Blanco* (Weiße Hand) und *Ojo por Ojo* (Auge um Auge) stehen für Terror, Verschleppung, Folter und Mord. Gemeinsam mit der Armee verfolgten diese Truppen Ende der 70er Jahre die "Politik der verbrannten Erde", die Guatemala in ein Massengrab verwandelte.

Unterstützt und unterhalten wird das Militär Guatemalas auf vielfältige Weise. Nach dem Sturz Arévalos leiteten die USA massive Hilfsprogramme ein, die außer enormen Geldmittelbeträgen die systematische Einrichtung von militärischen Ausbildungslagern, eine sorgfältige technische Beratung und ideologisches Training sowie ausgedehnte Waffenverkäufe vorsahen. Nach offiziellen Angaben belief sich die Gesamtsumme der US-Militärhilfe von 1950-1981 auf ca. 75 Mio Dollar. Mitte der 70er Jahre richteten die Amerikaner eine Militärakademie in der Hauptstadt Guatemalas für 7 Mio Dollar ein, die als die bestausgerüstete Lateinamerikas gilt.

Doch nicht nur die USA helfen beim Aufbau des guatemaltekischen Militärs. Südafrika, Chile, Argentinien und Israel teilen sich mit den Amerikanern diese Aufgabe. Insbesondere Israel, das auf wertvolle Erfahrungen aus den besetzten arabischen Gebieten zurückgreifen kann, war während der "Violencia" mit mehr als 300 Beratern im Land tätig und lieferte moderne EDV-Anlagen mit umfassenden Datenbanken. Europäische Staaten wie die Schweiz, Österreich und Belgien sprangen 1977 für die USA ein, als US-Präsident Carter wegen wiederholter Menschenrechtsverletzungen das Militärhilfeprogramm stark reduzierte und einen Lieferstopp für Waffen und Ausrüstung verhängte. Ronald Reagan und sein Nachfolger haben diesen Ausrutscher ihres demokratischen Kollegen wieder gutgemacht. Für die Rekrutierung junger Soldaten sind die sogenannten *comisionados militares* verantwortlich sind, die als örtliche Vertreter des Heeres in den Dörfern und Städten des Landes gleichzeitig Informations- und Spitzeldienste übernehmen.

Die Frage nach der Macht und Herrschaft des Militärs in Guatemala über das eigene Volk ist nicht nur in den Machtgelüsten einzelner Offiziere zu sehen. Die Unterdrückung des Volkes geht einher mit der Verteidigung handfester materieller Interessen der Militärs. Seit den 50er Jahren hat sich der Anteil der Landbesitzer und Industriellen unter ihnen erheblich erhöht, so daß das Militär nicht mehr nur die Interessen anderer verteidigt, sondern selbst viel zu verlieren hat. Die Folge war eine *"Oligarchisierung"* weiter Teile der Armee und die Verbürgerlichung ihrer Ideologie. Das Militär verfügt inzwischen über ein eigenes Bankenwesen. Das neue Bündnis zwischen Großbürgertum, Wirtschaftsverband und dem Militär ist sich des gemeinsamen Feindes bewußt: das Volk, welches noch immer auf Landreformen hofft und schon in der Vergangenheit gezeigt hat, daß es auch vor einem bewaffneten Widerstand nicht zurückschreckt.

Anfang der 80er Jahre wurde vom Militär eine neue Strategie zur Guerillaabwehr entwickelt: *Fusiles y Frijoles* (Gewehre und Bohnen). Sie sah statt der rein militärischen Bekämpfung und physischen Vernichtung des Gegners die radikale Umgestaltung der sie unterstützenden Bevölkerung vor und wurde mit dem Aufbau "ländlicher Entwicklungszentren" gekoppelt. Diese "Modelldörfer", wie sie auch zynisch genannt werden, sind nichts anderes als Internierungslager, die unter der bewaffneten Kontrolle des Militärs stehen.

Trotz demokratischer Verfassung seit 1985 gibt es zahlreiche Hinweise, daß das Militär nach wie vor die politische Kraft im Staat ist. Der Austausch von Militärs an Spitzen- und Schlüsselpositionen durch zivile Personen erfüllt meist nur eine Alibifunktion. Verträge und Absprachen mit der Armee vor dem Amtsantritt des ersten Präsidenten der Demokratie zeigen, daß die zivile Regierung mehr geduldet als respektiert und geschützt wird. Allein zwei Militärputsche hatte der Präsident Vinicio Cerezo während seiner Amtszeit zu überstehen.

Die Polizei

Eine der ersten Amtshandlungen Cerezos war die Auflösung der berüchtigten Kriminalabteilung *(DIT)* der Nationalpolizei und die Aufstockung des gesamten Polizeiapparats als Gegengewicht zur Militärpolizei. Außerdem war die grundsätzliche Trennung von Armee und Nationalpolizei vorgesehen sowie ein tiefgreifendes Polizeireformprogramm, das nicht nur die Modernisierung der Ausrüstung und Methoden vorsah, sondern auch die Demokratisierung der Truppe zum Ziel hatte. Mit diesen Vorgaben jedenfalls stießen Präsident Cerezo, Innenminister Rodil und Polizeichef Caballeros 1986 in der Bundesrepublik bei Entwicklungshilfeminister und CSU-Politiker Jürgen Warnke auf offene Ohren. Gemeinsam mit Innenminister Zimmermann sah Warnke in der Aufrüstung der guatemaltekischen Polizei eine wirksame Methode zur Kontrolle der allgemeinen Kriminalität und Einhaltung der Menschenrechte. Unter Umgehung des Bundestages wurden aus dem Entwicklungshilfeetat der BMZ (Bundesministerium für wirtschaftliche Zusammenarbeit) 10 Millionen DM zur Verfügung gestellt.

Das Polizeiprojekt Guatemala wurde zum Skandal. Nicht nur die Verstrickung oberster Polizeibeamter in Gewaltverbrechen, mangelnder politischer Wille und Korruption in den Ämtern verurteilten die deutsche Polizeihilfe zum Scheitern, sondern auch der massive Druck von Seiten des Militärs, die nach dem Putsch vom 9. Mai 1988 den Rücktritt des Innenministers und Polizeichefs erzwangen. Dies hatte zur Folge, daß sämtliche Reformprogramme verzögert oder gar eingestellt wurden. Länder wie Venezuela, Spanien und die USA, die ebenfalls an Ausbildungs-und Ausrüstungsprogrammen beteiligt waren, zogen sich frustriert zurück. Für den Abgang der Bundesrepublik aus diesem dubiosen Projekt war das Auswärtige Amt in Bonn zuständig.

Längst ist von den insgesamt 55 Merce-

Deutsche Polizeihilfe: Schon privatisiert

43

des-Geländewagen, fünf Bussen, 60 BMW-Motorrädern, Funksprechgeräten und Videokameras ein beträchtlicher Teil in Privatbesitz übergegangen. Viele der in Deutschland ausgebildeten Polizeikräfte wurden vom guatemaltekischen Innenministerium nicht übernommen und sind im privaten Sektor tätig.

Wer als Ausländer in Guatemala mit der Polizei in Konflikt gerät, und sei es nur wegen der lächerlichen Übertretung einer Verkehrsregel (die immer dann in Kraft tritt, wenn ein "Gringo" sie verletzt), wird in jedem Fall zur Kasse gebeten - und das nicht zu knapp. Der Gerechtigkeit halber muß man sagen, daß sich der Stil auf der untersten Polizeiebene in den letzten Jahren gebessert hat und man sogar hoffen darf, auf verständige Beamte zu treffen. Jedoch nicht ohne mit ihnen zu reden, reden ...

Patrullas de Autodefensa Civil PAC

Als Anfang der 80er Jahre unter Rios Montt mit dem Wiederaufbau der zerstörten Dörfer begonnen wurde, entstanden die ersten "Patrouillen für zivile Selbstverteidigung". Diese als eine Art ländliche Bürgerwehr getarnte zivile Organisation hat die Aufgabe, ihre nähere Umgebung zu beobachten und "Subversivos" der Armee zu überstellen. Das Militär macht sich dabei die genaue Orts- und Personenkenntnis der Landbevölkerung zu nutze. Offiziell ist der Dienst freiwillig, doch wer sich wehrt, muß mit Verfolgung und Repression rechnen. Ca. 500.000 Männer, meist Bauern, müssen für drei *Quetzal* Lohn eine 24-Stunden-Schicht pro Woche oder mehr auf Streife. Die Gewehre bekommen sie vom Militär.

Bei seinem Amtsantritt 1985 versprach Präsident Cerezo die *PAC*s aufzulösen. Heute klagen die Campesinos diese Zusage ein, die aufgrund des heftigen Widerstandes rechter Kreise und des Militärs nie eingelöst wurde. Dafür wurden die *PAC*s in *Comités Voluntarios de Defensa Civil* umbenannt. Für einen guatemaltekischen Campesino bedeutet dieser Dienst einen Tag Arbeitsausfall, finanzielle Einbußen, da meist gar nicht bezahlt wird, und durchwachte Nächte

in der Kälte. Außerdem wird ihm die Zusammenarbeit mit der Armee aufgezwungen, die ihn in die Lage eines Kollaborateurs bringt und die Landbevölkerung in den Gegensatz zur Guerilla setzt.

Sinn und Zweck der *PACs* wird in Guatemala kontrovers diskutiert. Noch ist die Lobby der Bauern zu schwach und der Einfluß des Militärs zu mächtig, als daß mit einer baldigen Auflösung der Patrouillen gerechnet werden kann.

SIPROCI - das neue "Zivilschutzsystem"

Die Idee einer unabhängigen Polizei war dem Militär von Anfang an ein Dorn im Auge. Die Zunahme der Kleinkriminalität und die Fortdauer von Gewaltverbrechen waren Grund genug, diese wichtige Trennung aufzuheben, eine Reform der Polizei rückgängig zu machen und ein Koordinationssystem zu schaffen, das dem Befehl des Militärs untersteht. Am 11. August 1988 wurde das *Sistema de Protección Civil (SIPROCI)* ins Leben gerufen. Diesem Zivilschutzsystem sind die Nationalpolizei, die Großgrundbesitzer-Polizei *Guardia de Hacienda* und die Militärpolizei angeschlossen. *SIPROCI* kämpft laut Selbstdarstellung gegen den Drogenhandel, spürt gestohlene

Fahrzeugen auf, beschlagnahmt illegale Waffen und verhaftet kriminelle Subjekte. Dies alles im Namen der Freiheit, Gerechtigkeit und Sicherheit für das guatemaltekische Volk, für den sozialen Frieden und die Demokratie. Ob allerdings der Zusammenschluß von Polizei, Militär und *Guardia de Hacienda* der Demokratie förderlich ist, darf bezweifelt werden.

Revolutionäre Basisbewegungen

Widerstand in Guatemala wird auch nach Einführung der Demokratie verfolgt. Die Losung "Kritisiere deine Regierung nicht, arbeite für sie", die einst von den Militärdiktatoren ausgegeben wurde, entspricht noch immer der Philosophie des Staates. Gegenwärtig existieren neben den bewaffneten Widerstandsgruppen der Guerilla Bauernorganisationen, Menschenrechtsgruppen, Studentenverbände und Kirchenkreise, die der Repression in Guatemala den Kampf angesagt haben.

Die Guerilla

Die erste guatemaltekische Guerillabewegung entstand 1960, als ein Putschversuch vorwiegend junger Offiziere gegen das damalige Ydígoras-Regime scheiterte. Damals gründeten die Führer der Guerilla Yon Sosa ("El Chino") und Turcios Lima in Erinnerung an den Tag des Aufstandes die *Movimiento Revolucionario 13 de Noviembre - MR 13 -* (Revolutionäre Bewegung 13. November). Nachdem sich auch die guatemaltekische Arbeiterpartei **PGT** für den bewaffneten Kampf aussprach, kam es im Dezember 1962 zu einem Zusammenschluß dieser Kräfte und zur Gründung der *Fuerza Armada Rebelde - FAR -* (Aufständische Streitkräfte).

Polititische Uneinigkeit, militärische Unerfahrenheit, Disziplinlosigkeit und Verrat führten bald zu Spannungen innerhalb der *FAR*. Als sich die Gruppe um Yon Sosa dem Trotzkismus näherte, kam es zur Spaltung der einstigen *MR 13*. 1965 gründete die revolutionäre Kampftruppe unter Turcios Lima

Frente Guerillero Edgar Ibarra - FGEI - zusammen mit der *PGT* und der kommunistischen Parteijugend eine neue *FAR*.

Ein Jahr darauf wurden Neuwahlen ausgeschrieben, die die Militärjunta auf Betreiben der USA, der an einer demokratischen Fassade gelegen war, durchführte. Mit dem Juristen Méndez Montenegro bot sich als Zivilist ein idealer Kandidat an. Zu diesem Zeitpunkt zählte die Guerilla ca. 500 kämpfende Mitglieder, die schwerpunktmäßig im Nordosten des Landes (Izabal und Zacapa) operierten, jedoch noch ohne größeren Rückhalt aus der Landbevölkerung.

Die Aussicht auf die versprochene "demokratische Öffnung" der neuen Regierung führte zu unterschiedlichen Einschätzungen der Situation innerhalb der *FAR*. Große Teile der Guerillabewegung schlossen sich einem Waffenstillstandsabkommen an, was den internen Auflösungsprozeß beschleunigte. Am Vorabend der Wahl Montenegros im Mai 1966 wurden 27 Führungsmitglieder der *PGT* verhaftet, gefoltert und ermordet. Gleichzeitig wurde die Bevölkerung im Rahmen des Counterinsurgency-Programms zunehmend Opfer eines brutal geführten Anti-Guerillakampfes.

Als am 2. Oktober 1966 *Turcios Lima*, der entschlossenste Guerillero, bei einem Autounfall ums Leben kam, zerbrach die organisierte Guerilla, deren Offensiven nur noch die Gewalt und Repression der Gegenseite zu steigern vermochte. Ein Jahr später hatte die guatemaltekische Guerilla als landesweite Organisation praktisch zu existieren aufgehört.

Es gibt viele Gründe, warum die Guerilla über ihre Anfänge erst einmal nicht hinauskam. Der vielleicht entscheidende Fehler lag in der kritiklosen Übernahme des kubanischen Guerillakonzeptes. Die Guerilla übersah, daß eine Basis nur dann revolutionäre werden kann, wenn sie mit der Idee des Befreiungskampfes vertraut gemacht und die Kommunikation durch praktische Solidarität ergänzt wird.

Das bedeutete nichts anderes, als daß die Guerilla zunächst lernen mußte, unter den gleichen schwierigen Bedingungen wie die

Guerilla: Gesprengte Brücke an der Südküste

Campesinos zu leben, deren Kultur und Wertvorstellungen kennenzulernen, sowie ihre Solidarität durch Ernteeinsätze, Arzneimittelversorgung und ähnliches zu beweisen. Über die harte und entbehrungsreiche Zeit der Aufbauarbeit Ende der 60er und Anfang der 70er Jahre berichtet der Guerillero Mario Payeras eindrücklich in seinem Buch "Wie in der Nacht die Morgenröte".

In den 70er Jahren kam es dann nach langjähriger Pause unter der Regierung Arana Osorio zu einer neuen Phase des bewaffneten Kampfes. Vier große bewaffnete Organisationen traten an. Das *Ejército Guerillero de los Pobres - EGP -* (Guerillaheer der Armen) wurde 1972 gegründet und trat drei Jahre später zum ersten Mal mit Aktionen an die Öffentlichkeit. Unter ihrem Mitbegründer *Mario Payeras* gelang dem Guerillaheer 1975 eine der spektakulärsten Hinrichtungen, die des "Jaguars von Ixcán" *Luis Arenas*. Dieser reiche Großgrundbesitzer war wegen seiner Grausamkeit gegenüber den Indígenas berüchtigt. Zu dieser Zeit kämpfte die Gruppe vor allem in den Provinzen El

Quiché und Alta Verapaz, später dann im gesamten zentralen Hochland bis zur Pazifikküste. Am 7. Oktober 1979, dem 12. Todestag Che Guevaras, entführte das *EGP* einen Verwandten des amtierenden Präsidenten Romeo Lucas Garcia und ließ sich von der millionenschweren Familie den Abdruck eines "Internationalen Manifestes" bezahlen, die das Grundrecht des Volkes einklagt, die Macht in seine Hände zu nehmen. Über das Leben in der EGP in den Jahren 1981 und 1982 berichtet das Buch von Nicolas Andersen (Pseudonym) "Guatemala, Escuela Revolucionaria de Nuevos Hombres".

Eine zweite Guerillatruppe trat 1979 nach acht Jahren unentdeckter Aufbauarbeit in den Provinzen San Marcos und Sololá in Erscheinung. Die *Organización del Pueblo en Armas - ORPA -* (Organisation des Volkes in Waffen) nutzte ihre Arbeit im Untergrund, um die Landbevölkerung ideologisch auf den Widerstand vorzubereiten. Dazu gehörte der Entwurf von Geschichts- und Geographiebüchern sowie Unterricht im Lesen und Schreiben der Indianerdialekte. Ihrem politischen Ziel entsprechend, vor allem die indigene Bevölkerung als Basis der Revolution zu gewinnen, macht der Indígena-Anteil noch heute ca. 80% ihrer Kampfkraft aus. Kommandant der ORPA ist kein geringerer als Gaspar Ilom, der mit richtigem Namen Rodrigo Asturias heißt und der Sohn des berühmtesten guatemaltekischen Schriftstellers Miguel Angel Asturias ist.

Die dritte Guerilla-Organisation ist die *Fuerzas Armadas Rebelde - FAR -* (Aufständischen Streitkräfte), die sich durch die Integration christlicher Gewerkschaftler prinzipiell von der alten *FAR* unterscheidet. Ende der 70er Jahre operierten sie vor allem im Petén und an der Pazifikküste. Die FAR entführte 1979 den amerikanischen Botschafter Sean M. Holly, ließ ihn jedoch nach 39 Stunden wieder auf freien Fuß.

Die vierte Gruppe umfaßt den revolutionären Kern der Kommunistischen Partei *PGT*, der sich erst im April 1982 für den bewaffneten Kampf entschied. Ihren Zulauf erhält die *PGT* vorwiegend von Studenten und Arbeitern aus der Hauptstadt.

Am 9. Februar 1982 gründeten die vier politisch-militärischen Befreiungsorganisationen, die bereits seit Oktober 1980 in einem "Revolutionären Viererbündnis" ihre Arbeit koordiniert hatten, die *Unidad Revolucionaria Nacional Guatemalteca - URNG -* (Nationale Revolutionäre Einheit Guatemalas). In einem 5-Punkte-Programm legten sie die Ziele der zukünftigen Volksregierung fest, die das Recht auf Freiheit und Unversehrtheit, Wohlstand, Gleichberechtigung und politische Blockfreiheit garantiert.

30 Jahre Bürgerkrieg in Zentralamerika haben die mittelamerikanischen Präsidenten auf dem Friedensgipfel von Esquipulas II am 7. August 1987 dazu bewogen, einen Nationalen Dialog in Gang zu setzen. Aus diesem Anlaß wurde im September desselben Jahres für Guatemala die *Comisión Nacional de Reconciliación - CNR -* (Nationale Versöhnungskommission) gegründet, die die Lösungsvorschläge für ein Einvernehmen aller an sozialen, wirtschaftlichen und politischen Themen beteiligten Gruppen ausarbeiten soll. Der Kommission gehört auch der

neue Präsident Guatemalas Serrano an. Die Gespräche kamen nur schleppend in Gang, weil von den 80 Organisationen die wichtigsten Gruppen für eine Aussöhnung wie Militär, Unternehmerverband *(CACIF)* und Guerilla der Runde fern blieben. Zwischen der *CNR* und der *URNG* gibt es zwar regelmäßige Gespräche, doch solange das Militär von der *URNG* bedingungslose Niederlegung aller Wafen verlangt, werden nie mehr als befristete Waffenstillstände ausgehandelt. Die guatemaltekische Öffentlichkeit verfolgt die Verhandlungen mit großem Interesse. Doch gab es auch bis 1992 keine nennenswerten Ergebnisse, und man muß davon ausgehen, daß die Friedensgespräche von der *URNG* von Regierung und Militär bewußt verschleppt werden.

Wie groß die Solidarität des Volkes mit der Guerilla ist, ist sehr schwer zu bestimmen. Die Guatemalteken reden nicht gerne über die Guerilla, schon gar nicht die Indígenas. Als ich im Sommer 1990 in einem kleinen Hochlanddorf die *ORPA* antraf, die Flugblätter verteilte und die Bauern über die Notwendigkeit ihres Kampfes aufklärte, stellte ich fest, daß das Interesse an den *Subversivos* (vielleicht war es auch bloß Neugierde) größer war als die Angst, die viele der Campesinos mir gegenüber äußerten. Die größte Angst, so wurde mir klar, löst dabei das Militär aus, das meist am nächsten Tag im Dorf ist und Fragen stellt. Die Versammlung der Guerilla verlief friedlich, sie zeigten sich höflich und gesprächsbereit, nahmen nichts mit, ließen aber auch nichts zurück. Am meisten beeindruckte mich der große Anteil der Frauen in den grünen Kampfanzügen.

Die Versorgungslage der Guerilla ist nicht zum Besten bestellt. Seit einigen Jahren verlangt sie ein *impuesto de guerra*, eine sogenannte Kriegssteuer, vorzugsweise von Autofahrern, die sie auf der Straße anhält. Dabei kassieren die Guerilleros nie mehr als zehn Quetzal pro Person. Allerdings könnte die allgemeine Preissteigerungsrate die Guerilla inzwischen zu einer "Steuererhöhung" gezwungen haben.

Für die Verbreitung ihrer Nachrichten benutzt die Guerilla die Presseagentur

Landeskunde: Staat und Politik

Guatemala, 16 de febrero de 1990 — PRENSA LIBRE – 3

URNG

DECLARACION CON MOTIVO DEL VIII ANIVERSARIO DE LA UNIDAD REVOLUCIONARIA NACIONAL GUATEMALTECA (URNG)

Hace ocho años se proclamó la unidad de las fuerzas revolucionarias de Guatemala. Entraba en una nueva fase un proceso unitario que llenaba uno de los grandes vacíos y carencias que tenía nuestra lucha: la dispersión de esfuerzos, las visiones dispares y la falta de una conducción unificada.

Surge la Unidad Revolucionaria Nacional Guatemalteca (URNG) como un proyecto estratégico, cuyo objetivo principal era y es fortalecer la lucha y los instrumentos de nuestro pueblo para conseguir un futuro mejor, dando una cabal perspectiva y viabilidad real a su esfuerzo multitudinario e histórico.

Han pasado ocho años en los que se ha debido afrontar toda clase de dificultades y vencer serios obstáculos. En el transcurso de este tiempo, la URNG ha ido desarrollando su proyecto y enfrentando las ofensivas más fuertes por parte del ejército, y las maniobras más audaces por parte de algunos sectores políticos, superando verdaderas pruebas de fuego. Pero en todas ellas ha mantenido una coherencia y consecuencia en sus fuerzas y en su lucha. En vez de haber sido derrotada o desaparecida, como eran las aspiraciones de los enemigos de la lucha popular, ha logrado fortalecerse y consolidarse.

La Unidad Revolucionaria Nacional Guatemalteca (URNG) se nutre y es expresión de las raíces históricas y de las necesidades de nuestro pueblo. Se basa en el desarrollo de sus propias fuerzas, y su conducción responde exclusivamente a las necesidades nacionales. Por eso mismo, se equivocan quienes piensan o proclaman que la situación internacional puede influir negativamente en nuestro proceso. La perspectiva y viabilidad de nuestra lucha están dadas por la realidad concreta de nuestro país, y en ella se enriquecen cada día.

Cuando surge la URNG y se suman los caudales de las Organizaciones Revolucionarias, asolaba a Guatemala el inicio de las dictaduras militares desembozadas. El proyecto contrainsurgente del Alto Mando del Ejército y la camarilla dominante de aquel entonces desatan la más amplia y genocida represión. El Movimiento Revolucionario, todavía no suficientemente maduro, sufre golpes que llevaron a proclamar reiteradamente la victoria de las dictaduras sobre él, y a subestimar su capacidad de respuesta.

El tiempo demostraría que la propaganda y desinformación habían creado una gran falacia, que al poco tiempo se revertiría contra los mismos represores y los obligaría a diseñar un nuevo proyecto contrainsurgente, para conseguir subsistir y tratar de nuevo de aniquilar al Movimiento Revolucionario.

Se concibe un gobierno civil que sirviera de cobertura a los planes represivos y contrainsurgentes. Vinicio Cerezo asume ese papel. Y aunque tuvo una excepcional oportunidad para sentar las bases de la democracia, en lugar de buscar los caminos de alianzas democráticas y populares para enfrentar los problemas reales del país, se fue plegando vergonzosamente a los dictados de las camarillas militares.

La Unidad Revolucionaria Nacional Guatemalteca (URNG) no ha sido nunca obstáculo para la búsqueda de una solución política, que conlleve como valor intrínseco la construcción de una democracia real. No obstante las posiciones militaristas del gobierno y del ejército, ha insistido e insiste en la necesidad de la solución política.

La URNG no ha desmayado en estos esfuerzos, pero ha sabido también mantener una lucha consistente, a fin de enfrentar en todos los planos: político, militar y diplomático, la voluntad de quienes han pretendido imponer una solución militar.

Los que trataron de aniquilar a la Unidad Revolucionaria Nacional Guatemalteca (URNG) y se empeñan en desestimarla, se encuentran ahora con una realidad que escapa a sus maniobras publicitarias y a sus intentos de negar vigencia a nuestras fuerzas.

El fragor de la lucha, que ha contribuido a templar estas fuerzas, ha servido también para hacernos más flexibles y enriquecer nuestros planteamientos. Después de ocho años, la URNG es una realidad incontrastable que se consolida cada vez más como una alternativa. Lo afirmamos sin jactancia y sin prepotencia. Anotamos simplemente una realidad.

Por eso hoy, con toda responsabilidad ante el pueblo de Guatemala, la Comandancia General de la URNG reitera su voluntad de buscar una solución política, justa y democrática al conflicto armado interno que vive nuestro país.

Reafirma, por tanto, su decisión de mantener la legítima y necesaria lucha hasta que desaparezcan las causas que la motivaron, considerando que para la consecución de la paz y de la democracia en Guatemala, esto constituye su garantía.

Ante las fuerzas populares, democráticas y progresistas de nuestro país; los sectores cristianos; partidos políticos; entidades académicas, humanitarias y gremiales; empresarios patrióticos, y militares dignos y no represivos, afirmamos que pueden tener la seguridad de que encontrarán en la Unidad Revolucionaria Nacional Guatemalteca (URNG) un interlocutor auténtico, serio, abierto y honrado.

Con motivo de nuestro aniversario les invitamos respetuosamente a proseguir todos los esfuerzos que se han hecho para dialogar, discutir y buscar soluciones conjuntas a los cada día más agudos problemas de nuestro país.

Estamos convencidos de que este es un camino promisorio. Y Comprometemos nuestra voluntad sincera y franca de seguirlo hasta sus últimas consecuencias.

Guatemala, nuestro pueblo, merece un destino mejor. Está en manos de todos construirlo.

La Unidad Revolucionaria Nacional Guatemalteca (URNG) dará su aporte.

COMANDANCIA GENERAL DE LA URNG

Comandante
Rolando Morán

Comandante
Pablo Monsanto

Comandante
Gaspar Ilom

Carlos González
S.G. del CC del PGT.

Guatemala, 7 de febrero de 1990

UNIDAD REVOLUCIONARIA NACIONAL GUATEMALTECA

Anzeige in der PRENSA LIBRE: Erklärung aus Anlaß des achtjährigen Bestehens der "Vereinigten Guerilla" (URNG)

48

CERIGUA sowie den Guerillasender Voz Popular auf Kurzwelle. Außerdem veröffentlicht sie regelmäßig Anzeigen in den Tageszeitungen *El Grafico, Prensa Libre* und *La Hora,* wo die vier Kommandanten der *URNG* die Öffentlichkeit über ihre Einschätzungen, Ziele und Forderungen informieren.

Das Comité de Unidad Campesina

Das 1978 gegründete *Comité de Unidad Campesina - CUC -* (Komitee der Bauerneinheit) vertritt die Interessen der Bauern und Landarbeiter. Es gelang diesem Komitee innerhalb kürzester Zeit, bis zu 300.000 Menschen zu mobilisieren. Das *CUC* hat sich zur Aufgabe gemacht, die Arbeitsbedingungen und Löhne der Landarbeiter auf den Fincas zu verbessern, die Selbstverteidigung der Bauern gegen Überfälle des Militärs und paramilitärischer Einheiten zu organisieren, Aktionen wie Streiks und Landbesetzungen vorzubereiten und den Kampf für allgemeine demokratische Rechte voranzutreiben. In den Jahren 1980 und 1981 organisierte das *CUC* die größten Landarbeiterstreiks in der Geschichte Guatemalas. 80.000 Plantagenarbeiter legten während 17 Tagen in der Erntezeit die Arbeit nieder und erzwangen Lohnerhöhungen um das Dreifache des fixierten Tagesminimallohnes auf 3,2 Q. Heute ist der Minimallohn bei 10 Q. festgesetzt, das *CUC* fordert 20 Q. Dies entspricht laut Komitee dem Minimum für die Existenzsicherung einer Familie.

Ähnlich wie in der *ORPA* sind im *CUC* vor allem Indígenas organisiert. Eine Besonderheit ist die große Beteiligung der Frauen. Die Friedensnobelpreisträgerin und Repräsentantin des *CUC*, Rigoberta Menchú, berichtet in ihrem Buch "Leben in Guatemala" ausführlich über die Mitarbeit und das Selbstverständnis der Frauen im *CUC*. Sie ist davon überzeugt, "daß wir unsere Probleme selbst angehen müssen und nicht jemanden bitten dürfen, es für uns zu tun, weil das eine Lüge ist. Niemand wird unsere Probleme lösen, und das Beispiel für dieses Bewußtsein sind gerade die Compañeras Indígenas, die politische Klarheit besitzen und Führungspositionen in der Organisation haben."

Grupo de Apoyo Mutuo

Neun Frauen erhoben im Mai 1984 öffentlich Protest gegen die Verschleppung ihrer Angehörigen und riefen die *Grupo de Apoyo Mutuo - GAM -* (Gruppe zur gegenseitigen Unterstützung) ins Leben, an der sich kurz darauf 600 Familien beteiligten. Nach dem Vorbild der argentinischen Mütter von der Plaza de Mayo fordern auch die guatemaltekischen Frauen: "Lebend habt ihr sie uns genommen, lebend wollen wir sie zurück!" Trotz Versprechungen der Regierung nach Aufklärung über das Schicksal der Verschwundenen bekam bisher keine der Frauen ihren Sohn, Mann oder Bruder zurück - wenigstens nicht lebend. Die *GAM* ist inzwischen eine der bedeutensten demokratischen Bewegungen in Guatemala und eine international bekannte Menschenrechtsgruppe. 1986 traf sich Bundespräsident Weizäcker bei seinem Besuch in Guatemala mit der Präsidentin der *GAM Nineth de Garcia*. Trotz ständiger Bedrohung vor Anschlägen auf ihr eigenes Leben und das ihrer Angehörigen kämpft sie mit vielen anderen gegen einen Apparat, der 1985 die an Entführungen, Folter und Mord Beteiligten amnestiert hat. Die *GAM* arbeitet eng mit der 1988 gegründeten Vereinigung der Witwen *CONAVIGUA* zusammen.

Die geheimen Dörfer im Widerstand

Als Antwort auf die "Politik der verbrannten Erde" gibt es seit 1982 die "geheimen Dörfer im Widerstand" (*Comunidades de Población en Resistencia - CPR*). Sie sind so organisiert, daß bei einem möglichen Vorrücken der Armee das gesamte Dorf seine Habe schnell einpacken und die Bewohner in die Wälder flüchten können. Hauptinteresse der Armee ist es, die Äcker der Widerständler ausfindig zu machen und ihre Ernte zu beschlagnahmen oder zu zerstören.

Auch unter der demokratischen Regierung gehen die Verfolgungen der Bewohner der Geheimen Dörfer im Widerstand weiter, wie die Offensive von September 1987 bis März 1988 beweist, als viele Indígenas unter Luftangriffen starben und Tausende von ihnen gefangengenommen wurden.

Huelga de Dolores

Einmal im Jahr, vier Wochen vor Ostern, geistert ein tanzendes Skelett durch Guatemala. "La Chabela" ist die Symbolgestalt des alljährlichen Studentenstreiks, den die Studenten und Studentinnen der San Carlos Universität in Anlehnung an den Viernes de Dolores (Karfreitag) Huelga de Dolores nennen. Während dieser Zeit ziehen in lila Gewänder vermummte Studenten durch die Stadt, tragen Politikerfratzen aus Pappmaché auf ihren Schultern durch die Straßen, verteilen "subversive" Flugblätter an Passanten, legen den Autoverkehr durch quergelegte Nagelbretter lahm und veranstalten politische Theaterabende in der Hauptstadt und in Quetzaltenango.

Die Geschichte des "Huelga de Dolores" begann 1898 unter der Diktatur Estrada Cabreras und wurde im Untergrund von Medizin- und Jurastudenten der USAC ins Leben gerufen. Die 1. Nummer der Zeitschrift "No nos lo tientes" erschien, Kampflieder entstanden, doch erst 1922 gingen die Studenten mit ihrem Protest auf die Straße. Damals gehörte auch Angel Miguel Asturias dem Organisationskomitee des Streiks an. Die Mitgliedschaft und die Mitwirkung beim "Huelga de Dolores" war gefährlich. Viele der Studenten und Studentinnen wurden in den darauffolgenden Jahren verschleppt, gefoltert, ermordet. Dennoch wurden die Protestmärsche mit ihren Plakaten, Figuren und Sprüchen entsprechend der herrschenden Politik immer aggressiver, zynischer und obzöner. Die Solidarität der Bevölkerung wirkte dagegen als eine Art Schutzschild bei öffentlichen Auftritten, so daß sich Regierung und Militär gezwungen sahen, still zu halten, wollten sie nicht ein Blutbad provozieren. Heute hat sich der "Huelga de Dolores" schon fast institutionalisiert und wird als traditionelle Veranstaltung geduldet, aber scharf beobachtet.

Das studentische "Honorable Comite" (ehrenwerte Komitee) stellt jedes Jahr ein phantasievolles Abendprogramm auf die Beine, das zu den kulturellen Höhepunkten des Jahres gehört und im Nationaltheater (!) aufgeführt wird. Untergrund-Theater, politisches Kabarett und linke Liedermacher gehören ebenso zum Programm wie rebellische Kampfansagen an den US-Imperialismus, Grußadressen an die sandinistischen Revolutionäre und Solidaritätserklärungen mit den Unterdrückten im eigenen Land. Ein Stück hoffnungsvolle Gegenkultur. Die Veranstaltung der Studenten ist regelmäßig ausverkauft. Die Eintrittskarte kostet 1 Quetzal plus ein Pfund Zucker, Mais oder Bohnen, das an die Landbevölkerung verteilt wird.

Straßenaktion: Vermummte Studenten legen den Verkehr lahm.

Wirtschaft

"Das Land ähnelt jeden Tag mehr einem Versuchsfeld, wo Zauberlehrlinge ihre Heilmethoden erproben", schrieb ein guatemaltekischer Journalist Ende 1989 in seiner Wirtschaftsanalyse der vergangenen zehn Jahre. Er wollte damit sagen, daß wirtschaftspolitische Maßnahmen in Guatemala Experimenten gleichen, deren Gelingen sich in der Vergangenheit aus gutem Grund als fragwürdig herausgestellt haben. Denn schon immer hatte die guatemaltekische Wirtschaftspolitik auf die Forderungen, Ansprüche und Interessen eines kleinen und privilegierten Teils der Gesellschaft Rücksicht nehmen müssen, die im Besitz der ökonomischen Macht des Landes sind. Dies fällt um so leichter, je unmittelbarer Präsidenten, Militärs und Politiker selbst einen Teil dieser Oligarchie darstellen und politisches Handeln gleichbedeutend mit opportunistischen Zweckrationalismus ist. Mit der Einführung der Demokratie und einer neuen Verfassung 1985 verpflichtete sich die Regierung, Wirtschaftspolitik mit Sozialpolitik zu verbinden. Sie stand damit nicht nur vor einem politischen Problem, sondern gleichzeitig vor einem ideologischen, nämlich dem, Guatemalas großmächtigem Unternehmerverband *CACIF* begreiflich zu machen, daß der Besitz von Produktionsmitteln und Kapital auch sozial verpflichtet. Wahrhaftig eine der schmerzhaftesten Lektionen für die Privatwirtschaft des Landes, die bisher auf alle Lohn- und Steuererhebungen mit einer Weltuntergangsstimmung reagiert hat.

Allgemeiner Überblick

Guatemalas Wirtschaft ist abhängig von seiner Exportproduktion. Davon erwirtschaftet allein die Landwirtschaft trotz rückläufiger Tendenz 60% des Gesamtexportaufkommens und ist mit 55% Beschäftigtenanteil zugleich bedeutendster Sektor des Landes. Mit 32% (1991) der *Agrarexporte* steht die Kaffeeproduktion unangefochten an der Spitze, gefolgt von Bananen, Zuckerrohr, Kardamom und Baumwolle.

Die Entwicklung des industriellen Sektors wird durch den schwachen heimischen Markt gebremst. Niedrige Löhne, Inflation und steigende Lebenshaltungskosten hemmen die Kaufkraft der Guatemalteken. Politische Instabilität und Bürgerkrieg in den 70er und 80er Jahren verhinderten außerdem die Bereitschaft zu Investitionen und bewirkten eine Kapitalflucht, die das Land um Jahre zurückwarf. Die verarbeitende Industrie gehört mit der Nahrungs- und Genußmittelproduktion sowie der Textilverarbeitung zu den wichtigsten Zweigen. Insgesamt trägt die Industrie etwa 16% zum Bruttoinlandsprodukt (BIP) bei. Großes Augenmerk legt die guatemaltekische Wirtschaft auf die Produktion sogenannter Nicht-traditioneller Produkte, wie z.B. Gemüse, chemische Erzeugnisse, Sesam, Blumen und Meeresfrüchte als Devisenbringer.

Zweitwichtigster Wirtschaftszweig ist der Tourismus. Aufgrund der relativen Ruhe im Land überschritt Guatemala in den letzten Jahren die 100 Millionen Dollar-Marke und bemüht sich, durch teure Investitionen die steigende Tendenz zu konsolidieren.

Die wichtigsten **Außenhandelspartner** Guatemalas sind nach wie vor die Vereinigten Staaten, Zentralamerika, die Länder der Europäischen Gemeinschaft, Mexiko, Saudi Arabien, Japan und Venezuela. Den größten Anteil der Ausfuhren in die EG-Länder nimmt die Bundesrepublik auf, so daß Guatemala im Handel mit den Deutschen Überschüsse erzielt. Aus den USA erhält Guatemala 30% seiner Importe. Die wichtigsten Importprodukte Guatemalas sind Automobile, Maschinen, Öl, Rohstoffe und chemische Erzeugnisse.

Trotz eines Wirtschaftswachstums von durchschnittlich 2,5% jährlich ist das **Pro-Kopf-Einkommen** in den letzten Jahren kontinuierlich gesunken (358 $ im Jahr 1989). Mit dem Bevölkerungswachstum von 2,5-3% steigt auch die Zahl der Erwerbslosen und Unterbeschäftigten. Armut und Elend haben in dem Maße zugenommen, wie sich die Regierung bisher weigerte, dringend notwendige sozialpolitische Investitionen zu tätigen. Riesige Summen verschlingt dagegen ein aufgeblasener und träger bürokratischer Apparat, der zu den größten Bremsern des Fortschritts gehört.

Mit einer Auslandsverschuldung von rund 3 Milliarden $ steht Guatemala im Vergleich zu den anderen lateinamerikanischen Ländern relativ gut da (Nicaragua 8,7 Mrd.$). Es wird angenommen, daß ein gleich hoher Betrag von im Land erwirtschafteten Gewinnen auf amerikanischen Privatkonten liegt. Guatemalas Währung muß mit durchschnittlich 12% Inflationsrate immerhin als eine der stabilsten in Lateinamerika angesehen werden.

Nach Haiti besitzt Guatemala noch immer die niedrigsten Steuersätze Amerikas. Trotz der von der christdemokratischen Regierung seinerzeit durchgeführten Steuerreform, die erstmals eine 7%ige Mehrwertsteuer einschloß, bewirkten die Mehreinnahmen keine Verbesserung der öffentlichen Dienstleistungen. Es gibt Einschätzungen, daß der Haushalt ohne Neuverschuldung verabschiedet werden könnte, wenn alle Steuern rechtmäßig abgeführt würden. Doch offene Steuerhinterziehung gehört zu einer weitverbreiteten Sitte im Land.

Der Agrarsektor

Die ungleiche Landverteilung ist einer der Grundkonflikte Guatemalas. Die Wurzeln liegen in der Übernahme der wirtschaflichen und politischen Macht durch die bürgerlichen Schichten Ende des 19. Jahrhunderts, die die Vergabe von Ländereien für eine exportorientierte Produktion forcierten. Seither wurde der Kontrast zwischen Klein- und Großbetrieben bezüglich des Landeigentums immer größer.

Die Anzahl der Minifundien und *Fincas subfamiliares,* die Größen bis 7 ha einschließen, machen noch immer mehr als drei Viertel aller Betriebe aus. Sie verfügen damit jedoch nicht einmal über ein Viertel des bebaubaren Landes. Vor allem die Minifundien mit weniger als 0,7 ha nehmen anteilmäßig ständig zu. Hauptsächlich davon betroffen ist die indianische Bevölkerung Guatemalas auf den kargen Böden des Hochlands. Neben der Expansion des Großgrundbesitzes auch in diesen traditionell kleinbäuerlichen Regionen wird der Zersplitterungsprozeß durch die Bevölkerungszunahme und das System der Realerbteilung beschleunigt. Da die Kleinstbetriebe die Existenzgrundlage einer Familie nicht mehr sichern können, sind vor allem die Familienväter gezwungen, regelmäßig bei Ernteeinsätzen an der Küste (Kaffee, Baumwolle, Zuckerrohr) zu arbeiten.

Den Minifundien stehen die Latifundien in den fruchtbaren Regionen wie der Küste und der Boca Costa gegenüber. Die Zahlen sprechen für sich: Fast zwei Drittel des Landes gehören knapp 3% Grundeigentümern. Auch hier gibt es Konzentrationserscheinungen. Eine immer kleiner werdende Gruppe von Familien besitzt immer mehr Land, wobei der Besitz juristisch unter den einzelnen Familienmitgliedern aufgeteilt wird.

Auf den Fincas und Haciendas der Großgrundbesitzer wird unter Einsatz von Maschinen hauptsächlich für den Export produziert, während die Kleinbetriebe den inländischen Markt versorgen oder je nach Größe

Wachsen für den Export: Kaffee (vorne) und Kardamom (dahinter)

subsistent wirtschaften. Besorgnis-
erregend ist die Tatsache, daß Guatemala ähnlich wie Mexiko in den
letzten Jahren Grundnahrungsmittel,
wie z.B. Mais importieren mußte. Ein
Grund dafür ist die sinkende Produk-
tivität des Bodens, die vor allem die
Minifundien des Altiplano (Hochland)
betrifft. Jahrzehntelanger Maisanbau
selbst in extremen Hanglagen führte
nicht nur zu einer Bodenverarmung,
sondern auch zu irreparablen Erosionserscheinungen. Die Versorgung mit teurem Kunstdünger ist für
die Campesinos inzwischen zu einer
Überlebensfrage geworden. Staatliche oder private Terrassierungs-
programme gehören daher auch
aus ökologischen Gründen zu den
derzeit wichtigsten Hilfsmaßnahmen.

Standbein der guatemaltekischen
Wirtschaft ist der agroindustrielle
Sektor. Nach wie vor setzt Guatemala auf das Exportprodukt Nummer 1:
den **Kaffee**. Die Pflanze benötigt
eine ausreichende Höhe und viel
Feuchtigkeit. Als Schattenspender
werden häufig Bananen zwischen
die Reihen gepflanzt. Obwohl das
Kaffeegeschäft für die guatemaltekischen Finqueros immer schwieriger
wird, macht der Kaffee weiterhin ein
Drittel (32%) der Agrarexporte aus.
1991 erwirtschaftete die aromatische
Bohne rund 286 Mio. $. Keine Frage
also, daß mit dem Verkauf von Kaffee die Handelsbilanz Guatemalas
steht und fällt. 1989 gerieten die
Weltmarktpreise mit dem Zusammenbruch des Internationalen Kaf-
fee-Abkommens ICA ins Schleu-
dern. Guatemala erhielt nur eine

Kaffee-
zweig

Quote von 3,26% der weltweiten
Kaffeeproduktion zugestanden und
exportiert davon rund zwei Drittel in
die USA und in die Bundesrepublik.
Man weiß, daß die USA als mächtig-
stes Verbraucherland die Quoten
nach politischen Kriterien verteilen.
Doch ebenso ist es ein offenes Geheimnis, daß auf dem internationalen
Kaffeemarkt ein reger Handel mit
Quotenrechten existiert.

Die großen Kaffeeproduzenten
Guatemalas sind vorzüglich organi-
siert. Als größte Arbeitgeber des
Landes beschäftigen sie rund 2,5
Mio. Menschen, teils permanent,
überwiegend aber saisonal. Nach
Aussage eines *Finquero* im Dept.
Quetzaltenango verdient ein Pflücker
während der Erntezeit 7 Centavos

pro abgeliefertes Pfund. Sind die Kaffeereihen gut gepflanzt und die Stauden nicht zu hoch, kann nach seiner Einschätzung ein Arbeiter am Tag 200-300 Pfund Kaffee ernten, was einem Tagesverdienst von 14-21 Quetzales entspricht. Allerdings gibt es einige Ausgaben, die den Reallohn des Pflückers schmälern.

Fünfmal weniger Devisen als der Kaffee erwirtschaftet die *Bananen-industrie* (ca.74 Mio$). Die einstigen Flächen der legendären United Fruit Company sind in den 70er Jahren in verschiedene Hände übergegangen. Der internationale Konzern Del Monte vereinigt jedoch als einziger "Ausländer" mit knapp 5000 ha Anbaufläche mehr Land auf sich als alle nationalen Produzenten zusammen. Del Monte (Chiquita) vertreibt 70% seiner Bananen über die Tochtergesellschaft *BANDEGUA* in die USA. Über die *COBIGUA*, eine nationale Vertriebsgesellschaft guatemaltekischer Produzenten, geht der Verkauf dagegen hauptsächlich nach Saudi Arabien und Italien. Guatemala ist heute mit 7% der gesamten lateinamerikanischen Bananenproduktion der zweitkleinste Produzent vor Nicaragua mit 2%. Die Situation wird sich mit der Erhöhung der Einfuhrsteuern der EG von 5% auf 20% mit Sicherheit verschärfen. Im Gegensatz zur Kaffeeproduktion benötigt die Bananenindustrie permanente Arbeitskräfte. Sie beschäftigt derzeit ca. 10.000 Menschen.

An zweiter Stelle der Exportprodukte steht inzwischen das *Zucker-rohr*, das in der heißen Region der Küstenebene angebaut wird. Zusammen mit der Baumwolle- und Fleischproduktion wurde die Herstellung von Zucker in den 50er Jahren angekurbelt. Mit 700.000 t Zucker pro Jahr ist auch dieses Produkt eine wichtige Devisenquelle, die 1991 128 Mio $ erwirtschaftete. Wegen der schwankenden Weltmarktpreise ist der Exporterlös von Zuckerrohr in den letzten Jahren rückläufig. Das hohe Bartgras wird jedoch auch in hohem Maße für den nationalen Markt verarbeitet.

Das stark aromatische Gewürz *Kardamom* ist dagegen ein relativ junges Exportprodukt und wurde erstmals in den 70er Jahren verstärkt angebaut. Damals begannen Überlegungen, die Abhängigkeit vom Kaffee zu reduzieren, so daß heute auf vielen ehemaligen Kaffeeanbauflächen Kardamom wächst. Noch liegt Guatemala mit ca. 7000 t an der Weltspitze der Kardamomproduktion. Schärfster Konkurrent auf dem internationalen Markt ist Indien. Die Inder arbeiten derzeit an einer neuen Hybridsorte, welche den guatemaltekischen Ertrag von derzeit 250 kg pro Hektar um das Dreifache übersteigen wird. Hauptabnehmer sind die Arabischen Länder. Darf man Kardamomfinqueros glauben, wird der Export in den nächsten Jahren weiter zurückgehen.

Kardamom-Frucht

Trotz hoher Produktivitätsraten verzeichnet die *Baumwolle* als traditionelles Ausfuhrgut seit einigen Jahren eine kontinuierliche Talfahrt. Durch die Bearbeitung der Felder mit hochgiftigem DDT kamen nicht nur hunderte von Plantagenarbeitern alljährlich ums Leben (die Felder wurden bis zu 40 Mal im Jahr gespritzt), auch das ökologische Gleichgewicht der Baumwollregionen ist empfindlich gestört worden. Restriktivere Gesetze haben viele Pflanzer zur Aufgabe ihrer Felder bewogen.

Dagegen befindet sich die Produktion von *Gummi* im Aufwärtstrend. 1988 erwirtschaftete Kautschuk bereits 7,1 Mio$, das waren knapp 60% mehr als im Vorjahr. Grund dafür ist nicht zuletzt die steigende Nachfrage nach Präservativen, seitdem AIDS zu einem weltweiten Problem geworden ist. Allerdings stößt die Ausweitung der Plantagen an Grenzen. Zum einen sind die Bodenpreise an der Costa Sur stark gestiegen, zum anderen beginnt sich eine Kautschtukplantage erst nach sieben Jahren zu lohnen. Heute gibt es über 300 Fincas, die mehr als 320.000 Quintal (1 Quintal = 47 kg) Gummi produzieren.

Die Vergrößerung der Viehbestände wird von der Regierung gefördert. *Rinderzucht* wird vor allem an der Pazifikküste und im Petén betrieben. 1976 war Fleisch das fünftgrößte Exportprodukt, wovon ein Großteil in die USA ging. Die Amerikaner schickten jedoch in demselben Jahr große Mengen an Fleisch nach Guatemala zurück, da es durch Baumwoll-Pestizide verseucht war. Daneben hatte es oft eine minderwertige Qualität. Es ist zäh und faserig. Jeder Tourist in Guatemala wird mehr als einmal die Erfahrung eines "Schuhsohlen-Steaks" machen.

Der Industriesektor

Bescheidene Anfänge einer Industrialisierung lassen sich erst seit Mitte der 40er Jahre erkennen. Das Schwergewicht lag zu Beginn bei der Nahrungs- und Genußmittelbranche. 1960 wurde der Gemeinsame *Mittelamerikanische Markt - MCCA -* gegründet, der die regionale Industrie zugunsten von Halbfabrikaten und Investitionsgütern verstärken sollte. Der kurzzeitige Anstieg der industriellen Produktion mit ca. 16% am BIP bis Anfang der 70er Jahre gelang nur mit Hilfe ausländischer Investitionen. Diese kauften entweder lokale Firmen auf oder gründeten Filialen, so daß die bedeutensten Unternehmen wie ehemals in den Händen multinationaler Gesellschaften waren. Es gibt Schätzungen, daß bis zu 40% der guatemaltekischen Industrie vom Auslandskapital kontrolliert werden.

Das Schwergewicht der neuen Betriebsgründungen beim verarbeitenden Gewerbe liegt auf der Herstellung von pharmazeutischen Produkten, Kosmetika, Papier, Kunststoff und Gummi, Glas, Stahl, Zement, Bier und Holzverarbeitung. Nach dem Erdbeben 1976 verzeichnete die Bauindustrie einen beachtlichen Aufschwung. Doch konnte dieser Sektor wie viele andere seine Bilanzen nicht halten. Eine Ausnahme ist die sogenannte Draw-Back-Industrie, bei der halbverarbeitete Waren eines Industrielandes im Entwicklungsland fertiggestellt werden und wieder an den Absender zurückgehen. Von 1984 bis 1987 hat sich der Draw-Back-Export um 400% erhöht. Die Vorteile, insbesondere für die Amerikaner, liegen auf der Hand: billige Löhne, die geographische Nähe und eine einigermaßen ruhige politische Situation.

Um die Promotion für ausländische Investitonen kümmert sich die 1984 gegründete *FUNDESA,* eine Privatinitiative von Geschäftsleuten, die regelmäßig ein Magazin ("Viva Guatemala") und monatlich ein Papier mit den neuesten Wirtschaftsdaten, Einschätzungen und Kurzinformationen an alle Interessenten in der Welt verschickt ("Guatemala Watch"). Ihre neuesten Empfehlungen für ein zukunftsträchtiges Investment in Guatemala sind die Züchtung von Orchideen, die Kultivierung der Exotenfrucht Pitahaya, der Handel mit Kunsthandwerk und der Export von Jadeschmuck und Keramik.

Von einer mangelhaften Ausstattung und Organisation sind vor allem die Kleinbetriebe betroffen. Förderprogramme des Staates und ausländischer Entwicklungshilfeorganisationen haben in den letzten Jahren durch günstige Kreditkonditionen und Weiterbildungsmaßnahmen versucht, Abhilfe zu schaffen. Damit sollte zugleich die Bildung einer kaum vorhandenen Mittelschicht vorangetrieben werden.

Keine Industrie ohne Energie. Guatemala verfügt über die besten Voraussetzungen für die Energiegewinnung aus Wasserkraft. Würde die Anlage von *Chixcoy* (s. Alta Vera-

Mittelstand: Druckerei mit museumsreifem Maschinenpark

paz) funktionieren, hätte Guatemala nur noch wenig Energieprobleme.

Seit Jahren wird über die Rentabilität der Erdöllagerstätten im Petén und Alta Verapaz gestritten. Derzeit fördert Guatemala rund 4000 Barrel Rohöl pro Tag (10% des täglichen Bedarfs). Seit 1979 existiert eine Pipeline von Rubelsantos im Süden des Petén zur Karibikküste nach Santo Tomás de Castilla. Abgesehen davon, daß von diesem Geschäft hauptsächlich ausländische Unternehmen profitieren (Texaco, ESSO, Hispanoil), wäre die Zerstörung des Regenwaldes durch den Ausbau der Förderanlagen eine ökologische Katastrophe.

Eine dritte Quelle ist die Umsetzung geothermischer Energie. Die Forschungen hierzu haben erst 1973 angefangen und erfordern Spezialisten, die aus dem Ausland geholt werden müssen. Immer wieder gibt es Zwischenfälle, wie der Erdrutsch im Januar 1991 während Bohrversuche bei Zunil (Dept. Quetzaltenango) zeigt. Damals kamen über 20 Menschen ums Leben.

Der informelle Sektor

Diesen wichtigen Teil der Wirtschaft, den die Guatemalteken selbst als "sector informal" bezeichnen und den man bei uns alternativen Beschäftigungssektor oder einfach nur **Schattenwirtschaft** nennt, ist typisch für ein Entwicklungsland wie Guatemala. Es handelt sich hier um

58

die Produktions-, Vertriebs- und Dienstleistungen tausender von Männern, Frauen und Kinder. Sie verkaufen auf der Straße Tortillas, Tacos, "Dulces" (Süßigkeiten), Obst, Zigaretten, Zeitungen, Lose, Kleidung, Modeschmuck, Uhren, Brillen, Bilder - kurz, alles, was sich zu Geld machen läßt. Die *vendedores ambulantes* mit ihren fahrbaren Buden gehören zum Stadtbild in Guatemala. Andere bieten ihre Dienste als Autowäscher, Einparkhilfe, Schuhputzer und Aufpasser an, wieder andere arbeiten als Dienstmädchen, Gärtner, Nachtwächter, Putzhilfe, reparieren Autos oder schreiben Briefe für solche, die es nicht können. Der Fantasie sind in diesem Sektor keine Grenzen gesetzt.

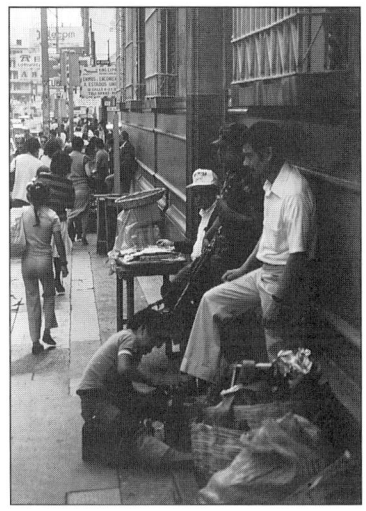

Schuhputzer in der Hauptstadt

Der Unterschied zum formellen Sektor liegt in der Art und Organisation der Beschäftigung. Der informelle Sektor kennt nicht die durchorganisierten und reglementierten Formen eines offiziellen Arbeitsverhältnisses. Die "selbständigen Unternehmer" oder vertragslosen Angestellten sind weder registriert noch zahlen sie irgendwelche Steuern. Dafür gibt es auch keine Versicherung, kein geregeltes Einkommen, keinen Kündigungsschutz.

Es ist keine Frage, daß die Ausdehnung des informellen Sektors mit den sozio-ökonomischen Lebensbedingungen der marginalisierten Bevölkerungsschichten zusammenhängt. In Guatemala ist die Hauptstadt durch den Zuzug nicht qualifizierter Arbeitskräfte vom Land besonders stark davon betroffen. Fast die Hälfte von denen, die in der Schattenwirtschaft ihr Auskommen finden, sind vom Land. 1992 waren rund eine halbe Million Personen im informellen Sektor beschäftigt, der somit 40% aller Arbeitsplätze in der Hauptstadt ausmachte. Im Durchschnitt arbeitet ein Angehöriger des informellen Sektors 55-60 Stunden pro Woche. Der Verdienst liegt bei 130-240 Quetzales monatlich. Von den informellen "Betrieben" in der Hauptstadt sind die meisten Autowerkstätten, gefolgt von Schneidereien, Schreinereien, Schuster- und Elektrowerkstätten. Bei den Beschäftigten handelt es sich meist um Autodidakten, dennoch wird ersichtlich, wie wichtig dieser an sich illegale Dienstleistungs- und Handwerkssektor für die Volkswirtschaft ist.

CACIF

Zu einer machtpolitischen Größe hat sich der Dachverband der Privatunternehmer Guatemalas entwickelt. Das 1957 gegründete "Comité Coordinador de Asociaciones Agrícolas, Comerciales, Industriales y Financieras" CACIF koordiniert die Interessen aus den Bereichen Landwirtschaft, Handel, Industrie und Finanzen. In seinen Statuten stellt der CACIF fest, daß nur die freie Marktwirtschaft ökonomischen Fortschritt und das Wohl des Volkes garantiert. Erklärtes Ziel ist es also, das wirtschaftliche System Guatemalas aufrechtzuerhalten, einschließlich der Eigentumsverhältnisse, Produktionsbedingungen und Privilegien.

Der Zusammenschluß der vier wichtigsten Wirtschaftssektoren des Landes ist perfekt organisiert und verwaltet. Kommissionen übernehmen die Lösung von internen Konflikten, die Aufrechterhaltung von Auslandsbeziehungen, die Koordination von Vorgehensweisen bezüglich Steuerfragen, die Entscheidung über Beteiligungen an Wirtschaftsprojekten und vieles andere mehr. Geschlossenheit nach außen und Zusammenhalt nach innen garantieren die Durchsetzung der Ziele. Als größter Arbeitgeber Guatemalas und finanzkräftigste Organisation im Land besitzt der CACIF inzwischen mehr Macht und Einfluß auf die guatemaltekische Politik als jeder Präsident oder jede Partei. Daß Vertreter der Oligarchie als Abgeordnete im Kongreß die Interessen ihres Verbandes direkt verteidigen, gehört zur Strategie des CACIFs.

Im Gegensatz zur Stärke und Aggressivität des Militärs wird die des CACIFs in der internationalen Berichterstattung meist untergeordnet behandelt oder gar ignoriert. Wie skrupellos und teilweise einträchtig die beiden Apparate ins politische Leben Guatemalas eingreifen, beweist der Putschversuch vom Mai 1988, der mit Unterstützung des CACIFs finanziert wurde.

Verladen von Zucker im Hafen Puerto Quetzal

Der Tourismus

Wie für viele andere Entwicklungsländer ist auch für Guatemala der Tourismus einer der Hauptdevisenbringer. Volkswirtschaftlich gesehen steht die Touristikbranche nach der Kaffeeindustrie (niedrige Weltmarktpreise) sogar an zweitwichtigster Stelle. So verbuchte Guatemala 1992 Einnahmen von 240 Mio$ aus dem Reiseverkehr und näherte sich wieder den Rekordjahren vor 1982.

Die meisten der 1992 erfaßten Touristen besuchten mit Reiseveranstaltern das "Land des ewigen Frühlings". Im Gegensatz zum Individualtouristen bleiben die Pauschaltouristen jedoch meist nicht länger als 10-14 Tage im Land und bewegen sich auf einer vorgeschriebenen Route. Ob länger oder kürzer, für den größten Teil der Gäste aus den USA oder Europa ist Guatemala noch immer nicht mehr als ein Abstecher oder eine Durchgangsstation innerhalb eines umfangreicheren Reiseprogramms.

Betrachtet man sich Statistiken der eingereisten Auslandsgäste nach Herkunftsgebieten, hat sich das Bild in den letzten Jahren kaum verändert. Knapp die Hälfte der 540.000 Eingereisten stammt nach wie vor aus mittelamerikanischen Ländern, vor allem aus El Salvador. Es ist zu bedenken, daß hier der Anteil an Geschäftsreisen nicht unerheblich ist. Mit 114.700 nordamerikanischen Touristen 1992 nimmt die USA den zweiten Platz ein, noch vor 71.400 Europäern, die im selben Jahr das

Land besuchten. Am stärksten vertreten waren dabei die Deutschen mit knapp 20.000 Touristen. Tendenz steigend.

Um die Förderung und den Ausbau des Tourismus in Guatemala bemühen sich das Staatliche Fremdenverkehrsamt *INGUAT (Instituto Guatemalteco de Turismo)* und die Tourismuskammer *CAMTUR (Cámara de Turismo de Guatemala)*. Vor gut zehn Jahren starteten sie eine 3 Mio$ teure Werbekampagne, um die Branche zu retten. Sie boten Investoren steuerliche Vergünstigungen an und setzten sich für eine Kreditvergabe an Hotelbesitzer ein. Doch erst mit Beruhigung der politischen Situation 1985 begannen sich die Investitionen auszuzahlen. Die Gewinne machten natürlich weltweite Touristikunternehmen, die über ein Netz von Hotels der gehobenen Klasse und Reiseveranstalter verfügen, die dem Gast bestmöglichen Komfort bieten.

Ein länderübergreifendes Projekt wird die Fertigstellung der sogenannten **Ruta Maya** sein. Geplant ist, eine 2400 km lange Route (keine Asphaltstraße) zu schaffen, die bis 1993 die wichtigsten Maya-Zentren von Mexiko, Guatemala, Belize, Honduras und El Salvador miteinander verbinden soll. An der Finanzierung und Beratung sind die staatlichen Tourismusbehörden der Länder ebenso beteiligt wie der private Sektor, die EG und die UNESCO. Ein Schwerpunkt des Projekts ist die Ausweisung von Naturschutzgebieten.

Tourismus und Ökologie schienen lange Zeit ein unverträgliches Paar zu sein. Zwar kann ein Regenwald ohne Tourismus leben, umgekehrt ist die Abhängigkeit jedoch größer. Costa Rica ist das einzige Land in Mittelamerika, das diesen Zusammenhang bisher politisch konsequent umsetzt. Fast 30 Nationalparks und Reservate schützen Flora und Fauna in den unterschiedlichsten Klimazonen. Es sind nämlich im Allgemeinen weniger die Touristen, die ganze Landstriche roden, Orchideen verkaufen, Raubtiere schießen und Gewässer vergiften, sondern Einheimische. Auch in Guatemala ist "Ecoturismo" (Ökotourismus) kein Fremdwort mehr. Allmählich begreift man, daß die Abhängigkeit vom Tourismus abhängig macht von der Sorge um die Erhaltung des Naturraums.

Schwieriger ist das Problem der *Einflüsse des Tourismus* auf den Kulturraum. So fand *INGUAT* in einer Studie heraus, daß bereits fünfzehn indianische Orte durch den Fremdenverkehr gefährdet sind. Abgesehen vom Einfluß besonders der nordamerikanischen Kultur durch Presse, Fernsehen und Kommunikation liegt hier ein Teil der Verantwortung beim Touristen selbst. Respekt und Zurückhaltung in Fragen der Kleidung, des Benehmens und Konsumverhaltens dürften inzwischen als verbindlich gelten. Viele Touristen treiben allerdings die "Anpassung" so weit, daß sie ihre T-Shirts und Hemden durch indianische Trachten eintauschen.

Ein Gag, den die Indianer als lächerlich oder gar respektlos empfinden, wie mir ein befreundeter Indígena verriet, auch wenn sie durch den Verkauf etwas verdient hätten.

Entwicklungshilfe

Die Entwicklungshilfe für Guatemala hat sich in den letzten 40 Jahren vielfach gewandelt. Die 50er Jahre waren geprägt von einer "geliehenen Entwicklung" in Form von Importsubstitutionen und dem Versuch einer Industrialisierung. Von Seiten der katholischen Kirche wurde vor allem nach dem Militärputsch 1954 ein Priesterimport betrieben, der systemstabilisierende Funktion haben sollte. Unter dem Druck der wach-

"Geschenk der Stadt Stuttgart"

senden Repression in Guatemala und einer wachsenden Aufbruchsbewegug der verarmten Bevölkerungsmehrheit rückte die ideologische Auseinandersetzung mehr und mehr in den Mittelpunkt der Entwicklungspolitik.

Der Einfluß der gesamtamerikanischen Entwicklungsvision und das erklärte Ziel der USA, ein zweites Kuba zu verhindern, hinterließ in den 60er Jahren mit einem reichen nordamerikanischen Geldsegen seine Spuren in Guatemala. Doch wo es viel zu verteilen gibt, öffnen sich viele leere Taschen: diese waren meistens oliv-grün getarnt.

Um den Staat bei seiner schon systematisch betriebenen Pflichtverletzung zu schützen, wurden im selben Zeitraum bevorzugt Kooperativgründungen gefördert, die zwar relativ viel Geld, aber kaum andere Unterstützung erhielten. Der Boom Anfang der 70er Jahre mit ca. 500 Neugründungen jährlich verkehrte sich rasch in sein Gegenteil. Die Zusammenbrüche pro Jahr erreichten annähernd dieselbe Größenordnung.

Der Gewaltausbruch zu Beginn der 80er Jahre veranlaßte beispielsweise die deutsche Bundesregierung, ihre Finanzhilfen auf Eis zu legen. Seit der demokratischen Wende 1985/ 86, die noch keineswegs als gesichert gelten kann, fließt jedoch wieder reichlicher Kreditsegen ins Land, der insgesamt auf ca. 5 Milliarden US$ bis Ende 1990 geschätzt wird. Von der deutschen Regierung, die kein anderes zentralamerikanischen Land so umfangreich unterstützt, erhielt Guatemala seitdem rund 60 Mio DM jährlich für Technische und Finanzielle Zusammenarbeit. Ein Teil davon wurde als nicht rückzahlbarer Kredit gewährt. Hinzu kommen bundesdeutsche Stiftungen, die seit Mitte der 80er Jahre Vertretungen in Guatemala haben sowie die Hilfen aus privaten und kirchlichen Kreisen. Von der Europäischen Gemeinschaft erhält Guatemala jährlich ca. 14 Mio DM.

Größter Geldgeber ist nach wie vor die USA. Über die Agency for International Developement AID kassiert die Regierung rund 150 Mio $ im Jahr. Nur die Militärhilfe haben die Amerikaner Anfang 1991 wegen fortgesetzter Menschenrechtsverletzungen eingestellt, es ist aber absehbar, wann diese wieder aufgenommen wird.

Die Erfolge, die sich trotz internationaler Entwicklungshilfe bis heute in der sozioökonomischen Gesamtentwicklung Guatemalas zeigen, sind ernüchternd: kein gewerblicher oder industrieller Aufschwung, größere Armut und noch immer eine extrem hohe Arbeitslosen- bzw. Unterbeschäftigtenrate.

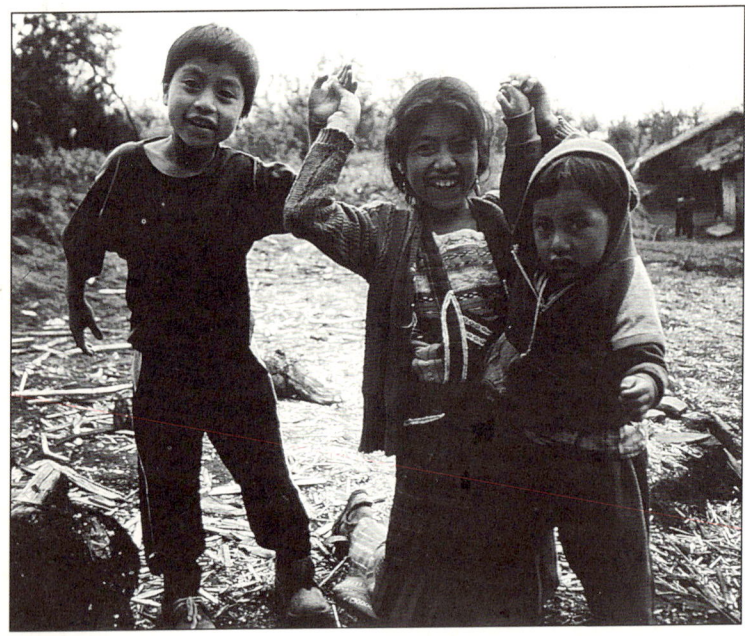

Bevölkerung

Ethnien

Von den ca. 9,5 Millionen Guatemalteken sind schätzungsweise die
Hälfte Indígenas. Offizielle Angaben liegen darunter, inoffizielle weit
darüber. Gemeinhin werden die Indígenas als direkte Nachkommen
der Maya bezeichnet, wobei man
nicht dem Irrtum unterliegen darf,
die Tiefland-Maya seien nach dem
Niedergang ihrer Hochkultur um 900
n.Chr. geschlossen ins Hochland
abgewandert. Vielmehr verließ ein
Teil den Petén in Richtung Yucatán,
andere Stämme dagegen drangen

von Mexiko ins guatemaltekische
Hochland vor. Heute gibt es *23 indianische Volksgruppen* in Guatemala, die unterschiedliche Sprachen sprechen und sich wirtschaftlich, kulturell und sozial scharf von
der übrigen Bevölkerung abgrenzen.
 Die zweite große ethnische Gruppe sind *Mestizen,* die aus der Ver-
mischung von Indianern und spanischen Weißen entstammen. In Guatemala werden sie *Ladinos* genannt,
was gleichzeitig die kulturelle Zugehörigkeit zu einer bestimmten
Schicht ausdrückt. Denn ein Indígena kann sich durchaus ladinisieren,
wenn er Tracht, Sprache und indianische Lebensweise ablegt. Die La-

dinos gehören im Gegensatz zu den Indígenas der Mittel- und Oberschicht an, orientieren sich am westlichen Standard und sprechen die offizielle Landessprache Spanisch. Sie leben vorwiegend im Osten Guatemalas, an der Küste und in den Städten des Landes.

Zwischen diesen beiden großen Ethnien Guatemalas herrscht ein tiefer Rassismus, der vor allem von den Ladinos ausgeht. Aufgrund der wirtschaftlichen und intellektuellen Unterlegenheit der Indígenas haben diese kaum Chancen, eine gleichberechtigte Rolle in der Gesellschaft zu spielen.

Neben Indígenas und Ladinos gibt es in Guatemala *Schwarze, Mulatten* (Schwarze / Weiße), *Zambos* (Indianer/Schwarze) und *Weiße,* die aber insgesamt nur einen sehr geringen Anteil an der Bevölkerung ausmachen. Die Schwarzen Guatemalas *(Garífunas, Black Caribs)* leben an der Karibikküste im Osten des Landes und haben sich bis heute ihre kulturellen und sozialen Merkmale erhalten. Schwarze spielen im öffentlichen Leben Guatemalas eine untergeordnete Rolle. Sie leben wie in einer Enklave um Puerto Barrios und Lívingston unter sich.

Demographie

Nach Schätzungen liegt das *Bevölkerungswachstum* pro Jahr bei 2,5-3%. Den größten Zuwachs verzeichnet die indianische Landbevölkerung. 10köpfige Familien im Hochland sind keine Seltenheit. Die hohe Geburtenrate führt dazu, daß die Alterspyramide von Guatemala einen extrem hohen Anteil (ca. 45%) an Personen unter 18 Jahren aufweist. Die durchschnittliche Lebenserwartung liegt bei 50-60 Jahren.

Katastrophale Gesundheitsversorgung, Fehlernährung, Armut und Elend sind der Grund für die hohe *Kindersterblichkeit* auf dem Land. Von 100 Guatemalteken, die sterben, sind etwa 40 Kinder unter 5 Jahren. Insgesamt gesehen überlebt nur jedes dritte bis vierte Kind in Guatemala. *Se fueron con dios - sie sind mit Gott gegangen* - antworten die Eltern auf die Frage nach ihren verstorbenen Kindern.

Die *Bevölkerungsverteilung* nach Stadt und Land entspricht einem Verhältnis von einem Drittel zu zwei Dritteln. Dabei gibt es deutliche Konzentrationserscheinungen. Allein in der Hauptstadt lebt ein Fünftel der Gesamtbevölkerung. Das Westliche Hochland weist in den Departamentos Quetzaltenango und Totonicapán eine *Bevölkerungsdichte* bis zu 340 Ew./km^2 aus, im Gegensatz zum Petén mit 3 Ew./km^2, offizielle Angabe: ø 84 Ew./km^2.

Gesundheit

Für die Krise im Gesundheitswesen sind laut Regierung die Militärregimes der letzten 10 Jahre verantwortlich, die sich unzureichend um die medizinische Versorgung der Bevölkerung gekümmert haben. Bilanz dieser Sorglosigkeit: In Guatemala kommt ein Arzt auf 20.000 Einwohner, von den 35 staatlichen Hospitälern, Centros de Salud und Puestos de Salud sind fast alle in einem erbärmlichen Zustand und verfügen nicht über die notwendige medizinische Ausrüstung, um ausreichend Hilfe zu leisten. Die *Verteilung der Krankenstationen* verschlimmert die allgemeine Situation im Gesundheitswesen. Allein im Departament Guatemala gibt es neun staatliche Hospitäler, die 42% der gesamten Bettenkapazität belegen. Dreiviertel der praktizierenden Ärzte sind in der Capital ansässig.

Die Krise um das größte Krankenhaus der Hauptstadt, das Roosevelt-Hospital, ist symptomatisch. 1945 errichtet, wurde bis 1986 kein Centavo zur Erhaltung und Modernisierung von den Regierungen bewilligt. Streiks des Pflegepersonals und der Ärzte brachten den Betrieb einige Male beinahe zum Erliegen. In Quetzaltenango, der zweitgrößten Stadt des Landes, wartet ein neues Krankenhaus seit Jahren auf seine Einweihung, da das 140 Jahre alte Hospital San Rafael mehr abbruchreif als renovierungsbedürftig ist. Die Verzögerung bei der Inbetriebnahme der neuen Klinik allerdings ist verständlich: man hatte "vergessen", Fahrstühle in das fünfstöckige Gebäude zu installieren, außerdem ist die Ausrüstung für die Operationssäle technisch nicht einsetzbar oder bereits verschwunden.

Wer es sich leisten kann, geht in Guatemala in eines der zahlreichen *privaten Hospitäler*. Die reichen Guatemalteken fliegen gleich in die USA. Kein Politiker läßt sich im eigenen Land operieren. Auf dem Land ziehen es viele Indígenas vor, lieber zu sterben, als sich in die Obhut eines Arztes zu begeben, den man ohnehin nicht bezahlen könnte. Von der seit 1948 existierenden Sozialgesetzgebung profitiert nur ein Bruchteil der Bevölkerung.

Ohne die finanzielle Hilfe aus dem Ausland würde das staatliche Gesundheitswesen Guatemalas zusammenbrechen. Allein aus den USA flossen unter der Regierungszeit Cerezos mehrere hundert Millionen Dollar in den Gesundheitssektor. Kanada, Italien und die Bundesrepublik sind ebenfalls wichtige Geldgeber. Viele Krankenstationen auf dem Land existieren nur mit personeller Hilfe aus dem Ausland.

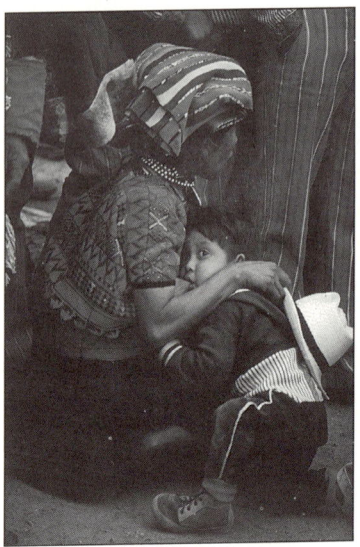

Ein heikles Thema ist die **Geburtenkontrolle** in Guatemala. Dafür wurden Entwicklungshilfegelder in den letzten Jahren nicht immer nach humanen Kriterien eingesetzt. So wurde die guatemaltekische *Asociación Pro Bienestar de la Familia - APROFAM* - (Gesellschaft zur Wohlfahrt der Familie), die direkt von den USA und England finanziert wird, beschuldigt, Sterilisationsprogramme bei Indígena-Frauen durchgeführt zu haben. Schon in den Jahren zuvor verteilte *APROFAM* Verhütungsmittel, die sterilisierende Wirkstoffe enthielten, ohne die Opfer darüber aufzuklären.

Die häufigste **Todesursache bei Kindern** ist Durchfall, gefolgt von Erkrankungen der Atemwege und den Folgen der Unter- bzw. Fehlernährung. Oft werden Kinder erst nach ein paar Jahren abgestillt und dann beinahe abrupt auf Mais und Bohnen umgestellt. Die aufgeschwemmten Bäuche vieler Kleinkinder sind die Folgen von Wurmbefall, von dem so gut wie kein Kind auf dem Land frei ist. Besonders zu Beginn der Regenzeit beginnt in den ärmsten Regionen des Hochlandes alljährlich das große Kindersterben, wenn das Trinkwasser verschmutzt ist und die Familien nach dem Einkauf von Dünger für die nächste Maisaussaat kein Geld mehr für Medikamente haben.

Ein anderes Problem ging auch an Guatemala nicht vorbei: **AIDS.** Die Zahl der an SIDA erkrankten, wie AIDS in Guatemala genannt wird, ist schwer festzustellen. Von 1984 bis 1987 wurden 24 Todesfälle registriert. Am häufigsten von der tödlichen Krankheit betroffen sind die schwarzen Guatemalteken an der Karibikküste des Landes. Man schätzt bei gleichbleibender Tendenz der Neuinfizierten bis 1991 mit 650 AIDS-Fällen in Guatemala.

Bildung

Guatemala gehört mit rund **60% Analphabeten** zu den Ländern der Welt mit der höchsten Analphabetenrate. Dabei liegt der Prozentsatz wegen der ohnehin schlechten Versorgungslage auf dem Land dort 3-4 mal höher als in urbanen Zonen. Das bedeutet gleichzeitig, daß die Indígenas, besonders die Frauen, am meisten benachteiligt sind. Ex-

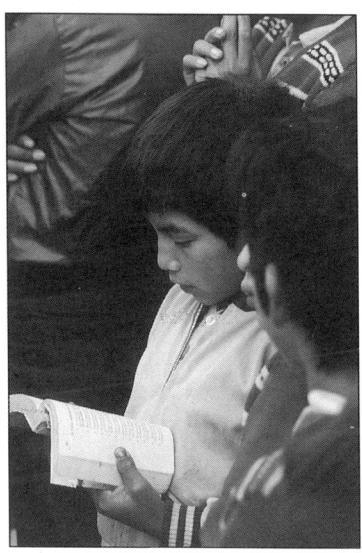

trem niederschmetternd ist die Lage in den Verapaces, im Quiché und im Dept. San Marcos.

Die Verfassung verpflichtet den Staat, für die Erziehung und Ausbildung aller seiner Bürger zu sorgen. Doch wer kann, versorgt sich selbst, d.h. besucht eine der vielen privaten und halbprivaten Schulen *(Colegios)*, von denen besonders die ausländischen Einrichtungen einen enormen Zulauf verzeichnen. Die anderen Kinder, allen voran jene auf dem Land, müssen in die staatlichen Schulen, die direkt dem Erziehungsminister unterstellt sind. Hier zeichnet sich ein düsteres Bild: Die Lehrer sind mit bis zu 50 Schülern pro Klasse hoffnungslos überfordert, die Kinder erscheinen aufgrund ihrer benötigten Arbeitskraft zuhause unregelmäßig zum Unterricht, und weniger als die Hälfte aller Schüler erreicht einen Schulabschluß.

1990 wurde die Zahl der arbeitslosen Lehrer in Guatemala mit 30.000 angegeben. Dagegen steht die amtliche Zahl von 751 neu errichteten Schulen in den ersten drei Jahren der christdemokratischen Regierung. Das aber kann nur ein Anfang sein.

Guatemala besitzt neben einigen wenigen privaten **Universitäten** eine staatliche Hochschule. 1676 wurde die *Universidad de San Carlos de Guatemala - USAC -* gegründet. Heute zählt die seit 1945 autonome San Carlos Universität zehn Fakultäten und 65.000 Studenten, von denen 70% Männer sind. Das "Schulgeld" liegt bei der USAC mit ca. 70

Quetzales für zwei Semester um ein Vielfaches niedriger als beispielsweise bei den privaten Hochschulen *Francisco Marroquin* und *Rafael Landívar.* Solange jedoch die Ausbildung eine finanzielle Frage ist, wird sie den Kindern gutbürgerlicher Schichten vorbehalten sein. Eine Ausbildungsförderung gibt es nur in bescheidenem Maße.

Anders als in den westlichen Industrieländern ist der soziale Status eines Hochschullehrers eher niedrig. Das hängt zum einen mit dem vergleichsweise geringen Einkommen der Akademiker an den Universitäten zusammen, zum anderen aber auch mit der Geringschätzung und Furcht vor Intellektualität und Wissenschaft, die sich oft genug in den Gegensatz herrschender Machtpolitik gesetzt hat. Politisch engagierte Studenten und Hochschullehrer gehören in Guatemala zu einer Risikogruppe. Gäbe es einen Universitätsfriedhof auf dem Campus der USAC, er müßte jährlich erweitert werden.

Armut

Armut in Guatemala hat viele Gesichter. Arbeitslosigkeit, Unterbeschäftigung, Kinderarbeit, Obdachlosigkeit, unwürdige Wohnverhältnisse, Alkoholismus und Krankheit sind nur einige der zahlreichen Indikatoren für das Ausmaß der Armut im Land, die sich schwer in exakten Zahlen wiedergeben läßt. Offizielle Schätzungen geben für das Jahr 1992 3,2 Mio Arbeitslose bzw. Beschäftige im informellen Sektor an.

Hüttenviertel in der Hauptstadt

2.000 Kinder schlafen täglich auf den Straßen und Plätzen der Hauptstadt. Sie werden *niños de la calle* genannt, im Gegensatz zu den 95% *niños en la calle,* die durchschnittlich 18 Stunden täglich von zuhause weg sind und die Familie mit ihrem Verdienst als Schuhputzer, Autowäscher, Autowächter, Gehilfe oder sonstigen Gelegenheitsjobs unterstützen. Hunderttausende sind es, die so zu den "Überausgebeuteten" der guatemaltekischen Gesellschaft gehören.

Kriminalität und *Drogenkonsum* gehören zum Alltag der Straßenkinder. Beides ist eine Überlebensfrage. Am häufigsten verbreitet ist das Schnüffeln von Klebstoff. Das *pegamento* kostet nur einige Centavos, macht warm und vertreibt den Hunger. Von der Gesellschaft immer noch ignoriert wird das Ausmaß der Kinderprostitution, grausamster Ausdruck der Ausbeutung und des Mißbrauchs von Kindern und Jugendlichen.

Niemand kann genau sagen, wieviel Einwohner Guatemala hat und wie viele von diesen Menschen obdachlos sind oder in irgendwelchen Bretterverschlägen leben. Um so erstaunlicher ist die Auskunft der für den *Wohnungsbau* zuständigen *Cámara de la Construcción de Guatemala,* daß für 1992 850.000 Wohneinheiten fehlten. Bleibt es bei einer Fertigstellung von 4002 Häusern pro Jahr (Annahme zwei Wohneinheiten pro Haus) hat Guatemala dieses dringende Problem in 106 Jahren gelöst ... Nun zählen langfristige Pla-

Oder anders gesagt: 40% der arbeitsfähigen Bevölkerung haben eine Vollbeschäftigung. Und trotzdem liegt der Prozentsatz der in Armut lebenden Menschen in Guatemala bei 80%. Selbst eine Vollbeschäftigung garantiert also kein ausreichendes Einkommen, um der Armut zu entrinnen.

Wie in allen Ländern der Dritten Welt spielt die *Kinderarbeit* bei der Unterstützung der Familie eine wichtige Rolle. Auf dem Land sind die Kinder in den täglichen Arbeitsablauf der Familie integriert, in den Städten dagegen arbeiten sie allein - auf der Straße. Für 5% der *niños callejeros* (Straßenkinder) ist sie sogar Wohnort und Arbeitsplatz in einem. 1000-

Die andere Seite: Geschäftsviertel von Guatemala Ciudad.

nungen nicht gerade zur Stärke guatemaltekischer Politik. So werden in Zukunft weiterhin 67,4% der Unterkünfte ohne Trinkwasseranschluß, 84,2% ohne Abwasseranlage und 70,4% ohne Stromversorgung sein (*APROFAM*-Statistik für 1989).

Menschenrechte

Zweifellos ist die Frage nach Einhaltung und Respektierung der Menschenrechte das düsterste Kapitel in der Geschichte Guatemalas. 1986, nach Einführung der Demokratie, waren die Hoffnungen groß, die neue Regierung möge trotz rechter Kräfte im Land einen entscheidenden Einschnitt in der traurigen Bilanz der vergangenen 30 Jahre erreichen. Diese nämlich verzeichnet nicht weniger als 100.000 politische Morde, 40.000 Verschwundene, 200.000 Flüchtlinge und 1 Million sogenannte *desplazados*, Vertriebene im eigenen Land.

Die Optimisten sahen sich getäuscht. Allein in den ersten zwei Jahren christdemokratischer Regierung mußte der guatemaltekische Menschenrechtsausschuß - wie das Amt des Prokurators für Menschenrechte eine neue Einrichtung - fast 1000 politisch motivierte Mordfälle konstatieren. Die Ermordung ranghoher Politiker, wie die des Christdemokraten Danilo Barillas 1989 gehörten ebenso zum politischen Alltag wie die Entführung und Ermordung mehrerer Studentenführer und

Studentenführerinnen der *Asociación de Estudiantes Universitaros (AEU)* im selben Jahr, die Enthauptung des Nordamerikaners Michael DeVine, die Folterung und Ermordung der amerikanischen Anthropologin Myrna Mack 1990 und die Massaker an den Indígenas von El Aguacate 1988 und Santiago Atitlán 1990, um nur einige Beispiele der spektakulärsten Fälle zu nennen. Bei der Aufklärung der Verbrechen werden nicht selten die Jäger zu Gejagten, die Verfolger zu Verfolgten. Neben dem Mangel an politischem Willen ist das einer der Hauptgründe für "erfolglose" Fahndung nach den Tätern, die jeder kennt. Fazit ist, daß es der Regierung bisher kaum gelungen ist, wirksame Schritte gegen die Menschenrechtsverletzungen im Land zu unternehmen. Dies werden auch die noch folgenden nicht erreichen, solange sich nichts Entscheidenes an den realen Machtverhältnissen in Guatemala ändert. Die engagierte Arbeit des offiziellen und seit vielen Jahren im Amt für Menschenrechtsfragen tätigen Bevollmächtigten Ramiro d León Carpio läßt allerdings hoffen, daß der vielbeklagte Zustand der *impunidad* (Straflosigkeit) auch endlich einmal angegangen wird.

Es ist nicht zu übersehen, daß mit der Verurteilung der Mörder von Mike DeVine und Myrna Mack ein Schritt vollzogen wurde, der noch vor einigen Jahren undenkbar gewesen wäre: Militärs werden wegen politischen Mordes von guatemaltekischen Gerichten zu lebenslangen Haftstraßen verurteilt. Ein zweiter Schritt wäre nun, die Auftraggeber zur Verantwortung zu ziehen ...

Doch noch ist die Situation in vielen anderen Fällen beklagenswert. Darüber sind sich auch die 200.000 guatemaltekischen *Flüchtlinge* im Klaren, von denen sich 1989 nach Schätzungen der mexikanischen Comisión de Atención de Refugiados *(COMAR)* 130.000 in Mexiko, 3000 in Belize, 60.000 in den USA und einige Tausende in Honduras befinden. Offiziell wird die Zahl der in den mexikanischen Flüchtlingslagern registrierten Refugiados (Flüchtlinge) mit 45.000 angegeben. Der Rest lebt illegal in den Slums der Großstädte oder schlägt sich auf dem Land durch. Natürlich wertet die guatemaltekische Regierung jede zurückkehrende Familie als Erfolg ihrer Politik. Die staatliche Sonderkommission zur Betreuung der Rückkehrer CEAR ließ Mitte 1990 verlauten, daß seit 1983 16.000 Flüchtlinge in ihr Heimatland zurückgekehrt sind. Daß die ersten davon unter der Militärherrschaft von Rios Montt in "Modelldörfer" interniert wurden, verschwieg die Kommission.

Das Mißtrauen und die Angst der Flüchtlinge ist groß. So lange es keine Garantien für ihre Sicherheit und die Rückgabe ihres kleinen Grundbesitzes gibt, werden weiterhin tausende von Indígenas im Ausland bleiben.

Kultur

Es ist mehr als schwierig, von *der* guatemaltekischen Kultur zu sprechen. Ebensowenig kann man behaupten, daß es *den* Guatemalteken gibt. Die scharfe kulturelle Grenze zwischen Ladinos und Indígenas verhindert bis heute eine Verschmelzung der beiden Kulturen. Die Wurzeln der Indígenas weisen bis zu den Maya zurück. Trotz Kolonialisierung, Ausbeutung und Benachteiligung haben sie ihre Identität als Indígenas oder *Naturales,* wie sie sich selbst gerne bezeichnen, weitestgehend erhalten. Sie pflegen ihre Costumbres und leben in der für sie typischen Weise.

Die Verfassung von 1985 anerkennt zum ersten Mal die Selbständigkeit der indigenen Kultur und respektiert sie als solche. Stand 1965 noch offiziell die Integration der Indígena-Gruppen in die *cultura nacional* festgeschrieben, so werden heute die verschiedenen Sprachen, Traditionen, Sitten, Lebensformen und Werte der guatemaltekischen Indianer als Teil der "Nationalkultur" wahrgenommen.

Daß die Kultur der ladinischen Minderheit, die nun 500 Jahre zählt, zur Nationalkultur erhoben wurde, kann man durchaus vor dem Hintergrund der Selbstüberschätzung der ladinischen Bevölkerung und der allgemeinen Diskriminierung der Indianer-Völker sehen. Denn im Vergleich zu den Ausdrucks- und Erscheinungsformen der indigenen Kultur wirkt die der Ladinos eher blass und ist extrem anfällig für Einflüsse der westlichen Moderne. Verständlich, wenn auch etwas befremdlich, ist daher die Tatsache, daß sich Guatemala nach außen gerne mit den Attributen der indianischen Kultur schmückt. Die Web-, Holzschnitz- oder Korbflechtearbeiten, die bunten Trachten, alten Tänze, prächtigen Fiestas und geheimnisvollen Bräuche der Indígenas besitzen eine große Attraktivität und wirken auf den Besucher ungeheuer reizvoll. Dabei unterliegt vor allem die guatemaltekische Tourismusbranche der Gefahr, die Kultur der Indígenas als konsumfähige Folklore zu mißbrauchen. Zwar erscheint uns die indianische Lebenswelt als intakt und auf den ersten Blick stabil, doch haben Entfremdung, Identitätsverlust und Konsumhaltung innerhalb der indianischen Bevölkerung Spuren hinterlassen, die dem aufmerksamen Beobachter in Guatemala nicht entgehen werden. Besonders krass drückt sich dieses Problem in

Indianer - Indígenas - Indios

Die Indianer Guatemalas nennen sich selbst Indígenas oder Naturales. Während es in einigen Ländern Südamerikas mit einem hohen Indianeranteil wie Peru oder Bolivien durchaus üblich ist, von Indios zu sprechen, betrachten die Indígenas von Guatemala diese Bezeichnung als Schimpfwort. Jeder Reisende sollte den Begriff Indio in Guatemala deshalb aus seinem Wortschatz streichen und ihn durch Indígena ersetzen. In diesem Buch werden die beiden Bezeichnungen Indianer oder Indígena gleichwertig verwendet.

der bewußten Angleichung an die Kultur der Ladinos aus *(aculturación)*. Dabei legen die Indígenas zunächst einmal ihre Tracht ab, bemühen sich um ein akzentfreies Spanisch und nehmen an keinen Costumbres mehr teil. Die Frauen unterstreichen dies noch durch das Abschneiden ihrer langen Haare. Zwangsläufig entfremden sie sich dadurch auch "innerlich" von der Lebensweise, dem Denken und den Werten ihres Volksstammes. Für viele Indígenas bedeutet die Ladinisierung oder Akkulturation das Aufrücken in eine sozial höhere Schicht.

Die indianische Kultur

Sprachen

Die Zahl der in Guatemala gesprochenen **Indianersprachen** wird allgemein mit 23 angegeben. Da alle über eine eigene Grammatik verfügen, ist es nicht ganz korrekt, von Dialekten zu sprechen. Die Indígenas verstehen daher auch die Sprache eines anderen Stammes nicht. Eine Verständigung ist nur über die offizielle Landessprache Spanisch möglich. Die am weitesten verbreiteten Sprachen sind *Quiché, Mam, Cakchiquel* und *Kekchí*, die von insgesamt mehr als 2,3 Millionen Personen gesprochen werden.

Die einzelnen Sprachen entstanden erst nach dem Niedergang der Maya-Hochkultur und konnten sich in ihrer Mehrheit bis heute behaupten. Dennoch gibt es Anzeichen dafür, daß ein Teil der Sprachen vom Aussterben bedroht ist. Einer der Hauptgründe ist die Diskriminierung der Indígenas innerhalb der guatemaltekischen Gesellschaft. So haben Untersuchungen ergeben, daß viele Familienväter den Kindern ihre eigenen negativen Erfahrungen ersparen möchten, die darauf zurückzuführen sind, daß man sie aufgrund ihres schlechten Spanischs überall als Indígenas erkannt hat. Sie sind außerdem davon überzeugt, daß es keine perfekte Zweisprachigkeit geben kann und unterstützen daher die Anwendung des "Castellano" (Spanisch) bei ihren Kindern. Angesichts der Tatsache, daß Sprache ein wichtiges Bindeglied der kulturellen Identität einer Gruppe ist, wäre vom Aussterben der Sprache die gesamte indigene Kultur betroffen. Die Regierung versucht offiziell, diese Tendenz aufzuhalten, indem sie die *lenguas vernáculas* (einheimischen Sprachen) der Landessprache gleichgestellt hat, in ihren Alphabetisierungsprogrammen die Zweisprachigkeit fördert und die Verfassung der Republik Guatemalas in den vier indianischen Hauptsprachen veröffentlicht hat. Und in der Tat gibt es heute schon eine Reihe Kinderbücher in verschiedenen Sprachen.

Das Erlernen einer der vielen Indianersprachen ist abgesehen von der Aussprache fremdartiger Klack- und Knacklaute wegen des Mangels an niedergeschriebenen Grammatiken für einen Ausländer schwierig. Zudem gibt es nur sehr wenig Literatur, da die Legenden, Lieder und Gebete mündlich weitergegeben werden.

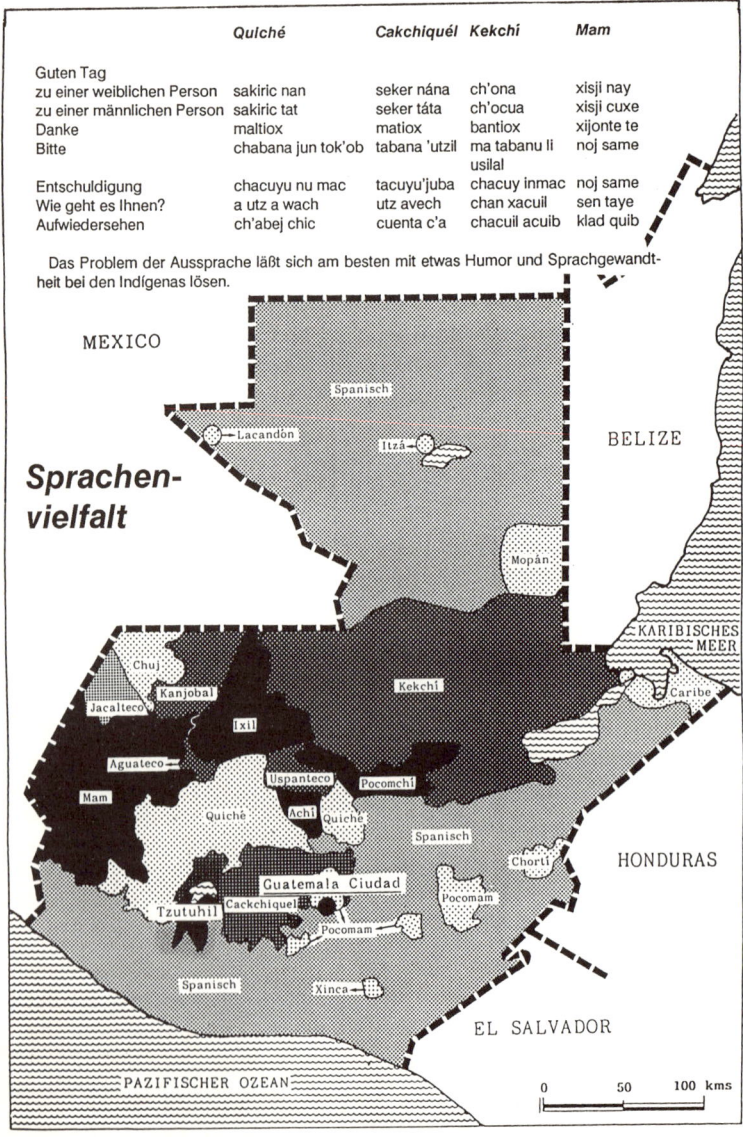

	Quiché	Cakchiquél	Kekchí	Mam
Guten Tag				
zu einer weiblichen Person	sakiric nan	seker nána	ch'ona	xisji nay
zu einer männlichen Person	sakiric tat	seker táta	ch'ocua	xisji cuxe
Danke	maltiox	matiox	bantiox	xijonte te
Bitte	chabana jun tok'ob	tabana 'utzil	ma tabanu li usilal	noj same
Entschuldigung	chacuyu nu mac	tacuyu'juba	chacuy inmac	noj same
Wie geht es Ihnen?	a utz a wach	utz avech	chan xacuil	sen taye
Aufwiedersehen	ch'abej chic	cuenta c'a	chacuil acuib	klad quib

Das Problem der Aussprache läßt sich am besten mit etwas Humor und Sprachgewandtheit bei den Indígenas lösen.

MEXICO

Spanisch

Lacandón

Itzá

BELIZE

Sprachen-vielfalt

Mopán

KARIBISCHES MEER

Chuj

Kanjobal

Kekchí

Jacalteco

Ixil

Caribe

Aguateco

Uspanteco

Pocomchi

Mam

Achí

Quiché

Quiché

Spanisch

Chortí

HONDURAS

Guatemala Ciudad

Tzutuhil

Cackchiquel

Pocomam

Pocomam

Spanisch

Xinca

EL SALVADOR

PAZIFISCHER OZEAN

0   50   100 kms

74

Sprachenvielfalt in Guatemala

Neben der offiziellen Landessprache Spanisch und der Sprache der Kariben sind in Guatemala ca. 23 Maya-Sprachen lebendig. Viele von ihnen sind in der Gefahr, für immer verloren zu gehen. Die Liste gibt einen Überblick über die Anzahl der Mitglieder der noch existierenden Sprachgruppen.

1.	Quiché	925.000
2.	Mam	688.500
3.	Cakchiquel	405.000
4.	Kekchí	361.000
5.	Kanjobal	102.000
6.	Tzutujil	80.000
7.	Ixil	71.000
8.	Chortí	52.000
9.	Pocomchí	50.000
10.	Jacalteca	32.000
11.	Pocomán	31.000
12.	Chuj	29.000
13.	Sacapulteca	21.000
14.	Aguacateca	16.000
15.	Caribe	15.000
16.	Mopán	5.000
17.	Sipapeña	3.000
18.	Uspanteca	2.000
19.	Xinca	5.000

Tracht

Betrachtet man frühe indianische Trachten auf Abbildungen oder die schöne Trachten-Sammlung im Ixchel-Museum von Guatemala Ciudad, erkennt man sehr schnell, daß Farben, Formen und Muster sich bis heute laufend verändert haben. Verallgemeinernd läßt sich sagen, daß die Farben der Trachten mit der Anwendung von synthetischen Färbemitteln greller geworden sind und die Ausschmückung der Kleidungsstücke mit kleinen Mustern phantasievoller und verschwenderischer gestaltet wird. Die natürlichen Farbstoffe waren *Cochenille* (rot), *Indigo* (blau) und ein brauner Pflanzenfarbstoff, den die Indígenas *Ixcaco* nennen. Liebhaber alter pflanzengefärbter *Huipiles* müssen einige hundert Quetzales für ein derartiges Souvenir bezahlen.

Die Tracht ist keine Erfindung der Maya. Vielmehr wurden die Indianer Guatemalas von den Spaniern im 16. Jahrhundert je nach Dorf in unterschiedliche Kleidung gezwungen, um sie voneinander unterscheiden zu können. Erst im Laufe der Zeit wurde die *traje* (Tracht) zu einem Identifikationsmuster und zur Trägerin unterschiedlicher Symbolgehalte. Doch bis heute haben sich Schnitte und Muster aus der kolonialen Zeit erhalten, wie die "Offiziersjäckchen" der Männertracht von Sololá oder der Faltenrock der Frauen in Quetzaltenango oder im Verapaz.

Die Frauen- und Männertracht eines jeden Dorfes hat ihren eigenen Ausdruck. Keine gleicht der anderen. Dennoch sind ihnen grundsätzliche Züge gemeinsam. Die **Kleidung der Frauen** besteht aus einem *Corte* oder *Refajo* (Rock). Dies ist ein aus mehreren Bahnen zusammengenähtes viereckiges Stück Stoff, das entweder eng um die Hüften gelegt *(Corte envuelto)* oder als Faltenrock getragen wird *(Corte plegado)*. Die Länge des *Corte* zeigt oftmals den Familienstand der Frau an. Der Corte wird zusammengehalten von einer *Faja* (Gürtel), die einmal oder mehrmals um die Taille geschlungen wird. Besondere Aufmerksamkeit, was die Herstellung und Ausarbeitung anbetrifft, wird dem *Huipil* (Bluse) geschenkt. Je nach Klima der Region ist er unterschiedlich dick gewebt. In den kälteren Hochlandgegenden wird der *Huipil* in den *Corte* gesteckt, im wärmeren Dept. Alta Verapaz beispielsweise tragen ihn die Frauen dagegen kurz und lässig über dem *Corte*. Beides Mal handelt es sich aber in der Regel wie beim Rock um ein großes viereckiges Stück Stoff mit Öffnungen für Kopf und Arme, wobei die Schultern wie falsche Ärmel bis zu den Ellbogen reichen können. Die dekorativen Nähte *(Randas)* zwischen den Stoffbahnen sind wie beim *Corte* Teil der Tracht.

Der **Kopfschmuck der Frauen** besteht aus ein oder zwei Tüchern, die als *Tzutes* unterschiedlich kunstvoll ins Haar geflochten werden. In manchen Gegenden verwenden die Indígena-Frauen nur bunte Seidenbänder *(Cintas)*. Einzigartig in Guatemala sind die roten *Tocoyales* der

Die berühmte Tracht aus Todos Santos Cuchumatán

Frauen aus Santiago Atitlán. Dabei wickeln sie sich ein meterlanges Band so oft um den Kopf, bis der typische "Heiligenschein" entsteht.

Ein wichtiges Utensil ist die Perraje, ebenfalls ein gewebtes Tuch, das den Frauen zu verschiedensten Zwecken dient. Meist wickeln sie darin ihre Babys ein, die sie auf ihrem Rücken festbinden. Der Schriftsteller Luis Cardoza y Aragón fand dafür einmal das schöne Bild *envuelto como un tamalito*, eingewickelt wie ein kleiner Tamal. Sie benützen die *Perraje* aber auch als Einkaufstasche und als Schulter- oder Kopftuch. Bei größeren Ausgaben des *Tzute* handelt es sich um *Rebozos*, in die man sich voll einwickeln kann. Viele Indígena-Frauen haben eine Vorliebe für Halsketten und Ohrringe. Ketten bestehen aus alten Mü en (*macacos*) oder aus bunten Perlen, die wie in San Antonio Palopó am Atitlán See ein Bestandteil der Tracht sind.

Auch der **Männertracht** sind grundsätzliche Züge gemeinsam. Sie ist jedoch längst nicht mehr so verbreitet wie die traditionelle Kleidung der Frauen. Sie lehnte sich in viel stärkerem Maße an die spanische Tracht des 17. Jahrhunderts an. Im allgemeinen besteht die indianische Männerkleidung aus *Pantalones* (Hosen), die mit mehr oder weniger auffälligen Mustern unterschiedlich lang gewebt sind. Eine Besonderheit ist die wollene Überhose der Indígenas aus Todos Santos Cuchumatán. Mit oder ohne Hosen wird der *Rodillera*, ein derber

dunkler Teppichrock, in einigen Gegenden Guatemalas getragen. Die *Camisas* (Hemden) der Männer sind entweder kragenlos oder besitzen wie diejenigen aus Todos Santos und Nahualá bunte Muster. In den kälteren Regionen tragen die Männer in einigen Dörfern einen braun-weiß-gestreiften *Capixaij* (Umhang) aus Schafwolle, der mit Fransen verziert ist. Er ist in Anlehnung an die Umhänge der spanischen Mönche entstanden. Die *Pantalones* werden durch breite *Cinchos* oder *Bandas* (Schärpen) zusammengehalten. Bei den Indígenas von San Martín Sacatepéquez hängen die Enden auf dem Rücken lose herunter. Auch bei den Männern gehört der *Tzute* zur Tracht. Als Kopfschmuck wird er jedoch nur noch von den Angehörigen der *Cofradías* (religiöse Bruderschaften) getragen und ist weitestgehend von den allgemein üblichen Strohhüten ersetzt worden. Aus demselben Material wie der *Rodillera* oder der *Capixaij* sind die *Chaquetas* (Jacken), deren Schnitt meist kurz ist und Verzierungen aufweisen. Die groben Ledersandalen werden *Caites* genannt. Ebenfalls zur Tracht gehört die *Bolsa* (Tasche), die viele Bezeichnungen in Guatemala kennt. Sie ist entweder gehäkelt, gestrickt oder gewebt. Kein Bestandteil der Tracht, aber ebenfalls ein wichtiges Utensil ist die Machete und der *Azadon* (Hacke), ohne die ein Campesino nicht aufs Feld geht.

Ein hervorstechendes Merkmal der indianischen Trachten ist das

Ikat-Muster, das in Guatemala *Jaspe* genannt wird und durch eine spezielle Art des Einfärbens der Baumwollfäden erreicht wird. Die *Jaspe* ist allerdings nichts typisch Guatemaltekisches, ihr Ursprung ist vielmehr in Indien zu suchen. Zentrum der guatemaltekischen Jaspe-Technik ist *Salcajá* bei Quetzaltenango.

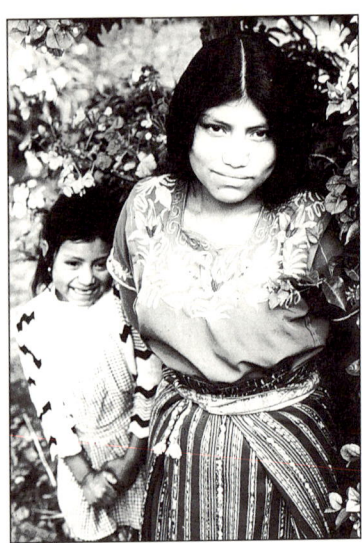

überregionale Alltagstracht

Unter den **Symbolen,** die in die Trachten eingewebt werden, sticht die Sonne als Zeichen für den Mann und der Mond als Zeichen für die Frau auf vielen Kleidungsstücken hervor. Als Besonderheit blickt von der Männerjacke aus Nahualá ein doppelköpfiger Adler herab. Ein Überbleibsel aus der Zeit Karls V., dem ersten habsburgischen König von Spanien 1516. Der Doppelkopfadler findet sich außerdem an den Wänden einiger Kirchen (San Francisco El Alto, San Cristobal Totonicapán) und auf gehäkelten Taschen. Erhalten hat sich auch das Emblem des *Cakchiquel*-Herrscherhauses, die Fledermaus, auf der Jacke der Männer aus Sololá.

Viele der Symbole, die in die indianischen Trachten eingewebt werden, sind den Indígenas heute unbekannt. Eine Folge davon ist die Verfremdung der Muster und ihre größere Anfälligkeit für Modetrends. Die Zeiten, als eine Indígena mit dem Verkauf ihres Huipil ihre Seele verkaufte, sind vorbei. In Touristenzentren wie Chichicastenango ist die indianische Tracht zur Marktware geworden und wird bewußt eingesetzt, um die reichen Touristen zum Kauf der Webwaren zu bewegen.

Noch etwas wird keinem Guatemala-Reisenden entgehen: die Durchsetzung einer **Einheitstracht** bei den Frauen und der Einzug westlich geprägter Kleidung minderer Qualität bei den Männern. So ist die Beibehaltung der traditionellen Männertracht einer ganzen Region wie in den Dörfern rund um den Atitlán See bereits die Ausnahme im guatemaltekischen Hochland. Die Gründe für diesen bedauerlichen Zustand liegen zu einem großen Teil sicherlich im allgemeinen Kultur- und Identitätsverlust der Indígenas. Denn auch an ihnen sind die Neuerungen des 20. Jahrhunderts nicht spurlos vorübergegangen, die u.a. das ästhetische Empfinden in der Kleiderfrage nachhaltig beeinflußt haben. In vielen Fällen ist es Ausdruck der Ladinisierung.

Das Tragen einer Tracht wird für viele Indígenas nach eigener Aussage immer häufiger zu einer Geldfrage. Die kunstvoll gefärbten Baumwollstoffe sind sehr teuer. So kostet beispielsweise ein Quetzalteco-Corte mindestens 200 Quetzales, ein bestickter Huipil um die 100 Quetzales. Die Touristen tragen nicht wenig dazu bei, daß die Preise einen Stand erreichen, der für die einheimische Bevölkerung nicht mehr bezahlbar ist.

Ernährung

Grundnahrungsmittel aller Indígenas sind **Mais und schwarze Bohnen** *(Frijoles)*. Mais wird in Form von *Tortillas* (Fladen) oder *Tamales* (Maisknödel) zubereitet. Letztere werden in Maisblätter gewickelt. Brot ist die Ausnahme und hauptsächlich an traditionelle Feiertage gebunden. Erweitert wird der Speiseplan durch Kartoffeln oder Reis. Beliebt sind auch Nudeln. *Paches* bestehen aus Kartoffelmasse mit ein wenig Hühnerfleisch und werden in Bananenblätter gewickelt. Da jede Bauernfamilie eine Anzahl Hühner besitzt, gehören Eier zum festen Bestandteil der Ernährung.

Frisches **Gemüse** ist so wenig alltäglich wie Fleisch. Ein kleiner Haus-

oder Gemüsegarten hat keine Tradition unter den guatemaltekischen Indígenas. So sind die Familien beim Einkauf von Gemüse auf den Markt angewiesen. Zusammen mit dem Mais werden in vielen Gegenden Kürbisse angebaut. Auch die großen, weißen Saubohnen kommen vom eigenen Acker. Meist ist das Gemüse ein Bestandteil der Suppen. Kochbananen *(Platanos)* werden auf dem Markt gekauft. Sie sind größer als Obst-Bananen und billiger.

Die **Getränke** bereiten die Indígenas selbst zu. Beliebt ist der *Atole*, den es in vielen Geschmacksrichtungen gibt. Die häufigsten *Atoles* sind aus Mais oder Reis, wobei in vielen Fällen einfach das dickflüssige

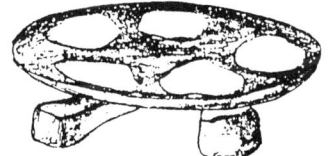

Der Mais

Alten Maya-Mythen zufolge wurde der Mensch aus Mais erschaffen. Diese Schöpfung glückte den Göttern jedoch nicht beim ersten Mal. Der Popol Vuh berichtet von zwei gescheiterten Versuchen. Danach war der erste Mensch aus Lehm. Da er zu weich war und ohne Kraft, den Kopf nicht rückwärts wenden konnte und sich im Wasser auflöste, versuchten es die Götter mit Wesen aus Holz.

Maiskolben zum Trocknen ausgelegt

"Aber sie hatten keine Seele, keinen Verstand, sie erinnerten sich nicht des Schöpfers und Formers. Ziellos gingen sie herum und auf allen vieren liefen sie." Eine Katastrophe brach kurz darauf über herein "und man sagt, die Nachkommen jener seien die Affen, die heute in den Wäldern leben. An ihnen kann man jene erkennen, denen Schöpfer und Former das Fleisch aus Holz machten. Darum gleicht der Affe dem Menschen, als Erinnerung an eine Menschenschöpfung, an Menschen, die nichts waren als Puppen aus Holz."

Nach langen Beratungen gelangten die Götter zu der Einsicht, daß einzig der Mais als Lebensstoff die Schöpfung vollenden könne. Vier Tiere, die Wildkatze, der Coyote, der Papagei und der Rabe zeigten ihnen den Weg nach Paxil, wo sie den gelben und den weißen Mais finden sollten. Aus Maiskolben, Maisbrei und Wasser formten sie "gute und schöne Menschen". Ihre Weisheit jedoch war so groß, daß sich die Götter gezwungen sahen, ihnen einen Schleier über die Augen zu werfen. So weit die Legende der Erschaffung des Menschen aus dem Popol Vuh, jenem altem Buch der Quichés, daß uns Einblick in die Mythologie und Geschichte dieses Stammes vermittelt.

Der Mais ist heilig. Er war die Ernährungsgrundlage der Maya, und er ist es bis heute geblieben. Die Maya verehrten den Mais als göttliches Wesen, und seine Aussaat war von streng geregelten Riten begleitet. Das Maiskorn in der Erde gleicht einem Kind im Mutterleib, und die Phasen des Pflanzenwachstums entsprechen der Entwicklung des Menschen. Die vielen Darstellungen zum Thema Mais in der Maya-Kunst beweisen die außergewöhnliche Bedeutung, die ihm innerhalb der religiösen und alltäglichen Welt zukommt. Insgesamt 114mal wird der Maisgott in den drei überlieferten Codices erwähnt und steht damit nach dem Regengott und dem Schöpfergott an dritter Stelle. Die Personifikation der Maispflanze mit einem Gott erklärt auch, weshalb in Miguel Asturias Roman "Die Maismänner" der Kampf gegen die sogenannten "Maiceros" aufgenommen wird: Die Herabwürdigung der heiligen Pflanze zum Handelsobjekt durch die Maiceros verletzt auf grausamste Weise die magisch-religiöse Wesenheit des Maises und zerstört außerdem den kostbaren Wald, den die Geschäftemacher dafür roden müssen.

Der Mais der Maya war ein Wildgrasgewächs, das wahrscheinlich in Mittel- und im nördlichen Südamerika beheimatet war. Die geringe Größe der im Tehuacántal (Puebla) gefundenen Kolben lassen auf hirsegroße Maiskörner schließen. Erst mit dem Übergang von der Sammelwirtschaft zum geregelten Feldbau um 3000 v. Chr. bemühte man sich um die Züchtung von Kulturpflanzen. Erste Erfolge erzielten die Maya durch die Kreuzung von Zea mays und Tripsacum, einer mit der Zea-Familie verwandten Grasart. Schon um die Zeit 200-700 n. Chr. erreichten die Maiskolben die vier- bis fünffache Größe (8-10cm). Vor allem im Westen Guatemalas boten die geographischen Gegebenheiten beste Voraussetzungen für die Züchtung von Mais. Es ist kein Zufall, daß die mythische Heimat des Maises gerade hier ist.

Neben dem Bohnenanbau war der Maisanbau Wegbereiter für die zivilisatorische Entwicklung der Maya. Wie in anderen Ländern ermöglichte erst die kontinuierliche Produktion eines lagerungsfähigen Grundnahrungsmittels über den Subsistenzbedarf hinaus die Entstehung einer Hochkultur. Nach alter Tradition steht der Mais auch heute noch mit Bohnen und Kürbissen auf einem Feld. Der Mais dient den Bohnen als Kletterstange, während diese als Leguminose die Maisstaude mit Stickstoff und Mineralstoffen versorgt. Die Kürbisse mildern mit ihren großen Blättern die erosive Kraft des Regens und stellen viel Biomasse zur Einarbeitung in den Boden bereit.

Je nach Bodenbeschaffenheit geschieht die Aussaat des Maises mit einem Pflanzstock, wie ihn schon die Maya benützten. In eine kleine Furche werden fünf bis sieben Maiskörner zusammen mit Bohnen gelegt. Von Zeit zu Zeit werden die heranwachsenden Stauden "verhüllt", d.h. man häuft am Fuß der Pflanze Erde zum Schutz gegen den Wind auf und intensiviert die Düngung. Bei den Maya symbolisierte dieser kleine Hügel einen Altar oder eine Pyramide, der als Sockel für den Gegenstand der Verehrung, den Mais, diente. Mitte August werden die reifen Maiskolben auf der Milpa (Feld) umgeknickt und die Stauden stehengelassen. Dies hat den Vorteil, daß kein Wasser in die reife Frucht eindringen kann, eine bessere Durchlüftung gewährleistet ist und das Korn vor Vögeln und Ungeziefer besser geschützt werden kann als im Maisspeicher.

Im Petén ermöglichen die fast ganzjährigen Niederschläge den Bauern jährlich eine zweite Maisernte vom selben Feld. Wenn es sich ein Bauer leisten kann, von der Regierung angebotenes Ackerland im Tiefland zu erwerben, nutzt er den Vorteil der Doppelernte, um mit dem Ertrag seine Familie im Hochland durchzubringen.

Es ist geradezu paradox, daß das Agrarland Guatemala mit einem so weit verbreiteten Grundnahrungsmittel wie Mais ausgerechnet dieses Produkt jährlich in großen Mengen importieren muß. Die Orientierung auf eine gewinnbringende Agrarexportproduktion (Kaffee, Bananen, Zuckerrohr etc.) und die Ausbreitung des Großgrundbesitzes verwies den Maisanbau sukzessive von günstigen Standorten auf schlechtere Böden. Dort ist ein Anbau katastrophal. Die Weitständigkeit der Stauden an den Hängen begünstigt Bodenabspülung und Erosion. Landknappheit verhindert außerdem die Einhaltung einer Brache. "Mais macht den Boden arm und niemanden reich", heißt es in den "Maismännern" und bringt damit ein Kernproblem zum Ausdruck, das für die guatemaltekischen Hochlandbauern alltägliche Realität geworden ist. Der Mais wird jedoch mit der schwarzen Bohne (frijol) immer die Ernährungsgrundlage der Indígenas bleiben.

In Guatemala sollte man es nicht versäumen, die vielen verschiedenen Arten der Zubereitung von Mais zu probieren. Weiße oder schwarze Tortillas werden ohnehin zu jeder Mahlzeit gereicht. Im Hochland werden vor allem Tamales gegessen. Das ist ein in Maisblättern eingewickelter, zu einer festen Masse verarbeiteter Maisbrei (masa), der je nach Geschmack gewürzt wird. Durch mehrmaliges Aufkochen des Maisbreis in Kalkwasser sind Tamales zwar nicht besonders vitaminreich, die Indígenas werden aber satt davon. Ganze Maiskolben werden Elote genannt, und es gibt sie vorwiegend während der Erntezeit. Verdünnter Maismehlbrei mit Panela (Rohzucker) wird als Atole getrunken.

Restwasser vom Kochen des Mais oder des Reis stark gesüßt wird. Ähnlich ist *Pinol,* bei dem gerösteten Maismehl mit Wasser, Zucker und Kakao aufgekocht wird. Die Zubereitung von Tee ist eine Spezialität der Campesinos. Der Kaffee dagegen ist meist eine mit *Panela* (Rohzucker) stark gesüßte braune Brühe, die je nach Wohlstand der Familie oft nur aus aufgekochten Kaffeeschalen besteht.

Literatur

Von den alten Überlieferungen der Indígenas ist wenig übriggeblieben. Doch gibt es heute einige Texte, die von Indianern nach der Eroberung geschrieben worden sind und von der Geschichte ihres Volkes erzählen.

Das berühmteste unter allen entdeckten Dokumenten ist das **Popol Vuh,** das Buch des Rates, in dem sich Mythos und Geschichte durchdringen. Es wurde in der Quiché-Sprache verfasst und schildert die Erschaffung der Welt durch die Götter, die Gründung des Quiché- und Cakchiquel-Stammes, ihre Kämpfe und Herrscherhäuser sowie ihr Ende. Das Manuskript dieser kosmologischen Sagen- und Legendensammlung wurde von dem Dominikaner *Francisco Ximénez* Ende des 17. Jahrhunderts in Chichicastenango entdeckt. Er kopierte und übersetzte die Schrift ins Spanische, die erstmals 1857 von dem Österreicher *Carl Scherzer* publiziert wurde. *Scherzer* stieß zufällig auf die Übersetzung von *Ximénez,* die lose einer

Reihe von Grammatiken beigegeben war, an denen sich der Spanier aufgrund seiner hervorragenden Sprachkenntnisse versucht hatte. Doch erst in der französischen Ausgabe des *Abbé Brasseur de Bourbourg* von 1861 erregte das Popol Vuh Aufsehen, eine der großen Schriften der Menschheit.

Ein weiterer Text, der mit dem Popol Vuh in enger Verbindung steht, ist der ebenfalls in Quiché-Sprache verfasste **"Titulo de los Señores de Totonicapán".** Als Autor tritt *Diego Reynoso* auf, ein Indígena von hohem Rang, der die Zerstörung der Quiché-Hauptstadt Utatlán miterlebte. Das Titulo wird von der Wissenschaft heute als die "Kurzform des Popol Vuh" interpretiert. Es wurde um 1554 geschrieben und ist knapp 200 Jahre später von einem Indígenapfarrer übersetzt worden.

In der Cakchiquel-Sprache verfasst sind die **"Anales de los Cakchiqueles",** die auch *Memorial de Sololá* genannt werden. Auch diese Analen erzählen die Geschichte des Stammes und ihrer Herrscherfamilien und berichten von den letzten Jahren vor der Eroberung durch die Spanier.

1862 veröffentlichte der oben erwähnte *Abbé Bourbourg* das Tanzdrama **Rabinal Achí,** das einzige seiner Art in der Literatur der Indígenas. Der Franzose hatte dies mündlich überlieferte Stück niedergeschrieben, das von der Unterwerfung eines Quiché-Häuptlings handelt. Vor seiner Hinrichtung tanzt der Häuptling dabei in Jaguarverkleidung vor seinem Besieger. Das Stück soll jedoch schon vor *Bourbourgs* Aufzeichnungen nicht mehr aufgeführt worden sein.

Ein fünftes Dokument verdient Erwähnung: Das **"Chilam-Balam"** ist eine Sammlung von mehreren Erzählungen bzw. Büchern, die die Chronik von 1400 Jahren Maya-Geschichte umfassen. Die Sammlung wurde in Yucatán gefunden und wird gemeinhin als die Kollektion der Wahrsagebücher des Jaguarpriesters bezeichnet. *Chilam Balam* war Prophet und hatte Verbindung zu den Göttern, dessen Sprachrohr er verkörperte. Seine schrecklichste Prophezeihung stellte die der Unterwerfung des Maya-Volkes dar, die mit der Ankunft der Spanier Wirklichkeit wurde.

Musik, Tänze, Fiestas

Höhepunkt des Jahres im Leben eines Dorfes ist der **Tag des Schutzheiligen,** der mit einer mehrtägigen Fiesta begangen wird. Hauptattraktion sind dabei die verschiedenen Tänze. Was wir heute allerdings an musikalischen Darbietungen im kulturellen Leben der Indígenas erleben, ist außerordentlich stark von der Kolonialzeit beeinflußt. Bei Musik und Tanz handelt es sich um eine Mischung von einheimisch-kolonialzeitlich-moderner Interpretation von Stücken, deren Ursprung kaum mehr zu erfassen ist. Reine Indianermusik gibt es praktisch nicht mehr. Bei den Tänzen wird dem *Baile de la culebra* (Schlangentanz), dem *Baile de los gracejos* (Tanz der Anmut) und dem *Danza*

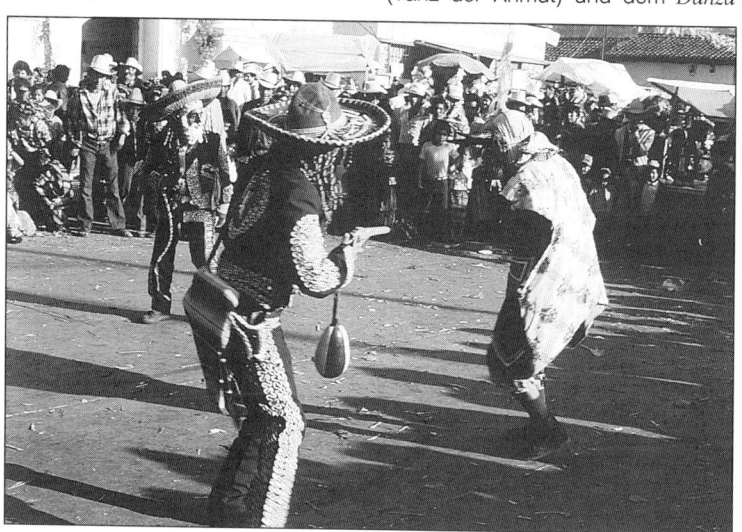

Deutlich zu sehen: Spanischer Einfluß auf Tänze und Kostüme

Masken: Auch die Frauenrollen werden von Männern gespielt.

del Venado (Hirschtanz) vorkolumbischer Charakter zugeschrieben. Die beiden ersten werden allerdings sehr selten aufgeführt.

Vor der Ankunft der Spanier 1523 wurde in religiös-mythischen Zusammenhängen getanzt. Obwohl die Missionare beim Anblick der heidnischen Huldigungen an die Götter erschauderten, erkannten sie darin gleichzeitig ein gutes Mittel zur Christianisierung. So schrieben sie selbst Tanzstücke, die die Indígenas aus didaktischen Gründen selbst aufführen mußten.

Besondere Aufmerksamkeit schenkt man in Guatemala den **Kostümen, Perücken und Masken**. Dafür gibt es speziell eingerichtete Kostümverleihhäuser, sogenannte *morerías*, deren Gebühren sehr hoch sind. Doch den *Cofradías* (Laienbruderschaften), den traditionellen Ausrichtern einer Fiesta, ist nichts zu teuer, wenn es um die Ausstattung der Tänzer geht. Sie sind ebenso für die Einübung der Tänze verantwortlich, die bereits Monate vorher beginnt. Die Tänzer, ausnahmslos Männer, müssen kräftig gebaut sein, um die anstrengenden Tage durchzustehen. Denn nicht nur das ständige Sich-im-Kreis-Drehen unter schweren Kostümen und engen Masken kostet Kraft, sondern auch der Konsum von unglaublichen Mengen an Alkohol, der heute teilweise zur Choreographie gehört.

Der bekannteste aller **Tänze** ist der *Baile de la Conquista* (Eroberungstanz). Nach den Berichten eines Dominikanermönchs vergab der er-

84

ste Bischof Guatemalas, Francisco Marroquin, anlässlich seines Geburtstages den Auftrag, ein Stück zu schreiben, das man unter freiem Himmel auf der Plaza in San Juan del Obispo (bei Antigua) aufführen sollte. Darin wurde die Niederschlagung der Quichés unter Tecún Umán durch Pedro de Alvarado nachgespielt. Die Konquistadoren treten dabei in rosafarbener Haut und langen Goldlocken auf. Im Laufe der Jahre wurde das Stück umgeschrieben und verändert. Gewöhnlich spielt zum Eroberungstanz nur eine *Chirimía* (Flöte) und ein *Tambor* (Trommel), doch das wird nicht mehr so streng genommen. Das Schönste am Baile de la Conquista sind zweifellos die aufwendigen Kostüme, die den Reiz des Tanzes ausmachen. Eine nachvollziehbare Spielhandlung oder das Rezitieren von Texten scheint zweitrangig zu sein. Für die Kinder, Frauen und Männer des Dorfes und der Umgegend ist die Fiesta mit ihrem ganzen Trubel ohnehin viel aufregender als die Geschichte der Helden Tecún Umán und Pedro de Alvarado, von denen die wenigsten eine Vorstellung haben.

Der *Danza del Venado*, der Hirschtanz, wird in verschiedenen Versionen aufgeführt. Der Hirsch als Personifikation des Kriegsgottes wird bereits im Popol Vuh erwähnt. Der Tanz symbolisiert die Jagd des Menschen auf das Wild und wurde als "Jagdtanz" von den Maya zelebriert. Die heutige Spielhandlung zielt darauf, den Hirsch zu jagen und

ihn am Ende dem Schutzpatron des Dorfes zu opfern. Eine gute Aufführung des Hirschtanzes bietet die Stadt Coatepeque im Dept.Quetzaltenango Mitte März.

Neben den erwähnten gibt es noch eine ganze Reihe weiterer Tänze. Der *Baile de los Toros* oder *Danza del Torito* (Tanz der Stiere) und der *Baile de Diablos* (Teufelstanz) ist ebenso ein beliebter Tanz wie der *Baile de los Moros* (Mohrentanz), der als Grundlage den Kampf zwischen Spaniern und Arabern hat. In die Reihe der zeitgenössischen Tänze muß zweifellos der *Baile de las Disfrazes* aufgenommen werden. Es handelt sich hierbei um die Präsentation bekannter und weniger bekannter Comicfiguren, wie Batman, Mickey Mouse, Snoopy und dergleichen mehr. Man darf über den Import amerikanischer Comic-Helden in die indianischen Dörfer geteilter Meinung sein, sie haben jedenfalls nicht nur bei Kindern einen großen Erfolg.

Unter den **Musikinstrumenten,** die eng mit Guatemala und seiner Musiktradition verbunden sind, ist zweifellos die *Marimba* an erster Stelle zu erwähnen. Begleitet werden Marimbaklänge auf Fiestas oft von einer *Chirimía*, einer Holzflöte und dem *Tambor,* einer einfachen Trommel. Die aus Schilfrohr gefertigte *Tzijolaj* mit drei oder vier Grifflöchern und die *Okarina*, eine aus Ton gebrannte Pfeife in Form einer tierähnlichen Gestalt gehören ebenfalls zu den indianischen Flöten. Prähispanischen Ursprungs ist das *Tun,*

Marimba

Die Marimba stammt zwar nicht aus Guatemala, sie ist aber zweifellos *das* guatemaltekische Musikinstrument. Wenn Indígenas und Ladinos eines gemeinsam haben, dann die Vorliebe für die Marimba. Sie ist trotz des massiven Einflusses der USA auf die gesamte Kultur des Landes nicht zu verdrängen, auch wenn sich die einheimischen Rythmen im Laufe der Zeit mit europäischen, insbesondere spanischen vermischt haben und professionelle Marimba-Bands heute schon das Repertoire internationaler Standardstücke im Programm haben.

Die Marimba wurde von Sklaven aus Afrika im 17. Jahrhundert über die Westindischen Inseln nach Guatemala gebracht. Schon zur Einweihung der nach einem Erdbeben (1651) rekonstruierten Kathedrale von Antigua spielte 1680 eine Marimba, und 50 Jahre später war das Instrument in ganz Guatemala populär. Als Resonanzkörper wirken ausgehöhlte Kalebassen unter den Klangblättchen, die "Tecomates" genannt werden, heute aber größtenteils durch klangvolle Hölzer ersetzt werden. Gespielt wird mit zwei Kautschuklöppeln in jeder Hand, ähnlich dem Marimbaphon bei uns.

Während die Marimba lange Zeit nur von einem Spieler gespielt wurde, erschien Ende des Jahrhunderts die "doppelte" Marimba oder "Cuache". Heute werden bis zu drei oder vier große Marimbas gleichzeitig gespielt, wobei an jeder Marimba durchschnittlich vier Männer stehen. Es gibt hunderte von Marimba-Gruppen in Guatemala, und noch immer gilt der Besuch einer der berühmten Marimba-Schulen im Land als etwas Besonderes.

Bei indianischen Fiestas, Tanzveranstaltungen, offiziellen Anlässen, in gediegenen Hotels und Restaurants, kurz, dort, wo sich Guatemala zeigt und zeigen will, ist die Marimba dabei. Und wie vor 300 Jahren ist das Instrument eine Domäne der Männer. Man wird nie eine marimbaspielende Frau sehen.

Chirimía

tion, *Jesús Castillo,* vertrat die Meinung, daß die Flötenklänge der Hirtenmelodien aus der Natur entnommen wurden. Er glaubte in einem Vogel namens *Cenzontle,* dem "Vogel der vierhundert Stimmen", einen Schlüssel für die Musik der Indígenas gefunden zu haben.

ein Holzinstrument, das aus einem Baumstamm geschnitzt wird und deswegen die Form eines Zylinders besitzt. In diesen wurden zwei parallelverlaufende Schlitze eingeschnitten und das Mittelstück noch einmal dazu quer geteilt. Beim Anschlagen mit kleinen Klöppeln erinnert der Klang des Tun an eine Marimba. Andere Klänge entlocken die Musiker der Tritonmuschel, genannt *Caracol,* die auch bei den *Garífunas* an der Karibikküste verwendet wird. Diese machen damit eine Musik, die sich *El Anuncio* (Ankündigung) nennt, weil mit den Muschelklängen die Rückkehr der Fischer angekündigt wurde. Die Indígenas dagegen sollen das *Caracol* nur im Krieg benutzt haben. Selten geworden ist ein Instrument aus der Maya-Zeit, das *Ayotl,* der Schildkrötenpanzer, der mit einem Knochen geschlagen wurde. Von den Spaniern übernommen haben die Indígenas die Gitarre, Violine und Harfe.

Wie die **Musik** der Indígenas vor der Eroberung der Spanier geklungen haben mag, ist heute nicht mehr nachzuvollziehen. Der berühmteste Forscher altindianischer Musiktradi-

Costumbres

Der Begriff *Costumbre,* den man am einfachsten mit **Brauch** übersetzt, ist eines der wichtigsten Wörter innerhalb der indigenen Kultur. Die Indígenas bezeichnen damit ihre altüberlieferten, heidnischen Riten und christlichen Bräuche, ebenso wie ihre alltäglichen Gewohnheiten oder Verhaltensmuster, deren Sinn und Zweck nicht in Frage gestellt werden: *Es Costumbre.*

Für die Verrichtung ritueller Handlungen, Gebete oder Beschwörungen sind in Guatemala die **Brujos** und **Chuch-Cajaues** zuständig. Sie stellen als "Zauberer", "Seher" und Mittler die Verbindung zwischen Menschen und Göttern her. Der wichtigste aller Götter ist *Dios Mundo,* der Weltengott, der häufig bei derartigen Zeremonien angerufen wird. Auch Frauen können diese Aufgabe übernehmen. Bei allen "heidnischen" Costumbres sind bestimmte Utensilien erforderlich. Für die Herstellung des Weihrauchs verbrennen die Brujos *Kopal,* das Harz des Kopalbaums *(protium copal),* in besonders dafür vorgesehenen Gefäßen. Kopal wird auch *Pom* genannt. Auf den Märktes des Hochlands kann man das gelbe Harz, nach Reinheit sortiert, kaufen. Nie fehlen bunte Kerzen und ein kräftiger Schnaps bei den Costumbres.

Noch immer gibt es eine Vielzahl von **Opferplätzen** im guatemaltekischen Hochland. Entweder beten die Indígenas dort alleine zu ihrem *Dios Mundo* oder bestellen sich einen *Brujo* oder eine *Bruja*. Diese veranstalten dann eine sogenannte *Quemada*, individuell und mit den notwendigen Beigaben. Dabei kann es sich sowohl um die Bitte nach einer guten Ernte handeln wie um die Verfluchung des gehaßten Nachbarn.

Costumbre in Guatemala ist auch das Abrennen von *Cohetes* (**Knallkörpern**). Überhaupt erfreut sich alles unbändiger Beliebtheit, was laut ist und Krach macht. Einen tieferen religiösen Sinn haben die Knaller nach jeder Messe. Sie sollen die Gebete schneller gen Himmel befördern. Weder still noch heilig sind daher vor allem die Nächte während der Weihnachtsfeiertage, die in manchen Dörfern ihren Höhepunkt mit dem nächtlichen Feuerzauber erreichen.

Kunsthandwerk

Das zentrale, westliche und nordwestliche Hochland sind die Hauptproduktionsgebiete des guatemaltekischen Kunsthandwerks. Gleichzeitig ist diese Region geprägt von einer Minifundienwirtschaft und Lebensraum der Indígenas. Alle drei Faktoren stehen in Abhängigkeit zueinander. So ergänzte das Kunsthandwerk das bescheidene Einkommen der Familien oder machte es in vielen Fällen sogar zum Haupterwerb. Produziert wird hauptsächlich im Familienbetrieb, die sich zum Teil bereits zu kleineren Manufakturbetrieben erweitert haben. Die Vermarktung geschieht entweder direkt, wobei die Indígenas oftmals lange Wege bis zu den Märkten des Landes auf sich nehmen, oder indirekt über Zwischenhändler.

Das Kunsthandwerk aus Guatemala genießt einen guten Ruf. Was die Herstellung der kunstvollen, ***indianischen Webarbeiten*** betrifft, gibt es nichts Vergleichbares auf dem amerikanischen Kontinent. Schon bei den Maya war das Weberhandwerk Bestandteil der Hochkultur. Die Stelen zeigen hochgestellte Persön-

Opferplatz bei Quetzaltenango

lichkeiten in prächtigen Gewändern. Pedro de Alvarado soll beeindruckt gewesen sein von den schönen Textilarbeiten, die ihm als Tributzahlung angeboten wurde. Die indianischen Muster von heute sind natürlich neueren Datums und haben sich im Laufe der Jahrhunderte immer wieder gewandelt.

Gewebt wird im gesamten Hochland. Die Frauen und Mädchen benützen traditionell einen Körperwebstuhl. Die Weberei wird dabei am oberen Ende mit einem Halteseil an einen Baum oder Pfosten gebunden. Gespannt wird das Webgerät durch das eigene Körpergewicht, indem das Endholz mit einem Gurt verbunden wird, den sich die knieenden Frauen um die Hüften legen. Die Breite des Hüftwebgerätes erlaubt nur das Weben relativ schmaler Bahnen. Bei der Herstellung eines *Corte* oder *Tzute* beispielsweise entstehen deshalb Nahtstellen, die jedoch als dekoratives Element zur Tracht gehören. Die Männer weben auf großen Fußwebstühlen - von den Spaniern eingeführt - und sind so in der Lage, breite und längere Bahnen herzustellen. Die Ausarbeitung eines *Huipiles* mit seinen zahlreichen Symbolen, Figuren und Mustern war aber seit je her Frauenarbeit in Guatemala.

Zu einer ausgesprochenen Perfektion der Webkunst brachten es die Frauen aus dem Quiché. Der Markt von Chichicastenango ist landesweit der bunteste und bietet dem Besucher eine unüberschaubare Fülle an Textilien zum Kauf. Nicht weniger

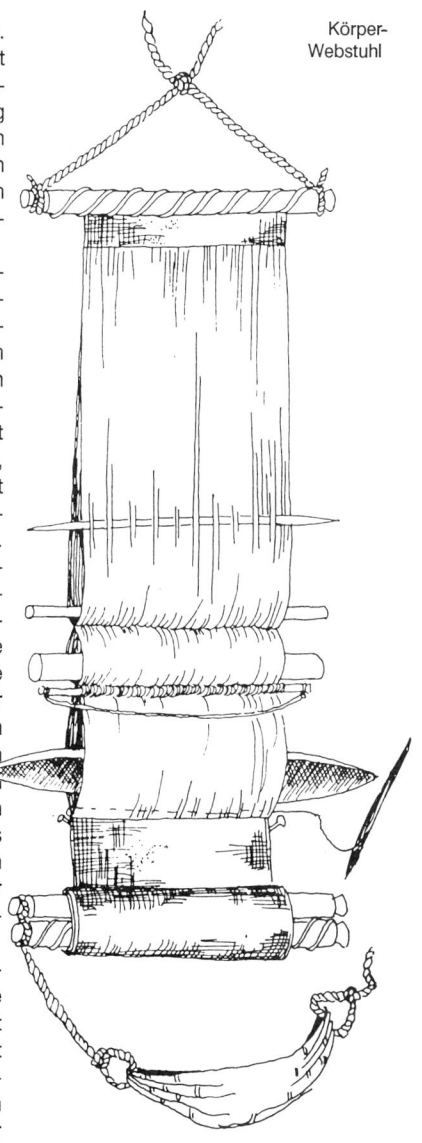

Körper-Webstuhl

kunstvoll sind die Arbeiten aus San Antonio Aguas Calientes bei Antigua, San Juan Sacatepéquez, San Ildefonso Ixtahuacán oder vom Atitlán See.

Die hochgelegene und kalte Region von Totonicapán ist das Zentrum der **Wollherstellung.** Das kleine Städtchen Momostenango ist berühmt wegen seiner Herstellung von derben Decken, Ponchos und anderen Arbeiten, die als "Momostecas" bekannt sind. Aus Baumwolle sind die bunten, weichen Teppiche mit ihren geometrischen Mustern.

Das **Keramikhandwerk** läßt sich ebenfalls bis zur Mayazeit zurückverfolgen. Die Herstellung der Gebrauchstöpferwaren ist wie das Weben von *Huipiles* Frauenarbeit. Die einfachen Terra Cotta-Krüge, Schüsseln, Teller und Weihrauchgefäße werden wie die *Comales,* jene flachen Pfannen, die zur Zubereitung

Tongefäß mit Maya-Motiven

von Tortillas benötigt werden, ohne Drehscheibe geformt, auf offenem Feuer gebrannt und mit einer durchsichtigen Glasur bestrichen. In den Haushalt der Indígenafamilien hat allerdings auch das pflegeleichtere Plastikgeschirr Einzug gehalten. So sind die typisch gestreiften Wasserkrüge heute echt Plastik.

In Antigua, Chinautla, San Luis Jilotepeque, Rabinal und San Miguel Totonicapán wird eine spezielle Keramik hergestellt, die sich von der beschriebenen *Alfarería* unterscheidet. Hier handelt es sich um kleine Tonfiguren, die Dekorationszwecken dienen, wie die Engel und Tauben aus Chinautla. Antigua ist das Zentrum der **Glasurkeramik,** die wie die handbemalten Stücke der *Mayolica*-Keramik ihre Technik der Kolonialzeit verdankt.

Wo Schilfgewächse, Palmen und ähnliches vorhanden sind, werden Körbe, Matten und Hüte geflochten. In Guatemala gibt es sämtliche Arten von *Canastos* (Körbe) in allen Größen. Am Atitlán See werden grobe *Petates* (Matten) aus dem Schilf des Sees hergestellt, aus Iztapa am Pazifik kommen **Flechtarbeiten** aus Palmwedeln.

Ein beliebtes Souvenir ist **Kunsthandwerk aus Holz.** In Chichicastenango ist die Auswahl an geschnitzten Masken und Figuren am größten. Auf glasierte Holzfrüchte in Schalen trifft man in ganz Guatemala. Berühmt sind **Möbel** aus Nahualá, **Holzspielzeug** aus Totonicapán und **Musikinstrumente** aus Huehuetenango.

Cofradía

Die *Cofradías* in Guatemala entstanden mit der Eroberung durch die Spanier. Als fester Bestandteil der indianischen Gemeinschaft hat sich die Tradition der *Cofradías* bis heute erhalten.

Die *Cofradías* sind **Bruderschaften,** die zunächst die Verbreitung der christlichen Lehre unterstützen sollten. Dabei fielen ihnen damals wie heute eine Reihe weiterer Aufgaben zu. So sind sie für die Instandhaltung der Kirche verantwortlich, bewahren die religiösen Utensilien auf und kümmern sich um die Statue ihres jeweiligen Heiligen, dessen Namen sie tragen. Außerdem übernehmen sie soziale und humanitäre Aufgaben in der Gemeinschaft, wie den Beistand bei Krankheit oder Tod. Von großer Bedeutung ist die Ausrichtung und Organisation der Prozessionen und der Fiesta.

Die Struktur einer *Cofradía* ist streng hierarchisiert. Jeder Posten wird alljährlich durch eine geheime Wahl vergeben. Den Vorsitz hat der sogenannte *Cofrade principal,* der ein hohes Ansehen in der Gemeinschaft genießt und die Auswahl der Neumitglieder bestimmt. Auch Frauen *(Capitanas)* sind in den Cofradías organisiert. Die Bedeutung der *Cofradías* ist heute nicht mehr nur rein religiös zu sehen. Vielerorts in Guatemala arbeiten sie eng mit der politischen Verwaltung der Gemeinde zusammen, so daß *Alcaldía* und *Cofradía* gemeinsam das Leben des Dorfes bestimmen.

Besondere Aufmerksamkeit schenken die *Cofradías* überlieferten Traditionen. Viele Tänze, Trachten oder Prozessionen wären ohne sie längst verschwunden. So ist Anlegen der Festtracht während der Fiesta einer der Höhepunkte des Festes. Berühmt sind die schwarzen Jacken und bunt gezackten *Tzutes* (Kopfbedeckung) der *Cofrades* aus Chichicastenango.

Widerstand und Selbstbewußtsein

El próximo siglo el indígena va a llegar al poder (Im nächsten Jahrhundert wird der Indígena an die Macht kommen) verkündete der Kongreßabgeordnete *Claudio Coxaj Tzun* der Presse im Mai 1990. Er ist einer der wenigen Abgeordneten indianischer Herkunft, die in Guatemalas Kongreß vertreten sind.

Obwohl die Indígenas in Guatemala rund die Hälfte der Gesamtbevölkerung ausmachen, werden ihre Interessen von den Politikern seit je her unzureichend wahrgenommen. Die Ereignisse während der Militärdiktaturen in den 70er und 80er Jahren, bei dem sich die Indígenas einem gnadenlosen Ausrottungsfeldzug gegenüber sahen, stärkten die Überzeugung, sich aus eigener Kraft gegen die Unterdrückung zu organisieren und als legale Interessensvertretungen an die Öffentlichkeit zu gehen.

Heute gibt es in Guatemala verschiedene **indianische Organisationen,** die für die Anerkennung und die Respektierung indigener Lebensweise und Kultur kämpfen, für Gleichberechtigung, Gleichbehandlung und Wiedergutmachung. Der Rat indianischer Gemeinden, das *Consejo Nacional de Comunidades Etnicas Ruñujel Juanam - CERJ -* kämpft gegen die Militarisierung in ländlichen Gebieten, veröffentlicht Menschenrechtsverletzungen und sorgt sich um den Erhalt kultureller Werte. Die Verbesserung der Arbeitsbedigungen, Löhne und Einkommen von Landarbeitern und Bauern ist Ziel der Bauerngewerkschaft *CUC*. Im *Consejo Nacional de Viudas - CONAVIGUA -* haben sich Witwen organisiert, die ihre Männer während der Violencia verloren haben. Auch die Basis der Menschenrechtsgruppe *GAM* besteht zu einem großen Prozentsatz aus Indígenas. Sie und andere sind Teil einer internationalen Emanzipationsbewegung der indianischen Völker, die sich im *Consejo Mundial de Pueblos Indígenas - CMPI -* oder im *Parlamento Indígena de América* zusammengeschlossen haben.

1992 war das 500. Jahr der Entdeckung der Neuen Welt. Für die Indígenas alles andere als ein Jahr der Festakte und Feiern. Sie haben 1992 als das internationale Jahr der Würde und Rechte aller amerikanischen Indianer deklariert und fordern zu einer neuen Sichtweise der Entdeckungsgeschichte auf. In einer Botschaft an die UNO gaben 1988 mehrere guatemaltekische Indígena-Organisationen außerdem ihrer Hoffnung Ausdruck, "daß dieses Ereignis das Ende der 500jährigen Un-

terdrückung und Dikriminierung anzeigt sowie den Beginn eines Aufbauprozesses für eine aufrichtige und historische Begegnung von zwei Kulturkreisen auf der Basis von Gleichheit, gegenseitigem Respekt, Frieden und Zusammenarbeit". Urteilen Sie selbst.

Die ladinische Kultur

Einen völlig anderen geistigen und sozialen Hintergrund besitzt die Kultur der Ladinos. Mit der Eroberung und Besiedlung des Maya-Landes durch die Spanier 1523 begann in Guatemala die Epoche der kolonialen Kunst und Architektur, die etwa drei Jahrhunderte umfasst. Malerei, Bildhauerei, Literatur und Dichtung waren vorwiegend religiös geprägt. In den Barockkirchen Guatemalas finden sich u.a. Altäre, Aufsätze, Kruzifixe und Skulpturen von Miguel de Aguirre, Quirio Cataño, Pedro de Mendoza, Mateo de Zuñiga und Alfonso de Paz. Unter den Malern ragen Tomás de Merlo, Juan de Correa und Antonio Ramírez Montúfar hervor.

Die **Architektur** dieser Zeit zeichnet sich besonders durch ihre Pracht- und Prunkbauten aus. Schwere Säulen, kunstvoll gestaltete Arkaden und verschwenderische Fassadenzier sind die hervorstechendsten Merkmale der kolonialen Architektur, wie sie Antigua von allen Städten Guatemalas am eindrücklichsten vermittelt. Um die Wende des 19. Jahrhunderts dominiert der nicht weniger monumentale Neo-

Ladinas: Eisverkäuferinnen aus Puerto Barrios

klassizismus mit seiner Vorliebe für Symmetrie und Rechtwinkligkeit. Der *Parque Central* von Quetzaltenango ist eines der schönsten Beispiele für diese Stilrichtung in Guatemala.

Der Jesuit *Rafael Landívar* (1731-1793), nach dem die katholische Universität in Guatemala benannt ist, besang in lateinischen Versen die Landschaft und die Indianer Guatemalas und Mexikos. Sein Werk *Rusticatio mexicana* wurde ein Klassiker der frühen **mestizischen Dichtung.** Unter den Literaten war *José Milla* (1822-1882) der meistgelesene Romacier zu Beginn des 20. Jahrhunderts. Sein Thema war die Kolonialzeit und damit die Suche nach den eigenen Wurzeln. Er schuf in seinem Roman *Un viaje al otro mundo* (Reise in die andere Welt) jene Figur, nach der sich die Guatemalteken nennen:

Juan Chapín. Über die spanisch-kolonialzeitliche Geschichte hinaus gelangte *Ramón A. Salazar* (1852-1914) in seinen Büchern. Während seiner Aufenthalte in Deutschland machte er Bekanntschaft mit der deutschen Romantik. Später übersetzte er zahlreiche Klassiker der deutschen Dichtung wie Lessing, Goethe und Chamisso. Ihnen folgten der Lyriker *Maximo Soto-Hall* (1871-1944) und der Prosaist *Enrique Gómez Carrillo* (1873-1927). Zusammen mit *Rubén Darío* aus Nicaragua war *Gómez Carillo* der Wegbereiter der hispanoamerikanischen Moderne, die mit *Miguel Angel Asturias, Augusto Monterroso, Otto Raúl González* und dem Kunstkritiker *Luis Cardoza y Aragón* in Guatemala ihre herausragensten Vertreter besaß.

Trotz der Atmosphäre von Unterdrückung und Zensur existierte auch in Guatemala eine Bohème, die besonders die Generation der 30er Jahre prägte. Einer der bedeutensten Intellektuellenzirkel nannte sich *Los Tepeus*. Zu dieser Zeit gelangten mit *Carlos Wyld Ospina* zum ersten Mal sozialkritische Töne an die Öffentlichkeit. Als Begründer der metaphorischen *novela criolla* (kreolische Erzählkunst) trat *Flavio Herrera* in Erscheinung und verhalf ihr zum internationalen Durchbruch. Nach dem Sturz *Ubicos* 1944 und mit der neuen Freiheit unter der Arévalo/Arbenz-Regierung entstanden Zirkel, Kollektive, Akademien, Clubs und Ateliers. Es war die Zeit der progressiven, demokratischen Künstlerbewegung in Guatemala.

In der *Malerei und Bildhauerei* des 20. Jahrhunderts wurden *Carlos Mérida, Rodolfo Galeotti Torres* und *Humberto Garavito* zukunftsweisend für die jüngere Generation. Besonders die Malerei zählt heute zu den anspruchsvollsten Kunstrichtungen in Guatemala. Alle Namen hier aufzuzählen, würde den Rahmen des Annehmbaren sprengen. Zu den derzeit besten und beliebtesten Künstlern gehören *David Ordoñez, Elmar Rojas, Rolando Pisquiy, Alfredo García, Rolando Sanchéz, Ingrid Klussman, Ana María de Maldonado, Isabel Ruíz* und viele, viele andere mehr. Die Themen ihrer Arbeiten sind so unterschiedlich wie die Biographien der Künstler selbst. Ein Bummel durch die Galerien der Hauptstadt gehört zu den erfreulichsten Entdeckungen Guatemalas. Nicht unerwähnt bleiben darf in diesem Zusammenhang die Reihe der

Alfredo García:

94

indianischen "Volkskünstler", die besonders in Comalapa und San Pedro La Laguna eine lange Tradition haben. Die "naiven" Bilder von *Vicente Curruchiche* oder *Juan Sisay,* der 1989 ermordet wurde, erzählen vom Alltag, den Costumbres und der Tradition der Indígenas.

Während die Malerei keine Nachwuchssorgen hat, steht es um die guatemaltekische *Literatur* eher schlecht. Schriftsteller und Dichter bemängeln das geringe Interesse an nationaler Literatur bei Verlagen, Buchhändlern und Lesern. Zu den meistgelesenen Autoren zählen die modernen Klassiker *Luis Cardoza y Aragón, Miguel Angel Asturias, Augusto Monterosso, Monteforte Toledo* und *Otto Raúl González.*

Mit dem *Nationaltheater* verfügt Guatemala zwar über ein modernes Kulturgebäude in seiner 2-Millionen-Metropole, doch gehören Schauspiel, Konzerte oder klassisches Ballett nicht zu den beliebtesten Abendunterhaltungen. Die guatemaltekischen Theaterkünstler sind es gewohnt, vor halbleeren Sälen zu spielen. Die Gründe für die Dauerkrise des Theaters sind vielfältig, scheinen aber die jüngste Konsequenz aus der jahrzehntelangen politischen Repression, die das kulturelle Leben in Guatemala beeinflußte, zu sein.

1977 wurde das *Teatro Vivo* gegründet. Die Mitglieder dieses engagierten *Volkstheaters* spielten u. a. auf Straßen, Plätzen, Schulen und Arbeitervierteln. Ihre Stücke handelten von der guatemaltekischen Rea-lität und dem Alltag der Unterdrückten. Nach drei Jahren geriet das Teatro Vivo politisch derart unter Druck, daß sich die Gruppe gezwungen sah, ins Exil zu gehen. Seither spielte das Teatro Vivo seine Stücke in Nord- und Südamerika, Kanada und Europa. Auch bei uns waren Carmen Samayoa und ihre Compañeros in den letzten Jahren einige Male zu Gast und haben mit ihrem Witz, Charme und ihrer bemerkenswerten Dramaturgie das Publikum im Nu erobert.

Alltagskultur

Die Film- und TV-Szene wird nahezu vollständig von ausländischen Produktionen beherrscht. Größter Beliebtheit erfreuen sich amerikanische Kriegsfilme und Seifenopern mit viel Herz und Schmerz, schönen Frauen und starken Männern. Helden sind gefragt in Guatemala. Ob lässig in Jeans und Cowboystiefeln, seriös in Nadelstreifen oder unschlagbar im grünen Kampfanzug, es wird gekämpft, gelitten, geprügelt, geschossen, getötet. Als ob der Alltag in Guatemala nicht ausreichen würde...

Muß sich der *Macho* (*macho* = männlich) für Familie und Vaterland aufopfern, erschöpft sich die Attraktivität der Frau bereits in der Wohlgeformtheit ihrer Proportionen. Es ist keine Übertreibung zu behaupten, daß die Ladinos viel Zeit mit *Miss-Wahlen* verbringen. Jede Stadt wählt ihre schönste Señorita, die staatliche Telefongesellschaft kürt alljährlich eine *Miss GUATEL,* des-

Miguel Angel Asturias

Am 19.10.1899 wird Miguel Angel Asturias in Guatemala-Ciudad geboren, zu einer Zeit, als im Land eine der längsten und grausamsten Diktaturen beginnt. Sein Vater ist Rechtsanwalt, seine Mutter Lehrerin indianischer Abstammung. Als sein Vater Schwierigkeiten mit dem Regime Estrada Cabreras bekommt und aus dem Staatsdienst entlassen wird, übersiedelt die Familie 1903 nach Salamá im Departement Alta Verapaz, wo Miguel mit der Welt der Indígenas in Berührung kommt. Vier Jahre später kehrt die Familie in die Hauptstadt zurück, um den Sohn zur Schule zu schicken.

In Guatemala ist zu dieser Zeit das Werk von José Milla (1822-1882) das meistgelesene. Um die Identitätsfindung geht es dem Guatemalteken Ramón A. Salazar in seinen Büchern. In Kuba schreiben José Marti, in Uruguay Enrique Roda und in Nicaragua Ruben Darío für eine Aufwertung des Lateinamerikanischen.

Auf dem Gymnasium beginnt die politische Bildung des jungen Asturias. Die mexikanische Revolution von 1910, der beginnende Einfluß amerikanischer Interessen auf dem Kontinent und der Erste Weltkrieg in Europa sind Ereignisse, die tiefe Spuren im Bewußtsein der Intellektuellen und Künstler hinterlassen. Asturias, der seit 1916 an der Medizinischen Fakultät der Universität San Carlos immatrikuliert ist, ein Jahr später aber das Jurastudium aufnimmt, beginnt zu schreiben. Es sind zunächst literarische Kleinformen. Kurznovellen, Gelegenheitsgedichte und ähnliches und noch weit entfernt von einer eigenen Bildersprache.

Sein politisches Engagement in oppositionellen Gruppen und Verbänden wird wichtiger als die akademische Ausbildung. Beides kommt zum Ausdruck in der Diplomarbeit Asturias, die "Das soziale Problem des Indio" zum Thema hat und die er als einen Beitrag zur "Guatemaltekischen Soziologie" auffasst. Er untersucht darin den Zusammenhang von geschichtlicher Vergangenheit und gegenwärtiger Lebenssituation der indigenen Bevölkerung auf dem Land. Obwohl er selbst den Rassismus als Stütze der ökonomischen Ausbeutung erkennt, bleibt er bei seiner Untersuchung der "Psyche des Indianers" nicht frei von rassistischen Klischees, die er später als Irrtümer der Studienzeit bewertet. 1923 wird für Asturias die Situation im Land immer gefährlicher. Nach der Veröffentlichung eines politischen Artikels schicken ihn seine Eltern ins europäische Ausland. Er gelangt über London nach Paris und nimmt an der Sorbonne ein Studium der Ethnologie auf.

Paris ist in den 20er Jahren neben Berlin geistiges und kulturelles Zentrum künstlerischer Umbruchbewegungen. Die Surrealisten und Avantgardisten beherrschen neben vielen anderen modernen Glaubensbekenntnissen die Kunstszene. Schon lange gehört Paris unter den lateinamerikanischen Künstlern zu einer wichtigen Station auf der Suche nach der Moderne, der vor allem Ruben Darío mit dem "modernismo" seit Ende des 19. Jahrhundert in eine neue Richtung verhalf. Hier trifft Miguel Asturias Pablo Picasso, Miguel de Unamuno, André Breton, Luis Buñuel, Cesar Vallejo, seinen Landsmann Luis Cardoza y Aragón und viele andere.

Der Modernismo ist die Antwort auf die politischen Erfahrungen der lateinamerikanischen Länder, die zu einer immer tiefergreifenden Entfremdung von der eigenen Kultur und Sprache führten. Die Künstler reagieren mit Antiimperialismus und Kosmopolitismus, der Voraussetzung sein soll für die Entdeckung der eigenen Welt. Damit verbunden ist die Erneuerung des künstlerischen Stils, der Sprache und Metrik. Bei den französischen Surrealisten finden die Lateinamerikaner entsprechende Muster und Vorbilder. Auch auf die Texte von Asturias üben sie einen großen Einfluß aus. Deren Forderung nach völliger Übereinstimmung von Kunst und Leben folgt Asturias jedoch nicht.

1925 wird er von Professor Raynaud gebeten, die französische Version des "Popol Vuh" ins Spanische zu übertragen. Die Beschäftigung mit dem Heiligen Buch der Quiché-Indianer ist der Anstoß zu einer er-

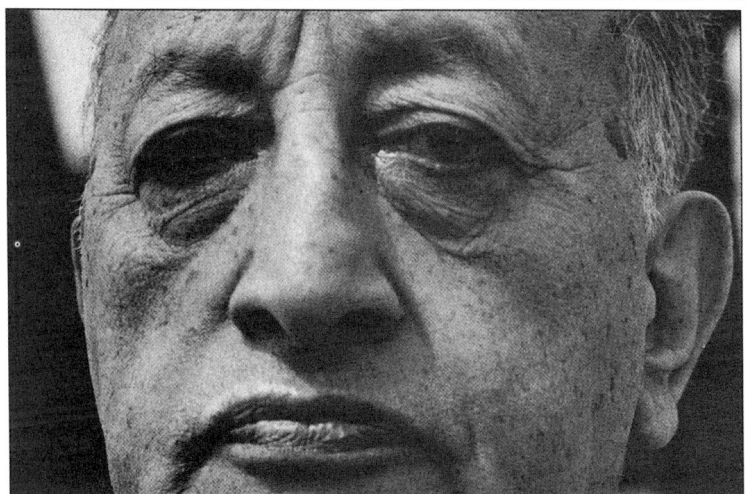

neuten Arbeit mit der Welt und den Mythen der guatemaltekischen Indígenas. Zwei Jahre später entstehen die "Legenden aus Guatemala", und Asturias findet damit zu seinem eigentlichen Stoff: die Geschichte und Geschichten seines Landes.

Die "Legenden", an denen Asturias fünf Jahre arbeitet, sind keine Sammlung überlieferter Texte, sondern eine selbständige Schöpfung, bei der er vorgegebenes Material verändert. Die Darstellung von Geschichte, Brauchtum und Mythologie wird durch eine neue Erzählhaltung und die Verwendung unterschiedlichster Stilmittel zu einem Nebeneinander suggestiver Bilder und phantastischer Kurzszenen. Die "Legenden" machen Asturias bekannt.

Miguel Angel Asturias gilt als der Begründer des "magischen Realismus", der als echt lateinamerikanisch empfunden wird und besonders in den 40er Jahren die Literatur beeinflußt. Das Spiel mit mehreren Realitäten, die Gleichberechtigung des Imaginären neben der Wirklichkeit und eine musikalische Sprache, die dem Mythos, dem Übersinnlichen und Unbewußten versucht nahe zu kommen, sind eines der hervorstehendsten Merkmale.

Seine zweite großartige Arbeit, die er bereits in den 20er Jahren begonnen hat, kann erst 1946 in einem mexikanischen Verlag erscheinen. Der Roman "Der Herr Präsident" beschreibt die bedrohliche Gegenwart unter dem Diktator Estrada Cabrera, die Asturias in seiner Kindheit erlebte. Er zeigt eine Gesellschaft, die durch die Zerstörungswut und Machtgelüste eines Einzelnen in einen Zustand des Absterbens geführt wird. Das System Cabreras ist der Mythos des Todes. In Südamerika wird dieses Buch in Zeiten eines drohenden Putsches diskret aus den Schaufenstern genommen.

1933 kehrt Asturias nach Guatemala zurück und verdient sich als Universitätsdozent und Journalist seinen Unterhalt. Während dieser Zeit lebt er sehr zurückgezogen und schreibt nur wenig. Erst nach der Oktoberrevolution und der Ausrufung der Demokratie geht er wieder an die Öffentlichkeit.

Als Kulturattaché arbeitet er zwei Jahre in Mexiko, dann in Buenos Aires und El Salvador. In Buenos Aires hilft Asturias seinem Freund Neruda aus einer gefährlichen Situation, als nach einer Kritik an der Regierung Videlas ein Haftbefehl gegen Neruda vorliegt und dieser Chile verlassen muß. Weil die beiden außer einer Freundschaft eine gewisse physiognomische Ähnlichkeit verbindet, leiht der Botschafter Asturias Neruda seinen Paß, mit dem er sicher Europa erreicht. Diese herrliche Szene ist in Pablo Nerudas Memoiren nachzulesen.

1950 veröffentlicht Asturias "Die Maismänner", wo er sein Konzept des "magischen Realismus" noch dichter, noch sinnlicher umsetzt. Alles kommt zur Sprache: Maya-Mythen, Guerillakampf, soziale Ungerechtigkeit, Traum, Liebe, Verzweiflung, Verwandlung, Geister. Der Text ist bereits das Thema, und Asturias sagt selbst, daß es sich hier "um eine Welt handelt, die nicht erklärt werden kann." Fast gleichzeitig erscheint der erste Teil der sogenannten "Bananen-Trilogie". "Sturm" eröffnet die Geschichte mit der Schilderung des hereinbrechenden US-Imperialismus in Guatemala und dessen Werkzeug, die United Fruit Company. Der zweite Teil "Der grüne Papst" erscheint 1954, "Die Augen der Begrabenen" als Schluß 1960. Die Bewältigung dieses umfangreichen Stoffes ist nur möglich mit Hilfe realistischer Darstellungstechniken. So kommt es zu einem eigenartigen Phänomen: Während innerhalb der lateinamerikanischen Literatur in den 50er Jahren durch die Erzählungen Jorge Borges experimentelle Tendenzen zum Durchbruch kommen, sieht sich der berühmteste guatemaltekische Schriftsteller gezwungen, aufgrund der Fülle von Fakten in seiner Trilogie Elemente des traditionellen Realismus wieder aufzunehmen.

Die 50er und 60er Jahre gehören zu den bewegtesten innerhalb der lateinamerikanischen Literatur. Die kubanische Revolution dringt auch in die hinterste Dichterstube und fordert zur Stellungnahme heraus. Gleichzeitig kommt es zum vielzitierten "boom" lateinamerikanischer Literatur, die von Romanciers wie Julio Cortázar, Mario Vargas Llosa, Carlos Fuentes und Gabriel Garcia Márquez ausgelöst wird. Ausgeschlossen vom Boom sind Miguel Asturias und Lyriker wie Pablo Neruda, Octavio Paz oder Ernesto Cardenal.

Nach der Zerschlagung der Demokratie in Guatemala 1954 lebt Asturias zwölf Jahre im Exil. Paris, Rom und Genua sind seine Stationen. In "Weekend in Guatemala" verarbeitet er wie viele andere Schriftsteller die Tragödie des gewaltsamen Putsches. Von seinem Exil aus unternimmt er Reisen nach Prag, Moskau, China, Indien und Kuba. Er schreibt Artikel für Zeitungen und Zeitschriften. 1959 erhält er ein Touristenvisum für Guatemala und hält vor Studenten der Juristischen Fakultät einen Vortrag über das Thema "Der soziale Protest im lateinamerikanischen Roman".

Seine Publikationen werden ausschließlich im Ausland verlegt, bis 1966 Méndez Montenegro die Macht in Guatemala übernimmt. Unter der neuen Zivilregierung wird er zum Botschafter in Paris ernannt und erhält im gleichen Jahr den Moskauer Lenin-Preis. Ein Jahr darauf wird ihm der Literaturnobelpreis verliehen. Sein diplomatischer Dienst und die Annahme des Nobelpreises werden besonders von den jungen Autoren Guatemalas scharf kritisiert. In der Tat weitet sich trotz der zivilen Regierung die Repression unter Montenegro aus. Verfolgung, Terror, Folter und Mord gehören nach wie vor zum Alltag Guatemalas. Mit dem Ende der Amtszeit Montenegros tritt auch Asturias von seiner diplomatischen Mission zurück. Er wird sich erst drei Jahre später zum Vorwurf der Unterstützung eines Terrorregimes äußern.

In seinen letzten Werken ("Lida Sals Spiegel", "Eine gewisse Mulattin", "Der böse Schächer", "Don Nino oder die Geographie der Träume") bleibt Asturias seiner Literaturkonzeption treu und verbindet die Darstellung der historischen Aktualität mit der Eigenexistenz des Wortes und der Sprache. Anfang der 70er Jahre hält er sich viel in Europa auf und hält Vorträge über die lateinamerikanische Literatur. 1973 erkrankt er an Krebs. Am 9.Juni 1974 stirbt Miguel Angel Asturias nach einem dreiwöchigem Krankenhausaufenthalt in Madrid. Sein Leichnam wird mit einem Flugzeug des mexikanischen Präsidenten, das dieser zu Ehren des großen Dichters zur Verfügung gestellt hatte, nach Paris überführt, wo er auf dem Friedhof Père-Lachaise begraben wird.

gleichen die großen Banken und Firmen. Höhepunkt ist die Wahl aller Wahlen zur Miss Guatemala im Nationaltheater – vor ausverkauften Männerrängen, versteht sich.

Wie die Politik ist auch der **Sport** Männersache. Volkssport Nummer eins ist *Futbol*, eines der wenigen Dinge, die Ladinos und Indígenas gemeinsam haben. Neben amerikanischem *Beisbol* ist bei den Ladinos das Jogging in Mode gekommen. In Ermangelung an ausgedehnten Parkanlagen in den Städten, absolvieren die Läufer zwischen hupenden Autoschlangen und qualmenden Bussen ihr tägliches Pensum. Besonders fragwürdig ist dieses Training in der Hauptstadt, wo Smogtage keine Seltenheit sind.

Nicht weniger ungesund ist die **Fast Food-Kultur,** deren landesweiter Triumphzug für keinen Besucher Guatemalas zu übersehen ist. McDonald, Pizza Hut, Pollo Campero, Nais, Pizza Grizzly und Burger Shops sind nur eine kleine Auswahl eines riesigen Ketchup-Imperiums, das jeden Tag hunderttausende von Guatemalteken bedient. Den größten Gewinn machen diverse US-Firmen. Absolut marktbeherrschend auf dem alkoholfreien Getränkesektor ist Coca-Cola und Pepsi. Man bekommt es noch im hintersten Winkel des Landes.

Die Beispiele aus der Alltagskultur zeigen, wie extrem stark sich die Lebenswelt der Ladinos "gringoisiert" hat, d.h. welchen Stellenwert **nordamerikanisches "Kulturgut"** in Guatemala besitzt. Die Guatemalte-

Gute Reise: oben rechts ein Zopilote (Geier)

ken selbst machen kein Geheimnis daraus, wie anfällig sie für alles Ausländische sind, das ihrer Ansicht nach besser ist. Nach den Gründen dieser Haltung gefragt, gehen sie weit zurück in der Geschichte und erzählen von jener sagenhaften Azteken-Prinzessin und Dolmetscherin *Malinche,* die ihr Volk an die weißen Eroberer verriet, nachdem sie sich in *Hernán Cortés* verliebt hatte. Seit dieser Zeit hat auch dieses Phänomen einen Namen: *Malinchismo.* Aber abgesehen davon, daß *Malinche* eine Indígena war und es damals noch gar keine Ladinos gab, ist dieses Gleichnis zwar treffend, doch wenig schmeichelhaft. Es bestätigt zumindest, was Kenner des Landes immer wieder behaupten, nämlich

daß den Guatemalteken ein *Nationalismus* abgeht, der sie stark genug macht, ihre eigenen Werte zu verteidigen. Die Frage, wer zusammen mit wem welche Werte verteidigen sollte, ist berechtigt. Denn die vielbeschworene *Gran Familia* aus Ladinos und Indígenas ist eine Erfindung. Ihre kulturellen Gemeinsamkeiten beschränken sich auf Äußerlichkeiten (Marimba, Tortillas und Fußball), gesellschaftlich dominieren die Ladinos, sozial herrscht ein krasses Privilegiengefälle und politisch sind die Indígenas so gut wie ohne Stimme. Womit wir wieder am Anfang wären bei der Feststellung, daß es *die* guatemaltekische Kultur nicht gibt, ebenso wenig wie *den* Guatemalteken.

Guatemala,
3 de marzo de 1990

Sociales

PRENSA LIBRE **23**

Candidatas a Señorita Guatemala

EN EL GRUPO el señor Carlos Samayoa, director ejecutivo del certamen Miss Guatemala; Beatriz Wong, Mónica Sánchez, Mendel Samayoa, subdirector del concurso Miss Guatemala; Elka Cuevas, Miss Guatemala 1,989; Manuel Del Cid, coreógrafo, estilista y diseñador; Patricia Asturias y Lilli Hernández. (CC).

SEÑORITA Guatemala 1989 - 1990, Elka Cuevas Berganza, quien concluye su período este 11 de marzo, durante su presentación a la prensa en el vestíbulo del Inguat. Ella en el último concurso Miss Universo, realizado en la República de México, ganó segundo lugar en traje típico por la belleza del atuendo que lució en esa noche de elección. (CC).

Die Presse

Die Gesamtauflage aller in Guatemala erscheinenden Tageszeitungen beläuft sich auf etwa 150.000-200.000 Exemplare bei einer Bevölkerung von über 9 Millionen Einwohner. Sämtliche Redaktionen befinden sich in der Hauptstadt, deren Vertrieb nur die Versorgung der größeren Städte vorsieht. Auf dem Land bekommt man praktisch keine Zeitung. Wer sollte da auch Zeitung lesen?

Die Finanzierung über Werbeanzeigen großer Wirtschaftsunternehmen schafft nur eine der Abhängigkeiten, in denen sich die guatemaltekische Presse befindet. Wurde während der Militärdiktatur noch direkt und offen Druck auf die Berichterstattung ausgeübt, übernehmen die Journalisten die Zensur heute selbst. Die Selbstzensur ist nicht zuletzt Folge der Zusammenarbeit zwischen Presse und Politikern, die sich gut eingespielt hat und von der beide Seiten profitieren. Es ist allgemein bekannt, daß der Hauptverdienst der meisten Journalisten in Guatemala aus Bestechungs- und Schmiergeldern besteht. Für das erhaltene "Fafa" gibt es die alten Neuigkeiten vom Hof. Es gibt weder eine Jouralistenschule in Guatemala, noch ist es möglich, diesen Fachbereich zu studieren.

Bei aller Kritik darf nicht verschwiegen werden, daß kritischer Journalismus in Guatemala nahezu unmöglich ist. Mancher Redakteur mag mit viel Mut und Engagement angefangen haben, doch der guatemaltekische Alltag ist die beste Schule. Recherche, Kritik und Hinterfragung sind lebensgefährlich. Zwar darf über Korruption, Gewalt, Armut und verschwundene Gelder berichtet werden, nicht aber über die Gründe und Hintergründe. Kommentare und Meinungen beschränken sich meistens auf das allgemein beliebte Lamentieren über die schlechten Zustände in allen Bereichen des öffentlichen Lebens.

Inhalt und Aufmachung der Tagespresse sind ein Abbild ihrer finanziellen Abhängigkeit, politischen Wirkungslosigkeit, thematischen Beschränktheit und fachlicher Inkompetenz.

Ca. 30-40% der Guatemalteken lesen eine Tageszeitung, während 65% fernsehen und 75% Radio hören. Mit 88.000 Exemplaren Auflage täglich ist die *Prensa Libre* die meistgelesene Zeitung im Land. Ihr folgt *Siglo Veintiuno*, die in den letzten Jahren an Qualität zugenommen hat und derzeit als die beste Tageszeitung im Land gelten kann. Dagegen hat *La Hora* stark abgebaut. *El Grafico* wird von ca. 20% der zeitungslesenden Guatemalteken gekauft.

Auf dem Zeitschriftenmarkt hat sich *La Cronica* seit vielen Jahren etabliert. Die Zeitschrift ist professionell aufgemacht, beinhaltet aktuelle Berichte, Auslandsinformationen, Wirtschaftsdaten und einen guten Kulturteil.

Eine Sensation für Guatemala ist die seit 1992 erscheinende Zeitschrift *Tinamit*, die in einer wöchentlichen Auflage von 21.000 Exemplaren erscheint. Tinamit versteht sich als christdemokratische Oppositionszeitung mit religiös-moralischem Anspruch. Die Redakteure reden eine offene Sprache, prangern schonungslos Mißstände, Menschenrechtsverletzungen und Terror an und stellen sich konsequent auf die Seite der Unterdrückten Guatemalas. Und: Sie kostet nur 1 Quetzal! Mucha suerte, Tinamit! Auslandsabo: 6. Av. 0-60, Z 4 im Torre Profesíonal II für 40 $.

Kirche

Wie in fast allen lateinamerikanischen Ländern stellt die katholische Kirche in Guatemala einen wesentlichen Faktor im politischen Leben dar. Ihre offizielle Rolle war lange Zeit die einer konservativen Institution, die an der Aufrechterhaltung bestehender Machtverhältnisse und eigener Privilegien interessiert war. Ihr politisch-ideologischer Einfluß auf breite Teile der Bevölkerung ist auch heute noch enorm, wenn man bedenkt, daß rund 70 Prozent der Guatemalteken dem katholischen Glauben angehören. Tendenz fallend.

Noch während der demokratischen Staatsführung unter *Arévalo/Arbenz* trat die katholische Kirche entschieden gegen die eingeleiteten Sozialreformen auf und unterstützte die von den USA initiierte Antikommunismuskampagne, die 1954 zum gewaltsamen Sturz der national-fortschrittlichen Regierung führte. Als Dank erhielt sie von der neuen Militärregierung einen Teil der 1871 während der liberalen Ära vom Staat eingezogenen Ländereien zurück, wurde wieder als juristische Person anerkannt und durfte erneut soziale und erzieherische Aufgaben übernehmen.

Besonders der damalige Erzbischof von Guatemala, *Mariano Rossel y Arellano* war einer der heftigsten Verfechter im Kampf gegen den internationalen Kommunismus. Sein Einfluß auf einen großen Teil der Offiziere trug entscheidend zum Sturz der Arbenz-Regierung bei. Bereits im April 1945 veröffentlichte *Rossel* einen Hirtenbrief, eine scharfe antikommunistische Hetzschrift, die Irritation im Volk auslöste. Ebenso beunruhigend war die Ernennung des *Christus von Esquipulas* zum Oberkommandierenden der Söldnertruppe und die Erhöhung *Castillo Armas* zum Volkshelden und Befreier von Unglauben und Ketzerei.

In den 50er Jahren wurden verstärkt Priester und Ordensleute aus den USA und Europa geholt, die den Antikommunismus in der Bevölkerung verankern sollten. Zwischen 1952 und 1959 stieg die Zahl der Missionare um 132 Prozent, so daß der ausländische Klerus in Guatemala bald in der Überzahl war. Die meisten dieser Priester waren auf dem Land tätig, während die einheimischen es vorzogen, in den Städten zu bleiben. Viele der ausländischen Priester kamen völlig unvorbereitet ins Land. Sie konnten weder die Sprache der Indianer, noch kannten sie ihre Sitten und Bräuche. Die gesamte Indígena-Kultur war ihnen fremd.

In den darauffolgenden Jahren kam es zu entscheidenden Veränderungen innerhalb der unteren Kirchenkreise. Die unerfahrenen Missionare waren schockiert über das Ausmaß der Armut, des Elends und der Ungerechtigkeit. *Pater Raúl* berichtete in einem Interview: "Mit der Zeit wurde auch uns jungen Priestern klar, daß diese Bedingungen unerträglich sind, daß man sie ändern muß. Wir begriffen, daß es nicht nur darum gehen kann, die

Katholizismus: Wie in alten Zeiten werden aufwendige Prozessionen durchgeführt. Vorneweg Büßer mit schweren Holzkreuzen.

Messe zu lesen, sondern daß es notwendig ist, das Leben dieser Menschen zu verändern." (Horst-Eckart Gross, Guatemala, Bericht über einen verdeckten Krieg). Damit war die Konfrontation mit dem Militär vorprogrammiert, für das Begriffe wie Menschenrechte und soziale Gerechtigkeit nur subversive Propaganda bedeutete.

Eine Vorreiterrolle für die Solidarität zwischen der Kirche und den Armen spielten der Priester *Thomas Melville* und die Nonne *Marian Peter,* beide aus den USA und Mitglieder des Maryknoll-Ordens. Mit der Begründung, sie hätten Beziehungen zur Guerilla unterhalten, wurden sie 1967 des Landes verwiesen. *Thomas Melville* schrieb später das Buch *Tierra y Poder en Guatemala* (Land und Macht in Guatemala), das die Zeit der 50er und 60er Jahre beschreibt. Ihnen folgten die Jesuiten der *Comunidad de la Zona 5* und viele andere Priester, deren Engagement im sozialen Bereich für sie zunehmend lebensbedrohlicher wurde.

Die opportunistische Haltung des Papstes und des Erzbischofs *Mario Casariego,* ein Opus-Dei-Schüler, lösten gegen Ende der 60er Jahre erste kritische Stellungnahmen der guatemaltekischen Bischöfe aus. Gleichzeitig verschärfte sich die Auseinandersetzung zwischen Kirche und Regierung. Auf das Erstarken der Guerilla durch die große Beteiligung der indianischen Landbevölkerung in den darauffolgenden Jahren antwortete die Armee mit Massakern und Ausrottungsfeldzü-

Missionar um 1850

gen, vor allem in den Provinzen El Quiché, Huehuetenango und Alta Verapaz.

Das Erdbeben vom 4. Februar 1976, das 23.000 Tote forderte, stellte einen markanten Einschnitt in der allgemeinen Haltung des Klerus dar. Die katastrophalen Folgen der Zerstörung ließen gleichzeitig die Verarmung und Verelendung großer Teile der Bevölkerung sichtbar werden. Aufrufe zur Einheit und Solidarität gingen einher mit einem Reflexionsprozeß, der nach den Ursachen der herrschenden Ungerechtigkeit und Gewalt fragte. So kam es im Juli 1976 zu einer gemeinsamen Erklärung, die von allen Bischöfen, mit Ausnahme *Casariegos* unterschrieben wurde. Die Bischöfe verurteilten in ihrem Dokument "Vereint in Hoffnung" die bestehende Gesellschaftsordnung, die soziale Spannungen und Unfrieden hervorbringt sowie Angst und Unsicherheit gegenüber dem Staat auslöst. Sie fordern die Beseitigung der Ursachen von Armut, Not und Rechtlosigkeit und erklären ihre Absicht, gewaltfrei an der Seite des Volkes und ihrer Organisationen für einen geistigen und materiellen Wiederaufbau Guatemalas zu kämpfen.

Natürlich konnte man vom katholischen Klerus kein revolutionäres Manifest erwarten, das neue Produktionsbedingungen und die Abschaffung des Privateigentums verlangte. Auch trat die Kirche anschließend keineswegs so geschlossen auf, wie es die Erklärung vermuten läßt. Dennoch fand sie große Beachtung und wurde vom Volk mit Hoffnung, vom Machtapparat und der Oligarchie mit Argwohn und Aggression aufgenommen.

Ein halbes Jahr darauf wurde erstmalig ein Priester, der Amerikaner *Guillermo Woods,* umgebracht, der wie *Melville* Mitglied des Maryknoll-Ordens war. Unter den späteren Opfern fanden sich Spanier, Guatemalteken, Belgier, Italiener, Phillipinen und Amerikaner. Andere wiederum wie der Bischof von El Quiché, *Juan Gerardi,* flüchteten vor den Morddrohungen ins Exil. Der deutsche Priester *Carlos Stetter* wurde des Landes verwiesen und ist heute Bischof in Bolivien. Die Welle der Gewalt richtete sich jedoch auch gegen Katecheten, von denen unzählige entführt, gefoltert und er-

mordet wurden. 1981 erregte der Fall des Jesuitenpaters *Luis Eduardo Pellecer* großes Aufsehen in der Bevölkerung. Er arbeitete mit Jugend- und Selbsthilfegruppen in der Hauptstadt zusammen und setzte sich für die Flüchtlinge aus El Salvador ein. Im Juni 1981 wurde er vom Militär auf offener Straße zusammengeschlagen und entführt. 113 Tage später zwangen sie den bekannten Priester - zuvor gefoltert und unter Drogen gesetzt - vor laufenden Kameras seine Zugehörigkeit zur Guerilla zu gestehen, von der Arbeit im Untergrund zu berichten und seinen "Fehltritt" zu bereuen. Die Brutalität der Militärs kannte keine Grenzen.

1980 wurde in Costa Rica die *Guatemaltekische Kirche im Exil* gegründet, in der sich ausgewiesene und vom Tode bedrohte Missionare und Katecheten organisierten. Die enge Zusammenarbeit mit allen Teilen der Volksbewegung und die Radikalität ihrer Forderungen verdeutlicht die Hinwendung zur "Theologie der Befreiung".

Nach dem Tod von Erzbischof *Mario Casariegos* 1983 übernahm *Próspero Penados del Barrio* das Amt und scheint, wenigstens bis heute, eine bessere Figur zu machen als sein Vorgänger. Jener hatte sich gerühmt, noch niemals mit einer Regierung in Konflikt geraten zu sein. *Penados* war 17 Jahre lang als Geistlicher in San Marcos tätig und kennt die Verhältnisse auf dem Land. Eine ungeheure Wirkung erzielte sein im März 1988 veröffentlichter Hirtenbrief

Clamor por la tierra (Schrei nach Land), der den Erzbischof zur Zielscheibe diverser Unternehmerverbände und Agroindustriellen in Guatemala machte. Ihm wurde marxistische Infiltration vorgeworfen, und er bekam Morddrohungen ins Haus.

Mit den Bischöfen *Rodolfo Quezada Toruño*, Vorsitzender der Nationalen Versöhnungskommission, und dem zurückgekehrten Bischof *Juan Gerardi* tritt *Penados* für aktive Friedensgespräche mit allen politisch, gesellschaftlich und sozial relevanten Gruppen ein. Für die katholische Kirche in Guatemala wird das soziopolitische Engagemant zunehmend zu einer Überlebensfrage. Denn seit dem Erdbeben 1976 und mit dem Putsch von *Rios Montt* 1982 erhielten die "Evangelisten" in Guatemala einen enormen Auftrieb.

Die Evangelistenbewegung

Eine schier unüberschaubare Flut von evangelischen Kirchen, die in Guatemala als Sekten bezeichnet werden, überschwemmt das Land bis in die kleinsten Dörfer. Massiv traten sie 1976 als Hilfstruppen für die Erdbebenopfer auf und verbanden Aufbauarbeit mit Missionierung. Während dieser Zeit drangen sie bis in die hintersten Winkel des Landes vor, die ohne Pfarrer oder geistlichen Beistand waren. Geradezu gefördert wurde das Eindringen der modernen Prediger, als der religiöse Fanatiker *Rios Montt* die Macht übernahm. Abgesehen von einer durchgehenden Präsenz einiger **Quäker, Methodisten** und **Nazarener** im Land wurden die ersten Missionarsversuche bereits 1969 gemacht, als *Nelson Rockefeller* im Anschluß an seine Lateinamerika-Reise *Nixon*

empfahl, die konservativen Sekten in Guatemala zu stärken. Die katholische Kirche, so war seine Auffassung, könne aufgrund ihres sozialen Engagements nicht mehr zu den Verbündeten Nordamerikas zählen. Heute, so wird geschätzt, sind bereits 20-30% aller Guatemalteken evangelisiert.

Die **Botschaft** der von den USA finanzierten und nach amerikanischem Muster organisierten Sekten ist denkbar einfach: Alles ist Gottes Wille, und das Paradies ist nicht auf Erden zu suchen. Dabei leisten sie bewußt einen Beitrag zur Ruhigstellung der Bevölkerung und machen sich zu Komplizen des Unrechts und der Ungerechtigkeit. So sind denn auch die von der katholischen Kirche gemiedenen Bereiche wie z.B. Familienplanung kein Thema bei den Sekten. Von ihren Methoden des Seelenfangs kann sich jeder Guatemala-Reisende selbst überzeugen, da sie im wahrsten Sinne des Wortes unüberhörbar agieren. So brechen die rhetorisch und psychologisch geschulten Heilsbringer mit modernster Elektronik in die relativ reizarme Umwelt der Indígenas ein, potenzieren ihre flotten Rythmen, pathetischen Ansprachen und ekstatischen Anrufungen durch Verstärker und Lautsprecher und vermitteln ihnen durch einen Kollektivrausch ein Gefühl der Zusammengehörigkeit. Dabei zerstören sie die kulturelle Identität der Indígenas, spalten die indianischen *Comunidades* und entziehen dem Widerstand Kräfte. Nicht weniger Erfolg haben die Sekten in den Städten unter der Ladino-Bevölkerung. Um so mehr scheint die Zugehörigkeit zur Evangelistenbewegung zu einer sozialen Imagefrage zu werden, je engagierter sich die katholische Kirche zu einer Fürsprecherin der unterdrückten Schichten entwickelt.

In vielen indianischen Dörfern gibt es bereits zehn und mehr Sekten. Jede von ihnen besitzt einen *Templo*. Besonders erfolgreich betätigen sie sich in den Dörfern um den Atitlán See, wie in San Andrés Semetabaj, San Antonio Palopó oder San Pedro La Laguna. Aber auch andernorts lassen sie nicht nach in ihrem Bemühen, bis zum Jahre 2000 die Hälfte der guatemaltekischen Bevölkerung evangelisiert zu haben.

Anda: Bis 100 Personen tragen prunkvolle Altäre mit überlebensgroßen Figuren auf ihren Schultern durch die Stadt.

Geschichte

Die Conquista - die Eroberung

Die spanische Eroberung der zentralamerikanischen Landbrücke erfolgte aus zwei Richtungen. Im Süden von Panama und im Norden von Mexiko und Veracruz. Nachdem *Hernán Cortés* 1519 Mexiko erobert hatte, beauftragte er seinen Offizier *Pedro de Alvarado* mit der Eroberung Guatemalas, der im Dezember 1523 mit 120 Reitern, vier Geschützen, 300 Spaniern und tausenden zwangsrekrutierter Indianer ins Land einmarschierte.

Eroberungszüge nach der Neuen Welt waren ein einträgliches Geschäft. Zwar mußten die Kosten für Ausrüstung, Verpflegung und Sold in den allermeisten Fällen von den Konquistadoren selbst bezahlt werden, die Beute jedoch fiel abzüglich eines zehnten Teils an die Krone an die Konquistadoren. Die Entdeckung von Ländern mit reichen Edelmetallvorkommen wie Mexiko, Peru oder Honduras waren daher für die Spanier von besonderem Interesse. Der Import von ungeheuren Mengen an Gold und Silber ins Mutterland führte dort allerdings wegen einsetzender Inflation zu schweren wirtschaftlichen Krisen. So mußte Spanien bereits im 16. Jahrhundert dreimal den Staatsbankrott erklären.

Die Eroberung Guatemalas war für *Alvarado* wirtschaftlich ein Mißerfolg. Es gab kein Gold, wenig Silber, nur Baumwolle, Kakao, Federn und Salz. Die geringen Mengen an Jade und Türkis waren unbedeutend. So nutzen die Spanier die Arbeitskraft der unterworfenen Indianer als schier unerschöpfliche Ressource u.a. für den Anbau der zwei wichtigsten Exportprodukte des 17. Jahrhunderts, die Farbstoffe Cochenille und Indigo.

Immer noch werden die Eroberungszüge der Spanier in den Geschichtsbüchern als lockere Handstreiche dargestellt. Natürlich entbrannte beim Eintreffen der Spanier in Guatemala angesichts ihrer militärischen Überlegenheit kein richtiger Krieg. Gewehre,

Pedro de Alvarado (1486-1541)

Geschütze, Pferde waren den Indianern ja unbekannt. Außerdem verhinderte die relative Autonomie der einzelnen Stämme, ihre Rivalitäten untereinander sowie sprachliche Verständigungsschwierigkeiten eine geschlossene Kampffront. Trotzdem gibt es genug Beispiele für erbitterten Widerstand, den die Quichés, Mames, Cakchiqueles und Tzutuhiles mit den ihnen zur Verfügung stehenden Mitteln und Taktiken gegen die Spanier aufboten.

Als *Pedro de Alvarado* 1523 das heutige Guatemala erreichte, war die Mayahochkultur bereits seit 400 Jahren erloschen. Die Zeremonialstätten waren zum überwiegenden Teil verlassen und vom Urwald bedeckt. Nur um den Petén-Itzá See siedelten noch Maya, aber die Mehrheit von ihnen hatte sich nach Yucatán oder ins Hochland zurückgezogen, wo bereits von Norden eingewanderte Stämme, wie die Quichés, lebten. *Als er diesem Reiche sich näherte, ließ er gleich im Anmarsch eine Menge Volks ums Leben bringen,* schreibt der spätere Erzbischof von Chiapas, *Bartolomé de Las Casas*, in seinem "Bericht von der Verwüstung der Westindischen Länder". Die Einwohnerzahl der Region, die zu den dichtest besiedelten Zen-

108

tralamerikas gehörte, verringerte sich aufgrund der Massaker und eingeschleppten Krankheiten schnell um zwei Drittel. Trotz Gegenwehr der Indianer, die mit einer Art Guerillataktik die Spanier aufzuhalten versuchten, ging die Eroberung relativ schnell vor sich.

Die Spanier errichteten in Zentralamerika ein neues Kolonialreich als europäische Siedlungskolonie. Nichts konnte darum so bleiben wie es war. Das Land, die Bodenschätze, die landwirtschaftliche Produktion und Arbeitskraft der Bevölkerung waren Kriegsbeute und gingen in den Besitz der spanischen Krone über, die ihrerseits begann, vom Mutterland aus Ländereien samt der darauf lebenden Menschen zu verge-

ben, welche als Zwangsarbeiter schuften mußten. Das unter dem Namen *encomienda* eingeführte System war im mittelalterlichen Spanien nach der Vertreibung der Araber von der Iberischen Halbinsel entstanden und auf das neue Kolonialreich übertragen worden. Jedem *Encomendero* wurden bis zu 1600 Menschen zugeteilt, die ihm als Leibeigene ohne Anspruch auf Entlohnung oder Unterhalt ausgeliefert waren. Im Gegenzug dazu mußte sich der neue "Schutzherr" verpflichten, die Indianer in die christliche Religion zu unterweisen. Mit diesem System begann die Unterdrückung und Ausbeutung der indianischen Bevölkerung in Guatemala. Sie wurde von ihren Ländereien vertrieben, waren der Willkür ihrer *pa-*

Petrus Aluaradus, welcher von dem Landvogt in new Hispanien Antonio   XXII
de Mendozza in die Prouintz Sibolla geschickt wurde / der wirdt fast mit allem
seinem Volck von den Kaliscanern erschlagen.

trones ausgesetzt und verloren jegliches Recht auf Freiheit und Selbstbestimmung.

Die neuen Grundbesitzer waren ehemalige Gefolgsleute des Konquistadors, die zum Verbleib verpflichtet wurden und im Zuge der Städtegründungen zu Bürgern avancierten. Um die Kontrolle der indianischen Sklaven und ihre Missionierung zu erleichtern, wurden 1542 auf Druck der Franziskaner die Indianer in sogenannte *reducciones* zusammengelegt. Das Verlassen der neuen Dörfer war streng reglementiert. (Frappierend die Ähnlichkeit mit der Einrichtung der "Modelldörfer" im Quiché-Gebiet Guatemalas 500 Jahre später).

Die im selben Jahr vom spanischen Königshaus erlassenen "Neuen Gesetze" (*Las Nuevas Leyes de Las Indias*) sollten die politische Struktur der Kolonie festlegen und auf die Beschwerde des Dominikaners Las Casas hin die Behandlung der Indianer durch ihre Sklavenhalter verbessern. *Klöster und Orden* waren die heftigsten Befürworter des Encomienda-Systems. Die Ausbeutung der Indianer durch die katholische Kirche stand jener der weltlichen Grundherren in nichts nach. Als weltliche Grundbesitzer hatten sie ein starkes Interesse an der Ausweitung ihrer Macht innerhalb des Kolonialreiches und halfen mit, die Kultur und Lebensgewohnheiten der Indianer zu zerschlagen. Die Kirche genoß überdies Vorteile, die sie zu nutzen verstand. Sie brauchte keinen Zehnten zu entrichten, war von diversen Steuern befreit und unterstand dem Papst, nicht dem kastillischen König, was ihr eine gewisse Unabhängigkeit sicherte.

Die Orden waren die eigentlichen Herrscher der Provinzen. Doch gab es auch eine kleine Gruppe von Ordensbrüdern, ohne deren Denken und Handeln die Kolonisierung und Missionierung womöglich schlimmere Folgen für die einheimische Bevölkerung gehabt hätte. Ihre Botschaft gründete auf der Errichtung einer gerechten Gesellschaft mit einer menschlichen Religion. Der bekannteste Vertreter dieser Ethik und ein großer Fürsprecher der Indianer war der bereits erwähnte *Bartolomé de Las Casas*

(1474-1566), der mehr als vierzig Jahre in den spanischen Kolonien zubrachte. Er war verhaßt bei den Eroberern, die sich durch seine Schriften, in denen er die Brutalität und das Verbrechen an den Indianern anprangerte, bedroht fühlten. Nach *Las Casas* Auffassung hatte Gott den Menschen nach seinem Bild geschaffen, so daß seine Versklavung einer Verhöhnung Gottes gleichkommt. Man denunzierte ihn als Hochverräter und Lutheraner. *Las Casas,* den *Miguel Asturias* den "Don Quijiote mit dem Rosenkranz" nannte, versuchte, die Indianer mit friedlichen Mitteln zu bekehren. Seine Erfolge gaben ihm recht, dennoch lehnten Vertreter der offiziellen Kirche und die spanische Krone seine Reformvorschläge ab. Der Name der Provinz Alta Verapaz (Echter Frieden) dokumentiert heute noch die gewaltlose Christianisierung der Bevölkerung dieser Region. In Spanien gibt es kein Denkmal, das an ihn erinnert, und der Ort seines Grabes ist unbekannt.

Bis weit ins 18. Jahrhundert hinein war die katholische Kirche die beherrschende Macht innerhalb der Gesellschaft. Sie kontrollierte das Bildungs- und Gesundheitswesen, bestimmte Werte und Moralvorstellungen und war eine der Hauptstützen des kolonialen Systems, das einen ausgesprochen theokratischen Charakter hatte.

Bartdomé de Las Casas (1474-1566)

Die spanische Krone begann kurz nach der Eroberung mit der Aufteilung, Verwaltung und Organisation der neuen Kolonialgebiete. *Alvarado* wurde zum *adelantado* des Königreichs Guatemala ernannt, doch taugte er nicht viel zum Beamten. Lieber ging der Abenteurer auf Expeditionen, wo er schließlich im Norden Mexikos 1541 starb. Im selben Jahr zerstörten Schuttströme des Vulkans Agua die spanische Hauptstadt Guatemalas, Ciudad Vieja.

Hauptsitz der spanischen Kolonialregierungen wurde die "Audiencia Real" in Antigua, der neuen Hauptstadt Guatemalas. Dem Präsidenten dieser Verwaltungs- und Aufsichtsbehörde wurde der Titel des Generalkapitäns verliehen, was ihn zur Ausübung des höchsten Richter- und Regierungsamtes und der militärischen Befehlsgewalt authorisierte.

Das neue *Generalkapitanat* umfaßte *sechs Provinzen:* Guatemala, Honduras, El Salvador, Nicaragua, Costa Rica und Chiapas. Jede dieser Provinzen entwickelte sich trotz des verwaltungsmäßigen Überbaus relativ selbständig. Da die spanische Krone einen Handel unter den mittelamerikanischen Provinzen untersagte, hatten die Nachbarn nur wenig miteinander zu tun. Guatemala blieb jedoch Mittelpunkt der Macht und das einzige politische, wirtschaftliche und kulturelle Zentrum von Bedeutung in Zentralamerika. Die Universität San Carlos im heutigen Antigua war die dritte ihrer Art nach Mexiko und Lima. Sie genoß einen guten Ruf, diente aber der Verbreitung spanischer Kultur und der Ausbildung der Oligarchie.

Die 300 Jahre der spanischen Besetzung waren geprägt von politischer Unbeweglichkeit und ökonomischer Starre. Zwar begannen die Spanier sogleich mit dem Aufbau einer *Exportwirtschaft,* vor allem die Produktion von Kakao, Baumwolle, Tabak und Zucker, gründeten große Viehzuchtbetriebe und verschifften Farbstoffe. Restriktive Gesetze des Mutterlandes verhinderten aber die Etablierung eines eigenständigen Marktes in Guatemala. Zum Schutz der eigenen Monopole verbot die

spanische Krone die Herstellung von Produkten, die für sie selbst eine Konkurrenz bedeutet hätten. Darüber hinaus mußten alle Rohstoffe an Spanien abgegeben werden, so daß sich keine Verarbeitungsindustrie entwickeln konnte. Handel unter den Kolonien war untersagt, und hohe Steuern auf alle Ein- und Ausfuhren, auf alles Gekaufte und Verkaufte belasteten die Unternehmer. Jedes Geschäft, gleich welcher Art, mußte über die spanischen Häfen abgewickelt werden. So bezog Mexiko Waren aus Guatemala über Sevilla oder Cadiz, was zur Zeit der Piratenschiffahrt mit hohen Risiken verbunden war. Damit verbunden war die Blüte des Schmuggelhandels im 17. Jahrhundert.

Die exportorientierte Wirtschaftsweise vernachlässigte zwangsläufig die Produktion von Grundnahrungsmitteln, vor allem von Mais und Bohnen. Außerdem erwies sich die Abhängigkeit vom europäischen Markt als katastrophal, sobald sich dort die Bedürfnisse änderten und eine Umstellung der Produktion erforderlich wurde. Mißernten, Plagen und der Mangel an Arbeitskräften provozierten zusätzlich Krisen in den Kolonien. Von einer gesunden Wirtschaftsweise kann also zu keiner Zeit die Rede sein.

Die Conquista führte zu einer Entvölkerung riesigen Ausmaßes. Lebten zu Anfang des 16. Jahrhunderts noch ca. 800.000 Indígenas im guatemaltekischen Hochland, war ihre Zahl bis zur Mitte des Jahrhunderts auf knapp 100.000 zusammengeschrumpft. Wer nicht während den Eroberungszügen umgebracht wurde, starb an seiner Arbeitsstelle oder an den Folgen eingeschleppter Krankheiten. Malaria, Gelbfieber, Pest, Tuberkulose, Grippe und vieles mehr war bis zum Erscheinen der Europäer in Zentralamerika unbekannt gewesen. Die Lage auf dem Arbeitskräftemarkt wurde so bedrückend, daß sich der Generalkapitän von Guatemala 1667 an den Gouverneur von Campeche wandte mit der Bitte, dieser möge seine Häftlinge aus den Gefängnissen befreien, und sie ihm als Arbeitskräfte überstellen.

Die Conquista war auf dichtbevölkerte Regionen angewiesen, um eine entsprechende

Exportwirtschaft auf der Grundlage feudaler Verhältnisse betreiben zu können. Mit der Entvölkerung entzog sich die Kolonisation den Boden, so daß die *Audiencia* 1543 eine "arme" Kolonie war. Das Bevölkerungsdefizit versuchte man mit der Einfuhr von insgesamt 50.000 Sklaven aus Afrika und den Westindischen Inseln auszugleichen.

Die *Folgen der Kolonialpolitik* teilt Guatemala mit fast allen ehemaligen Kolonien. Die Ausplünderung des Landes verhinderte bis weit in das 19. Jahrhundert eine selbständige Entwicklung. Dagegen finanzierte es die industrielle Entwicklung Europas, dessen Vorsprung nicht mehr aufzuholen war. Eduardo Galeano zitiert Ernest Mandel: "Die zweifache Tragödie der Entwicklungsländer besteht darin, daß sie nicht nur Opfer dieses Prozesses internationaler Konzentration wurden, sondern darin, daß sie sich später bemühen mußten, ihren industriellen Rückstand aufzuholen, d.h. die Erstanhäufung von Industriekapital zu vollziehen, und zwar inmitten einer Welt, die von einer bereits gereiften, nämlich der westlichen Industrie mit fertiggestellten Artikeln überschwemmt wird." Hinzu kam ein Zweites. Das Zusammenleben der Rassen resultierte im Laufe der Zeit in einer sozialen Struktur, deren Hierarchie nach der "Reinheit des Blutes" bestimmt wurde. An der Spitze standen die *peninsulares*, gebürtige Spanier aus dem Mutterland. Nach ihnen kamen die Kreolen, die bereits in der Kolonie geboren wurden und mit weniger Privilegien und einem geringeren Ansehen leben mußten. Die Auseinandersetzung zwischen diesen beiden Gruppen war eine der Antriebskräfte des Unabhängigkeitskampfes. Mestizen (Ladinos), Mischlinge aus Indígenas und Spaniern, besaßen zwar keine Privilegien, wurden jedoch nicht in dem Maße diskriminiert wie die Indianer, die auf ihrer Kultur und ihren Lebensgewohnheiten beharrten.

Zu ersten *Spannungen mit der spanischen Krone* kam es bereits im 16. Jahrhundert. Das Encomienda-System belastete die Indianer so schwer, daß es ihnen vielfach nicht mehr möglich war, den Tribut an die Krone zu zahlen. Die spanische Krone schaffte 1784 kurzerhand dieses System ab und stellte die Indianer unter ihre direkte Aufsicht. Die Unabhängigkeitsbewegung, die Ende des 18. Jahrhunderts einsetzte, fand ihre Antriebskraft vor allem in der Unzufriedenheit der Kreolen. Sie gerieten zum einen in Rivalität zur privilegierten Klasse der Peninsulares, zum anderen verhinderte die spanische Krone, daß die aufstrebende und selbstbewußte Händlerschicht konkurrenzfähig blieb. Hinzu kamen heftige Auseinandersetzungen mit dem Klerus, der um seinen Besitz und seinen Einfluß fürchtete, sollten sich die liberalen Ideen der kreolischen Grundbesitzer und Händler durchsetzen. Die Spaltung der herrschenden Klasse in eine liberal-bürgerliche Partei und einen kleineren, aber einflußreichen Teil konservativer Vertreter, die mit der Kirche verbündet waren, charakterisiert die politische Landschaft Guatemalas bis weit ins 20. Jahrhundert hinein.

Dabei ist klarzustellen, daß zwischen Liberalen und Konservativen keine grundsätzlichen Meinungsverschiedenheiten hinsichtlich ihrer Klasseninteressen bestanden. Während die konservativen Kräfte den reaktionären Teil der Oligarchie repräsentierten, der wenig Interesse an einer Modernisierung des Landes zeigte und mit dem spanischen Königshaus und der Kirche in enger Verbindung stand, galten die Liberalen als der dynamischere Teil im System. Sie hatten ein großes Interesse an der Ausweitung des Handels, der Säkularisierung im Bildungs,- Erziehungs- und Finanzwesen, wie überhaupt an der Errichtung einer weltlichen Gesellschaft.

Für die Mehrheit des Volkes, die Indianer, änderte sich dadurch praktisch nichts. Sie blieben der ausgebeutete Spielball der herrschenden Klassen. Man hatte schon lange vergessen, wer das wirkliche Volk war und wer der Besitzer des Landes, das die Spanier als ihr Eigentum proklamierten.

Unterstützt wurde die guatemaltekische Unabhängigkeitsbewegung durch Ereignisse im Ausland. Die Französische Revolution trug mit ihren bürgerlichen Idealen nicht weniger dazu bei als die Unabhängigkeit der

Vereinigten Staaten von Amerika, die Befreiung Südamerikas durch Simon Bolívar, die Besetzung Spaniens durch die Franzosen und der mexikanische Aufstand 1810. Indianische Aufstände in vielen Teilen Guatemalas selbst beschleunigten außerdem die Entwicklung hin zu einem unabhängigen Staatsgebilde.

Die Unabhängigkeit und die Ära der liberalen Reformen

Am *15. September 1821* entließ Spanien Guatemala kampflos in die *Unabhängigkeit.* Kurze Zeit war es an das reaktionäre Kaiserreich Mexiko unter *Iturbide* angeschlossen. 1823 gelang der liberalen Bewegung im Land die Bildung eines föderalistischen Zusammenschlusses der Provinzen zu den "Vereinigten Provinzen von Zentralamerika". Die Zeit der Föderation war bis zu ihrem Ende 1838 geprägt von blutigen Machtkämpfen zwischen Liberalen und Konservativen. *Francisco Morazán,* der Erfinder des mittelamerikanischen Bundes, konnte dem Chaos kein Ende bereiten. Trotz einiger fortschrittlichen Gesetze, genauer gesagt wegen ihnen, wurde der Widerstand der Reaktion immer größer. Dazu gehörte z.B. die Abschaffung der Todesstrafe, Einberufung von Geschworenengerichten und die Anerkennung der Zivilehe.

Eine Choleraepidemie war für die Kirche das geeignete Mittel, diese als Strafe Gottes für die ketzerischen Gesetze des Landes verantwortlich zu machen und Panik zu schüren. Es kam zu einer bewaffneten Auseinandersetzung der beiden Lager, aus der der dreiundzwanzigjährige *Rafael Carrera* (1839-1871), der eine der längsten konservativen Diktaturen errichten sollte, als Sieger hervorging.

Schon lange vor der Unabhängigkeit rechneten sich das europäische Ausland und die USA den Profit aus, den sie nach dem Zusammenbruch Spaniens machen würden. 1821 standen England, Frankreich und die USA bereits in den Startlöchern und warteten auf die Beute, als Guatemala be-

gann, seine Ressourcen an das kapitalistische Ausland zu verkaufen.

Carreras Wirtschaftspolitik geriet ins Wanken, als Mitte des 19. Jahrhunderts die Erfindung synthetischer Farbstoffe in Europa die Produktion von Indigo und Koschenille zum Erliegen brachte. Wollte Guatemala wirtschaftlich ins Leben bleiben, mußte es schnell auf eine andere Exportware umsatteln. Doch die Krise war nicht mehr zu stoppen. Das autoritäre Herrschaftssystem war am Ende. In den 50er und 60er Jahren entstand eine Volksbewegung, die die liberalen Kreise nutzten, um einen Machtwechsel herbeizuführen.

Mit *Justo Rufino Barrios* (1835-1885) begann für Guatemala die Zeit des Kaffees und der Bananen. Die Nachfrage nach beiden Produkten auf dem internationalen Markt war in den Jahren zuvor enorm gestiegen. Die Umstellung auf die Produktion von Kaffee überließ Barrios vor allem dem deutschen Kapital, den Anbau von Bananen dem amerikanischen. Die riesigen Flächen, die

Justo Rufino Barrios (1835-1885)

für den Anbau benötigt wurden, stammten aus dem Grundbesitz der Kirche, der im Zuge der Reformen säkularisiert wurde. Der Rest wurde den Indianern gestohlen. Diese konnten bis dato kleinere Ländereien bebauen, die als Gemeinde- bzw. Ejidoland unveräußerliches Eigentum der indianischen Dorfgemeinschaft waren. Da Kaffee am besten in einer Höhe von 900-1500 m wächst, waren die Hochlandindígena am schwersten vom Landraub betroffen. Diejenigen, die sich nicht anderswo ein Stück Land suchten, mußten unter den Bedingungen des neueingeführten Lohnsystems auf den Latifundien arbeiten.

Die Deutschen erwiesen sich als die geeigneten Partner. Mit Hilfe der Regierung führten sie rationale Produktionsmethoden ein, bauten die Infrastruktur aus und kontrollierten innerhalb kürzester Zeit den gesamten Kaffeeexport, der zeitweise 90% der nationalen Ausfuhrerlöse ausmachte. Gut die Hälfte der Produktion ging nach Hamburg, wo sich damals das europäische Umschlagszentrum für guatemaltekischen Kaffee befand.

Die *Modernisierung des Landes* verstärkte die Bodenkonzentration und die Ausweitung der Latifundien, was bis heute die agrarstrukturellen Verhältnisse Guatemalas kennzeichnet. Ein großer Teil des Bedarfs an Grundnahrungsmitteln mußte wegen des erhöhten Einsatzes an Boden und Arbeitskräften für die Exportproduktion importiert werden. Die autoritäre, rassistische Politik der Regierung und eine monopolistische Wirtschaftsweise ausländischer Kapitalisten in Zusammenarbeit mit der inländischen Oligarchie dienten auch den Interessen des wohl mächtigsten Imperiums auf guatemaltekischen Boden, der *United Fruit Company.* Diese Firma etablierte sich besonders während der Amtszeit des Präsidenten *Estrada Cabrera* (1898-1921) und wurde zum Staat im Staat. *Cabrera* regierte das Land über 20 Jahre mit Gewalt und Terror. *Miguel Asturias* setzte diesem Diktator, den die Nationalversammlung 1920 für amtsunfähig erklärte, in seinem Roman "Der Herr Präsident" ein angemessenes Denkmal.

Es folgten zehn Jahre der Instabilität und wechselnde Regierungen. In diese Zeit fällt die Gründung einiger gesellschaftlich und politisch wichtiger Organisationen wie die des Allgemeinen Studentenbundes Guatemala, der Volkshochschule und der Arbeitergewerkschaft, sozio-ökonomische Reformen blieben jedoch aus.

Die *Weltwirtschaftskrise 1929* erschütterte auch Guatemala. Die Kleinbauern auf den Fincas und Plantagen wurden wegen des Exportrückgangs entlassen, die Angestellten in den Städten erhielten keine Gehälter mehr. Die großen Exportgesellschaften, allen voran die United Friut Company, zogen sich aus der Produktion allmählich zurück.

1931 übernahm *Jorge Ubico* die Macht, der als skrupellosester Tyrann in die Geschichte Guatemalas eingehen sollte. "Überall auf dieser Welt gibt es Paranoiker, aber jene Länder sind gezählt, die so schnell in ein riesiges, privates Irrenhaus verwandelt wurden wie dieses", sagte *William Krehm,* damaliger Korrespondent der "Time" über den Zustand Guatemalas unter *Ubicos* Herrschaft. Durch improvisierte und gefälschte Wahlen übernahm *Ubico* mit Hilfe der Amerikaner die Macht. Während seiner dreizehn

Jorge Ubico (1878-1945)

Jahre dauernden Diktatur wirtschaftete er das Land ökonomisch, gesellschaftlich und sozial herunter.

Wie seine Vorgänger hatte auch er kein Interesse, die wirtschaftliche Misere des Landes zum Wohle des ganzen Volkes zu beheben und es aus seiner Abhängigkeit von ausländischem Kapital zu befreien. Im Gegenteil, eine Industrialisierung wurde von ihm systematisch blockiert, da sie den Interessen des Auslandes und der guatemaltekischen Oligarchie widersprach. Das alte Vagabundengesetz, das jeden Indígena, der keinen Arbeitsplatz nachweisen konnte, zur Zwangsarbeit auf den Plantagen verpflichtete, paßte *Ubico* den gegebenen Verhältnissen an. Die Einführung eines Arbeitsbuches ermöglichte die Kontrolle der abgeleisteten Arbeitstage. Wer unter dem vorgeschriebenen Pensum von 180 Tage jährlich blieb, konnte wegen Landstreicherei eingesperrt werden oder mußte im Straßenbau arbeiten, wo Tausende unter den mörderischen Bedingungen starben.

Die **Latifundisten** wurden per Dekret von jeder Verantwortung entbunden, wenn Menschen innerhalb ihrer Ländereien getötet wurden. Diebstahl, Schmuggel, Betrug, oder das, was man dafür hielt, mußte mit dem Leben bezahlt werden. Ein Indianer konnte so wegen des Diebstahls von ein paar Centavos oder einer Banane auf der Stelle gehenkt werden. Die politische Betätigung kam zum Erliegen. Angst und Schrecken breiteten sich aus. Laut *Eduardo Galeano* ließ *Ubico* 1933 etwa 500 Menschen ermorden, die sich innerhalb der Gewerkschaften, Parteien oder Studentenvereinigungen engagierten. Durch immer grausamere Foltermethoden sollten die Gefangenen vor ihrem Tod zu Geständnissen und der Herausgabe von Information gepreßt werden. Politische Prozesse fanden nicht statt. Besonders beliebt wurde das sogenannte *ley fuga*, bei dem das Opfer während eines inszenierten Fluchtversuches erschossen wurde.

Analphabethismus war Programm. *Ubico* ließ die einzige Volkshochschule schließen, die Zahl der Schulen und Lehrer sank trotz Bevölkerungswachstum. Gleichzeitig kürzte er die Löhne und Gehälter der Arbeiter, Angestellten und Lehrer. Er selbst wurde dabei immer wohlhabender. Offiziell betrug *Ubicos* Jahreseinkommen 33.800 Dollar. Seine Verdienste ließ er sich von der Nationalversammlung jedoch so teuer vergüten, daß er auf ein tatsächliches Einkommen von rund 150.000 Dollar im Jahr kam. Mit den Einkünften aus gestohlenen Ländereien, Plantagen und Immobilien war er einer der reichsten Männer Guatemalas, während das Volk auf dem Land verhungerte.

Sein Größenwahn kannte keine Grenzen. *Ubico*, der sich schon auf der Militärakademie für die guatemaltekische Ausgabe Napoleons hielt, sich dementsprechend kleidete und frisierte, ließ in der Hauptstadt eine groteske Nachbildung des Pariser Eiffelturms errichten, die man heute noch besichtigen kann. Mit einem Motorrad raste er durch das Land und war immer und überall anzutreffen. Der persönlichen Kontrolle des "motorisierten Henkers" entging so gut wie nichts. Die Oligarchie und das Ausland spielten das Theater mit.

Anfang der 40er Jahre geriet er unter Druck. In Europa war der Zweite Weltkrieg ausgebrochen. Die Amerikaner sahen die Zeit gekommen, den Einfluß der deutschen Kaffeefinqueros in Guatemala zu brechen. Sie zwangen *Ubico*, der ein glühender Verehrer Hitlers und Mussolinis war, die deutschen Plantagen zu enteignen und Hitlerdeutschland den Krieg zu erklären. *Ubico* tat sich schwer mit diesen Maßnahmen und führte sie nur halbherzig durch.

Mitte 1944 regte sich **Widerstand.** Der Anstoß zum ersten Streik kam von den Intellektuellen Guatemalas. Ihnen schlossen sich bald darauf die Angehörigen der Mittelklasse, sowie die Arbeiter und kleine Teile der Landbevölkerung an. Trotz Militär- und Polizeieinsätze war der Generalstreik nicht mehr aufzuhalten. *Ubico* dankte ab und verschwand in den USA. Nachdem unter seinem Nachfolger *General Ponce* keine Verbesserung der Situation eintrat, kam es am 20. Oktober 1944 zu einem bewaffneten *Volksaufstand.*

Die demokratischen Jahre 1945-54

Die bewaffnete Aktion vom 20. Oktober 1945 wurde von einer dreiköpfigen Junta getragen, die aus dem Zivilisten *Jorge Toriello* und den beiden jungen Offizieren *Jacóbo Arbenz* und *Francisco Javier Arana* bestand. Vor allem die liberalen Teile des Militärs und die Schicht der unterprivilegierten Kleinbourgeoisie standen hinter diesem Umsturz.

Zum ersten Mal in der Geschichte Guatemalas wurden bald darauf **freie Wahlen** vorbereitet. Der Kandidat der revolutionären Regierung war der exilierte Philosophie- und Pädagogikprofessor *Juan José Arévalo*, der mit überwältigender Mehrheit gewählt wurde. Die Nationalversammlung verabschiedete eine fortschrittliche Verfassung, die dem Land die politischen, sozialen und ökonomischen Grundlagen einer Demokratie sichern sollten. Und in der Tat folgten Gesetze, wie sie Guatemala nie erlebt hatte.

Gewerkschaften konnten ungehindert arbeiten, eine Sozial- und Krankenversicherung wurde eingeführt, die Arbeitszeit auf täglich acht Stunden verkürzt, ein umfassendes Alphabetisierungsprogramm gestartet, der Polizeiapparat verkleinert, die Industrialisierung gefördert, Meinungs- und Pressefreiheit eingeführt, Schulen, Krankenhäuser und Wohnungen gebaut, und die staatlich legitimierte Zwangsarbeit fand ein Ende. Auch kulturell erlebte Guatemala unter seinem neuen Regierungschef, Verfasser einer Dissertation zum Thema "Pädagogik und Persönlichkeitsbildung", einen Aufschwung. Demokratisch gesinnte Schriftsteller, Historiker und Verleger besuchten das Land. **Miguel Asturias** wurde 1946 Kulturattaché Guatemalas in Mexiko und begann seine diplomatische Laufbahn.

Mit all diesen Maßnahmen versuchte *Arévalo* eine demokratische Modernisierung des Landes voranzutreiben. Die Umsetzung des Programms jedoch bereitete der neuen Führung nicht wenig Kopfzerbrechen. Außerdem zögerte *Arévalo* in einer alles entscheidenen politischen Frage: in der Landfrage. Zwar erließ er Gesetze zur Zwangs-

verpachtung brachliegender Ländereien an landlose Bauern sowie zur Verstaatlichung des enteigneten deutschen Besitzes zum Aufbau von Kooperativen und Aktiengesellschaften, doch eine entscheidende Veränderung trat nicht ein. Die neue liberale Oligarchie der Baumwollproduzenten, Bankiers und Kleinindustriellen glich sich nach und nach der alten an und forderte ihre Interessen ein.

Die Beziehungen zur USA und der United Fruit Company in den ersten Reformjahren waren so lange entspannt, wie beide das Gefühl hatten, ungehindert ihren Geschäften nachgehen zu können. Die USA unterstützten Guatemala bei der Verwirklichung technischer und landwirtschaftlicher Programme.

Ausländische Investoren fürchteten jedoch die neuen Auflagen der Regierung, zogen sich zurück und gefährdeten das wirtschaftliche Gleichgewicht des Staates. Für *Arévalo*, der am Ende seiner Regierungszeit nicht weniger als 32 Putschversuche überstanden hatte, blieben die politischen Verhandlungen mit dem Kapital stets eine Gratwanderung. Nach Ablauf seiner regulären Amtszeit wurde er 1951 von dem 39jährigen *Jacóbo Arbenz* abgelöst. Dieser ging mit einer geradezu unerschrocken Vehemenz daran, die längst fällige Landfrage zu lösen.

Arbenz hatte begriffen, daß Impulse für eine Industrialisierung des Landes nur über eine Umgestaltung des Agrarsektors zu vermitteln waren. Zum einen mußten durch Modernisierung des technischen Bereichs von dort Arbeitskräfte freigesetzt werden, zum anderen war nur über die Verstaatlichung und Verteilung des brachliegenden Bodens eine Diversifizierung der Agrarexportproduktion möglich, die die Industrialisierung finanzieren sollte. Außerdem mußte es *Arbenz* gelingen, das Monopol der United Fruit Company im infrastrukturellen Bereich zu brechen. Sie kontrollierten nicht nur die Häfen, sondern immer noch das gesamte Eisenbahnnetz und die Energiewirtschaft des Landes.

1952 wurde das **Gesetz zur Agrarreform** verabschiedet. Zum ersten Mal in der Ge-

Heute Arévalo – morgen Arbenz
(Wahlplakat von 1951)

schichte Guatemalas sollten die ökonomischen Fundamente der feudalen Struktur angetastet werden. Artikel 1 des berühmten *Decreto Nr. 900* lautete: "Die Agrarreform der Oktoberrevolution hat das Ziel, in den ländlichen Gebieten das feudale Eigentum und die es bedingenden Produktionsverhältnisse zu beseitigen, um in der Landwirtschaft die kapitalistische Produktionsweise durchzusetzen und den Weg für die Industrialisierung Guatemalas zu eröffnen."

Brachliegendes Land über 100 ha wurde enteignet und an die Bauern verteilt. Der enteignete Besitz wurde in Form von Staatsobligationen entschädigt. Insgesamt wurden bis Juni 1954 1 Million ha Boden umverteilt und 8,3 Millionen Quetzales (1 Quetzal = 1 Dollar) an Entschädigung bezahlt.

Am härtesten traf es die *United Fruit Company*. Von ihren 225.000 ha Grundbesitz wurden ca. 85% nicht genutzt. *Arbenz* enteignete daraufhin 162.000 ha und ließ sich

aufgrund der Steuerangaben der Gesellschaft die Entschädigungssumme ausrechnen. Nachdem sich der Wert auf "nur" ca. 1 Mio. Dollar belief, forderte die UFCo mit Unterstützung des amerikanischen Außenministeriums nicht weniger als das 16fache (sprich: sechzehn!) an Entschädigung von der guatemaltekischen Regierung. Als *Arbenz* sich weigerte, diesen Betrag zu bezahlen, begann die USA mit einer internationalen Kampagne gegen die "kommunistische Subversion" in Guatemala. Und als er sogar noch mit dem Bau des Hafens Santo Tomás, dem Wasserkraftwerk von Jurún-Marinalá und der neuen Straße von der Hauptstadt zur Karibikküste offen gegen das US-Monopol in Konkurrenz trat, bedeutete dies eine direkte *Beeinträchtigung der amerikanischen Profitinteressen.* Schon unter *Arévalo* war vom damaligen US-Botschafter *Patterson* eine wüste Propagandaoffensive gestartet worden. Sein Nachfolger *John Perifoy* übernahm den Fall Guatemala. Gemeinsam mit dem Vertreter der UFCo *Spruille Braden* und dem neuen Chef des State Departements und UFCo-Aktionär *John Foster Dulles* lösten die USA das Problem der "kommunistischen Unterwanderung" auf ihre Weise.

Alles ging sehr schnell. Im Januar 1954 informierte die Regierung Guatemalas die Weltöffentlichkeit über einen geplanten Putsch. Ein paar Wochen später mußte Guatemala auf der X. Konferenz der Organisation Amerikanischer Staaten (OAS) in Caracas erkennen, daß die Hetzkampagne der USA bei den Nachbarn auf fruchtbaren Boden gefallen war. Es war den USA gelungen, eine Resolution zu verabschieden, die im Falle eines Falles grünes Licht für eine Intervention in Guatemala gab. *Diktator Somoza* in Nicaragua und *Galvéz* in Honduras warteten schon seit längerer Zeit auf ihre Chance und zeigten sich als treue Verbündete der Amerikaner.

Im Mai 1954 wurde im Hafen von Puerto Barrios eine Waffenlieferung aus der Tschechoslowakei an die Regierung entdeckt. Die USA verteilten daraufhin Waffen an die Contras in Nicaragua und Honduras, wo *Castillo Armas*, seit 1950 nach einem mißglückten Putsch im Exil, schon als "Führer der Befreiungsarmee" auf seinen Einsatz wartete. Mit einer 200 Mann starken Truppe, unterstützt von der amerikanischen Luftwaffe, marschierte die **Contra** am 18. Juni 1954 von Honduras aus nach Guatemala ein. (Die Parallelen zu heute beweisen, wie fest Honduras in amerikanischer Hand ist). Proteste Guatemalas vor dem UN-Sicherheitsrat wurden nicht mehr gehört.

Arbenz wurde zum Rücktritt gezwungen. Bestochene Offiziere liefen über, und am 3. Juli traf *Castillo Armas* an Bord des Privatflugzeuges von Botschafter *Perifoy* in der Hauptstadt ein. Das hoffnungsvollste Experiment in der Geschichte Guatemalas war zu Ende.

War die Periode von 1945-54 überhaupt eine Revolution? Trotz zehn Jahre erprobter Demokratie hatten sich die eigentlichen Machtverhältnisse nicht geändert. Keine Oligarchie wurde ausgeschaltet, vertrieben oder liquidiert. Auch keine klassenlose Gesellschaft marxistischer Prägung sollte geschaffen werden. Alleiniges Ziel war die Modernisierung kapitalistischer Strukturen, die Verwirklichung bürgerlicher Ideale und Freiheiten und ein sozial gerechteres Besitzsystem. Anpassung statt Zerschlagung, Reform statt Revolution war der wahre Kurs der Regierung. Doch ohne eine radikale Agrarreform war keine gerechte Besitz- und Einkommensverteilung möglich.

Von der Demokratiebewegung blieb eine Bevölkerungsgruppe ausgeschlossen, die erst Anfang der 70er Jahre als revolutionäres Potential in Erscheinung treten sollte: die Indígenas. *Mario Sanchez*, damaliges Führungsmitglied der kommunistischen "Guatemaltekischen Arbeiterpartei" PGT beschreibt die **Fehler und Versäumnisse** seiner Partei während der Demokratie so: "Die politische Arbeit unter den Indianern zeigte ein Problem auf, das die Partei bis heute nicht vollständig gelöst hat: Die marxistische Theorie ist und kennt nur Klassen, also Ausbeuter und Ausgebeutete, Unterdrücker und Unterdrückte. Die Mitglieder und die Leitung der Partei bestanden aus Weißen und Ladinos. Die indianische Bevölkerung hatten wir stets als Bauern eingeordnet, also als Bündnispartner, die noch in einem gewissen ökonomischen und kulturellen Rückstand lebten und sich an ihre Minifundien klammerten. Wir berücksichtigten ihre spezifischen Interessen in unseren politischen Überlegungen einfach zu wenig. Die Partei war nicht in der Lage, die indianischen Bauern als revolutionären Faktor zu begreifen, so wie dies später anderen Organisationen gelungen ist." (Horst-Eckart Gross, Guatemala - Bericht über einen verdeckten Krieg) Heute ist klar, daß die "Indianer-Frage" von zentraler und unmittelbarer Bedeutung für die politische und revolutionäre Praxis ist. Ohne die aktive Beteiligung der härtesten unterdrückten Gruppe kann es keine Veränderung in Guatemala geben. Zum Problem der Nichtintegration der indigenen Bevölkerung am Umgestaltungsprozeß traten andere, die das Scheitern der Demokratie erklären. Die Hoffnungen der Bevölkerung auf Verbesserung der wirtschaftlichen Situation im Land führte zu einem Erwartungsdruck, dem die Regierung mit den ihr zur Verfügung stehenden Mitteln nicht entsprechen konnte. Um ein erfolgversprechendes Krisenmanagement führen zu können, fehlte es an Erfahrung und Wissen.

Außenpolitisch war die **Zeit des Kalten Krieges** angebrochen. Die Amerikaner führten weltweit eine beispiellose Hetzkampagne gegen jeglichen Verdacht der kommunistischen Infiltration durch. Weder *Arévalo* noch *Arbenz* war es gelungen, während dieser Jahre echte Bündnispartner im In- und Ausland zu gewinnen. *Castillo Armas* brauchte nach seiner Machtübernahme nur die Gesetze der demokratischen Regierung zu widerrufen, um den alten Zustand wieder herzustellen. So wenig grundlegend waren die Grundstrukturen des Staates und der Gesellschaft verändert worden.

Rückkehr zur Diktatur

Mit politischer und logistischer Unterstützung der USA legte *Armas* 1954 den Grundstein für eine Entwicklung, die bis heute andauert. Die Grundzüge dafür sind der Kampf gegen "kommunistische Subversion", die Institutionalisierung des Militärs, die enge Zusammenarbeit mit den USA, die mit ihrer neuen Strategie der "humanitären Hilfe" die wirtschaftliche Entwicklung Guatemalas bestimmt. Hinzu kommen der verstärkte Anstieg von Auslandsinvestitionen und die Ausrichtung der Landwirtschaft als Exportproduzent. Letzteres hatte 1956 zur Folge, daß fast alles Land des unter der Demokratie umverteilten Besitzes an die ehemaligen Grundbesitzer zurückgegeben wurde.

1957 wurde *Armas* ermordet. Unter *Miguel Ydígoras Fuentes* änderte sich die bisherige Politik nicht. Auch er gewährte ausländischen Investoren große Vergünstigungen und befreite sie weitgehend von Steuern. Bestechlichkeit und Korruption nahmen innerhalb der Regierung, Armee und öffentlichen Verwaltung unerträgliche Ausmaße an. Die Unfähigkeit des Regimes, stabile Zustände im Land herzustellen, forderte die Unzufriedenheit des Volkes heraus. 1960 konnte *Ydígoras* eine Verschwörung gegen sich aufdecken, an der nahezu ein Drittel des gesamten Militärapparates beteiligt war.

Einer der Verschwörer war *Turcios Lima*, der in den bewaffneten Untergrund ging und die revolutionäre Bewegung in Guatemala gründete. Dies geschah zur Zeit der kubanischen Revolution, als klar wurde, daß sich ein Volk mit Waffengewalt von seinen Unterdrückern befreien konnte, wenn es verstand, Ziele und Taktik miteinander zu verbinden.

Regierung, Oligarchie und die USA befürchteten das Schlimmste für sich. Vor allem die USA sah sich durch ein zweites Kuba auf dem mittelamerikanischen Kontinent bedroht. Bei den für 1964 geplanten Wahlen in Guatemala war *Juan José Arévalo* aussichtsreichster Kandidat. Die Zeit drängte, unliebsame Entscheidungen des Volkes vorwegzunehmen.

Am *30. März 1963 putschte das Militär* unter Verteidigungsminister *Peralta Azurdia* und übernahm alle staatlichen Funktionen. Nicht für *Fuentes,* wohl aber für *Arévalo* und

alle gemäßigten Kreise bedeutete dieser Putsch eine große Niederlage. Mit den Wahlen 1966 kam erneut ein Zivilist an die Macht, *Julio César Méndez Montenegro,* der eine neue Verfassung in Kraft setzte. Der Jurist *Montenegro* mußte vor Amtsantritt eine Amnestie für alle an Verbrechen beteiligten Militärs unterschreiben und ihnen sämtliche Freiheiten bei der Guerilla-Bekämpfung einräumen. Der Terror ging weiter.

1970 kam der Militär *Carlos Arana Osorio* an die Macht. Das Volk nannte ihn *araña,* die Spinne. Er überzog das Land mit einem Netz von rechten **Terrorkommandos,** die gnadenlos auf jede Entführung oder Erschießung von Seiten der Guerilla antworteten. In diese Zeit fiel auch die Ermordung des deutschen Botschafters *von Spreti,* die eine der letzten Taten der Guerilla war, bevor sie für einige Jahre von der Szene verschwand.

Kjell Laugerud García, Minister unter *Arana Osorio,* übernahm 1974 die Macht, nachdem der damals für die Christdemokraten angetretene Kandidat *Rios Montt* wegen offensichtlichen Wahlbetrugs auf das Amt verzichten mußte. *Laugerud* regierte während einer Zeit der Grabesruhe im Land. Linke Demokraten, Intellektuelle, Künstler und Untergrund waren ausgeschaltet, im Exil oder schwiegen aufgrund der andauernden Repression. Die Oligarchie wähnte sich in einem Zustand der Stabilität. Die größte Katastrophe in *Laugeruds* Amtszeit ereignete sich am 4. Februar 1976, als Guatemala von einem schweren Erdbeben erschüttert wurde. Damals begann sich die Guerilla erneut zu rekrutieren und fand große Unterstützung im Departament El Quiché, das in den darauffolgenden Jahre mit einer Welle von militärischen Gewaltakten überzogen wurde.

Der aus dem Alta Verapaz stammende Großgrundbesitzer General *Romeo Lucas García* steht für Korruption, Verbrechen und Wirtschaftskrise. Während seiner Amtszeit von 1978-82 erhöhte sich die Zahl der Toten und Entführten auf mehrere Zehntausend. Politiker, wie der Gründer der *Partido Socialista Democrático PSD Fuentes Mohr* traf es ebenso wie den Kekchí-Indígena aus

Lucas García

Ríos Montt

120

Panzós, der mit hundert anderen Männern, Frauen und Kindern nach einer Demonstration vom Militär niedergemetzelt wurde. Eine der gnadenlosesten Aktionen *Garcías* war das Anzünden und die Erstürmung der Spanischen Botschaft, nachdem diese Ende Januar 1980 von 32 Ixil- und Quiché-Indianern besetzt worden war, als sie Hilfe und Unterstützung beim Botschafter suchten. Trotz der Proteste von Seiten des Botschafters an die Regierung begannen Sicherheitstruppen das Gebäude zu beschießen. Unter den Toten waren auch guatemaltekische Politiker. Einzige Überlebende des Blutbades waren der Botschafter und ein Indígena, der tags darauf aus dem Krankenhaus entführt und ermordet wurde.

Die *Korruption* nahm so große Ausmaße an, daß General *Rios Montt* 1982 *Lucas García* durch einen Putsch stürzte und sich zum Präsidenten ernannte. Wie viele seiner Vorgänger hat sich *Lucas García* ins Ausland abgesetzt (Venezuela). Die guatemaltekische Menschenrechtsorganisation gibt für die ersten sechzehn Monate der Regierungszeit von *Rios Montt* 15.000 politische Morde an, darunter viele an Priestern. Die große Flüchtlingswelle setzte ein, nachdem Flächenbombardements ganze Dörfer dem Erdboden gleichmachten. Guatemala erlebte einen beispiellosen Krieg mit skrupellosesten Mitteln gegen das eigene Volk.

Im August 1983 stürzte Verteidigungsminister *Oscar Humberto Mejía Victores* die Regierung *Rios Montt*. Einer der Gründe für die Ablösung des Generals war der unerträgliche religöse Fanatismus, mit dem er das Heer überzog. *Montt* gehört noch heute der Evangelistenbewegung *El Verbo* an und genießt viel Sympathie unter den Protestanten Guatemalas.

Die **Putsche der 70er und 80er Jahre** waren keine gewalttätigen Umsturzversuche. Meist unterschieden sich die Präsidenten in ihren Zielen und Methoden nicht wesentlich voneinander. Alle entstammten der guatemaltekischen Oligarchie, die von je her ihre Interessen zu verteidigen verstand. Ein Präsidentenamt in Guatemala gilt als die Sicherung eines sorgenfreien Vorruhe-

stands. Keiner der Herren verließ sein Amt ärmer, als er es angetreten hatte.

Seit 1986 hat Guatemala wieder einen zivilen Präsidenten, der auf die demokratische Verfassung des Landes vereidigt ist. *Vinicio Cerezo Arévalo*, Christdemokrat und ehemaliger Exilant, war der erste Präsident. Sein Nachfolger **Jorge Serrano** wurde 1991 durch friedliche und formal korrekte Wahlen ins Amt berufen. Doch Demokratie läßt sich nicht verordnen wie einen Ausnahmezustand. Am Ende von Cerezos Amtszeit im Januar 1991 sah die Menschenrechtslage so düster aus wie ehedem, die Handelsbilanzen haben sich nicht verbessert, noch immer fließen große Mengen an Kapital ins Ausland, Korruption und Bestechung prägen den politischen Alltag, über die Hälfte der Bevölkerung lebt weiterhin in Armut, die Kleinkriminalität ist enorm gestiegen und die besser gestellten, konservativen Schichten des Volkes befürchten den Verfall der Moral. Kein Wunder also, daß der charismatische Fanatiker *Rios Montt* den Wahlkampf 1990 beherrschte und durch seine Versprechungen nach Sicherheit und Ordnung die Wähler in seinen Bann zog. Der Oberste Gerichtshof untersagte *Montt* jedoch die Kandidatur, da eine zweimalige Präsidentschaft in Guatemala verfassungswidrig ist.

Serrano kündigte nach seinem Wahlsieg an, was zum guten Ton eines Präsidentenamtes gehört: wirtschaftliche Stabilisierung, Lohnerhöhungen, Reformen im Staatsapparat, die Achtung von Menschenrechten und die Beendigung des Guerillakampfes durch Gespräche. Von Oppositionsseite muß sich Serrano heute vorwerfen lassen, daß er bisher nicht in der Lage war, seine Versprechen einzulösen. Zwar hat sich die Inflationsrate auf ein erträgliches Maß reduziert, und es wird wieder mehr investiert, doch seine Gegner werfen ihm Konzeptionslosigkeit und das Fehlen eines politischen Programms vor. Außerdem steht Serrano unter starkem Druck des Militärs, was nicht zuletzt die Ablehnung der Vorschläge der Guerilla URNG und den damit verbundenen schleppenden Fortgang der Friedensgespräche erklärt.

Die Maya

Der Kalender und
die Mythologie der Maya

Kein anderes Volk im präkolumbischen Amerika hat jemals eine Schriftkultur und ein Zahlensystem entwickelt, das in seiner Vollendung mit dem der Tiefland-Maya vergleichbar wäre.

Die bedeutenste geistige Schöpfung der Maya war die Erfindung des *Kalenders.* Ihn zu entwickeln war nur möglich mit Hilfe der Mathematik und Astronomie. In beiden Bereichen hatten sich die Maya hervorragende Kenntnisse erworben. Sie scheinen fasziniert gewesen zu sein von der Idee, die Zeit zu messen, Abschnitte zu datieren und Vorausberechnungen anzustellen. Die Bedeutung der Kalender - es waren mehrere Systeme, die miteinander verzahnt waren - liegt in ihrer Funktion, die religiösen, wirtschaftlichen und sozialen Vorgänge im Leben der Maya zu bestimmen. Die Geheimnisse der Kalender waren kein Allgemeingut, sondern geistiger Besitz einer kleinen Oberschicht, die ihr in Stein gehauenes Wissen von Generation zu Generation weitergab. Die Fähigkeit, die Kalender zu befragen und auszudeuten, verlieh der Maya-Priesterkaste über Jahrhunderte hinweg die Herrschaft über das Volk.

Die Kalender der Maya sind untrennbar mit ihrer Mythologie, ihrer Religion und ihren kosmischen Symbolen verbunden wie auch mit der Regelung der überlebenswichtigen Abläufe in der Landwirtschaft. Wesen, Welt und Umwelt der Maya lassen sich am besten über ein Studium ihrer Kalender begreifen. Bei näherer Beschäftigung stellt sich nämlich heraus, daß die geistige und materielle Welt der Maya ein exakt errechnetes Konstrukt darstellt, in dem Zeit und Raum miteinander verschmelzen.

Voraussetzung für die Entwicklung eines Kalenderwesens war die Entwicklung eines *Zahlensystems.* Die Mathematik der Maya basierte auf dem Prinzip des Stellenwertes der Zahlen. Sie bedienten sich dazu eines *Vigesimalsystems* (Zwanzigersystem), dessen konkretes Vorbild aller Wahrscheinlichkeit nach Finger und Zehen waren. Noch vor den Arabern und Indern führten die Maya die Null in ihre Mathematik ein, so daß ihnen die historische Priorität dieser Erfindung zukommt. Durch eine einfache Strich-Punkt-Notation stellten sie die Zahlen von 1 bis 19 dar. Die Zahlen 1 bis 4 erhielten entsprechend viele Punkte, die 5 wurde durch einen Balken symbolisiert, und das Zeichen für Null ähnelt einer geschlossenen Muschel.

Es wird angenommen, daß diese *Darstellung* auf den Gebrauch kleiner Stöcke, Steine und Muscheln zurückgeht, die auf den Boden gelegt wurden. In der klassischen Zeit bevorzugten die Maya jedoch die Zahlendarstellung durch Götterköpfe- oder figuren. Die tiefere Bedeutung dieser Schreibweise wird verständlich, wenn man weiß, daß Zahlen bei den Maya keine abstrakten mathematischen Einheiten waren, sondern Götter, die die Last der Zeit zu tragen hatten und das Schicksal der Menschen beeinflussen konnten. Im Zusammenhang damit steht auch das Prinzip, ganze Zeitabschnitte und Kalendereinheiten zu personifizieren und mit Göttergestalten zu identifizieren. Ein Beweis dafür, wie nahe Mythologie, Kalender und Mathematik beieinanderliegen.

Die *Schreibweise der Zahlen* während des Klassikums beruhte auf der Verwendung von dreizehn verschiedenen Profildarstellungen, wobei die Zahlen 14 bis 19 die Götterköpfe (Kopfzeichen) der Zahlen 4 bis 9 mit einer Variante, nämlich einem knöchernen Unterkiefer, wiederholen. Die Null ist durch eine Hand im Kopfzeichen gekennzeichnet.

Es gibt fundamentale Ziffern innerhalb der kalendarischen Systeme, die heilig waren und in der Mathematik, Architektur, Astronomie, Mythologie usw. immer wieder auftauchen. Die Zahlen 4, 9, 13 und 20 sind solche *heiligen Zahlen.*

Die Zahl 4 ist der Inbegriff des kosmischen Ideogramms. Sie beschreibt die Eckpunkte des Universums, das sich die Maya

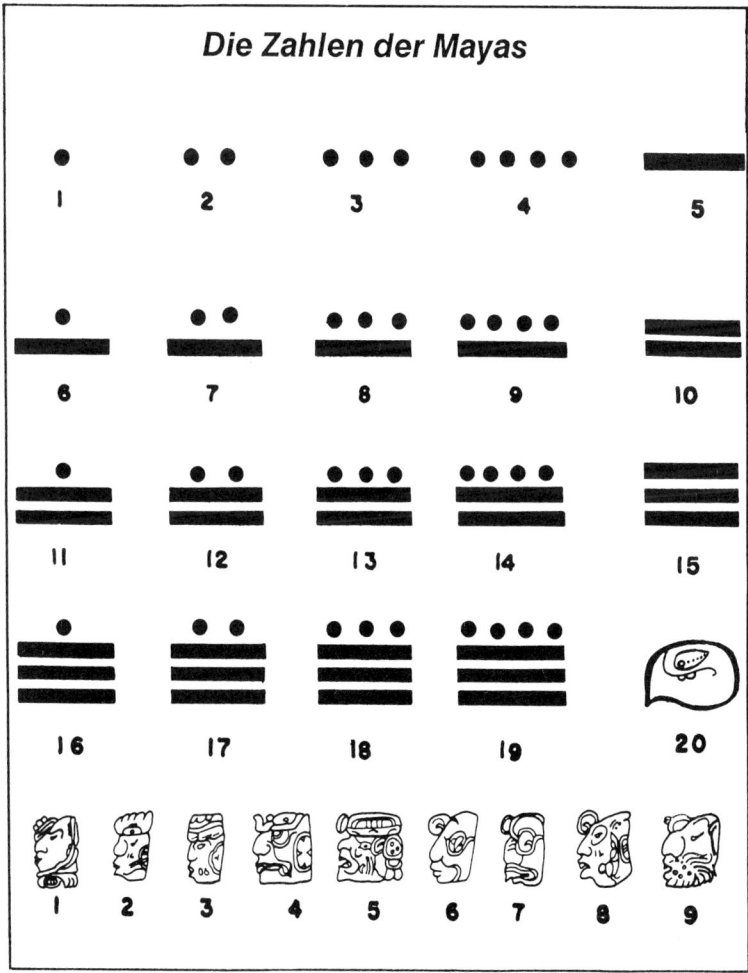

Die Zahlen der Mayas

als ein riesiges Viereck vorstellten. Denn so heißt es im Popol Vuh: "Und als die Linien und Parallelen des Himmels und der Erde gezogen waren, hatte sich alles vollendet, und es war gut gemessen und viereckig."

Die vier Ecken des Universums werden von vier Himmelsträgern (bacabs) getragen, oft ist noch von vier Vögeln und Bäumen die Rede. Sie sind die Gottheiten der vier Weltgegenden: des Roten Ostens, des Weißen

Tanz der vier Himmelsrichtungen

Nordens, des Schwarzen Westens und des Gelben Südens. Verbindet man die Mittelpunkte der Geraden dieses Quadrates miteinander, wird das Universum durch das "kosmische Kreuz" in vier gleichgroße Teile zerlegt. Die Ecken, an denen die vier kosmischen Gottheiten residieren, symbolisieren die äußersten Punkte des sichtbaren Horizontes und deuten die beiden Solstitialpunkte mit ihren Gegenübern an. Diese Sonnwendpunkte begrenzen das Weltall und sind gleichbedeutend mit "Gipfeln", über die die Sonnengötter nie hinauskönnen. Das Kreuz als heiliges Symbol war den Nachkommen der Maya also schon lange vor der Conquista bekannt. Die Zahl 4 entspricht dem Sonnengott, der in den Codices "ahau kin" genannt wird.

Die Zahlen 9 und 13 finden ihren Bezug ebenfalls im Weltenanfang. So wurde die Erde laut Popol Vuh von 13 Himmeln und 9 Unterwelten erschaffen, die sich als Schichten übereinandergelegten und von je einem Gott besetzt waren. Der dreizehnschichtige Himmel war das männliche Prinzip, dessen fruchtbare Wasser in die neunzehnschichtige Unterwelt, dem weiblichen Pendant der Schöpfung, eindrangen. Zu den "Herren der Nacht", die die Unterwelt regierten, kehrte

der Mensch nach seinem Tode zurück. Die Zahl 13 spielt außerdem eine entscheidende Rolle beim Erstellen des "Ritualkalenders" und taucht in den kompliziertesten astronomischen Berechnungen auf.

Die Zahl 20 ist ebenfalls eine Konstante in der Mathematik der Kalender. Zwanzig Tagesgötter gibt es bei den Maya, und ihr Zahlensystem basiert ebenfalls auf der Zahl 20.

Die Maya besaßen *drei Kalender.* Ihre Zyklen waren miteinander gekoppelt und griffen wie ungleich große Zahnräder ineinander.

Das Sonnenjahr *(haab)* mit seinen 365 Tagen teilten die Maya in 18 Monate *(uinal)* zu je 20 Tagen *(kin)* ein. Um auf die erforderlichen 365 Tage eines Normaljahres zu kommen, hängten die Maya einen Kurzmonat an, den sie "Tage ohne Namen" *(uayeb)* nannten. Diese fünf überschüssigen Tage galten als schutzlos und waren Unglückstage. Die Glyphe dieses Kurzmonats zeigt zwei dunkle, tote Papageien. Die Maya verbrachten die glücklosen Tage am Ende des Jahres mit Fasten, Beten und Trauern.

Viel bedeutender und wegen seiner Nützlichkeit heute noch im Gebrauch war der sogenannte *tzolkin.* Seine Aufgabe bestand u.a. in der Regelung der Feldbestellungsarbeiten. Er war somit ein *Agrarkalender,* in gewisser Weise vergleichbar mit einer Sammlung von Bauernregeln. Die Maya errechneten ihn aus 20 Wochen zu je 13 Tagen. Die Zahl 13 als Symbol des Himmels multipliziert mit der Zahl 20, dem Symbol des Menschen, das von der Addition der zehn Finger und zehn Zehen herrührt (Vigesimalsystem), ergab einen 260 Tage-Zyklus, der die Ernährung und Gesundheit des Volkes sichern sollte. Die regenspendenden Götter des Himmels und der arbeitende Mensch auf dem Feld konnten also nur in "Zusammenarbeit" das Leben erhalten.

Als Agrarkalender begann der *tzolkin* bei den Maya Mitte Februar mit dem Abstecken der neuen *Milpa* (Maisfeld) und den Rodungsarbeiten. Er endete im Oktober mit dem Beginn der Haupternte. Der 260 Tage umfassenden Anbauperiode folgten 100 Tage der Ernte und der Festlichkeiten, sowie die restlichen fünf glücklosen Tage.

Der *tzolkin*, auch "Zähler der Tage" genannt, besaß außer seiner wichtigen Funk-

tion als Landwirtschaftskalender prophetischen Charakter und diente wahrsagerischen Zwecken. 13 Ziffern kombiniert mit 20 Tageszeichen (Tagesgöttern) gaben jedem Tag dieses Ritualkalenders einen anderen Namen und stellten ihn unter den Schutz und das Zeichen eines Gottes. Der erste Tag des *tzolkin* hieß *1 Imix*, der zweite *2 Ik*, der dritte *3 Akbal* usw. Wenn jede der dreizehn Zahlen mit einem der zwanzig Tageszeichen zusammengekommen war, d.h. wenn alle Möglichkeiten der Zahl/Zeichen-Kombination erschöpft waren, begann ein neues 260 Tage-Jahr, ein neuer *tzolkin*. Dieser Kalender verbindet in seiner doppelten Funktion als Ritual- und Agrarkalender das kosmische Leben mit dem menschlichen und ist der ureigene Ausdruck der Mayawelt.

Als *Ritualkalender* bestimmte er glückliche, unglückliche und neutrale Tage. Er legte die zeremoniellen Daten fest und regelte das private Leben jedes Einzelnen. Durch die Verbindung von Tageszeichen

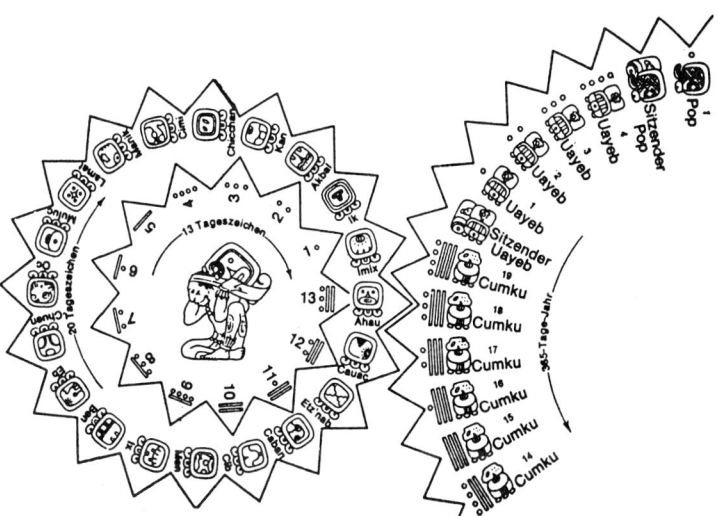

Die beiden Maya-Kalendersysteme *Tzolkin* (links) und *Haab* greifen wie Zahnräder ineinander.

und magischen Ziffern mit Göttern, Farben und Richtungen wurde er zum mythischen Lebenshilfekatalog, der dem Maya die Aufgehobenheit innerhalb einer harmonischen Weltordnung verhieß. Der zyklische Charakter der Kalender entspricht der mythologischen Vorstellung von der Rückkehr zur Urschöpfung und ihres Neubeginns. In der kreisförmigen Struktur aller Kalender wiederholt sich also die mythische Zeit. Die innere Geschlossenheit des tzolkin wie seine Aussagekraft sind der Grund, warum sich dieser Kalender auf dem zentralamerikanischen Kontinent unter den Stämmen schnell ausbreitete und bis heute seine Anwendung bei den indianischen Bauern findet.

Die Maya setzten die beiden beschriebenen Kalendersysteme die 365 Tage-Normaljahres und den 260 Tage-*tzolkin* nun so zusammen, daß sie wie ein großes und ein kleines Zahnrad gegeneinanderliefen. Nach 52 Umdrehungen des größeren 365 Tage-Rades (haab) trafen sich der erste Tag des Sonnenjahres und der tzolkin wieder. Bis dahin waren 18.980 Tage verstrichen oder 52 Jahre. Erst nach dieser Zeit wiederholten sich die aus den zwei Kalendern gekoppelten Tagesnamen wie *1 Imix 0 Pop, 1 Ahau 18 Kayab* oder *4 Ahau 8 Cumhú.* Der tzolkin mußte 73 Umdrehungen bewältigen, um mit dem haab wieder an die Ausgangssituation zu gelangen. 52 und 73 Tage entsprechen dem Reifeprozeß der ersten und zweiten Milpa. Der Mais als Grundlage der Existenz und des Lebens wurde so in eine höhere Potenz gehoben.

Die Zahl 52 wurde durch die Kalenderrunde zu einer *magischen Ziffer.* Nach Ablauf der 52 Jahre endete für die Maya eine Epoche. Das Ende der Kalenderrunde wurde gefürchtet und beschwor die Gefahr einer allesvernichtenden Katastrophe herauf. Zeugnisse aus der Kolonialzeit berichten von der Angst der Indianer vor dem drohenden Weltuntergang. Die Katastrophenstimmung ließ erst nach, wenn das "Neue Feuer" verkündete, daß die Götter einen weiteren Lebenszyklus gewährt haben. So konnte für jeden eine neue Zeit und ein neues Leben beginnen.

Eine der Schlußriten war das Zerschmettern von Tongeschirr und die Erneuerung der Zeremonialgeräte. Eine interessante Parallele hierzu ist heute noch im westlichen Hochland zu beobachten, wenn die Quiché-Indianer in Momostenago nach Ablauf eines *tzolkin* ihr Geschirr zerbrechen und die Scherben zum Altar bringen.

Für sich genommen waren beide Kalenderzyklen zu kurz, um eine Chronologie zu erstellen, bei der durch die Wiederholung der Datennamen alle 52 Jahre Verwechslungen ausgeschlossen werden konnten. Ein dritter Kalender sollte dies verhindern.

Die sogenannte *Lange Zählung* der Maya ist eine ebenso einfache wie geniale Erfindung. Dabei ging es ihnen um die Zählung aller Tage seit einem fixierten "Nullpunkt", der das legendäre Datum 10. August 3114 v. Chr. trägt und als mythischer Ausgangspunkt der Mayaexistenz interpretiert wird. Mit der Methode der Langen Zählung war es den Maya also möglich, eine absolute Chronologie zu erstellen. Die *Zeiteinteilungen* wurden durch einfache Begriffe benannt:

Tag *kin*			= 1 Tag
Monat *uinal*	= 20 *kin*		= 20 Tage
Jahr *tun* (Rundjahr)	= 18 *uinal*		= 360 Tage
Periode *katun*	= 20 *tun*		= 7.200 Tage
Periode *baktun*	= 20 *katun*		= 144.000 Tage

Weitere Einheiten wie die des *pictun* und *calabtun* erlaubten Rechnungen astronomischer Art, die bis zu 400 Millionen Jahre in die Vergangenheit zurückreichen.

Von besonderer Bedeutung war die Einheit des *katun* (20 x 360 Tage). Denn nach Ablauf eines *katun* wurden Stelen errichtet, die nicht nur Meilensteine der Zeit, sondern auch öffentliche Kalender waren, auf denen Ereignisse wie Geburts-, Heirats- und Thronbesteigungsdaten, sowie militärische Siege und sonstige Ereignisse festgehalten wurden. Im Klassikum (300-900 n.Chr.) wurde der zeitliche Abstand verkürzt.

Natürlich hatte die Lange Zählung eine magische Beziehung zu den anderen Kalendern. Neben der Schaffung einer Chronologie garantierte die Lange Zählung den Weiterbestand der Welt, welcher durch die alle 52 Jahre **wiederkehrende Katastrophe** gefährdet schien. Sie vermittelte dem Maya die Idee der Unendlichkeit und führte in der Konsequenz zu einer neuen Betrachtungsweise über Leben und Tod.

Durch eine Reihe parallel laufender Berechnungen, die sich aus der Beobachtung von Sonne, Mond, Saturn, Jupiter und Venus ergaben, vervollkommneten die Maya ihre kalendarischen Systeme, so daß die Bestimmung der Jahreslänge exakter war als die des gregorianischen Kalenders.

Die **Erforschung der Maya-Kalender** ist längst nicht abgeschlossen. Zu viele Geheimnisse stecken noch in diesen mythisch-religiösen Systemen, die durch ihre Verbindung von Astronomie, Astrologie, Metaphysik, Architektur und Kunst zu komplexen Weltanschauungsgebäuden von unvergleichlicher Art wurden. Nicht zu unrecht werden die Maya die "Griechen der Neuen Welt" genannt.

Landwirtschaft

Nach heutigem Erkenntnisstand schätzt man die Bevölkerungszahl der Maya im Klassikum (300-900 n. Chr.) auf 19 bis 20 Millionen Menschen. Ihr Lebensraum war das tropische Tiefland von Yucatán, Belize und Petén. Heute leben in diesem Raum vergleichsweise wenige Menschen. Feuchtheißes Klima, geringe Humusanreicherung im Boden und eine fast undurchdringliche Vegetation scheinen keine guten Voraussetzungen für eine landwirtschaftliche Nutzung zu bieten. Um so verwunderlicher und rätselhafter ist es, wie dieses 20 Millionen-Volk unter denselben klimatischen Bedingungen 1000 Jahre überleben konnte.

Möglich war dies nur auf der Grundlage einer ökologisch angepassten Wirtschaftsweise, wie sie heute kaum mehr vorstellbar ist. Die Landwirtschaft der Maya basierte auf dem Brandrodungsfeldbau im Rahmen einer Landwechselwirtschaft. Diese Wirtschaftsform *(shifting cultivation)*, die in allen tropischen Waldländern der Welt verbreitet ist,

setzt große verfügbare Flächen voraus und ist sehr arbeitsintensiv. Die agrare Tätigkeit beginnt damit, daß ein Stück Wald gerodet wird. Das abgetrocknete Material wird kurz vor der Regenzeit verbrannt, was den Eintrag von pflanzlichen Aufbaustoffen in den Boden bewirkt. Das Stück Wald wird nun für zwei oder drei Jahre bepflanzt. Danach wird es für mehrere Jahre der Wiederbewaldung zu überlassen, bevor es erneut unter Kultur genommen werden kann.

Der tropische Regenwald ist ein äußerst empfindliches Ökosystem. Nach Entfernung der Vegetationsdecke sind die Böden erosionsanfällig, und der Ackerbau führt durch die Mineralisierung des Humus rasch zu einer Verringerung der Bodenfruchtbarkeit. Die Üppigkeit der Vegetation täuscht über die tatsächliche Bodenqualität hinweg. Die durch Verwitterung und Verwesung aufbereiteten Nährstoffe werden über die Wurzelpilze Mycorrhizae sofort wieder in den natürlichen Kreislauf eingebracht. Eine Humusanreicherung ist kaum gegeben.

Die Maya wußten um die unterschiedliche Bodenbeschaffenheit ihres Lebensraumes. Auf dem wasserlöslichen Kalkuntergrund im südlichen Yucatán und nördlichen Petén konnte sich der Boden schnell regenerieren. Die einst besiedelten Gebiete sind nach neueren Erkenntnissen Standorte mit relativ tiefgründigen Karbonatböden, die die Nutzung als Ackerböden erlaubten. Wegen der jahrelangen Brachzeiten waren nie mehr als ein Viertel der landwirtschaftlichen Nutzflächen bebaut. Eine festgelegte Rotation der *Milpas* (Maisfelder) sicherte die Erhaltung der Tragfähigkeit und damit die jährlichen Ernten. Die Agrarlandschaft war in Blockfluren aufgeteilt. Eine Milpa hatte gewöhnlich die Größe von 2-4 *manzanas* (1-2,5 ha). Durch den Wechsel von bebauten und wiederbewaldeten Flächen war das Tiefland zu keiner Zeit eine offene Kulturlandschaft. Der Wald lieferte den Maya Holz, Früchte, Wurzeln und Heilkräuter. Die Nutzbäume wurden von den Maya geschont, und Tiere jagten sie nur nach Bedarf.

Rodung und Aussaat wurden wie heute teilweise noch üblich in Kollektivarbeit

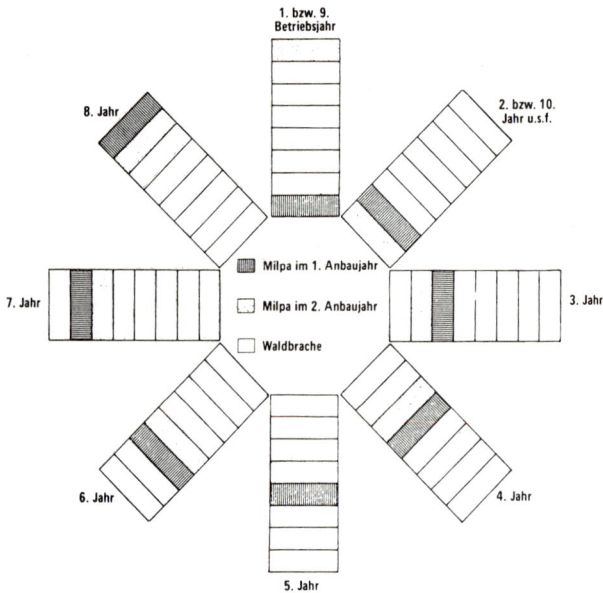

Schematische Darstellung des Milpa-Systems im Petén (nach H. Wilhelmy)

durchgeführt. Der mythisch-religiöse Charakter dieser Arbeiten erklärt sich aus den im Agrarkalender *(tzolkin)* festgelegten Riten.

Abgesehen von Abgaben an Adel und Priester konnte jeder Bauer frei über seine Erträge verfügen. Grund und Boden, dessen Eigentümer die Götter waren und es den Bauern nur zur Nutzung überließen, wurde durch Realteilung weitervererbt. Bei der Teilung der Parzellen blieben die Töchter allerdings ausgeschlossen.

Die klimatischen und bodengeographischen Bedingungen im Petén erlaubten den Bauern zwei Maisernten pro Jahr vom selben Feld sowie mehrere Bohnenernten. Neben den in Landwechselwirtschaft produzierten Grundnahrungsmitteln Mais, Bohnen, Maniok und Kürbis kultivierten die Maya den Gartenbau. Jede Großfamilie besaß ein kleines Küchengärtchen, das das ganze Jahr über genutzt wurde. Tomaten, Chili, Bataten und eine Reihe verschiedener Blattgemüsesorten, sowie Tabak, Sisalagave und Baumwolle waren die herausragenden Spezialkulturen der Maya. Die Tradition des Hausgartens ist bei den Indígenas des Hochlandes nahezu erloschen.

Mindestens genauso wichtig war die Pflege und Anlage von *Baumkulturen.* Wildwachsende Frucht- und Nutzbäume wurden während der Rodungsarbeiten ohnehin geschont. Zusätzlich pflanzten die Maya sie in ihre Hausgärten, wo sie zum einen als Schattenspender dienten und zum anderen in der Nähe des Siedlungsplatzes waren. Der wohl bedeutenste Fruchtbaum war der *Brotnußbaum,* den die Maya *ramón* nannten. Die Kerne der Brotnuß dienten als Maisersatz und sind im Spätklassikum sogar zu einem Hauptnahrungsmittel geworden. Außerdem pflanzten sie Papaya, Avocado,

Zapote, Guayava und Mamey. Eine Besonderheit stellte der Kakao dar. Er wurde im guatemaltekischen Maya-Land um das regenreiche Gebiet des Izabalsees und des nördlichen Petén-Itzá-Sees angebaut. Der Kakao (maya: *chacou haa* = heiß geröstet) wurde wegen seiner Haltbarkeit und eingeschränkten Verbreitung zum Exportprodukt und Zahlungsmittel zugleich. Den Maya ist es zu verdanken, daß der Kakao wie die Papaya heute zu den Kulturpflanzen gehören. Noch heute fällt die große Anzahl Fruchtbäume in der Nähe von Zeremonialzentren auf.

Schaut man von den Tempeln Tikals oder Uaxactúns auf die sich scheinbar grenzenlos ausbreitenden Wälder, kann man sich kaum vorstellen, daß hier vor über 1000 Jahren ein Volk eine Hochkultur entwickelte. Daß außer den steinernen Hinterlassenschaften so gut wie keine Spuren einstiger Besiedlung existieren, hängt nicht zuletzt mit der eingangs erwähnten angepaßten Landnutzung zusammen, die das ökologische Gleichgewicht des Lebensraumes bewahrte.

Durch die Bearbeitung des Bodes mit einem Pflanzstock blieb das natürliche Bodengefüge erhalten. Die Unkrautbekämpfung geschah meist von Hand und stehengelassene Bäume auf der Milpa verhinderten Erosion und Bodenabspülung. Wo Hangneigungen die Gefahr des Bodenabtrags beschleunigten, verhinderten die Maya dies durch Terrassierung. Das Fehlen von Haustieren und Viehherden hatte den Vorteil, daß die Maya keine Weideflächen ausweisen mußten, die in so vielen Zonen der Landwechselwirtschaft die Versteppung und Zerstörung der Böden zur Folge haben. Hinzu kommt der respektvolle Umgang mit der Natur schlechthin, in der sie den Willen der Götter ausgedrückt sahen. Eine Zerstörung der göttlichen Schöpfung war für sie schlichtweg undenkbar.

Die Maya sind wahrscheinlich das letzte zivilisierte Kulturvolk gewesen, deren Lebenswelt nach dem Untergang nicht über das Ausmaß der hinterlassenen Umweltschäden erforscht werden muß.

Die Maya-Schrift

Die Mayaforschung begann mit der Erforschung der Schrift, und es sah lange so aus, als ob die Maya nicht nur das am weitesten entwickelte Schriftsystem des präkolumbischen Amerika besaßen, sondern auch das am schwersten entzifferbare überhaupt. Doch seit den 50er Jahren konnte eine kleine Gruppe von Fachleuten enorme Schritte bei der Entschlüsselung der in Stein gehauenen und auf Rindenpapier oder Keramik gemalten Glyphen erzielen. Geschnitzte oder geritzte Texte und Inschriften finden sich auch auf Gegenständen aus in Jade, Knochen, Obsidian, Holz und Muscheln.

Die Maya-Schrift ist eine **Wortbilderschrift** *(Logogramme)*, die aber auch Zeichen für Silben (Konsonant-Vokal-Struktur) kennt. Das ermöglichte den Schreibern ein Wort entweder als Bild (z.B. in Form einer Vollfigur-Glyphe) oder als Verknüpfung von phonetischen Silbenzeichen zu schreiben. Es gibt Fälle, wo beide Variationen kombiniert wurden. Da viele Schriftzeichen noch nicht entziffert sind, läßt sich das Verhältnis von logographischen Zeichen zu Silbenzeichen nicht genau bestimmen. Es sieht jedoch so aus, als hätte man lange Zeit die Bedeutung der phonetischen Schreibweise unterschätzt.

Der Maya-Schrift liegen **800 Zeichen** zugrunde, von denen rund die Hälfte als entschlüsselt gelten. Sie sind gewöhnlich aus einem quadratischen Hauptzeichen und einem oval bis rechteckigen Kleinzeichen (Affix) zusammengesetzt. Geschrieben und gelesen werden sie paarweise von links nach rechts, in Kolumnen von oben nach unten. Sehr schön kann man das an den Stelen von Quiriguá nachvollziehen.

Die **Entzifferung** der Glyphen stößt auf viele Hemmnisse. Eine Eigenart der Schrift ist, daß verschiedene Zeichen dieselbe Bedeutung haben können, ähnlich unseren Synonymen. Der Gleichklang von Wörtern mit unterschiedlicher Bedeutung bot den Schreibern außerdem Gelegenheit zu Wortspielen, was die Entschlüsselung natürlich erschwert. Umgekehrt kennt man häufig die

Bedeutung einer Glyphe, jedoch nicht ihre sprachliche Umsetzung. Eine andere Schwierigkeit ergibt sich aus dem Kürzelcharakter der Mitteilungen, die das Verständnis der Texte nicht gerade erleichtert. Den Inschriften liegen also nicht immer ganze Sätze zugrunde, sondern sie beschränken sich oft nur auf Stichworte. Anders ist es nicht zu erklären, daß die einzigartige Hieroglyphentreppe von Copán (Honduras) mit ihren 2500 Einzelzeichen die Geschichte von 200 Jahren erzählt.

Die Entzifferung und Interpretation der Maya-Glyphen ergaben vor allem Informationen über den Adel. Verzeichnet und beschrieben sind Hochzeits-, Thronbesteigungs-, Geburts- und Begräbnisdaten, Hinweise bezüglich der herrscherlichen Territorialpolitik, sowie rituelle Bräuche der Elite. Besonders durch die Entdeckung von Wappen- oder Emblemglyphen erhielt man Aufschluß über wichtige dynastische Beziehungen zwischen den Zeremonialzentren. Die Forschung beschäftigt sich gerade damit, die genaue Funktion politischer Einheiten für die Maya-Kultur zu klären.

Bereits kurz nach der Eroberung begannen spanische Missionare mit der Entzifferung der Maya-Hieroglypen. Der bekannteste unter ihnen war *Bischof Fray Diego de Landa,* der 1549 nach Yucatán kam und 1566 die berühmte Abhandlung *Relación de las cosas de Yucatán* ("Bericht über die Angelegenheiten von Yucatán") schrieb. Vier Jahre zuvor hatte er in Mani 5000 "Götzenbilder" und 27 Maya-Handschriften verbrennen lassen. Von den wertvollen Handschriften blieben nur drei sogenannte *Codices* (Kopien von älteren Originalen) verschont. *Landa* verfolgte den indianischen Volksglauben mit unnachsichtiger Strenge und Härte.

Wegen des Autodafés und seinen Folterungen an den Indianern wurde er nach Spanien zurückbeordert, wo er sich gegen die Anklagen verteidigen mußte, die gegen ihn erhoben wurden. Die *Relaciónes,* Berichte über Ruinenstätten, Sozialstruktur, Lebensweise, Agrarwirtschaft, Kalender, Schrift, Bräuche u.v.a. waren als Rechtfertigungsschrift gedacht und sollten die Grundlage seiner Verteidigung sein. Als man diese Schrift drei Jahrhunderte später in Madrid wiederentdeckte, wurde sie zu einem wichtigen Dokument in der Maya-Forschung.

Landa glaubte bei der Maya-Schrift noch an ein Alphabet und interpretierte die einzelnen Glyphen als Buchstaben. Bei seinen Untersuchungen erhielt *Landa* auf die Frage nach den Buchstaben A, B, C usw. die Glyphen für die Silben ah, be, ce usw. gezeigt. So war ihm entgangen, daß die Mayazeichen alles andere als alphabetisch sind.

Trotzdem wurde das **Landa-Alphabet** zur Grundlage für den ersten Durchbruch in der Entschlüsselung des Maya-Schriftsystems. Der junge russische Forscher *Jurij Knorosow* erkannte, daß das vermeintliche Alphabet in Wirklichkeit eine Silbenliste ist. Seine in den 50er Jahren entwickelte Theorie der Konsonant-Vokal-Silben-Struktur gilt heute als allgemein anerkannt. Die Entzifferung der Schrift und die Entschlüsselung des Kalenders bilden das Grundgerüst für alle weiteren Erkenntnisse der Welt und Umwelt der Maya.

Derzeit noch laufende Untersuchungen könnten allerdings das gesamte bisher erforschte Wissen über die Geschichte und den Kalender der Maya in Frage stellen, sollten sich die Vermutungen und Ergebnisse bestätigen.

130

Reisen in Guatemala

Reiseziele

Da Guatemala nur etwa so groß ist wie Süddeutschland, liegen die Sehenswürdigkeiten und Reiseziele nicht so weit auseinander wie beispielsweise in Mexiko oder in vielen südamerikanischen Ländern. Das bedeutet, man kann in relativ kurzer Zeit viel sehen. Und da Guatemala ein Land der Vielfalt und Kontraste ist, wird jeder Ausflug, jede kleine Rundreise oder Weiterreise dem Besucher zugleich ein neues Portrait der unterschiedlichen Gesichter Guatemalas zeigen. Der Wechsel von Klimazonen und Naturräumen ist dabei ebenso reizvoll wie der Wechsel der Kulturen und Bevölkerungsgruppen.

Eines der Hauptreiseziele in Guatemala ist **das Hochland** mit seinen kleinen Dörfern, Märkten und Festen. Hauptattraktion ist zweifellos die indianische Bevölkerung, deren bunte Trachten, religiös-heidnische Bräuche und einfache Lebensweise den modernen Mitteleuropäer faszinieren. Am bekanntesten ist das kleine Quiché-Städtchen **Chichicastenango,** dessen farbenprächtiger Donnerstagsund Sonntagsmarkt von Touristen geradezu überschwemmt wird. **Antigua,** die ehemalige Hauptstadt Guatemalas am Fuß des Vulkans Agua, ist das zauberhafteste koloniale Städtchen des Landes. Gewaltige Barockgebäude, reich verzierte Kirchenfassaden und Klosterruinen bestimmen das Bild Antiguas. Nicht weit von Antigua befindet sich der tiefblaue, von Vulkanen umgebene **Atitlán See,** dessen Schönheit vielfach beschrieben worden ist. Im gesamten Hochland verstreut finden sich die kulturhistorischen Reste indianischer Festungen, die beim Eintreffen der Spanier Anfang des 16. Jahrhunderts erobert und zerstört wurden.

Wer sich für die Kulturzentren der erloschenen Maya-Zivilisation interessiert, für deren Tempelstädte, Kunst und Mythologie, der wird eine Reise ins heiße **Tiefland des Petén** unternehmen. Unter den zahlreichen ausgegrabenen Maya-Stätten ist Tikal das eindrucksvollste Beispiel aus der Zeit der klassischen Hochkultur von Beginn des 4. Jahrhunderts an. Tikal besitzt die höchsten Pyramiden des alten Maya-Landes und wurde 1979 von der *UNESCO* zur "Weltkultur- und Naturstätte" erklärt. Nicht weniger reizvoll ist die Flora und Fauna des Petén-Regenwaldes. Auch für Nicht-Botaniker- oder Zoologen ist die Artenvielfalt der Tier- und Pflanzenwelt ein Erlebnis.

Eine Region ganz anderer Art ist die schmale **Karibikküste** Guatemalas im Osten. Hier leben die *Garífunas* oder *Black Caribs,* die wie die Indígenas im Westlichen Hochland ihre Kultur weitestgehend bewahrt haben. Musik, Tänze, Sprache und Temperament der Kariben in **Puerto Barrios** und **Lívingston** prägen das afro-karibische Ambiente an der Bahía de Amatique. Ein Naturerlebnis ist eine Bootsfahrt über den Río Dulce, der sich ruhig und gemächlich durch den Dschungel schlängelt. Noch im selben Departament

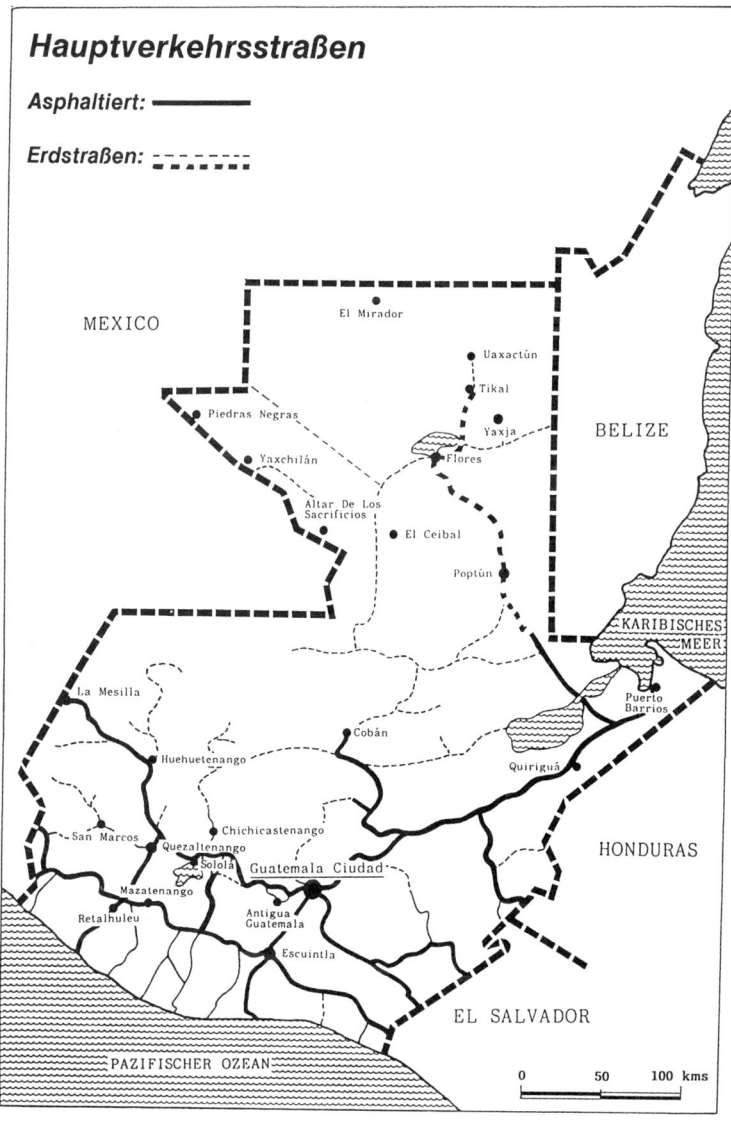

Hauptverkehrsstraßen

Asphaltiert: ━━━━━━

Erdstraßen: ‑‑‑‑‑‑‑‑

MEXICO

El Mirador

Uaxactún

Tikal

Piedras Negras

Yaxja

BELIZE

Yaxchilán

Flores

Altar De Los
Sacrificios

El Ceibal

Poptún

KARIBISCHES
MEER

La Mesilla

Cobán

Puerto
Barrios

Huehuetenango

Quiriguá

San Marcos

Chichicastenango

Quezaltenango

Sololá

Guatemala Ciudad

HONDURAS

Mazatenango

Retalhuleu

Antigua
Guatemala

Escuintla

EL SALVADOR

PAZIFISCHER OZEAN

0   50   100 kms

133

befinden sich in *Quiriguá* die größten Stelen des Maya-Landes.

Liebhaber des feuchten Nebelwaldes und diejenigen, die sich für die bizarren Formen und eindrucksvollen Erscheinungen des tropischen Karstes interessieren, werden in den *Verapaces* (Alta und Baja Verapaz) Höhlen, Quellen, Wasserfälle, türkisgrüne Flüsse, Wildwasserstrecken, kesselförmige Löcher (Dolinen), Kegelkarstlandschaften und vieles andere mehr entdecken. In den Wäldern des Alta Verapaz lebt der *Quetzal*, den man mit viel Glück und Geduld sehen kann. Die größte Stadt in den Verapaces ist *Cobán*, deren Menschen durch die Besiedlung deutscher Kaffeepflanzer im vorigen Jahrhundert nicht selten immer noch gute Beziehungen zu Alemania pflegen.

Guatemala bietet die Möglichkeit zu *Vulkanbesteigungen* mit unterschiedlichen Schwierigkeitsgraden. Die beliebtesten sind der *Tajumulco* (4220 m, Dept. San Marcos), *Acatenango* (3976 m, Dept. Sacatepéquez/Chimaltenango), *Santa María* (3772 m, Dept. Quetzaltenango), *Agua* (3766 m, Dept. Sacatepéquez) und *San Pedro* (3020 m, Dept. Sololá). Grundsätzliche Voraussetzungen sind die Gewöhnung an die Höhe und eine gute Kondition. Außerdem sollte man nie alleine gehen!

Weniger attraktiv als in anderen Ländern Zentralamerikas sind die Badeorte und Strände in Guatemala. Die *Pazifikküste* bietet zwar einen fast 300 km langen Strand, der ist jedoch schwarz (Vulkansand). Das Klima ist extrem heiß und die Einrichtungen für einen Aufenthalt sind äußerst bescheiden. Die wenigen Bademöglichkeiten werden im Reiseteil beschrieben. Um einen Badeplatz an der weißen, palmenbestandenen Karibikküste zu finden, ist es notwendig, sich mit dem Boot ein wenig von den Dörfern und Orten zu entfernen. An den Seen Guatemalas wie dem kühlen *Atitlán See* oder dem warmen *Izabal See* findet man dagegen leichter eine schöne Stelle zum Schwimmen.

Für Abenteurer besteht die Möglichkeit an *Wildwasserfahrten* teilzunehmen, die von einigen Reisebüros und Tour Operators organisiert werden. Besonders beliebt ist der *Río Cahabón* (Dept. Alta Verapaz), *Río Usumacinta* (Dept. El Petén) und *Río Motagua* (Dept. Zacapa/Izabal).

Was ich hier an Reisezielen aufgezählt habe, ist natürlich nur ein kleiner, sozusagen der beliebteste und am meisten besuchte Ausschnitt des Landes. Aber Guatemala ist natürlich viel mehr als Antigua, Atitlán See, Chichicastenango und Tikal. Wer sich abseits der "Trampelpfade" bewegen will, sollte aber wissen, daß Abstecher ins Hinterland oder sonst wohin nur dann zu einem Erlebnis werden, wenn man die Landessprache einigermaßen beherrscht. Man wird viel auf die Auskunft der Bevölkerung angewiesen sein, nicht selten auch auf ihre Gastfreundschaft und Hilfe. Außerdem reden die Guatemalteken gerne mit Ausländern.

Reiserouten

Westliches Hochland

Reisebeginn: von Quetzaltenango
Dauer: ca. 5 Tage.
Route: Quetzaltenango - Colomba - Coatepeque - Tilapa - Pajapita - El Tumbador - San Rafael - San Marcos - zurück nach Quetzaltenango.

Die Fahrt führt vom Hochland steil hinab ins pazifische Tiefland durch die **Boca Costa,** den Kaffeegürtel Guatemalas. Innerhalb von nur kurzer Zeit wechselt Klima und Vegetation. Nach **Coatepeque** beginnt die weite Ebene des Pazifiktieflandes mit seinen ausgedehnten Zuckerrohrfeldern, Bananenplatagen und Viehweiden. Die kleine Siedlung **Tilapa** bietet einen Strand mit Bademöglichkeit in den hohen Wellen des Pazifiks. Die steilste asphaltierte Straße Guatemalas windet sich vorbei am **Vulkan Tajumulco** von **El Tumbador** zurück ins Hochland nach **San Marcos** durch Kaffeeplantagen. Ausblicke bis an die Küste sind bei gutem Wetter möglich.

Quiché - Alta und Baja Verapaz

Reisebeginn: von Guatemala Ciudad, Atitlán See oder Quetzaltenango.
Dauer: ca. 12-14 Tage.
Route: Chichicastenango - Santa Cruz del Quiché - Utatlán - Nebaj - Chajul-San Juan Cotzal - Uspantán - Cobán - Biotopo del Quetzal - Salamá - zurück nach Guatemala Ciudad oder weiter von El Rancho an die Karibik.

In **Chichicastenango** wird Donnerstags und Sonntags ein bunter Markt abgehalten, zu dem Indianer aus der gesamten Region kommen. Nahe

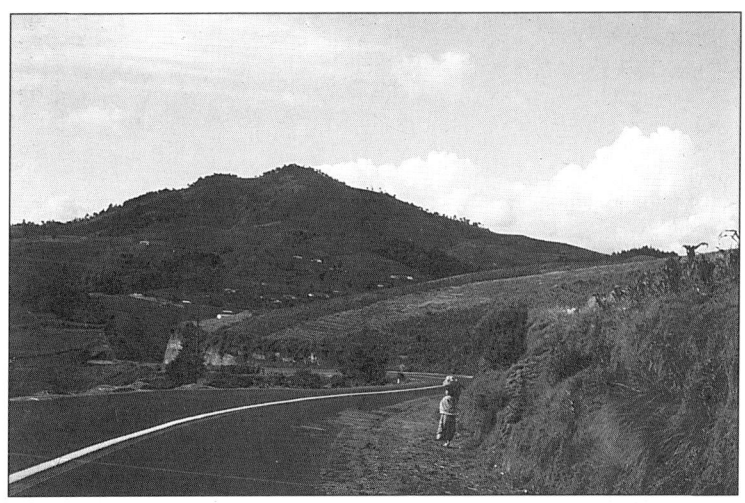

Das Westliche Hochland entlang der Pan Americana

Dichte Nebelwälder des Alta Verapaz

der Departamentshauptstadt *Santa Cruz del Quiché* befindet sich die letzte Festung der Quiché-Indianer *Utatlán,* die 1524 von den Spaniern zerstört wurde.

Im Hinterland des Quiché, versteckt in den Bergen, liegt das Ixil-Dreieck, das die Dörfer *Nebaj, Chajul* und *San Juan Cotzal* einschließt. Die Ixil-Sprache wird nur noch hier gesprochen. Die Region war Anfang der 80er Jahre ein Zentrum der Guerilla-Bewegung. Über *Cunén* und *Uspantán* führt die Tour weiter durch die indianische Hochlandwelt hinein in den *Alta Verapaz,* eine Region, die ausgedehnte Nebelwälder besitzt und vom tropischen Karst geprägt ist. *Cobán* ist die Hauptstadt des Departaments und Zentrum des Kaffeeanbaugebietes. Süd-

lich von Cobán bei *Purulhá* befindet sich das Naturschutzgebiet des *Quetzal.* Im *Biotopo Mario Dary Rivera* begegnet man einer üppigen Nebelwaldvegetation. Inmitten der Sierra de Chuacús, einer zerklüfteten, kargen Hochlandregion liegt *Salamá,* die kleine Departamentshauptstadt des Baja Verapaz mit seiner prächtigen kolonialen Kirche.

Die Tour ist empfehlenswert für all diejenigen, die lange und anstrengende Busfahrten nicht scheuen, aber etwas vom indianischen Hinterland Guatemalas sehen wollen und sich von Bergen, Tälern und Wäldern beeindrucken lassen. Besonders eindrucksvoll sind der Wechsel der Landschaften und die großartigen Ausblicke über die Weite der guatemaltekischen Bergwelt.

Petén

Reisebeginn: Guatemala Ciudad, Cobán.
Dauer: ca. 10-12 Tage.
Route: Cobán - Chisec (evt. über Sebol) -
Sayaxché - Ceibal - Altar de Los Sacificios -
Flores - Tikal - Poptún - zurück in die Haupt-
stadt oder weiter über Modesto Méndez an
den Izabal See oder die Karibik.

Die Tour von **Cobán** nach **Sayaxché** ist nur etwas für Abenteurer,
da es von **Chisec** aus keinen offiziellen Bus nach Sayaxché gibt, aber
man durchaus eine Mitfahrgelegenheit mit einem LKW finden kann. Um
Sayaxché befinden sich u.a. die
frühklassischen Mayastätten El Ceibal und Altar de Los Sacrificios. Zu
letzterer gelangt man nur mit dem
Boot über den Río de La Pasión.

Das kleine Insel-Städtchen **Flores**
auf dem **Petén Itza See** ist der Ausgangspunkt für einen Ausflug nach
Tikal, dem wichtigsten Zentrum der
klassischen Maya-Kultur. Nicht nur
die Pyramiden und Tempel sind
sehenswert, auch die Flora und
Fauna des immergrünen Regenwaldes des Petén ist ein Erlebnis. Gute
Busverbindungen gibt es von Flores
nach **Modesto Méndez.** Ein Halt auf
der **Finca Ixobel** in **Poptún** lohnt
sich wegen der schönen Umgebung
und den Exkursionsmöglichkeiten,
die die Finca anbietet.

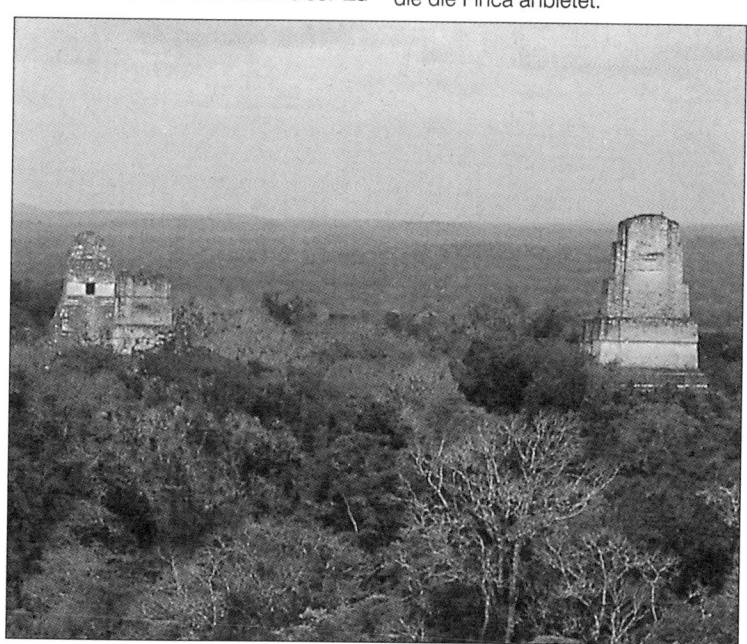

Petén: Maya-Pyramiden ragen bis über die Baumwipfel.

Karibik und Izabal See

Reisebeginn: von Guatemala Ciudad.
Dauer: ca. 8-10 Tage.
Route: Guatemala Ciudad - Quiriguá - Puerto Barrios - Santo Tomás de Castilla - Lívingston - Siete Altares - Río Dulce - Biotopo Chocón Machacas - Castillo San Felipe de Lara - zurück nach Guatemala Ciudad oder weiter in den Petén über Modesto Méndez und Poptún.

Die Ziele dieser Tour sind gut zu erreichen. **Quiriguá** besitzt die schönsten Stelen der Maya-Welt und liegt heute inmitten der ehemaligen Bananenplantagen der United Fruit Company. **Puerto Barrios** war lange Zeit der wichtigste Atlantikhafen Guatemalas und wurde in seiner Bedeutung von der neuen Anlage in **Santo Tomás** abgelöst. Die Karibik-

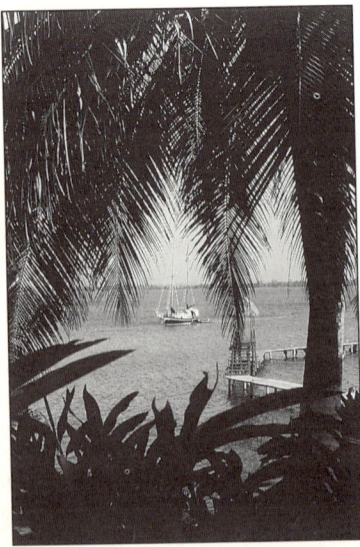

Am Izabal-See

küste ist die Heimat der schwarzen Guatemalteken. Von Lívingston aus gibt es die Möglichkeit, mit dem Boot Ausflüge die Küste entlang zu machen. **Siete Altares** ist ein Wasserfall, der in Kaskaden direkt ins Meer fließt. Der Río Dulce schlängelt sich gemächlich durch hoch aufragende Steilwände, die von einer dichten Regenwaldvegetation bewachsen sind. Das **Biotopo Chocón Machacas** wurde zum Schutz der Rundschwanzseekuh eingerichtet, von der es nur noch wenig Exemplare geben soll. Ein kleiner Rundgang durch das Naturschutzgebiet ist ausgewiesen. Das **Castillo San Felipe,** eine kleine Burg am Beginn des Río Dulce, wurde einst gegen das Eindringen der Piraten errichtet. Der **Izabal See** ist der größte See Guatemalas und besitzt weite unbesiedelte Ufer.

Costa Sur

Reisebeginn: von Guatemala Ciudad aus.
Dauer: ca. 6 Tage.
Route: Guatemala Ciudad - Escuintla - Taxisco - La Avellana - Monterrico - Canal de Chiquimulilla - Iztapa - Puerto San José - zurück nach Guatemala Ciudad über Escuintla mit dem Zug oder Bus oder weiter von Escuintla an den Atitlán See über Patutul oder nach Quetzaltenango über Mazatenango.

Die Tour bis nach Monterrico läßt sich von der Hauptstadt aus an einem Tag bewältigen. **Monterrico** liegt inmitten eines Naturschutzgebietes und bietet die Möglichkeit für einen Badeaufenthalt am schwarzen Pazifikstrand. Eine Bootsfahrt über den Chiquimulilla-Kanal bis **Iztapa** führt durch Mangrovenwälder und eine wechselvolle Pflanzenwelt. *Puerto San José* war einst Endstation der Zugverbindung von der Hauptstadt an den Pazifik. Die Reste der alten Hafenanlage sind noch vorhanden. Heute wird die Schiffahrt über den nahegelegenen Hafen Puerto Quetzal abgewickelt.

Reisen mit dem Bus

Der Bus ist das Transportmittel Guatemalas schlechthin. Es gibt zweierlei Möglichkeiten, mit dem Bus zu reisen. Die großen *Erste-Klasse Pullman-Busse* sind etwas schneller, komfortabler (Einzelsitze), aber auch teurer als eine normale Camioneta, in der es enger zugeht. Die Pullmans befahren vor allem die Hauptstrecken zwischen großen Städten. Bei längeren Strecken ist es ratsam, im Büro der Busgesellschaft einen Tag vorher das Ticket zu besorgen und sich nach den Abfahrtszeiten zu erkundigen. Ich empfehle, bei großen Distanzen mit diesen Bussen zu fahren.

Wer keine Pullman-Fahrkarte mehr bekommen hat, kürzere Strecken fährt oder sich ins Hinterland begeben will, ist auf eine *Camioneta* angewiesen. Mit ihnen sind praktisch alle Orte in Guatemala zu erreichen, und es gibt eine unüberschaubare Zahl an Unternehmen. Das Abenteuer einer Camioneta-Fahrt über holprige Erdstraßen mit einem waghalsigen *Piloto* (Fahrer), der sich bei seiner Ehre von keinem Kollegen

überholen lassen darf, gehört zu Guatemala wie die Besichtigung der Ruinen von Antigua.

Transportprobleme kennt die Camioneta nicht. So fahren Busse, die für 40 Personen zugelassen sind auch mit 80-100 Ölsardinen plus zentnerschwerer Last auf dem Dach. Öhrenbetäubende Musik aus krachenden Lautsprechern verhindert, daß die dösende und müde Fahrgastgesellschaft wirklich einmal in Schlaf versinkt. Gequetschte Leiber, genervte Campesinos mit Stoikermiene, halb bewußtlose Babys in enggeschnürten Tragetüchern auf dem Rücken ihrer Mütter, ein heruntergerissener Ajudante (Gehilfe des Fahrers), dazwischen hochaufgeschossene blonde Gringos, die entsetzt die Augen aufreißen, wenn schon wieder jemand zusteigt und eine atemberaubende Luft - das ist Guatemala live in der Camioneta! Man benötigt eine gehörige Portion Humor und Gottvertrauen, um diese Guiness-verdächtigen Fahrten durchzuhalten. Natürlich wird an den Polizei-*Garitas* "scharf" kontrolliert, ob nicht vielleicht eine Camioneta überladen sein könnte. Daher knien sich die stehend Eingekeilten vor den Kontrollstellen auf ein Handzeichen des Ajudantes hin auf Sitzhöhe ihrer schwitzenden Nachbarn, so daß es von außen den Anschein hat, als säßen alle Ölsardinen bequem und sicher. Nur unerfahrene Gringos bleiben wie eine Salzsäule stehen und blicken verwirrt um sich. Aber auch Polizisten fahren Bus. Deren kleiner Nebenverdienst pro überladener Camioneta ist im Fahrpreis inbegriffen.

Ausgeschriebene *Fahrpläne* für Camionetas gibt es nicht in Guatemala. Es würde sich ohnehin niemand dran halten. So lange es hell ist, kommt aber mit Sicherheit immer irgendein Bus vorbei, der in die gewünschte Richtung fährt, außer man hält sich wirklich im tiefsten Hinterland auf. Spontaneität und Flexibilität sind die Grundvoraussetzungen für das Busreisen in Guatemala. Wann welcher Bus wo abfährt, erfährt man am besten durch mehrmaliges Fragen. Die häufigste Antwort könnte in der Tat der Wahrheit am nächsten kommen.

Bezahlt wird während der Fahrt. Ich empfehle, sich beim Nebensitzer nach den Tarifen zu erkundigen. Denn Ausländer werden leicht ein-mal übers Ohr gehauen. Es ist möglich, sich die Tarifliste zeigen zu lassen. Besser ist, vorher zu wissen, was es kostet und den Fahrpreis abgezählt bereit zu haben.

Die *Fahrtroute* und das Endziel stehen bei allen Camionetas oberhalb der Windschutzscheibe in bunten Schriftzügen aufgemalt. Nur glauben was draufsteht! Es kommt vor, daß ausrufende *Ajudantes ("Guateee! Guateee! Guatemalaaa!")* in ihrem Übereifer verwirrten Touristen ihr Wunschziel bestätigen, sie aber dann irgendwo auf der Strecke umsteigen lassen. Oft sind *Fahrtziele* abgekürzt, wie z.B. *Momos* für *Momostenango*, *Toto* für *Totonicapán*, *Reu* für *Retalhuleu* oder wie im Falle *Quetzaltenangos*, das die Guatemalteken *Xela* nennen.

Im Hinterland halten die Camione-

Selten haben es Mensch und Tier so bequem in der Camioneta

tas dort, wo es der Fahrgast wünscht und wird dort aufgelesen, wo er per Handzeichen dem Piloto signalisiert, gerne mitgenommen zu werden. Wer aussteigen will ruft *baja!* oder *aquí no más!* oder macht sich sonst irgendwie bemerkbar. Wer lange Strecken vor sich hat, sollte nicht zu viel trinken. An Kreuzungen wird der Bus umzingelt von Frauen, Männern und Kindern, die Getränke, Essen, Eis, Gebäck usw. verkaufen. Wer ständig Angst vor Durchfall hat, wird die guatemaltekischen Spezialitäten wie Tamales, Patches oder Chuchitos nie kennen lernen.

Die besten *Sitzplätze* sind hinter dem Fahrer und am Fenster. Auf einer Fahrt von Osten nach Westen sitzt man besten auf der linken Seite (in Fahrtrichtung gesehen), von Westen nach Osten auf der rechten, immer mit Blick zur Küste.

Es gibt ein paar **wichtige Kreuzungen in Guatemala,** die man sich merken sollte:

●**Los Encuentros.** Kreuzung nördlich des Atitlán Sees. Weiterfahrt nach Sololá, Panajachel (S), Quetzaltenango (W), Chichicastenango (N), Guatemala Ciudad (O).

●**Quatro Caminos.** Kreuzung nordöstlich von Quetzaltenango. Weiterfahrt nach Quetzaltenango (S), San Francisco El Alto, Momostenango, Huehuetenango (N), Totonicapán, Guatemala Ciudad (O).

●**El Rancho.** Kreuzung am Oberlauf des Río Motagua im Dept. El Progreso. Weiterfahrt nach Guatemala Ciudad (W), Cobán (N), Puerto Barrios (NO).

●**Río Hondo.** Kreuzung im Dept. Zacapa. Weiterfahrt nach Chiquimula, Honduras (S), Guatemala Ciudad (W), Puerto Barrios (NO).

●**Morales/La Ruidosa.** Kreuzung am Oberlauf des Motagua im Dept. Izabal. Weiterfahrt nach Guatemala Ciudad (SW), Petén (N), Puerto Barrios (NO).

Die beiden ersten Kreuzungen befinden sich im Westlichen Hochland von Guatemala, die drei letzten im Osten des Landes.

Adressen der **wichtigsten Busbahnhöfe** *(Terminal)* bzw. Abfahrtsorte in der Hauptstadt mit Zielort:

●*Antigua* - Transportes Unidos, 15. Calle 3-65, Z 1; 18. Calle 6. Av. bis 19 Uhr .
●*Champerico* - Rapidos del Sur, 20 Calle 8-55, Z1
●*Chichicastenango* - Veloz Quichelense, Terminal, Z 4, westlich der 6. Av.
●*Cobán* - Escobar Monja Blanca, 8. Av 15-16, Z 1 .
●*Escuintla* - Transportes Unidos, 4. Av. 1. Calle, Z 4.
●*Esquipulas* - Rutas Orientales, 18. Calle 8-18, Z 1; Guatesqui, 19. Calle 8-26, Z 1.
●*Flores* - Fuente del Norte, 17. Calle 8-46, Z 1.
●*Huehuetenango* - El Condor, 19. Calle 2-01, Z 1; Los Halcones, 7. Av. 15-27, Z 1.
●*Puerto Barrios* - Litegua, 15. Calle 10-40, Z 1.
●*Panajachel* - Rebuli, 21. Calle 1-34, Z 1.
●*Quetzaltenango* - Galgos, 7. Av. 19-50, Z 1; Rutas Lima, 8. Calle 3-63, Z 1.
●*Grenze Mexiko:* La Mesilla - El Condor, 19. Calle 2-01, Z 1; El Carmen - Galgos, 7. Av. 19-50; Tecún Umán - Fortaleza, 19. Calle 8-70, Z 1.
●*Grenze Honduras:* Agua Caliente - Rutas Orientales, 19. Calle 8-18, Z 1.
●*Grenze El Salvador:* Expreso de Oriente, 19. Calle 8-81, Z 1.
●*Grenze Belize:* Melchor de Mencos - Bus von Santa Elena/Flores aus nehmen.

Praktische Tips, A-Z

Abkürzungen

apdo.	Apartado postal - Postfach
Av.	Avenida - Straße
Blvd.	Boulevard - Straße
C.	Calle - Straße
CA	Carretera - (Schnell)-straße
C.A.	Centro América - Zentralamerika
Col.	Colonia
Dept.	Departamento - Provinz, "Bundesland"
Edif.	Edificio - Gebäude
E.E.U.U.	Estados Unidos - Vereinigte Staaten
lb.	Libra - 454 Gramm
ote.	Oriente - östlich
pte.	Poniente - westlich
S.A.	Sociedad Anónima
Z.	Zona - Zone

Aufenthaltsverlängerung

Grundsätzlich ist es möglich, eine Aufenthaltverlängerung bis zu insgesamt 90 Tage zu erhalten, falls der Einreisestempel nur 30 oder 60 Tage ausweist. Mit viel Glück ist die Sache an einem Tag erledigt. Zuständig ist die *Migración*, 41. Calle 17-36, Zone 8 in der Hauptstadt. Geöffnet Mo-Fr 8.00-16.30 Uhr.

Wer **länger als 90 Tage** im Land bleiben will, hat zwei Möglichkeiten:
1. Ausreise in ein Nachbarland und Rückkehr nach 72 Stunden (meist geht es auch in einer kürze-ren Zeit, das hängt vom Beamten ab)
2. Antrag auf Verlängerung der Aufenthaltserlaubnis *(Solicitud de Prórroga de Permanencia)*.

Für den zweiten Weg benötigt man einen noch mindestens 6 Monate gültigen Reisepaß, ein Paßfoto, eine beglaubigte Fotokopie der Vermögensverhältnisse und einen guatemaltekischen Garanten, dessen Einkommen ausreicht, um für Eventualitäten gradezustehen. Dies muß er bei einem Anwalt schriftlich bestätigen. An Schalter 10 der *Migración* erhält man die Liste der vorzuweisenden Dokumente. Um es gleich vorweg zu nehmen: Eine Verlängerung des Visums für länger als 90 Tage ist schneller, reibungsloser, billiger und nervenschonender über eine Aus- und erneute Einreise bewerkstelligt. Die Migración meidet man am besten, denn dort weiß die linke Hand oft nicht, was die rechte tut. Man verbringt Stunden in einer Warteschlange, wird ständig auf *mañana* vertröstet, bekommt widersprüchliche Auskünfte und ist gezwungen, länger als vorgesehen in der Hauptstadt zu bleiben. Mein Antrag auf Verlängerung für weitere 90 Tage dauerte volle zwei Monate! Und das ist kein Einzelfall.

Ausreise

Bei der Ausreise mit dem Flugzeug wird eine Flughafengebühr von 50 Quetzales verlangt. Es ist besser, diese Steuer in Quetzales zu bezahlen, da der Betrag in Dollar für den

Touristen teurer wird (10$). Auch die Ausreise auf dem Landweg kostet in der Regel "Gebühren". Die Höhe der zu entrichtenden Steuern schien mir immer sehr willkürlich festgesetzt zu sein.

Banken

In allen Dept.-Hauptstädten gibt es Banken. Die *Banco de Guatemala* und die *Banco de Occidente* (letztere v.a. im Hochland) als eine der größten Bankinstitute wechseln auch außerhalb der Hauptstadt problemlos Bardollars und Traveller-Schecks ein. Wechselstuben wie in Mexiko sind in Guatemala nicht üblich. Die Warteschlangen sind oft sehr lang, und man muß Zeit und Geduld für Geldwechselgeschäfte mitbringen. Diese werden meist nur vormittags abgewickelt! Die Banco del Café, Av. La Reforma 9. Calle, Zone 9, wechselt auch am Nachmittag. Vor dem Aufbruch ins Hinterland und vor den Wochenenden sollte man genügend Quetzales in kleinen Scheinen im Geldbeutel haben.

Betteln

Bettelnde Kinder, Frauen und Männer gehören zum Alltag in Guatemala. Bei Kindern zurückhaltend sein, da sie oft von den Eltern auf die Straße geschickt oder gezielt eingesetzt werden, um Mitleid zu erregen. Unterstützenswert sind dagegen kleine Darbietungen in den Bussen. Sie werden auch von den Guatemalteken honoriert.

Camping

Es gibt nur einige wenige Campingplätze in Guatemala, wie am Amatitlán See, in Panajachel am Atitlán See, in El Remate am Petén Itza See und in Tikal. Camping ist nicht sehr verbreitet in Guatemala. Eine billige Übernachtungsmöglichkeit in einer Hospedaje findet sich in der Regel immer. Das relativ schutzlose Übernachten auf freiem Feld ist nicht ungefährlich in Guatemala. Dringend abraten möchte ich vom Übernachten am Strand in der Nähe von Orten oder Städten. Die Guatemalteken warnen Ausländer immer wieder vor Überfällen.

Diebstahl

Überall, wo es eng wird, wie auf den Märkten, bei Veranstaltungen oder in den Bussen, ist die Gefahr groß, beklaut zu werden. Taschen also immer quer hängen, nicht nach hinten baumeln lassen - sie werden gerne aufgeschlitzt - und im Griff behalten. Rucksäcke sollten mit einem kleinen Schloß versehen sein. Eine Anzeige bei der Polizei lohnt sich nur für eventuelle Forderungen an die Versicherung zu Hause. Wer seine Papiere und sein gesamtes Geld verliert, sollte auf dem schnellsten Weg zu seiner Botschaft gehen.

Diplomatische Vertretungen (Embajadas)

Wer länger in Guatemala bleiben will, meldet sich am besten bei seiner

Botschaft, die einen in die Touristen-Kartei aufnimmt und damit alle wichtigen Daten griffbereit hat, falls etwas passieren sollte. Bei dieser Gelegenheit kann man sich für den Notfall auch Adressen von Kliniken und Ärzten in der Hauptstadt geben lassen. Außerdem kann man gegen eine Gebühr wichtige Papiere (Tikkets etc.) hinterlegen. Die Adressen weiterer Botschaften und Konsulate stehen im Telefonbuch auf den blauen Seiten.

Botschaft der Bundesrepublik Deutschland
20. Calle 6-20, Z 10
Edif. Plaza Marítima
Guatemala Ciudad
Tel. 37 00 28 und 29 vormittags

Botschaft von Österreich
6. Av. 20-25, Z 10
Edif. Plaza Marítima, 4.Stock
Guatemala Ciudad
Tel. 68 11 34

Botschaft der Schweiz
4. Calle 7-73, Z 9
Edif. Seguros Universales, 5.Stock
Guatemala Ciudad
Tel. 31 37 25 und 36 57 26

Botschaft von England
(für Visum nach Belize)
7. Av. 5-10, Z 4
Edif. Centro Financiero
Guatemala Ciudad
Tel. 32 16 04/02/01

Botschaft von Mexiko
16. Calle 1-45, Z 10
Guatemala Ciudad
Tel. 68 02 02

Drogen

In den letzten Jahren hat sich Guatemala immer mehr zu einer Durchgangsstation des internationalen Drogenhandels etabliert. Wöchentlich erscheinen Pressemeldungen, die von entdeckten Mohn- und Cannabisfeldern, beschlagnahmter Ware oder erfolgreicher Fahndung berichten. Untersuchungskommissionen haben herausgefunden, daß hochgestellte Persönlichkeiten des öffentlichen Lebens Guatemalas in Drogengeschäfte verwickelt sind.

Während der Marihuanaanbau in Guatemala seit langem bekannt ist, sind Mohnfelder eine relativ neue Erscheinung. Trotz des chemischen Vernichtungsfeldzuges durch Sprühflugzeuge vergrößert sich jährlich die Anbaufläche. Besonders die Depts. Huehuetenango und San Marcos sowie der dichte Dschungel des Petén sind bevorzugte Anbaugegenden. Es ist kein Zufall, daß diese Regionen eine direkte Grenze zu Mexiko haben.

Die Befürchtungen, Guatemala könne sich zu einem der wichtigsten Umschlagplätze der Welt entwickeln, sind durchaus berechtigt. Nach Informationen der amerikanischen Drogenbehörde *DEA (Drug Enforcement Agency)* werden monatlich 1000 Kilogramm Kokain aus Südamerika im Wert von 16 Millionen Dollar durch das Land geschleust.

Dennoch kennt Guatemala bisher nicht die Probleme des Mißbrauchs von harten Drogen wie Kokain, Opium und Heroin. Da der Konsum teuer ist, werden allgemein billigere Rauschmittel genommen. Die Straßenkinder der Hauptstadt schnüffeln Klebstoff, an der Karibik wird Marihuana geraucht, doch landesweit ist der Alkohol die am meisten verbreitete Droge. Alkoholismus ist inzwischen ein nationales Problem in Guatemala.

Bei Schmuggel, Handel oder Besitz von harten Drogen verstehen die guatemaltekischen Behörden keinen Spaß. Also Hände weg von allem, was danach aussieht! Die Haftstrafen werden in Jahren gezählt. Selbst ein harmloser Joint kann zum Verhängnis werden. In solchen Fällen kann nicht einmal mehr die Botschaft helfen.

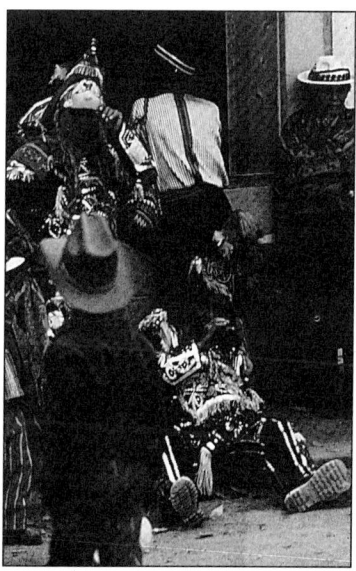

Alkohol: Exzesse auf jeder Fiesta

Einkaufen und Handeln

Grundsätzlich kann man in Guatemala über jeden Preis verhandeln, außer in Edelboutiquen, Luxusantiquariaten, Bussen und ähnlichem. Jedes Pfund Tomaten, jedes Dutzend Bananen und jede Avocado werden von den Guatemalteken auf dem Markt von Neuem ausgehandelt. Was *Artesanías* (Kunsthandwerk) anbetrifft, werden in den Touristenzentren wie Panajachel, Antigua oder Chichicastenango die Preise von den Händlern oft um mehr als das Doppelte angesetzt mit dem eiligen Hinweis *con rebaja* (mit Nachlaß). Dies ist als eine Aufforderung zu einem alternativen Preisvorschlag zu verstehen. Den darf man ruhig niedrig ansetzen, um sich dann irgendwann einmal in der Mitte zu treffen.

Nie in ein Taxi steigen ohne vorherigen Handel! Wer neu ist in Guatemala, sollte sich in seinem Hotel nach den Preisen erkundigen. Da Guatemalteken in dieser Hinsicht zusammenhalten, wird auch dieser Betrag meist etwas zu hoch angesetzt sein.

Es gibt einige Voraussetzungen für gutes Handeln: zunächst Humor (ganz wichtig!), Respekt vor der Arbeit (besonders bei Kunsthandwerk), Sensibilität, Geduld, Zeit und das Wissen um den realen Wert der Ware. Den kennt man in der Regel besser nach ein paar Wochen Aufenthalt im Land. Die Fülle der guatemaltekischen Típicas verführt leicht zum vorschnellen Kauf. Meistens entdeckt man später noch Schöneres.

Handeln hat in Guatemala nichts mit Ausbeutung oder Arroganz zu tun. Natürlich bezahlen Ausländer am Ende immer ein bißchen mehr, und das ist auch völlig in Ordnung. Wer keine Lust zum Handeln hat oder glaubt, es nicht zu können, wird sehr viel mehr als den üblichen "Gringo-Aufschlag" bezahlen müssen. Von mir hat meine Marktfrau sogar noch nach einem Dreivierteljahr grinsend den doppelten Preis für ihren Salat verlangt. Es gehörte zum Ritual, daß wir uns immer wieder auf einen Preis einigten.

Essen und Trinken

Man wird recht schnell merken, daß die guatemaltekische Küche eine sehr begrenzte Variationsbreite aufweist.

Zu jedem Essen werden **Tortillas** gereicht. Touristen bekommen häufig Brot vorgesetzt. Wie *Tortillas* sind auch *Tamales* (Maisklöße mit Fleisch, bei den Bauern ohne) aus Mais. *Chuchitos* sind kleiner als Tamales, aber wie diese in Mais- bzw. Bananenblätter gewickelt. *Enchiladas* mit Huhn- oder Käsefüllung und *Tacos* (dünne Tortillas mit Fleisch, Kraut und Avocado) sind mexikanische Adaptionen. *Paches* sehen aus wie Tamales, sind aber aus Reis. Typische **Soßen** sind die grüne *Salsa picante* aus Chili-Schoten, die meist in kleinen Fläschchen auf den Tischen steht und die rote *Chirmol* aus Tomaten.

Ein leckeres **Gemüse** ist der grüne oder weiße Güisquil (oder chayote). So wichtig wie Mais sind *Frijoles* (schwarze Bohnen), die unterschiedlich zubereitet werden. Zusammen mit Rühreiern, *Chirmol* und *Tortillas* ergeben sie ein typisch guatemaltekisches Frühstück *(desayuno chapín)*. Wo es keine *Frijoles* als Beilage gibt, werden sie durch Reis ersetzt. *Plátanos fritos* sind fritierte Kochbananen, die roh kaum genießbar sind. Aus pürierten Avocados mit Zwiebeln und Limonensaft machen die Guatemalteken eine köstliche *Guacamole*. *Ejote* sind grüne Bohnen, die mit Ei sozusagen paniert werden.

Fleisch: In Guatemala wird viel *Pollo* (Huhn) gegessen. Es ist dem meist zähen Rindfleisch, das als *Carne asada* (gebraten) oder *Carne guisada* (geschmort) serviert wird, vorzuziehen. In besseren Restaurants werden die Steaks daher mit einem Weichmacher behandelt. Eine Fischspezialität ist der runde *Mojarra*. Auch *Cangrejos* (Flußkrebse) gehören dazu.

Es gibt **traditionelle Essen** zu bestimmten Tagen im Jahr. An Allerheiligen *(Todos los Santos)* bereiten die Hausfrauen *Fiambre* zu, das nicht aus weniger als 40 Zutaten besteht. Die Vorbereitung dauert mehrere Tage, wobei allerlei Gemüse, Kräuter, Fleisch und Fisch gekocht wird. Jede Hausfrau hat ihr Geheimrezept von der Zubereitung eines echten *Fiambres*. Manche Guatemalteken behaupten, ein *Fiambre* wäre der größte Salat der Welt, da er kalt gegessen wird. Am Tag der Jungfrau von Guadelupe (12. Dezember) gibt es *Torrejas*, in Ei gewendetes Weißbrot mit Honig, das herausgebacken wird und *Buñuelos*, ebenfalls eine süße Köstlichkeit, wie *Quesadillas* (gibt es auch pikant) und *Borrachos*. Überhaupt sollte man versuchen alle Arten von süßem Gebäck und *Dulces* ausprobieren.

Das **Obstangebot** ist abhängig von der Jahreszeit. Mangos gibt es ab Februar, Maracujas gehören traditionell auf den Weihnachtsteller. Andere exotische Früchte sind *Granadillas, Zapotes, Pitahayas, Tunas, Papayas, Guanábanas* u.v.m.

Typische **Getränke** sind *Atoles* aus Mais, Reis und *Plátanos*. Die Bauern trinken neben *Atoles* viel *Pinol*, ein braunes gesüßtes Maisgetränk. Beliebt ist auch *Incaparina*, das es als Pulver zu kaufen gibt und aus eiweißreichem Soja hergestellt ist. Eine kühle *Horchata* besteht aus gesüßtem Reis mit Zimt. *Refrescos* (Erfrischungsgetränke) werden aus den verschiedensten Früchten zubereitet. Unübertroffen sind kühle, dickflüssige *Liquados con leche* (Milchmixgetränke) aus Ananas, Papaya, Bananen, Mangos, Brombeeren und vielem anderen mehr. Ansonsten ist Guatemala ein Coca-Cola-und Pepsi-Cola-Land, wie die meisten Länder auf dem Kontinent. Vorsicht! Keine "Cola" bestellen, sondern eine "Coca". Cola heißt Warteschlange, aber auch Schwanz und könnte zu unbeabsichtigten Peinlichkeiten führen.

Die guatemaltekischen **Biere** *Gallo, Cabro* und *Moza* (dunkel) sind gut. Die Weine kommen aus Spa-

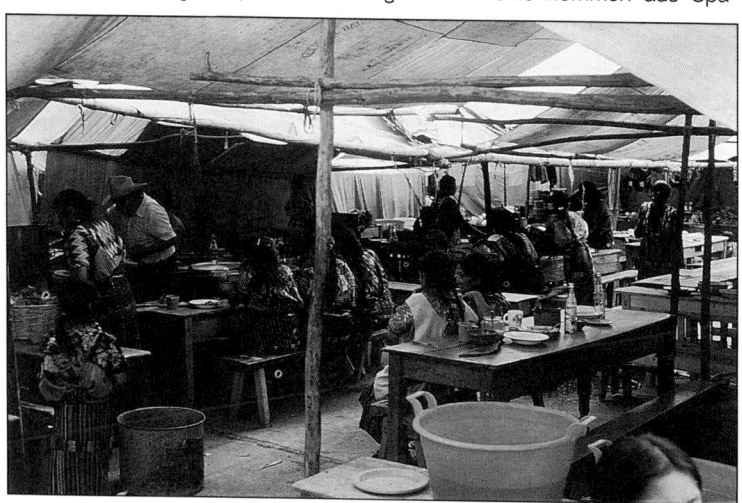

Ein typischer Comedor (Garküche) auf dem Markt von Chichicastenango

nien und Südamerika. Die wenigen guatemaltekischen sind aus Früchten und sehr süß. Bei den harten Drinks wird weißer Rum und *Aguardiente* (wie der Rum aus Zuckerrohr) bevorzugt. Eine Spezialität ist der *Rompopo* (Eierlikör) aus Salcajá. Bei den Campesinos haben Schnäpse verschiedene Namen. Einer davon ist *Mataburro*, was soviel heißt wie Eselstöter und für sich spricht.

In den *Comedors* und Restaurants wird jeden Tag ein wechselndes *Almuerzo* (Mittagessen) angeboten, das aus zwei, drei Gängen besteht. Da Betriebe und Firmen in Guatemala praktisch keine Kantinen kennen, ist das die übliche Art in Guatemala, Mittag zu essen. Besonders original ißt man in den Garküchen auf den Märkten. Wer nicht seine Scheu vor den *Comedors* ablegt, wird Guatemalas Küche nie kennenlernen.

Fiesta- und Festtagskalender

Beinahe jede Stadt und jedes Dorf in Guatemala begeht einmal im Jahr den Festtag zu Ehren seines Schutzheiligen. Meist beginnt das Ereignis einige Tage vorher und nimmt zum Teil regelrechten "Feria"-Charakter an mit Rummel, Buden, Glücksspielen. Traditionelle Tänze in bunten Kostümen werden aufgeführt, Prozessionen abgehalten, *Cohetes* (Feuerwerkskörper) gezündet, Schönheitswettbewerbe ausgefochten, Musikgruppen engagiert und Sportkämpfe veranstaltet, je nach Größe der Fiesta. Überall ist ein maßloser Konsum von Alkohol

während der Fiesta festzustellen. Für kritische Beobachter nimmt die Veranstaltung, deren Größe und Umfang mancherorts zu einer Prestigesache wird, bereits dekadente Züge an. Für die Indígenas aber sind diese turbulenten Tage der Höhepunkt des Jahres im sonst eher eintönigen Alltag des Hochlands.

Der Besuch einer guatemaltekischen Fiesta gehört zweifellos ins Reiseprogramm. Während der Fiestas ist das Übernachtungsangebot im Ort schnell erschöpft. Entweder man reserviert im voraus oder fährt von außerhalb an und vergewissert sich, daß Busse zurückgehen.

In der folgenden Liste sind einige Fiestas und Ferias, wichtige Nationaltage und sonstige Feiertage angegeben, die in Guatemala Bedeutung haben.

Januar:
1. Neujahr (Año Nuevo)
2. Santa María de Jesús, Sacatepéquez.
6. San Gaspar Ixchil, Huehuetenango; Barberena, Santa Rosa.
10. Santa María de Jesús.
15. Tag des Schwarzen Christus von Esquipulas wird gefeiert in: Esquipulas, Chiquimula; Santa María Chiquimula, Totonicapán; Chinique, El Quiché; Colomba, Quetzaltenango.
17. San Antonio Ilotenango, El Quiché; San Antonio Sacatepéquez, San Marcos.
18. San Sebastian Huehuetenango, Huehuetenango; San Sebastian, Retalhuleu.
20. Santa Cruz del Quiché, El Quiché; San Antonio Aguas Calientes, Sacatepéquez; El Tejar, Chimaltenango;
21. San Raimundo, Guatemala.
22. Santa Lucía La Reforma, Totoni-

capán; San Vicente Pacaya; Escuintla.

23. Rabinal, Baja Verapaz.

24. San Juan Tecuaco, Santa Rosa.

25. San Pablo La Laguna, Sololá; Tamahú, Alta Verapaz. In Mixco, Guatemala, letzte Januarwoche.

Februar:

2. Tag von Tecún Umán, des letzten Quiché Rabinal, Cunén, El Quiché; San Juan Ostuncalco, Quetzaltenango; Chiantla, Huehuetenango; Río Bravo, Suchitepéquez; Santiago Sacatepéquez, Sacatepéquez. Baja Verapaz; San Pedro Sacatepéquez, Quetzaltenango. Überall gibt es Osterprozessionen. Die prächtigsten sind in Antigua.

März:

15. Coatepeque, Quetzaltenango.

19. Morales, Izabal; San José Punula, Guatemala; San José, Escuintla.

April:

25. San Marcos, San Marcos; San Marcos La Laguna, Sololá. Ende April (40 Tage nach Ostern) Prozessionen in Aguacatán, Huehuetenango.

Mai:

1. Tag der Arbeit, Gewerkschaftsdemos in den Städten.

3. Amatitlán, Guatemala; Cajolá, Quetzaltenango; Santa Clara La Laguna, Sololá; San Benito, El Petén.

10. Santa Cruz La Laguna, Sololá;

14. Melchor de Mencos, El Petén.

28. Dolores, El Petén.

24. Olintepeque, Quetzaltenango; San Juan Ixcoy, Huehuetenango; San Juan La Laguna, Sololá; San Juan Cotzal, El Quiché.

25. San Pablo La Laguna, Sololá.

30. Tag der Armee, Aufmärsche in der Hauptstadt. Zu wechselnden Zeitpunkten im Juni Corpus Christi-Feiern im ganzen Land.

Dorffiesta in Huitan, Dept. Quetzaltenango

149

Juni:
13. Sayaxché, El Petén; Purulhá, Baja Verapaz; San Antonio Palopó, Sololá.
24. San Juan Chamelco, Alta Verapaz; San Juan Cotzal, Quiché; Comalapa, Chimaltenango.
29. San Pedro Carchá, Alta Verapaz; El Estor, Izabal; Almolonga, Quetzaltenango; San Pedro Sacatepéquez, Guatemala.

Juli:
2. Santa María Visitación, Sololá.
3. Tajumulco, San Marcos.
12.-18. Huehuetenango, Huehuetenango.
19. Puerto Barrios, Izabal;
25. Antigua, Sacatep; Palín, Escuintla; El Palmar, Quetzaltenango; Momostenango, Totonicapán.
26. Chimaltenango, Chimaltenango.
30. Palín, Escuintla.

August:
4. Cobán, Alta Verapaz; Rabinal, Baja Verapaz; Sacapulas, El Quiché; Asunción Mita, Jutiapa; Jocotenango, Sacatepéquez; Tacaná, San Marcos; Tactic, Alta Verapaz. Fiesta in der Hauptstadt.
18. Santa Cruz del Quiché.
24. San Bartolo, Totonicapán.
25. Salcajá, Quetzaltenango.
26. Lanquín, Alta Verapaz.
28. Sumpango, Sacatepéquez; Santa Clara La Laguna, Sololá; Totonicapán, Totonicapán.
30. San Jerónimo, Baja Verapaz.

September:
15. Unabhängigkeitstag Guatemalas; Quetzaltenango, Quetzaltenango.
17. Salamá, Baja Verapaz.
29. Taxisco, Santa Rosa; Totonicapán, Totonicapán; sämtliche "San-Miguel"-Orte.
30. San Jerónimo, Baja Verapaz.

Oktober:
4. Panajachel, Sololá; San Francisco El Alto, Totonicapán; San Francisco, El Petén; San Juan Comalapa, Chimaltenango.
18. San Lucas Sacatepéquez; San LucasTolimán, Sololá.
20. Revolutionstag 1944.
22.-25. Feria in Iztapa, Escuintla.
24. San Rafael La Independencia, Huehuetenango.

Große Fiesta zum Unabhängigkeitstag (15.9.) in Xela

November:

1. Todos Los Santos (Allerheiligen) im ganzen Land gefeiert, besonders in Todos Santos Cuchumatán, Huehuetenango (Pferderennen); Santiago Sacatepéquez (Drachensteigen).
10.-15. Feria in Nueva Santa Rosa, Santa Rosa.
11. San Martín Sacatepéquez, Chimaltenango; San Andrés Semetabaj, Sololá.

Dezember:

4. Santa Bárbara, Huehuetenango; Chinautla, Guatemala.
7. Quema del Diablo (Teufelsverbrennng) mit Feuerstellen auf der Straße, vor allem in der Hauptstadt.
8. Ciudad Vieja, Sacatepéquez; Escuintla, Escuintla; Retalhuleu, Retalhuleu; Zacapa, Zacapa.
12. La Libertad, El Petén.
15. San Carlos Sija, Quetzaltenango.
21. Chichicastenango, El Quiché.
24. Nochebuena (Heilig Abend).
25. Navidad (Weihnachten) mit Prozessionen, Messen und Festen im ganzen Land.
28. Lívingston, Izabal.
31. La Democracia, Escuintla. Sylvesterfeiern.

Frauen alleine unterwegs

Frauen, die alleine nach Mittelamerika aufbrechen, müssen über eine gute Portion Selbstbewußtsein verfügen, Sprachkenntnisse haben (doppelt wichtig bei alleinreisenden Frauen), aufgeschlossen und nicht überängstlich sein. Das Problem von Frauen ist ja nicht das schwere Gepäck, sondern die Konfrontation mit einer Männerwelt, die noch viel weniger Gleichberechtigung und Gleichbehandlung kennt als bei uns.

Wer jedoch alleine in Guatemala gereist ist, wird sicher viele gute Erfahrungen gemacht haben. Denn im Gegensatz zu Mexiko (und viele Traveller kommen von Norden) reist eine Frau hier streßfreier und gelassener, wenngleich die Organisation des Alltags etwas anstrengender ist, weil vieles ungeregelter und chaotischer erscheint. Die guatemaltekischen Männer sind allgemein höflicher und zurückhaltender als die Mexikaner. Jede Frau wird merken, daß sie in Guatemala nicht so oft angemacht oder angequatscht wird. Sie kann alleine irgendwo sitzen, ohne von vornherein den Eindruck zu erwecken, daß sie nur darauf wartet, von einem *Macho* belästigt zu werden, der sich für unwiderstehlich hält. Mit Ausnahme der *Costeños* (Männer aus der Küstenregion im Süden) sind Männer in Guatemala zumindest in dieser Hinsicht wirklich angenehme Zeitgenossen.

Am wenigsten haben Frauen von den Indígenas etwas zu befürchten. Sie sind ohnehin viel introvertierter als die Ladinos. Eine große blonde *Extranjera* (Ausländerin) erweckt eher distanzierte Neugierde als das Bedürfnis näherzukommen. Der unverstellte direkte Blick der Indígenas ist frei von anzüglicher Mimik oder zweideutigen Signalen. Der Aufenthalt im Hochland ist daher für alleinreisende Frauen meist eine sehr schöne Erfahrung.

Es versteht sich von selbst, daß es einige ungeschriebene Gesetze bezüglich der Kleidung in einem Land wie Guatemala gibt. Salopp sitzende

Shorts sind kurzen Röcken in jedem Fall vorzuziehen (die sollte man überhaupt zuhause lassen). Im Hochland und Gegenden mit überwiegend indigener Bevölkerung ist kniefreie Kleidung unangebracht. Ich finde es außerdem nicht besonders einfühlsam, sich mit einer extravaganten Punkfrisur auf die Reise zu begeben, womöglich noch blau oder grün eingefärbt.

Kleine Hilfsmittel, aufdringliche Annäherungsversuche zu bremsen, sind Ehering, Fotos vom "Ehemann" und den Kindern. Auf Fragen, ob man allein unterwegs ist, muß ja nicht unbedingt sofort eine wahre Antwort folgen. Vielleicht ist der *Compañero* nur beim Einkaufen oder schaut sich ein Museum an... Im Falle einer Einladung, die mir nicht ganz geheuer wäre, würde ich stets fragen, ob der Freund mitkommen könnte. Wenn ich den Anmacher loshaben möchte, sage ich zu mit dem Hinweis, daß ich meinen Bruder und dessen Freund mitbringe, die heute abend aus ... zurückkommen. Das wäre in Alemania so üblich. Und ob er ein Bild sehen möchte...? Meistens verzichtet er darauf und verschwindet.

Aber wie gesagt, Guatemala ist ein sehr angenehmes Land, wo ausländische Frauen keinen Dauerstreß mit derartigen Dingen haben.

Fremdenverkehrsämter und Information

In allen Touristenzentren Guatemalas gibt es eine *Oficina de Turismo* (Fremdenverkehrsbüro). Sie sind regionale Ableger der staatlichen Tourismusbehörde *INGUAT*. Mit Ausnahmen (Hauptstadt, Panajachel, Antigua) sind die Infos eher spärlich. Wer spezielle Informationen zu einer Sache sucht, begibt sich am besten gleich auf die *Municipalidad* (Bürgermeisteramt). Ich habe bei meinen Recherchen dort die nettesten Begegnungen gehabt, und oft scheuten die Leute keine Mühe, nach alten Büchern, Zeitschriften und Dokumenten zu suchen. Zwar erhält man in Guatemala zunächst einmal die Antwort *no hay* (gibt's nicht), doch insistieren lohnt sich. Die Guatemalteken sind ausgesprochen hilfsbereit und mitteilsam, wenn sie sich für eine Sache interessieren.

Gesundheit

Bei Nahrungsmittelm gilt Vorsicht bei allem, was nicht gebraten oder gekocht ist. Obst und Früchte sollten schälbar sein. Bereits aufgeschnittenes Obst möglichst meiden. Auf keinen Fall Leitungswasser trinken! Die Guatemalteken in der Stadt trinken *Salvavida* (Lebensretter), das in großen Flaschen geliefert wird und in vielen Hotels, Restaurants, Behörden und einigen Geschäften bereit steht. Salate nur dort essen, wo man das Gefühl hat, daß er in Ordnung

Un hombre que tiene diarrea o lombrices va a la orilla.

Se la come un puerco, embarrando el hocico y las patas.

Luego el puerco se mete a una casa.

En la casa, un niño está jugando en el suelo por donde anda el puerco. Así que también el niño se empuerca con la suciedad del hombre enfermo.

Al rato el niño llora y la madre lo recoge.

Luego la madre hace tortillas, olvidando de lavarse las manos.

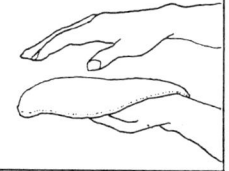

Pone las tortillas en la mesa, y toda la familia se las come.

Como resultado, toda la familia se enferma con diarrea o lombrices.

Aus "Donde No Hay Doctor" (Wo es keinen Arzt gibt), das Gesundheitshandbuch für Latein-Amerika.

ist. Getränke am besten immer ohne Eis *("sin hielo")* bestellen.

Keiner bleibt von **Durchfall** *(diarrea)* verschont. Der Grund ist nicht nur ungewohntes Essen, sondern auch Klima, Zeitverschiebung, Anstrengung, Reizüberflutung und die Höhe. Wer nach seiner Ankunft sofort ins Hochland fährt, sollte bedenken, daß er sich durchschnittlich auf 2300 m befindet. Bei uns wächst in dieser Höhe bereits kein Baum mehr. Ganz sicher aber werden diejenigen chronischen Durchfall und Magenschmerzen haben, die der guatemaltekischen Küche mit Abneigung und Ekel begegnen. Jeder wird mit der Zeit ein Gefühl dafür entwickeln, was genießbar und zumutbar ist.

Einfache allgemeine **Vorsorgemaßnahmen** sind häufiges Händewaschen, viel Flüssigkeit und Salz (die Guatemalteken salzen daher ihre Orangen), nicht zuviel Sonne (die Höhensonne ist zwar nicht heiß, aber um so intensiver, was leicht unterschätzt wird), ausreichend Schlaf und Pausen während der Tour. Einen leichten Durchfall kann man entweder aushungern oder ihn mit Coca-Cola, Tees, Salzigem, Papayas, Schokolade oder Reis in den Griff bekommen. Sollte ein Durchfall trotz Einnahme von Medikamenten nicht aufhören und wird Blut im Stuhl entdeckt, könnten es Amöben sein. Da hilft nur eine spezielle Kur. In jeder Stadt und jedem größeren Ort in Guatemala gibt es Ärzte. Wer sich auf dem Land befindet, kann ein *Centro* oder *Puetso de Salud* aufsu-

chen oder macht sich am besten auf den Weg in die Stadt, um dort in eine Privatklinik zu gehen.

Schwere Erkrankungen wie **Malaria und Hepatitis** (Gelbsucht) kündigen sich durch Schüttelfrost und hohes Fieber an. Da die Symptome an den darauffolgenden Tagen zunächst wieder zurückgehen, wird die Gefährlichkeit oft unterschätzt. Akute Malaria muß sofort behandelt werden. Bei Hepatitis A, die durch Nahrung übertragen wird und anstekkend ist, hilft nur liegen, ruhen, nichts tun. Bei Fieberanfällen immer einen Arzt aufsuchen!

Gringo

Mit Gringo wird zunächst einmal jeder hellhäutige Ausländer bezeichnet. Streng genommen ist es aber der Name für Nordamerikaner. Je nach Betonung verwenden die Guatemalteken die Bezeichnung Gringo aggressiv, abschätzig oder einfach nur als Spitznamen. Eine Schmeichelei drückt der Name jedoch nicht aus. Die Kinder rufen ihn den Touristen hinterher und freuen sich an der Reaktion der Ausländer. Jeder Europäer ist aber nur solange ein Gringo, bis das Gegenteil bewiesen ist. Ein kurzes *somos alemanes* genügt.

Hotels und Hospedajes

In Guatemala wird qualitativ zwischen **Hoteles** und **Hospedajes** unterschieden. Letztere bestehen oft nur aus ein paar schmucklosen

Zimmern, die um einen Innenhof *(Patio)* gruppiert sind und häufig kein richtiges Fenster haben. Komfort ist allgemein in Guatemala keine Selbstverständlichkeit. Darauf muß sich jeder Reisende einstellen. Besonders außerhalb der Städte und Touristenzentren sind die Übernachtungsmöglichkeiten äußerst bescheiden.

Frühstück ist auch in den besseren Hotels in der Regel nicht im Preis inbegriffen. Zimmer mit Dusche *(baño privado)* kosten selbstverständlich ein paar Quetzales mehr. Wer sich das Zimmer zeigen läßt, sollte Klospülung (neuralgische Punkte in Guatemala) und **Dusche** ausprobieren. In heißeren Gegenden muß der Ventilator funktionieren. Bei Nichtgefallen ruhig nach einem besseren Zimmer fragen oder über den Preis verhandeln, wenn er überzogen erscheint. Die Tarife, die in jedem Zimmer mit Stempel der Tourismusbehörde angeschlagen sind, haben keine Bedeutung.

Während der Trockenzeit kann es vorkommen, daß kein Wasser da ist. Da heißt es abwarten und hoffen. In Guatemala ist es Sitte, gebrauchtes Toilettenpapier in einen bereitgestellten Eimer zu werfen. Es empfiehlt sich, diesen Brauch zu übernehmen - eine verstopfte **Toilette** ist weitaus unangenehmer. Außerdem ist es nützlich, immer eine Rolle Toilettenpapier dabei zu haben. Die Duschen in den Hotels und Hospedajes sind teilweise abenteuerlich ans Stromnetz angeschlossen. Lieber nicht so genau hinschauen und die Finger davon lassen... Wer sich in der Regenzeit weit oben in den Bergen aufhält, sollte auf keinen Fall (!) während eines Gewitters duschen.

Die guatemaltekischen **Betten** bestehen aus mehreren Matratzen, eine Dauerbelastung für Wirbelsäule und Bandscheiben. Bettwäsche wird in den billigeren *Hospedajes* (oft nicht nur dort) mehreren Gästen hintereinander zugemutet. Frisches verlangen!

Natürlich gilt diese Beschreibung nicht für teure Hotels in der Stadt. Jedoch für eine durchschnittlich einfache Hospedaje in Antigua, Panajachel, Quetzaltenango, Puerto Barrios und weiter draußen auf dem Land. Eben dort, wo Traveller Traveller finden.

An Wochenenden und Feiertagen ist die Wahrscheinlichkeit groß, daß beispielsweise in Antigua oder Panajachel (Hauptstadtnähe) viele Hotels und Hospedajes belegt sind. Wie so oft in Guatemala hilft in solchen Fällen nur fragen, fragen, fragen. Wer nicht gerade am Ostersonntag in Antigua (hoffnungslos) ein Zimmer sucht, wird auf jeden Fall immer und überall ein Dach - wenn auch ein bescheidenes - über dem Kopf finden.

Märkte

Touristischer Anziehungspunkt Guatemalas sind die bunten **indianischen Märkte** des Hochlands. Städte wie Antigua, Quetzaltenango, San Marcos oder Huehuetenango haben einen permanenten Markt. Größere

Orte wie Sololá, Chichicastenango oder Totonicapán halten wöchentlich zweimal einen Markt ab. Dörfer haben einen Markttag, meistens den Sonntag, wenn die *Campesinos* der umliegenden *Aldeas* zur Messe gehen und die Frauen danach ihren Wocheneinkauf machen. Der Markt ist Treffpunkt und Zentrum, hier werden Neuigkeiten ausgetauscht, Geschäfte getätigt und vieles andere mehr. Die Händler kommen zum Teil von sehr weit her, um ihre Produkte zu verkaufen.

Der **berühmteste Markt** in Guatemala ist der von **Chichicastenango,** der jeden Donnerstag und Sonntag abgehalten wird. Er hat sich zu einer ausgesprochenen Touristenattraktion entwickelt, da er an Vielfalt und Buntheit kaum zu überbieten ist.

Marktstand: Vorne liegen braune Panela (=Rohzucker)-Blöcke.

Markttage

Täglich gibt es einen Markt in: Antigua, Chimaltenango, Cobán, Guatemala Ciudad, Huehuetenango, Jutiapa, Mazatenango, Quetzaltenango, Retalhuleu, San Juan Sacatepéquez (Sac.), San Marcos, San Pedro Carchá, Santa Cruz del Quiché, Santiago Atitlán, Totonicapán.

Montags: Antigua, Chimaltenango, Zunil.
Dienstags: Comalapa, Olintepeque, Patzún, San Andrés Semtabaj, San Lucas Tolimán, Santa Clara La Laguna, Sololá, Sumpango, Tucurú.
Mittwochs: Almolonga, Momostenango, Palín, Patzicía, Sacapulas, Chimaltenango.
Donnerstags: Aguacatán, Chichicastenango, Nebaj, Patzún, Sacapulas, San Cristóbal Verapaz, San Juan Ostuncalco, San Mateo Ixtatán, San Pedro Sacatepéquez (San Marcos), Tactic, Tecpán, Tucurú, Uspantán, Zacualpa, Nahualá, Todos Santos Ch.
Freitags: Comalapa, Palín, San Francisco El Alto, San Andrés Iztapa, San Juan Sacatepéquez, San Lucas Tolimán, San Martín Sacatepéquez, San Pedro Sacatepéquez (Guate.), Sololá.
Samstags: Almolonga, Patzicía, Santa Clara La Laguna, Santiago Sacatepéquez, Sumpango, Todos Santos Cuchumatán, Tucurú.
Sonntags: Aguacatán, Cantel, Chiantla, Chichicastenango, Momostenango, Nebaj, Nahualá, Panajachel, Parramos, Patzún, Rabinal, Sacapulas, San Cristóbal Totonicapán, San Cristóbal Verapaz, San Juan Ostuncalco, San Juan Sacatepéquez (Guate.), San Lucas Tolimán, San Mateo Ixtatán, San Raymundo, Santa Eulalia, Santa Lucía Utatlán, Tactic, Tacaná, Tecpán, Uspantán, Zacualpa, Zunil.

In Antigua gibt es außerdem jedes Wochenende einen bunten **Textilmarkt** auf der Plaza.

In Quetzaltenango wird zusätzlich jeden ersten Sonntag im Monat ein kleiner **Kunsthandwerkmarkt** abgehalten.

Maße und Gewichte

Länge:	1 *pulgada*	= 2,54 cm
	1 *yarda*	= 0,914 cm
	1 *legua*	= 5 km
Volumen:	1 *galón*	= 3,758 l
Gewicht:	1 *onza*	= 28,35 g
	1 *libra*	= 453,6 g
	1 *quintal*	= 50 kg
Oberfläche:	1 *manzana*	= 0,7 ha
	1 *caballería*	= 45 ha

Mehrwertsteuer

Mit Einführung der Demokratie 1985 wurde von der Regierung eine Mehrwertsteuer von 7% eingeführt. In fast jedem Restaurant, Hotel oder Geschäft ist die sogenannte *IVA (Impuestos sobre el valor agregado)* seit 1993 im Preis inbegriffen. Wer sich nicht sicher ist, kann sich vorher erkundigen.

Mietwagen

Die Adressen internationaler Autoverleihfirmen wie Hertz, Avis, Budget und andere sind auf den Gelben Seiten des Telefonbuches unter *Alquiler de Automóviles* zu finden. Die Firmen verlangen sehr teure Gebühren. Aus versicherungstechnischen Gründen ist es besser, das Geschäft über die Kreditkarte abzuwickeln, sofern sie einen Schutz bei Mietwagenverträgen gewährt. Unbedingt Versicherung abschließen! Wichtig ist eine Probefahrt und die Auflistung aller Mängel, falls welche vorhanden. Darauf achten, daß ein guter Wagenheber im Auto ist und das Ersatzrad Profil hat.

Ein Mietwagen lohnt sich erst zu mehreren Personen und für Touren, die fernab regelmäßiger Buslinien liegen. Diese Gegenden sind nur mit einem 4-Radgetriebenen Landrover (Toyota, Isuzu, Nissan, Suzuki usw.) sicher zu bewältigen. Mietwagenverträge werden aus Versicherungsgründen nur mit Personen über 25 Jahre abgeschlossen!

Da die Straßenverhältnisse und der Straßenverkehr in Guatemala in keiner Weise mit europäischen Maßstäben gemessen werden dürfen, sollte man neben ausgezeichneten Fahrkünsten starke Nerven haben. Bei Unfällen liegt die Beweislast meist bei den Ausländern. Mehr dazu unter V wie Verkehr.

Notrufe

Polizei:	120
Ambulanz:	128
Rotes Kreuz:	125
Feuerwehr:	122

Öffnungszeiten

Grundsätzlich gilt, wichtige Dinge (Behördengänge, Geldwechsel, Information) vormittags zu erledigen. Über Mittag machen Geschäfte ab 12 Uhr eine zwei- bis dreistündige Siesta. Einen offiziellen Ladenschluß gibt es nicht. Sonntags sind nur wenige Läden geöffnet. Banken haben in der Regel Mo-Fr von 9-15 Uhr geöffnet. Museen bis 16 Uhr, eventuell mit Mittagspause. Montags sind Museen oft geschlossen.

Orientierung

Das System des rechtwinkligen Straßennetzes (Schachbrett) ist einfach zu verstehen. Ein Nachteil ist, daß durch das Fehlen von Diagonalen nur selten Abkürzungen möglich sind. Im Kapitel "Zonen, Avenidas, Calles - die Struktur der Hauptstadt" ist stellvertretend für alle Städte Guatemalas das schnelle Zurechtfinden im Adressensystem erklärt.

Post

Briefe und Karten müssen die Aufschrift *Correo aéreo* (Luftpost) tragen. Post nach zuhause kann u.U. mehrere Wochen dauern. Sich niemals Bargeld oder wertvolle Dokumente schicken lassen! Auch Einschreibebriefe garantieren keine Zustellung. Briefkästen gibt es so gut wie keine in Guatemala. Die wenigen sind zu meiden. Briefmarken sind oft Mangelware. Dafür werden Frankiermaschinen eingesetzt. Für Sammler zuhause und auf Reisen gibt es in einem Büro der Hauptpost in Guatemala Ciudad die Möglichkeit, schöne guatemaltekische Briefmarken zu erwerben.

Die **Paketpost** ist aufwendig und teuer. Jede Sendung muß vorher vom Zoll oder dem Postbeamten selbst geprüft werden. Nie mit zugeklebtem und verschnürtem Paket auf die Post gehen. Die Pakete müssen nach Vorschrift verpackt werden, es dürfen keine Faltstellen zu sehen sein. Vorher also genügend Klebeband und Verpackungsschnur besorgen. Souvenirpakete müssen die Aufschrift "Keine Handelsware" tragen und sollten jedes nicht schwerer als 2 kg sein.

Guatemala befindet sich in einem Dauerkonflikt mit den ausländischen Fluggesellschaften wegen unbezahlter Rechnungen. Wer vorhat, kräftig einzukaufen, um sich durch den Wiederverkauf zuhause die Reise nachträglich zu finanzieren (oder womöglich mit dem Erlös Projekte zu unterstützen, was leider seltener der Fall ist), sollte sich erkundigen, ob Paketpost zur Zeit befördert wird.

Tarife für Paketpost nach Deutschland (Stand Anfang 1993):

0 - 1 kg	Q 90,60	90,60 Q/kg
1 - 3 kg	Q 168,75	56,25 Q/kg
3 - 5 kg	Q 252,50	50,50 Q/kg
5 - 10 kg	Q 441,10	44,11 Q/kg
10 - 15 kg	Q 636,45	42,43 Q/kg

Sprache

Man kann nicht oft genug darauf hinweisen, daß Kenntnisse in der offiziellen Landessprache **Spanisch** eine Grundvoraussetzung für das Kennenlernen von Land und Leuten ist. Diejenigen Guatemalteken, die einige Brocken Englisch beherrschen, werden sie zwar stolz bei den Touristen anbringen, sie sind aber an einer Hand abzuzählen.

Nicht nur der allgemeinen Kommunikation und Kontakte wegen ist es nützlich, sich verständlich machen zu können. Auch bei der Organisation des Reisealltags, wie z.B. beim Erfragen von Buslinien, Unterkünften, Preisen usw. ist die Beherrschung einiger Grundzüge des Spanischen absolut notwendig! Im Allgemeinen gibt es keine Fahrpläne, Hotelverzeichnisse oder Fixpreise. Vieles, was nicht möglich oder machbar erscheint *("no hay", "no se puede")*, geht am Ende doch, vorausgesetzt man besitzt die Fähigkeit und bringt genug Humor und Geduld auf, mit den Leuten über "Gott und die Welt" reden zu können.

Die Guatemalteken plaudern gerne und viel. Besonders die Ladinos unterhalten sich gern mit Deutschen, die ohnehin sehr beliebt sind. Wer zuhause nicht genug Spanisch gelernt hat, kann dies in einer der vielen Schulen (Antigua, Quetzaltenango, Panajachel) nachholen. Damit verbunden ist die Unterbringung in einer guatemaltekischen Familie.

Guatemala besitzt wie jedes Land in Mittel- und Südamerika landestypische Wörter oder Phrasen. Im kleinen Sprachführer sind die wichtigsten aufgelistet.

Maria spielt Lehrerin

Kleiner guamaltekischer Sprachführer

Hier sollen nur einige der typisch guatemaltekischen Ausdrücke oder Redewendungen aufgelistet werden und solche Wörter, die im Text unübersetzt vorkommen. Wichtige Ausdrücke in Indianersprachen, siehe Seite 74. Wer noch nicht so gut spanisch spricht, dem empfehle ich für die Reise den kleinen, handlichen **Kauderwelsch Band 83, Spanisch für Guatemala, Peter Rump Verlag, Bielefeld** (Erhältlich ab Herbst 1993). Er enthält eine Grundgrammatik, Beispielsätze, Redewendungen, Wörterlisten, Verhaltensregeln und anderes mehr, Kostenpunkt 14.80 DM

Es gibt einige **Grundregeln der Aussprache,** die einfach zu merken sind. Die Betonung liegt jeweils auf der letzten Silbe:

Panajachel	- sprich: Pana**chatsch**el
Chajul	- sprich: **Tsch**ach**u**l
Nebaj	- sprich: Neba**ch**
Jocotenango	- sprich: **Ch**okotenango (nicht immer wird das c als k gesprochen wie z.B. bei San Vicente, Santa Lucía oder El Cruce)
Quetzaltenango	- sprich: **K**etzaltenango
Quiché	- sprich - **Kitsch**e
Chiquirichapa	- sprich: **Tsch**ikiri**tsch**apa
Xela	- sprich: **Sch**ela
San Andrés Xecul	- sprich: San Andrés **Sch**ekul

In Guatemala wird häufig anstatt des *tu* (du) *vos* gebraucht. Es ist sozusagen eine Mischungsform aus du und Sie. Diese Form ist vor allem unter den Indígenas sehr geläufig. Als Tourist sollte man stets die Höflichkeitsanrede **usted** gebrauchen. Ich habe immer wieder Reisende beobachtet, die wie selbstverständlich Indígenas duzen.

Wer in Guatemala Spanischunterricht nimmt, wird merken, daß es praktisch keine Form für *ihr* gibt. Selbst unter Freunden ist es üblich, in solchen Fällen **ustedes** zu nehmen.

adobe	mit Stroh durchmischter Lehmziegel
agua	Erfrischungsgetränk wie Coca Cola, Crush, Spur etc.
aguardiente	Schnaps
alcalde	Bürgermeister
aldea	Dorf, besser Streusiedlung
baile	Tanz
barranco	Schlucht
bistec	Beefsteak
borracho	betrunken
brujo	Zauberer, Schamane
cabecera	Departamentshauptstadt
caites	Ledersandalen der Indígenas
camioneta	Bus
campesino	Bauer
canches	blonde Europäer, Haarnadelkurve, Guerilla
capital	Hauptstadt Guatemala Ciudad
capixay	wollener Umhang der Indígenas
chapín	Guatemalteke
chafa	Militär
limonadas	Schimpfwort der Indígenas für Ladinos

chicle	Kaugummi
choca	25 Centavo-Münze
chompipe	Truthahn
chucho	Hund
chuchito	Maisknödel mit Fleisch
chulo	hübsch
chupar	einen (alkoholischen) Schluck zur Brust nehmen
cofradía	religiöse Bruderschaft
comal	flache Tortillapfanne
comedor	einfaches Eßlokal oder Garküche
cómo no!	natürlich, selbstverständlich
corte	Rock der Indígena-Frauen
costumbre	Brauch, Gewohnheit
cuadra	Häuserblock
cusha	Schnaps
departamento	Provinz
fíjese	hören Sie mal... allseits beliebter Ausdruck, der besonders gerne dann gebraucht wird, wenn es etwas zu entschuldigen ist.
finca	Plantage
frijoles	schwarze Bohnen
hospedaje	mittlere bis bescheidene Unterkunft
huipil	Bluse der Indígena-Frauen
jaspe	spezielle Färbetechnik (Ikat)
kopal	Räucherharz
lancha	Boot
len	Centavo
manta	weißer Grundstoff der Huipiles
mecapal	Stirngurt, an den Lasten gehängt werden
milpa	Maisfeld
monte	Waldland
municipalidad	Bürgermeisteramt
panela	brauner Rohzucker
para servirles	Ihnen zu Diensten (ebenso: *a sus ordenes*)
patio	Innenhof
patojo	kleiner Junge
perraje	Schal
petate	Matte aus Schilfrohr
pila	Spül- und Waschbecken
pisto	Knete (Geld)
rancho	kleines Häuschen
rodillera	wollener Teppichrock, Teil der Männertracht
seño	Abkürzung für Senorita
tecomates	Kalebassen
tela	Tuch, Stoff
tienda	Laden
típico	typisch, z.B. comida típica (einheimisches Essen), Típicas (einheimisches Kunsthandwerk usw.)
traje	Tracht
tzut	Kopfbedeckung der Indígenas
vaya	sprich: bai, okay, in Ordnung

Taxis

Da die Kosten für eine Taxifahrt in keinem Verhältnis zu einer Busfahrt innerhalb der Stadt stehen (65 Centavos), ist es für die Guatemalteken nicht alltäglich, ein Taxi zu benützen. Sie sind entsprechend seltener als beispielsweise in Mexiko. Taxis haben ihre Standorte vorwiegend an Plätzen und am Parque Central.

Zum Teil gibt es sogenannte *Colectivos,* die mehrere Fahrgäste aufnehmen und billiger sind. Taxometer existieren nicht, darum grundsätzlich vor der Fahrt mit dem Fahrer über den Preis verhandeln, im Zweifelsfalle Nein sagen und es bei einem anderen versuchen.

Telefonieren

Guatemala hat nur eine begrenzte Kapazität an Telefonleitungen. Wer über größere Distanzen innerhalb des Landes eine Nummer anwählt, hört selbst nach mehreren Versuchen oft nur ein Besetzt-Zeichen.

Öffentliche Münzfernsprecher (5, 10, 25 Centavos) befinden sich meist auf den Plazas der Städte. Die Vorwahlen für Ortschaften in Guatemala stehen im Telefonbuch. Stets eine 0 vorher wählen, z.B. Guatemala Ciudad 0/2, Antigua 0/320, Quetzaltenango 0/61, Panajachel 0/621, Chichicastenango 0/561.

Gespräche ins Ausland vermittelt die nationale Telefongesellschaft Guatel (nicht die Post), die es in allen Städten und größeren Orten gibt. In Hotels wird ein hoher Aufschlag berechnet. Die Gebühren für Auslandsgespräche werden laufend erhöht. Darum vorher genau nach den Tarifen fragen und eine Uhr mit in die Telefonzelle nehmen.

Wer privat die Gelegenheit hat: *Vorwahlnummer* für Deutschland ist 00/49. Anschließend die 0 für die jeweilige Stadt weglassen, z.B. Stuttgart 711, München 89, Hamburg 40. Für die Schweiz gilt 00/41, für Österreich 00/43. Umgekehrt ist Guatemala von Deutschland aus unter der Nummer 00/502 zu erreichen. Bei der Vorwahl des Ortes ebenfalls 0 weglassen. 171 Quetzales = 3 Min. müssen mindestens bezahlt werden. Jede weitere Minute kostet 40 Q.

Die *Auskunft* hat die Nummer 121 (national) und 171 (international). Das Telefonbuch ist sehr gut aufgebaut. Es gibt nur eines für das ganze Land. Es enthält u.a. einen kleinen Touristenführer (rosa, drinlassen!), die Telefonnummern der Hauptstadt (weiß) und der übrigen Departamente (grün), Adressen des öffentlichen Sektors, sämtlicher diplomatischer Vertretungen und internationaler Organisationen (blau), ein Verzeichnis aller Anwälte, Architekten, Ärzte, Ingenieure usw. (orange) und die "Gelben Seiten".

Telegramme

Mitunter ist es billiger, ein kurzes Telegramm zu schicken, als zu telefonieren. Telegramme werden bei der Post, evt. auch bei Guatel aufgegeben und dauern etwa einen Tag.

Trampen

Eine gute Mitfahrgelegenheit bieten die Ladeflächen der Pick-ups, die wegen der geringen Steuern in Guatemala ein beliebtes Fahrzeug sind. Zum Teil verlangen die Fahrer einen kleinen Fahrpreis, besonders wenn es sich um halbprofessionelle Transportunternehmen handelt. Wer keine Lust hat, auf einen Bus zu warten, kann durchaus versuchen, auf diese Art schneller ans Ziel zu kommen.

Transportmittel

In Guatemala gibt es praktisch nur ein Transportmittel: die **Camioneta.** Über den Umgang damit mehr im Kapitel "Reisen mit dem Bus".

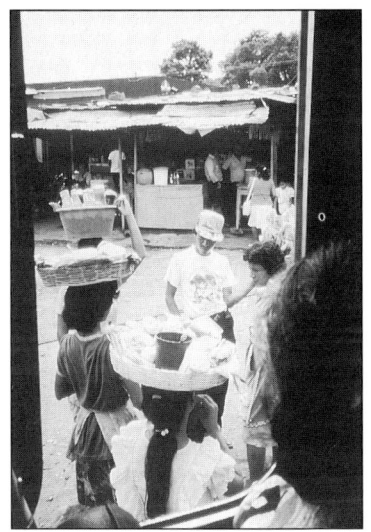

Ambulante Verpflegung für Busreisende

Unter den **Stadtbussen** gibt es mehrere Möglichkeiten. Ein wenig teurer als die großen Camionetas sind die kleineren Microbusse. Wie beim Taxi gibt es außerdem Kleintransporter, die als Colectivos fahren. Es empfiehlt sich, auf jegliche Art des Busfahrens während der Rush-hour zu verzichten.

Die **Eisenbahn** Guatemalas *(FEGUA)* hat sich nicht als allgemeines Beförderungsmittel etablieren können. Dennoch gibt es zwei Linien, die jeweils 3x wöchentlich verkehren und sehr empfehlenswert sind, aber auf deren Zuverlässigkeit absolut kein Verlaß ist. Die Pazifikstrecke führt von Guatemala Ciudad nach Tecún Umán an die mexikanische Grenze. Sie verläuft hauptsächlich am Fuß der Boca Costa entlang, dem grünen Kaffeegürtel Guatemalas. Daneben gibt es eine Atlantikstrecke, die ebenfalls von der Capital aus durch das breite Motagua-Tal nach Puerto Barrios zur Karibik führt. Beide Fahrten dauern mehr als 12 Stunden und kosten umgerechnet nur ein paar Mark. Auskünfte gibt es am Bahnhof in der Hauptstadt (s. S. 201).

Flüge innerhalb des Landes sind nur nach Tikal möglich. Die guatemaltekische Aviateca bedient diese Linie täglich. Informationen am Flughafen und in jedem Reisebüro.

Wenn der Wunschtraum der Capitaleños jemals Wirklichkeit wird, besitzt die Hauptstadt irgendwann einmal eine *Metro urbano* nach mexikanischem Muster. Vier Linien sollen insgesamt 32 km Streckennetz befahren. Die gut organisierten Busgesellschaften (schärfstes Druckmittel sind Streiks und Fahrpreiserhöhungen) werden sich zu wehren wissen.

Trinkgeld

In Restaurants und Kneipen sind 10% Trinkeld (Propina) üblich. Für kleinere Dienste wie Einparkhilfe, Autoaufpassen usw. gibt man 10-30 Centavos. Am besten gibt man vorher jenen ein Trinkgeld, die ein Taxi bestellen, eine Telefonverbindung herstellen oder ähnliches.

Umweltschutz

Keinem Reisenden werden die Müllhalden an den Straßenrändern verborgen bleiben. In Plastiktüten wird eingepackt, was einzupacken geht. Sogar Getränke werden in kleinen *Bolsas* abgefüllt. Während einer Bus- oder Autofahrt fliegt alles Unbrauchbare aus dem Fenster.

Die **Verschmutzung der Gewässer** hat besorgniserregende Ausmaße angenommen. Nicht nur die Einleitung der Abwässer von Städten und Dörfern bringen Seen und Flüsse zum Umkippen, sondern auch der Eintrag von Düngemitteln und Pestiziden, die von den Hängen talwärts gespült werden.

Ein umfassendes **Wiederaufforstungsprogramm** wurde von der Regierung unter Ex-Präsident Vinicio Cerezo gestartet. Im Fernsehen und auf Plakaten wies man darauf hin, daß in Guatemala pro Minute 115 Bäume gefällt werden. Besonders betroffen sind die Verapaces und der Petén. Ziel eines jeden Guatemalteken sollte es laut Regierung sein, einmal im Jahr einen Baum zu pflanzen.

Die Abholzung bedroht Tiere und seltene Pflanzen. Im Hochland, wo der Bedarf an Brennholz, wie in allen Gegenden mit ländlicher Bevölkerung, enorm hoch ist, wird man nur noch selten wildlebende Tiere antreffen. Kahlschlag und der permanente Anbau von Mais an steilen Hängen haben zu irreparablen Erosionsschäden geführt.

Wer mehr **Information** über Umwelt und Umweltschutz in Guatemala haben möchte, wendet sich an eine der bestehenden Organisationen, die in Guatemala Ciudad ihren Sitz haben: *Asociación Amigos del Bosque*, 9. Calle 2-23, Z 1, Tel. 83 486; *Sociedad Audubon de Guatemala*, 10. Av. 2-32, Z 14, Tel. 68/0963; *Fundación Defensores de la Naturaleza*, 7. Av und 13. Calle, Z 9, Edif. La Cúpula, Tel. 32/5064.

Ungeziefer

Besonders diejenigen, die sich auf ihrer Reise vom allgemeinen Touristenstrom wegbewegen, werden in *Comedors, Hospedajes* und anderen Orten ungewollte Bekanntschaft mit diversen Tierchen machen. Im Hochland sind es vor allem **Flöhe** *(Pulgas)*, die in Matratzen und Decken versteckt, ihre nächsten Opfer abwarten. Auch die drangvolle Enge

Brandrodung: Irreparable Schäden für die Zukunft

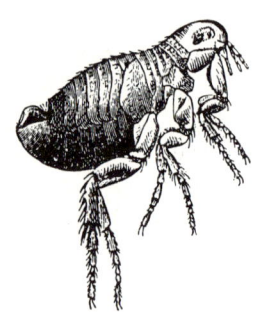

Moskitos sind die kleinen schwarzen *Zancudos* an der Pazifikküste. Sie lassen sich nur begrenzt von insektenabwehrenden Mitteln (wie z.B. Autan) abschrecken.

Skorpione sind zwar kein Ungeziefer, ein Stich kann aber unangenehme Folgen haben. Besonders um den Atitlán See herum gibt es viele dieser krebsartigen Spinnentiere. Sie halten sich tagsüber bevorzugt unter Steinen auf. Vorsicht beim Barfußlaufen!

Wer nicht gerade einen ausgedehnten Spaziergang durch ein Zuckerrohrfeld vorhat oder sich durch den Dschungel des Petén schlägt, wird in Guatemala wenig Bekanntschaft mit **Giftspinnen und Schlangen** machen.

in den Bussen ist eine gute Gelegenheit, das alte Nest zu verlassen. Die Bisse liegen meist dicht nebeneinander und rufen einen extremen Juckreiz hervor. *Pulgas* zu fangen, erfordert ein Höchstmaß an Geduld. Wer einen dieser winzigen Blutsauger erwischt hat, zerquescht ihn am besten zwischen den Fingernägeln. Anders sind sie kaum umzubringen. Eine Vorsorgemaßnahme ist häufiges Waschen der Kleidung.

Ebenso gehören die käfergroßen, schwarzen **Kakerlaken** *(Cucarachas)* zu den weniger liebenswerten Exemplaren der heimischen Tierwelt. Diese Allesfresser sind lichtscheu und sehr flink. Da es auch fliegende Ausgaben dieser Spezies gibt, empfiehlt sich, im Notfall ein Moskitonetz aufzuspannen. Sie beißen nicht und stechen nicht, sind aber unangenehm und ekelhaft. Besonders häufig treten sie in wärmeren Gegenden auf.

Am Pazifik- und Karibikstrand verhindern oftmals beißende **Sandflöhe** das Sonnenbad. Schlimmer als

Verkehr und Straßenverhältnisse

Es gibt ca. 3000 km asphaltierte Straßen in Guatemala, die von der Hauptstadt zu allen größeren Städten und an die Grenzen der Nachbarstaaten hinführen. Zum Teil weist der Asphalt jedoch mehr Löcher als Belag auf. Die Dörfer des Hinterlandes sind durch Erdstraßen miteinander verbunden, die in der Trockenzeit staubig sind und sich in der Regenzeit in gefährliche Schlammpisten verwandeln können. Die Straßen im Hochland sind kurvenreich und steil, was die Guatemalteken aber nicht unbedingt zu einer angepassten Fahrweise zwingt. Das halsbrecherische Anschneiden von Kurven gehört ebenso zur Praxis wie das Überholen an unübersichtlichen Stellen. Zu den atemberaubendsten Überholmanövern der Busfahrer zählt das Abschalten des Abblendlichtes in engen Serpentinen nach Einbruch der Dunkelheit.

Wer selbst einmal die Gelegenheit haben sollte, *mit einem Auto unterwegs* zu sein, braucht zu Anfang starke Nerven und Durchsetzungsvermögen. Die Hauptstadt ist der beste Trainingsplatz. Der Arm ersetzt den Blinker, Drängeln geht vor Warten, überholt wird, wo es Platz gibt, und die Hupe ist ohnehin immer im Einsatz. Mit einem (überspitzten) Wort: die Straßenverkehrsordnung funktioniert nach dem K.O.-Prinzip. Vorsicht vor Busfahrern, sie kennen kein Pardon!

Es dauert nicht lange, um zu begreifen, daß der Autofahrer in Gua-

Pan Americana bei Quetzaltenango

temala immer Vorfahrt hat. Die Überquerung einer großen Straße erfordert Konzentration, Unerschrockenheit und den Start auf dem richtigen Fuß im richtigen Augenblick. Fußgänger werden als Verkehrshindernis wahrgenommen und entsprechend behandelt. Die Existenz eines Zebrastreifens erschöpft sich in der lustigen Straßenbemalung mit weißen Balken...

Ausländische Autofahrer sollten einige *Warnschilder* kennen. Die häufigsten sind: *viraje obligado* (Abbiegen nur in Richtung des Pfeils), *frene con motor* (mit dem Motor bremsen), *derrumbes* (Erdrutsch) und *túmulos* (kleine Erdwälle, Schikanen). Die letzteren befinden sich häufig an Ortseingängen und sind leicht zu übersehen. Wer darüberdonnert, hat hoffentlich gute Stoßdämpfer und gepolsterte Sitze.

Ein Ast oder Zweig mitten auf der Straße ersetzt das Warndreieck bei Unfällen. Langsam fahren!

Bei längeren Touren in abgelegene Gebiete sollte man auf jeden Fall einen 4-Rad-Antrieb mieten und jede Möglichkeit nützen, vollzu*tanken.* In der allgemeinen Touristen-Landkarte sind Tankstellen *(Gasolineras)* eingezeichnet, doch darf man sich nicht unbedingt darauf verlassen, daß Treibstoff vorhanden ist. In Guatemala kommt es immer wieder zu Engpässen.

Zeit

Die Differenz zur mitteleuropäischen Zeit beträgt (ohne Sommerzeit in Deutschland) genau minus 7 Stunden. Das heißt, während wir in Guatemala um 15 Uhr eine Kaffeepause einlegen, ist für die Lieben zuhause um 22 Uhr der Tag schon beinahe zu Ende.

Zeitungen

Die beiden populärsten **Tageszeitungen** heißen *El Grafico* und *Prensa Libre*. Letztere ist mit einer Auflage von 88.000 Exemplaren die am meisten gelesene Zeitung in Guatemala. Daneben gibt es die Tagespresse *Sigloveintiuno*, die zwar vom Unternehmerverband *CACIF* finanziert wird, aber mit Abstand die beste Tageszeitung ist. Die liberale *La Hora* (Auflage 8000), erscheint nur nachmittags und ist kaum jenseits der Hauptstadtgrenzen erhältlich.

Eine lesbare **Wochenzeitschrift** ist die *Crónica*, professionelle Redaktion, mit Auslands- und Kulturberichten. Ebenfalls wöchentlich erscheint *Inforpress Centroamericana*, eine anerkannte Zeitung, die Meldungen von Nachrichtenagenturen und ausländischen Blättern verarbeitet und

sich an ein intellektuelles Publikum wendet. Information: 9. Calle "A" 3-56, Z 1, Guatemala Ciudad. Die liberale Zeitung *La Epoca* mußte ihr Büro wegen fortgesetzter Drohungen von rechter Seite 1989 schließen. Ebenso erging es der sowjetischen Nachrichtenagentur *TASS* nach einem Brandanschlag. 1992 schlossen sich einige mutige Journalisten des Landes zusammen und gründeten die Zeitschrift *Tinamit*. Sie kostet "solo un Quetzal" und nimmt auch bei äußerst heißen Themen kein Blatt vor den Mund. Eine großartige Zeitschrift! Das Auslandsabo kostet 40 $. (s. a. "Presse" S. 101)

Deutschsprachige Zeitungen und Zeitschriften gibt es in den großen und teuren Hotels der Hauptstadt (s. dort). In der deutschen Botschaft liegt die *Tribuna Alemana* aus, ein Pressespiegel, zusammengestellt aus deutschen Zeitungsberichten.

Zoll

Verboten ist die Ausfuhr von Antiquitäten und archäologischen Kostbarkeiten. Die Ausfuhr von Textilien bis 10 kg ist unproblematisch. Bei allen Paketsendungen nach Hause, zuerst mit offenem Paket zum Zoll gehen, Inhalt dort prüfen lassen. Dann zur Post und erst nach zweiter Sichtung durch den Postbeamten Paket zumachen.

Ein- und Ausfuhrbestimmungen gibt es bei der *Aduana Central* am Flughafen, Zone 13.

Maskentanz: Der Einfluß der spanischen Kolonisatoren ist überdeutlich.

Blütenpracht: Im "Land des ewigen Frühlings" blühen das ganze Jahr über Blumen.
Der große Regenwald des Petén ist ein Paradies immergrüner Üppigkeit.

Kirche: Seit rund 500 Jahren ist Guatemala katholisch. Doch altindianische Gebräuche, wie die Anbetung des "San Pascual" in Olitepeque (oben), sind noch lebendig. In San Andrés Xecul bemalen die Indígenas ihre Kirche in den Farben der Dorftracht.

Vulkane: Wie auf einer Kette aufgezogen, reihen sich die 33 Vulkane Guatemalas entlang der Kordillere. Die Gefahr, die von einigen, wie dem kleinen Santiaguito (Dept. Quetzaltenango) ausgeht, ist allen Guatemalteken gegenwärtig.

Indígenas: Der persönliche Zugang zu den eher verschlossenen Indígenas erfordert vom Besucher ein wenig Einfühlungsvermögen und Fingerspitzengefühl.

Regionen
und
Orte

La Capital -
Guatemala Ciudad

Der offizielle Werbeprospekt des guatemaltekischen Fremdenverkehrsbüros *INGUAT* verheißt dem Besucher "eine moderne Metropole, die von einer faszinierenden Vergangenheit auf dem Wege in eine vielversprechende Zukunft" ist. Was dazwischen liegt - die Gegenwart - läßt weder das Erste erahnen noch das Letzte erwarten.

Ankunft

Wie fast alle Hauptstädte der "Dritten Welt" nimmt auch die Hauptstadt Guatemalas eine herausragende Stellung innerhalb des Landes ein. Die *Capital,* wie sie die Guatemalteken nennen, ist der Wasserkopf eines Landes, das zentralistisch regiert und gesteuert wird. Hier leben Reichtum und Armut in unmittelbarer Nachbarschaft. Keine andere Stadt in Guatemala erlebt einen so ungehemmten Zuzug Landflüchtiger, der zu einem Größenwachstum der Stadt führt, mit die notwendigen infrastrukturellen Maßnahmen nicht Schritt halten. Schätzungen zufolge ist die 2 Millionen-Grenze bereits überschritten.

Die Hauptstadt steht dennoch hoch im Kurs. Eine kaufkräftige städtische Bevölkerung wirkt als immerwährende Anziehungskraft für Handel und Dienstleistungen. Eine Standortfrage also für das große und kleine Business, doch nur der macht gute Geschäfte, der sich in den Netzen der Hauptstadt zurechtfindet und die wirtschaftliche Dauerkrise des Landes übersteht. Das Heer der Arbeits- und Wohnsitzlosen beweist die Schwierigkeit einer Existenzgründung, an der heute nicht mehr nur Zuwanderer scheitern. Auch für den kleinen Mittelständler wird es immer problematischer, seinen Lebensstandard zu halten, während sich der Abstand zur nächsthöheren Schicht vergrößert.

La Capital. Korruptionsschmiede des Landes. Millionenbeträge verschwinden, und keiner weiß wohin. Regierung, Polizei, Militär und Großgrundbesitzer sitzen hier beieinander. Die Zeitungen berichten von zahllosen Raubüberfällen in der Stadt, in den besseren Wohnvierteln der Innenstadt werden die Wachen verstärkt. Die Angst um Hab und Gut führt zu Selbstschutzmaßnahmen. Der Revolver unter dem Jackett oder die Schrotflinte im Haus ersetzen die Polizei, die ohnehin im Ernstfall zu spät kommt, wenn sie überhaupt kommt.

Der Alltag in der Hauptstadt ist für unsere Begriffe unerträglich. Hunderte von ratternden und hupenden Bussen quälen sich durch die engen Straßen und hinterlassen in einträchtiger Konkurrenz mit dem gewöhnlichen Autoverkehr schwarze Wolkenberge aus Staub, Dreck und Ruß. An Tagen der Windstille legen sie sich bleiern über die Stadt. Inmitten dieses täglichen Verkehrschaos bewegen sich die *vendedores ambulantes* und verkaufen Bananen, Kek-

Guatemala Ciudad: Blick von der Panamericana ins Zentrum

se, Seifen und Zeitungen an Autofahrer oder stehen mit ihren Buden an den Kreuzungen. Der Job ist nicht ganz ungefährlich, da alles, was sich auf zwei Beinen bewegt, zum Freiwild degradiert wird. Vierbeiner haben eine äußerst geringe Lebenserwartung, was das Fehlen von streunenden Hunden erklärt, die sonst zum Erscheinungsbild Guatemalas gehören.

Ein Besucher wird nicht länger als nötig in der Capital bleiben wollen, obwohl sich gerade hier auf engstem Raum konzentriert, was die Problematik Guatemalas prägt: soziale Spannungen innerhalb einer Klassengesellschaft höchsten Grades, politische Inkompetenz in Regierung, Verwaltung und Wirtschaft sowie kulturelle Ungleichzeitigkeiten,

die auftreten, wenn über eine in Unterentwicklung gehaltene Metropole die Modernisierung und Gringoisierung (Amerikanisierung) hereinbricht.

Stadtgeschichte

Das Dilemma begann, als die Spanier nach der Zerstörung von "Santiago de Los Caballeros" - dem heutigen Antigua - in das 45 km westlich gelegene *Valle de las vacas* (Tal der Kühe) zogen, um dort auf einem breiten Plateau in 1500 m Höhe den bis dato vierten und letzten Versuch einer Hauptstadtgründung zu starten. In keinem anderen Land Zentralamerikas hatten die Conquistadoren derartige Probleme mit der Standortsuche nach einem geeig-

171

neten Platz für die Errichtung eines Zentrums.

1524, kurz nach der Ankunft der Spanier, ließ sich *Pedro de Alvarado* in *Iximché* nieder, das für drei Jahre die erste Hauptstadt Guatemalas wurde. Die Ruinen dieser einstigen Cakchiquel-Festung sind heute in der Nähe des Dorfes Tecpán zu besichtigen. Die zweite Hauptstadt im nahegelegenen Almolonga-Tal wurde 1541 von den Wassermassen und Schuttströmen des Vulkans Agua zerstört. Klima, Verkehrslage und landwirtschaftliche Nutzungsmöglichkeiten hatten sich aber als so günstig erwiesen, daß man nur ins benachbarte Panchoy-Tal umzog und hier in einem dritten Versuch eine der schönsten und prunkvollsten Städte innerhalb des kolonialspanischen Reiches gründete. Für mehr als 200 Jahre blieb Antigua ein Beispiel an kolonialer Baukunst, kirchlicher Machtentfaltung sowie ergebener Königstreue. Am 29. Juli 1773 legte ein Erdbeben die ganze Pracht in Trümmer.

Die erneute Verlegung der Hauptstadt erfolgte auf jenes Hochplateau, das von tiefen Erosionsschluchten (*Barrancos*) umgeben ist und als *Nueva Guatemala de la Asunción* offiziell seit 1776 existiert. Der Standort war nicht schlecht gewählt, die naturräumlichen Gegebenheiten vielversprechend. Die Stadt liegt inmitten zerschnittener Bergländer aus tertiären Vulkaniten, so daß der Eindruck eines Beckens entsteht. In einem geologischen Graben gelegen, der senkrecht die Nordost-Südwest

gerichtete Streichung der Sierra Madre durchbricht, bildet die Stadt einen natürlichen Durchgangsraum, der den Altantik mit dem Pazifik verbindet und markiert gleichzeitig die Wasserscheide zwischen den beiden Abdachungen. Die tiefen *Barrancos* sind zerschnittene Bimstuffdecken, also vulkanisches Lockermaterial, das durch Erosion fortgespült wurde. Heute hat sich die Stadt so weit ausgedehnt, daß einzelne Stadtviertel durch Barrancos getrennt werden und große Umwege nötig sind.

Guatemala ist die am höchsten gelegene Stadt Zentralamerikas. Ihre Lage in der gemäßigten Klimazone (*tierra templada*) der wechselfeuchten Tropen bedingt eine jährliche Durchschnittstemperatur von 17°-21° C. In der Tat ein angenehm warmes Plätzchen, verglichen mit den heißen Regionen der Küste und der Kälte des Hochlands. Die günstige siedlungs- und verkehrsgeographische Lage erkannten vor den Spaniern schon die Maya, wie die Ruinenfelder von Kaminaljuyú, einem religiösen Zentrum der frühen klassischen Periode, beweisen.

Stadtentwicklung

Die unverhältnismäßige Größe und Bedeutung der guatemaltekischen Capital im Vergleich zu den übrigen Städten des Landes hat ihre Wurzeln in der zentralen Funktion, die ihr von Beginn an von den Spaniern zugeteilt wurde. Einen "Dienst am Umland" gibt es auch heute nur unzureichend. Die Capital dient in erster Linie sich selber. Der guatemaltekische Capaleño lebt in ihr und von ihr und durch sie. Ansatzpunkt für Guatemala Ciudad war eine kleine Indianersiedlung namens *Ermita*, die 1773 ca. 1600 Einwohner hatte. Das Konzept der Stadtplaner war rein an funktionalen Gesichtspunkten orientiert, mit der Plaza als Zentrum und den sich ungeachtet der topographischen Gegebenheiten rechtwinklig schneidenden Straßenzügen, die das typische Schachbrettmuster ergeben. 1782 hatte die Capital bereits 13.000 Einwohner. Um den Bedarf an Nahrungsmitteln zu sichern, vergab die Stadt Gemeindeland zur Bebauung, blieb aber Eigentümer des Bodens. Damals lebten rund 13% Indígenas in der Hauptstadt, mit der Bevölkerungszunahme differenzierte sich jedoch mehr und mehr die soziale

Struktur der Stadt. Ende des 19. Jahrhunderts war die Bevölkerung auf 70.000 Einwohner angestiegen. Die Probleme wuchsen mit, nicht zuletzt deshalb, weil die Entwicklung der städtischen Lebensformen hinter dem Bevölkerungswachstum hinterherhinkte und infrastrukturelle Maßnahmen nur schleppend in Angriff genommen wurden.

Im Gegensatz zu anderen kolonialen Hauptstädten galt die Capital immer als unschöne Stadt mit groben Kopfsteinpflasterstraßen und wenig prunkvollen Gebäuden, Kirchen und Alleen. Vieles hat sich bis heute nicht geändert, doch muß man der Gerechtigkeit halber sagen, daß sich die Capitaleños einer Naturgewalt gegenübersehen, die Zweckmäßigkeit vor Schönheit setzt: Erdbeben. 1830, 1917, 1918 und 1976 führten die *terremotos* zu katastrophalen Zerstörungen. Nach

1918 durften nur noch ein- bis zweistöckige Häuser gebaut werden, was die niedrige Bauweise der Altstadt erklärt.

Heute ist die Capital eine Zweimillionenstadt. Prognosen zur Bevölkerungsentwicklung lassen Schlimmes für die nächste Zukunft befürchten. Von diesen zwei Millionen Menschen gehören schätzungsweise 5% zur Oberschicht, jeweils 15% zur oberen und unteren Mittelschicht und 65% zur Unterschicht, von denen etwa die Hälfte unter dem Existenzminimum leben. Die jährliche Zuwanderungsrate liegt bei 80.000-100.000 Menschen, die vor allem von den Hüttenvierteln aufgefangen werden. Die ältesten wie die *Colonia Abril, La Limonada* oder *El Mezcital* liegen heute durch die rasche Ausdehnung des Stadtgebietes in der Nähe der Altstadt.

Die Struktur der Hauptstadt

Anfang der 50er Jahre wurde die Gliederung des Stadtgebietes nach Zonen eingeführt. Dieses System wurde allgemein akzeptiert und auf alle größeren Städte und Ortschaften des Landes übertragen. Die Zonen sind nicht selten auch Grenzen zwischen sozialen Schichten. Die Hauptstadt besitzt heute **19 Zonen** unterschiedlicher Größe, die sich in ihrer Anordnung wie eine Schnecke um das Zentrum legen und von den Barrancos zum Teil zerschnitten werden. Man kann sich den Grundriß mit etwas Phantasie wie eine Krake mit auseinandergespreizten

Fangarmen vorstellen, auf deren Körperteile die Stadt gebaut ist.

Die **Straßen** der Hauptstadt sind eingeteilt in *Avenidas* und *Calles*. Dabei verlaufen die *Avenidas* von Süden nach Norden, während die *Calles* die Avenidas von Westen nach Osten rechtwinklig schneiden. Die Blöcke, die sich dadurch ergeben, heißen *Cuadras*.

Um eine **Adresse** zu finden, ist es vor allem wichtig, die Zone zu wissen, da sich die Straßennummern in jeder Zone von Neuem wiederholen. Z.B.: Hotel Colonial, 7a Avenida 14-19, Zona 1. Das Hotel befindet sich auf der 7. Avenida der Zone 1 zwischen 14. und 15. Calle, Hausnummer 19. Oder: Hotel Chalet Suizo, 14. Calle 6-82, Zona 1. Das Hotel befindet sich in der 14. Calle der Zone 1 zwischen 6. und 7. Avenida, Hausnummer 82. Das Suffix *a* nach den Nummern (4a Calle, 7a Avenida) ist gleichbedeutend mit unserem Punkt (4. Calle, 7. Avenida), den wir nach Ordungszahlen setzen. In Guatemala wird diese Schreibweise nicht einheitlich gehandhabt. Ich verwende im folgenden stets die europäische Schreibweise. Eine Ausnahme ist allerdings das Suffix von Groß-"A" (14. Calle "A"). Dies bedeutet kleine Parallelstraße zur großen mit derselben Nummer. In einigen Fällen gibt es noch Straßennamen wie "Avenida Reforma", "Calle Martí", "Boulevard Raul Aguilar Batres" usw. Dabei handelt es sich meist um große oder wichtige Straßen.

Als grobe **Orientierungshilfe** sollte man sich den Verlauf von ein paar

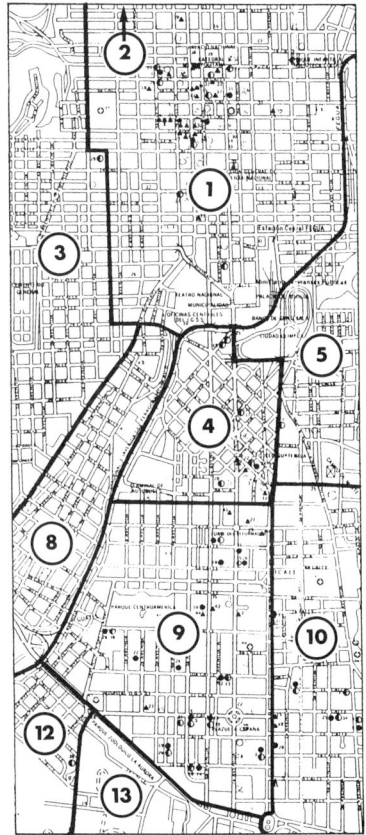

Die Zonen der Innenstadt

nenstadt. Die 8. Avenida ist wieder stadtauswärts orientiert. Die 10. Avenida dagegen verläuft ab Zone 4, wo sie als "Avenida Reforma" existiert, in beide Richtungen.

Hotels und *Hospedajes* besitzt die Hauptstadt in großer Zahl. Ich habe am Ende der Beschreibungen der einzelnen Zonen die meisten davon aufgeführt, außerdem Kneipen und Restaurants.

Restaurants und Kneipen

Alle großen und teuren Hotel haben natürlich auch *Restaurants,* wo man gepflegt essen kann. Die Zahl der Restaurants in der Hauptstadt ist unübersehbar. Ich kann nur eine kleine, aber feine Auswahl vorstellen. Abgesehen davon hat es mir in den *Comedors* der Märkte immer am besten geschmeckt, hier gab es zum einfachen und billigen guatemaltekischen Essen auch das originale Ambiente drumherum.

großen Avenidas merken, die sich durch den gesamten Innenstadtkern ziehen. Die 6. Avenida bringt den Innenstadtverkehr aus dem Zentrum heraus Richtung Flughafen. Die 7. Avenida verläuft dagegen in umgekehrter Richtung und bringt als Einbahnstraße den Verkehr in die In-

Auf den nächsten Seiten folgt der Stadtplan in drei Teilen von Nord nach Süd.

1 Parque Central mit Nationalpalast
   und Kathedrale
2 Mercado Central
3 Nationalkongreß
4 Museo Nacional de Historia
5 Hotel Ritz Continental
6 Hotel Pan American
7 Post
8 Pensión Meza (Travellerhotel)
9 Museo de Arte de Industrias Populares
10 Museo Francisco Vásquez
   (in der Kirche San Francisco)
11 Parque Concordia
12 Polizeihauptquartier
13 Hotel Spring
14 Posada Belén (Hotel)
15 Chalet Suizo (Hotel)
16 Hotel Coloniel
17 Mapa en Relieve
   (am Ende der 6. A venida, Z2)

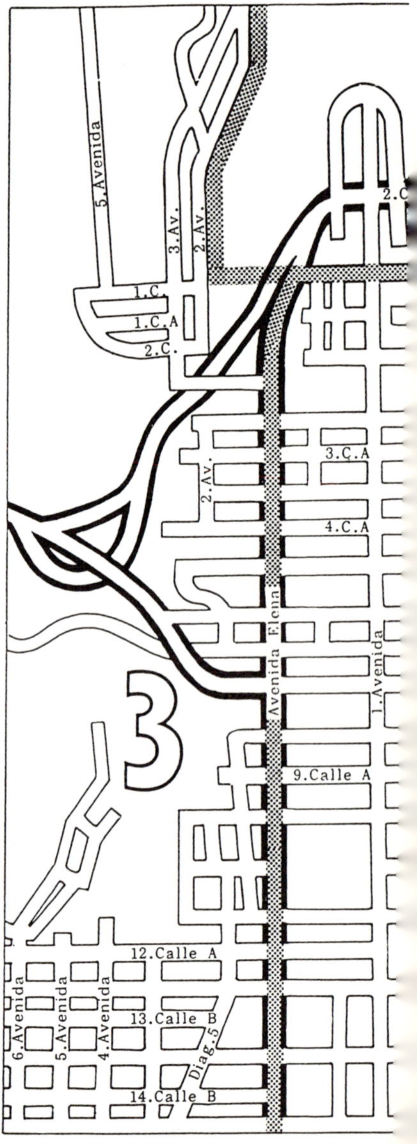

Guatemala
Ciudad
Nord

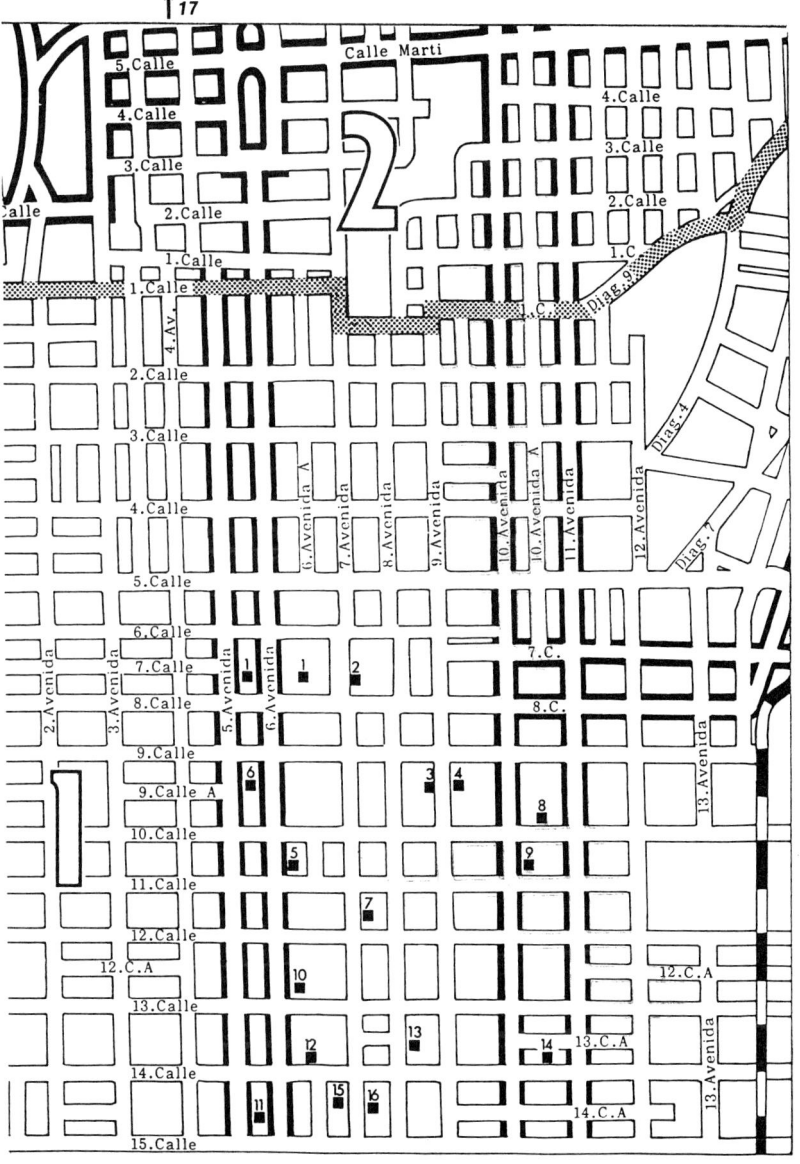

1 Galería El Tunel
2 Hotel Fenix
3 Zentralfriedhof
4 Nationaltheater
5 Bahnhof
6 Centro Cívico mit Municipolidad,
  Banco de Guatemala,
  Tourismusbehörde
7 INGUAT
8 Ciudad Olímpica
9 Hotel Conquistador Ramada
10 Hotel Plaza
11 Terminal (Busbahnhof)
12 Botanischer Garten

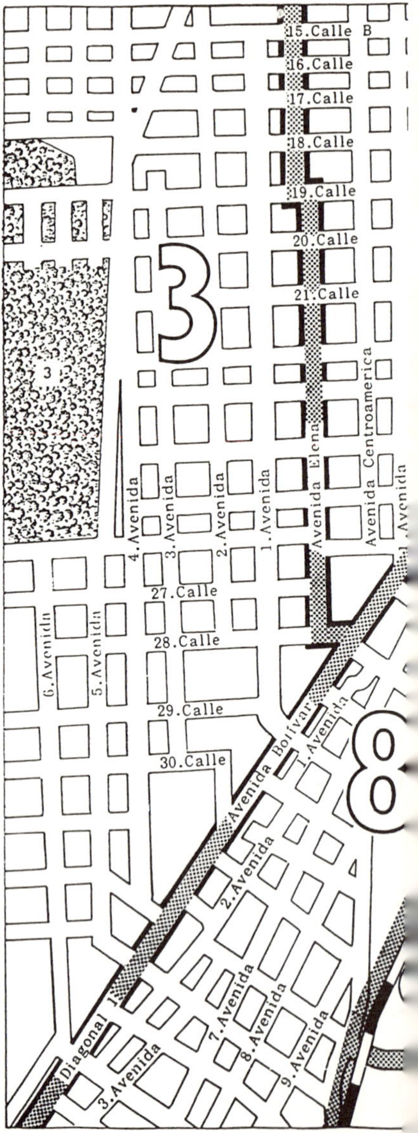

Guatemala
Ciudad
Mitte

1 Torre del Reformador
2 Parque Centroamérica
3 Museo Popol Vuh
4 Residencial Carillon (Hotel)
5 Zoo
6 Plazuela España
7 Galería Plastica Contemporaneo
8 Museo Nacional de Arqueología y Etnología
9 Museo Nacional de Arte Moderno
10 Museo Nacional de Historia Nacional
11 Flughafen
12 Hotel El Dorado
13 Hotel Camino Real
14 El Pueblito (Souvenirs)
15 Museo Ixchel del Traje Indígena (Trachtenmuseum)
15a Das Museo Ixchel del Traje Indígena wird in die 6. Calle final, Z 10 umziehen
16 Parque Independencia mit Obelisk
17 Deutsche Botschaft
18 Alameda Guest House (Hotel, 13. Av. 18-14, Z 10)

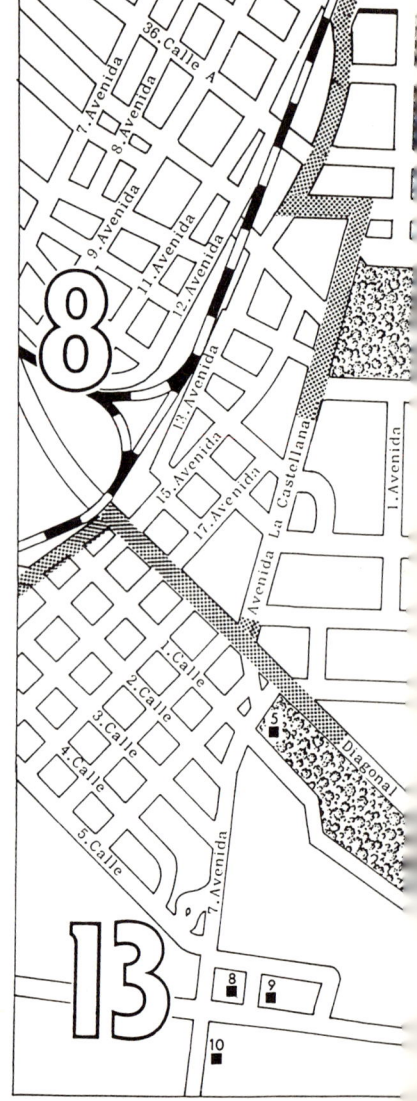

Guatemala
Ciudad
Süd

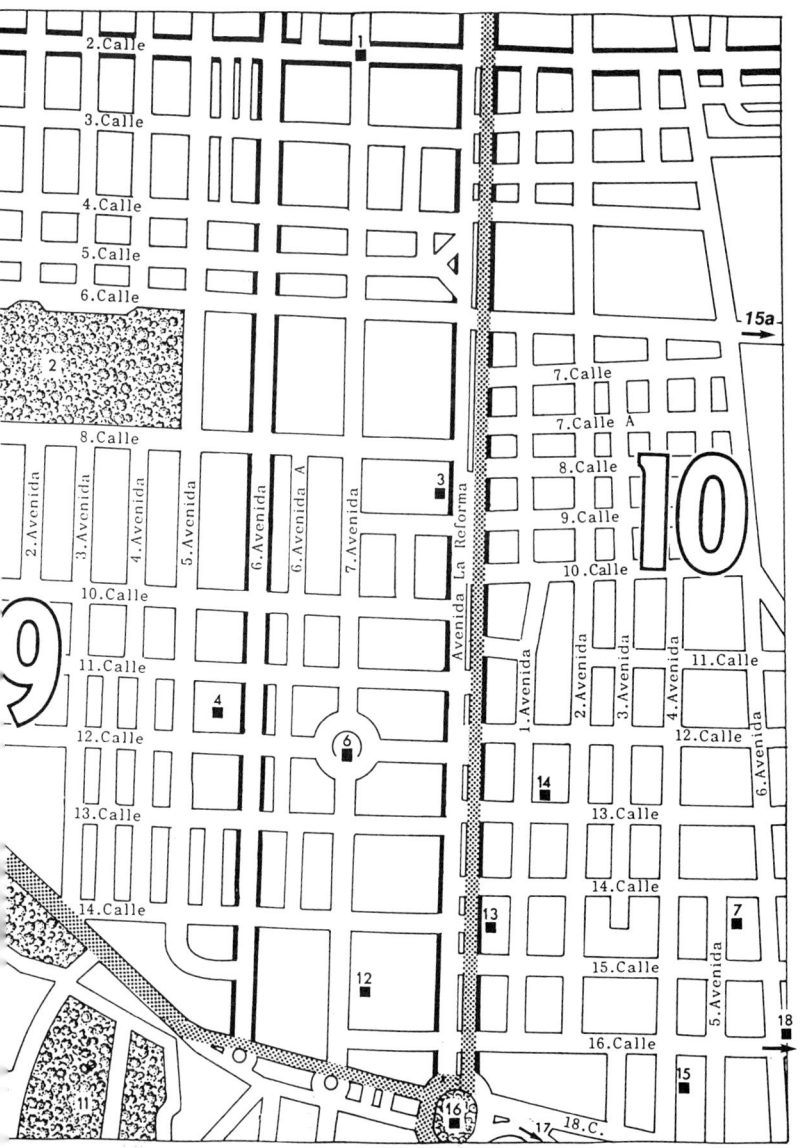

Zone 1

Die Zone 1 ist das *alte Kerngebiet* und Geschäftszentrum der Stadt, das den *Parque Central* mit *Nationalpalast, Kathedrale* und *Zentralmarkt* einschließt. Hauptgeschäftsachse ist die 6. Avenida, die innerhalb des Rechtecks zwischen 5. und 10. Avenida sowie 8. und 18. Calle das Herz der Zone 1 bildet. Hotels, Restaurants, Banken, Schulen, Kinos und Geschäfte drängen sich hier in dichter Bebauung, die zusammen mit dem Bus- und Autoverkehr, den Straßenverkäufern, Geldwechslern und Passanten eine bunte und lärmende Szenerie abgeben. Charakteristisch für die Zone 1 ist ihre niedrige Bauweise und geringe Modernisierung, die sie zu einem Geschäfts- und Einkaufszentrum zweiter Klasse degradiert. Die besser Verdienenden bevorzugen die international geprägten Einkaufsviertel der Zonen 9 und 10. Auch für viele Touristen besitzt die "Zona una" nur eine begrenzte Attraktivität. Sie ist zu laut, zu dreckig, zu unsicher.

Im Norden der Zone 1 befindet sich der *Parque Central*, durch den die 6. Avenida verläuft und ihn praktisch in zwei Teile zerlegt. Der östliche davon ist die *Plaza Mayor* oder *Plaza de Armas* mit einem Brunnen in der Mitte, der westliche Teil ist der *Parque Centenario* mit seiner Akustikmuschel. Beide Plätze waren früher mit vielen Bäumen und Grünflächen parkähnlich gestaltet. Auf dem Parque Centenario stand einst

Markt auf dem Parque Central, im Hintergrund der Nationalpalast

der *Real Palacio de los Capitanes Generales* (Königl. Palast der Generalkapitäne), und anstelle des Nationalpalastes erhob sich auf der Plaza Mayor der *Palacio del Ayuntamiento* (Stadtverwaltung). Beide Kolonialgebäude fielen dem Erdbeben 1917 zum Opfer.

Heute begrenzt die nördliche Seite des Parques der **Palacio Nacional (Nationalpalast),** der unter der Regierung *Jorge Ubicos* 1943 eingeweiht wurde, kurz vor seinem Sturz durch die Revolutionäre des Oktobers 1944. Der Nationalpalast ist eine Mischung aus spanisch-islamischem Mudéjar-Stil mit gotischen und klassischen Elementen. Er wirkt prächtig, monumental und luxuriös, besitzt vier Haupteingänge, 718 Türen und 386 Fenster aus feinstem

Nationalpalast: Innenansicht

Mahagoni, Marmorfußböden, Säulengänge, Türme und zahlreiche Innenhöfe (Patios). Die künstlerische Ausgestaltung übernahmen *Rodolfo Galeotti Torres,* Guatemalas berühmtester Bildhauer, der Maler *Alfredo Gálvez Suárez,* der die Wände gestaltete, und der Fensterkünstler *Julio Urruela Vasquez.* Der Nationalpalast ist ein Beispiel an Pflege und Sorgfalt, wie es keinem anderen Gebäude in Guatemala zuteil wird. Von der *Sala de Recepción* (Empfangshalle) aus werden alle Distanzen im Land berechnet. Die Fenster zeigen Szenen aus der Kolonialepoche. Die *Sala de Banquetes* (Bankettsaal) besitzt eine herrliche Kassettendecke. Der ganze Palast steckt voller kunstvoller Details.

Der Besucher kann sich ungehindert bewegen, wenn er die Kontrolle am Eingang passiert hat. Die Präsenz des Militärs im Gebäude spiegelt die politischen Machtverhältnisse des Landes wieder. Geöffnet Mo-Fr 8.00-16.30 Uhr.

Die Ostseite des Parques wird von der großen **Catedral Metropolitana** eingenommen, Bauzeit 1782-1815. Zwei mächtige Glockentürme beherrschen den Eingang. Im Inneren der Kathedrale befinden sich Bildnisse, Figuren und Altäre der besten Künstler des Landes. Viele dieser Kunstschätze wurden nach der Zerstörung Antiguas in die neue Hauptstadt gebracht. Die deutsche Orgel aus dem Jahre 1937 soll die beste in ganz Zentralamerika sein. Der fünfzehnte Erzbischof Guatemalas, *Mariano Rossell Arellano* (1894-1964),

Catedral Metropolitan

liegt hier begraben. Er trug mit seiner klerikalen Hetzkampagne wesentlich zum Sturz der demokratischen Regierung von 1945-54 bei. Geöffnet von 8-13 Uhr und 15-18 Uhr.

Neben der Kathedrale steht der ebenfalls im kolonialen Baustil errichtete *Palacio Episcopal* (Erzbischöflicher Palast). Er hat einen großen Innenhof.

Gegenüber vom Nationalpalast entlang der 8. Calle erstreckt sich das *Portal del Comercio* mit seinem schönen Arkadengang und vielen Läden und Ständen. Das Innere ist leider etwas heruntergekommen, hat aber trotzdem Atmosphäre. Hier hatte *Miguel Angel Asturias* sein Stammlokal.

Die Westseite des Parques, also gegenüber der Kathedrale am Parque Centenario, steht das moderne Gebäude der *Biblioteca Nacional*, das auf seiner Rückseite das *Archivo General de Centro América* beherbergt. Das 1846 gegründete Archiv ist eines der bedeutendsten Zentralamerikas und enthält die gesamte Dokumentation der Kolonialepoche, einschließlich des Originalmanuskriptes des spanischen Historikers *Bernal Díaz del Castillo* aus dem Jahre 1560 über die Geschichte der Conquista sowie die Unabhängigkeitserklärung von 1821. Nur etwa ein Fünftel der gesamten Papiere sind bisher klassifiziert und für Studien zugänglich. Diese einzigartigen und wertvollen Dokumente sind in einem erbärmlichen Zustand. Unachtsamkeit, Inkompetenz und Geldmangel haben dazu geführt, daß ein beträchtlicher Teil dieser unwiederbringlichen Manuskripte verloren, verkauft oder zerstört worden sind. Kaum zu glauben, aber es fehlt sogar an Schachteln, um die Dokumente einigermaßen sicher zu deponieren, wie die Wochenzeitschrift *Cronica* im September 1990 berichtete. "Das Problem ist auch", so der Direktor der Bibliothek, "daß man weder den Wert erkennt, den die Einrichtung hier hat, noch, daß sich die allgemeine Auffassung geändert hat, hier gäbe es nichts weiter als alte Papiere."

Hinter der Kathedrale liegt seit 1982 der **Mercado Central**, nachdem das alte Gebäude beim Erdbeben 1976 zerstört wurde. Heute ist er dreistöckig in die Tiefe. Hier gibt es die größte Auswahl an guatemaltekischen Souvenirs, einen großen Lebensmittelmarkt und viele Comedors, die über die Mittagszeit von den Arbeitern und Angestellten der Hauptstadt aufgesucht werden. Wer Guatemala erleben will, muß hier einmal gegessen haben! Von 6-18 Uhr geöffnet.

Östlich des Parque Central befindet sich die *Iglesia La Merced* (11. Avenida 5. Calle), die 1813 im neoklassizistischen Stil gebaut wurde und durch ihren barocken Innenraum besticht. Die kolonialen Altäre, Gemälde und Statuen wurden zum großen Teil von Antigua hierher gebracht. Die Kuppel der Kirche ist mosaikartig gestaltet. Geöffnet von 6-12.30 Uhr und 15-19 Uhr.

Sehenswert ist die *Iglesia Cerrito*

del Carmen (12. Avenida 2. Calle, wird auch *Ermita del Carmen* genannt) auf dem gleichnamigen Hügel nordöstlich des Parque Central, von wo man einen schönen Blick über den nördlichen Teil der Stadt und auf die Vulkane hat. Die erste Kapelle stammt aus dem Jahre 1620, mußte aber wegen etlicher Erdbeben neu konstruiert werden. Heute steht sie inmitten eines gepflegten Parkes. Sie enthält einen goldenen Altar und einen extravaganten, mit Spiegeleinsätzen verzierten Beichtstuhl. Die schön geschnitzte Holztür daneben sieht aus, als wäre sie so alt wie die erste Kapelle. Vor der kleinen Kirche steht ein runder Glockenturm. Geöffnet Mo-Sa 6-12 Uhr und 15-18 Uhr.

Am Fuße des Hügels lag einst die kleine Siedlung *La Ermita*, die Urzelle der Hauptstadt. Östlich des Cerro del Carmen beginnt das **Candelaria-Viertel,** wo 1899 *Miguel Angel Asturias* in der 13. Av. Norte Nr.13 geboren wurde. Ein Denkmal auf der Kreuzung Av. San José, 3. Calle erinnert an den guatemaltekischen Literaturnobelpreisträger. Mehr über ihn auf S. 96.

Südlich des Parque Central liegt das dichte Zentrum der Zone 1, das einige Sehenswürdigkeiten zu bieten hat. Aus den 40er Jahren stammt das prächtige Gebäude der **Post** (7. Avenida 12. Calle) mit seinem Patio, dem Brunnen, seinen schmiedeisernen Geländern und Mahagoniholzdecken. Ein Bogen überpannt die 12. Calle. Vom zweiten Stock aus hat man eine gute Sicht auf das

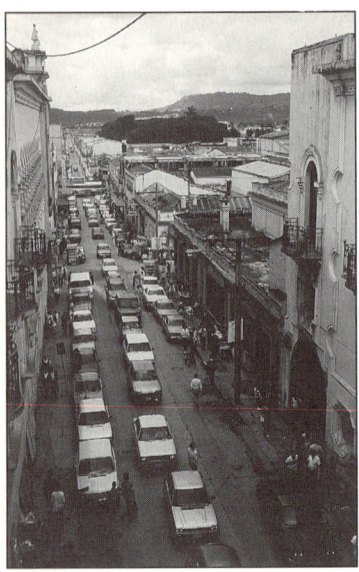

Blick in die 12. Calle: links das "barocke" Postgebäude

Treiben in den Straßen.

Die 7. Avenida ist die Straße des **Schwarzmarktes,** wo *haladores* Geldwechsler) die begehrten "dolares, dolares!" zu einem günstigen Kurs in Quetzales umtauschen. Das Geschäft läuft unter den Augen der Polizei ab. An jeder Ecke stehen die für Guatemala typischen *vendedores ambulantes* mit ihren kleinen mobilen Buden, wo sie Tacos, Hot Dogs, Zigaretten und natürlich *dulces* (Süßigkeiten) verkaufen. Der Zuckerkonsum Guatemalas ist um ein vielfaches höher bei uns, was die Unmenge der zugelassenen und nicht zugelassenen Zahnärzte im Land erklärt.

Die 6. Avenida *(La Sexta)* ist die laute, hektische Hauptgeschäftsstraße der Zone 1. Zwischen der 14. und 15. Calle befindet sich der *Parque Enrique Gómez Carrillo,* den die Capitaleños schlicht **Parque Concordia** nennen. Hier haben die Losverkäufer und Schuhputzer ihren festen Standort. Am Abend tritt oft eine Clowngruppe auf, oder Wunderheiler preisen ihre Wässerchen an. Man bekommt hier ein billiges Abendessen in einer der offenen Garküchen und kann sich einen gemütlichen Platz zum Schauen suchen. An der Ecke der 14. Calle steht der festungsähnliche Bau des **Polizeihauptquartiers**, ein ehemaliger Franziskanerkonvent. Vor dessen Eingang parkt die bundesdeutsche Polizeihilfe in Form von VW Golfs und Daimler-Benz-Geländewagen. Interessant ist vor allem die Anzahl der Autos, die bereits in Privatbesitz übergegangen sind...

In der **Iglesia San Francisco** an der Ecke zur 13. Calle befindet sich das kleine **Museo Fray Francisco Vásquez** mit Gemälden aus dem 18. und 19.Jahrhundert. Die Kirche wurde zwischen 1800 und 1851 im neoklassizistischen Stil erbaut. Geöffnet Di-Sa 8-12 Uhr und 15-18 Uhr, So 15-18 Uhr.

Ein anderes Bild bietet die 5. Avenida *(La Quinta)*. Von den Schaufenstern der Geschäfte ist wegen der **Textilhändler,** die ihre mit Plastikplanen überdachten Tische dicht an dicht auf den Bürgersteig reihen, nicht mehr viel zu sehen. Wie in der

ganzen Stadt bauen die Händler jeden Abend ihre Verkaufsstände ab
und jeden Morgen wieder auf. Sie
sind ein Teil des großen "informellen
Sektors", zu dem Schuhputzer, Autowäscher und -wächter, *Vendedores
ambulantes* und viele andere Klein-
gewerbler gehören, ohne die die
Stadt nicht überleben könnte.

Die 18. Calle, die sich zwischen der
5. und 10. Avenida platzartig erweitert, ist chaotisch wegen der vielen
Händler, dreckig und laut wegen der
ohrenbetäubenden Busse und gefürchtet wegen der kleinkriminellen
Umtriebe. Trotzdem finde ich die
Stimmung hier während der Däm-
merung um 18.00 Uhr immer besonders reizvoll, wenn der Arbeits-
tag für die Händler vorbei ist und für

die nächsten zwei Stunden eine Art
Straßennachtleben beginnt, wie es
das eben nur auf der 18. Calle gibt.

An der Ecke zur 9. Avenida befindet sich der ***Bahnhof***. Das große
Gebäude hat einen eigentümlich karibischen Charakter. Etwas weiter
oben zwischen der 6. und 7. Avenida steht der eintürmige ***Templo del
Calvario*** (eigentlich *Nuestra Señora
de los Remedios*). Früher stand hier
auf einem aufgeschütteten Hügel
das architektonische Juwel einer
Calvario-Kapelle mit 44 Treppen und
einer herrlichen Fassade, an die sich
alte Capitaleños mit Wehmut erinnern. Bis 1935 war hier ein Kolonial-
museum untergebracht. Dahinter
soll ein Bad namens *Laguneta del
Soldado* gewesen sein, wo die Soldaten des spanischen Forts San

5. Avenida: Plastiküberspannte Stände der Straßenhändler

José gebadet haben und - so erzählt man - ertrunken sind. Die Kapelle mußte 1947 der Verbreiterung der 18. Calle weichen. 1979 war die heutige Kirche Schauplatz einer aufsehenerregenden Besetzung durch 60 Campesinos, die gegen die unterlassene Lohnauszahlung ihres Finqueros protestierten. Die Polizei brach mit roher Gewalt eine der Türen auf, verhaftete die Bauern und nebelte die 18. Calle mit Tränengas ein.

In der 9. Avenida befindet sich zwischen 9. und 10. Calle der **Nationalkongreß** mit Parlament und Plenarsaal. Ungefähr 100 Abgeordnete aller Parteien beraten hier. Die Sitzungen sind öffentlich von Di-Do 10-15 Uhr. Nicht weit davon erstreckt sich das große Kolonialgebäude der **alten San Carlos Universität.** Der Campus wurde später in die Zone 12 verlegt. Ecke 9. Calle liegt das **Museo Nacional de Historia**, das die Geschichte des 19.Jahrhunderts in Guatemala präsentiert. Geöffnet Di-Fr 9-16 Uhr. Das **Museo Nacional de Artes e Industrias Populares** (10. Av. 10-72) stellt traditionelle guatemaltekische Kunst aus und hat dieselben Öffnungszeiten wie das Historische Museum.

Südlich der 18. Calle beginnt mit dem **Centro Cívico** ein modernes Viertel, das neben Büros, Ämtern und Ministerien die *Banco de Guatemala* einschließt. Zwischen ihr und dem Justizpalast befindet sich die **Municipalidad** (Stadtverwaltung) mit kunstvollen Reliefs an den Außenwänden und Gemälden von berühmten Künstlern wie *Carlos Mérida* und *Dagoberto Vásquez* im Innern. Thema der Darstellungen ist die Eroberung und die Zerstörung der Maya-Kultur.

Neben der Banco de Guatemala erhebt sich das Hochhaus von **INGUAT** *(Instituto Guatemalteco de Turismo).* Hier gibt es die Touristenlandkarte und Informationen. Ab und zu zeigt das INGUAT im Erdgeschoß eine Ausstellung.

Oberhalb der 6. Avenida liegt das **Teatro Nacional**, das nach dem guatemaltekischen Literaturnobelpreisträger *Miguel Angel Asturias* benannt ist. Das architektonisch eigenwillige Gebäude von *Efraín Recinos* besitzt die Form eines Schiffes in Blau und Weiß und wurde 1978 eingeweiht. Im Park wurde aus den Resten der ehemaligen Festung *Fuerte San José* eine **Freilichtbühne** konstruiert, die ein kleines Waffenmuseum enthält. Die Gegend um das Centro Cívico ist laut und geschäftig, kein Platz zum Ausruhen und Schauen.

In dem blauen flachen Gebäude unterhalb des Theaters sind die **Markthallen** der Stadt untergebracht, vor denen täglich Blumenverkäuferinnen aus San Juan Sacatepéquez sitzen. Sie sind das Lieblingsmotiv der Malerin *Ingrid Klusman,* die die **Galería de Arte El Túnel** (16. Calle 5-30) leitet. Die Galerie ist ein Besuch wert.

Hotels und Hospedajes (Zone 1)

●*Hotel Ritz Continental* 6. Av."A" 10-13, Tel. 81671-5. Luxusklasse mit komfortablen Zimmern, gutem Service, Pool, Restaurant und Bar.
●*Hotel Pan American* 9. Calle 5-63, Tel. 535991. Alt eingesessenes Hotel, modernisiert, den Bedürfnissen der Ausländer angepasst. Komfortabel, aber nicht luxuriös.
●*Hotel del Centro* 13. Calle 4-55, Tel. 80639. Modern, guter Service, teure Mittelklasse.

●*Hotel Colonial* 7. Av. 14-19, Tel. 26722. Mittelklasse. In der Nähe des Parques La Concordia. Kolonialstil mit Patio. Die Zimmer sind unterschiedlich gut, man sollte sich ruhig das beste aussuchen. Hier gutes Frühstück.
●*Posada Belén* 13 Calle "A" 10-30, Tel. 534530. Ruhig in einer Nebenstraße gelegen. Kolonialer Stil, hübsch restauriert mit schönen Zimmern. Besitzerin rechnet auf Dollarbasis ab.
●*Hotel Centenario* 6. Calle 5-33, Tel. 511215. Beim Parque Central.
●*Hogar del Turista* 11. Calle 10-43, Tel. 25522. Günstigere Mittelklasse, sauber.

●*Hotel Spring* 8. Av. 12-65, Tel. 26637 Beliebtes Hotel. Einfach, aber angenehm.
●*Chalet Suizo* 14. Calle 6-82, Tel.513786. Die altbekannte Travellerabsteige gegenüber der Polizei, hat sich gemausert und sich einen bürgerlichen Anstrich verliehen. Immer noch empfehlenswert. Man sollte jedoch kein Zimmer zur 6. Avenida raus nehmen. Neu ist das Café im Chalet Suizo.
●*Hotel Lito* 10. Calle 1-35, Tel. 25565. Gutes, kleines, empfehlenswertes Hotel.
●*Hotel Fenix* 7. Av. 15-81, Tel. 516625. Altes Hotel der Stadt, aber günstig, sauber und empfehlenswert. Hier steigen auch Guatemalteken ab.
●*Hotel Bilbao* 15. Calle 8-45. Angenehm, günstig und freundlich.
●*Hotel Lessing House* 12. Calle 4-35, Tel.513891. Kleines, aber akzeptables Hotel.
●*Hotel Ajau* 8. Av. 15-62, Tel. 20488. Sauber, einfach.
●*Pensión Meza* 10. Calle 10-17. Travellerabsteige. Etwas heruntergekommen und dunkle Zimmer, trotzdem beliebt, weil sich hier die Szene trifft.

Restaurants und Kneipen

●*Posada del Toboso* 11. Calle 6-33. Kolonialer Prachtbau in der Nähe des Ritz. Nicht von der protzigen Fassade abschrecken lassen, das Essen ist günstig und die Karte bietet eine große Auswahl an Fleisch-, Fisch- und Reisgerichten.
●*Los Cebollines* 6. Av. 9-75. Mexikanische Tacos, exzellente Liquados, herrlicher Avocadosalat. Auch 12. Calle 6-36, Z 9 an der Plazuela España.
●*Baviera* 7. Av. 12-46, 2.Stock, Eingang zum Hotel Maya Excelsior. Für alle, die nach den vielen Pollos, Carne asadas, Frijoles und Tortillas mal wieder ein Wiener Schnitzel oder ein Gulasch wollen. Hier gibt's dunkles Bier und eine angenehm ruhige Atmosphäre.
● *El Mesón de Don Quijote* 11. Calle 5-27. Spanisches Essen. Freitags Musik und Tanz, gute Stimmung.
●*Concierto de los 60* 7. Av. 9. Calle, Edificio El Centro. Kleine Kneipe, die Di-Fr ab 19 Uhr Livemusik der 60er Jahre bietet, Sa ab 14 Uhr.
●*Las Vegas* 12. Calle zw. 6. und 7. Av. Pizzeria, lockere Atmosphäre, ab und zu bühnenreife Livemusik von Travellern.
●*Canton* 6. Av. 14-29. Chinese.
●Mittags einfach mal in einen der vielen *Comedors* gehen, wo die Arbeiter und kleinen Angestellten billige Almuerzos (Mittagessen) bekommen.

Zone 2

Die Zone 2 ist die Verlängerung der Zone 1 in nördlicher Richtung und verwandelt sich oberhalb der Calle Martí in ein aufgelockertes Villenviertel. Für die meisten Touristen ist der Stadtrundgang beim Nationalpalast beendet, doch ist die Zone 2 ein umtriebiges Viertel mit einigen Sehenswürdigkeiten.

Hier befindet sich im **Minerva-Park** die **Mapa en relieve**, eine 1800 m^2 große Reliefkarte Guatemalas mit 5-fach überhöhter Vertikale, durch die Gebirgszüge und Vulkanketten überdeutlich zu erkennen sind. Besser als Landkarten es je zeigen könnten, veranschaulicht das Relief die Besonderheiten der Topographie Guatemalas. Ich habe jeden Besuch erst einmal hierher gebracht und die Erfahrung gemacht, daß daraufhin alle die unterschiedlichen Landschaften Guatemalas während des Reisens viel besser einordnen konnten. 1903 erhielt der Quetzalteco *Francisco Vela* (1859-1909) von Präsident *Manuel Estrada Cabrera* den Auftrag, zum alljährlichen Minerva-Fest einen Teil des Parkes zu gestalten. Mit einem Maulesel und zu Fuß durchquerte er das Land, vermaß, rechnete und zeichnete. Eine Fotodokumentation auf den beiden Aussichtstürmen zeigt ein paar verblasste Momentaufnahmen aus dieser Zeit.

Der Minerva-Park ist auch als *Hipodrómo del Norte* bekannt, weil hier seinerzeit Pferderennen veranstaltet wurden. Hier stand einst ein großer Minerva-Tempel, die unter *Cabrera* (1898-1920) im ganzen Land wie Pilze aus dem Boden schossen. Er war beseelt vom Geist der hellenistischen Kultur und zwang an jedem letzten Oktobersonntag des Jahres Schüler und Lehrer zu einem Marsch durch die Innenstadt. Dieser endete mit pompösen Feierlichkeiten, Ansprachen und Lobeshymnen auf den wohltätigen Diktator unter jenen Tempeln, die als griechische Säulentempel in allen größeren Städten des Landes heute noch nutzlos herumstehen. 1953 ließ die Regierung den hiesigen Minerva-Tempel sprengen.

Der Park ist die Endstation des Busses Nr.1. Eine Zusteigemöglichkeit gibt es auf der 5. Avenida.

Zone 3

Die Zone 3 liegt westlich der Altstadt und ist als äußerer Innenstadtbezirk seit je her Ausbreitungsgebiet der Mittelschicht gewesen. Im Laufe der Zeit erfolgte eine soziale Abwertung der Zone durch die Entwicklung von Armenvierteln. Hier befindet sich heute die **Müllhalde** der Hauptstadt. Wer einmal die Gelegenheit hat, die Stadt von oben zu betrachten, dem wird auffallen, daß sich von der Zone 3 die Rauchwolken eines nie endenden Schwelbrandes nach Osten schieben. Die Capital produziert jeden Tag ca. 1400 Tonnen Müll, der unsortiert in einen *Barranco* geworfen wird. Hier leben die *Guajeros* mitten auf der Halde und suchen nach Verwert- und Verscherbelba-

Blick auf Zone 4 mit ihren Diagonalen

rem. Recycling à la Dritte Welt. Ihre elenden Hütten aus Wellblech und Pappe sind immer wieder das Opfer von erbarmungslosen Räumkommandos der Stadtverwaltung. Die Müllentsorgung in der Hauptstadt wird zu einem großen Teil mit bundesdeutschen Müllwagen organisiert.

Da mag es wie eine Ironie des Schicksals anmuten, daß sich neben dem Müllplatz der große **Cementerio General** (Hauptfriedhof) befindet. Er ist eine Attraktion ganz besonderer Art und übertrifft den Parque Central um ein Vielfaches an Größe. Hier gibt es Gräber aller in Guatemala lebenden Nationen. Hier sind Präsidenten, Politiker, Fabrikanten und Künstler beerdigt. Je reicher die Familie, desto ausgefallener das

Grab. Diejenigen, die schon zu Lebzeiten weniger begütert waren, liegen schubladenartig übereinanderbestattet in meterlangen Mauern, die Schrankwänden gleichen. Der individuelle Blumenschmuck eines jeden Grabes, die Buntheit und die Vielfalt ihrer Erscheinung ist ein Erlebnis. Ein Besuch lohnt sich! In die Zone 3 fahren die Busse Nr. 96, 97 und 63.

Zone 4

Eingekeilt zwischen der Altstadt und den "besseren" Vierteln der Zone 9 und 10 im Süden, nimmt die kleine Zone 4 durch ihren ausgefallenen Straßengrundriß eine Sonderstellung ein. Es scheint, als habe sie eine Drehung um 45° vollzogen und, um

191

Cementerio General (Z3): Gräber bis zum Himmel

ihre Besonderheit herauszustreichen, die Straßen *vias* und *rutas* genannt. Ein Teil dieser Zone ist durch die systematische Aufschüttung eines *Barrancos* entstanden. Hauptachse ist die *Sexta* (6. Avenida).

Die Zone 4 ist tagsüber ein modernes Geschäftsviertel, nach Einbruch der Dunkelheit aber beginnt hier das Leben in den **Nachtclubs, Striplokalen** und diversen anderen Etablissements.

Das **Centro Comercial** ist ein großer Bürokomplex mit einem modernen Einkaufszentrum. Dasselbe gilt für die Komplexe **El Triángulo** und **El Patio** auf der 7. Avenida, wo man einige nette Cafés und Restaurants findet.

Nicht weit davon, in der Ruta 6, Via 8, steht die wohl ausgefallenste Kir

che der Hauptstadt: die **Capilla Yurrita** (eigentlich *Nuestra Señora de las Angustias).* Von einer Familie 1928 als privates Gotteshaus angelegt, ist sie eine Mixtur verschiedenster Stile und heute der Öffentlichkeit zugänglich. Das Kreuz auf ihrer Turmspitze steht seit dem letzten Erdbeben gefährlich schief.

Genaugenommen schon in Zone 10 am Kreisverkehr mit Obelisk und Beginn der Avenida Reforma (10. Avenida 1. Calle) liegt der Eingang zum **Museo de Historia Natural y Jardín Botánico** (Museum und Botanischer Garten). Der Garten ist eine grüne Insel inmitten der Großstadt. Es ist erholsam und entspannend, unter den Palmen, Fruchtbäumen und Exoten zu schlendern, die man auf der Reise durch Guate mala antreffen wird. Museum geöffnet Mo-Fr 8-12 Uhr und 14-18 Uhr. Botanischer Garten geöffnet Mo-Fr 8-15 Uhr.

Mehrere Blocks groß und ständig erfüllt von ankommenden oder abreisenden Händlern, Pendlern und Touristen liegt der *Terminal* in der Südwestecke der Zone 4. Der Busbahnhof und Markt ist wichtiger Dreh- und Angelpunkt, was die Verbindung der Hauptstadt mit dem Rest des Landes betrifft. Von hier aus fahren Camionetas in alle Richtungen mit Ausnahme der Erster-Klasse-Pullman-Busse, die eigene Terminals haben. Die Einheimischen warnen Touristen gerne vor dem großen Terminal, der für unser Empfinden das Chaos schlechthin ist. Man sollte wirklich gut auf sich und seine Sachen aufpassen und den Terminal bei Dunkelheit absolut meiden.

Hotels und Restaurants (Zone 4)

• *Hotel Conquistador Ramada* Vía 5 4-68. Luxusklasse der Ramada-Kette.
• *Hotel Plaza* Vía 7 6-16. Teure Mittelklasse, modern.
• *Alicante* 7. Av. 7-46. Spanisch, umfangreiche Speisekarte mit viel Fisch-Variationen.
• *Pizzeria Vesuvio* 6. Av. 6-42. Hier gibt es die besten Pizzas Guatemalas, original neapolitanisch aus dem Holzofen. Einfache Kneipe mit guter Atmosphäre. Schließt allerdings um 22 Uhr. Hat eine länger geöffnete neue Zweigstelle in der 18. Calle, Z 10 in der Nähe des Ixchel Museums.
• *Gran Comal* 6. Av. Ruta 6. Guatemaltekisch im Hüttenstil, offener Kamin, abends Livemusik. Sehr billiges Almuerzo.
• *Café Teatro La Barraca de Don Pepe* Ruta 5, 8-42. Fr. u. Sa bis 21 Uhr. Spanische Küche. Sonntags Kindertheater.

Zone 5

Die etwas heruntergekommene Zone 5 ist ein Kleinbürgerviertel mit kleinen Lebensmittelläden, Werkstätten und Dienstleistungsbetrieben. Hier leben Handwerker, Arbeiter und Angestellte der mittleren und unteren Einkommensgruppe. Dem Touristen bietet die Zone nicht sehr viel.

Erwähnenswert ist ein großes Gelände mit Stadion, Arena, Schwimmbecken und Tennisplätzen, das die Guatemalteken ein wenig überheblich *Ciudad Olímpica* (Olympische Stadt) nennen. Der Sport besitzt in Guatemala einen außerordentlich hohen Stellenwert, sodaß *Futbol*- und *Beisbol*-ergebnisse manch politisches Ereignis in den Schatten stellen können.

Unterhalb der 13. Avenida im *Barranco des Río Barranquilla* liegt eines der ältesten *Slumviertel* der Capital, die *La Limonada*. Sie zählt durch die Hilfsmaßnahmen von seiten der Regierung und privater Initiativen schon zu den privilegierteren Hüttenvierteln mit einigen befestigten Straßen, Strom- und Trinkwasserversorgung.

Die Maras

Nach Ansicht der Politiker, Kirchenleute und Journalisten sind sie das Ergebnis des wachsenden Einflusses nordamerikanischer Kultur in Mittelamerika. Die Evangelistenbewegung in Guatemala sieht in ihnen gar die Verkörperung des Antichristen, made in USA, der gekommen ist, die guatemaltekische Gesellschaft mit Sex, Drogen, Prostitution und Satanismus zu verunreinigen. Die ihnen zur Last gelegten Verbrechen reichen vom Handtaschenraub bis hin zum Menschenhandel und Mord.

Die Rede ist von den "Maras", Kinder- und Jugendbanden, die sich in der Hauptstadt zu Gruppen organisiert haben und sich so schillernde Namen geben wie "Angeles Infernales" (teuflische Engel), "Las Brujas" (Zauberinnen), "Las Cobras" (Kobras) oder "Miau, Miau". Ihre Mitgliederzahl schwankt zwischen 40 und 100, der größte Teil ist 12-15 Jahre alt, und sie kommen fast ausschließlich aus zerrütteten Familien der städtischen Unterklasse. Der guatemaltekischen Polizei sind diese Straßenkinder ein Dorn im Auge. Inzwischen ist offiziell bestätigt, daß Polizeikräfte an zahlreichen Kindermorden auf den Straßen Guatemalas beteiligt waren.

Die Maras entstanden 1985 während der von Studenten initiierten Streiks und Demonstrationen gegen die Fahrpreiserhöhungen der Busgesellschaften. Sie haben die einstigen Jugendbanden der "pandillas callejeras" ersetzt, die unter der Militärherrschaft von Rios Montt fast vollständig von der Straße verschwunden sind.

Für die jungen Mitglieder ist die Gruppe Familienersatz und ein Ort, wo sie Solidariät und Respekt erfahren. Je unfähiger sich die verantwortlichen Politiker bei der Lösung sozialer Probleme in der "Capital" erweisen, desto mehr Kinder und Jugendliche suchen Kontakt zu den Maras, die sich gerne als "Rebeldes" bezeichnen. Ihre Philosophie ist denkbar einfach und läuft auf eine selbstorganisierte Umverteilung von Geld und Gut hinaus. Es gibt Spezialisten im Taschenaufschlitzen, Scheibenzerschneiden und Autoknacken. Sie verkaufen Pässe, Drogen und heiße Ware, für die es offiziell-inoffizielle Märkte in der Hauptstadt gibt. Dabei verdienen die Maras mehr als das Zehnfache dessen, was sie als Zeitungsverkäufer, Autowäscher oder Handlanger verdienen würden. Die Gewalt, die sie bei ihren Raubzügen anwenden, ist die Kopie der politischen Kultur des Landes und ein Ausdruck der allgemeinen Militarisierung der Bevölkerung.

Die "Reviere" der Maras befinden sich vor allem in der Zone 1. Besonders in der 6. Avenida und der 18. Calle sollte man auf seine Taschen etwas mehr achtgeben.

Zone 7

Viel ist vom einst 5 km² großen "Hügel des Todes", der präkolumbischen Mayastätte *Kaminaljuyú* aus dem Frühklassikum, nicht mehr übrig. Auf den 13 Ballspielplätzen, 200 Pyramiden und Tempeln befinden sich heute die Wohnhäuser der guatemaltekischen Mittelschicht, die sich bis an die *Ausgrabungsstelle* vorschieben und eine ausgedehnte Freilegung dieses wichtigen Zeremonialzentrums verhindern. Die Architektur der Pyramiden und die Art der ausgegrabenen Keramikfunde haben ergeben, daß *Kaminaljuyú* in enger Verbindung mit Teotihuacán in Mexiko stand. Man spricht sogar von einem Außenposten während der Blütezeit um 400 v.Chr., da ein reger Austausch von Handelswaren zwischen beiden Stätten nachgewiesen wurde. Zu erkennen sind heute nur noch mit vulkanischem Gestein verkleidete Lehmziegel

(Adobes), die Teil der mehrmals überbauten Pyramiden waren. Sämtliche Fundstücke befinden sich im Museum für Archäologie und Ethnologie in der Zone 13. *Kaminaljuyú* ist täglich geöffnet von 9-16 Uhr. Bus Nr. 33 fährt ab 4. Avenida, 16. Calle hierher.

Zone 9

Zusammen mit dem westlichen Teil der Nachbarzone 10 spricht man hier vom Reformagebiet, da die alte Prachtstraße Avenida La Reforma beide Zonen miteinander verbindet. Bereits in den 20er Jahren hat sich hier ein *Villengebiet* der besser gestellten Schichten etabliert. Eine aufgelockertere Bauweise und ein internationaleres Ambiente sind die Hauptmerkmale der Zone 9. Hier gibt es große Hotels, gute Restaurants und interessante Museen.

Der *Torre del Reformador* überspannt die 7. Avenida an der Kreuzung 2. Calle. Ihn hat *Ubico* in den 30er Jahren zu Ehren des liberalen Reformators von 1871, *Justo Rufino Barrios*, aufstellen lassen. *Ubico*, dem nachgesagt wird, daß er sich seit der Militärschule für den zweiten Napoleon hielt, hatte eine Schwäche für alles Französische. Glanzstück ist diese groteske Nachbildung des Pariser Eiffelturmes, die jedoch als Orientierungsmarke recht nützlich ist, da der Torre von vielen Stellen der Stadt aus sichtbar ist.

Weiter südlich befindet sich das neuerrichtete *Museo de Arte Contemporáneo*, 7. Av. 8-35, ein Muse-

Guatemalas "Eiffelturm"

um für zeitgenössische Kunst, das die Werke der besten Maler und Bildhauer Guatemalas ausstellt. Die Kulturvereinigung *Paiz* prämiert alljährlich während der *Bienale de Arte Paiz* die besten Arbeiten mit den begehrten *Glifos* in Gold, Silber und Bronze. Geöffnet Di-Sa 9-17 Uhr und So 9-14 Uhr.

Eines der sehenswertesten Museen ist das *Museo Popol Vuh* (Avenida La Reforma 8-60, Edificio

Galerías Reforma, 6.Stock). 1978 übergab die Familie *Castillo* ihre Maya- und Kolonialkunstsammlung der Francisco Marroquin Universität. Die sieben Räume des Museums enthalten außer Keramiken, Skulpturen und Zeremonialgeräten auch Masken, Kostüme und Schmuckstücke aus allen Teilen Guatemalas. Besonders die spätklassischen Urnen aus dem Ixil (Dept. El Quiché) und die Weihrauchgefäße vom Grunde des Amatitlán Sees sind sehenswert. Wer womöglich nie in den Genuß kommt, eine indianische Fiesta des Hochlandes mitzuerleben, kann hier die traditionellen Kostüme des *Baile de La Conquista* (Eroberungstanz) bewundern. Die Bibliothek des Museums enthält ca. 2000 Bände aus den Bereichen Archäologie, Geschichte, Anthropologie, Kunst und Folklore. Außerdem organisiert das Museum **Exkursionen zu Mayastätten.** Geöffnet Mo-Sa 9-17.30 Uhr.

Die 7. Avenida mündet auf Höhe der 12. Calle in die runde **Plazuela España** ein, in deren Mitte ein über 200 Jahre alter Brunnen steht. Er wurde anläßlich der Krönung *Karls III. von Spanien* im Jahr 1789 aufgestellt. Damals zierten sein Denkmal und die spanische Flagge den turmähnlichen Brunnen. Man sagt, daß die Statue des Königs aus einem Stein gehauen war und die Arbeiter acht Tage dazu brauchten, sie mit zehn Gespannen Ochsen in die Hauptstadt zu bringen. Nach der Unabhängigkeit 1821 entledigte sich das guatemaltekische Volk dieser

Statue. 1933 ließ *Ubico* den Brunnen auf die Plazuela verlegen. Es war eine Zeit, als unter dem Brunnen die Marimba-, Gitarren- und Trompetenklänge zu hören waren und man die Musik der *Mariachis* für eine Serenade unter dem Balkon der Angebeteten mieten konnte. Heute sind *Mariachis* selten geworden.

Zone 10

Die Capitaleños nennen die Zone 10 *Zona viva,* da es hier am Abend in den Restaurants, Bars und Discotheken lebendig wird, im Gegensatz zur Altstadt, wo sich nach Einbruch der Dunkelheit die Straßen entvölkern. Geschäfts- und Verwaltungsgebäude, Botschaften (unübersehbar die **Amerikanische Botschaft** Ecke 7. Calle), Hotels und Wohnhäuser der Oberschicht prägen das Viertel östlich der Reforma. Die Mieten für eine Wohnung in der Zona *viva* sind astronomisch hoch und müssen zum Teil in Dollar bezahlt werden. Die Zonen 9 und 10 sind ein klassisches Beispiel für den Prozeß der Suburbanisierung, d.h. die Entwicklung eines Geschäfts- und Wohnzentrums außerhalb des Kerngebietes. Diese setzte in der Capital bereits Ende des vorigen Jahrhunderts mit der Abwanderung reicher Landbesitzer und Unternehmer an den Stadtrand ein.

Von Zone 4 bis Zone 13 zieht sich die 2,5 km lange ehemalige Prachtstraße **Avenida La Reforma** heute sechsspurig durch das Reformaviertel. Nach mexikanischem Vorbild ließ

1896: Enthüllung des Granados-Denkmals auf der Avenida La Reforma

Rufino Barrios eine Allee anlegen, die er mit Kasernen, Denkmälern und Statuen versah.

Nicht weit vom *Camino Real,* dem teuersten Hotel der Stadt, befindet sich das **Museo Ixchel del Traje Indígena** (4. Av. 16-27), das eine einzigartige Sammlung indianischer Trachten aus Guatemala besitzt. Das Museum, das seinen Namen der Mayagöttin der Weber verdankt, besteht seit 1973 und hat sich zur Aufgabe gemacht, die Kultur der Indígenas zu erforschen, auszustellen und zu bewahren. Hier erfährt der Besucher viel über Webtechniken, Materialien, Farben und Symbole der verschiedenen Trachten. Hier gibt es eine wechselnde Ausstellung von folkloristischen Malern und Malerinnen. Die Aquarelle von *Carmen de Pettersen* sind bereits fester Bestandteil des Museums. Geöffnet Mo-Fr 8.30-17 und Sa 9-13 Uhr (Zieht in die 6. Calle final um).

Zwei Galerien in der Zone 10 sind empfehlenswert: Die *Plastica Contemporáneo* (14. Calle 5-08) verkauft Bilder zeitgenössischer Künstler, von denen viele bereits internationale Anerkennung erworben haben, wie *Rolando Pisquiy, Alfredo García, Efraín Recinos* oder *Rolando Sanchez.* Die Galerie *El Dzunun* (1. Av. 13-51) verkauft Werke des bekannten *David Ordoñez,* dessen Thema die indianische Kultur ist. Seine Bilder hängen in vielen Banken und Büros der Hauptstadt. Originale gibt es ab 1000 Dollar aufwärts. Angeschlossen ist eine Edelboutique mit indianischen Stoffen.

Günstigere Souvenirs gibt es im **El Pueblito** (1. Av. 13. Calle), einem Arrangement von kleinen Läden in gartenähnlicher Umgebung. Recht nett für einen Bummel und einen Kaffee. Überhaupt ist die Zone 10 empfehlenswert, für alle, die dem Dreck und Lärm der Zone 1 entfliehen und einfach mal in Ruhe ein bißchen spazierengehen wollen.

Hotels (Zone 9 und 10)

●*Hotel Camino Real* Av.La Reforma 14. Calle, Z 10. Das teuerste Hotel der Stadt. Die Bar und das Café Viena sind auch für Nicht-Hotelgäste geöffnet.
●*Hotel El Dorado* 7. Av. 15-54, Z 9. Luxusklasse, alles perfekt.
●*Hotel Guatemala Fiesta* 1. Av. 13-22, Z 10. Hier kann auch nur feiern, wer das Geld dazu hat.
●*Hotel Villa Magna* 1. Av.12-46, Z 10. Neue Konkurrenz.
●*Hotel Cortijo Reforma* Av. La Reforma 2-18, Z 9. Es ist das "billigste" in der Luxusklasse.
●*Hotel Villa Española* 2. Calle 7-51, Z 9. Teure Mittelklasse im Kolonialstil. Kleine Zimmer.
●*Alameda Guest House* 13. Av.17-14, Z 10. Ruhig gelegen hinter hohen Mauern, von alter Dame geführt. Wie alles in der Zona ist viva auch dieses gemütliche Hotel teuer. Nicht luxuriös. Tel. 682281
●*Hotel Residencial Carillon* 5. Av.11-25, Z 9. Etwas günstiger. Kleines, gutes Hotel.

Restaurants

Das *Reforma-Viertel* bietet zweifellos die beste Unterhaltung für den Abend. Der Bus Nr.2, 20 und 5 schwarz (vor der 12. Calle aussteigen) fahren u.a. in die Zone 9 und 10.
●*La Tertulia* Av.Reforma 10-31, Z 10. Mein Lieblingsrestaurant, wenn ich auf ein gepflegtes und großes Mittagessen Lust hatte. Vier Gänge, aber billig. Große Speisekarte, gut bürgerlich.
●*Siriaco's* 1. Av. 12-16 Z 10. Bar und Restaurant. Intellektuelle Atmosphäre und französisches Essen. Etwas teurer.
●*La Estancia* Av. La Reforma 6-89, Z 10. Das beste Steak-Restaurant der Zona Viva.
●*Puerto Barrios* 7. Av. 10-65, Z 9. Fischspezialitäten in einem Restaurant, das wie ein Schiff aussieht.
●*Kloster* 6. Calle und 6. Av, Edif. Tivoli, Z 9. Ein ausgezeichnetes schweizerisches Käsefondue in rustikaler Umgebung gibt es hier und im Hotel Villa Magna, Z 10 (s.o.)
●*Celeste Imperio* 7. Av. 9-99, Z 9, guter Chinese.
●*Casting Café* 12. Calle Edif. Reforma Motúfar. Billiges, aber gutes Mittagessen.
●*El Tamal* 6. Av. 14-49, Z 9. Guatemaltekisches Essen mit Tamales und Atol, aber nüchterne Atmosphäre.
●Im *Café Zürich* 6. Av. 12-52, Z 10 gibt es ein gutes Frühstück, herrlichen Kaffee und Kuchen. Auch im Mol-Einkaufszentrum 12. Calle 1-28, Z 9.
●Auch sehr gut und schweizerischer Prägung ist das Café *Los Alpes* 10. Calle 1-09, Z 10.
●*Bar El Establo* Av. La Reforma 14-32, Z 9. Die beliebte Bar gehört einem Sylter, der es verstanden hat, durch gute Musik und lockere Atmosphäre ein internationales Publikum anzuziehen. Im "Book-Exchange" kann man tagsüber Bücher tauschen.
●*Bar El Lugar* im Untergeschoß des Edifício Gemini, Z 10. Livemusik und gute Stimmung.
●*Scalini* 3. Av. zw. 16 und 17. Calle, Z 10. Restaurant, Bar und Disco. Von einem Deutschen eröffnet und Schickimicki-Treff junger Guatemalteken.
●Chic ist es auch, ins *Rumours* oder in die *Optimista-Bar* zu gehen.
●Eine besondere Vorliebe haben die Guatemalteken für *Fast Food* nordamerikanischer Prägung entwickelt. Undenkbar ist Guatemala ohne die fritierten Hühner von *Pollo Campero*, Hamburger und Pizzas von *McDonald's* und *Pizza Hut*.

Zone 13

Mit der Zone 13 im Süden der Stadt machen alle diejenigen zuerst Bekanntschaft, die mit dem Flugzeug nach Guatemala kommen. Der einzige **internationale Flughafen** des Landes, *La Aurora*, wurde in den frühen 60er Jahren unter *Peralta Azurdia* gebaut und besitzt insgesamt vier Stockwerke zur Abwicklung aller notwenigen Vorgänge der Passagier- und Zollabfertigung. Man findet sich hier problemlos zurecht. Kopfzerbrechen bereitet den Capitaleños die geplante Erweiterung des Flughafens, von der sich die Stadt jährliche Einnahmen von 153 Millionen US-Dollar verspricht, während sie heute bei nicht einmal 19 Millionen liegen. Für den Ausbau der Start- und Landepisten ist das benachbarte Gelände des *Hipódrome Nacional* vorgesehen, wo bisher Auto- und Pferderennen stattfanden. Eine Erweiterung in diese Richtung würde den Flughafen noch näher an die Stadt rücken. Dennoch wird bei den schwierigen topographischen Verhältnissen der Hauptstadt keine Alternative bleiben, und so begann man 1992 mit der Arbeit. Der Bus Nr. 83 und 85 - schwarz ab 10. Av. 14. Calle, Z 1 fährt zum Flughafen. Stadteinwärts fährt der Bus Nr. 5 - schwarz vor dem Flughafengebäude ab. Achtung! Ankommende Reisende verlassen das Gebäude zum Hinterausgang, wo die Taxis stehen.

In unmittelbarer Nähe des Flughafens liegt der staatliche **Mercado** **Nacional de Artesanía** (11. Avenida 6. Calle). Trotz der schönen Webwaren und anderem Kunsthandwerk wirkt der Markt künstlich und ist darum wenig besucht. Geöffnet Mo-Sa 9.30-18 Uhr und So 9.30-14 Uhr. Origineller und umtriebiger ist der *Mercado Central* hinter der Kathedrale in Zone 1.

Ein schönes Relikt aus der Kolonialzeit ist das Äquadukt **La Culebra** am Ende der 6. und 7. Avenida oberhalb der Diagonal 12. Der Architekt *Bernardo Ramírez* nutzte seinerzeit den Verlauf eines präkolumbischen Hügels für die Anlage dieser mehrere Kilometer langen Wasserleitung. Nur dort, wo es im Gefälle Hindernisse gab, konstruierte er Bögen im perfekten Halbrund, das der Anlage streckenweise Brückencharaker verleiht. Bei den Guatemalteken scheint dieses kulturelle Juwel in Vergessenheit geraten zu sein.

Den Eingang zum **Parque Zoológico La Aurora** (7. Avenida) schmückt das **Monumento Tecún Umán**, eine überlebensgroße Statue des letzten Quiché-Häuptlings. Gleichzeitig ist der Platz wichtiger Verkehrsknotenpunkt. Zoo und Freizeitpark sind besonders am Wochenende sehr überlaufen. Zu sehen gibt es die einheimische Tierwelt hinter Gittern.

Interessanter sind die Museen weiter südlich. Ein Muß ist das **Museo Nacional de Arqueología y Etnología** (Gebäude 5). Fundstücke der Mayazeit aus ganz Guatemala sind hier ausgestellt, daneben Stelen,

Tecún Umán, hier das Portrait auf dem 50 Centavo-Schein.

Textilien, Instrumente und Jadeschmuck. Besonders schön läßt sich die Entwicklung der Töpferkunst bei den Maya nachvollziehen. Zu den beeindruckensten Ausstellungsstücken gehört ein gigantisches Modell von *Tikal*, wie es zur Blütezeit dort ausgesehen haben muß.

Nebenan befindet sich das **Museo Nacional de Arte Moderno** (Gebäude 6), das Bilder und Skulpturen aus dem 20. Jahrhundert ausstellt. Zu den wertvollsten Stücken gehören die Werke von *Carlos Mérida*, der

auch die Wand an der Banco de Guatemala (Zone 1) entworfen hat.

Im **Museo Nacional de Historia Natural** (Gebäude 4) gibt es außer ein paar ausgestopften Tieren und aufgespießten Schmetterlingen nicht viel zu sehen. Nach den zwei vorangegangenen Museen lohnt sich der Besuch kaum. Öffnungszeiten von allen drei Museen Di-Fr 9-16 Uhr und Sa-So 9-12 Uhr und 14-16 Uhr.

Die Verlängerung der Avenida La Reforma nach Süden bleibt zwischen Zone 13 und 14 *Avenida Las Américas*. Sie beginnt hinter dem *Parque Independencia*, auf dem das große **Monumento a los Próceres de la Independencia** steht, zum Gedenken an die Helden der Unabhängigkeitsbewegung. Denkmäler, so scheint es, sind eine Leidenschaft der Lateinamerikaner. Die Avenida Las Américas ist eine **Denkmalstraße** in Erinnerung an die gemeinsamen Unabhängigkeitskämpfe der mittel- und südamerikanischen Länder. Sogar *Christoph Kolumbus* ist mit einem Denkmal vertreten, das 1896 auf dem Parque Central feierlich enthüllt und später hierher verlegt wurde.

In der 6. Calle befindet sich das **Instituto Geográfico Militar**. Der Name deutet bereits an, wer die Oberaufsicht über das Kartenmaterial Guatemalas besitzt. Detaillierte topographische Karten erhält nur derjenige, der Forschungsvorhaben nachweisen kann. Eine große Landkarte wird aber auch an Touristen verkauft.

Verkehrsverbindungen
(Pullman-Busse)

Bei INGUAT 7. Av. 1-17, Z 4 bekommt man eine Liste der meist befahrensten Buslinien mit Adressen und Abfahrtszeiten zu sehenswerten Reisezielen in Guatemala. In der Regel haben die Erster Klasse Pullmanbusse einen eigenen Terminal. An Terminal Zone 4 fahren die billigeren Camionetas ab. Die **wichtigsten Busse bzw. Abfahrtsplätze** sind nach
●*Antigua* 15. Calle 3. Av. und 18. Calle 6. Av., Z 1.
●*Occidente* (Westl. Hochland, Atitlán See, Chichicastenango, Quetzaltenango): *Galgos* 7. Av. 19. Calle, Z 1; *Rutas Lima* 8. Calle 3-63, Z 1.

●*La Mesilla* (mex. Grenze, Huehuetenango): *El Cóndor* 19. Calle 2-01, Z 1.
●*Cobán*: *Escobar-Monja Blanca* 8. Av. 15-16, Z 1.
●*Puerto Barrios*: *Litegua* 15. Calle 10-42, Z 1.
●*Küste* (Retalhuleu, Mazatenango, Champerico): *Rapidos del Sur* 20. Calle 8-55, Z 1.
●*Oriente* (Esquipulas, Honduras): *Rutas Orientales* 19. Calle 8-18, Z 1.
●*Petén*: *Fuente del Norte* 17. Calle 8-46, Z 1. Verbindungen auch in den Kapiteln der einzelnen Reiseziele nachschlagen.
Züge: Bahnhof: 18. Calle 9. Av. Z 1.
Zum Pazifik von Guatemala Ciudad nach Tecún Umán Sa Abfahrt 7 Uhr, zurück So 6 Uhr, 12 Std. Fahrt. Zum **Atlantik** von Guatemala Ciudad nach Puerto Barrios Di, Do und Sa Abfahrt 7 Uhr, 13-14 Std. Fahrt. Zurück Mi, Fr und So 6 Uhr.

A-Z

Ärzte:
Die Botschaft gibt Auskunft über Ärzte in der Hauptstadt, Tel. 370028.
Apotheke:
10. Av. 14-00, Z 1 hat 24 Stunden geöffnet.
Banken:
Banco de Guatemala: neben der Post auf der 7. Avenida, Z 1. Viele andere in Zone 1 u. 4.
Bibliothek:
am Parque Central.
Buchläden:
Ausländische Zeitungen und Zeitschriften im *Hotel Camino Real* und *El Dorado*.
Englischsprachige Bücher bei *IGA* (Instituto Guatemalteco Americano) Ruta 1, Vía 4, Z 4. In der Zone 15 (Bus Nr.1) *Vista Hermosa Book Shop*.
In Zone 1 gibt es die herrlichsten Antiquariate.
Beste Buchhandlung der Stadt ist *Librería Marquense* 8. Av. 19-55, Z 1.
Zwei Fundgruben sind *Librería y Papelería Universitaria* 9. Av. 13-63, Z 1 und gegenüber *Librería Los Cuaches* 9. Av. 13-68, Z 1.
Sehenswert ist auch die Druckerei in der 10. Av 14. Calle mit museumsreifen Linotype-Maschinen (siehe S. 58).
Busse:
Ein schwieriges Kapitel, da in der ganzen Stadt kein Fahrplan existiert. Busse halten meist an Straßenecken, wo viele Leute stehen. Große Haltestellen sind 10. Av. 14. Calle, Z 1 und am Centro Cívico 7. Av., Z 1. Die Busnummern ändern sich ständig.
●*Bus 1 - schwarz* fährt von Zone 2 (Minerva) über den Parque Central, durch die Zone 1 und 5 in Zone 15. Auch Bus 2 und 45.
●*Bus 83 und 85* von 10. Av. 6. Av. in Zone 4 und 9, weiter am Zoo vorbei zu den Museen in Z 13 und zum Flughafen.
●*Bus 81 und 82* fahren in die Zone 10.
●*Metro-Busse mit 200er Nummer* fahren in Zone 8 und 10.

Ich empfehle, einen halben Tag Stadtrundfahrt: einsteigen, aussteigen, umsteigen. Die Fahrten kosten ein paar Centavos und man lernt die Stadt durch die Überraschungsfahrten gut kennen. Sonntagsfahrten und die kleinen Mikrobusse kosten etwas mehr. Der *große Busterminal* befindet sich in der Zone 4. Die Adressen der Pullman-Busbahnhöfe s. Reisen mit dem Bus und S. 201.

Fiesta:

14.-16. August, *Virgen de la Asunción.*

Am 7. Dez. *Quema del Diablo.* Jedes Haus treibt seinen Teufel mit einem Feuerchen vor der Tür aus, begleitet von einem ohrenbetäubenden Feuerwerk.

Fluggesellschaften:

Aviateca: 10. Calle, 6. Av., 3.Stock, Z 1, Tel. 81415.

Continental Airlines: 12.Calle 1-25, Z 10, Tel. 353341-43.

Iberia: Av.Reforma 8-60, Z 9, Tel. 373911.

KLM: 6. Av. 20-25, Z 10, Tel. 370222 bei der deutschen Botschaft um die Ecke.

Im selben Gebäude auch *Lufthansa,* die in absehbarer Zukunft Guatemala anfliegen will.

Mexicana: 12. Calle 4-55, Z 1, Tel. 518824.

American Airlines: Av. La Reforma 15-54, Z 9, Tel. 311961.

TACA: 7. Av. 14-35, Z 9, Tel. 322360.

*Sahsa:*12. Calle 1-25, Z 10, *Sam:* Av. Reforma 12-01, Z 10, *Copa:* 7. Av.6-53, Z 4.

Alle anderen im Telefonbuch unter *Líneas Aéreas.*

●*Inlandflüge* nach Tikal mit Aviateca und Tikal-Jets täglich um 7 Uhr, zurück 16 Uhr. Tikkets in jedem Reisebüro zu kaufen.

Galerien:

Sombol Selectum, Av.Reforma 14-14, Z 9. Arte Inversion, 1. Av. 7-55, Z 10.

Plastica Contemporánea 14. Calle 5-08 und *El Dzunun* 1. Av. 13-51 in Z 10, *El Túnel,* Z 1. Siehe Zonen.

Kunsthandwerk:

Mercado Central, Z 1., *Mercado de Artesanía,* Z 13., *El Pueblito,* Z 10., *Sombol Selectum,* Z 9 u.v.a.m.

Post:

7. Av 12. Calle, Z 1; *Edificio Gemini* 2. Av. 12. Calle, Z 10; *Metro Quince,* Z 15.

Reisebüros:

Clark Tours 7. Av. 6-53, Ed.

El Triángulo, Z 4, Tel. 310213.

Expedición Panamundo 6. Av. 14-75, Z 9, Tel. 317588. Professionelle Organisation. Hier nach Maya Expeditions (Wildwasserfahrten mit T. Ridenour) fragen.

Jaguar Tours 1. Av. 12-46, Z 10, Tel. 340421. Organisieren auch Vulkanbesteigungen.

Servicios Turisticos del Petén (STP), 2. Av. 7-78, Z 10, Tel. 346236

Taxis:

in der Regel an allen Plätzen der Hauptstadt. Am besten, sich vorher im Hotel nach den Tarifen erkundigen, dann Preis aushandeln.

Telefon:

Inland: Guatel 7. Av. 12. Calle neben der Post.

Ausland: Guatel 8. Av. 12. Calle. Mit Anmeldung, Uhr bereithalten. Zum Telefonieren braucht man sehr viel Geduld. Das Netz ist chronisch überlastet.

Telegramm:

ebenfalls 8. Av. 12. Calle.

Tourismusinformation:

INGUAT: 7. Av. 1-17, Z 4 beim Centro Cívico.

Wäscherei:

4. Av. 13-89, Z 1 oder Ruta 6 7-53, Z 4.

Die Umgebung von Guatemala Ciudad

Amatitlán See

Nur 30 km südlich der Hauptstadt liegt der von Hügeln umgebene Amatitlán See. Er ist **Naherholungsgebiet,** Ausflugsziel und nicht selten Zweitwohnsitz der Ciudadeños, die besonders am Wochenende die Ufer, Parks und Freizeiteinrichtungen des Sees bevölkern.

Der Amatitlán See besitzt die Form einer 8, da eine künstliche Aufschüttung, die den Ort Amatitlán mit Villa Canales durch eine Eisenbahnlinie verbindet, den See in zwei *Lagunas* teilt. Der See liegt auf 1190 m Höhe, ist 15 km lang und etwa 35 m tief. Auf dem Grund fanden Taucher

Bruchstücke von indianischem Geschirr sowie Tonfiguren, die aus vorkolonialer Zeit stammen. Die Umgebung war vor der Eroberung von den *Pocomam* besiedelt. Die Forschungen sind bis dato jedoch nur sehr oberflächlich geführt worden, doch glaubt man zu wissen, daß es enge Handelsbeziehungen zwischen der Bevölkerung am Amatitlán See und jener der Südküste in der frühen klassischen Epoche (200 -600 n. Chr.) gegeben hat. Die Route verlief entlang der heutigen Eisenbahnlinie zwischen den *Vulkanen Pacaya und Agua* nach Escuintla.

Während der Kolonialzeit wurde an den Ufern des Sees jener berühmte scharlachrote Farbstoff hergestellt, den man durch die Züchtung der Koschenille-Laus gewann und der seinerzeit eines der wichtigsten Ex-

Der Amatitlán See

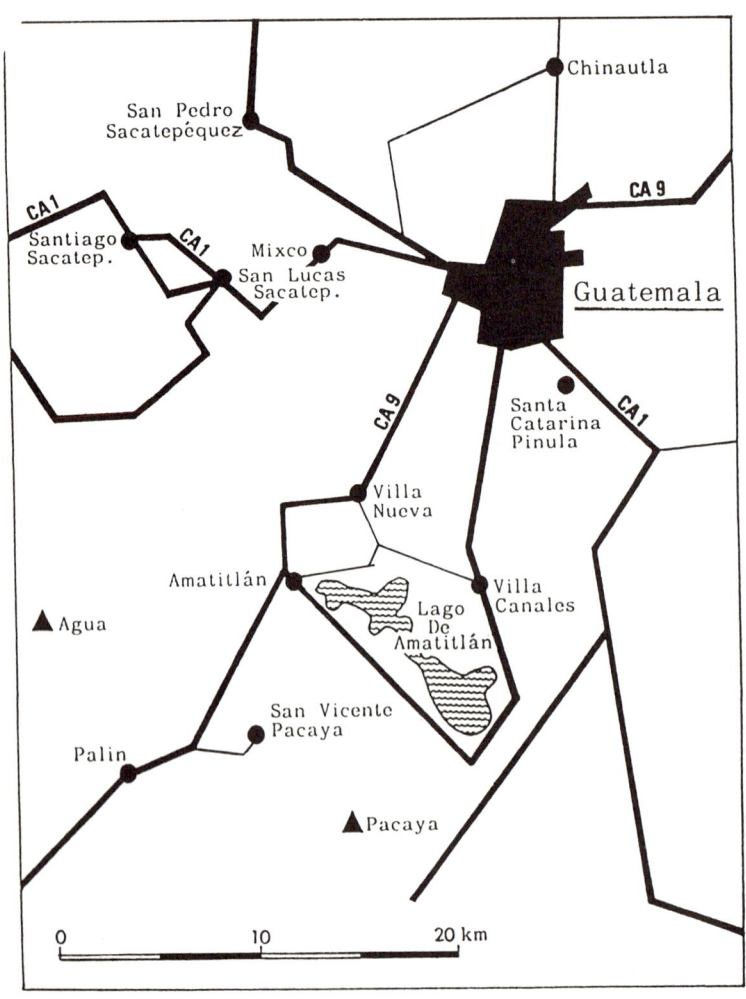

portprodukte des kolonialen Guatemalas war. Heute befinden sich vor
allem Kaffeefincas, Zuckerrohrfelder
und Bananenplantagen rund um
den See.

Der schönste Blick über den See
und in die Hochtäler bietet sich vom
Parque Naciones Unidos aus. Hier
wurden Sport- und Campingplätze
eingerichtet. Die *Plaza Guatemala*

zeigt historische und gegenwärtige Bauformen en miniature, z.b. die Nachbildung der Tempel von Tikal, die Plaza Colonial von Antigua oder einen Marktplatz der Südküste. Auch der **botanische Garten** ist recht gepflegt und nett angelegt.

Den Parque Naciones Unidas erreicht man von Guatemala Ciudad kommend entweder über die Abzweigung von der Hauptstraße bei Km 19.9 oder vom **Parque Las Ninfas** am Seeufer aus. Hier gondelt eine Seilbahn die Besucher das steile Nordwestufer hinauf. Von dort aus ist es ein kleiner Waldspaziergang zum Parque Naciones Unidos.

Doch gleich von welchem Hügel oder Aussichtspunkt der Besucher auf den See blickt, gut zu erkennen ist seine eigenwillige Form und das große Seebecken, wo Verlandung fruchtbaren Ackerboden gebildet hat. Die mächtigen Kegel des *Agua* und *Pacaya* geben bei schönem Wetter ein herrliches Panorama ab.

Wie bei vielen Seen der Küstenkordillere treten auch am Amatitlán See **heiße Quellen** zutage, deren Schüttung vom Wasserspiegelstand abhängt, die in den letzten Jahren erheblich schwankte.

Der leichte Wind erlaubt Wassersport das ganze Jahr hindurch. Doch hat die Zahl der Sportler aus gutem Grund abgenommen. Was man auf den ersten Blick nicht sogleich erkennt, ist die immense **Wasserverschmutzung** des Amatitlán Sees. Sie hat so erschreckende Ausmaße angenommen, daß sich

ein *Comité del Lago* seit einigen Jahren um die Verbesserung der Wasserqualität kümmert. Die Hauptursachen der Vergiftung sind die Einleitung der Abwässer von Hauptstadt und Uferdörfern, Industrien und Fincas, außerdem die Einschwemmung chemischen Düngers, der alljährlich während der Regenzeit von den gerodeten Hängen in den See fließt. Umweltschutz in Guatemala steckt noch in den Kinderschuhen. Es fehlt oft das Bewußtsein, der politische Wille und das entsprechende Know-how. So haben sich die Mexikaner 1989 bereiterklärt, bei der Reinigung des Sees zu helfen.

Mitte der 70er Jahre wurden am Nordwestufer des Sees unter der Regierung von *Kjell Laugerud* (1974-1978) die Freizeit- und Naherholungsmöglichkeiten am See ausgebaut. Der **Vergnügungspark Las Ninfas** zieht sich mit vielen Comedors und Verkaufsbuden, die die typischen *Cajetas* (bemalte Holzschachteln) verkaufen, am Ufer entlang. Mit dem *Teleférico de Amatitlán,* einem Kabinenlift österreichischer Herkunft, ist es möglich, zum **Parque El Filón** hinauf zu fahren (nur am Wochenende). Dort oben gibt es allerdings nicht viel mehr als Picknick- und Kinderspielplätze.

Amatitlán

Amatitlán selbst feiert alljährlich am 2. und 3. Mai seine **große Fiesta,** zu der viele Pilger aus dem ganzen Land kommen, um den *Jesús de Atocha*, das Jesuskind von Atocha, zu sehen. Das Hauptereignis der Fiesta ist eine nächtliche Prozession auf dem Wasser. Die Legende erzählt, daß in jener Nacht das Jesuskind einst am Nordufer des Sees in einer Felsnische sitzend gesehen wurde. Zu dieser Stelle, die heute *La silla del niño* (Kindersitz) heißt, fahren die Boote mit Fackeln hinaus und kehren erst am Morgen wieder zurück. Das Jesuskind ist in der 1635 von Dominikanern erbauten Kirche zu besichtigen.

Weniger berühmt ist **Francisco Javier Arana** (1905-1949), dem auf der Plaza von Amatitlán ein Denkmal gewidmet ist. *Arana* gehörte 1945 zusammen mit *Jorge Toriello* und *Jacóbo Arbenz* dem revolutionären Triumvirat an, das für den Zeitraum von neun Jahren die erste Demokratie in Guatemala errichte. Während der Nachfolgerwahlen 1949 unter *Juan José Arévalo*, bei der *Arana* gute Chancen eingeräumt wurden, kam er hier auf mysteriöse Weise ums Leben.

Sonntags ist **Markt** auf der Plaza von Amatitlán, dessen Name von den Amatlebäumen herrührt, aus deren Rinde Papier hergestellt wurde.

Im Hotel und Restaurant "Amatitlán" gibt es **Übernachtungsmöglichkeiten,** aber auch in einfacheren Hospedajes.

Busse fahren von der Hauptstadt nach Amatitlán vom Terminal der Zone 4 aus und ab 20. Calle 1 Av., Z 1. Von der Plaza Amatitláns fahren Busse zurück in die Hauptstadt. Von hier aus existieren gute Möglichkei- ten, weiter an die Küste über die CA 9 nach Retaluheu, Mazatenango, Escuintla usw. zu fahren. Bis zur Esso-Tankstelle (Gasolinera) gehen und die Busse anhalten, die halbstündlich vorbeikommen.

San Vicente Pacaya

Im Süden des Amatitlán Sees liegt das kleine Dorf San Vicente Pacaya am Fuß des gleichnamigen Vulkans. Der **Pacaya** (2550 m) gehört zu den aktiven Vulkanen Guatemalas. Sein Feuerspeien ist gelegentlich sogar von der Hauptstadt aus zu sehen. Ein Bus vom Terminal in Zone 4 fährt bis San Vicente Pacaya. Der Aufstieg auf den Vulkan ist leicht zu bewältigen und beginnt beim *Aldea San Francisco de Sales,* nahe der Laguna de Calderas und dauert gut eine Stunde bis zur Meseta. Der letzte Teil des Aufstiegs führt durch Lavasand bis zum alten Krater. Man sollte sich vorher unbedingt erkundigen, ob der Aufstieg sicher ist und wenn möglich, einen Führer organisieren (z.B. bei *Expedición Panamundo,* 6. Av. 14-75, Z 9).

Private **Übernachtungsmöglichkeiten** gibt es in San Francisco. Auf jeden Fall warme Kleidung mitnehmen. Bus ab Terminal, Z 4.

Palín

An der Eisenbahnlinie nach San José liegt .Palín genau zwischen den Vulkanen Pacaya und Agua. Berühmter als die Produktion von Möbeln und Marimbas ist Palíns Markt-

Indígena-Kinder spielen auf dem Hof.

platz, der von einer über **100 Jahre alten Ceiba** eingenommen wird. Die Ceiba war ein heiliger und geschützter Baum bei den Maya und findet sich häufig als Schattenspender auf den Plazas der Dörfer in Guatemala. Busse nach Escuintla fahren durch Palín.

Villa Nueva, Villa Canales

Zwischen der Hauptstadt und dem Amatitlán See liegen die beiden Dörfer. Sie erlangten ihre historische Bedeutung dadurch, daß auf ihrem Boden entscheidende Schlachten in der Geschichte Guatemalas ausgetragen wurden. Weniger entscheidend verlaufen die Kämpfe der Guerilla in diesem Gebiet. Die Sprengung eines Strommasten legte aller-

dings im Mai 1990 das ganze Land für kurze Zeit lahm, doch tragen diese Aktionen keineswegs zur Aufpolierung des Images der guatemaltekischen Guerilla bei der Bevölkerung bei.

Chinautla

Chinautla ein paar Kilometer nördlich der Hauptstadt, ist vor allem wegen seiner hellen Töpferwaren bekannt. Um die Weihnachtszeit werden hier kleine Tonfiguren hergestellt, die die Form einer Taube oder eines Engels haben.

Um nach Chinautla zu kommen, muß man in der Zone 6 am nördlichen Stadtrand der Capital auf dem Markt in der Calle Martí einen Bus nehmen.

Das zentrale Hochland

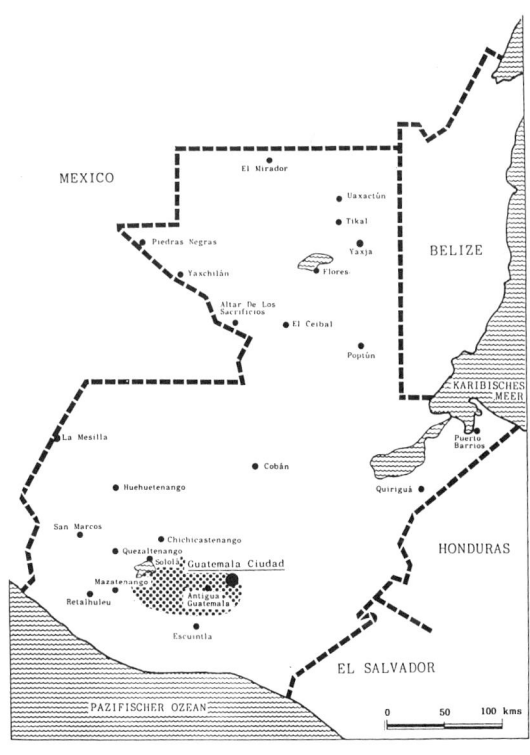

MEXICO

El Mirador

Uaxactún

Tikal

Piedras Negras

Yaxja

BELIZE

Yaxchilán

Flores

Altar De Los
Sacrificios

El Ceibal

Poptún

KARIBISCHES
MEER

La Mesilla

Puerto
Barrios

Cobán

Huehuetenango

Quiriguá

San Marcos

Chichicastenango

Quezaltenango

Sololá

Guatemala Ciudad

HONDURAS

Mazatenango

Antigua
Guatemala

Retalhuleu

Escuintla

EL SALVADOR

PAZIFISCHER OZEAN

0   50   100 kms

Zwischen Guatemala Ciudad und Chimaltenango

Ein Blick auf die Karte zeigt, daß das Gebiet zwischen dem Dreieck Guatemala Ciudad, Chimaltenango und Antigua dichtbesiedelt ist und sich ein Dorf an das andere reiht. Aus dem Tal der Hauptstadt heraus, beginnt eine zerklüftete Hügellandschaft mit fruchtbaren Böden, wo ausreichende Niederschläge eine ganzjährige Bewirtschaftung ermöglichen. Produziert werden hauptsächlich Marktfrüchte für die nahegelegene Zweimillionen-Metropole und für den Export.

Auffällig ist die Häufung der *Sacatepéquez*-Orte in dieser Region, die von *Cakchiquel-Indígenas* besiedelt ist. Sie sind um 1000 n.Chr. hier eingewandert und haben die ansässigen *Pipil* verdrängt, von denen der Name *Sacatepéquez* (Grashügel) stammt.

Santiago Sacatepéquez

Aufgrund der guten Produktionsbedingungen gibt es hier mehrere große **Kooperativen,** von denen viele vom Ausland unterstützt und beraten werden. In Santiago Sacatepéquez wurde 1979 auf schweizerische Initiative hin eine Kooperative gegründet, die sich auf den Anbau von Rosenkohl, Blumenkohl und Erbsen spezialisiert hat und Gelder aus der Europäischen Gemeinschaft bezieht.

Abgesehen davon ist Santiago Sacatepéquez jeden 1.November Ziel vieler Besucher, wenn das traditionelle **Drachensteigen** stattfindet.

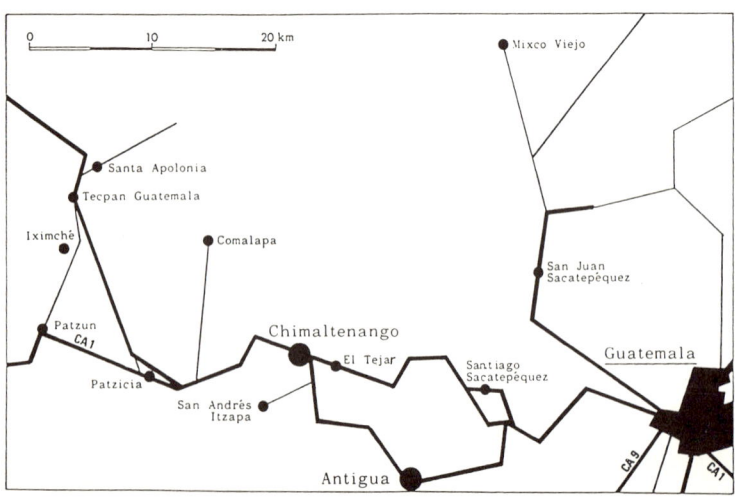

Die runden Drachen besitzen ein Bambusgerüst, um das Seidenpapier gewickelt ist. Vor allem die Kinder sind ganz aus dem Häuschen, wenn Dutzende von diesen bunten Drachen in die Luft steigen und ein herrliches Bild abgeben.

San Juan Sacatepéquez

Die **Blumenzucht** in San Juan Sacatepéquez wurde 1910 von dem Nordamerikaner *Strombo* eingeführt und hat sich heute unter modernsten Bedingungen etabliert. Angebaut wird auf terrassierten Hängen und in Gewächshäusern, wo Lichtmanipulationen das Wachstum beschleunigen. Die Frauen von San Juan sieht man häufig in der Hauptstadt auf den Märkten in einem Meer von Blumen sitzen. Sie sind leicht an ihren gelb-lila Huipiles zu erkennen.

Mixco Viejo

60 km von der Hauptstadt entfernt, der Straße nach San Juan Richtung Norden folgend, stößt man in der nordöstlichsten Ecke des Dept. Chimaltenango auf die **Ruinen** der letzten Festung und ehemaligen Hauptstadt der *Pocomam-Indianer*. Wie alle größeren Hochlandstätten wird auch Mixco Viejo zum späten Nachklassikum gerechnet (1200-1520), zu einer Epoche, als die Hochkulturplätze wie Tikal oder Copán längst aufgegeben waren.

Die Spanier unter *Pedro de Alvarado* erreichten Mixco Viejo 1525. Sie fanden eine Festung in unvergleich-

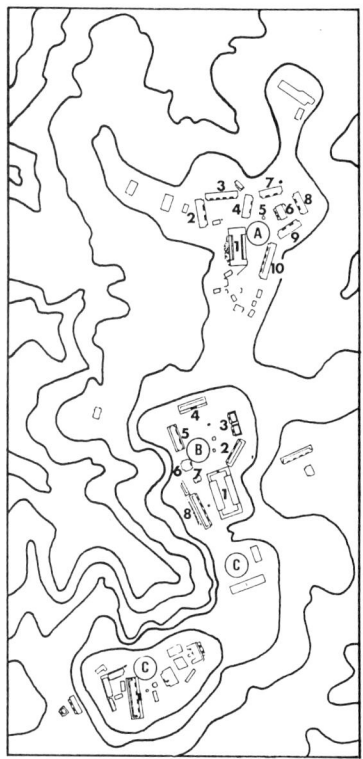

Gruppe A:

1	Ballspielplatz
2-4	Plattformen
5	Kleiner Altar
6	Pyramide
7-10	Plattformen

Gruppe B:

1	Ballspielplatz
2	Plattform
3	Doppelpyramide
4-5	Plattformen
6	Pyramide
7	Altar
8	Plattform

211

Der Ballspielplatz von Mixco Viejo

lich schöner Spornlage 160 m über dem Río Chinautla. Diese war nur über einen schmalen Engpaß, immer nur einer nach dem anderen, zugänglich. Trotz der Hilfe aus Chinautla gelang es den Pocomam aber nicht, dem Ansturm der Spanier standzuhalten, als diese den "Tunnel" entdeckten, der die Versorgung der Belagerten gesichert hatte und in der Wirklichkeit nur eine äußerst enge Schlucht war.

Die Überlebenden des darauffolgenden Massakers siedelte *Alvarado* in Mixco an, dem heutiger Wohnvorort der Hauptstadt, wo immer noch Pocomam gesprochen wird.

Wie in Iximché begannen die ***Ausgrabungen*** in Mixco Viejo erst Mitte dieses Jahrhunderts. Auch hier waren es wieder Ausländer, dieses Mal Franzosen, die untersuchten, kartierten, ausgruben und restaurierten.

Eine wichtige Basisarbeit hierzu leistete bereits Ende des 19. Jahrhunderts der Deutsche *Karl Sapper,* der Mixco auf seiner Reise durch Guatemala eine Woche lang vermessen hatte.

Mixco Viejo besteht aus drei Hauptgruppen und mehreren Nebengruppen, von denen die Gruppen A-C Pyramiden und andere Gebäude sowie einen Ballspielplatz und einen Altar aufwiesen. Sie waren aus Gneisen und Graniten gebaut und zeigten deutliche Einflüße der Tolteken und Azteken. Man fand heraus, daß Mixco Viejo während seiner kurzen Lebensdauer vielfach überbaut, erweitert und verändert wurde. Zum Teil sind ältere Bauphasen zu erkennen. Eigenartigerweise wurden keine Gräber unter der Anlage gefunden, weswegen die Archäologen annehmen, daß die Pocomam ihre

Toten verbrannten, was nicht gängige Praxis der Hochlandindianer war.

Wie das nahegelegene Iximché wirkt Mixco Viejo heute etwas steril, da die kunstvollen Stuckarbeiten an den Mauern und die Bemalung der Wände zum großen Teil verschwunden sind. Außerdem wurden mit Skulpturen versehene Gebäude- oder Bauteile aus Gründen der Konservierung ins archäologische Museum nach Guatemala Ciudad gebracht. Doch macht die schöne Umgebung und der Ausblick über das guatemaltekische Bergland diesen Mangel wett. Ein Modell in Mixco Viejo zeigt, wie man sich die Pocomam-Hauptstadt vorzustellen hat, als hier noch Priester ihre Zeremonien abhielten. Beinahe so schlimm wie die Zerstörung durch die Spanier wirkte sich das Erdbeben 1976, das auch die Dörfer im Umkreis in Schutt und Asche legte, auf die Ruinen aus.

Verbindungen

nach Mixco Viejo bestehen **von der Hauptstadt** aus mit Bus *Sairita* 2. Calle, Ecke 2. Av., Z 9 nur zweimal täglich oder mit Bus *La Fortuna* ab Terminal, Z 4. Unbedingt vorher vergewissern, wann die Abfahrtszeiten sind und ob es möglich ist, am selben Tag zurückzukommen. Es ist in Guatemala allerdings immer ein Risiko, sich auf die Information eines *Ayudantes* (Beifahrer, Schaffner und Gepäckträger der Busse) zu verlassen. Der Bus fährt bis Km 60, dann zu Fuß einen Kilometer zu den Ruinen gehen. Wer Campingausrüstung hat, kann hier auch übernachten. Und wie immer bei Ausflügen in abgelegene archäologische Stätten reichlich zu trinken mitnehmen!

Chimaltenango

Die Topographie des Departaments Chimaltenango reicht von wald- und ackerbestandenen Hügeln bis zu ausgedehnten fruchtbaren Ebenen mit Intensivwirtschaft. So beginnt kurz hinter Chimaltenango ein großes Gemüseanbaugebiet, das sich über fünf Kilometer links und rechts der Panamericana erstreckt. Zu Beginn der 80er Jahre standen hier noch *Milpas* (Maisfelder), heute hat der Anbau von Exportprodukten wie Broccoli und die verschiedensten Kohlarten die herkömmlich kleinbäuerliche Agrarastruktur verändert. Die riesigen Flächen werden dabei zum Teil von Hand bearbeitet.

Das Departament Chimaltenago wurde während des letzten großen Erdbebens 1976 am härtesten getroffen. Einige Dörfer fielen komplett in sich zusammen, wie San Martín Jilotepeque oder Tecpán. Am Ende mußte das Departament fast 14.000 Tote beklagen, was 6,8% der Bevölkerung entsprach, und 90% Sachschaden.

Eine andere Katastrophe in der Region ereignete sich im November 1988, als im abgelegenen Aldea El Aguacate, 4 km südöstlich von San Andrés Itzapa, 22 Campesinos ermordet wurden. Bis heute ist trotz aufgeregter Meldungen in der Presse und aufgebauschter Untersuchungskommissionen nicht eindeutig erwiesen, wer die Mörder waren. Die Überlebenden des Massakers bekamen vom damaligen Präsidenten *Cerezo* höchstpersönlich Unterkünfte in der Hauptstadt zugewiesen, die mit finanzieller Hilfe der deutschen Regierung gebaut wurden.

Chimaltenango (Cabecera) hat sich durch seine Lage an der Hauptverkehrsachse des Landes (CA 1) nachhaltig verändert. Inzwischen besitzt die Stadt *zwei Zentren*. Den alten Ortskern mit Plaza und kolonialer Kirche sowie ein Dienstleistungs- und Kleingewerbezentrum entlang der Hauptstraße, das sich zu einer kleinen Industriegasse ausgebildet hat. Hier kommen Camionetas an, hier wird umgestiegen und gewartet. Es geht alles ein wenig chaotisch zu, nicht zuletzt wegen der vielen LKWs, deren Fahrer auf dem Weg vom Atlantik ins Hochland in Chimaltenango eine Nachtpause einlegen.

Chimaltenango wurde 1526 von *Pedro de Portocarrero,* dem ersten Ehemann der Tochter *Pedro de Alvarados,* gegründet. Der Name "Chimal" bedeutet soviel wie "Wappen", was mit einem früheren Militärplatz im Dorf zusammenhängt. Der Ort war lange als möglicher Hauptstadtsitz im Gespräch. Denn Iximché, das Zentrum des einstigen Cakchiquel-Reiches und erste Niederlassung der Spanier, befindet sich nur 30 km entfernt.

Chimaltenango besitzt nicht viel Reizvolles. Einzige Kuriosität der Stadt ist ihr *Brunnen,* der die Wasserscheide zwischen der atlantischen und pazifischen Abdachung markiert.

Was die *Übernachtung* betrifft, empfehle ich, das nahegelegene Antigua aufzusuchen. Selbst wenn der letzte Bus gegen 17 Uhr die Kreuzung nach Antigua passiert haben sollte, fahren immer noch Mikrobusse oder Pick ups.

Verbindungen

Nach Chimaltenango: von der Hauptstadt aus an der Ecke Avenida Bolívar und 20. Calle, Z 1, mehrmals am Tag, oder Galgos 7. Av. 19-50, Z 1. Von Antigua aus ab Terminal.

Von Chimaltenango: Hier kommen praktisch alle Busse von der Hauptstadt durch, die weiter ins Westliche Hochland fahren (Panajachel, Chichicastenango, Quetzaltenango, Huehuetenango etc.). Am besten in die nächstbeste Camioneta steigen, die in die gewünschte Richtung fährt.

Zum Atitlán See Bus bis Los Encuentros nehmen und dort nach Sololá/Panajachel umsteigen. Viele Busse halten bereits 2,5 km vor Los Encuentros an einer kleinen Kreuzung und lassen die Passagiere nach Sololá dort aus/umsteigen.

Die Umgebung von Chimaltenango

Wer von Chimaltenango nach Antigua fährt, kommt durch Parramos. Es heißt, hier sollen die besten *Frijoles* von Guatemala wachsen.

Zum Leben der Guatemalteken gehört der sonntägliche Familienausflug. Im *Balneario Los Aposentos* geht's darum am Wochenende rund. Dann flüchten die Schwäne auf dem kleinen Teich vor den Ruder- und Tretbooten und dem Geschrei der Kinder. Wenigstens von den Resten des ausgedehnten Picknicks haben sie was.

El Tejar

Nicht zu übersehen sind die aufge-
schichteten **Ziegel** an der Panamericana vor den Öfen von El Tejar, die
hier gebrannt werden. Nach dem
Untergang von Ciudad Vieja ernannte die Regierung El Tejar wegen des
reichen Tonvorkommens zum Zentrum der Ziegelherstellung, das für
den Aufbau Antiguas produzieren
sollte.

Naives aus Comalapa

San Andrés Itzapa

Das Dorf entstand rund 100 Jahre
nach der Gründung Antiguas und
war lange Zeit wegen seines berühmten Pferdemarktes Ziel vieler
Händler.

Eine Besonderheit ist der Besuch
bei **San Simón,** einer "Heiligenfigur",
die Indígenas und Ladinos in San
Andrés Itzapa verehren. *San Simón*
ist personifizierte Mischung aus
heidnischer Götterverehrung und
christlicher Heiligenanbetung. Äußerst sonderbar wirkt dabei die eher
moderne Erscheinung San Simóns.
Wer keine Gelegenheit hat, sich den
schönsten aller guatemaltekischen
San Simóns in Zunil bei Quetzaltenango anzuschauen, sollte sich den
von San Andrés nicht entgehen lassen.

Comalapa

Der Name Comalapa leitet sich von
Comal ab. So bezeichnet man in
Guatemala die leicht konvex gewölb-
ten Ton- oder Eisenpfannen, auf de-

nen Tortillas gebacken werden.

Die **naive Malerei** aus Comalapa
wird in allen Touristenzentren Guatemalas verkauft. In der Hauptstadt
sind sie im *Museo Nacional de Arte e
Industrias Populares* ausgestellt. In
Chimaltenango gibt es kurz vor dem
Ortsausgang eine eigens dafür eingerichtete Galerie. Die Ölbilder zeigen typische Szenen aus der Welt
der Indígenas.

Die **Huipiles** von Comalapa zählen
mit ihren eingewebten geometrischen Mustern oder Stilisierungen
von Tieren und Pflanzen zu den bun-
testen Guatemalas. Die Tracht der
Männer dagegen besteht nur aus
weißen Hosen und weißen Hemden.

Nicht nur der Malerei wegen hat
dieses Dorf eine Bedeutung in Guatemala. Hier wurde auch der Kom-
ponist und Musiker *Rafael Alvarez
Ovalle* (1858-1964) geboren. Er ist
Schöpfer der guatemaltekischen **Na-
tionalhymne,** die 1896 dem damaligen Diktator *José María Reyna Barrios*
sozusagen "unter allen Einsendun-
gen" am besten gefiel und offiziell
seit dem 19.Februar 1897 existiert.

Patzicía

Im kleinen Dorf Patzicía formulierte 1871 die liberale Partei ihr Programm, die *Acta de Patzicía.* Bekannter wurde das Dorf allerdings durch den *Aufstand 1944,* als die Indígenas eine gerechtere Landverteilung forderten.

Patzún

Während der ersten Juniwoche findet in dem 28 km von Chimaltenango entfernten Patzún die alljährliche *Corpus Christi Verehrung* statt. Es gibt Blumenteppiche, Tore aus Palmwedeln und bunte Prozessionen. Man muß einmal bei einer guatemaltekischen Prozession dabei gewesen sein, um zu sehen, wie sinnlich die Guatemalteken ihre Heiligen verehren.

Tecpán

Auf halber Strecke von Chimaltenango nach Los Encuentros liegt Tecpán, das von Franziskanern gegründet wurde. Seit dieser Zeit hat sich das Dorf zu einem wichtigen *Marktzentrum* entwickelt. Neben dem traditionellen Anbau von Mais und Frijoles hat sich der Weizen durchgesetzt. Es gibt daher in Tecpán mehr Mühlen als anderswo.

Obwohl in den Städten und von den Ladinos viel Brot gegessen wird, ist der Weizenanbau aufgrund der billigeren Importe aus den USA nicht unproblematisch für die Bauern. 1990 bekam ein Campesino für

Buntes Allerlei auf dem Markt

einen Zentner Weizen nicht mehr als 20 Quetzales ausbezahlt. In der Regel ist es so, daß der Indígena den Weizen produziert, der Ladino aber die Mühle besitzt. Ein Umstand, der die gesamte Vermarktungs- und Zwischenhandelsstruktur Guatemalas kennzeichnet. Neben dem Weizenanbau ist das *Korbflechtehandwerk* in Tecpán zu einem wichtigen Erwerbszweig geworden.

Nicht weit von Tecpán liegt die ehemalige Cakchiquel-Hauptstadt Iximché. Es heißt, bei der Karfreitagsprozession von Tecpán nach Iximché hört man die Glocken unter der Erde läuten ...

Eine einfache *Übernachtungsmöglichkeit* gibt es im *Gran Hotel Iximché* an der Plaza.

Iximché

Die in den 60er Jahren rekonstruierte Anlage der ehemaligen **Cakchiquel-Hauptstadt** liegt 3 km von Tecpán entfernt und ist nur mit dem Auto oder zu Fuß über eine Erdstraße zu erreichen. Ähnlich wie in Zaculeu die Mam-Indianer haben die *Cakchiqueles* ihr Zentrum strategisch günstig auf einem von Barrancos umgebenen Plateau errichtet, das sie vor Baubeginn geebnet haben und von dem aus man heute eine herrliche Sicht ins Land hat.

Iximché wurde 1470 gegründet, nachdem die Cakchiqueles von den *Quiché* aus der Nähe des heutigen Santa Cruz del Quiché vertrieben worden sind. Es ist die jüngste Festung im Hochland und die erste, die die Spanier 1524 erreichten, wo sie auf das Herzlichste empfangen wurden. Die mexikanischen Tlascaltecen-Söldner gaben der Anlage den Namen *Tecpán*. In den blonden Halbgöttern aus Spanien fanden die Indianer starke Helfer im Kampf gegen die *Quiché* und *Tzutuhiles*. Als die Spanier ihre Tributforderungen jedoch zu weit trieben, begannen zwischen den ungleichen Verbündeten Auseinandersetzungen, woraufhin die Eroberer es vorzogen, sich eine eigene Hauptstadt zu bauen, nachdem sie Iximché niedergebrannt und die Häuptlinge umgebracht hatten.

Heute erkennt man noch die aus Steinen und Mörtel bestehenden Fundamente von mehreren Plazas, Tempelpyramiden, Ballspielplätzen und Opferstätten sowie das Fundament des einst 500 m² großen Palastes. Die Anlage war alles andere als weitläufig. Dicht gedrängt standen die Gebäude, deren Mauern zum Teil mit farbigen Zeichnungen dekoriert waren. Auf den runden Altären wurden wahrscheinlich Herzopfer

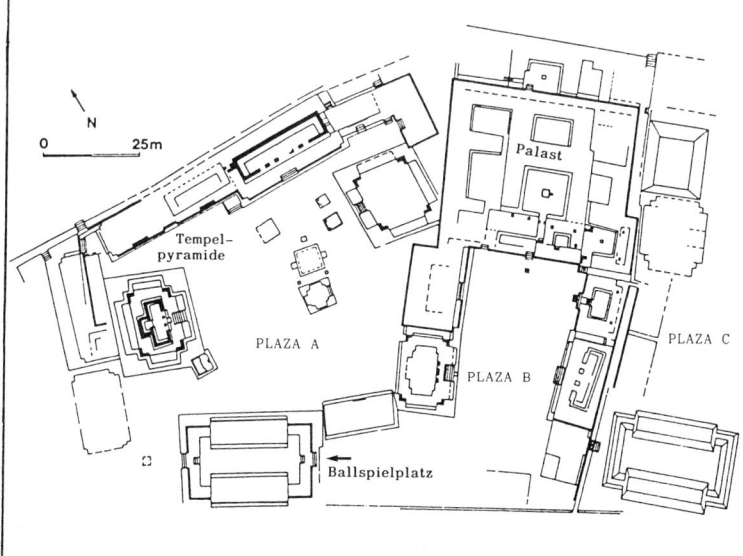

217

dargebracht, bei denen den Opfern mit einer Obsidianspitze die Brust aufgeschnitten wurde. Die Tempelpyramiden sind wie die von Tikal mehrfach überbaut, was als Folge des Herrscherwechsels interpretiert wird. Die Form der Ballspielplätze besitzt die klassische Rechteckform mit schrägen Seitenwänden. Durch die gesamte Anlage soll ein nord-süd-gerichteter Graben die Häuser der Vornehmen von denen des einfacheren Volkes getrennt haben. Das gemeine Volk, wie die Bauern, wohnte ohnehin stets außerhalb in den Wäldern.

1980, kurz nach dem *Massaker in der Spanischen Botschaft,* versammelten sich in Iximché Vertreter aller indianischen Sprachgruppen, um der *Demokratischen Front gegen Repression FCDR* eine Erklärung zu übergeben, die diese in viele Länder der Erde weiterleitete. Die Indígenas dokumentierten und zeigten darin "vier Jahrhunderte Diskriminierung, Verleugnung, Unterdrükkung, Ausbeutung und Massaker an Indígenas, durchgeführt von ausländischen Eindringlingen und ihren barbarischen und verbrecherischen Nachkommen." Die Weltöffentlichkeit reagierte allerdings erst, die Greultaten des Militärs beim besten Willen nicht mehr zu vertuschen waren und der Krieg gegen die indianische Bevölkerung bereits über 100.000 Tote gefordert hatte.

1988 wurde das *Centro de Visitantes* (Besucherzentrum) fertiggestellt, das eine vorbildliche Ausstellung über die Ausgrabungsarbeiten, die Geschichte der Stätte und zahlreiche Fundstücke zeigt. Ein Modell verdeutlicht das ursprüngliche Ausmaß und Aussehen von Iximché. Die Ausstellung wird von den Angestellten auf Bitten hin geöffnet.

Wie viele andere Festungen im Hochland ist auch Iximché wegen seiner Ruhe und schönen Lage ein Platz zum Ausruhen, Sitzenbleiben und Nachdenken. *Übernachtung* ist nur mit vorheriger Erlaubnis des *Instituto de Antropológica Historia de Guatemala* in der Hauptstadt möglich (7. Av. 8-92, Z 9, Departamento Monumentos Prehispánicos y Coloniales). Sanitäre Anlagen und Picknickplätze sind vorhanden. Iximché ist jeden Tag von 8.00 - 17.00 Uhr geöffnet.

Santa Apolonia

Nur ein paar Kilometer von Tecpán entfernt liegt das kleine Dorf Santa Apolonia, von dem angenommen wird, daß es eines der Hauptzentren für die Herstellung vorkolonialer Keramik war. Vor nicht allzu langer Zeit fanden Campesinos des Aldeas Xekoyil beim Bau eines Wassertanks außerdem eine behauene Stele aus Vulkangestein und eine kleine Skulptur, die einen Schlangenkopf darstellt.

Antigua

Das Departament Sacatepéquez ist mit seinen 465 km^2 das kleinste in Guatemala und befindet sich zum größten Teil auf den Hochflächen der Sierra Madre. Der Name *Sacatepéquez* bedeutet "Hügel des Grases". Das milde Frühlingsklima und der gute Boden in dieser Region begünstigen den Anbau von Gemüse, Blumen und Kaffee, so daß Sacatepéquez trotz seiner Kleinheit von wirtschaftlich großer Bedeutung ist.

Im Panchoytal am Fuß des *Vulkans Agua* liegt die Hauptstadt des Departaments: Antigua Guatemala, ehemals Hauptstadt des Königreiches Guatemala und für über 200 Jahre, bis 1773, wirtschaftliches, geistiges und kulturelles Zentrum des Subkontinents. Damals hieß Antigua noch *Muy Noble y Muy Leal Ciudad de Santiago de Los Caballeros de Goathemala*. Ein Titel, den ihr 1566 König *Philip II. von Spanien* verlieh.

Santiago, der Bezwinger der Heiden, wurde zum Schutzheiligen der Stadt erklärt.

Antigua hat sich viel von der Atmosphäre aus dieser Zeit erhalten. Kolonial, geschichtsträchtig, konserviert, museal - kurz, ein *lebendiges Kulturdenkmal,* 1965 vom Panamerikanischen Institut für Geographie und Geschichte zum "Denkmal Amerikas" und 1979 von der UNESCO zum "Erbe der Menschheit" erklärt. In Guatemala ist Antigua einzigartig. Keine andere Stadt im Land hat die Charakteristika in dieser Dichte bewahren können. Antigua hat "Ambiente".

Rechtwinklig sich schneidene Straßenzüge, der nach Nord/Süd und Ost/West ausgerichtete Schachbrettgrundriß und die quadratische Plaza als Mittelpunkt der Stadtanlage sind unverwechselbare städtebauliche Elemente der Renaissancezeit. Einstöckige Patiohäuser mit sparsamer Fassadenzier reihen sich an Avenidas und Calles entlang. Kunstvoll geschmiedete Eisengitter vor den Außenfenstern und mächtige hölzerne Einfahrtstore geben kaum einmal einen Blick frei in das Innere der Privathäuser. Doch dahinter verbergen sich oft die schönsten Gärten, Gänge und Balkone.

Die Stadt war eine Stadt der Kirchen, Klöster, Konvente und Kapellen. "In dieser Stadt der Kirchen fühlt man ein dringendes Bedürfnis zu sündigen", schrieb *Asturias* in seinen "Legenden aus Guatemala". Über 50 solcher Bauwerke zählte Antigua.

Majestätisch: Der Vulkan Agua in seiner vollendeten Schönheit.

Heute, nach dem verheerenden Erdbeben 1773, sind die meisten Ruinen verstreut über die ganze Stadt. Doch selbst in ihrem zerstörten Zustand erahnt der Besucher die Größe, Macht und Herrschaft, die von den Orden jener Zeit ausging, in der der spanische König katholischer als der Papst war.

Gehörten früher Mönche, Nonnen und Heilige zum Stadtbild Antiguas, so sind es heute die *Touristen* - nicht weniger auffällig in ihrem Erscheinungsbild. Auf einer Reise durch Guatemala ist Antigua ein Muß. Neben Panajachel am Atitlán See hat sich Antigua zu einem Zweitwohnsitz von Travellern aus aller Welt entwickelt. Ein Umstand, der die einen zum Bleiben, die anderen zur Flucht bewegt. Es scheint, daß die einheimische Bevölkerung ganz gut damit zurechtkommt. Man hat sich auf die Bedürfnisse und Konsumwünsche der Ausländer eingestellt. Hotels, Kneipen, Restaurants, Kinos, Discos und Sprachschulen sorgen dafür. Wer sich zwecks Spanischunterricht länger als drei, vier Wochen in der Stadt aufhält, gehört bereits zur "Szene", die natürlich englisch spricht.

Antigua ist klein, gepflegt und überschaubar. Ein richtiges Vorzeigestädtchen. Ladinos, Indígenas und Touristen leben in beschaulicher Eintracht. Die einen kaufen, die anderen verkaufen, und das alles vor dem Hintergrund einer kolonialzeitlichen Kulisse, die perfekt restauriert und konserviert wurde,

doch wenig von der guatemaltekischen Realität besitzt.

Die *Geschichte Antiguas* begann im März 1543. Nach der Zerstörung von Ciudad Vieja im Almolongatal 30 km südlich von Antigua verlegten die Spanier ihre Hauptstadt hier ins Panchoytal, umgeben von Bergen, Hügeln und den Vulkanen Agua, Fuego und Acatenango. Der Aufbau ging rasch vor sich. Plaza, Kathedrale, Palacio, Bürgerhäuser und die ersten Klöster standen bereits Ende des 16. Jahrhunderts und ergaben zusammen ein koloniales Ensemble, das Santiago inmitten des bäuerlich geprägten Indianergebiets der Cakchiqueles für zwei Jahrhunderte zur schönsten Hauptstadt der "Neuen Welt" machte. Durch die Einrichtung der *Universität San Carlos de Borromeo* 1670, die Aufstellung der ersten Druckerpresse in Guatemala 1660 und die Gründung von Klosterschulen entwickelte sich Santiago zum geistigen, kulturellen und klerikalen Zentrum Mittelamerikas. Es konnte mit den zwei anderen kolonialen Hauptstädten dieser Zeit, Mexiko und Lima, durchaus konkurrieren.

In Santiago lebten im 18. Jahrhundert 70-80.000 Menschen. Noch immer wurden Kirchen und Klöster gebaut, ein neuer Orden gegründet und die Stadtkasse beträchtlich belastet. Intrigen und Korruption beherrschten das Leben der geistlichen und weltlichen Elite der Stadt, die sich in einem Dauerstreit befand. Im erbitterten Machtkampf um Geld, Einfluß und Besitz heiligte der Zweck jedes Mittel.

Plaza Mayor mit Ayuntamiento (Verwaltung) mit den ersten Autos

Wieviele Mönche, Nonnen, Novizen und Geistliche mögen das verheerende *Erdbeben* am 29. Juli 1773 als Strafe Gottes empfunden haben. Als Strafe für ihren luxuriösen Lebensstil, ihre moralische Verderbtheit und ihre Ignoranz und Verachtung gegenüber Armut und Elend, für das sie die Verantwortung trugen? Santiago befand sich auf dem Höhepunkt seiner über 200jährigen Geschichte. In nur wenigen Minuten verwandelten die "Götter der Unterwelt" die Stadt in einen einzigen Trümmerhaufen. Es war nicht das erste Mal, daß die Stadt erschüttert wurde. Die stärksten Beben erlebte Santiago in den Jahren 1583, 1689 und 1717. Aber geologische Überlegungen waren nicht die Stärke der Spanier bei der Standortwahl. Denn sonst hätten sie erkennen müssen, daß eine Stadt über einem realtiv hochgelegenen Grundwasserspiegel bei Zerrungsvorgängen während eines Bebens auf mehr als unsicherem Boden steht. Steht man aber vor den mächtigen Trümmern der alten Kathedrale oder inmitten der wuchtigen Säulen-, Mauer- und Bogenreste des Recolección-Klosters, dann beschleicht einen leicht das Gefühl, daß diesem Erdbeben sowieso nichts widerstanden hätte. Immer wieder stellte ich mir beim Spaziergang durch die Klosterruinen die entsetzten Gesichter der Dominikaner, Franziskaner, Karmelitinerinnen oder Clarissinnen vor, als sie beim Einsetzen des Bebens weinend und schreiend auf die Straße flüchteten und unter dem donnernden Getöse zusammenbrechender Mauern ihrem Untergang tatenlos zusehen mußten.

Denn dieses "Erdbeben von Santa Marta" 1773 bedeutete das Ende der kirchlichen Macht kolonialer Prägung in Guatemala. Der Wiederaufbau Santiagos wurde verboten, die Hauptstadt hastig verlegt, die Klöster geschlossen und die Mönche vertrieben. 1871, rund 100 Jahre später, wurde der noch verbliebene Besitz der Kirche säkularisiert. Was von der einstigen Pracht blieb, ist dieses schmucke koloniale Städtchen, dessen Pflege und Erhaltung sich mehrere Gruppen und Organisationen in Guatemala angenommen haben. Hier gibt es keine zertrümmerten Straßenlampen, keine durchlöcherten Pflaster, keine grellen Neonreklamen oder heruntergekommenen Häuser - wenigstens nicht im Zentrum. Die Fassade zumindest stimmt.

Guatemalas altes Wappen (1532) zeigt Santiago, den Bezwinger der Heiden und drei Vulkane mit Kreuzen.

Sehenswertes

Sich in Antigua zurecht zu finden, ist kein Problem. Die Stadt ist übersichtlich, **Stadtpläne** verteilt das Tourismusbüro. Literatur gibt es in den Buchläden, und wer sich länger in Antigua aufhält, bleibt sowieso nicht allein. Ob im Hotel, in den Kneipen oder Cafés, überall trifft man auf Touristen, die schon ein bißchen länger da sind und sich auskennen.

Mittelpunkt einer jeden kolonialen Stadt ist die **Plaza Real**. Die von Antigua wurde 1541 von *Juan Bautista Antonelli,* einem spanischen Ingenieur und Baumeister angelegt. Ungepflastert bis 1704, staubig während der Trockenzeit, schlammig während der Regenzeit, diente die Plaza lange Zeit Stierkämpfen, Militärparaden, Hinrichtungen, dem Austausch von Neuigkeiten und später Märkten. Heute wird sie **Plaza Mayor** oder **Parque Central** genannt. Der Brunnen *Fuente de las Sirenas* ist ein Werk von *Diego de Porres,* der sich vom Neptunbrunnen in Bologna hat inspirieren lassen. 1739 wurde der verführerische Brunnen aufgestellt. Heute ist die Plaza Antiguas ein kleiner Park mit Bänken, Bäumen und leuchtenden Bougainvillen. Schattig zum Sitzen, Lesen oder Leute beobachten.

Die Ostseite der Plaza wird von der **Catedral Metropolitana** (Kathedrale) und dem ehemaligen **Palast des Erzbischofs** eingenommen. An letzteres Gebäude erinnert nicht mehr viel, da es durch die Jahrhunderte hindurch verändert, erweitert

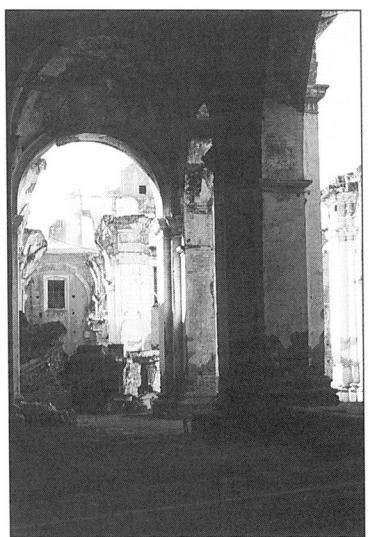

Ruinen der alten Kathedrale

und zu Privaträumen, Büros etc. umfunktioniert wurde. Die erste Kathedrale Antiguas aus dem Jahr 1542 war ein Bau aus den Resten der zerstörten Kirche von Ciudad Vieja und besaß ein Holzdach. Nach dem ersten großen Erdbeben 1583 begann man noch einnmal von vorne und setzte in elfjähriger Arbeit eine Kathedrale an die Plaza, die mit fünf Kirchenschiffen, 70 Fenstern und vollgepackt mit Kunstschätzen zu den grandiosesten Bauwerken seiner Zeit gehörte. Durch sieben große Portale betrat man die Kirche. Sieben Kapellen befanden sich auf jeder Seite. Mauern, Säulen und Bögen waren verziert mit barocken Engeln und Heiligen, in zwei quadratischen Glockentürmen hingen ins-

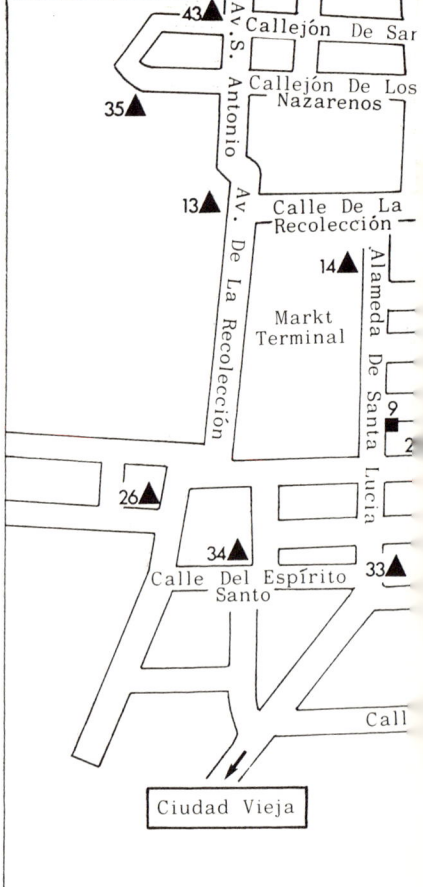

Die Straßen nördlich der Plaza heißen *Norte*, die südlich *Sur*, die westlich *Poniente*, die östlich *Oriente*.

Antigua

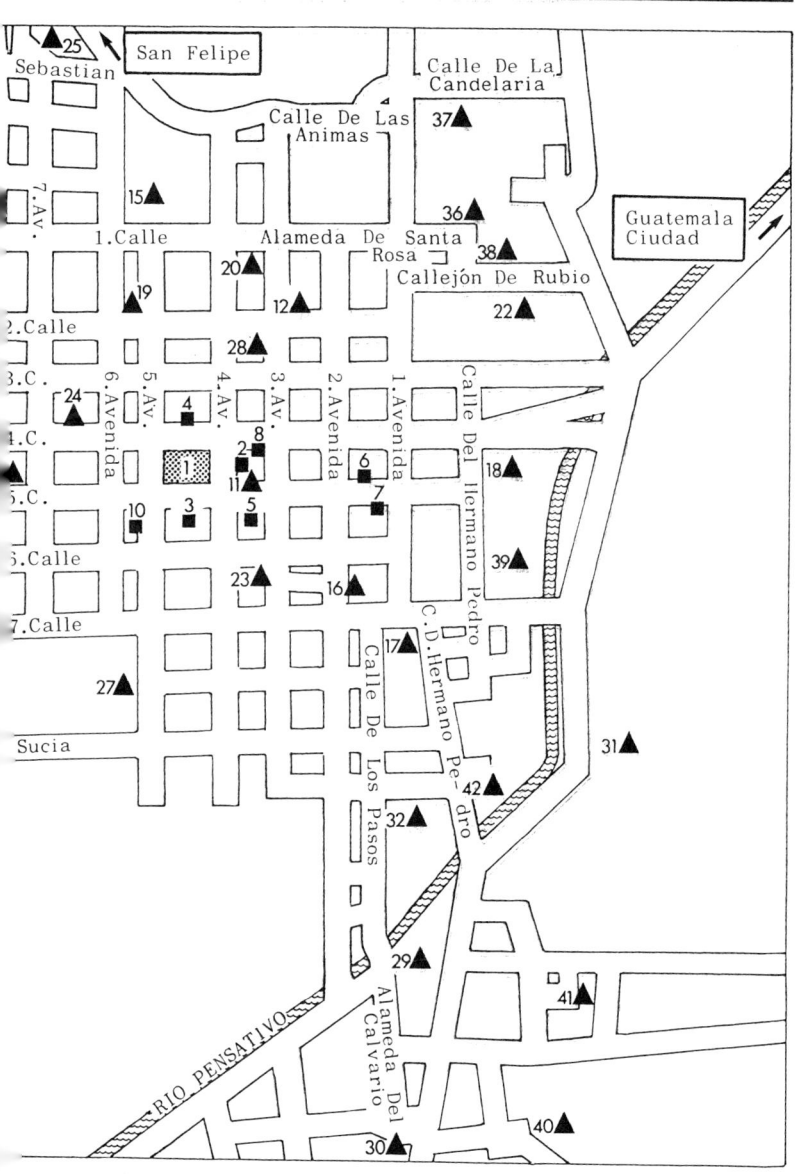

San Felipe

Sebastian

Calle De La Candelaria

Calle De Las Animas

Guatemala Ciudad

7.Av.

1.Calle

Alameda De Santa Rosa

Callejón De Rubio

2.Calle

3.C.

4.C.

5.C.

6.Calle

7.Calle

Sucia

6.Avenida

5.Av.

4.Av.

3.Av.

2.Avenida

1.Avenida

Calle Del Hermano Pedro

C.D.Hermano Pe- dro

Calle De Los Pasos

Alameda Del Calvario

RIO PENSATIVO

gesamt zehn Bronzeglocken. Der hochgestellte Altar war aus Silber, Elfenbein und wertvollem Holz gearbeitet. Die besten Maler, Bildhauer und Künstler Spaniens wurden angeheuert. Der Kirche war nichts zu teuer, um Antigua zu zeigen, wer in der Stadt das Sagen hat. Heute liegen in den Gruften der Kathedrale die Überreste von *Alvarado* und seiner Doña *Beatriz*.

Die gesamte Südseite der Plaza nimmt der weitläufige, zweistöckige **Palacio de Los Capitanes Generales** (Generalspalast) ein. Das Gebäude war Regierungssitz der Vertreter des spanischen Königs mit Ämtern, Behörden und Büros, außerdem waren das Militär und das Gericht hier untergebracht. Der erste große Renaissance-Bau von 1558 brach 1717 bei einem Erdbeben zusammen. Es dauerte fast 50 Jahre, bis die Säulen der beiden übereinanderliegenden Arkadengänge, die

aus einem Stück gehauen sein sollen, die Bögen und die Fassade wieder restauriert wurden. Was heute steht, ist das Ergebnis des Wiederaufbaus nach 1773. Das Gebäude wird nun von der Verwaltung des Dept. Sacatepéquez, dem Militär, der Polizei und dem Tourismusbüro belegt. Vom zweiten Stock aus hat man eine schöne Sicht über die Plaza.

Gegenüber an der Nordseite der Plaza befindet sich das **Ayuntamiento** oder **Real Cabildo**, seit 1743 Verwaltungssitz der Stadt. Über den vormals baulichen Zustand weiß man nur sehr wenig. Es hat mit seinen massiven Mauern, seinem doppelstöckigen Arkadengang und den starken Säulen dem Erdbeben von 1773 erstaunlich gut stand gehalten, so daß man es erst ein Jahrhundert später restaurierte.

Heute ist das Ayuntamiento wegen seiner zwei Museen interessant. Das

Kolonialer Prachtbau: Der Palacio de Los Capitanes Generales

Museo de Santiago *(Museo de Armas)* stellt koloniale Keramikkunst *(Mayolica)* aus, daneben Uniformen, Silberschmuck, Möbel, Gemälde und Waffen. Im Patio befindet sich das ehemalige Gefängnis, das bis 1955 "in Betrieb" war. Die Waffensammlung zeigt einen Vergleich zwischen den indianischen Waffen wie Schlagstöcke *(macanas),* Steinäxte *(hachas)* oder Pfeile *(flechas)* und denen, die die Spanier beim Überfall auf Guatemala benützten. Eine *Marimba* aus dem 17. Jahrhundert befindet sich auch in dem kleinen Museum.

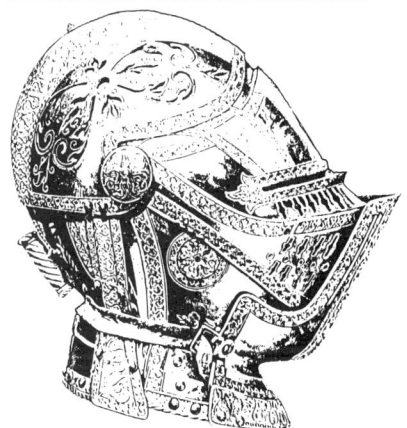

Spanischer Helm (16. Jh.)

Im **Museo de Libro Antiguo** (Buchmuseum) steht die erste Drukkerpresse Guatemalas aus dem Jahr 1660 und die dritte ihrer Art Lateinamerikas. Antigua besaß zwischen 1660 und 1773 mehrere *talleres de imprenta* (Buchdruckereien), was bei den vielen Klöstern verständlich ist. Jeder wollte sein bißchen Wahrheit gedruckt und verewigt sehen. So stammt das erste Buch Guatemalas von *Bischof Payo de Rivera* und war ein in geschraubtem Latein verfaßtes Traktätchen über die unbefleckte Empfängnis Marias. Außerdem wurde in unregelmäßiger Folge eine Art Amtsblatt mit den neuesten Verordnungen herausgegeben, die *Gazeta de Goathemala*. Im Museum befinden sich noch alte Druckplatten und Bücher. Beide Museen sind geöffnet Di-So 9-12 Uhr und 14-16 Uhr.

In der 5. Calle Oriente befindet sich die ehemalige **Universität San Carlos de Borromeo**, die - nach Mexiko und Lima - die dritte Amerikas war. Als Bischof *Marroquin* 1559 beim spanischen König um die Mittel für die Einrichtung einer Universität nachfragte, konnte noch niemand ahnen, daß es 120 Jahre dauern würde, bis die Streitigkeiten zwischen König, Opposition und Orden beigelegt waren und der Lehrbetrieb 1681 mit 70 Studenten und päpstlichem Segen beginnen konnte. Die Fächer umfaßten Theologie, Philosophie, Recht, Medizin und erstaunlicherweise die Indianersprache Cakchiquel. Den Indígenas war der Besuch der Uni verboten, wenn es sich nicht gerade um Söhne hochstehender Kaziken handelte. Für diese gab es ein eigens eingerichtetes Seminar.

Das Gebäude ist im Mudéjarstil mit üppigem Stuck und kunstvollen Bogengängen errichtet. Der Patio mit seinem großem Brunnen ist ein idea-

227

ler Platz zum Ausruhen nach dem Besuch des *Museo Colonial*, das Statuen und Gemälde aus dem 17. und 18. Jahrhundert ausstellt. In einem nachempfundenen Hörsaal verteidigt ein Student während eines Examens seine Thesen gegen Angriffe. Ein Prüfungsverfahren, wie es seinerzeit üblich war. Das Museum ist geöffnet jeden Tag von 9-12 Uhr und 14-18 Uhr.

Zwei Blöcke hinter der Kathedrale zwischen 1. und 2. Avenida an der Calle de la Universidad liegt die *Casa Bernal Díaz del Castillo*. *Bernal Díaz* kam als Soldat mit *Hernán Cortés* und *Pedro de Alvarado* in die "Neue Welt". Berühmt wurde er durch seine Bücher über die Geschichte der Conquista, die er 1552 in Antigua zu schreiben begann.

Díaz' Unterschrift

Gegenüber steht die *Casa Popenoe*, eines der ältesten und besterhaltensten Häuser der Stadt aus dem Jahre 1640. Das amerikanische Ehepaar *Popenoe* restaurierte das Haus vollkommen, als sie es 1929 erwarben. Heute stellt es kostbare Möbel aus der Kolonialzeit aus. Geöffnet außer sonntags 15-17 Uhr.

Die koloniale Stadt

Die Gründung von Städten in der Neuen Welt war Pflicht eines jeden Konquistadors und Ausgangspunkt für Besitzergreifung, Machterhaltung und Verwaltung des eroberten Gebietes. Dabei orientierten sich die Spanier bei der Standortwahl nicht selten an schon vorhandenen Indianersiedlungen, denen sie das per königlichem Dekret (1521) verordnete Schachbrettmuster aufprägten.

Die Plaza Real war und ist das Zentrum eines der Renaissance gemäßen geometrisch angelegten Stadtgrundrisses mit quadratischen Blöcken (Cuadras) und sich rechtwinklig schneidenden Straßenzügen (Avenidas und Calles). Zweifellos spiegelt sich hier das antike Vorbild der römischen Villa wieder. Neben den zahlreichen Funktionen der Plaza als Waffenplatz (Plaza de armas), Festplatz, Hinrichtungsstätte, Stierkampfarena, Treffpunkt oder Markt hatte die freie Plaza auch symbolische Bedeutung als Stellvertreterin des nichtanwesenden Königs. Kathedrale, Regierungspalast, Stadtverwaltung und die Häuser reicher Bürgerfamilien stehen traditionell an der Plaza. Unverkennbar ist der sogenannte Mudéjar-Stil, der sich innerhalb der spanischen Baukunst des 15. und 16.Jahrhunderts aus der Verschmelzung maurisch-arabischer und christlicher Stilelemente ergab.

Sobald man die Plaza mit ihren Prachtbauten verläßt, kehrt sich das Außen nach Innen. Die Straßenzüge wirken eintönig, die vergitterten Fenster und schweren Tore nicht gerade einladend. Doch hinter den weißgetünchten Mauern der ein- bis zweigeschossigen Bürgerhäuser verbirgt sich in aller Regel ein paradiesischer Patio (Innenhof), wo sich das Leben unter der bewußten Abschließung gegen die Außenwelt abspielt. Früher waren die Häuser aus Adobe gebaut. Das sind mit Stroh durchmischte Lehmziegel, wie sie die Indígenas des Hochlands noch heute herstellen.

Die spanische Kultur war von Beginn an städtisch, so daß die Bevölkerung immer auf die Versorgung mit Lebensmitteln durch die

Kirchen, Klöster, Orden

La Recolección

Typisch für koloniale Städte: Schnurgerade und eintönige Straßen

indianischen Bauern des nahen Umlandes angewiesen war. Das erste Buenos Aires beispielsweise mußte wegen dieses Mangels aufgegeben und verlegt werden.

Die Spanier waren Ackerbürger. Sie besaßen Encomiendas und lebten vom Tribut "ihrer" Indianer. Sie wohnten in der Stadt, die für sie einziger Überlebensort war in dieser unerschlossenen Wildnis der neuen Heimat.

An den Folgen dieses Lebensstils krankt der zentral- und südamerikanische Kontinent noch heute. Die Städte sind Kopf und Bauch der Länder. Nicht von ungefähr nennen die Guatemalteken ihre Hauptstadt "La Capital", denn danach kommt erstmal lange, lange nichts. Das Spannungsgefälle, das sich aus der engen Nachbarschaft von urbanisiertem Kernraum und ländlichem Entwicklungsraum ergab, konnte bis heute nicht überwunden werden, während die Metropolen zu unüberschaubaren Monstern heranwachsen.

Nur wenige Monate vor dem schweren Erdbeben 1717 wurde auf dem benachbarten Terrain der Mönche von San Jerónimo der Komplex des Recolección-Klosters eingeweiht. Der Wiederaufbau wurde noch schöner und größer, und der Orden wuchs zu einem der mächtigsten der Stadt heran. Gründer war der Franziskanermönch *Antonio Margil de Jesús*, der aufgrund seiner Erfolge bei der Christianisierung der Indianer um 1700 die Erlaubnis erhielt, Kloster und Konvent zu bauen.

Der Konvent besaß zwei Stockwerke. Diese beherbergten Bibliothek, Archiv, Studierstuben, Musikzimmer, Apotheke und Krankenzimmer. Der Reichtum des Ordens zeigte sich in der Ausschmückung der Kirche, die voll von wertvollen Gemälden, Statuen und Bildnissen war. Ein flämischer Altaraufsatz soll die Krönung der Kunstschätze gewesen sein. In einem der Patios befindet sich ein steinernes Schwimmbecken in Form eines Schiffes, das aus dem Material des Kreuzganges gebaut wurde. Es ist allerdings neueren Datums (1908) und beweist, wie lange die Ruinen säkularen Zwecken gedient haben.

Der letzte große Bogen am Eingang dieses prächtigen Klosters fiel dem Erdbeben 1976 zum Opfer. Das Ambiente hier hatte schon immer Maler, Dichter und Fotografen beflügelt. Tatsächlich gehört ein Spaziergang durch die riesigen Mauer,- Säulen- und Bogenreste des Reccolección-Klosters zu den Besonderheiten Antiguas.

Das Kapuzinerkloster (Las Capuchinas)

200 Jahre nach Gründung des Kapuzinerordens 1525, einem Zweig des Franziskanerordens, kamen fünf Nonnen aus Madrid nach Antigua, um hier die fünfte und letzte Schwesternschaft der Stadt zu gründen. Sie erhielten die Erlaubnis zum Bau, weil sie beim Eintritt ins Ordensleben keine Mitgift verlangten und darum auch mittellose Frau-

en aufnehmen konnten. Das Leben der Kapuzinerinnen war stark reglementiert. So durften die Nonnen keinen sichtbaren Kontakt zur Außenwelt haben.

Das Kapuzinerkloster ist das architektonisch eigenwilligste Gebäude unter allen Klöstern Antiguas und mit einem für damalige Verhältnisse unglaublichen Luxus ausgestattet. Bauherr war der Stadtarchitekt *Diego de Porres,* der den Bau mit Bädern, Toiletten und einem Abwassersystem im Jahre 1736 fertigstellte. Einzigartig ist der Turm des Klosters, der "Turm der Zurückgezogenheit" genannt wurde und von dessen rundem Patio aus 18 gleichgroße Zellen abgehen. Ob die Nonnen wirklich so zurückgezogen lebten, ist eine andere Frage. Denn später wurden unterirdische Gänge entdeckt, die zum Nachbarkonvent der Herren führten, und auf dem Friedhof der Schwestern fand man Knochen Neugeborener.

Im ersten Stock steht die *Pila,* das Waschbecken des Klosters. Die 25 Kapuzinerinnen hatten den Ruf, besonders gut Wäsche zu waschen. Hier ist auch der Kreuzgang erhalten, der von mächtigen Säulen gestützt wird, wie überhaupt das gesamte Kloster einen äußerst massiven und wuchtigen Eindruck macht. Zum 400jährigen Geburtstag der Stadt 1943 begann man mit der Renovierung und Rekonstruierung des Kapuzinerklosters. Heute befindet sich hier das Büro des *Consejo Nacional para la Protección de La Antigua Guatemala.*

Nuestra Señora de la Merced

Noch mit der Erlaubnis des ersten Bischofs von Guatemala, *Francisco Marroquin,* versuchten die *Mercedianer,* die vor allem in Peru tätig waren, unter großen Schwierigkeiten Kirche und Kloster in Antigua zu errichten. Den Plänen und Konstruktionsanordnungen des Architekten *Juan de Dios Estrada* von 1749 ist es zu verdanken, daß La Merced das 1773er Erdbeben relativ gut überstand.

Heute besitzt die Stadt mit dieser Kirche einen der schönsten späten Barockbauten.

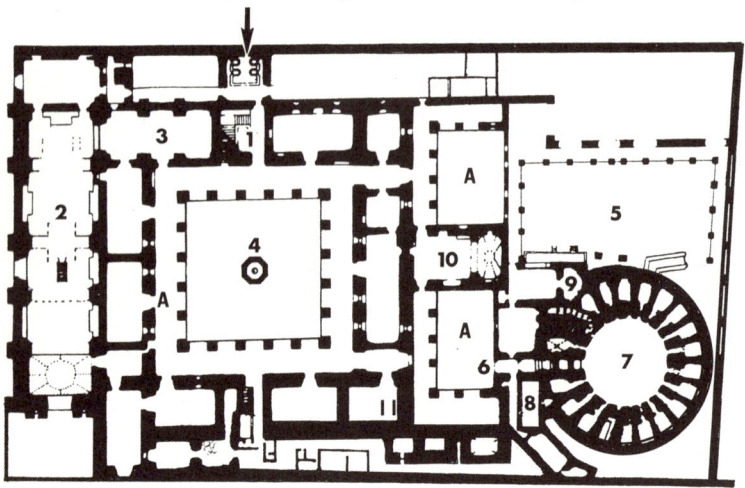

Kapuzinerkloster (Erdgeschoß): 1 Eingang, *2* Klosterkirche, *3* Chor, *4* Brunnen im Innenhof, *5* Hinterer Patio, *6* Zugang zum Turm, *7* Turm mit Zellen, *8* Bäder, *9* Waschbecken, *10* Küche, *A* Kreuzgänge.

Meisterwerk des Churriguerismus: La Merced

Die üppige Fassadenzier ist ein Beispiel des Churriguerismus-Stils (benannt nach dem spanischen Bildhauer *José Churriguera* 1650-1723), der sich durch überwuchernden, ornamentreichen Stuck aus Blumen, Weinranken und Rosen auszeichnet. Die wertvollen Kunstgegenstände, wie der "Jesús Nazareno" von *Mateo de Zuñiga*, stehen heute in der neuen La Merced der Hauptstadt, wohin sie nach dem großen Erdbeben gebracht wurden.

Im Patio des Klosters befindet sich der ehemals farbenprächtige, berühmte "Brunnen der Fische", in dem die Mönche einst eine kleine Fischzucht betrieben hatten. Seine Basis nimmt fast den gesamten Innenhof ein. Vom zweiten Stock aus hat man einen phantastischen Blick auf die Vulkane Antiguas.

Vor der Kirche ist ein Steinkreuz aufgestellt, dessen eingemeißelte Daten das Alter erkennen lassen. Der Brunnen gehörte einst zum Kloster San Francisco, und die Büste von *Bartolomé de Las Casas* erinnert an den unerschrockenen Verteidiger der Indianer.

Santa Clara

Der *Clarisinnen-Orden* gehörte zu den reichsten in Antigua. Die Nonnen kamen 1699 aus Puebla (Mexiko) nach Guatemala und konnten sich durch die Mitgift vieler reicher Ordens-Frauen aus der Stadt ein recht bequemes Leben machen. Die Clarisinnen waren wegen ihrer vorzüglichen Küche und den knusprigen Mürbteigpastetchen berühmter als wegen der Einhaltung ihrer Gelübde der Keuschheit, der Armut und des Gehorsams. Die 45 Damen stritten sich gerne, so daß sich selbst der Erzbischof eines Tages gezwungen sah, einzugreifen. Es ergab sich nämlich, daß sich die Nonnen auf keine neue Äbtissin einigen konnten, woraufhin er - wahrscheinlich weil ihm das Gezänk auf die Nerven ging - kurzerhand die Klosterköchin *Beata Berengaria* zur neuen Chefin erkor, die zwanzig Jahre lang nur über ihre Kochtöpfe bestimmt hatte. Ihr Portrait hängt in einem der Ausstellungsräume des Museo Colonial.

In der Kirche hing seinerzeit das berühmte

Gemälde "Christus am Kreuz" von *Alvarez de Toledo,* außerdem stand hier eine wertvolle Statue der Santa Clara des Meisters *Zuniga.*

Das Erdbeben 1773 bedeutete auch für die Clarisinnen das Ende. Ein Teil des Konvents wurde privatisiert. Vom Kloster steht heute noch ein zweistöckiger Arkadengang und der Brunnen im Patio.

Zuñigas "Jesús Nazareno"

San Jerónimo

Die *Mercedianer* hatten mit dem Bau der Klosterschule und Kirche von San Jerónimo großes Pech. Fünf Jahre nach Abschluß der Arbeiten 1757 kam die Stadtverwaltung dahinter, daß niemals eine Baugenehmigung vorgelegen hatte, woraufhin der spanische König den Abriß der Gebäude und die Konfiszierung des Eigentums anordnete. Man beließ es jedoch bei einer Zweckentfremdung und nutzte die Räumlichkeiten als Lagerräume, Beamtenwohnungen und Pferdeställe.

Die Klosterschule übertraf während ihrer kurzen Lebensdauer bei weitem die Bedeutung der Kirche. Von den Resten sind noch Treppen, Latrinen und die Anordnung der Zimmer erhalten. Besonders gut hat die ehemalige Schulküche überlebt. Auch der achteckige Brunnen im Patio stammt noch aus Originalzeiten.

San Francisco

Die *Franziskaner* kamen 1530 nach Guatemala und errichteten hier eines ihrer größten Klöster des Königreiches. Die Schule wurde zum Zentrum von Priestern, Gelehrten und Künstlern. Die Kirche muß im Gegensatz zu heute luxuriös ausgestattet gewesen sein. So zählte eine Holzdecke mit Schnitzereien zu den Kostbarkeiten des Raumes. Außer der Fassade ist jedoch nicht mehr viel übrig von der einstigen Pracht, weswegen die schmucklose Art der Innenrenovierung noch immer ein Streitpunkt in Antigua darstellt. In den Ruinen des ehemaligen Klosters erkennt man noch die kunstvolle Deckenbemalung und kann sich vorstellen, wie bunt Wände und Säulen gewesen sein müssen. Interessant sind die Abbildungen von Priestern und Skeletten, die noch sichtbar sind, wie auch der habsburgische doppelköpfige Adler über der Mauer am Eingang zur Ruine.

Besonders wegen eines Mannes gehören Kirche und Kloster von San Francisco in der Calle de Chipilapa zu den meistbesuchtesten Antiguas: *Pedro de San José de Betancur,* kurz **Hermano Pedro.** 1626 auf den Kanarischen Inseln geboren, kam er 1651 nach Guatemala, wo er in das Colegio der Franziskaner aufgenommen wurde. Er zog sich jedoch bald aus dem beengenden Klosterleben zurück und begann, draußen Arme und Kranke zu pflegen. Als Mitglied des "Dritten Ordens" baute er später das erste Hospital (Belén) sowie die erste Schule des Königreiches Guatemala, wo er vor allem Indianerkindern Lesen und Schreiben beibrachte. Zusammen mit einem Freund gründete er den Orden der *Bethlehemiter.* Im Alter von nur 41 Jahren starb *Hermano Pedro* 1667. Hundert Jahre später wurde er von *Papst Clemens XVI.* heilig gesprochen. Sein Grab ist zur Wallfahrtstätte geworden. Es befindet sich seit 1817 in der Kapelle des Dritten Ordens der San Francisco Kirche, geschmückt mit Blumen, Kerzen und hunderten von gerahmten Danksagungen. Ein Mausoleum wurde fertiggestellt und bewegt die Gemüter der Antigueños, die mit der neuerlichen Verlegung des heiligen Leichnams nicht einverstanden waren.

Die Kirche stammt aus dem Jahr 1647 und trug das Wappen der Spanier. Die beiden gegenüberliegenden Gebäude in der 5. Avenida sind heute Privatwohnungen. Nur der schöne gelbe Bogen erinnert an die *Catalinen.*

Santa Catalina

Eines der Wahrzeichen Antiguas gehört zu dem 1609 von vier Concepción-Nonnen gegründeten Konvent Santa Catalina Virgen y Martír. Der 1833 restaurierte Bogen überspannt heute noch die 5. Avenida Norte, der den Nonnen seinerzeit erlaubte, die Straße zu überqueren, ohne gesehen zu werden.

Ähnlich wie im Concepción-Kloster lebten im Kloster von Santa Catalina Ende des 17. Jahrhunderts über hundert Nonnen. Lange Jahre herrschte eine große Rivalität zwischen den beiden Schwesternschaften, die die besten Schulen unterhielten. Es wird erzählt, daß man *Elvira de San Francisco,* als sie Äbtissin in Santa Catalina wurde, sechs Jahre lang den Zutritt ins Concepción-Kloster verweigerte. In Antigua, so scheint es, war der Teufel los.

Concepción

Eine Äbtissin und drei Nonnen aus Mexiko gründeten im Jahre 1578 den **ersten Frauenorden** in Antigua. Kirche, Konvent und Kloster zeigen heute noch die einst großzügige Konstruktion über zwei Blöcke und lassen die Macht des Ordens erahnen, dessen Reichtum und Ruf alle anderen Schwesternschaften Zentralamerikas übertraf. Dazu trugen vor allem Frauen aus den reichen Familien Antiguas bei.

Die berühmteste unter ihnen war die schöne *Juana de Maldonado y Paz,* die zu Beginn des 17. Jahrhunderts hier einen derart ausschweifenden Stil lebte, daß sie sogar im Reisebericht des irischen Dominikanermönchs und Abenteurers *Thomas Gage* ironische Erwähnung fand. Ihrer Schönheit und ihrem musischen Talent verfiel sogar

Der Bogen von Santa Catalina

der Bischof, der sie ungeachtet der Prosteste älterer Nonnen und dem Aufruhr in der Stadt zur Äbtissin ernennen wollte. *Gage* berichtet von regelrechten Bedrohungen, als die Bürger Antiguas mit Schwertern vor die Tore des Concepción-Klosters traten, um dem Skandal ein Ende zu bereiten.

Juana wurde nicht Äbtissin, aber ihr Lebensstandard hinter den heiligen Gemäuern war ohnehin nicht mehr zu übertreffen. Sie besaß einen eigenen Garten, eine eigene Kapelle mit den wertvollsten Gold- und Silberarbeiten, eine Galerie mit den Bildern der besten italienischen Maler, heiße Bäder und ein halbes Dutzend schwarzer Bediensteter. Einige der Räume haben die Erdbeben von 1717, 1751 und 1773 halbwegs überstanden.

Es gäbe noch eine Reihe weiterer Ruinen, Kirchen, Gebäude und Begebenheiten in Antigua, die einer ausführlichen Erwähnung wert wären, wie z. B., daß sich im ehemaligen Karmeliterinnen-Kloster *Santa Teresa* heute das **Männergefängnis** von Antigua befindet (so ändern sich die Zeiten!), daß den Augustinern jedesmal nach Bauabschluß die Decke auf den Kopf fiel und sie 1773 frustriert als erste Antigua verließen, daß die Kirche von *Santa Domingo* die erste Uhr des Königreiches zierte oder daß im **Hospital San Pedro** 400 Alte, Kranke, Behinderte, Waisenkinder und Pflegebedürftige unter der Leitung des Dominikaners **Fray Guillermo** untergebracht sind, der von Immobilien-Spekulanten Mord- und Bombendrohungen erhält.

Hotels und Hospedajes

●*Ramada Antigua* 9. Calle Carretera a Cuidad Vieja. Luxusklasse.
●*Hotel Antigua* 4. Av.Sur y 8. Calle Poniente. Im Kolonialstil mit Gärten und den luxuriösen Einzelheiten wie im Ramada.

●*Posada de Don Rodrigo* 5. Av.Norte Nr.19. Restauriertes Haus im Kolonialstil in der alten Casa de Los Leones. Garten, Einrichtung und Marimba-Musik sind aufeinander abgestimmt.
●*Hotel Aurora* 4. Calle Oriente Nr.16. Empfehlenswerte Mittelklasse im Kolonialstil.
●*Casa de Santa Lucía* Alameda de Santa Lucía Nr.5. Nahe Marktplatz und Terminal. Kleine Zimmer, aber empfehlenswert.
●*El Descanso* 5. Av.Norte Nr.9.
●*Convento Santa Catalina* 5. Av. Norte Nr. 28 mit Restaurant u. schönem Patio.

●*Las Rosas* 6. Av.Sur Nr.8, angenehm und empfehlenswert.
●*Pensión El Arco* 5. Av.Norte Nr.30 ist einfach, aber man kann hier preiswert wohnen;
●*El Pasaje* Alameda de Santa Lucía. Günstig.
●*Posada Doña Angelina* 4. Calle Poniente Nr.33, Besitzer erweitert beständig sein Hotel und wird jedes Jahr teurer,
●*Posada San Francisco* 3. Calle Oriente Nr.19, empfehlenswert,
●*Posada La Antigüeñita* 2. Calle Poniente Nr.25, sehr billig.
●*Hotel Asjemenou* 2. Av. Norte Nr. 31, empfehlenswert.
●Andere Hospedajes sind *Angélica Jiménez* 1. Calle Poniente Nr.14 A, *Posada Landívar* 5.Calle Poniente Nr. 23 und *Placido*.
   Wer sich für länger in Antigua einmieten möchte, erkundigt sich im Touristenbüro am Parque Central oder am Schwarzen Brett bei Doña Luisa.

Restaurants und Kneipen

Gut, aber vor allem teuer ißt man in den **Restaurants der Luxushotels.**

●**Welten** 4. Calle Oriente Nr. 21. Mesón **Panza Verde** 5.Av. Sur Nr. 19, **Casa Santo Domingo** 2. Calle Oriente Nr. 28A und **El Sereno** 6. Calle Poniente Nr. 10 und **La Fonda de la Calle Real** 5. Av. Norte Nr. 5 gute Mittelklasse

●Das **El Capuchino** 6. Av.Norte Nr. 3 kocht italienisch.

●Den besseren Capuchino gibt es allerdings im **Asjemenou** 5. Calle Poniente Nr. 4.

●Den besten allerdings gibt es bei den beiden italienischen Schwestern Nadia und Patrizia Gezzoli im **Caffé Opera** 6. Av. Norte Nr. 17.

●**Doña Luisa** (Pastelería y Panadería de Doña Luisa Xicotenactl) 4. Calle Oriente Nr. 12 ist das berühmteste Café in Antigua und seit ewigen Zeiten Treff und Informationsbörse. Hier gibt es ein gutes Frühstück und einen guten Kuchen. Nach amerikanischem Brauch wird nur die erste Tasse Kaffee bezahlt.

●Das **Oasis** 7. Av. Norte Nr. 96 ist ein netter Biergarten, wo es deutsches Essen gibt.

●Abends geht's rund im **La Chimenea** 7. Av. Norte Ecke 4. Calle. Das Bier ist billig, die Stimmung locker, man bekommt zu essen und kann den Spiegel lesen.

●Eng wird es jeden Abend im neuen Treff der Szene, im **Macondo** 5. Av. Norte Nr. 28.

●Ein paar Häuser weiter ist das **Quesos y vino.**

●Das *Bianco's* mit Livemusik in der 6. Av. Norte Nr. 17 hat Ende 1990 aufgehört zu existieren. Um die Ecke ist das **Picasso's**, eine Bar mit Musik, Backgammon und herrlicher Piña Colada. Diese Bar ist beliebter Treff der Unterhaltungsszene Antiguas. Guatemalteken trifft man allerdings seltener an.

●In der Alameda de Santa Lucía haben zwei Österreicher das **Wiener** aufgemacht.

●In der 5. Calle Poniente Richtung Markt ist die Disco/Bar **Moscas y Miel**.

Verkehrsverbindungen

●**Nach Antigua:** Von der Hauptstadt aus ab 15. Calle 3. Av. und 18. Calle 6. Av., Z 1.

●**Von Antigua:** Vom Terminal hinter dem Marktplatz fahren fast alle Busse in alle Richtungen. In die Hauptstadt zurück fährt halbstündlich ein Bus von der Alameda de Santa Lucía ab, von 6-19.30 Uhr. Die "Ayudantes" sind nicht zu überhören.

Wer weiter **ins Westliche Hochland** will, fährt bis Chimaltenango von 6.30-18 Uhr (Panamericana) und steigt dort um.

Fahrten in den Petén, Verapaz oder an die Karibik führen über die Hauptstadt.

Über das *Turansa* 5. Av. Norte Nr. 17 gibt es einen **Busservice zum Flughafen** in die Hauptstadt und zum Atitlán See.

A-Z

Ärzte:
Dr. Aceituno, 2. Calle Poniente Nr.7.
Apotheken:
Farmacia Santa María, Portal del Comercio (Parque Central) bis 22 Uhr geöffnet.
Banken:
Banco de Guatemala, Portal del Comercio.
Banco del Agro S.A., 4. Calle Poniente Nr.8.
Banco Industrial S.A., 5. Av. Sur Nr.4.
Lloyds Banc, am Parque. Alle Banken in Guatemala wechseln nur vormittags "efectivos" (Bargeld).

Bibliotheken:
CIRMA (centro de investigaciónes regionales de mesoamerica), 5. Av.Oriente Nr.5.: Rund um den herrlichen Patio Fotodokumentationen aus dem alten Antigua.
Buchläden:
Un Poco de Todo am Parque.
Casa Andinista, 4. Calle Oriente Nr.5 schräg gegenüber von Doña Luisa, hier gibt es Karten, Literatur, Forschungsberichte, Führer.
Fiesta:
Zu **Ostern** erlebt Antigua alljährlich einen Ansturm von Besuchern, die die berühmten Prozessionen sehen wollen. Auf den Schultern kostümierter Männer werden riesige Altäre auf Holzplattformen, sogenannte *andas,* bedächtig durch die Straßen Antiguas getragen. Die Wege sind gepflastert mit bunten Teppichen aus Blumen und gefärbter Sägespäne, an denen die Antigüeños Tag und Nacht arbeiten. An Phantasie und Ausgestaltung übertreffen sie alles Vergleichbare in Lateinamerika. Das Spektakel wird alljährlich im Fernsehen übertragen.
Außerdem **Fiesta am 25. Juli,** dem Tag des Schutzheiligen Santiago, am 15.September, dem **Nationalfeiertag** und zu Weihnachten.
Kunsthandwerk:
Souvenirläden gibt es jede Menge. Während der Kolonialzeit war Antigua das Zentrum der *Mayolica-Keramik,* einer weißen Steintonkeramik, die mit blauen Arabesken verziert und dann glasiert wurde.
Schmuckstücke aus **Jade** gibt es in der *Casa del Jade* 4. Calle Oriente Nr.3 hinter der Kathedrale und in *Jade S.A.* 4. Calle Oriente Nr. 34. In Guatemala findet man Jade als Jadeit, der eine Farbskala von Weiß über Grün bis zum wertvollen Schwarz aufweist. Jade war bereits bei den Maya hochge-schätzt. Ähnlich wie bei den Chinesen wurde Jade den Toten ins Grab gelegt oder zu Kunstwerken und Schmuckstücken verarbeitet.
Markt:
täglich. Jedes Wochenende bunter Textil- und Kunsthandwerkmarkt um den Parque Central.

Post:
Alameda de Santa Lucía Ecke 4. Calle Poniente.
Reisebüros:
Turansa Servicios Turisticos Antigua S.A., 9. Calle am Ausgang nach Ciudad Vieja und 5. Av. Norte Nr. 17 veranstaltet Stadtrundfahrten und Fahrten in die Hauptstadt, zum Atitlán See, nach Chichica-stenango und Tikal.

Außerdem *Viajes Tivoli* über Buchhandlung Un Poco de Todo am Parque.

Sauna:
Natura, 7. Calle Poniente Nr.11, auch Massagen. *Centro de Yoga,* ebenfalls Massagen, Kosmetik, Naturprodukte. In Jocotenango Sauna und Massage bei *Fraternidad Naturista.*

Schwimmen:
45 Min. Fußweg zu den *piscinas,* drei in Stein gefaßte Becken, unter der Woche wenig Leute.
Pools im *Hotel Antigua* und *Ramada.*

Spanischschulen:
Es gibt an die 20 Schulen in Antigua. Die Leistungen wie 4 Std. Einzelunterricht am Tag und Unterkunft bei einer guatemaltekischen Familie mit drei Mahlzeiten täglich bleiben sich an jeder Schule so gut wie gleich. Am besten sich vor Ort nach den derzeit besten Schulen erkundigen, da die Lehrer aufgrund ihres geringen Gehaltes häufig wechseln.

Taxis:
Am Markt und am Parque Central. Preis wie immer vorher aushandeln!

Telefon:
Guatel, 5. Av.Sur Ecke 5. Calle Poniente am Parque Central und rund um den Platz.

Telegramm:
siehe Post

Tourismusinformation:
5. Calle Poniente im alten Palacio de Los Capitanes Generales am Parque Central. Außerdem **Schwarzes Brett** bei *Doña Luisa* studieren.

Vulkanbesteigungen:
Grundsätzlich gilt für alle Vulkanexkursionen in Guatemala, sich einer Gruppe anzuschließen. Nie alleine gehen! Im Tourismusbüro gibt es Informationen, wie man einen Führer bekommt. Infos gibt es auch im *Club de Andinismo,* Daniel Ramírez Rios, 6. Av. Norte Nr. 34 und *Popeye*-Vulcano Expeditions - 4. Calle Poniente Nr. 38.

●*Agua:* 3766 m, 5 Std. Aufstieg ab Santa María de Jesús (2050 m). Busse gehen vom Terminal jede Stunde. Der Agua besitzt die klassische Form eines Stratovulkanes mit flach auslaufenden Hängen am Fuß, aber steilen Flanken im Gipfelbereich. Sein Krater hat einen Durchmesser von 150 m und eine maximale Tiefe von 130 m. Lava und Asche legen sich wie Zwiebelschalen übereinander. Oben Radiostation.

●*Acatenango:* Zentralgipfel 3976 m (Süd), Yepocapa-Gipfel 3800 m (Nord), 6 Std. Aufstieg ab La Soledad. Nur zwei Busse täglich (morgens und nachmittags). Es gibt im Notfall einfachste Übernachtungsmöglichkeit bei Privatpersonen in La Soledad. Zwischen Acatenango und Fuego gibt es eine kleine Hütte, die einem Faß gleicht. Hier kann nur bleiben, wer warme Kleidung und Schlafsack dabei hat. Die kalten Winde auf dem dritthöchsten Vulkan Guatemalas sind gefürchtet. Aufstieg nur während der Trockenzeit empfehlenswert.

●*Fuego:* 3763 m, aktiver Vulkan, 10 Std. Aufstieg ab Alotenango (1388 m). Aufstieg ist beschwerlich, trocken und lang. Besser man steigt auf den Acatenango und geht von dort aus eine knappe Stunde bis zum Gipfel des Fuego. Der Fuego gehört zu den gefährlichsten Vulkanen Guatemalas. Schon *Alvarado* konnte 1524 eine Eruption beobachten. Die Ausbrüche verändern laufend die Form des Kraters.

Pacaya-Touren:
lassen sich ebenfalls gut von Antigua aus organisieren.

Wäschereien:
La Antigua, 6. Calle Poniente Nr.6 oder 5. Av. Sur Nr.24 und 5. Av. Norte Nr. 29.
Außerdem gibt es in Antigua **Kinos** (7. Av. Norte 9), **Galerien, Fahrradausleihe, Autovermietung, Reitmöglichkeiten** und vieles andere mehr.

Die Umgebung von Antigua

Ähnlich wie der Atitlán See besitzt Antigua ein Umland mit intensiver landwirtschaftlicher Nutzung. Kleinräumige Parzellen wechseln mit ausgedehnten Kaffeeplantagen. Wer zur Kaffeeblüte im Mai/Juni im Land ist, sollte einmal die weißen Blüten zwischen den Fingern verreiben und daran riechen! Das milde Hochlandklima und der fruchtbare vulkanische Boden haben dazu geführt, daß das Dept. Sacatepéquez, wie eingangs erwähnt, zu den landwirtschaflich bedeutendsten Regionen gehört. Vom **Aussichtspunkt Cerro de La Cruz**, einem kleinen Hügel an der Nordgrenze der Stadt, hat man einen herrlichen Überblick. Das Panorama findet sich auf vielen Postkarten abgebildet. Auf dem Cerro steht ein großes Steinkreuz.

San Felipe de Jesús

ist heute ein nördlicher Stadtteil von Antigua und bekannt für seine **Silberwerkstatt** *La Antigüeña*. Hier kann man den Handwerkern zusehen und selbst günstigen Silberschmuck kaufen.

Nach der Überlieferung wurde das Dorf 1670 von Überlebenden aus San Juan El Perdido (Escuintla) gegründet, die eine Pockenepidemie und Fledermausplage überstanden hatten. Sie sollen den *Cristo Sepultado* (begrabener Christus) mitgebracht haben, dem man heute noch

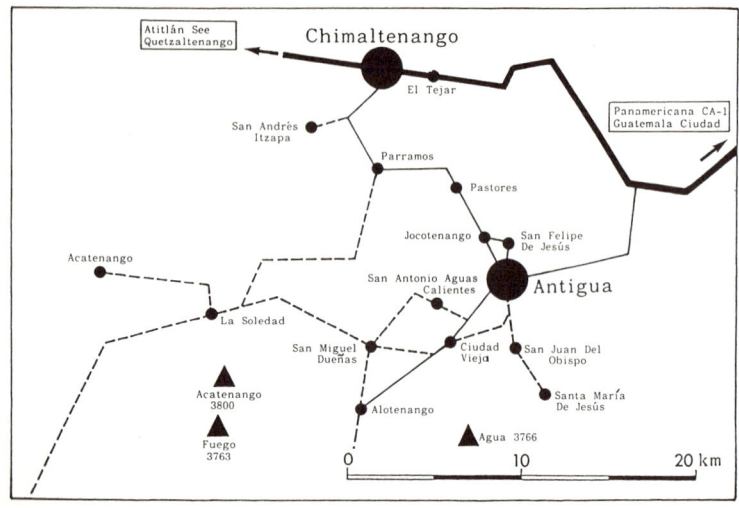

Wunder zuschreibt und der während der Fastenzeit Ziel vieler Pilger ist. Die *gotische Kirche* ist nach dem Vorbild der Kathedrale von Barcelona erbaut und wirkt eigenartig fremd inmitten des kolonialen Ambiente von Antigua. Das Innere der Kirche ist schmucklos und kahl. Auf der kleinen Plaza von San Felipe ist ein *Andenkenmarkt,* auf dem es die in Guatemala beliebten glasierten Früchte und andere Arbeiten aus Holz gibt. Wer zu Fuß gehen will, muß die 6. Avenida Norte raus. Busse und Mikrobusse fahren vom Terminal ab.

Von San Felipe ist es nur ein halbstündiger Spaziergang durch schattige Kaffeepflanzungen nach *Jocotenango*. Der kleine Vorort Antiguas besitzt eine schöne Plaza mit einem achteckigen Brunnen und einer verhältnismäßig großen Kirche, deren Fassade gespickt ist mit gedrehten Säulen, Verzierungen und Figuren. Der Name des Dorfes kommt von *Jocote*, einer pflaumenähnlichen Frucht, die auf großen, dicken Bäumen wächst.

Santa María de Jesús

In der entgengesetzten Richtung liegt Santa María de Jesús, der Ausgangspunkt für die *Besteigung des Agua.* Wie auch in den anderen Dörfern rund um Antigua leben hier *Cakchiquel-Indígenas*. Männer und Frauen tragen noch Tracht, die an Touristen in Antigua verkauft wird. Der Grundton der *Huipiles* und Hemden ist rot, die Frauen tragen oft bunte Bänder im Haar.

Die *Fiesta* vom 1.-5. Januar ist eine gute Gelegenheit, die unterschiedlichen Ausführungen und Muster der Trachten zu studieren, die sich im Laufe der Zeit ändern und einem gewissen Modetrend unterworfen sind.

Von Santa María über *San Juan del Obispo* ist es ein zweistündiger Spaziergang zurück nach Antigua. In San Juan ließ *Francisco Marroquin* den ersten *Erzbischofpalast* bauen. Eine Besichtigung des rekonstruierten Palastes, der kolonialen Kirche und kleinen Kapelle lohnt sich wegen der antiken Kunstschätze aus dem 16. Jahrhundert in beiden Gebäuden. Das Anwesen wird heute von Nonnen unterhalten. Das Dorf bietet eine schöne Sicht ins Tal, auf Antigua und die Vulkane.

Ciudad Vieja

Liegt knappe 6 km südwestlich von Antigua am Fuß des Agua und bietet in der *Hospedaje Shigualita* eine *Übernachtungsmöglichkeit.*

Nicht mehr viel erinnert daran, daß Ciudad Vieja im Tal von Almolonga einst Hauptstadt war. Sie wurde am 22.November 1527 vom Bruder *Pedro de Alvarados, Jorge,* gegründet. Die Indígenas nannten diesen Ort *Balbuxyá,* was soviel bedeutet wie "Wasser, das aus der Quelle sprudelt". Denn das Tal ist fruchtbar und wasserreich. Die Arbeiten für Plaza, Kathedrale und Palast dauerten zehn Jahre. In der Kathedrale wurde die Heilige Jungfrau Maria verehrt, die als *Chapetona* bekannt wurde. So nannte man die weißen, adligen Damen aus der Neuen Welt.

Als Ende September 1541 die Erde bebte, war *Alvarado* bereits zwei Monate tot. Doch erst Anfang des verhängnisvollen Monats kam die Nachricht in die Hauptstadt. *Alvarados* junge Frau *Beatriz* ordnete neun Tage allgemeine Trauer an. Um die 22jährige ranken sich die tollsten Geschichten. Es heißt, sie habe alle Wände des dreistöckigen Palastes schwarz streichen lassen und schwarze Gardinen aufgezogen. Am neunten Tag ernannte sie sich zum neuen Capitán General von Guatemala und wurde somit die erste Frau, die ein Regierungsamt auf dem amerikanischen Kontinent inne hatte. Nicht für lange. Es wird behauptet, das der Untergang Ciudad Viejas die Rache Gottes für die übertriebene Trauer von *Doña Beatriz* gewesen ist. Im Gegensatz zum großen Erdbeben von 1773, das später Antigua zerlegte, sind in Ciudad Vieja hunderte von Menschen umgekommen. Auch Beatriz war dabei. Vom Palast stehen nur noch Ruinen. Die Auffassung, Schuttströme und Wassermassen des Agua hätten Ciudad Vieja zerstört, wird heute allerdings in Fachkreisen angezweifelt.

San Antonio Aguas Calientes

ist eines der berühmtesten Webdörfer in Guatemala. Viele Touristen kaufen hier **indianische Textilien,** die die Frauen auf dem Markt her-

stellen. Der *Huipil* von San Antonio ist dicht mit doppelseitig gewebten Mustern geschmückt. Der *Corte* ist längsgestreift und in den Farben grün, lila und blau gehalten. Man sagt, daß die Frauen von San Antonio jeden Huipil des Landes nachweben können. Aber das kann man glauben oder auch nicht. Einige der Frauen geben Touristen auf Wunsch Webunterricht.

Campesino Junge

Atitlán See

Die Lage des Atitlán Sees könnte malerischer nicht sein. Umgeben von Bergen, Höhen und Vulkanen liegt der See auf 1560 m über NN. Die Durchschnittstemperaturen liegen bei angenehmen 19°C, vergleichbar mit Antigua und der Hauptstadt. Der See ist blau, kalt und tief. Am Morgen ist die Wasseroberfläche ein Spiegel, der erst gegen Mittag durch die auflandigen Winde von der Küste her gebrochen wird. Die drei klassischen **Vulkane** *Tolimán, Atitlán* und *San Pedro* wirken gegen den wolkenlosen Himmel wie gemalt, und die weißen Indígenadörfer rund um den See sehen aus, als ob sie nur der Verschönerung der Ufer wegen existieren.

Es mag übertrieben klingen, aber hier "am schönsten See der Welt" *(Alexander von Humboldt)*, dessen Wasser "glitzert wie die Fläche geschmolzenen Silbers" *(John L. Stephens)*, mag es einem schon passieren, daß man "wirklich etwas zuviel des Guten" *(Aldous Huxley)* dieser Landschaft abbekommt und ins Schwärmen gerät. Denn kein See in Guatemala besitzt dieses Ensemble an Naturschönheiten im Einklang mit der Kulturlandschaft wie der Atitlán See. Man könnte hier vergessen, was so rundherum vorgeht, besonders wenn man in Panajachel, dem "Gringotenango" hängenbleibt.

Entstehung: Seine Entstehung verdankt der Atitlán See der vulkanischen Tätigkeit entlang der Küstenkordillere, die Guatemala in NW-

SO-Richtung durchzieht. Das Seebecken, heute 130 km^2 groß, ist ein Einbruchkessel, der sich durch Abdämmung allmählich mit Wasser gefüllt hat. Obwohl der See keinen oberirdischen Abfluß hat, sinkt der Wasserspiegel seit Jahren. Eine Folge des Absinkens einerseits ist das Versiegen von heißen Quellen am Uferbereich und die notwenige Maßnahme einiger Hotels am See, ihre Bootsstege regelmäßig vorzuverlegen. Andererseits gewinnen die Gemüsebauern der Uferdörfer fruchtbaren Ackerboden, den sie terrassieren und in sogenannte *tablones* einteilen. Das war immer so. Noch in den 50er Jahren mußten viele Dörfer ihre Kirche wegen Überschwemmungsgefahr hangaufwärts verlegen.

Besiedlung: Die Umgebung des Sees war lange vor der Conquista bereits besiedelt, wie archäologische Funde und Ruinen beweisen. Die *Tzutuhiles* am südlichen Ufer besaßen Ländereien, die sich bis an die Küste erstreckten. Die gegenüberliegende Seite am Nordufer wird von den *Cakchiqueles* bewohnt, den einstigen Verbündeten der Spanier gegen die *Tzutuhiles*. Es gibt eine schöne Legende vom Cakchiquel-Prinz *Utzil*, der sich in die Tochter des Tzutuhilkönigs *Ajan Paron* verliebt hatte. Beide konnten natürlich zusammen nicht kommen, und so liegen ihre Leichen noch immer auf dem tiefen Grunde des Atitlán Sees. Heute existieren keine offenen Feindschaften mehr zwischen den Stämmen. Trotzdem wird man kaum

"Leid"-Spruch vieler Touristen: Wer die Wahl hat, ...

einmal einen Tzutuhil aus Santiago Atitlán auf dem Markt von Sololá sehen und umgekehrt. Man bleibt unter sich, schon deshalb, weil eine Verständigung der verschiedenen Sprachen wegen nicht möglich ist.

Erwerb: Heute gibt es 14 kleinere und größere Dörfer um den See herum. Viele davon tragen den Namen eines Apostels wie San Pedro, San Lucas, San Antonio usw. Erwerbsgrundlage der Bevölkerung ist der Anbau von Gemüse, vor allem Ziebeln und Knoblauch neben Mais und Frijoles. Die Kaffeepflanzungen an den Hängen, ebenso die Fincas, die im großen Stil Avocados, Papayas, Erdbeeren und andere Früchte anbauen, sind nicht in der Hand von Indígenas, sie gehören den Ladinos

oder reichen Ausländern. Der Fischfang am See spielte noch nie eine große Rolle. Zusätzlich geschmälert wurde er noch, als man in den 40er Jahren einen Raubfisch einsetzte, der zum Feind der angestammten Population wurde.

Dagegen ist das Handwerk gut entwickelt. Die Indígenas flechten aus dem Schilfrohr des Sees sogenannte *petates* (Matten aus *tule*, der im Wasser wächst), bauen *cayucos* (Einbäume), und durch den Tourismus ist das **Web- und Schneiderhandwerk** zu einer wichtigen Einkommensquelle geworden. Dabei hat sich jedoch das Design der Textilien, abgesehen von den traditionellen Mustern, vollkommen auf westlichen Geschmack eingestellt.

242

Die Indígena-Frauen sind Künstlerinnen am traditionellen Körperwebstuhl.

Tourismus: Der Tourismus am Atitlán See hat seit Mitte der 80er Jahre wieder zugenommen. Besonders konzentriert tritt er in Panajachel auf, das wie in Antigua die "Gefahr" für viele Traveller in sich birgt, es sich dort bequem zu machen und den Rest Guatemalas zu vergessen. Die sogenannten Aussteiger, darunter viele Amerikaner und Deutsche, steigen hier voll ins Geschäft ein und betreiben Kneipen oder Bars für Touristen.

Am Wochenende bevölkern die Guatemalteken aus der Hauptstadt den See. Viele von ihnen besitzen hier ein Haus oder eine Wohnung und sind begeisterte Motorbootfahrer. Immer wieder mußten wir beobachten, wie Motorboote mit halb-nackten Mädels als Gallionsfiguren den Indígenas rücksichtslos durch ihre Fischernetze gerast sind. Ich möchte dringend von dieser Art Wassersport abraten! Am schönsten ist der See ohne Motorboote, Segler oder Surfer.

Außerdem kann der alltägliche Nachmittagswind *Xocomil* selbst für den geübtesten Segler und Surfer zum Verhängnis werden. Jeder Guatemalteke am See weiß um die Gefährlichkeit des *Xocomil*, der sich aus vielen Winden ohne Richtung zusammensetzt und auf der Wasseroberfläche Wirbel verursacht. Nach jedem Unglück mit in- und ausländischen Touristen essen die Indígenas tagelang keine Fische und Krebse mehr, da sie glauben, die Fische ernährten sich von den Leichen der Ertrunkenen. Tatsächlich tauchte vor vielen Jahren von 28 ertrunkenen guatemaltekischen Studenten aus der Hauptstadt nicht einer wieder auf...

Natur- und Umweltschutz: Die Natur rund um den See ist trotz der scheinbaren Idylle gefährdet. 1955 wurde der Atitlán See als **National- park und Schutzgebiet** ausgewiesen. Selbst wenn das in Guatemala nicht allzu viel zu bedeuten hat, so ist doch die Sensibilität für das Verschwinden seltener Tiere und Pflanzen gewachsen. Besonders große Sorgen macht man sich um die Existenz der **Poc-"Ente"** *(pidylimbus gigas)*, die es nur hier geben soll. Auch die geschmeidigen *gatos del monte* **(Bergkatzen)** sieht man nur mit viel Glück. Dagegen scheinen die urzeitlichen Echsen auch noch das nächste Jahrtausend zu überleben. Herrlich sind die großen bunten Schmetterlinge und Libellen. Weniger hübsch und dazu noch giftig sind Skorpione. Also Achtung beim Barfußlaufen! Ein Biß verursacht Lähmungen, ist aber nicht tödlich.

Die natürliche Vegetation rund um den See ist besonders an den Hängen durch Rodung gefährdet. Während der Trockenzeit (Nov.-Mai) wirkt die Umgebung daher eher dürr. Das ändert sich mit dem Einsetzen des Regens, wenn auch die verschwenderischen Bougainvillen und Hibiscussträucher in den Gärten wieder blühen. Über die Wasserqualität des Sees gibt es keine verlässlichen Daten. Der See wirkt sauber

und klar. Trotzdem ist der Eintrag von chemischem Dünger, den der Regen von den Hängen spült, nicht zu unterschätzen. Bisher blieb der Atitlán See jedoch vom Schicksal des Amatitlán Sees verschont, der bereits vor vielen Jahren umkippte.

Eine Gefahr ganz anderer Art lauert am Atitlán See. Die Pläne für den Bau einer 68 km langen **Straße rund um den See** sind seit langer Zeit fertig. Dabei handelt es sich nicht allein um die Verbesserung der Infrastruktur. Es ist gleichzeitig ein Projekt, das touristische und wirtschaftliche Entwicklung mit Widerstandsbekämpfung verbinden soll. Denn noch immer ist die Guerillatätigkeit im Dept. Sololá recht hoch, wobei die Vulkane beliebte Rückzugsgebiete sind. Für das Militär ist demzufolge der schnelle Zugang zu den Dörfern von größter Wichtigkeit. Finanzielle und technische Unterstützung erhält das 7 Mio $ Projekt, das durch Entwicklungsmaßnahmen wie die Verbesserung und Diversifizierung der Landwirtschaft, Wiederaufforstung und Müllbeseitigung kaschiert wird, von der US-Regierung und der Europäischen Gemeinschaft.

Nicht nur wegen der Zerstörung einer traumhaften Landschaft wäre der Bau dieser Straße eine Katastrophe. Nach Auskunft kritischer Landeskenner gibt es in ganz Guatemala nicht ein einziges Projekt, bei dem ausländische Kredite oder Entwicklungshilfegelder auf staatlicher Ebene seriös verwaltet und eingesetzt wurden.

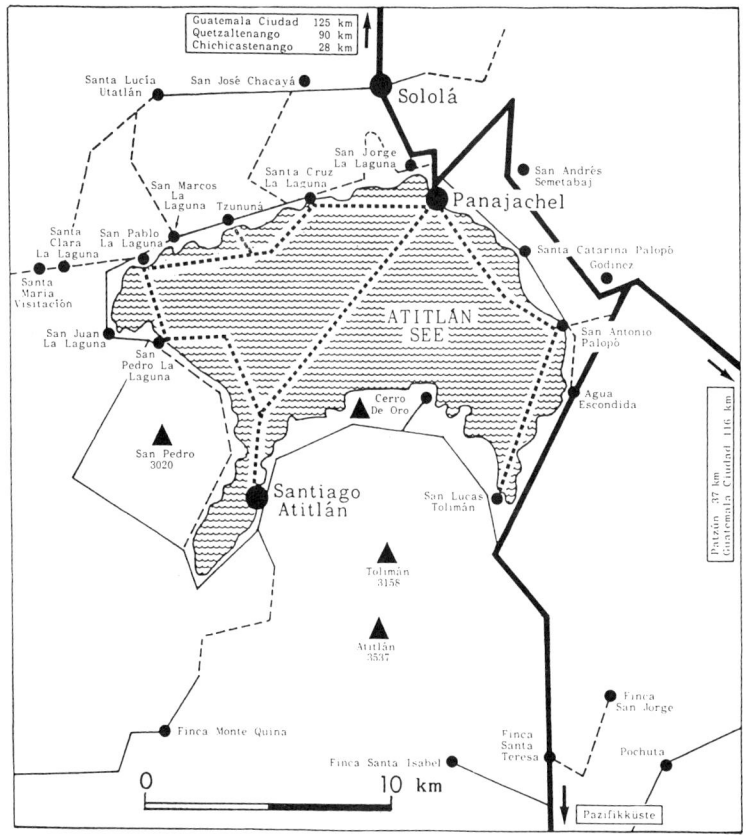

Guatemala Ciudad 125 km
Quetzaltenango 90 km
Chichicastenango 28 km

Santa Lucía Utatlán

San José Chacayá

Sololá

San Jorge La Laguna

Santa Cruz La Laguna

San Andrés Semetabaj

San Marcos La Laguna

Tzununá

Panajachel

Santa Clara La Laguna

San Pablo La Laguna

Santa Catarina Palopó

Godínez

Santa Maria Visitación

San Juan La Laguna

San Pedro La Laguna

ATITLÁN SEE

San Antonio Palopó

Agua Escondida

San Pedro 3020

Cerro De Oro

Santiago Atitlán

San Lucas Tolimán

Patzún 37 km

Guatemala Ciudad 116 km

Tolimán 3158

Atitlán 3537

Finca San Jorge

Finca Monte Quina

Finca Santa Teresa

Pochuta

Finca Santa Isabel

0   10 km

Pazifikküste

Sololá und Panajachel

Die **Straße nach Sololá** - von der CA 1 kommend - führt durch eine mit Maisfeldern bestandene Hügellandschaft, deren lehmiger Boden die Herstellung von *Adobes* (Lehmziegeln) erlaubt. Wie aufgestellte Dominosteine stehen sie in der Sonne zum Trocknen. Die kurvenreiche Straße besitzt mehr Schlaglöcher als Asphalt. Jedes Jahr wiederholt sich hier die sinnlose Arbeit, die Löcher mit Sand, Dreck oder Lehm zu stopfen.

Kurz vor Sololá passiert der Bus das **Hauptquartier der "Zona Militar"** des Departaments. Ein groteskes Bild bietet sich: Das Pförtnerhäuschen besteht aus zwei riesigen

245

Militärstiefeln, denen ein Camoufla-
gehelm aufgepflanzt ist. Die Spiel-
zeugkulisse trifft zum einen die geistige Befindlichkeit eines großen
Teils dieser "gefährlichen Kinder",
zum anderen dient sie sicherlich der
Verharmlosung ihrer Präsenz für
Einheimische und Touristen. Daß
dieser Zweck verfehlt wird, dafür
sorgt das Militär selbst: Im Dezember 1990 ermordeten Soldaten aus
Sololá 13 Campesinos aus Santiago
Atitlán, die zusammen mit anderen
einen Demonstrationszug vor das
Hauptquartier organisiert hatten.

Den **Ortseingang von Sololá**
schmückt ein Denkmal, das einen
Chirimia- und einen Tamborspieler
zeigt. Beide Instrumente, Flöte und
Trommel, gehören wie die Marimba
zu den Nationalinstrumenten Guatemalas.

Die Stadt wurde am 30. Oktober
1547 von *Juan Rogel* in der Nähe der
präkolumbischen Siedlung Tzoloyá
gegründet, was soviel wie "Holun-
derwasser" bedeutet. Einwanderer
aus Quetzaltenango und Totonicapán nannten sie noch lange Zeit
Tecpanatitlán. Heute leben 12% der
Einwohner des Departaments in Sololá, das sich zu einem wichtigen
Markt für das Westliche Hochland
entwickelt hat. Wie in Chichicastenango gibt es auch hier einen Indíge-
na- und einen Ladinobürgermeister,
die ihren Sitz in zwei getrennten Büros haben. Im gesamten Departament leben laut Statistik nur 9% Ladinos.

Dienstags und Freitags ist **Markt,**
zu dem auch die Zwischenhändler
kommen, um den Bauern ihre Produkte abzunehmen. Dann wird ver-

Braungestreifte Trachtenjacken der Männer aus Sololá

handelt und gefeilscht, die Gewinne macht in jedem Fall der Zwischenhändler. Der Markt ist ein in Rot und Blau getauchtes Bild. Die gestreiften *Huipiles* der Frauen und die buntgewebten Hosen der Männer bestimmen die Szene. Die braunen **Trachtenjäckchen** der Männer besitzen wie viele ihrer Art in Guatemala den Schnitt einer spanischen Offiziersjacke - ein Überbleibsel aus der Kolonialzeit. Die aufgestickte Fledermaus auf dem Rücken zeigt das Symbol des Cakchiquelstammes und seines ehemaligen Herrscherhauses.

Während der **Fiesta** vom 11.-17. August hat man die Gelegenheit, alte, wertvolle Trachten zu sehen, wenn die *Cofradías* des Ortes bei den Prozessionen durch die Straßen ziehen.

Die **Kirche Nuestra Señora de la Asunción** fällt durch ihre naivbunten Fenster auf. Sehenswert sind die Silberarbeiten im Innern der Kirche. Das steinerne Taufbecken sieht aus wie eine Steinmetzarbeit aus der Mayazeit. Schemenhaft ist ein Kopf mit breitem Mund und Schlitzaugen zu erkennen.

An der Westseite der Plaza steht der **Torre Centroaméricana de Solá,** der die Einheit der fünf lateinamerikanischen Länder beschwören sollte. Derartige Bauwerke sind unter der Regierungszeit *Estrada Cabreras* (1857-1924) entstanden, der eine Vorliebe für Denkmäler, Tempel und Türme hatte.

Panajachel

Nach Panajachel, dem touristischen Zentrum des Atitlán Sees, geht es noch einmal 500 m eine enge Serpentinenstraße hinunter. Der Bau der drei Hotel-Hochhäuser in einer Bucht westlich von Panajachel wurde 1979 eingestellt. In Panajachel trifft sich die Touristen-, Traveller-, Hängenbleiber- und Aussteigerszene aus allen Ecken der Welt. Von dem ehemaligen Indianerdorf ist nicht mehr viel übrig. Den Ortskern bestimmen Hotels, Restaurants, Bars und Boutiquen. Die lange Hauptstraße zum See (Avenida Santander) säumen Schneiderwerkstätten, in denen auf alten Pfaff-Nähmaschinen tagtäglich Hemden, Röcke, Taschen, Mützen und vieles andere mehr genäht werden. Auf

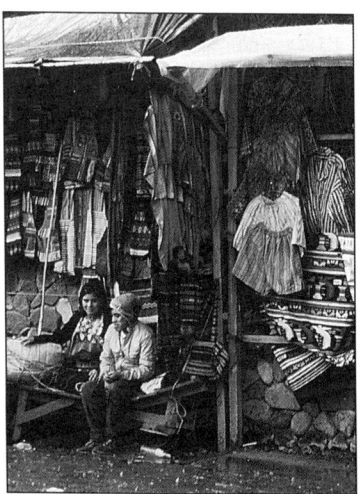

Regen: Das Geschäft geht weiter.

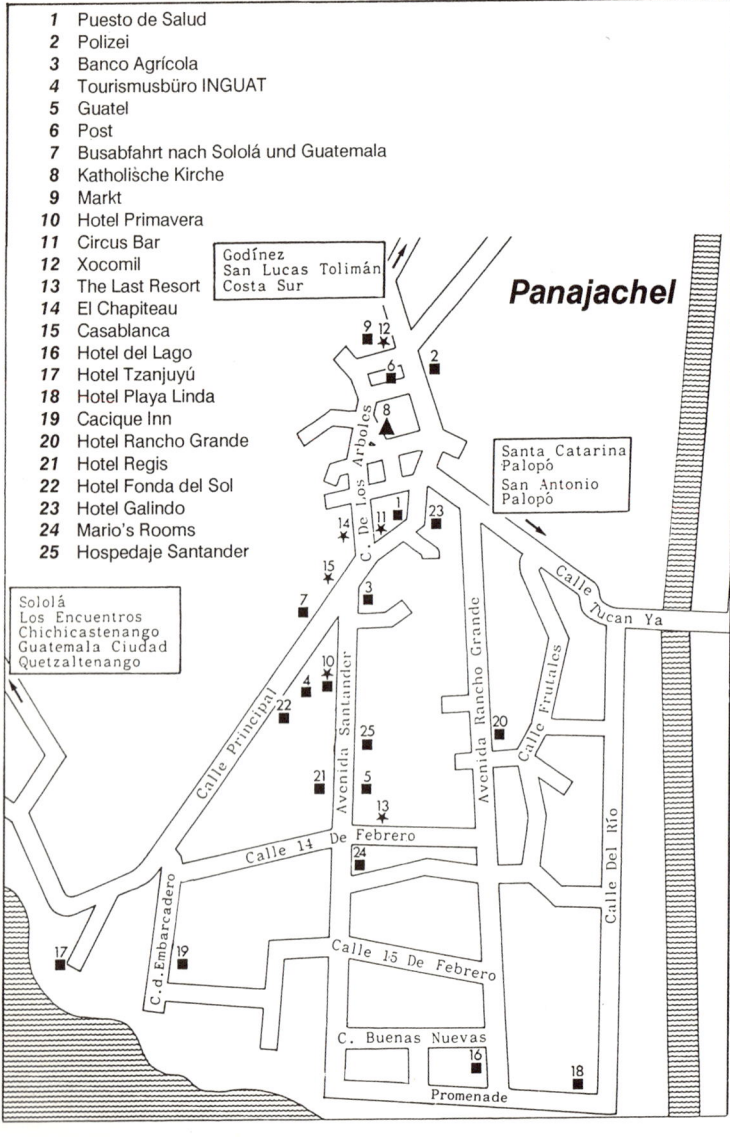

1 Puesto de Salud
2 Polizei
3 Banco Agrícola
4 Tourismusbüro INGUAT
5 Guatel
6 Post
7 Busabfahrt nach Sololá und Guatemala
8 Katholische Kirche
9 Markt
10 Hotel Primavera
11 Circus Bar
12 Xocomil
13 The Last Resort
14 El Chapiteau
15 Casablanca
16 Hotel del Lago
17 Hotel Tzanjuyú
18 Hotel Playa Linda
19 Cacique Inn
20 Hotel Rancho Grande
21 Hotel Regis
22 Hotel Fonda del Sol
23 Hotel Galindo
24 Mario's Rooms
25 Hospedaje Santander

Godínez
San Lucas Tolimán
Costa Sur

Panajachel

Santa Catarina
Palopó
San Antonio
Palopó

Sololá
Los Encuentros
Chichicastenango
Guatemala Ciudad
Quetzaltenango

C. De Los Arboles

Calle Tucan Ya

Calle Principal

Avenida Santander

Avenida Rancho Grande

Calle Frutales

Calle Del Río

C. d. Embarcadero

Calle 14 De Febrero

Calle 15 De Febrero

C. Buenas Nuevas

Promenade

hohen Holzgerüsten hängen gebrauchte und neue *Huipiles*, Teppiche, Decken, Tücher - kurz, tausenderlei Gewobenes, Genähtes, Gesticktes. Alles zusammen ergibt ein umwerfend buntes Bild aus allen Farben, Formen und Mustern. Selbst wenn man sich darüber im Klaren ist, daß dieser Ausverkauf an Altem und Neuem mit dem ursprünglich indianischen Handwerk nur noch wenig zu tun hat, ist es schwer, sich diesem Farbenreiz zu entziehen. Nicht zuletzt, wenn man das Ton-in-Ton-Design europäischer Mode gewöhnt ist. In *Päna*, wie Panajachel von den Amerikanern genannt wird, decken sich "Alternativtouristen" mit billigen Textilien ein, die sie en gros zu Hause auf Flohmärkten oder in Boutiquen mit einer ansehnlichen Gewinnspanne wiederverkaufen.

Panajachel liegt am Ende eines gefällreichen Flusses, der im Laufe der Zeit durch Sedimentation die Uferlinie immer weiter seewärts geschoben hat. Das dadurch entstandene Delta mit seiner klassischen Dreiecksform nennen die Indígenas *Tzanjuyú* (Bergnase). Es wurde zu einem historischen Platz, nachdem hier die Entscheidungsschlacht zwischen *Alvarado* und den *Tzutuhiles* stattfand. Das luxuriöse Hotel an dieser Stelle trägt diesen Namen.

Panajachel ist nach Santiago Atitlán das größte Dorf am See und so gut wie mit jeder anderen Siedlung über eine Straße oder den Seeweg verbunden. Daher eignet sich Panajachel gut als Ausgangspunkt für Ausflüge in die Umgebung. Trotz der vielen Touristen hat es seine Überschaubarkeit und Kleinräumlichkeit erhalten. Es ist nicht schwer, sich hier zurechtzufinden. Und wie in Antigua bekommt man die aktuellste Information von denen, die schon länger da sind.

Hotels und Hospedajes

- **Hotel del Lago** Avenida Rancho Grande. Luxusklasse.
- **Hotel Tzanjuyú** mit Privatstrand. Teuer.
- **Cacique Inn** Calle del Embajador. Gehört ebenfalls zur gehobenen Klasse.
- **Hotel Rancho Grande, Hotel Regis, Hotel Fonda del Sol** und **Hotel Primavera** mittlere Preisklasse. Empfehlenswert.
- Billige Hotels und Hospedajes gibt es in Panajachel mehr als genug. Beliebt sind immer noch **Mario's Rooms, Hospedaje García, Posada de Doña Carmen, Hospedaje Santa Elena,** Callejón Santa Elena, und viele andere mehr. Außerdem **Bungalows El Rosario,** Tel. 491.

Restaurants und Kneipen

Teure bzw. gute Restaurants in den großen Hotels, besonders das Hotel **Fonda del Sol** (mit Galerie) ist empfehlenswert, ansonsten gibt es im Zentrum genügend Lokale zur Auswahl.

- Empfehlenswert ist die **Circus Bar,** Avenida de los Arboles.
- **Restaurante Amigos** in der Calle Santander ist sehr gemütlich.
- Bei der **Circus Bar** in der Nähe und im **La Unica Deli** gibt es Vegetarisches.

●*El Dragon*, Av. Santander, sehr empfehlenswert.

●Das *Café Casablanca* auf der Calle Principal gibt sich einen noblen Anstrich, gute Atmosphäre. Planen eine Disco.

●Am Strand befinden sich etliche *Fischrestaurants* mit Blick auf den See.

●*The Last Resort* ist die beliebteste Gringobar mit chicken, fried eggs und hamburger.

●Das *El Chapiteau* ist relativ neu und will das kulturelle Angebot Panajachels verbessern.

●*Al Chisme*, Avenida e los Arboles; *Mario's Restaurant* und *El Bistro*, Av. Santander.

Verkehrsverbindungen

●*Nach Sololá/Panajachel:* Von der Hauptstadt *Rebuli* ab 20. Calle 3-42 Z 1. Zweimal täglich auch bis San Antonio (vormittags und nachmittags). Sonst jeden Bus Richtung Westliches Hochland (*Galgos, Rutas Lima*) nehmen und in Los Encuentros umsteigen.

●*Von Panajachel:* Busabfahrt vor dem *Mayan Palace*. Tägl. zurück nach Guatemala.

Nach Antigua in Chimaltenango umsteigen. Weiter ins Westl. Hochland (Chichicastenango, Quetzaltenango oder Huehuetenango) eventuell in Los Encuentros umsteigen.

An die Küste Bus über San Andrés Semetabaj, in Godínez eventuell Richtung Cocales umsteigen. In den Verapaz, an die Karibik oder in den Petén über die Hauptstadt. Alle Abfahrtszeiten bei INGUAT neben Hotel Fonda del Sol.

●*Boote:* Nach San Pedro mehrere Male am Tag, letzte *Lancha* von San Pedro zurück nach Panajachel gegen 17 Uhr. Vorher erkundigen.

Auch Verbindungen nach Santiago Atitlán, San Antonio und San Lucas Tolimán. Die Abfahrtszeiten ändern sich häufig. Gegen 6.30 Uhr fährt eine *Lancha* von San Antonio nach San Lucas.

●*Fahrradtour um den See:* Es ist streckenweise möglich, mit dem Rad am Seeufer entlang zu fahren. Von Panajachel bis kurz hinter San Antonio gibt es eine gut befahrbare Erdstraße entlang des Ufers. Dann wird der Weg steinig, steil und eng. Man wird das Fahrrad tragen und schieben müssen (3 Std., da Aufstieg bis Agua Escondida). Von San Lucas Tolimán bis Santiago Atitlán wird die Straße wieder so gut, daß sogar Busse fahren. Der Vulkan San Pedro ist nur südwärts (also hintenrum) in einem Umweg zu umfahren. Es empfiehlt sich daher, von Santiago nach San Pedro La Laguna eine *Lancha* zu nehmen. Von dort aus ist der Weg noch bis San Marcos befahrbar, dann muß man hier ebenfalls eine *Lancha* nach Panajachel zurück nehmen.

Wer sich diese Tour vornimmt, sollte sehr zeitig aufstehen und damit rechnen, nicht am selben Tag zurückzukommen. Am Nachmittag bewölkt sich der Himmel am Atitlán See, es könnt neblig und feucht werden. Die Fahrräder in Panajachel werden zwar als Mountain-Bikes verliehen, sie sind aber oftmals nicht besser als gewöhnliche Dreigang-Räder.

A - Z

Ärzte:

nach Dr. Barreno oder Dr. Hernandez fragen. Außerdem gibt es ein *Puesto de Salud.*

Bank:

Banco Agrícola Mercantile und *Banco Imobiliario* im Zentrum.

Boote:

Don Felix, Calle Satander, letztes Haus vor dem Strand.

Don Juan Yax beim Bootssteg.

Camping:

Privat: beim *Hotel Vision Azul,* öffentlich: hinter dem Fluß

Disco:

Casanova

Fahrräder:

Bicicletas Gaby, Calle 14 de Febrero. *Moto Servicio Queche,* Calle Principal, haben auch Motorräder.

Fiesta:

in Panajachel am 4.Oktober.

Galerie: *La Galeria* von Nan Cuz

Kino:

The Carrot

Kunsthandwerk:

nicht zu übersehen.

Markt:

Sonntags.

Post: in der Nähe der katholischen Kirche, schon fast hinter dem Zentrum.

Sauna:

in großen Hotels wie z.B. Hotel *Playa Linda* und *El Paraiso.*

Schwimmen:

Am schönsten ist der Atitlán See morgens, wenn noch kein Wind geht. Panajachel bemüht sich grade um die Aufmöbelung seines Strandes und der Promenade.

Spanischschulen:

Es gibt einige in Panajachel, z.B. am Ortseingang.

Taxis:

bei der Post.

Telefon/Telegramm:

Guatel an der Avenida Satander.

Tourismusbüro:

im Zentrum. Karten, Information.

Vulkanbesteigungen:

● *Atitlán* 3537 m, 8 Std. Aufstieg. Es gibt drei Aufstiegsmöglichkeiten. Die beste von San Lucas Tolimán aus.

● *Tolimán* 3158 m, 8 Std. Aufstieg, Vulkan besitzt zwei Gipfel. Aufstieg von San Lucas Tolimán aus. Schätzungsweise 2 km Luftlinie Distanz zum Gipfel des *Atitlán.* Beide Vulkane zusammen sind beinahe nicht in einer Wanderung zu schaffen. Der Aufstieg ist nur mit einem Führer und bester Kondition empfehlenswert.

  ● Dasselbe gilt für den **San Pedro** 3020 m, 4 Std. Aufstieg von San Pedro aus. Schlechte Wege.

● **Cerro de Oro** 1600 m, Aufstieg 1 Std.

Wäschereien:

im Hotel *Primavera* und anderen großen Hotels.

Rund um den Atitlán See

San Andrés Semetabaj

Die Straße von Panajachel nach San Andrés Semetabaj ist ein Teil der alten Verbindung der Hauptstadt mit dem Atitlán See. Der Weg führt steil hinauf in das kleine Dorf, das nur wenig von Touristen besucht wird. Man hat von der Straße aus einen herrlichen Blick auf den See und die Lage Panajachels am Ausgang des engen und steilwandigen Tales, auf dessen fruchtbaren Auen sich ein Gemüsebeet an das andere reiht.

Die koloniale **Ruine von San Andrés Semetabaj,** die Ähnlichkeit mit den Klosterruinen Antiguas hat, läßt vermuten, daß dieses kleine Dorf eines der Hauptzentren franziskanischer Missionare im 16. und 17. Jahrhundert war. Heute sucht man vergeblich nach der katholischen Kirche an der großen Plaza. Sie befindet sich weit außerhalb des Dorfes. Die Sekten haben den fehlenden Pfarrer ersetzt, und auch das luxuriöse Priesterseminar am Eingang des Dorfes hat durch sein Inseldasein so gut wie keinen Einfluß auf das religiöse Leben des Dorfes. San Andrés ist nur ein Beispiel für viele Dörfer am See, die inzwischen sechs, sieben oder mehr Sekten aufweisen. Der Besuch von San Andrés lohnt sich dienstags, wenn **Markt** ist.

Der Straße weiter Richtung Godínez folgend, passiert man den **Aussichtspunkt** *Mirador Mario Méndez Montenegro,* von dem aus bei schönem Wetter ein Gesamtüberblick auf den See möglich ist. Ein ausgezeichneter Platz, um Bilderbuchfotos vom Atitlán See zu machen.

Santa Catarina Palopó

Die Frauen aus Santa Catarina Palopó am Ostufer des Sees sind unverwechselbar mit ihren schweren türkisblauen *Huipiles* und gleichfarbigen breiten Haarbändern. Die Männer tragen wadenlange Hosen mit bestickten Rändern, dazu Konfektionshemden jeglichen Musters.

Santa Catarina liegt eine gute Stunde Fußweg von Panajachel entfernt. Es ist aber auch von San Andrés Semetabaj über einen kleinen, steilen Pfad zu erreichen. Das Dorf

Flechthandwerk:
Tradition seit Jahrhunderten

ist sehr dicht mit Adobehütten bebaut, die Gassen sind eng und ziehen sich wie in San Antonio den
Hang hinauf. Die Catarinecos leben
vom Gemüseanbau, flechten *petates,*
stabile Strohmatten unterschiedlichster Größe, und betreiben etwas
Fischfang. Ein befreundeter Indígena aus San Antonio erzählte mir, daß
die Bewohner von Santa Catarina
als einzige das Fischfangrecht für
den gesamten See besitzen, während die anderen Dörfer sich Lizen-
zen erwerben müssen. Das alte
Märchen, die Catarinecos wären
auch die einzigen Indígenas am See,
die schwimmen könnten, stimmt
jedoch nicht.

Das **Luxushotel** *Villa Santa Catarina* gehört einem großen Touris-
musunternehmen in Guatemala und
nimmt meist Gruppen auf.

San Antonio Palolpó

Die breite Erdstraße von Panajachel
über Santa Catarina endet in San
Antonio Palolpó, dem wohl am
schönsten gelegenen Cakchiquel-
dorf am See. Die Frauen tragen zum
blauen *Corte* einen roten *Huipil* mit
Streifen und ein buntes seidenes
Band im Haar. Beliebt sind silber-
und goldfarbene Ketten, die in Panajachel für teures Geld an Touristen
verkauft werden. Die Tracht der
Männer besteht aus dem derben
dunklen *Rodillera* (Teppichrock),
den sie mit einem Ledergürtel zusammenhalten. Die Hemden sind
wie bei den Frauen rotgestreift. Zur
Fiesta am 14. Juni binden sich die

Männer ihre *Tzuts* um den Kopf, der
sonst nicht mehr zur Alltagstracht
gehört.

Wie ihre Nachbarn sind auch die
Antoneros Gemüsebauern und
flechten Schilfrohrmatten, die sie in
Sololá oder Panajachel auf dem
Markt verkaufen. Der Handel mit
Webwaren ist Sache der Frauen und
Mädchen. Sie stürmen den Besu-
chern schon vor dem Dorfeingang
entgegen und halten ihnen Tücher,
Huipiles und *Fajas* unter die Nase.

Seit dem Einzug der **Sekten** im
beschaulichen San Antonio ist es
dort allerdings mit der Ruhe vorbei.
Bis spät in die Nacht kann man über
Lautsprecher ekstatische Messen
und Gesänge hören. Wir haben uns
in unserem kleinen Häuschen in der
Nähe des Dorfes oft gefragt, wie die
Nichtmitglieder dieser Vereinigun-
gen den Lärm ertragen. Unser
Freund Aparicio zuckte jedoch nur
gleichgültig mit den Schultern und
meinte, diese Leute hätten den
Glauben an den Gott der katholischen Kirche verloren. Wie jene, die
noch immer nach **Blanco Barranco**
pilgern würden, einer Höhle, die sich
in der Felswand über dem Dorf befindet, um dort Opfer zu bringen und
die Götter zu beschwören.

Übernachtungsmöglichkeit im
Hotel Terrazas del Lago. Von einem
Polen betrieben, obere Preisklasse,
jedoch in traumhaft schöner Lage.
Bei ihm kann man Kanus und Ru-
derboote mieten.

San Lucas Tolimán

Die Lage dieses Ortes am Südufer des Sees ist ideal für den Handel mit Produkten der Küste und prägt das Leben der Bewohner. Denn gleich hinter San Lucas beginnt der breite Kaffeegürtel Guatemalas und somit die Boca Costa mit ihren fruchtbaren Böden.

Die kleine Bucht am Fuß der über 3000 m hohen **Vulkane** *Tolimán* und *Atitlán*, die man von hier aus **besteigen** kann, erlaubte dem Dorf nur eine Ausdehnung nach Süden, so daß San Lucas größer ist, als man es vom gegenüberliegenden Ufer aus vermutet. Der Name Tolimán soll vom Anführer der toltekischen Soldaten, *Tolman,* herrühren.

Ein schmaler Fußweg führt von San Antonio nach San Lucas, wo es eine einfache **Übernachtungsmöglichkeit** gibt. Von San Lucas fahren Busse nach Santiago Atitlán.

Cerro de Oro

Zwischen San Lucas Tolimán und Santiago Atitlán liegt das kleine Cakchiquel-Dorf. Die meisten Indígenas sind Einwanderer aus Patzicía. Die Tracht zeigt heute noch Elemente aus beiden Dörfern. Das Dorf trägt denselben Namen wie der kleine Vulkanstumpf, an dessen Fuß es liegt. Ob bei diesem "Goldhügel" wirklich einmal Gold gefunden, versteckt oder vergraben wurde, weiß niemand. Ich denke, der Name

Blick über den See auf die Vulkane Atitlán, Tolimán und den kleinen Cerro de Oro (v.l.n.r.)

254

kommt von der goldenen Farbe, die der Cerro annimmt, wenn die Sonne 'draufscheint. Sehenswert ist die **Kirche** des Dorfes mit ihren bemalten Wänden, die Christus in Trachtenhosen zeigt.

Santiago Atitlán

Von Panajachel aus fahren jeden Tag Boote nach Santiago Atitlán, dem größten und bedeutensten **Tzutuhildorf** am See. Das auf fruchtbaren Lavaterrassen gelegene Dorf ist der Kreuzungspunkt alter Handelsrouten, die das Hochland mit der Küste verbinden. Den Atitecos wird nachgesagt, sie seien die besten Händler am See und professionellsten "Seefahrer". Gemüsebau, die Herstellung von Matten und *Cayucos* (Einbäume) und etwas Fischfang gehören zum Haupterwerb der Bevölkerung.

Santiago Atitlán wurde von den Franziskanern gegründet. Nicht weit vom heutigen Dorf lag die präkolumbische Hauptstadt der *Tzutuhiles* von der nichts mehr zu sehen ist. Die Größe der kolonialen Kirche von 1566 beweist die Bedeutung Santiagos als ehemalige Missionierungsstation. Altar und Kruzifix stammen von *Miguel de Aguirre.*

Das religiöse Leben spielt in Santiago Atitlán eine besonders große Rolle. Während der **Osterfeierlichkeiten** spielen die Atitecos, ähnlich wie in Antigua und in der Hauptstadt, die Kreuzigungsgeschichte nach. Prozessionen, Messen und viel Weihrauch bestimmen diese Tage. In

Santiago erzählt man sich, daß der Heilige Johannes und die Jungfrau Maria in einer Nacht zum Karfreitag ein zartes Verhältnis miteinander angefangen hätten. Daß so etwas passieren konnte, war die Schuld der *Cofradía,* die es mit der Aufsichtspflicht in dieser Nacht nicht so genau genommen hatte. Seitdem müssen die beiden Statuen alljährlich jene Schicksalsnacht in zwei getrennten Zellen des Dorfgefängnisses verbringen und werden erst am Morgen entlassen. Ich konnte nicht herausfinden, ob es heute wirklich noch so ist.

Es gibt noch eine dritte Figur in Santiago, die eine außergewöhnliche Rolle während der Feiertage spielt: **Maximón.** Neben dem aus Chichicastenango ist das Exemplar aus Santiago der berühmteste "Komische Heilige" in Guatemala. Zigarrerauchend, mit Hut und Sonnenbrille wird diese vogelscheuchenähnliche Holzpuppe zusammen mit seinen katholischen Kollegen Ostern durch die Straßen getragen. Die Kirche hat den Kampf gegen diese moderne Ausgabe der Götter fast aufgegeben.

Eine Attraktion ist auch die **Tracht** der Indígenas aus Santiago Atitlan. Der weiße *Huipil* mit seinen roten Streifen und den filigran aufgestickten Vögeln wird zu den schönsten in Guatemala gezählt. Das Pendant dazu sind die wadenlangen Hosen der Männer. Die Frauen und Mädchen bestechen jedoch vor allem durch ihre *Tocales,* einem Haarschmuck. Sie wickeln sich ein langes rotes Band so lange um den Kopf, bis sich der berühmte "Heiligenschein" ergibt. Der letzte Meter des gewebten Bandes ist mit bunten geometrischen Mustern verziert. Auf der 25 Centavo-Münze, dem *Choca*, ist der Tocale einer Indígena aus Santiago Atitlán verewigt. Leider kommt er aus der Mode.

Hospedajes zum **Übernachten** u.a. *Hospedaje Chi-Nim-Ya* und *Pensión Rosita.*

Busse vom Westlichen Hochland oder der Hauptstadt aus fahren über die Küste (Mazatenango, Patutul, San Lucas Tolimán). Von Quetzaltenango aus gibt es vormittags eine Camioneta nach Santiago.

San Pedro La Laguna

Von Panajachel aus ist **San Pedro La Laguna** mehrere Male am Tag mit der *Lancha* zu erreichen. Von Santiago Atitlán führt eine holperige Erdstraße hinter dem Vulkan San Pedro in das Dorf. Dieses dichtbesiedelte, enge Tzutuhildorf mit seinen verwinkelten Straßen am Westufer des Sees entwickelte sich in den letzten Jahren zusehens zu einem zweiten **Travellertreff** neben Panajachel.

Die Pedraños sind gute Händler und besitzen viel Land. So gründeten um 1850 Indígenas aus San Pedro an der Küste den Ort Cutzan, den sie wie eine Kolonie behandelten. Die Hausformen, Trachten und die Sprache sind identisch. Der Handel zwischen den beiden Dörfern ergänzte sich. Es gingen Avo-

cados und Agaven an die Küste, während von dort Baumwolle, Reis und Früchte an den See kamen. Den Pedraños schreibt man außerdem zu, sie hätten die *Jaspe* in die Dörfer des Sees gebracht, jene Färbe- und Webtechnik, die das unverwechselbare Moment der guatemaltekischen Stoffe ausmacht. Auf den ausgeprägten Händlergeist und den relativen Wohlstand der Bevölkerung ist ganz sicher auch die überdurchschnittlich hohe Präsenz verschiedenster Sekten zurückzuführen. Berühmt sind die **Maler** aus San Pedro La Laguna, deren volkstümliche Bilder aus dem Leben der Indígenas in ganz Guatemala verkauft werden.

Die Frauen von San Pedro tragen keine originalen *Huipiles* mehr. Es haben sich billigere Blusen aus Synthetikstoffen durchgesetzt. Die Indígenas bevorzugen Stoffe mit großen Blumenmustern und Blusen mit Puffärmeln.

Preiswerte **Übernachtungsmöglichkeiten** gibt es im *Hotel Villa Sol* und in der *Hospedaje Ti-Kaaj*. Letztere ist ein Travellertreff neben dem *Villa Sol*. Beide Hotels sind über die gepflasterte Dorfstraße zu erreichen, wenn man im Zentrum links zum See hinunter abbiegt. Oder von der Anlegestelle aus, wo die Boote aus Panajachel ankommen. Von dort aus führt der Weg durch Kaffeepflanzungen. Außerdem gibt es die Möglichkeit, kleine Häuschen zu mieten. Meist wissen Hotel-oder Comedorbesitzer mehr darüber.

San Juan La Laguna liegt nur 2

km von San Pedro entfernt. In der Nähe gibt es den bekannten Strand *Cristalinas* am Fuß des Cerro Cristalina. Die *Lanchas* von Panajachel nach San Pedro halten nicht immer auch in San Juan. Wer hierher einen Ausflug macht, sollte besser nach San Pedro zurückgehen und dort ein Boot zurück nach Panajachel nehmen.

Ein paar hundert Meter höher auf einer kleinen Ebene zwischen San Juan und San Pablo liegen die beiden Dörfer **Santa Clara La Laguna** und **Santa María Visitación**. Die Siedlungen sind sehr abgelegen und so gut wie unberührt vom Tourismus.

San Pablo La Laguna

ist vom Ufer aus gar nicht zu sehen. Neben dem Gemüsebau ist hier das **Seilereihandwerk** (Agavefasern)

ausgeprägt. Aus den Seilen werden Hängematten, Taschen oder Netze geflochten. Hier beginnt die Sprachgrenze zwischen den *Tzutuhiles* und *Cakchiqueles*.

Die *Milpa* zieht sich wie andernorts weit den Hang hinauf. Kahlgerodet, Wind und Wetter ausgesetzt, schwemmt hier während jeder Regenzeit fruchtbarer Humus und giftiger Chemiedünger in den See.

San Marcos La Laguna

Die ersten Siedler kamen 1666 von der Küste herauf, wo eine Fledermausplage sie vertrieben hatte. Allein bis 1930 erlebte das Dorf eine fünfmalige Verlegung aufgrund von Überschwemmungen. In den 50er Jahren rückte man das letzte Mal nach oben. Wie die Bewohner aus San Pablo stellen die Marqueños Seile aus Agavenfasern her, flechten

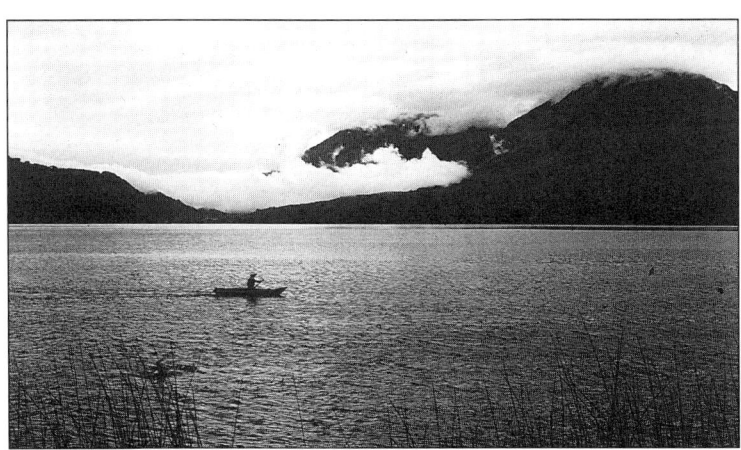

Nur am Vormittag fahren die Fischer auf den See.

Matten und betreiben Gemüsebau und Landwirtschaft.

Die Straße führt weiter nach *Tzununá*, wo die besten Zitronen und Orangen der Region wachsen sollen.

Santa Cruz La Laguna

ist die erste Anlegestelle der Boote von Panajachel nach San Pedro. Das Dorf liegt geschützt vor Hochwasser auf einem Hügel. Wem der Rummel in Panajachel zu viel wird, der kann sich hier in der von einer Deutschen geführten **Hospedaje** *Arca de Noe* einquartieren. Man sollte sich allerdings etwas zu lesen mitnehmen. Die Abende in Santa Cruz können lang werden.

San Jorge La Laguna

Letztes Dorf vor Panajachel auf dem Umrundungsgang um den See. Es ist mehr an die Straße Sololá - Panajachel gebunden als ans Ufer, nachdem die Fluten des Sees die Bewohner einst zwangen, ihre Häuser nach oben zu verlegen. Gegründet wurde San Jorge von Erdbebenflüchtigen aus Antigua im Jahre 1773. In der Nähe des Dorfes geht der **San-Buenaventura-Wasserfall** nieder, der vor allem während der Regenzeit beeindruckend ist. San Jorge ist neben Santiago Atitlán der zweite Ort am See, der einen *San Simón* besitzt *(Maximón)*.

Das
Westliche
Hochland

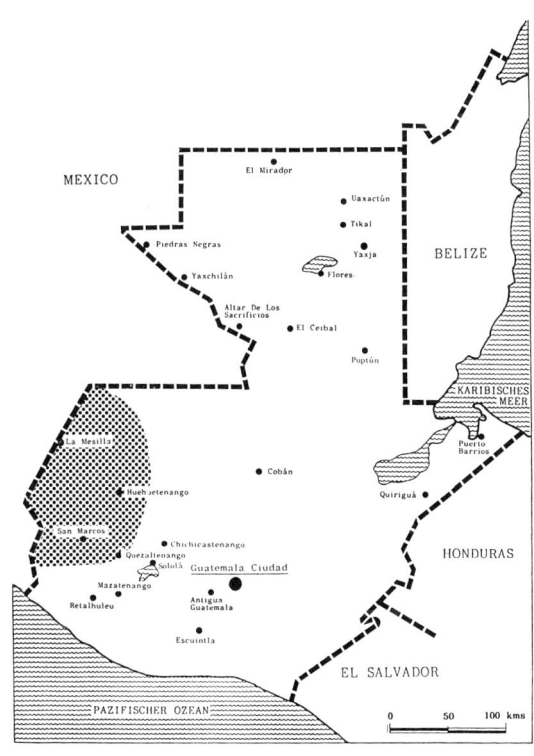

Vom Atitlán See nach Quetzaltenango

Vom Atitlán See kommend gibt es in Los Encuentros, der wichtigsten und größten Kreuzung des Hochlandes, die Möglichkeit weiter Richtung Westen zu reisen. Nach Antigua und Panajachel steht bei den meisten Touristen Chichicastenango auf dem Programm, womit das beliebteste "Trampeldreieck" von Guatemala vollendet wäre. Wir bleiben zunächst auf der Panamericana und nehmen den Bus nach Quetzaltenango.

Die Fahrt ist sehr kurvenreich und steil mit vielen Aussichten in die besiedelten Täler und Becken. Während der Trockenzeit ist das Hochland ein braungefärbter Mosaikteppich, der sich erst im Juni allmählich wieder in eine grüne Landschaft verwandelt. Die Landwirtschaft zieht sich bis auf die bewaldeten Hügel- und Bergspitzen hinauf. Ein Zeichen, daß die Bevölkerungsdichte hier höher ist als anderswo und es für die Bauern immer schwerer wird, mit dem Ertrag ihrer Äcker auszukommen.

Nahualá

kündigt sich durch eine Reihe von Straßenhändlern an, die Schnitzarbeiten wie Kinderspielzeug, Masken oder Möbel aus Kiefernholz anbieten, wie sie für das Dorf typisch sind. Nur wenig Touristen unterbrechen hier ihre Fahrt.

Nahualá gehört zwar noch zum Dept. Sololá, doch sprechen die Indígenas hier bereits *Quiché*. Die **Tracht der Männer** mit ihren *Rodilleras* erinnert an die aus San Antonio Palopó am Atitlán See. Die Nahualeños tragen dazu ein rotgestreiftes Hemd mit orange bestickten Kragen und häufig einen *Tzut* auf dem Kopf. Die Tracht der Frauen besteht aus einem blauen *Corte* und einem weißen, gelben oder orangefarbenen *Huipil*, der reichlich bestickt ist.

Die Männer von Nahualá sind gute Handwerker. Außer Schreinern und Schnitzern gibt es Steinmetze, die *metates*, Granitsteine zum Maisreiben, herstellen. Die *Marimbas* aus Nahualá haben ebenfalls einen guten Ruf in Guatemala. Außerdem stricken die Männer die typischen Wolltaschen, die man wie alles andere aus Nahualá häufig am Straßenrand zum Verkauf angeboten sieht.

Nahualá ist ein außergewöhnliches Dorf. Nicht nur, daß über viele Jahre hinweg keine Fremden oder Ladinos das Dorf betreten durften, es war auch verboten, im Dorf Alkohol auszuschenken. Weil der Staat seinerzeit das Schnapsmonopol besaß, mußte Nahualá lange eine Steuer für nicht getrunkenen Alkohol abführen!

Die Fassade der **Dorfkirche** ist ein Stilgemisch aus barocken Fenstern und Säulen sowie klassizistischen Kapitelen und Stuckelementen neueren Datums. Die Nahualeños sind tief katholisch und nehmen ihre Religion ernst. Es heißt, sie hätten noch lange Zeit den Zehnten an die Kirche bezahlt. Ein Ergebnis der langen Abschottung.

Empfehlenswert ist ein Besuch am **Markttag** Sonntag.

Es gibt eine bescheidene **Übernachtungsmöglichkeit,** aber in der Regel fahren noch bis zum späten Abend Busse von Guatemala kommend nach Quetzaltenango. Man muß sie auf der Hauptstraße abfangen.

Santa Catarina Ixtahuacán

Ein paar Kilometer weiter gibt es einen kleinen Abzweig nach Santa Catarina Ixtahuacán. Es ist das Schwesterdorf von Nahualá mit denselben Trachten und *Costumbres.* Trotzdem gibt es eine alte Rivalität zwischen beiden Dörfern. In Santa Catarina fand 1839 ein Indianeraufstand statt, der in die Geschichte einging.

Quatro Caminos

Noch einmal soweit wie von Los Encuentros nach Nahualá (30 km) ist es von dort zu einer zweiten wichtigen Kreuzung im Hochland, nach Quatro Caminos. Bis dahin quält sich der Bus in das zerklüftete Hochland hinauf. Auf dieser Fahrt kann man gut die mächtigen Sandsteinhorizonte mit ihrer geringen Humusschicht studieren, die wie Steilwände an der Straße aufragen. Die Mächtigkeit des Sandsteins ist das Ergebnis enormer Sedimentablagerungen, die besonders nach Vulkanausbrüchen einsetzten.

Blick in das Tal von Quetzaltenango (im Hintergrund: der Vulkan Santa Maria)

261

Zu Jahresanfang kann man am Straßenrand die Herstellung von Strohmatten beobachten. Leider wird ein großer Teil des gesammelten Weizenstrohs trotzdem verbrannt, denn noch immer ist Kompostierung bei den guatemaltekischen Bauern nahezu unbekannt und noch keine Alternative zum deutschen Chemiedünger.

Und immer wieder Stände mit Obst und Gemüse, gewaschen, poliert und zu kunstvollen Pyramiden gestapelt. Zum Alltag auf der Straße gehören auch die *chuchos* (Hunde), die ihre Nase stoisch und oft gefährlich weit den vorbeikrachenden Camionetas entgegenstrecken. Mit der Zeit habe ich festgestellt, daß immer dieselben Hunde an derselben Stelle liegen. Jeder hat hier also in gebührendem Abstand zum anderen sein Revier.

Kurz vor Quatro Caminos steigt die CA 1 zu ihrem höchsten Punkt auf 3000 m an, der bezeichnenderweise *Alaska* genannt wird. Je nach Jahreszeit fährt man entweder durch eine brachliegende hochmoorähnliche Gegend mit extrem viel Nebel - *paramo* genannt - oder durch eine Hochfläche, auf der Mais und Kartoffeln angebaut werden. Hier wächst das charakteristische Büschelgras *pajon*, das die Hochlagen des Altiplano auszeichnet und als Deckmaterial für Dächer verwendet wird.

In **Quatro Caminos,** einer Kreuzung mit Tankstelle, Comedores, Verkaufsständen und fliegenden Händlern, gibt es eine **Umsteigemöglichkeit** nach Totonicapán, Momostenango, Huehuetenango, Quetzaltenango oder Guatemala Ciudad. Von hier nach Quetzaltenango sind es nur noch 10 km. Dorthin gibt es immer eine Mitfahrgelegenheiten mit Pick-ups.

Quetzaltenango

Quetzaltenango erscheint auf den ersten Blick nicht besonders attraktiv. In der zweitgrößten Stadt des Landes gibt es keine Touristenszene wie in Panajachel, das Stadtbild ist nicht einheitlich kolonial wie in Antigua, der Markt eher auf die Bedürfnisse der Bevölkerung ausgerichtet und die Temperaturen auf 2330 m sind auch nicht mehr so frühlingshaft wie noch am Atitlán See.

Es stimmt schon, von Quetzaltenango muß man etwas mehr wissen, als die einheimischen Tourismusprospekte verraten. Der Blick auf die Fassade genügt nicht, um die Besonderheiten, Einzigartigkeiten und Reize der Stadt zu erkennen.

An dieser Stelle muß ich einfügen, daß die Beschreibung von *Xelajú,* wie die Quetzaltecos ihre Stadt immer noch nennen, eine für mich ganz besonders herausragende Stellung einnimmt. Es ist die Stadt, in der ich lange und gerne gelebt habe. Hier hatten wir unser Häuschen in der Zone 3, unseren Bäcker, unseren Markt, unsere Kneipe. Von hier aus startete ich meine Touren durchs Land, und hier habe ich heute noch viele Freunde. Quetzaltenango ist so etwas wie eine zweite

Heimat für mich geworden.

Quetzaltenango liegt genau 200 km von der Hauptstadt entfernt in einer der größten Talebenen der Sierra Madre. Die Stadt hat ca. 300.000 Einwohner. Von fast allen Punkten Quetzaltenangos aus blickt man auf den **Vulkan Santa María,** dessen perfekter Kegel die Stadt um gut 1500 m überragt. Die Lage Xelas (sprich: *Schela*) als Durchgangsstation für den Handel von der Küste ins Hochland und von Westen nach Osten ließen die Stadt im 19. Jahrhundert zu einer mächtigen Metropole und zu einer ernstzunehmenden Rivalin der Hauptstadt werden.

Als die *Zentralamerikanische Föderation* (1823 - 1838) bereits am Auseinanderbrechen war, erklärten sich die *Los Altos*, bestehend aus den Departamentos Sololá, Totonicapán und Quetzaltenango, zum unabhängigen *Sexto Estado* (Sechsten Staat). Die Machtübernahme der Konservativen unter *Rafael Carrera* (1839 - 1871) machte 1840 der Unabhängigkeit des Hochlands ein Ende. Doch etwas von diesem Traum ist lebendig. Es gibt nicht wenig Quetzaltecos, die noch heute vom *Sexto Estado de Los Altos* reden, als hätte es sie nie eine Niederschlagung der Freiheitsbestrebungen gegeben. Daher mag auch die Ansicht kommen, die Quetzaltecos wären die eigensinnigsten und hochnäsigsten aller Guatemalteken. In Wahrheit sind sie liebenswürdig und aufgeschlossen, aber stolz auf ihre Vergangenheit.

Die **Geschichte der Stadt** begann mit den *Mam-Indígenas,* die jenen Platz ihres Königreiches *Culajá* nannten, was soviel wie "Wasserschlucht" bedeutet. Nach der Eroberung durch die *Quiché* im 14. Jahrhundert, die bis zur Ankunft der Spanier hier ihren Herrschaftsbereich etablierten, hieß die Stadt *Xelajú,* ("unter der Herrschaft der Zehn"), da das Königreich der Quiché in zehn Sektionen eingeteilt war.

Bei Quetzaltenango fand denn auch die Entscheidungsschlacht zwischen *Pedro de Alvarado* und Quichéhäuptling *Tecún Umán* statt, von dem es heißt, er wäre mit 8000 Soldaten gegen den blonden Konquistador angetreten. Mexikanische Söldner nannten die von den Spaniern am 15. Mai 1524 offiziell gegründete Stadt "Quetzaltenango", was "in den Mauern des Quetzals" bedeutet.

Seine Blütezeit erlebte Xela zur Zeit des regen Kaffeehandels im späten 19. Jahrhundert. Neben Italienern und Spaniern waren es vor allem die Deutschen, die als Kaffeefinqueros, Händler, Brauereibesitzer, Fabrikanten, Hoteliers usw. zu Reichtum und Einfluß gelangten. Die Stadt besaß sogar eine eigene Eisenbahnlinie, die *Ferrocarril de Los Altos,* an die manche Quetzaltecos mit Wehmut zurückdenken. Die europäische Vergangenheit Xelas zeigt sich noch heute in der klassizistischen Architektur vieler Gebäude, die die Stadt so unverwechselbar und einzigartig macht und ihr etwas von Größe verleiht, die der Hauptstadt des Landes fehlt.

Das geistige und kulturelle Ambiente Quetzaltenangos war schon immer ein besonders fruchtbares. Denn keine andere Stadt Guatemalas brachte neben Politikern, Wissenschaftlern und Ärzten eine so große Zahl von hervorragenden Schriftstellern, Dichtern, Komponisten, Musikern und Malern hervor. In unzähligen Versen und Liedern ist dem "Stern des Westens" (La Estrella de Occidente) Xelajú ein Denkmal gesetzt worden.

Den dunkelsten Tag seiner Geschichte erlebte Quetzaltenango am 24. Oktober 1902 beim *Vulkanausbruch* des *Santa María*. Während des darauffolgenden Erdbebens kam die Stadt derart zu Schaden, daß sie sich in der Folgezeit nie richtig davon erholte und durch die allmähliche Abwanderung kapitalkräftiger Investoren in die Hauptstadt zu immer größerer Bedeutungslosigkeit herabsank.

Quetzaltenango ist *heute* eine Stadt mit einem kleinbäuerlich geprägten Umland im Westen, Norden und Osten, das in der Hauptsache Mais, Frijoles, Weizen, Gemüse und Obst produziert. Im Süden beginnt auf den fruchtbaren Vulkanböden der Kordillere Großgrundbesitz mit Kaffee-, Zuckerrohr- und Bananenanbau. Neben einem regen Handel besitzt Quetzaltenango eine kleine Industrie, vor allem in den Bereichen Nahrungsmittel, Textil, Leder, Glas, Holz und Baustoffe. Dazu kommt ein ausgeprägter Handwerks- und Dienstleistungssektor, das Hotel- und Gaststättengewerbe sowie jede Menge Hausangestellte, Lehrer, Ärzte, Juristen und Beamte.

Nirgendwo in Guatemala findet man eine solch überdurchschnittlich hohe Beteiligung von Indígenas am wirtschaftlichen Leben, was Quetzaltenango im Vergleich zu anderen Städten eine "gesündere" Sozialstruktur verleiht. Eine niedrigere Kriminalitätsrate und weniger Obdachlose sind eine positive Folgeerscheinung davon.

Einzigartig sind die vielgerühmten

Die "Rückseite" des Santa Maria, daneben der explosive Santiaguito.

indianischen Quetzaltecas, die zu ihrer wunderschönen **Tracht** hochhackige Schuhe und modische Frisuren tragen. Sie sind stolz und selbstbewußt und verwandeln an Festtagen die Straße in einen Laufsteg, wenn sie mit ihrem weiten schwarzen *Corte* und dem gelben *Huipil* bewundernde Blicke auf sich ziehen. Dagegen ist die Tracht der Männer vollständig verloren gegangen.

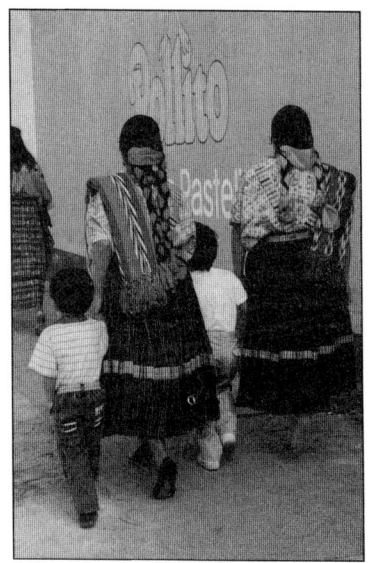

Quetzaltecas in Festtagstracht

Sehenswertes

Wie alle von den Spaniern gegründeten Städte besitzt auch Xela die planmäßig angelegte Struktur eines Schachbrettgrundrisses. Zentrum und Mittelpunkt ist die rechteckige *Plaza* in der Zone 1, die die Quetzaltecos auch **Parque Centroamérica** nennen. Unter dem Schatten der Bäume sitzen immer Leute und lesen Zeitung, lassen sich ihre Schuhe putzen oder treffen sich auf ein Plauderstündchen. Die *Plaza* einer Stadt ist ihr Geschichtsbuch. Hier wurde aufmarschiert, geehrt, rebelliert, gefeiert und gestorben. Bis in die 20er Jahre hinein stand am Platz des heutigen **Barrios-Denkmals** der *Torre Centroamérica*, von dem Fotos in der *Banco de Occidente* und im Museum ausgestellt sind. Heute ist der *Parque* von Quetzaltenango ein eher beschauliches Plätzchen. Seit 1983 findet hier an jedem ersten Sonntag des Monats ein hübscher Kunsthandwerkmarkt statt.

An der östlichen Seite der Plaza steht die **Kathedrale Espíritu San-** to, die durch mehrere Erdbeben so stark zerstört wurde, daß nur noch die koloniale Fassade steht. Die neue *Catedral de la Diócesis de Los Altos* setzte man direkt dahinter. Die Baumeister verwendeten Material aus nahegelegenen Steinbrüchen, die Türen sind aus Mahagoniebäumen des Petén und die Fenster sollen aus Mexiko kommen. Das Innere der Kathedrale ist vergleichsweise nüchtern, doch das Licht, das durch die vielen Kuppeln fällt, gibt dem Raum eine großartige Atmosphäre. Rechts neben der Kirche befinden sich Büro, Sekretariat und Archiv des Bischofs von Quetzaltenango.

Ebenfalls an der Ostseite des Parques steht der prunkvolle **Palacio**

265

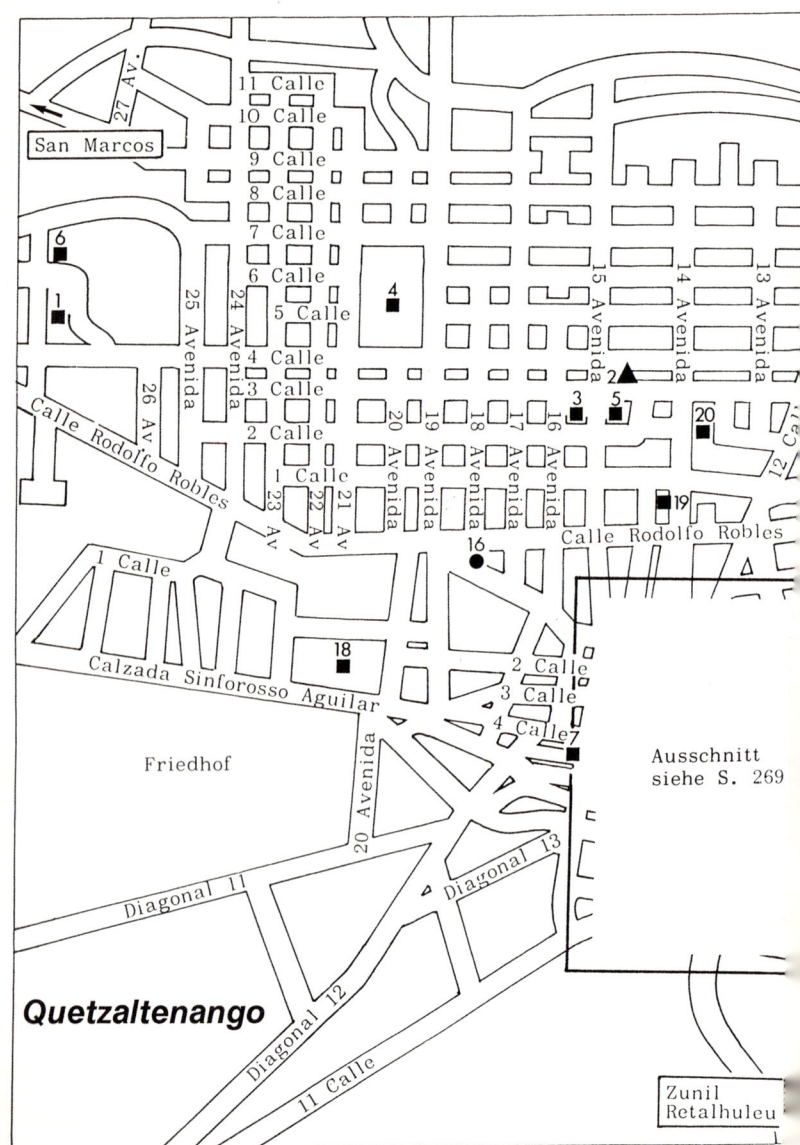

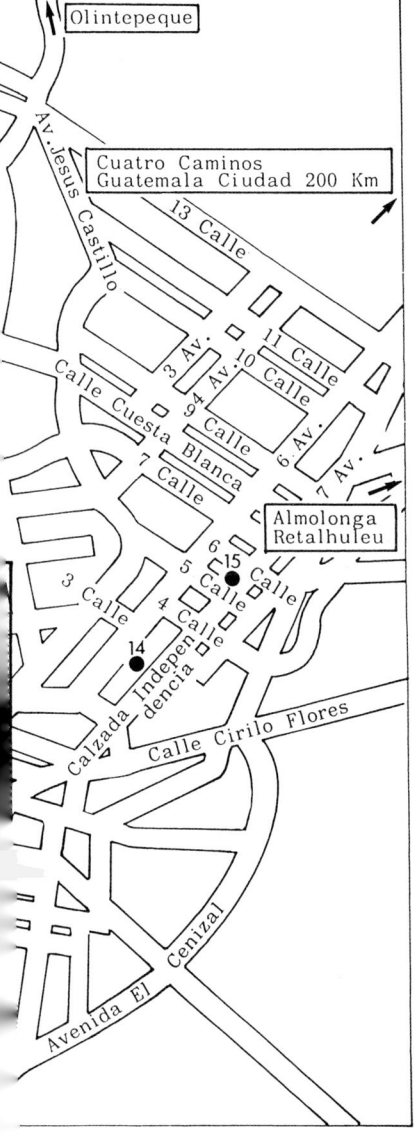

1 Minerva-Tempel, Markt, Zoo
2 Kirche San Nicolás
3 Markt La Democracia
4 Militär
5 Guatel (Telefon)
6 Terminal
14 Nr. 1 Rutas Lima
15 Nr. 3 Las Américas
16 Galgos
18 Brauerei Cabro
19 Universität
20 Stadion

267

Municipal mit seinen zehn neoklassizistischen Säulen und filigran geschnitzten korinthischen Kapitelen. Sehenswert ist der Patio dieser Gemeindeverwaltung im Inneren des Palacios. An ihn schließt sich das **Edificio Rivera** an, das eine Bank, Büros und Läden beherbergt. Etwas zurückversetzt an der schmaleren Nordseite befindet sich das größte und teuerste Hotel der Stadt, die **Pensión Bonifaz**. Das gelbe Gebäude war einst eine Finca und gehört mit seiner kolonialen Architektur noch heute zu den schönsten der Stadt. Das gepflegte Café des *Bonifaz* ist auch für Nichtgäste geöffnet.

1992 eröffnete ein Konkurrenz-Hotel der Luxusklasse, das *Villa Real* in der 4. Calle.

Die Front der Nordseite nimmt die **Banco de Occidente** ein. Dieses ebenfalls im neoklassizistischen Stil errichtete Gebäude ergibt zusammen mit dem *Palacio Municipal*, dem runden säulenbestandenen *Templete*, der *Pasaje Enriquez* auf der Westseite und der *Casa de la Cultura* gegenüber ein Bild, das der Plaza Quetzaltenangos jenen unverwechselbar würdigen und großbürgerlichen Ausdruck verleiht.

Die **Pasaje Enriquez** mit ihren Erkern, Balkonen und Adlern an der Fassade hat es mir besonders angetan. Immer wieder stand ich in der Passage und habe die Wandbemalungen, Fresken, Fließen und schmiedeisernen Gitter auf mich wirken lassen. Über die Geschichte dieses Gebäudes habe ich leider nichts herausbekommen. Heute

Quetzaltenango Zentrum

8	Post
9	Hotel Modelo, Casa Suiza
10	Kiktem-Ja
11	Casa Kaehler
12	Hotel Villa Real
13	Pensión Altense
21	Parque Centro América
22	Templete
23	Kathedrale Espíritu Santo
24	Palacio Municipal
25	Edificio Rivera
26	Pensión Bonifaz
27	Banco de Occidente
28	Pasaje Enriquez
29	Guatel
30	Casa de La Cultura, Museum, INGUAT, Bibliothek
31	Centro Comercial
32	Baviera's International Coffee Shop

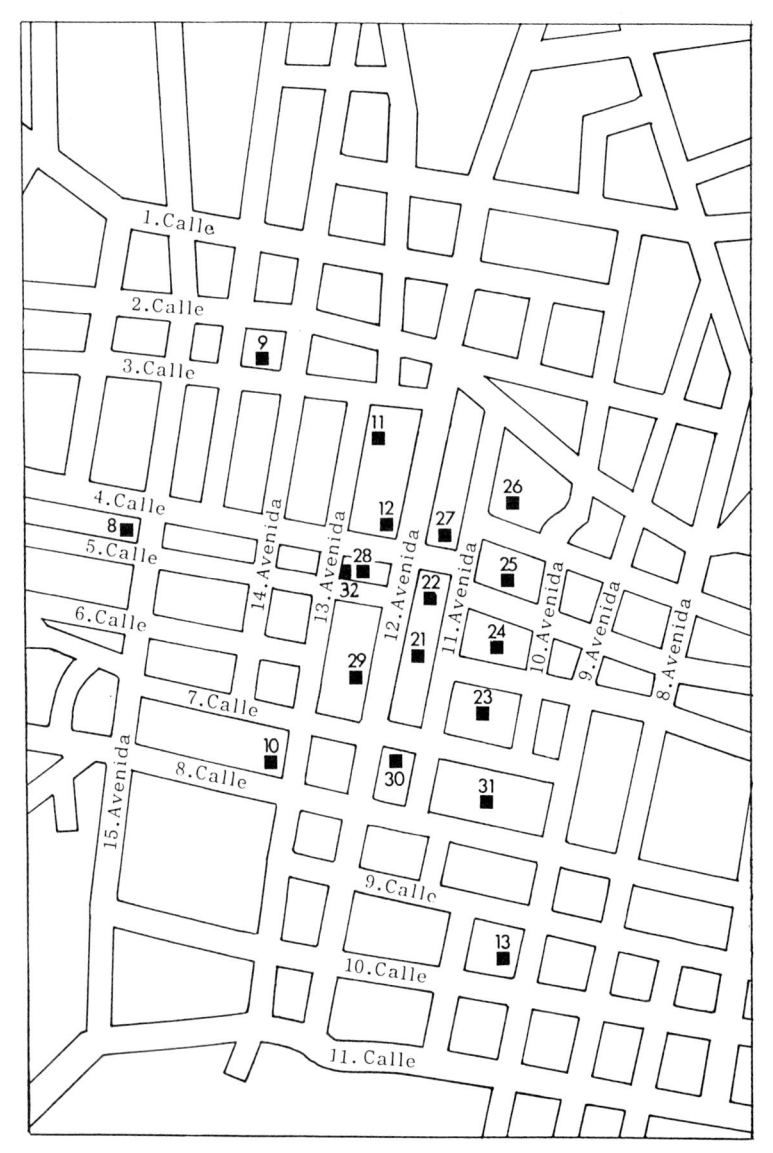

Templete im Parque

stehen die meisten Räume leer, die Farben verblassen, das Innere verö-det. Es ist ein Spekulationsobjekt.

In der **Casa de la Cultura de Occidente**, die die schmale Südseite des Parques einnimmt, befindet sich das **Tourismusbüro** von *INGUAT*, die Kulturvereinigung der Stadt, das **Museum** und die **Bibliothek**. Das Museum zeigt im ersten Stock Bilder, Dokumente und Relikte aus der Stadtgeschichte, im oberen Stockwerk befindet sich eine Art Naturkundemuseum mit einer schulmeisterlichen Sammlung von Pflanzen, Kräutern, ausgestopften Tieren, Mineralien, Keramik und vieles mehr. Die Krönung dieses Panoptikums ist ein ausgestopfter Quetzal hinter Glas.

Etwas abgelegen und versteckt an der Seite der *Casa de la Cultura* liegt die wenig genutzte **Plazuela del Marimbista**, ein liebenswertes Plätzchen in Form eines kleinen Amphi-

theaters mit Bühne, Steintreppen und Marmorfigürchen. Gegenüber erhebt sich das dreistöckige **Centro Comercial** mit Markt, Geschäften und Souvenirläden.

Die 4. Calle ist die Achse des Laden- und Geschäftsviertels des Zentrums, in der sich auch die **Post** befindet. Im Patio spielt hin und wieder Samstagabends eine Marimbagruppe zum Tanz unter freiem Himmel auf.

Noch nicht lange gibt es die **La Galería** (9. Av. 9-00, Z 1), eine kleine Galerie, die vor allem Bilder von in Quetzaltenango lebenden Künstlern ausstellt. Auf dem Gebiet der modernen guatemaltekischen Malerei ist Xela führend. Einige der besten Maler des Landes wie *Rolando Pisquiy, Alfredo García, Rolandeo Sanchez* und *Rolando Aguilar* sind Quetzaltecos und leben hier. Die **Kunstschule Humberto Garavito** (2. Av. 0-13, Z 1) genießt daher einen guten Ruf in Guatemala.

Weniger aktiv sind die Theatermacher der Stadt. Das neoklassizistische **Teatro Municipal** (zw. 14. Av. und 14. Av. "A") glänzt mehr durch seine Architektur und exponierte Lage, als durch reizvolle Spielpläne und abendfüllende Programme.

Der **Hauptmarkt** Xelas liegt am Rande der Zone 3 am Ende der 4. Calle. Hier stößt man wieder einmal auf einen dieser nichtsnutzigen **Minervatempel** aus der Zeit *Estrada Cabreras*, der dem Viertel den Namen gibt. Jeder Stadtbus mit der Aufschrift *Minerva* fährt zum Markt. Der **Park** mit Kinderspielplatz und

von hinten nach vorn: Pensión Bonifaz, Edificio Rivera und Palacio Municipal

Zoo (wenig Tiere) wird besonders am Wochenende von Familien stark besucht.

Hinter dem Markt liegt der große **Busterminal**. Von hier aus fahren Busse in alle Richtungen. Wie fast überall in Guatemala wird man von den Ajudantes nach seinem Reiseziel gefragt und zum entsprechenden Bus gebracht. Ich habe mich trotzdem immer noch einmal bei den bereits wartenden Fahrgästen erkundigt, ob ich im richtigen Bus sitze.

Zentraler liegt der **Markt beim Parque Benito Juarez** im *Democracia-Viertel* der Zone 3. Hier ist immer etwas los. Wer bisher nur in Antigua, Panajachel oder Chichicastenango war, erlebt hier vielleicht zum erstenmal einen Markt ohne Touristenschnickschnack. Bei **Xelac** um die Ecke (14. Av. zw. 3. und 4. Calle) gibt es die besten Milchprodukte Guatemalas. Gründer dieser Kooperative waren seinerzeit zwei Schweizer, die etwas von Butter und Käse verstanden.

Gegenüber dem Parque Benito Juarez steht die **Kirche San Nicolás.** Anders als die meisten Kirchen des Hochlands wurde sie im gotischen Stil erbaut.

Wärmstens empfehlen möchte ich das Café und Restaurant **Royal Paris** (16. Av. 3-05, Z 3) meiner französischen Freunde Francoise und Thierry am Parque Benito Juarez. Die beiden haben sich Anfang 1989 in Xela niedergelassen, und bereits nach kurzer Zeit entwickelte sich das *Royal* zu einem Treff für die intellektuelle Szene Xelas und Touristen bzw. Sprachschüler. Denn außer der hervorragenden französischen Küche von Thierry gibt es hier Ausstellungen, Livemusik, spontane Darbietungen, Feten und andere Dinge. Nicht nur ich habe hier den Abschied aus Xela gefeiert.

271

Gleich im Nebenhaus (1. Stock) ist das nette *Café Berna* mit Blick auf den Parque zu finden.

Die Zone 5 hinter dem **Monumento à la Marimba** am Platz **Rotonda** ist die *Zona roja* Quetzaltenangos. Viel zu sehen gibt es allerdings nicht im **El Oeste**, einem der beiden Nacht- und Stripteaselokale Xelas. Doch im Vergleich zu anderen Städten ähnlicher Größenordnung wie Escuintla hat Quetzaltenango dafür einen liebenswert provinziellen Charme.

Einen herrlichen Blick auf die Stadt kann man vom **Cerro El Baúl** aus in der Zone 4 genießen. Für den Spaziergang auf den kleinen Berg sollte man sich allerdings etwas Zeit nehmen. Der Bus Nr.3 fährt bis zur *Colonia La Molina*, Zone 5, von dort aus gibt es einen Fußweg.

Ebenfalls lohnenswert ist ein Spaziergang zum **Calvario** und dem **Zentralfriedhof** in der Zone 1 westlich des Parque Centroamérica. Hier erinnert eine Tafel an die "Märtyrer" der Unabhängigkeitsbewegung des Hochlandes. Es muß einem also nicht langweilig werden in Quetzaltenango, zumal sich Xela allmählich zu einer echten Alternative in Sachen Sprachschulen entwickelt. Wer sich außerdem ein wenig für Architektur begeistert und einen Sinn für Details hat, der wird noch vieles auf seinen Streifzügen durch die Stadt entdecken. Auch die Umgebung ist in Tagesausflügen leicht zu erkunden. Die Busverbindungen sind aufgrund der Zentralität Xelas gut. Es ist also kein Problem Bauerndörfer, Märkte, Fiestas, Kirchen, Opferplätze und heiße Quellen zu besuchen.

Hotels und Hospedajes

●*Pensión Bonifaz,* 4. Calle 10-50, Z 1. Luxusklasse. Das Bonifaz als "Erstes Hotel am Platze" hat Konkurrenz bekommen. Am Parque ist das *Hotel Villa Real* entstanden.
●*Hotel Modelo,* 14. Av. "A" 2-31, Z 1. Gut bürgerlich. Mittelklasse.
●*Centroamérica Inn,* 4. Calle 14-09, Z 3. Am Democracia-Markt. Sauber und gepflegt. Mittelklasse.

●*Hotel Kiktem-Ja,* 13. Av. 7-18, Z 1. Kolonialstil. Zimmer mit Kamin. Parkplatz.
●Hotel und Restaurant *Luz de Luna,* 4. Av. 0-62, Z 1
●*Casa Kaehler,* 13. Av. 3-33, Z 1. Besitzerin deutschstämmig. Zimmer sauber, klein. Recht bekannt in Xela.
●*Casa Suiza,* 14. Av. "A" 2-36, Z 1. Gut, sauber, einfach.
●*Hotel Los Alpes,* in der Zone 3.

●*Pensión Altense,* 9. Calle Ecke 9. Av. , Z 1. Bei Travellern sehr beliebt. Billig, einfach aber sauber. Fürsorglicher Besitzer.
●In der Nähe mehrere billige Hospedajes wie **Pensión Andina** 8. Av. 6-07, *Casa del Viajero,* 8. Av. 9-17 in der Zone 1 für weniger große Ansprüche.

Restaurants und Kneipen

In den ersten vier Hotels (s.o.) gute Küche.
●*Panchoy* auf der Straße nach San Marcos. Rustikaler Stil und guatemaltekische Küche. Taxi nehmen.
●In der 14. Av. beim Teatro Municipal: *Taberna Don Rodrigo* und *Deli Crepes*. Im Deli Crepes gibt es herrliche *Liquados*.
●Traveller frühstücken im *Baviera's* in der 5. Calle 12-50, Z 1.
●Am besten ißt man abends bei Francoise und Thierry im *Royal Paris* 16. Av. 3-05, Z 3.
●Einen warmen Ananaskuchen und exzellenten Kaffee macht Christoph in seinem *Café Berna* nebenan.
●In der Nähe der großen Brauerei Cabro in der Zone 3 hat Klaus das *Aladino's* aufgemacht. Gutes Essen, schönes Ambiente und bald einmal der erste Book-Exchange in Xela. 20. Av. 0-66, Z 3.
●*Pizzerias* gibt es zum Aussuchen.
●Gegen 18 Uhr essen Indígenas auf dem *Democracia-Markt*. Dann gibt es dort warme Suppen, Frijoles, Tortillas und Fleisch.
●Wer zur Abwechlung eine *Discothek* sucht, kann entweder ins *El Garage,* Centro Comercial Plaza Alpino, 4. Calle und 24. Av. Z 3 oder ins *Music Center*, Centro Comercial Delco, 14. Av. und 2. Calle, Z 3.
●Einen *Billiardsalon* gibt es in der 3. Calle 12-57, Z 1, bis 1 Uhr geöffnet.

Verkehrsverbindungen

Nach Quetzaltenango: Von der Hauptstadt aus: *Galgos*, 7. Av. 19-44, Z 1. Letzter Bus gegen 21 Uhr, fährt 4 Stunden. *Rutas Lima*, 8. Calle 3-63, Z 1. Letzter Bus gegen 20 Uhr. *Las Américas*, 2. Av. 18-47, Z 1 und alle anderen Busse mit der Aufschrift "Xela" am Fenster ab Terminal.
Von Quetzaltenango: Nach Los Encuentros, Chimaltenango (umsteigen nach Antigua) und in die Hauptstadt zurück: *Galgos*, Calle Rodolfo Robles zw. 17. u. 18. Av, Z 1.

Rutas Lima, 2. Calle 6-68, Z 2 fährt ebenfalls zurück in die Capital sowie Richtung San Marcos, Huehuetenango und mexikanische Grenze. *Las Américas,* 7. Av. 3-33, Z 2.
Alle anderen Busse fahren vom Terminal am Minerva-Park ab. Haltestelle auch 4. Calle 12. Av. , Z 3 und Rotonda (Marimbadenkmal) Z 2, außer Richtung San Marcos und Huehuetenango. Busse nach Almolonga und Zunil 9. Av. 10. Calle, Z 1.

A - Z

Ärzte:
Oscar de León, 9. Calle 10-41, Z 1 im Hospital San Rafael.
Mario Argueta Zubisarreta (Zahnarzt), 2. Calle 13-14, Z 1.
In *Notfällen* in Hospital Privado, Calle Rodolfo Robles 23-51, Z 1.
Von einem Orden wird *Maria del Camino* geleitet, La Esperanza, Tel. 2680.
Banken:
Banco de Guatemala und *Banco de Occidente* am Parque Centroamérica, letztere auch am Democracia-Markt in Z 3, u. a.
Bibliothek:
Casa de la Cultura, Eingang 12. Av.
Fahrräder: vermieten Françoise und Thierry im Royal Paris.

Fiesta:
vom 12.-18. September große *Feria* im Rahmen der Unabhängigkeitsfeiern mit Umzügen, Tänzen, Musik und Rummel. An Ostern Prozessionen.

Galerie:
La Galeria, 9. Av. 9-00, Z 1, ganztägig geöffnet.

Kino:
Cadore am Parque;
Roma 14. Av. "A" beim Teatro Municipal;
El Pino in der Z 3 in der Nähe des Militärs.

Kunsthandwerk:
jeden ersten Sonntag im Monat kleiner Markt auf der Plaza.
Centro Comercial und *Momosteca* in Z 1,
Artexco 7. Av. 15-97, Z 5 auf der Straße nach Salcajá. Artexco verkauft die Produkte von Kooperativen.

Markt:
täglich beim Terminal (Minervapark), La Democracia Z 3 und im Centro Comercial.

Mietwagen:
Im Reisebüro SAB 1. Calle 12-35, Z 1 nachfragen.

Museum:
Casa de la Cultura mit Museum über Stadtgeschichte und Naturkunde am Parque.

Post:
4. Calle 15. Av. Z 1 und La Democracia Z 3. Wer schwere Pakete (über 2 kg) nach Hause schicken will, muß mit dem offenen Paket zuerst auf den **Zoll** 8. Av. "C"-08, Z 1 und sich dort ein "Certificado" ausstellen lassen. Danach auf die Post und den Beamten Inhalt nochmals prüfen lassen.

Reisebüro:
SAB 1. Calle 12-35, Z 1 bestätigen Tickets, bieten Touren an.

Spanischschulen:
●Es gibt eine Reihe guter Schulen in Xela. Anders als in Antigua werden am Nachmittag *Actividades* veranstaltet, z.B. Diskussionen, Vorträge, Filme, Ausflüge oder Feten. In Xela lernt man schneller und besser Spanisch als in Gringo-Antigua. Sie schießen allerdings auch hier wie Pilze aus dem Boden. Prospekte liegen bei INGUAT aus.

Schuhputzer im Parque Centroamérica

• *Instituto Central América (ICA)* von Judy und Enrique, 1. Calle 16-93, Z 1, Tel. 6786.
•Im *English Club* Diagonal 4, 9-71, Z 9 kann man außerdem Quiché und Mam lernen.
•Weitere Schulen sind *Escuela de Español Quetzal*, 1. Calle 16-87, Z 1; *Proyecto Lingüístico Quetzalteco de Español*, 9. Av. 10-17, Z 1 (Kontakt); *Casa Xelajú de Español*, 9. Calle 11-26, Z 1; *SAB*, 1. Calle 12-35, Z 1. Info-Brett im Royal Paris studieren!
Taxis:
am Parque Centroamérica, La Democracia in Zone 3 und Terminal.
Telefon/Telegramm:
Guatel am Parque Centroamérica und La Democracia.
Tourismusinformation:
INGUAT in der *Casa de la Cultura*, Mo-Fr, über Mittag geschlossen.
Vulkanbesteigungen:
Santa María, 3772 m, Aufstieg 5-6 Stunden. Aufstieg beginnt in Llano del Pinal. Nach der ersten Hälfte führt der Weg steil nach oben und ist sehr anstrengend. Blick auf die Ebene Xelas, die Höhenzüge des Hochlands und die Gipfel von *Cerro Quemado* und *Siete Orejas*. Oben unbeschreiblicher Rundumblick und Einsicht in den rauchenden Krater des kleinen *Santiaguitos* an der abgebrochenen Südflanke des Santa María. Er enstand als aktiver Teil des Santa María beim Ausbruch 1902. Einer der gefährlichsten Vulkane Guatemalas. Von einer Besteigung des *Santiaguitos* rate ich dringend ab, einem Gas- und Ascheausbruch kann man nicht mehr entkommen. Die Nächte auf dem Santa María sind hundekalt, die Winde eisig. Warme Sachen mitnehmen, wer oben bleibt.
Wäscherei:
Minimax, 14. Av. 1. Calle beim Teatro Municipal.

Die Umgebung von Quetzaltenango

Landschaftlich ist die Region von Quetzaltenango durch eine weitverzweigte und tiefe Zertalung geprägt. Ausgedehnte Flächenspülungen führten zu Bereichen mit treppenartigen Bildungen und Hochebenen. Die mächtigen Sandsteinhorizonte im Untergrund haben saure Böden gebildet. Eigentlich wäre für diese Böden eine längere Regenerationsphase nach jeder Anbauperiode nötig. Doch mit steigender Bevölkerungszahl im Hochland fiel jede Form der Brache weg, so daß Landknappheit und Bodenverarmung die herausragendsten Probleme des Altiplano (Hochlands) sind. Erschwerend kommt hinzu, daß der ausgeprägte Wechsel von Trocken- und Regenzeiten ohne Bewässerung nur eine Ernte pro Jahr erlaubt. Der vermehrte Brennholzeinschlag hinterläßt irreparable Schäden, und der Maisanbau fördert die Bodenabspülung.

Richtung Norden

Salcajá

9 km vor Quetzaltenango im fruchtbaren Samalátal liegt Salcajá. Die Geschichte des Städtchens beginnt 1524, im Jahr der Ankunft *Alvarados* in Guatemala. Salcajá soll die erste

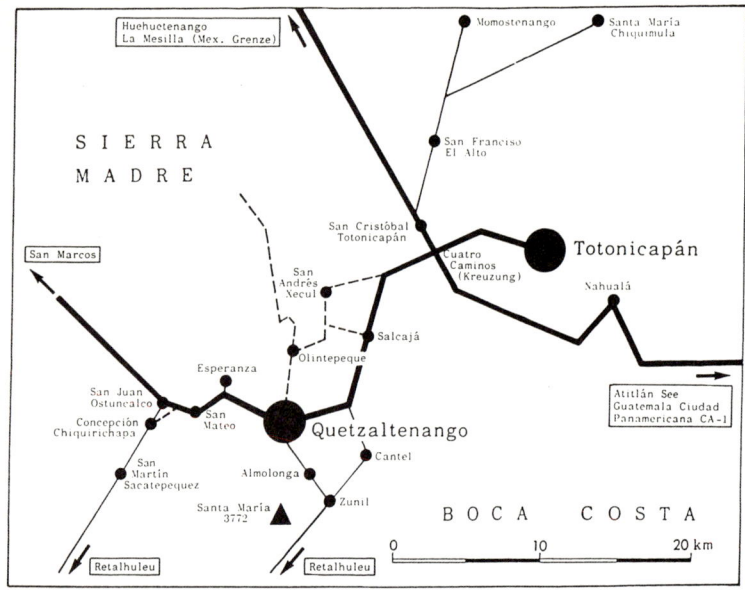

Gründung der Konquistadoren gewesen sein. Entsprechend alt ist die **Kirche San Jacinto,** die seinerzeit ein berühmtes Gemälde enthielt, das unter dem Namen *La Conquistadora* verehrt und später in die Kathedrale Quetzaltenangos gebracht wurde, wo es verschwand.

Die Salcajeños sind Meister der **Färbe- und Webkunst.** Bei schönem Wetter kann man meterlange Baumwollfäden auf Holzvorrichtungen aufgespannt sehen, die von Männern so geknüpft und zusammengebunden werden, daß sich nach dem Färbebad die typische *Jaspe* ergibt. Die unterschiedliche Musterung der Stoffe wird durch das Weben auf Fußwebstühlen vervollkommnet. Die Weber erklären gerne ihr Handwerk. Man muß nur auf die Leute zugehen und Neugierde zeigen.

Auch auf einem anderen Gebiet sind die Salcajeños unschlagbar. Den roten *Caldo de Frutas,* eine Art Rumtopf und sehr süß, sowie den gelben *Rompopo,* ein Likör aus Eiern und Milch, kennt jeder in Guatemala. Die Rezepte werden gehütet.

An der Kreuzung 2 km außerhalb Salcajás führt eine Erdstraße scharf links nach **San Andrés Xecul**, das bereits zum Departament Totonicapán gehört, wie auch die nachfolgenden Ausflugsziele. Das kleine Quichédorf besitzt die bunteste **Kirchenfassade** Guatemalas mit ver-

So werden die Fäden für die Jaspe-Weberei aufgespannt.

spielten Figuren und den Farben des lokalen *Huipil.* Die kleine Kirche stammt aus der Mitte des 16. Jahrhunderts (siehe Farbteil). Viel mehr zu sehen gibt es allerdings nicht. Zurück nach Xela führt ein Fußweg über San José Chiqullajá und Olintepeque. *Bus* nach San Andrés ab 4. Calle 12. Av. Z 3 in Xela.

Olintepeque

Die Legende erzählt, daß die Schlacht zwischen Alvarado und Tecún Umán am Fluß Xequijel, dem "Fluß des Blutes", bei Olintepeque stattgefunden haben soll, der sich nach der Niederlage der *Quiché* von

deren Blut rot verfärbte.

In das kleine Dorf bei Quetzaltenango pilgern Indígenas und Ladinos von weit her. In einem kleinen *Templo* neben der Kirche wird **San Pascual** verehrt, eine in Samt und Seide gekleidete Puppe in einem Glasschrein. Befremdlich wirkt sein kleiner Totenschädel, dem eine goldene Krone aufsitzt. Enthusiastisch wird *San Pascual* von den *Cofrades* als *Rey* (König) angerufen. Er hilft gegen Kopfschmerzen, bestraft den untreuen Ehemann, verspricht baldigen Geldsegen oder verflucht den verhaßten Nachbarn.

San Cristóbal Totonicapán

Samaláaufwärts liegt San Cristóbal Totonicapán, dessen alter Name *Pahula* lautete. Die Franziskaner gründeten hier Konvent und Kirche, die durch Erdbeben 1698 zerstört wurden. Nur noch Teile davon sind in den neuen Bau integriert worden, der 1711 eingeweiht wurde. Das Innere der **Kirche** enthält Gold- und Silberarbeiten, Holzstatuen aus der Renaissancezeit, Gemälde und Altaraufsätze, die jedoch nicht für die jeweiligen Nischen vorgesehen waren. Der schönste Aufsatz zeigt die *Nuestra Señora de las Mercedes.* Der heutige **Konvent** ist zum Teil zweistöckig mit Arkadengängen und einem Patio. Wer Glück hat, wird zur Besichtigung eingeladen.

Von 1925-1928 war der spätere Erzbischof von Guatemala *Mariano Rossell y Avellano Pfarrer* in San Cristóbal. Er war einer der heftigsten

Verfechter des Antikommunismus in den Jahren von 1945-1954 und trug wesentlich zum Sturz der jungen Demokratie bei.

San Cristóbal ist ein wichtiges Zentrum für die Herstellung von **Töpferwaren.** Hier werden Trachten und Masken für Folkloretänze hergestellt und verliehen. Die Chronisten erzählen, daß die Missionare ihre liebe Not mit den Indianern San Cristóbals hatten, die weder ihre Tänze noch den Konsum von reichlich *Aguardiente* (Feuerwasser) aufgeben wollten. Während der **Fiesta** vom 22. Juli - 27. Juli kann man sich davon überzeugen.

Das **Samalátal** verengt sich hinter San Cristóbal schluchtartig. Zahlreiche Wasserfälle zeigen Gefällsstufen an. Imposant ist der steile Talschluß des Samalá, auf dessen Kante ein kleines *Aldea* liegt. In den Felsnischen der Steilhänge befinden sich indianische Opferstätten, wie **Las Nueve Sillas,** wo immer noch sogenannte *Quemadas* abgehalten werden.

San Francisco El Alto

liegt noch einmal 200 m höher als Quetzaltenango und bietet von der Plaza einen phantastischen Blick ins umliegende Hochland. Der **Markt** ist einer der größten des Landes, und seine Bedeutung entspricht der Lage San Franciscos als Kreuzungspunkt alter Handelswege. Jeden Freitag werden Busse mit Touristen heraufgekarrt, die sich mühsam durch das Gedränge schieben.

San Fransisco ist bekannt durch seinen Handel mit Stoffen für Konfektionsschneiderei. In den Läden sucht man vergeblich nach den typischen Mustern Guatemalas. Der Großteil der Stoffe sind Importe aus den USA, Taiwan, China, Europa und Panamá.

Für die *Quiché* war "Chui-Me-Kenhá" die zweitwichtigste Stadt nach Utatlán. Die Spanier siedelten hier mexikanische Tlascalán-Söldner an und nannten die Stadt *Totonicapán,* was "über den fließenden Wassern" bedeutet. Die Sage erzählt, daß die Schwester *Tecún Umáns, María,* nach dem Tod ihres Bruders in die Berge geflüchtet sei und das verlorene Land verflucht habe, weswegen es heute so rauh ist.

Während der Kolonialzeit wurde hier Silber abgebaut. 1820 gab es einen legendären Indianeraufstand unter der Führung von *Anastasio Tzul,* den die Quiché sogar zum König krönten. Heute ist er einer der Helden des Occidente, die für die Autonomie ihrer Region und gegen die Ausbeutung durch die Spanier gekämpft haben.

Ein Schmuckstück ist die **Franziskanerkirche** des Dorfes, eine der schönsten Guatemalas. Der Hauptaltar besitzt 11 barocke Holzfiguren. Die sechs großen Seitenaltäre sind vom Ruß der Kerzen geschwärzt. Im Chor sind Teile einstiger Deckenbemalung freigelegt worden, die einen Eindruck vom ursprünglichen Aussehen vermitteln. Links oben erkennt man den doppelköpfigen Ad-

Der Hauptaltar der Kirche von San Francisco El Alto

ler aus der Zeit, als das spanische Königshaus mit dem habsburgischen liiert war. Die Lage der Kirche entspricht der alten Ausrichtung, nach der das Portal stets nach Westen gerichtet war und der Altar nach Osten, in jene Richtung, wo Christus in den Himmel gefahren ist und von wo er wieder herabsteigen wird. Übernachtung im Hotel Vista Hermosa.

Totonicapán

Die erste Kirche Totonicapáns wurde noch von Bischof *Marroquin* geweiht. 1878 fiel sie einem Erdbeben und einem Brand zum Opfer.

Das **neoklassizistische Theater** auf derselben Plaza - Totonicapán besitzt zwei - stammt aus dem Jahre 1924. Am Ende der 3. Calle befindet sich der *Tanque de Los Dragónes,* ein **Brunnen und Waschplatz** aus dem 19. Jahrhundert, aus dessen Drachenköpfe Wasser fließt.

Die Totonicapánecos sind hervorragende Töpfer, Holzschnitzer und Weber. Außerdem sind die Indígenas der gesamten Region ausgesprochen musikalisch, weshalb die **Fiestas** in dieser Gegend besonders aufwendig veranstaltet werden. Hier findet am 29. September die größte Fiesta des Departaments statt. Der

Kostümverleiher von "Toto" ist wegen seiner umfangreichen Auswahl an Kostümen und Masken der bekannteste Guatemalas. Auch die *Marimbas* aus Totonicapán haben einen guten Ruf. *Jesús Castillo,* der berühmte Interpret altindianischer Musik, fand hier die ältesten Lieder und Kompositionen.

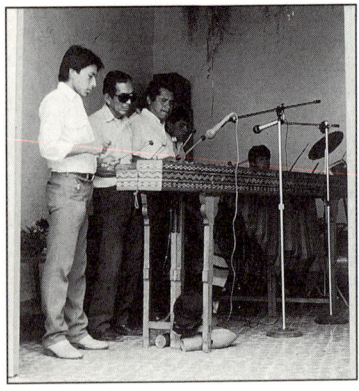

Marimbaspieler

In einem kleinen *Aldea* bei **Totonicapán** wird während der Osterfeiern einer der seltensten Tänze aufgeführt. Bei dem *Danza de Los Xacalcojes* geht es um die Wiederauferstehung Christi. Das staatliche Tourismusbüro INGUAT veranstaltet in Zusammenarbeit mit der *Casa de la Cultura* von Totonicapán 8. Av. 2-17, Z 1, jedes Jahr ein **Festival der traditionellen Tänze.**
Übernachtung in Toto in der Hospedaje San Miguel, 8. Av. 7-49, Z 1. **Busse** nach Quetzaltenango fahren mehrmals am Tag zurück, der letzte gegen 19.30 Uhr.

Momostenango

Über San Francisco El Alto erreicht man auf einer Erdstraße das kleine Dorf Momostenango. Es liegt eingebettet in einem Talkessel auf 2205 m Höhe. Der Weg führt durch Kiefernwälder, über kahle Hochflächen und an Weizen- und Maisfelder vorbei. Nicht weit hinter San Francisco beginnt auf den Höhen ein Gebiet mit steppenartiger Vegetation *(paramo),* aus deren harten Büschelgräsern Besen und Dächer hergestellt werden.

Schafherden sind das Kapital vieler Bauern dieser Region. Die rauhen Schafwolldecken mit ihren typischen Mustern und Farben werden in ganz Guatemala verkauft. Daneben ist Momostenango Zentrum für die Herstellung gewebter **Baumwollteppiche.** Auf den Märkten in Panajachel und Chichicastenango gibt es eine unübersehbare Auswahl davon.

Momostenango ist eines der wenigen Dörfer Guatemalas, wo alte Überlieferungen aus vorkolonialer Zeit lebendig sind und bestimmte Tage im Jahr nach alter **Mayatradition** begangen werden. So zelebrieren die Momostecos jedes Jahr den ersten Tag des 260tägigen Landwirtschaftskalenders *tzolkin,* an dem tausende von Indígenas aus der gesamten Gegend zusammenkommen. Am "Tag der acht Affen" *(Guajaquip-Bats)* werden auf nahegelegenen Hügeln Weihrauchopfer dargebracht, Gebete an die Götter gesandt, und nach der Überlieferung wird altes Tongeschirr zerbrochen, um den Neubeginn zu unterstreichen. Der *tzolkin* beginnt Mitte Februar mit dem Abstecken der neuen *Milpa*.

Auch über das restliche Jahr hinweg werden die Götter durch Gebete und Opfer milde gestimmt. Auf den Hügeln Paclóm, Chuti-Mesabal und Nim-Mesabal stehen Altäre, Kreuze, Idole und Opferstellen.

Einen Spaziergang vom Dorf entfernt befinden sich die **"Los Riscos"**, eine pyramidenähnliche Ansammlung bizarrer rosafarbener Sandsteinsäulen, die durch Erosion entstanden. Im Grunde genommen ist diese Erscheinung - hier als Touristenattraktion ausgewiesen - in weniger kunstvoller Form, im gesamten Hochland zu beobachten. Es handelt sich dabei um die Folgen katastrophaler Rodungsarbeit, die zur Verkarstung ganzer Landstriche geführt hat.

Santa María Chiquimula

Zwei große **Fiestas** veranstaltet das abgelegene Händlerdorf Santa María Chiquimula: Vom 12.-15. Januar zu Ehren des *Christus von Esquipulas* und am 8.9. zu Ehren der *Virgen de la Natividad*. Jedes Jahr spielen hier auf der großen Plaza vor der Kirche und dem ehemaligen Konvent vier 10-12 Mann starke Salsagruppen gleichzeitig auf. Vor den Bühnen werden verschiedene Tänze aus der Kolonialzeit aufgeführt. Die meisten Zuschauer zieht allerdings der allseits beliebte *Baile de Disfraces*

mit Batman, Mickey Mouse und vielen anderen amerikanischen Comicstars an. Ein unglaublicher Lärm dröhnt aus den Lautsprecherboxen. In den Gesichtern der Indígenas, die das ganze Jahr über in einer eher bescheidenen Reizwelt leben, steht eine Mischung aus Neugierde und Verständnislosigkeit geschrieben.

Von allen Fiestas, die ich in Guatemala erlebt habe, hat mich keine so eindrücklich von der folkloristischen Auffassung kuriert, es handle sich bei diesen Tänzen, wie dem berühmten *Baile de la Conquista*, um Ursprünglichkeit oder Verarbeitung der Kolonialgeschichte. Die *Cofradías*, traditionelle Ausrichter der Fiesta, verarbeiten höchstens ihre leeren Kassen nach einem solchen Spektakel.

Die Bevölkerung in den Aldeas des Municipios gehört zu den ärmsten Guatemalas. Das Departament Totonicapán weist die höchste Kindersterblichkeitsrate des Landes auf, die Analphabetenquote ist extrem hoch.

Richtung Süden

Cantel

Nur wenige Kilometer von Quetzaltenango samaláabwärts liegt Cantel. Der Name Cantel steht in Guatemala für die Herstellung von Textilien unterschiedlichster Art. Ein wichtiger Produktionszweig der großen Fabrik ist die Herstellung der *manta*, dem weißen **Baumwollstoff,** aus dem Indígenafrauen ihre *Huipiles* machen, indem sie ihn mit buntem Garn besticken. Die Handtücher aus Cantel werden sogar exportiert. Am *Parque Centroamérica* in Xela gibt es eine Verkaufsstelle, bei der man günstig seine Ausrüstung erneuern kann. Es heißt, daß die Gewerkschaft der Arbeiter von Cantel eine Keimzelle der Revolution von 1945 war. Heute wirkt Cantel, dessen Name von *cantil*, einer giftigen Viper abgeleitet ist, verschlafen und nicht besonders anziehend. **Busse** fahren mehrere Male am Tag an der Ecke 4. Calle 12. Av. Z 3 in Xela ab.

Zunil

Kurz hinter Cantel liegt Zunil. Das Dorf liegt auf den Flußterrassen des Samalá, der das Dorf zerteilt. Zunil ist Zentrum des größten **Gemüseanbaugebietes** des Hochlands und auf den ersten Blick ausgesprochen hübsch. Die in Weiß strahlende Fassade der kolonialen Kirche, die bunten Grabsteine des erhöht liegenden Friedhofs, die grünen Beete, die aussehen wie ein Flickenteppich und

Bilderbuchansicht von Zunil

die in knöchellangen, rotgefärbten *Telas* eingewickelten Indígenafrauen verfehlen nur selten ihre Wirkung auf Werbeprospekten, Kalenderblätter und Erinnerungsfotos.

Das ansprechende Bild verändert sich jedoch, sieht man die Kehrseite der Medaille. Zusammen mit Almolonga ist Zunil unschlagbar, was die Entsorgung des Dorfmülls entlang der Straße und des Flusses betrifft. Die Wasserqualität des Samalá in diesem Abschnitt braucht einen Vergleich mit deutschen Flüssen nicht zu scheuen. Trotzdem wird ein Großteil des Gemüses mit Flußwasser gegossen. Müllverwerter sind die *Zopilotes*, jene rabenschwarzen Aasgeier mit ihren faltigen, gebogenen Hälsen, ledernen Krallen und stechenden Augen, die nicht zu übersehen sind. Diesen netten Tierchen steht eine große Zukunft in Guatemala bevor, sollte sich auf diesem Gebiet nichts ändern.

In Zunil wird, wie in Chichicastenango und Santigo Atitlán, der *San Simón* verehrt. Zunil, so finde ich, hat den schönsten aller Exemplare. Sein Outfit besteht aus Anzug, weißem Hemd, Krawatte, dazu Lederschuhe, Hut, Sonnenbrille und dicke Zigarre. Bitten und Gebete nimmt diese Mafiosigestalt sitzenderweise entgegen, ein wenig steif im Kreuz, aber nicht ungemütlich. Das Kerzenhalbrund vor seinen Füßen verbreitet die passende mystische Stimmung, während Anrufungen und Gemurmel der *Cofrades* den Raum erfüllen. Eine Audienz bei diesem Heiligen kostet, und das nicht

Ein Maya-Gott in Nadelstreifen

In einigen Dörfern des Westlichen Hochlands verehren die Indígenas eine Gestalt, die zu den Kuriositäten Guatemalas gehört und auf den Namen San Simón oder Maximón hört. Dabei handelt es sich um eine mannsgroße Holzpuppe, die unter der Aufsicht der Cofradía steht und wie in Santiago Atitlán während der katholischen Osterprozessionen durch die Straßen getragen wird.

Bemerkenswert ist San Simóns Erscheinung. In Zunil trägt er einen Nadelstreifenanzug mit weißem Hemd, in Santiago sieht man ihn behängt mit bunten Tüchern in den dorftypischen gestreiften Trachtenhosen. Gewöhnlich sitzt San Simón auf einem Stuhl, umgeben von flackerndem Kerzenlicht und bunten Blumen in einem eigens dafür eingerichteten Raum. Dorthin kommen die Indígenas - zum Teil auch Ladinos - mit ihren Sorgen und Nöten, von denen er sie befreien soll. Als Vermittler tritt ein Cofrade auf, der San Simón anruft, während die geplagte Seele ihm zu Füßen kniet. San Simóns Lebenselexier ist hochprozentiger Schnaps, der ihm bei jeder Audienz schlückchenweise eingeflößt wird. Aber sein Magen ist nichts als ein hohler Tank.

Die Herkunft Maximóns oder San Simóns weiß niemand mit Sicherheit zu deuten. Er soll die neuzeitliche Mutation einer Maya-Gottheit namens Mam sein, die in enger Verbindung mit den fünf Unglückstagen (uayeb) des Maya-Kalenders steht. Gleichzeitig verkörpert er für viele den christlichen Judas. Sicher ist nur, daß es sich bei unserer Gestalt um ein Produkt des Synkretismus handelt, das aus der Mischung von vorkolumbischem Götterglauben und christlicher Heiligenverehrung entstanden ist.

wenig. Der Herr will Cash sehen. Außerdem sagt er nicht Nein zu einem kleinen *drago* (Schnaps). Wäre *San Simón* eine lebende Person, sie wäre Alkoholiker im Endstadium. So aber wird *San Simón* allabendlich die

Wiedergabe des Feuerwassers an-befohlen, nämlich dann, wenn er voll ist - der Container, versteht sich. Denn wo andere einen Magen haben, hat der Gute eine auswechselbare Vorrichtung.

San Simón von Zunil, unser Hausheiliger während der Zeit in Xela, ist eine Sensation. Die Indígenas und Ladinos glauben fest an ihn, die *Cofradía* verdient ihr *pisto*, die Kirche regt sich auf und die Touristen bleiben etwas verstört zurück. Er wechselt seinen Aufenthaltsort, man muß nach ihm fragen.

Gut zwei Stunden (8 km) dauert der Spaziergang zu den **Schwefelquellen Fuentes Georginas** auf den *Pico de Zunil*. Ein Schild an der Straße vor dem Dorf (dort wo der viele Müll liegt) weist den Weg. Von hier oben kann man die verschiedenen Terrassierungs- und Bewässerungstechniken studieren und mit viel Glück bei klarer Sicht einen Blick am Santa María vorbei auf die Küste werfen. Die durch geologischen Gesteinswechsel bedingte schluchtartige Verengung des Samalátals zeigt sich hier ebenfalls besonders schön. Austrittsstellen von Dampf oder gelbe Schwefelausblühungen im Gestein nehmen im oberen Teil der Strecke zu, ebenso der typische Geruch nach faulen Eiern. Geologisch Interessierte wird ein schöner Aufschluß mit kunstvoller Bänderung übereinanderliegender Ascheschichten begeistern.

Seit langem wird versucht, die geothermische Energie dieser Region zu nutzen. Da dies jedoch auch ein

Schwefelquellen: Viele Guatemalteken steigen vollbekleidet ins Wasser.

284

politisches Problem ist, kann es sich bei der Realisierung des Vorhabens noch um Jahrzehnte handeln...

Die heißen Schwefelquellen von Fuentes Georginas sind in Natursteinbecken gefaßt. Die grüne Farbe des Wassers und die mit Farnen und schwefelliebenden Pflanzen bewachsenen Felsen verleihen den Pools etwas Exotisches.

Seit dem Erdrutsch vor einigen Jahren in Zunil hat jedoch leider die Temperatur sowie die Schüttung des Wassers stark abgenommen. Geöffnet tägl. außer Mo. Restaurant, Stellplätze und Bungalows vorhanden.

Andere Bäder, wie **Los Vahos** zwischen Almolonga und Zunil, **Los Baños** oder **Aguas Amargas** bei Almolonga sind Badehäuser mit Kabinen, die vorzugsweise von der indianischen Bevölkerung aufgesucht werden. *Los Vahos* vor Almolonga wird in Kürze touristisch aufbereitet.

Almolonga

ist wie Zunil durch den Anbau von Gemüse und Obst zu einem relativ wohlhabenden Dorf geworden. Die Bevölkerung hat sich in nur 20 Jahren mehr als verdoppelt, die Grundstückspreise hier sind die höchsten des Hochlandes. Den Almalongeños sagt man nach, sie würden geweihte Steinfiguren *(idolos)* vergraben oder sie während des Bades im Thermalwasser versenken.

Die Einheimischen gehen jedes Jahr zu Beginn der Regenzeit in den Fluten reißender Sturzbäche unter,

die sich vermischt mit Müll und Erde durch die Straßen fressen. Ich habe nie verstehen können, warum dieser alljährlichen Katastrophe durch Vorkehrungen während der Trockenzeit nicht abgeholfen wird.

San Juan Ostuncalco

Westlich von Xela beginnt das größte Kartoffelanbaugebiet Guatemalas. Von San Juan Ostuncalco bis San Martín Sacatepéquez wird an den Hängen auf lockeren Sandböden vulkanischen Ursprungs vorzugsweise die große längliche *Loma* gepflanzt sowie die kleine rote *Roja Criolla*. Beiden Sorten begegnet man immer wieder auf den Märkten. Der helle Boden besitzt eine gute Speicherkapazität für Feuchtigkeit, so daß die Bauern mit Hilfe des entsprechenden Düngereintrags auf zwei Ernten pro Jahr kommen. Mais und Frijoles werden nur zur Subsistenz angebaut.

In San Juan Ostuncalco werden in Familienbetrieben von Hand **Korbweiden- und Holzmöbel** produziert. Häufig sind die Stücke am Straßenrand ausgestellt. Außerdem werden hier *Marimbas* hergestellt. San Juan Ostuncalco ist der Geburtsort des größten Komponisten, Musikers und Kenners der indianischen Folklore. *Jesús Castillo* (1877-1949) faßte seine Forschungsergebnisse in dem Buch "La música Maya-Quiché" zusammen. Sein bekanntestes Werk war die Schöpfung der Oper "Quiché-Vinak", die 1924 uraufgeführt wurde und eine alte indianische Prophezeihung vom Sturz des Königreichs der Quiché verarbeitet. Das **Grab Castillos** befindet sich auf dem Friedhof von Quetzaltenango.

Auf der Plaza von San Juan Ostuncalco befindet sich neben dem großen Theater eine kleine **Freiluftbühne,** deren Mosaikwand eine Mayaszene beschreibt. Sie stammt vom berühmtesten Bildhauer Guatemalas, *Rodolfo Galeotti Torres* (1912-1988), der übrigens in Quetzaltenango geboren wurde und den Nationalpalast der Hauptstadt wesentlich mitgestaltet hat.

Concepción Chiquirichapa

Nur 2 km entfernt liegt ein kleines Dorf mit dem wohlklingenden Namen Concepción Chiquirichapa. Lange Zeit lag "Conce", wie die Mames das Dorf kurz nennen, mit San Juan Ostuncalco in Grenzstreitigkeiten, so daß im Jahre 1769 bewaffnete Truppen in San Mateo stationiert

Landwirtschaft im Hochland

werden mußten, um den Feindseligkeiten der zwei Schwesterngemeinden ein Ende zu bereiten.

Concepción ist seit den 50er Jahren ein ausgesprochenes "Kartoffeldorf". Von hier wird Saatgut bis Nicaragua verkauft. Die Kartoffel gab den Campesinos den Spitznamen *Los Paperos* (*la papa* = die Kartoffel).

Jedes Jahr findet am 8. Dezember das **Fest der Jungfrau von Concepción** (Hl. Empfängnis) statt. Bereits am Vorabend beginnt die Fiesta mit Tänzen und viel krachenden *bombas* und *cojetes*. Beim traditionellen *La Quema del Castillo* wird die Heilige Jungfrau Maria während einer Prozession unter einem Vorhang verdeckt durchs Dorf getragen und danach unter einem Feuer- und Farbenzauber ihrer Hüllen entledigt.

San Martín Sacatepéquez

Weiter Richtung Küste erreicht man nach wenigen Kilometern San Martín Sacatepéquez, das im Volksmund *San Martín Chile Verde* genannt wird, weil die Bauern früher viel grüne Paprika angebaut haben. Heute überwiegt auch hier die Kartoffel.

Das Dorf liegt in einer Mulde, die sich bestens zur Besiedlung eignet. Sie erweitert sich nach Süden zu einer kleinen Hochfläche, über der oft dichter Nebel hängt. Überhaupt ist die Gegend um Concepción und San Martín ein Nebelgebiet, und man sieht oft die Hand vor Augen nicht mehr, wenn die Morgennebel von der Küste den steilen Kordillerenabfall heraufziehen.

Laguna Chicabal: Treffpunkt der Brujos

Bemerkenswert ist die **Tracht der Männer**. Sie besteht aus weißen Hosen und langen Tunikas, die mit feinen roten Streifen durchwebt sind. Die Kanten der Hosenbeine und Ärmel sind mit roten Mustern bestickt. Dazu tragen die Männer einen langen roten *Faja*, der auf dem Rükken zusammengebunden wird und dessen Enden dieselbe rote Stickerei aufweisen.

Auch in San Martín haben die Indígenas ihren alten Göttern und Gebräuchen noch nicht abgeschworen. Es heißt, daß es hier einen seltenen Brauch gab, bei dem sich die Brautleute einige Wochen vor der Hochzeit das Gesicht zerkratzen ließen. Ich glaube nicht, daß die San Martínecos diesen *Costumbre* heute noch pflegen.

An jedem 3. Mai des Jahres kommen die *Brujos* aus einem großen Umkreis auf dem Gipfel des nahegelegenen Vulkans Chicabal, um ihre **Riten** abzuhalten. Zauberer, Hexenmeister, Quacksalber und andere Magier veranstalten hier einen Zauber, bei dem reichlich Weihrauch und jede Menge Knallkörper die Gebete, Bitten und Beschwörungen optisch und akustisch unterlegen. Ob noch immer ein Hahn geopfert wird, dessen Blut über dem Feuer ausgegossen und der daraufhin als geheiligte Speise in Andacht verzehrt wird - wer weiß.

Die **Laguna Chicabal** (2712 m) ist eine Caldera, d.h. ein Kraterkessel, der sich nachträglich mit Wasser gefüllt hat. Der dunkle Sandboden zeigt an, daß der Untergrund vulkanischer Herkunft ist. An der kleinen Kreuzung *La Estación* kurz hinter San Martín weist ein Schild am linken Straßenrand den Weg zur Laguna. Eine Wanderung hier herauf dauert ca. 3 Stunden. Der Weg ist

287

steil und führt durch den Wald, der phantastische Ausblicke in das Tal von San Martín und die Umgebung freigibt. Mit dem Auto ist der Weg während der Trockenzeit bis zur Hälfte befahrbar. Ein verwilderter Weg führt rund um den kleinen See. 12 alte Steinkreuze stehen oder liegen in regelmäßigen Abständen am Ufer, oft versteckt oder mit Zweigen bedeckt. Das Kreuz ist ein Mayasymbol. Es symbolisiert die vier Himmelsrichtungen des quadratischen Universums, das durch das "kosmische Kreuz" in vier Teile zerlegt wird. Man sollte nicht versuchen, scheinbar umgefallene oder liegende Steinkreuze aufzustellen oder zu wenden. Der Fluch der Götter ist gewiß.

San Marcos

Von Quetzaltenango nach San Marcos, der *Cabecera* (Hauptstadt) des südöstlichsten Departaments Guatemalas, sind es rund 50 km. Die Straße steigt auf fast 3000 m an und führt quer durch das stark zerklüftete Hochland der **Sierra Madre.** Dichter Nebel hüllt die Gegend hier oben oft ein, es ist kalt und windig. San Marcos selbst liegt auf 2400 m, vergleichbar also mit Quetzaltenango.

Das Departament San Marcos hat durch seine Ausdehnung vom Altiplano bis zum Pazifik drei klar unterscheidbare Klimata. Durch den steilen Abfall der Kordillere folgen sie so dicht aufeinander, daß man die Temperaturzunahme intensiv spürt

und den Wechsel der Vegetation und Hausformen wie im Zeitraffer erlebt. Die *tierra fría* (kalt) von San Marcos mit kleinbäuerlicher Struktur und vorherrschender Subsistenzwirtschaft besitzt mit den beiden Vulkanen **Tacaná** (4093 m) und **Tajumulco** (4220 m) der höchsten Erhebungen Guatemalas, wobei der Tajumulco der höchste "Berg" Zentralamerikas überhaupt ist. Die *tierra templada* (gemäßigt) der Boca Costa mit feuchten Nebelwäldern, unzähligen Flüssen und einer üppigen Vegetation erlaubt den Anbau von Kaffee und ist daher durch Großgrundbesitz geprägt. Hier soll es noch den Quetzal geben. Den Abschluß bildet die ebene Küstenregion der *tierra caliente* (heiß), mit extrem hohen Temperaturen am Pazifik. Hier befinden sich ausgedehnte Zuckerrohr-, Baumwoll- und Bananenplantagen sowie große Viehweiden.

Eine Fahrt mit dem Bus von San Marcos nach **Pajapita** über *El Tumbador* gehört zu den **aufregendsten Strecken** Guatemalas. Diese Straße ist die steilste und kurvenreichste Asphaltstraße des ganzen Landes und bietet eine phantastischen Sicht ins Küstentiefland. Zu Beginn der Regenzeit kann es allerdings sein, daß dichte Nebelschwaden von den Hängen herunterbrechen. Die Atmosphäre ist geheimnisvoll-unheimlich an solchen Tagen, und das feuchte, satte Grün, das aus dem Nebel herausschaut, wirkt wie ein undurchdringbarer Dschungel exotischer Pflanzen.

Von den 22 Departamentos in

Guatemala ist San Marcos mit 700.000 Einwohnern das dichtest bevölkerte. Die Indígenas gehören der Mam-Sprachgruppe an. Die sozialen Unterschiede in diesem Departament sind durch das Vorhandensein eines abgelegenen, benachteiligten Hinterlandes einerseits und die Existenz von ausgedehnten Ländereien reicher Großgrundbesitzer andererseits extrem groß. Kein Wunder also, daß die *Guerilla* in San Marcos besonders aktiv ist. In den letzten Jahren hat sich das Departament außerdem zum zweitgrößten *Drogenanbaugebiet* nach dem Petén entwickelt. Doch anders als die Coca-Felder in Kolumbien oder Bolivien liegt hier der Anbau weniger in den Händen der Kleinbauern. Die Felder gehören zum Teil denjenigen, die vorgeben, den Kampf dagegen zu führen.

Das Tal, in dem sich San Marcos befindet, heißt *Valle de Candacuchex* und bedeutet "kalter Ort", doch ist das Tal auch unter dem Namen *Valle de Quetzalí* bekannt. So nannten es die Tlascalteken, die zusammen mit den Spaniern und dominikanischen Mönchen 1533 hier ankamen. Ende des 18. Jahrhunderts erlebte

San Marcos einige verheerende Erdbeben, die die alte Kirche und viele andere Gebäude zerstörten.

Die Stadt an sich hat nicht sehr viel zu bieten. Die *Plaza* kann sich wegen ihres architektonischen Stilgemischs nicht mit der Schönheit anderer Plätze im Hochland messen. Die Gassen San Marcos sind steil und eng.

Das *Museo de Historia Natural* wurde 1946 von dem Wissenschaftler *Ulises Rojas Benffelt* gegründet, dessen Geburtsort San Marcos war. Von hier stammte auch Präsident *José María Reina Barrios* (1854-1898), der vor Antritt seines Amtes als guatemaltekischer Konsul in Berlin tätig war.

Sehenswert ist der *Friedhof* der Stadt und der sogenannte *Palacio Maya*, in dem die Stadtverwaltung untergebracht ist. Das Gebäude befindet sich an der großen Avenida, die San Marcos mit San Pedro Sacatepéquez verbindet. Der Bau hat Ähnlichkeit mit einem Toltekentempel. Den Eingang schmücken zwei weitaufgerissene Schlangenmäuler, eine Anspielung auf den Gott der Maya, *Kukulkán*, der als gefiederte Schlange in Erscheinung trat. Die

Die gefiederte Schlange

Fassade ist gespickt mit filigranen Stuckelementen und Mayaglyphen, die den Palacio zu einem der außergewöhnlichsten Gebäude im Hochland machen. Die Idee für den Bau hatte *Miguel Ydígoras Fuentes*, der von 1958-1963 Präsident Guatemalas war. 1936, bei Baubeginn war er Departamentschef von San Marcos. Die Ausarbeitung stammt von *Rodolfo Galeotti Torres*. Im Februar 1942 wurde das Kunstwerk eingeweiht.

Nur durch eine baumbestandene Avenida ist **San Pedro Sacatepéquez** von San Marcos getrennt. (Vorsicht! Nahe der Hauptstadt gibt es ein erstes San Pedro Sacatepéquez.) Trotzdem legen die beiden Orte wert auf ihre Selbständigkeit. Frühere Versuche, San Marcos und San Pedro zusammenzuschließen, scheiterten. Seinen Namen erhielt das geschäftige und umtriebige Städtchen von *Pedro Sacatepéquez*, einem Indianer, dem die Spanier zum Dank für seine Dienste die Verwaltung des Gebietes übertrugen.

Als San Pedro noch auf dem alten Handelsweg nach Mexiko lag, entwickete es sich rasch zur größten Stadt des Departaments. Auch heute noch ist die Bevölkerung relativ wohlhabend. Die weite Plaza mit ihren großen Gebäuden ist ein Überbleibsel aus diesen Zeiten. Es heißt, in San Pedro hängt man noch sehr an alten *Costumbres*. Besonders viel Aufwand betreiben die Einheimischen während der *Semana Santa* (Ostern), wenn Blumenteppiche die Straßen schmücken.

Hier wird viel gewoben und ge-
sponnen. Seltensheitswert besitzen die gelben *Cortes* der Frauen. In die *Huipiles* wird Seide eingearbeitet.

Wie um Quetzaltenango gibt es auch um San Marcos und San Pedro einige **heiße Quellen.** Zu den Becken von *Agua Tibia* ist es ein Spaziergang. Der Weg führt über das kleine Vietrel La Tenería, wenn man von San Pedro aus los geht. Die Quellen von *La Castalia* liegen etwas weiter entfernt und sind nur mit dem Auto oder dem Bus (Richtung Coatepeque) zu erreichen.

Obwohl San Pedro den schöneren Markt hat, empfiehlt es sich, in San Marcos zu **übernachten,** z.B. *Hotel Pérez* auf der großen Avenida mit kleinem Restaurant. Auch in San Pedro gibt es einfache Hospedajes.

Verkehrsverbindungen

Nach San Marcos/San Pedro: von der Hauptstadt oder Quetzaltenango aus *Rutas Lima:* in Guatemala Ciudad 8. Calle 3-63 Z 1, in Quetzaltenango 2. Calle 6-68, Z 2.
Von San Marcos/San Pedro: Busse in alle Richtungen vom Markt in San Marcos und vom Terminal in San Pedro. Von hier aus Möglichkeit mehrmals täglich an die mexikanische Grenze nach Tecún Umán zu fahren. *Marquensita* 4 Av. 9-12, Z 1.

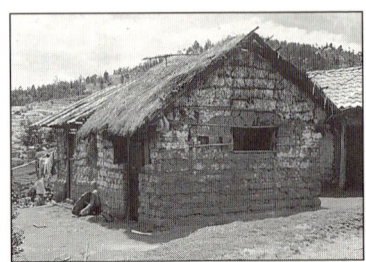

Die Umgebung von San Marcos

Die gebirgige Region nördlich von San Marcos ist geprägt durch bescheidene Entwicklung und mäßige Infrastruktur. Die Busfahrten auf den Erdstraßen sind zu jeder Jahreszeit anstrengend und lang. In den Tälern der zerklüfteten Sierra Madre, die als *Vértice de Niquihuil* im Nordwesten des Departaments nach Guatemala eintritt, liegen kleine Dörfer und *Aldeas*, größere Städte fehlen in diesem unzugänglichen Gebiet. Dennoch gibt es Erwähnenswertes.

San Lorenzo

In San Lorenzo wurde *Justo Rufino Barrios* (1835-1885) geboren. Er war Anführer der liberalen Revolution 1871 und leitete eine neue Ära in Guatemala ein, die die Säkularisierung der Kirchengüter, Öffnung des Marktes für das Ausland und Modernisierung des Landes einschloß. Das heutige Departament San Marcos gehörte zu den ersten "befreiten" Gegenden von konservativer Herrschaft. So gut wie auf jedem zweiten Marktplatz in Guatemala gibt es ein Denkmal, das an *Rufino Barrios* erinnert. Der Fünf-Quetzal-Schein Guatemalas trägt sein Konterfei.

Tajumulco

Weiter nördlich in den höheren Regionen wird viel Schafwolle produziert. Das kalte Klima in den Bergen hat Schafzucht und Weberei zu einer Erwerbsquelle werden lassen.

Das kleine Dorf **Tajumulco** liegt direkt am Fuß des gleichnamigen Vulkans. Tajumulco bedeutet soviel wie "in der hintersten Ecke". Es heißt, daß die Bewohner von Tajumulco zu den "Göttern des Windes" eine besondere Beziehung hätten, da oft eisige und starke Winde wehen, die das Leben hier oben nicht gerade gemütlich machen. In der Nähe des Dorfes gibt es wie häufig in dieser Gegend einen *sitio arqueológico*.

Die **Besteigung des höchsten Vulkans Zentralamerikas** erfolgt von Tuichán oder San Sebastian aus, ca. 20-25 km von San Marcos entfernt. Der Tajumulco besitzt zwei Gipfel. Der Aufstieg ist relativ einfach und in 5 Stunden zu bewältigen. Die Sicht aus 4220 m Höhe über Guatemala und Mexiko ist überwältigend. Vorher allerdings erkundigen, wann der letzte Bus nach San Marcos zurückfährt, da die Übernachtungsmöglichkeiten in den kleinen Dörfern sehr gering sind.

Seit 1882 beschreibt der **Vulkan Tacaná** die Grenze zwischen Guatemala und Mexiko. Der 10stündige Aufstieg auf den 4093 m hohen Gipfel beginnt in dem kleinen Dorf Sibinal. Es empfiehlt sich, für beide Vulkanbesteigungen (Tajumulco und Tacaná) einen Führer aus einem der nahegelegenen Dörfer zu engagieren. Außerdem ist wärmste Kleidung nötig und ein wirksamer Schutz gegen die erbarmungslose Sonne.

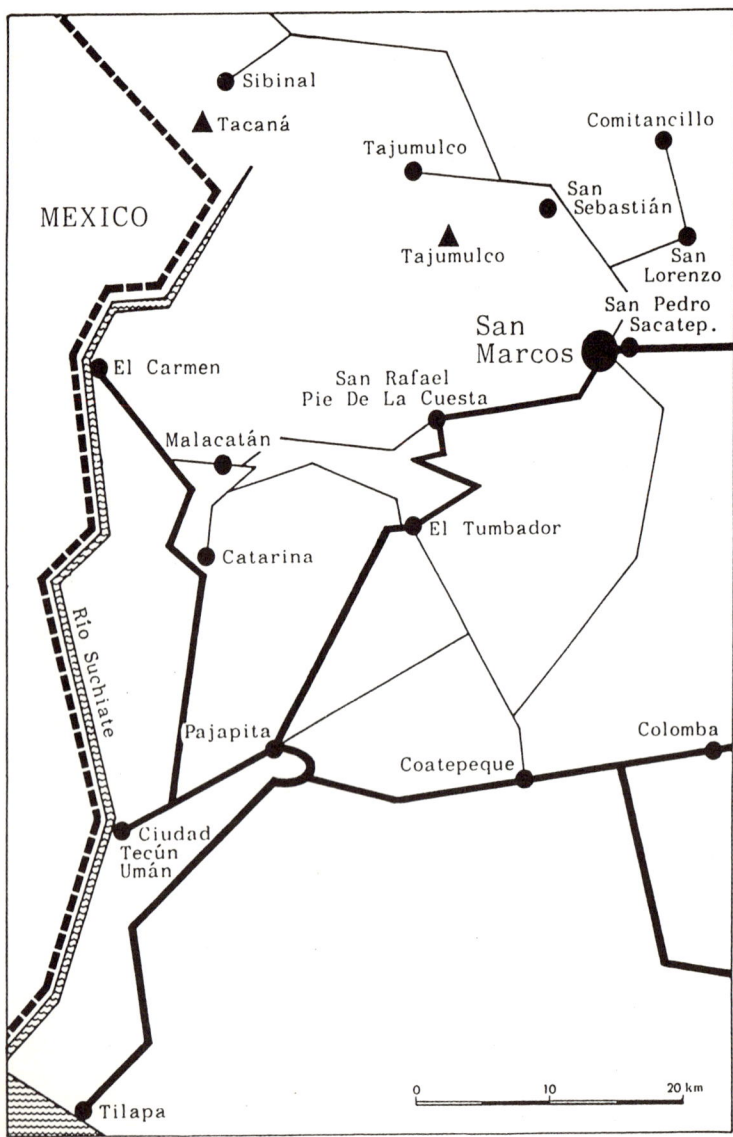

nach Mexiko

Huehuetenango

14 km vor der Grenze zu Mexiko liegt **Malacatán**, ein kleiner Handelsort und die letzte Übernachtungsmöglichkeit vor dem Grenzübergang **El Carmen / Talismán.** Wer hier über den Rio Suchiate will, sollte sich nach Kollektivbussen umsehen.

Eine andere Möglichkeit ist der Grenzübergang **Tecún Umán / Ciudad Hidalgo** im Süden des Departaments von San Marcos. Er bietet sich an, wenn man direkt von der Hauptstadt oder von Quetzaltenango aus nach Mexiko möchte. Für beide Grenzübergänge gilt, so früh wie möglich dort sein. Auch in Tecún Umán gibt es **Übernachtungsmöglichkeiten.**

Tecún Umán hieß vormals Ayutla und bedeutet "Ort der Schildkröten". Hier ist die Haltestelle der Eisenbahnlinie Guatemalas, die von der Hauptstadt über den Pazifik nach Mexiko führt. Sie hat Tecún Umán zu einem wichtigen Verbindungsglied zwischen Guatemala und Mexiko gemacht.

Tilapa

Nur ein paar Kilometer Strand bilden die südlichste Grenze des Departaments San Marcos. Tilapa war einst ein beliebter **Badestrand.** Heute wirkt der Ort verlassen, aber der Pazifik hier hat nichts von seiner Großartigkeit verloren. Das Klima ist extrem heiß, die Wellen hoch und die Übernachtungsmöglichkeit einfach.

Eine Busfahrt von Quetzaltenango nach Huehuetenango dauert ca. 3 Stunden. Das Departament ist das nordwestlichste des Hochlandes und viertgrößte in Guatemala. Es besitzt ausgedehnte Landstriche weit über 3500 m Höhe mit besiedelten Tälern und Becken im zentralen Teil, während der Norden und Nordwesten bereits Tieflandcharakter hat und von dichten Wäldern bedeckt ist.

Beherrschender Höhenzug des Dept. Huehuetenango sind die **Los Cuchumatanes**, mit den am höchsten gelegenen Dörfern Guatemalas. Sie sind ein Teil des nichtvulkanischen Kalkgebirges Mittelamerikas und erheben sich als ausgedehntes Plateau über ihr Vorland. Geologisch handelt es sich hier um eine gewaltige gehobene Scholle, deren Inneres durch Längs- und Querbrüche zerteilt ist. Mit 3800 m erreicht sie die höchsten Erhebungen Zentralamerikas überhaupt und ist eine wichtige **Klimascheide** im guatemaltekischen Hochland. Die Cuchumatanes ziehen sich bis in das Departament Quiché hinein, wo sie an Höhe verlieren. Die verkarsteten Hochflächen erinnern mit ihren Dolinen und Trockentälern oft an eine mitteleuropäische Juralandschaft. Die Cuchumatanes sind reich an Gold-, Silber,- Blei- und Zink-Lagerstätten. Während der Kolonialzeit wurden sie in großem Stil von den Spaniern ausgebeutet. Heute liegen die meisten Minen still.

Blick auf Huehuetenango, im Hintergrund die Cuchumatanes

Es gibt Untersuchungen, daß während der Zeit der Spanier die Bevölkerung der Cuchumatanes von 260.000 (um 1520) auf 16.000 (um 1670) abgenommen hat. Hauptursache waren die von den Konquistadoren eingeschleppten Krankheiten wie Pest, Masern oder Pokken. Heute hat die Bevölkerung wieder jenes Niveau erreicht, das sie zahlenmäßig vor den Spaniern hatte.

Das Gebiet wurde von *Gonzalo de Alvarado* 1525 erobert. Die Spanier mußten lange gegen die Mam-Indianer und ihren König *Kaibil Balam* kämpfen, bis sie die Hauptstadt Zaculeu einnehmen konnten. Ursprünglich hatten die Mames ein viel größeres Gebiet unter ihrer Herrschaft, wurden aber von den Quiché in den Westen zurückgedrängt.

Während der Kolonialzeit war Huehuetenango ein Teil der Provinz Totonicapán.

Der Unabhängigkeitskampf in dieser Region wurde von *Manuel Paz* angeführt, einem Mam aus San Martín Cuchumatán, der heute noch als Held verehrt wird. Bis 1840 gehörte Huehuetenango dem sich von Guatemala unabhägig erklärten *Sexto Estado de Los Altos* an.

Durch die Unzugänglichkeit der Region haben die Indígenas hier viel von ihrer Kultur bewahrt. Das Departament Huehuetenango gehört neben Totonicapán zu den traditionellsten Gebieten des Landes. Hier werden noch immer über 150 Maissorten kultiviert (900 in Guatemala insgesamt).

Allerdings stehen die beiden Departamentos auch an der Spitze der am meisten benachteiligten Gebiete Guatamalas. So ist die medizinische Versorgung in Huehuetenango extrem schlecht. Dasselbe gilt für die Bildungsmöglichkeiten, weswegen das Dept. Huehuetenango die höchste Analphabetenrate des Landes aufweist. Die hohe Geburtenrate führt wie in vielen Teilen Guatemalas zu Landknappheit und damit zu Armut und Elend.

Die *Cabecera* des gleichnamigen Departaments befindet sich rund 300 km von der Hauptstadt entfernt auf 1902 m über NN. Wer von Quetzaltenango kommt, wird das mildere Klima sofort bemerken.

Huehuetenango liegt an der Panamericana und ca. 80 km vor der mexikanischen Grenze. Ursprünglich hieß Huehuetenango "Xinabajul", das auf Mam "Mensch in einem Tal" bedeutet und wurde später von mexikanischen Söldnern "Ahuehuetlenango" genannt, was heute mit "Stadt der Alten" übersetzt wird.

Die Lage der Stadt in einem intramontanen Becken am Fuß der Cuchumatanes erinnert an eine Stadt in den mitteleuropäischen Alpen. Sie ist wichtigstes Handelszentrum der Region.

Der *Markt* wird von den Indígenas aus dem gesamten Departament besucht, die oft von abgelegenen Gegenden kommen, um hier ihre Ware zu verkaufen. Auch die Vermarktung des Kaffees, der im Nordosten angebaut wird, verläuft über Huehuetenango.

Neben der traditionellen Weberei genießt der Instrumentenbau einen guten Ruf im Land. So gehören die *Guitarrenbauer* von Huehuetenango zu den besten ihres Faches in Guatemala.

Auf der Südseite der *Plaza* steht die *Kathedrale* der Stadt. Sie wurde 1874 fertiggestellt und besitzt drei Schiffe. Die Fassade unterscheidet sich durch die Konstruktion ihrer Glockentürme und Säulen von den herkömmlich kolonialen Kirchen Guatemalas. Mehrere Erdbeben haben der Kathedrale im Laufe ihrer Geschichte großen Schaden zugefügt. 1976 war sie zu 80% zerstört. Keine Rettung gab es beim Brand des Hauptaltares 1956 für die Schutzheilige der Stadt *Virgen de Concepción*. Der Altar wurde renoviert, die Jungfrau ersetzt. Der Innenraum der Kathedrale ist heute wieder ganz guatemaltekischer Geschmack.

Der *Palacio Municipal* liegt auf der gegenüberliegenden Seite und nimmt fast die ganze Länge der Plaza ein. Der langgestreckte Bau mit seinem kolonialen Arkadengang hat in der Mitte die *Concha Acústica* aufsitzen, eine "akustische Muschel", in der zu bestimmten Anlässen eine Marimbagruppe etwas zum Besten gibt. Das Gebäude wurde 1843 gebaut, in der Folgezeit jedoch verändert.

Neben der Kathedrale befindet sich das zweistöckige Gebäude der *Gobernación Departamental* aus dem Jahre 1885, das die Verwaltung des Departaments beherbergt. Der *Torre* (Turm) trägt auf allen vier Sei-

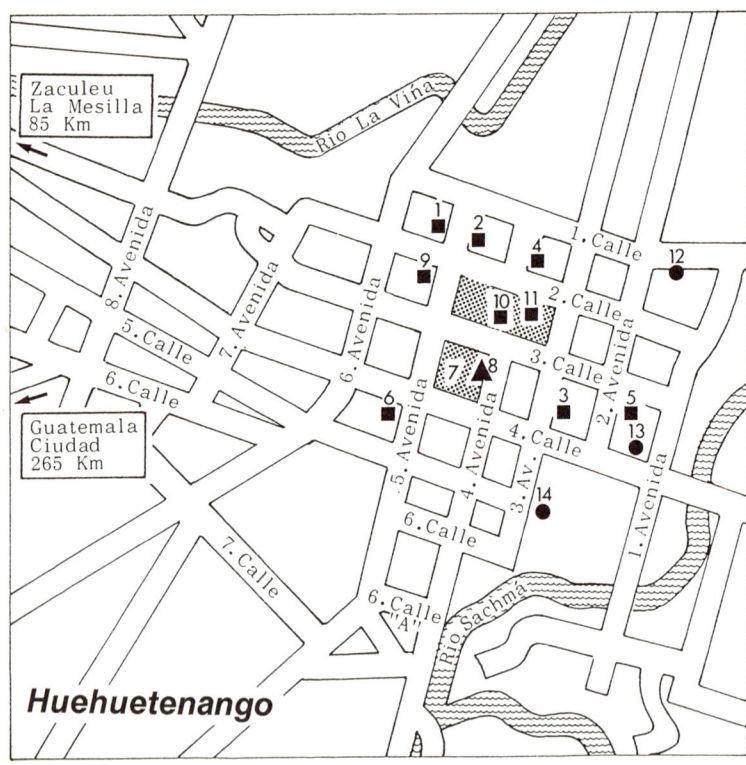

Huehuetenango

1 Hotel Zaculeu
2 Hotel Central
3 Hotel Maya
4 Hotel Marí
5 Markt
6 Banco de Guatemala
7 Plaza
8 Kathedrale
9 Palacio Municipal
10 Gobernación Departmental
11 Guatel
12 (Bus) El Condor
13 Busse
14 Rápidos Zaculeu (Bus)

ten eine Uhr. Von ihm aus hat man einen schönen Blick über den **Parque Central.** Hier steht ein kleines Relief von *Guillermo Rendón,* ähnlich dem großen in der Hauptstadt, das die Morphologie des Departaments zeigt.

Im **Calvario** von Huehuetenango, das um die Jahrhundertwende gebaut wurde, wird der Gekreuzigte Christus verehrt, dessen Tag an jedem 3. Mai, am *Día de la Santa Cruz,* mit einer Fiesta begangen wird.

Die **große Fiesta** feiert Huehuetenango Mitte Juli während der *Fiestas Julias.* Das schönste Feuerwerk gibt es am 7. Dezember, zu Ehren der *Virgen de Concepción.*

Die größte Sehenswürdigkeit in Huehuetenango sind jedoch die nahegelegenen **Ruinen von Zaculeu**. Die Reste der einstigen Hauptstadt der Mames wurden restauriert und wieder aufgebaut. Die Ruinen sind in einem einstündigen Spaziergang von der Stadt aus zu erreichen. (Nach der Texaco-Tankstelle rechts den Berg hinunter in die 3. Calle Z 4). Nach den Bussen, die ab Parque Central Richtung Zaculeu fahren, erkundige man sich im Hotel Zaculeu. Zeiten ändern sich ständig. (Beschreibung der Ruinen s.u.)

Verkehrsverbindungen

Nach Huehuetenango: Von der Hauptstadt aus: *Los Halcones,* 7 Av. 15-27, Z 1, *El Cóndor,* 19. Calle 2-01 Z 1, *Rápidos Zaculeu,* 9. Calle 11-42 Z 1.

Von Quetzaltenango: *Rutas Lima,* 2. Calle 6-68, Z 2. Sonst Busse ab Terminal oder 4. Calle Ecke 12. Av. mehrmals am Tag.

Von Huehuetenango: Erster Klasse-Busse (s.o.) fahren auch alle wieder in die Hauptstadt über Quetzaltenango zurück. *Rápidos Zaculeu* fährt ab: 3. Av. Ecke 5. Calle, *El Condor* im Bereich 1. Calle Ecke 1. Av., *Los Halcones,* 7 Av. 3-62, Z 1.

An die mexikanische Grenze nach **La Mesilla** fahren *El Cóndor* und *Rutas Lima.*

Sonst alle Busse in alle Richtungen (Todos Santos, La Mesilla letzter Bus gegen 15.30 Uhr, San Marcos, Sacapulas Richtung Quiché oder an die Küste) entlang der 1. Avenida und 4. Calle der Zone 1. Die Busse sind oft voll, die Fahrten anstrengend.

Hotels und Hospedajes

● **Hotel Los Cuchumatanes,** 2 km südlich vom Zentrum, Z 7, Oberklasse.
● **Hotel Zaculeu,** 5. Av. 1-14, in der Nähe des Parques. Das beste Hotel im Zentrum mit grünem Patio und schönen Zimmern.
● **Hotel Central,** gegenüber. Einfach, sauber, billiger und empfehlenswert. Außerdem gibt es hier etwas zu essen.
● In den Seitenstraßen, z.B. 2. Calle, gibt es noch mehr Hospedajes. Die meisten sind die typisch guatemaltekischen Betonklötze, unpersönlich, aber billig.
● Sonst noch **Hotel Maya,** 3. Av. 3-55.
● **Nueva Posada Familiar,** 4. Calle 6-83, gegenüber Guatel
● **Hotel Marí,** in der 2. Calle.

Tempelpalast an der Plaza 2 von Zaculeu

Die Umgebung von Huehuetenango

Die Ruinen von Zaculeu

4 km nordwestlich von Huehuetenango, liegen die Ruinen, wie jene von Iximché und Mixco Viejo, strategisch günstig auf einem Plateau, das von *Barrancos* umgeben ist und als Verteidigungsstützpunkt geeignet war. Die mächtige Wand der Cuchumatanes erhebt sich wie ein Schutzwall im Hintergrund. Ihre Nähe wirkt von hier aus geheimnisvoll, unüberwindbar und dunkel. Es entsteht der Eindruck, als handle es sich um einen Höhenunterschied von über 1000 m. Ein faszinierendes Bild! Auf der anderen Seite blickt man auf Huehuetenango und erkennt die Türme der Kathedrale.

Die restaurierte Anlage wirkt durch die glatte Zementschicht über den Bauten etwas steril und gekünstelt. Es braucht Phantasie, um sich das einstige Leben der *Mames* vorzustellen. Hier finden sich weder kunstvoll gearbeitete Stelen wie in Quiriguá, noch wertvolle Reliefs wie in Copán (Honduras). Die Ausgrabungs- und Restaurierungsarbeiten wurden während der Revolutionsjahre 1946-1950 von der nordamerikanischen Bananenfirma *United Fruit Company* unter der Leitung von *John Dimick* durchgeführt. Durch solche Arbeiten versuchte das Bananenimperium, sein Image in Zentralamerika und der USA zu verbessern.

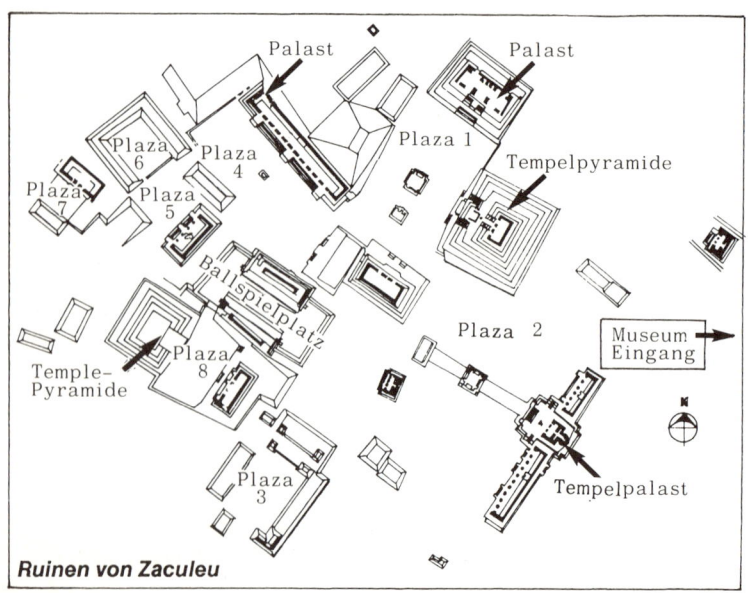

Ruinen von Zaculeu

298

Der Ballspielplatz von Zacaleu

Als es im 14. Jahrhundert zu Kämpfen zwischen den *Quiché* und *Mames* kam, zogen sich die letzteren hierher zurück und bauten eine Zeremonialstätte, die gleichzeitig Festung war und uneinnehmbar schien. Der Name Zaculeu bedeutet "weiße Erde" wegen der Kalkfenster im Gestein der Cuchumatanes und ist ein Quiché-Wort. Die Spanier kämpften monatelang vergeblich gegen die sich in der Festung verschanzenden Mames, bis jene aufgrund von Hunger und Schwäche aufgeben mußten. Es bedeutete gleichzeitig das Ende des Mam-Reiches unter ihrem letzten Herrscher *Kaibil Balam*.

Die Anlage von Zaculeu besitzt acht Plazas unterschiedlicher Größe. Um sie herum gruppieren sich Gebäude, die Wohn- und Verwaltungszwecken dienten sowie religiöse Tempel, die Pyramidencharakter haben. Gut ist ein kleiner Ballspielplatz mit abgeschrägten Seitenwänden und rechteckiger Form zu erkennen. Die Gebäude waren einst mit symbolträchtigen Farben bemalt. Es wurde bei weitem nicht alles, was sich unter den bewachsenen Hügeln verbarg, freigelegt. Mit 41 Einzelbauten war Zaculeu eine dichtbebaute Stätte. Was man in den Gräbern an metallenen Objekten fand, läßt auf einen regen Handel mit Mexiko schließen. In einem kleinen **Museum** werden einige Fundstücke ausgestellt. Daneben veranschaulicht ein Sitzgrab mit Skelett die Beerdigungsgewohnheiten der Mam-Indianer in Zaculeu.

299

Chiantla

Nur 7 km nördlich von Huehuetenango liegt der Wallfahrtsort Chiantla, zu deren versilberter **"Virgen de Candelaria"** tausende von Pilgern während der Fiestazeit (28.1.-2.2. und 4.-8.9.) ins Dorf kommen. Um die Jungfrau des Künstlers *Quirio Cataño* ranken sich Legenden seit der Zeit, als sie dem spanischen Silberminenbesitzer *Pedro de Armengol* das Leben gerettet haben soll und dieser ihr dafür den silbernen Umhang stiftete.

Ursprünglich lag der Ort in der Nähe des Aldeas "El Pino" und wurde unter dem Namen "Yantla" in das heutige Tal verlegt. Die ersten Missionare waren Dominikaner. Ihnen folgten die Mercedianer, die 1722 die Kirche von Chiantla bauten, die heute die Virgen beherbergt. Nach dem II. Weltkrieg kamen Priester des Maryknoll-Ordens ins Dorf, die in Guatemala durch ihre mutige Arbeit unter den Militärregimen bekannt wurden.

Aus Chiantla kommen alljährlich die Pferde, die in Todos Santos Cuchumatán am 1. November beim traditionellen Pferderennen eingesetzt werden. Sie werden für etwa 150 Quetzales (!) pro Tag verliehen.

Eine Stunde Fußweg außerhalb Chiantlas, Richtung Norden, befindet sich der **Aussichtspunkt "Juan Diéguez Olaverri",** der einen überwältigenden Ausblick auf die Hochlagen des Altiplano bietet. Auf den pyramidenähnlichen Monumenten sind die Verse des Gedichtes "A Los Cuchumatanes" von *Juan Diéguez Olaverri* (1813-1866) zu lesen, der einst an einer Verschwörung gegen Diktator *Rafael Carrera* beteiligt war.

Aguacatán

25 km östlich von Huehuetenango Richtung Sacapulas liegt Aguacatán, das seinen Namen vom "Überfluß an Avocados" ableitet. Die Häuser des Dorfes reihen sich wie eine Kette entlang der Straße auf. Aguacatán bildet eine Sprachinsel, denn nur hier sprechen die Indígenas *Aguateca*. Die Frauen tragen einen blauen *Corte* mit weißem *Huipil*, der mit quergestreiften Borten verziert ist.

2 km vom Dorf entfernt befindet sich die eiskalte **Quelle des Río San Juan,** die wasserfallartig aus dem Gestein sprudelt, umgeben von Riesenfarnen und exotischer Vegetation. Wenige hundert Meter danach bildet der junge Fluß eine kleine Insel. Dahinter vereinigen sich seine Arme zu einem kristallklaren See. Die fruchtbare Erde und der Reichtum an Wasser erlauben hier den Anbau von Zwiebeln, Knoblauch und anderem Gemüse.

Während der vorspanischen Zeit war die Gegend ein wichtiges religiöses Zentrum, wie Erdhügel und archäologische Funde beweisen. Die **Ruinen von Chalchitán,** ein paar Kilometer nördlich von Aguacatán, wurden 1945 von *Leyard Smith* erforscht, doch entschloß man sich später für die Restaurierung von Zaculeu, da von Chalchitán bereits soviele Steine weggeschleppt wurden, daß die Struktur nur schwer hätte rekonstruiert werden können.

Todos Santos Cuchumatán

Der Straße von Chiantla weiter hinauf in die Berge folgend, durchquert man auf dem Weg nach Todos Santos Cuchumatán karge Hochebenen, in denen nur noch verstreut ein paar Häuser liegen.

Obwohl Todos Santos (Allerheiligen) im hintersten Winkel der Cuchumatanes versteckt liegt, gehört das Dorf zu den berühmtesten Guatemalas. Die **Tracht der Männer** ist einzigartig und ein beliebtes Fotomotiv.

Sie besteht aus rotweißgestreiften Hosen, über denen die Todos Santeros eine Überhose aus dicker schwarzer Wolle mit weißen Knöpfen tragen, die vorne geschlitzt ist. Dazu ein weißes Hemd mit dünnen Streifen und bunt gewebtem Kragen. Unter ihrem Strohhut, um den sie ein Lederband wickeln, tragen viele Männer einen *Tzut*. Auf mich machten die ungewöhnlich großen und starken Männer stets den Eindruck, als kämen sie gerade vom Reiten zurück.

In der Tat spielen Pferde keine unbedeutende Rolle während der **Fiesta** am 1. November. Dann findet

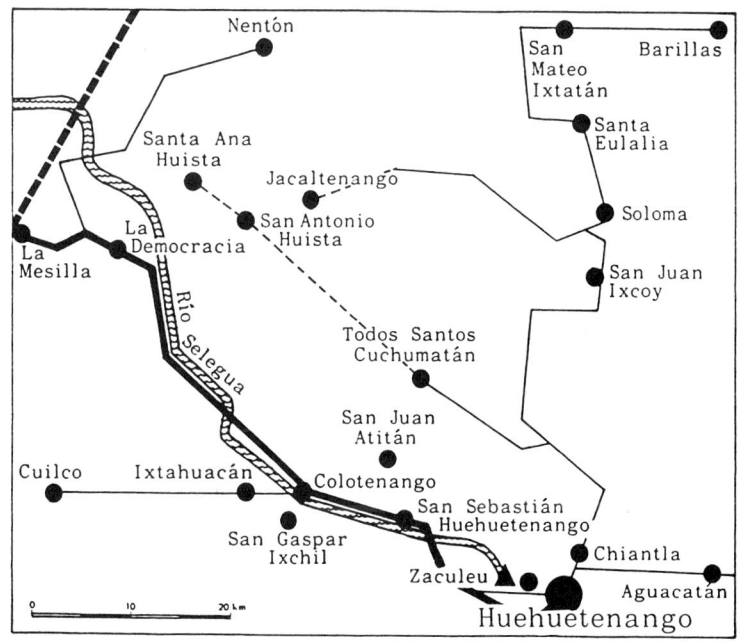

301

nämlich das von Touristen vielbe-
suchte traditionelle Pferderennen
statt, bei dem derjenige gewinnt, der
sich nach reichlichem Alkoholgenuß
nach jeder Runde am längsten auf
dem Gaul halten kann. Verletzte,
auch Tote, waren seit je her die Folgen. Außer diesem Spektakel gibt es
jede Menge *Bailes,* wofür die Todos
Santeros die Kostüme in San
Cristóbal Totonicapán leihen.

In der Nähe des Dorfes gibt es
einige **präkolumbische Zeremonialstätten** und Opferplätze, wo sich
von Zeit zu Zeit *Brujos* treffen, um
alte Riten abzuhalten.

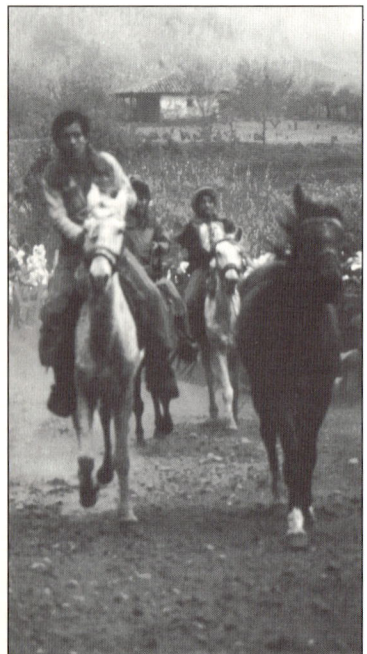

Pferderennen in Todos Santos C.

In Todos Santos gibt es einfache
Übernachtungsmöglichkeiten und
eine Sprachschule.

Busse fahren von Huehuetenango
aus bis zur Mittagszeit hier herauf ab
1. Av. 4 Calle. Der letzte Bus geht
am Frühnachmittag zurück.

Aus dem flußabwärts gelegenen
San Martín Cuchumatán stammte
der Indígena Manuel Paz, der 1811
einer der Vorreiter der Unabhängigkeitsbewegung Guatemalas war und
dessen Taten in Vergessenheit gerieten.

San Juan Ixcoy

63 km nördlich der Departamentshauptstadt liegt San Juan Ixcoy im
Tal des gleichnamigen Flusses. Die
Indígenas gehören der Rasse der
"Chuj" an und sprechen diese Sprache. Neben der Fiesta zu Ehren des
Schutzpatrons San Juan Bautista
vom 21.-24. Juni, feiern die Indígenas jeden 17. Juli die Fiesta der
"Degollación" (Gemetzel). Sie erinnern dabei an das Jahr 1898, als die
Großväter in einer Nacht alle Ladinos im Dorf umgebracht haben und
damit Rache an den Geldverleihern
und Ausbeutern nahmen. Die Anstif-
ter wurden später von Regierungs-
truppen bestraft.

San Pedro Soloma

Etwas weiter nördlich, umgeben von
hohen Bergen, liegt San Pedro Soloma auf 2274 m Höhe. Die Indígenas hier sprechen *Kanjobal,* ein Dia-
lekt des *Mam.* In dieser Sprache be-

deutet Soloma "Wasserkopf".

Das Dorf hat eine lange Leidens-geschichte. 1773 legte das Erdbe-ben von Santa Marta den Ort in Schutt und Asche. 1884 brannte es zur Hälfte nieder. 1902 wurde es vom Erdbeben des Santa María er-neut stark zerstört. Die Legende er-zählt, daß das gesamte Tal einst ein großer See war, den ein Erdbeben verschlang, weswegen aber heute die Böden sehr fruchtbar sind.

Die Frauen von Soloma tragen einen langen weißen *Huipil* und eine weiße Kopfbedeckung, so daß manch einer schon den Eindruck hatte, das Dorf wäre von lauter Non-nen bevölkert.

Eine gute **Übernachtungsmög-lichkeit** bietet das Hotel *Río Lindo*.

Barillas

Über die Dörfer **Santa Eulalia** und **San Mateo Ixtatán** erreicht man Ba-rillas, das durch seine Lage in einem breiten Tal auf 1400 m bereits Tief-landcharakter hat. 1888 wurde das frühere Santa Cruz Yalmox zu Ehren des Generals *Manuel Lisandro Baril-las* umbenannt. Es liegt 153 km von Huehuetenango entfernt, eine Ta-gesreise bei den hiesigen Straßen-verhältnissen. Barillas liegt in einem Gebiet, wo dichter **Dschungel** mit wildlebenden Tieren und einer üppi-gen exotischen Vegetation vor-herrscht. Hier beginnt die Fincawirt-schaft mit Kaffee- und Zuckerrohr-anbau der Ixcán-Region.

Wer von hier aus an eine Weiter-reise ins Tiefland denkt, sollte viel Abenteuerlust mitbringen. In Barillas gibt es einfachste **Übernachtungs-möglichkeiten.**

Zwischen der Straße nach Barillas und dem Seleguatal befinden sich noch weitere Orte, von denen die größten wie *Jacaltenengo, San An-tonio Huista, Santa Ana Huista* und *Nentón* in tiefer gelegenen Tä-lern liegen. Ihre Ausgänge und Fluß-läufe sind nach Westen, d.h. nach Mexiko gerichtet. Die Temperaturen erlauben den Anbau von Zucker-rohr, Mangos, Orangen, Papayas und Ananas. Die Region war früh

Üppiges Grün nördlich Barillas'.

303

besiedelt, doch die meisten Ruinen sind unerforscht und dem Verfall preisgegeben.

Selegua-Tal

Das beeindruckendste Tal im Departament Huehuetenango ist das des Selegua, dessen Lauf über eine lange Strecke von der Straße zur mexikanischen Grenze nach La Mesilla begleitet wird. Der Selegua entspringt an der südlichen Flanke der Cuchumatanes und folgt der Richtung dieses Höhenzuges. In seinem Verlauf hat er sich tief in das Gestein geschnitten und fließt heute durch eine Schlucht, deren Steilwände den schönsten Tonschiefer offenlegen. Die Fahrt von Huehuetenango nach La Mesilla ist ein Naturerlebnis - vorausgesetzt man hat einen linken Fensterplatz in den überfüllten Bussen. Die Fahrt dauert lange, da der Bus alle Nase lang hält, um wartende Indígenas am Straßenrand aufzulesen, die sich oft in 30 Meterabständen einsammeln lassen.

Der nächstgrößere Ort hinter Huehuetenango entlang des Seleguas ist **San Sebastián Huehuetenango**, dessen Bewohner 1891 wegen der Überflutung ihres alten Dorfes flußabwärts in das Seitental des Esquisal umsiedeln mußten. Die 4 km entfernten Ruinen der Siedlung *Toj-Joj,* was in der Mamsprache soviel wie "zwischen Avocados" bedeutet, beweisen die Größe und Wichtigkeit des einstigen *Pueblo Viejo.* Keine Bedeutung mehr haben die vielen Bleiminen um San Sebastián, die vor

Maisterrassen

allem während der kolonialen Epoche ausgebeutet wurden.

Anders reagierten die Bewohner von **San Juan Atitán**. Als das Dorf 1692 durch ein Erdbeben komplett zerstört wurde, konnten sich die Indígenas trotz des großen Schocks nicht von ihrem Boden trennen, weswegen eine geplante Umsiedlungsaktion am Ende scheiterte.

Die Tracht der Frauen von San Juan Atitán besteht aus einem weißen *Huipil* mit roten Mustern und einem blauen *Corte.* Die Männer tragen weiße Hemden, darüber den schwarzen Wollumhang *(Capishay),* der für diese kalte Gegend unerläßlich ist und einen Strohhut, den ein rotes Band schmückt.

San Gaspar Ixchil

Ein kleiner Abstecher führt von Colotenango aus nach San Gaspar Ixchil, das auf den Terrassen eines breiten Flußbettes liegt. Die Bewohner dieses versteckten Dorfes, das durch seine herrliche Lage besticht, gehörten 1935 laut Anordnung des damaligen Diktators *Ubico* zu **Colotenango**. Sie konnten sich nie damit abfinden und kämpften bis 1947 verbissen um die Erhaltung ihrer Selbständigkeit, die ihnen am 24. Oktober von *Juan José Arévalo* zurückgegeben wurde, was diesen Tag zu einem der wichtigsten Daten ihrer Dorfgeschichte machte.

San Ildefonso Ixtahuacán

Das nahegelegene San Ildefonso Ixtahuacán am Río Helado wird von den Mames "Itzal" genannt. Der Name Ixtahuacán kommt aus dem mexikanischen Nahuatl und ist auch Teil des Namens von San Miguel (Dept. San Marcos) und Santa Catarina (Dept. Sololá). Das Dorf ging in die Geschichte ein, als im Jahr 1977 Minenarbeiter in die 300 km entfernte Hauptstadt marschierten, um bessere Löhne und anständigere Arbeitsbedigungen zu fordern. Ihr Empfang in der Capital wurde zu einer Massendemonstration und war ein Höhepunkt der Arbeitskämpfe in den 70er Jahren.

In San Ildefonso gibt es einen seltenen **Heiratsbrauch.** Dabei drückt der Mann seiner Auserwählten irgendwann einmal eine 25 Centavo-Münze in die Hand, die sie in ihren *Huipil* steckt und sich dann kräftig schüttelt. Fällt die Münze auf den Boden, ist es sein Pech. Wenn nicht, dann beginnt zwischen den Eltern der beiden das Aushandeln der Kosten für die Heirat, dessen Ablauf ebenfalls festgelegt ist und viele Kuriositäten beinhaltet.

Nahualismus

Innerhalb des altindianischen Glaubens spielen Tiere eine ganz besondere Rolle. Sie treten nicht nur als Inkarnation verschiedener Gottheiten der indianischen Kultur auf, sondern auch als individuelle Schutzgeister jedes Einzelnen, vergleichbar mit den Schutzheiligen der Katholiken. Mit der Geburt erhält jeder Mensch den für seinen Tag bestimmten Nahual und behält ihn wie ein zweites Ich ein Leben lang. Die Seele des Menschen und sein Schicksal sind nicht zu trennen von seinem Nahual.

Seinen Ursprung hat der Nahualismus im *Ritualkalender* der Maya. Die einzelnen Tage waren Göttern geweiht, denen auch Tiere beigegeben waren. Der Neujahrstag des Tzolkin beispielsweise ist der Tag der "Acht Affen". Stier, Katze, Vogel, Gürteltier, neun Hunde oder drei Pferde: all das kann das Nahual eines Indígena sein. Sein Name und seine Gestalt werden streng geheim gehalten. Denn es besteht der Glaube, daß es genügt, das Nahual des anderen gefangen zu nehmen und es zu quälen, um über den Feind Krankheit oder gar den Tod zu bringen.

In der mythisch-religiösen Vorstellungswelt der Indígenas ist es nicht ausgeschlossen, daß sich der Mensch in seinen Nahual verwandeln kann. So sucht der Briefträger Nicho Aquino in Asturias Roman "Die Maismänner" in der Gestalt eines Coyoten nach seiner Frau.

Für die Spanier war der herrschende Nahualismus blanke Blasphemie. 1679 erließ Bischof Ortega Montañez ein Dekret, alle beigegebenen Tiere zu Füßen der Heiligenstatuen entfernen zu lassen. Der Löwe des Hieronymus, der Esel des Antonius oder der Stier des Markus übten nämlich eine vielfach größere Anziehungskraft auf die "heidnischen" Indianer aus, als die Heiligen selbst.

Am lebendigsten ist der Nahualismus heute noch bei den Quiché-Indianern. So wird das Neujahrsfest der "Acht Affen" zu Beginn des Agrarkalenders in Momostenago am ausgiebigsten gefeiert.

Die **Tracht der Frauen** gehört zu den schönsten der Region. Der quergestreifte *Corte* ist rot mit gelben und blauen Bändern sowie geometrischen Mustern. Der breite *Huipil* hat passend zum *Corte* in Rot eingewebte kleine Muster, der Halsausschnitt ist bunt bestickt. Der *Huipil* wird lose über den Rock getragen, weswegen die Chance, daß die Heiratsmünze wieder herausfällt, doch relativ groß ist. Ich nehme an, daß die Frauen ihre Technik beherrschen und dem Zufall nachhelfen können. Um den Kopf binden sie sich ein rotes Band, das sie vorne zusammenknüpfen.

Um das Dorf zu besuchen, sollte man gut zu Fuß sein. Denn die Busse fahren zu sehr ungünstigen Zeiten, und es gibt keine Übernachtungsmöglichkeit in San Ildefonso Ixtahuacán. Von der Hauptstraße am Selegua sind es ca. 10 km das Heladotal entlang bis zum Dorf.

Cuilco

Am Ende dieser Erdstraße liegt Cuilco, dessen Name "farbenfroher Platz" bedeutet. Die Ruinen der ersten Siedlung "Cuilco Viejo" liegen nicht weit vom Dorf entfernt. Einen Namen machte sich das Dorf, als es sich 1871 als erstes der liberalen Revolution unter *Justo Rufino Barrios* anschloß. Sie mögen es später bitter bereut haben, als sie unter der Gewaltwelle des Kommandanten *Benito Melgar* zu leiden hatten, der viele Indígenas zum Opfer fielen.

Zur **Fiesta** des Schutzheiligen *San Andrés* vom 27.11.-1.12. kommen viele Mexikaner. Cuilco gehörte einst zu Mexiko, und auch noch heute sind die Beziehungen sehr eng.

nach Mexiko

Zurück ins Seleguatal geht die Fahrt weiter Richtung mexikanische Grenze. Der letzte größere Ort vor der **Grenzstation La Mesilla** ist **La Democracia**. Hier wie dort gibt es Übernachtungsmöglichkeiten. Von La Mesilla fahren kleine Privatunternehmer die Leute nach Ciudad Cuauhtémoc, dem 4 km entfernten Grenzort auf der mexikanischen Seite (keine Übernachtung möglich). Vor Überraschungen, wie dem Bezahlen von irgendwelchen Steuern oder Gebühren, ist niemand sicher. Die Beträge halten sich jedoch zumindest für Touristen in Grenzen. Wer mit dem Auto die Grenze überqueren will, muß sich auf eine längere Kontrollprozedur einstellen. **Geldumtausch** ist an der Grenze möglich. Vorher nach dem Kurs erkundigen! Die mexikanischen **Busfahrtgesellschaften** *Cristóbal Colón* und *Transportes Tuxtla* fahren Richtung Comitán, San Cristóbal und Mexiko City. Letzter Bus nach Comitán gegen 17.30 Uhr. (Wer in Comitán spät ankommt, dem empfehle ich fürs erste die einfache und billige *Casa de Huespedes*, Calle Central Benito Juarez Nr.4, direkt am Zocalo) Grundsätzlich gilt, so früh wie möglich an den Grenzen zu sein! Von Huehuetenango bis La Mesilla benötigt der Bus mindestens 3 Stunden.

El Quiché

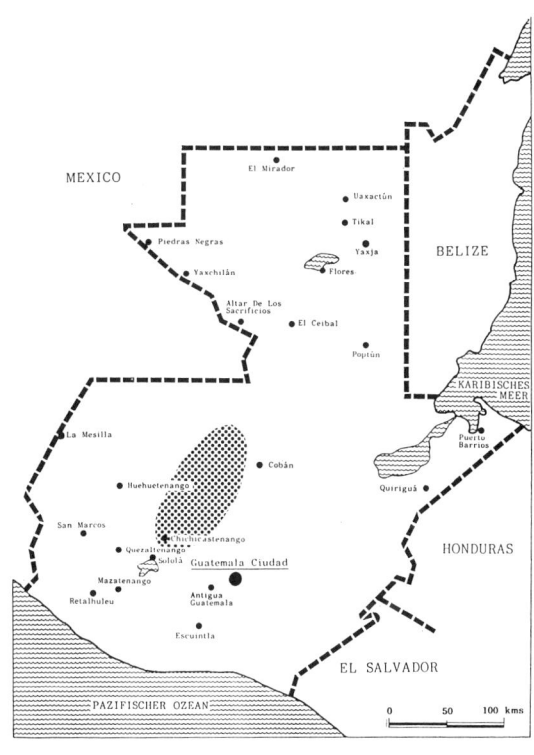

Das ***Departament El Quiché*** gehört zu den größten des guatemaltekischen Hochlandes und zieht sich vom warmen Tiefland an der mexikanischen Grenze weit in den Süden bis nördlich des Atitlán Sees. In weiten Teilen herrscht ein gemäßigtes, in den Höhenlagen der Cuchumatanes bis 3000 m Höhe, ein kaltes ***Klima.*** Charakteristisch ist auch hier die Taldichte, die das Ergebnis der Zerstückelung durch zahlreiche geologische Brüche ist. Viele dieser Täler sind aufgrund der bescheidenen Verkehrswege schwer zugänglich und untereinander nur durch Fußwege verbunden.

Die ***Bevölkerung*** lebt entsprechend zurückgezogen, ist ihren Traditionen verhaftet, und manchmal scheint es, als sei die Zeit hier stillgestanden. Abgeschlossenheit im Westlichen Hochland Guatemalas bedeutet allerdings immer auch Benachteiligung. So gehört das Departament El Quiché mit Totonicapán und Huehuetenango zu den Regionen mit der ärmsten Bevölkerung. Einer Statistik aus den 80er Jahren zufolge waren weit mehr als die Hälfte der Indígenas Analphabeten, die Gesundheitsversorgung entsprach mit 15.000 Menschen pro Arzt nicht einmal den minimalsten Anforderungen. Die Verhältnisse haben sich bis heute nicht wesentlich verbessert.

Im ganzen Departament wird ***Quiché*** gesprochen, die größte Sprachgruppe in Guatemala. Diese ist nach Süden über den Atitlán See bis an die pazifische Küste hinunter verbreitet. Schon als die Spanier 1523 nach Guatemala kamen, waren die *Quiché* neben den *Cakchiqueles* die größte ethnische Gruppe. Sie drangen im 11. Jahrhundert von Norden kommend ins zentrale Hochland, wo sie sich wie ein Keil zwischen die dort lebenden Völker drängten. Der Name *Quiché* bedeutet "Waldland" und wurde von den mexikanischen Söldnern aus *Alvarados* Heer in das aztekische Wort "Cuauhtlemallan" übersetzt, woraus später "Guatemala" entstand. Im Laufe der Zeit vergrößerten die *Quiché* ihr Territorium durch kriegerische Auseinandersetzungen mit den geplagten Nachbarn.

Zweifellos gehören sie auch heute noch zu den rebellischsten Charakteren innerhalb der indianischen Bevölkerung Guatemalas. Die ***Guerilla*** rekrutierte sich in den 70er und 80er Jahren zum großen Teil aus Quiché-Indianern, revolutionäre Basisbewegungen wie das *Comité de Unidad Campesina* CUC (Komitee der Bauerneinheit) nahmen hier ihren Anfang. Nicht ohne Grund. Denn große Teile des Quiché, besonders im fruchtbaren Norden, werden vom Großgrundbesitz beherrscht. Landraub oder Vertreibung gehörten nicht selten zu den Maßnahmen der Aneignung von Grund und Boden. Und wie viele Indígenas im Hochland muß auch ein großer Prozentsatz der Quiché-Bevölkerung alljährlich zur Ernte auf die Fincas, wo die Arbeits- und Lebensbedingungen für Lohnarbeiter unmenschlich waren und es teilweise noch sind.

Die Folgen der Unterstützung von

Untergrundbewegungen bekam kein anderes Indianervolk so brutal zu spüren wie die *Quiché*. In den späten 70er und frühen 80er Jahren reagierten die Militärdiktaturen mit regelrechten Genoziden, die Teile des Quiché in ein Schlachtfeld verwandelten. Ganze Dörfer wurden niedergebrannt, Äcker zu Wüsten gemacht und die Einwohner unterschiedslos niedergemetzelt. Wer mit dem Leben davon kam, flüchtete in die Wälder oder über die Grenze nach Mexiko. Später entstanden dann in den ausgewiesenen "Konfliktzonen" die ersten sogenannten "Modelldörfer" *(aldeas modelo)*, künstliche Dorfgemeinschaften, die unter strenger Kontrolle des Militärs standen. Sie gibt es außerdem in Alta und Baja Verapaz, Huehuetenango und im Petén.

Die Situation im Quiché hat sich seit einigen Jahren, vor allem seit Einführung der "Demokratie", etwas beruhigt. Doch es gibt außer dem Petén kein Departament in Guatemala, das vom **Militär** so sorgfältig im Auge behalten wird wie der Quiché. Was dies bedeutet, wissen die Indígenas. Wer also durch den Quiché reist auf der Suche nach den Spuren der frühen 80er Jahre, wird "nur" eine scheinbar intakte Indígena-Welt finden (so fern man in diesem Zusammenhang von intakt reden kann), hin und wieder militärische Kontrollpunkte und ein agrarisch intensiv genutztes Hochland. Alles andere bleibt dem Tourist verborgen.

Neben der Landwirtschaft basiert die **Wirtschaft** des Departaments auf der Herstellung von Textilien. Die

Typische Landschaft des unwegsamen Quiché-Hochlandes

309

Webarbeiten aus dem Quiché gehören zu den schönsten und begehrtesten des Landes. Chichicastenango, das "Mekka des Tourismus", lebt vom Verkauf der Handarbeiten an In- und Ausländer, die vor allem an den Markttagen den Ort überbevölkern und Souvenirs einkaufen. In der Hauptsaison sieht man hier deshalb mehr Touristen als Indígenas, trotzdem gehört "Chichi" wie Antigua oder Panajachel zu den sehenswertesten Plätzen Guatemalas und ist ein Muß auf der Reise durchs Land.

Von Los Encuentros nach Chichicastenango

Gleichgültig von welcher Richtung aus man **Chichicastenango** ansteuert (außer natürlich von Santa Cruz del Quiché kommend), die Busfahrt geht immer über Los Encuentros, der großen Kreuzung auf der Panamericana nördlich des Atitlán Sees. Wer von Quetzaltenango oder gar San Marcos nach Chichicastenango fährt, wird bald nach Los Encuentros einen Klimaunterschied feststellen. Die Temperaturen werden etwas milder, und die Vegetation scheint um ein paar Wochen voraus. Auch der Menschentypus ist ein anderer als weiter westlich. Die Quiché-Frauen sind kleiner und zarter als die Mam-Indígenas. Ihre *Huipiles* sind bunter, die Farben leuchtender.

Wer **mit dem Auto unterwegs** ist,

hat die Gelegenheit am **Aussichtspunkt** *Mirador Santo Tomás* einen kurzen Stop einzulegen und den Blick auf das entfernte Chichicastenango zu genießen. Das kleine Städtchen liegt in einem breiten fruchtbaren Becken, im Hintergrund tauchen die Chuchumatanes auf, und soweit das Auge reicht, nur Hügel, Täler, Wälder und verstreute Siedlungen. Guatemala ist ein Land der Aussichten. Wir haben oft unsere Fahrten unterbrochen und einfach angehalten, um die landschaftliche Größe und Schönheit des guatemaltekischen Hochlandes aufzunehmen. Bei gutem Wetter zeigt es sich hier oben von einer seiner atemberaubendsten Seiten. Leider sind die Busfahrten oft so anstrengend und der Sitzplatz alles andere als gemütlich, weswegen einem in den überfüllten Camionetas die Lust am Genießen der Gegend schon vergehen kann.

Vor Chichicastenango geht es in engen Haarnadelkurven hinunter zum Flußbett des Río Grande oder Motagua. Viele Flüsse Guatemalas haben zwei Namen, wobei dieser oft zwischen Unter- und Oberlauf wechselt. Die extrem steile Straße wird zusehens schlechter, was die Fahrt zu einem kleinen Abenteuer macht. Draußen verändert sich die Vegetation im Zeitraffer vom trockenen Kiefernwald bis hin zu dichtem Dschungel, der oft in Nebel gehüllt und immer feucht ist. Der Río Grande hat hier eine enorme Erosionsarbeit geleistet, die nur aufgrund seines starken Gefälles möglich war und sich dabei 200 m tief ins Gestein eingearbeitet. Die alte Mühle auf der Talsohle nutzte einst die Wasserkraft des Flusses. Über gleich steile Serpentinen quält sich der Bus wieder heraus aus der Schlucht. Der Zugang nach Chichicastenango und ins Quiché war also nie sehr leicht, denn eine Brücke über das tiefe Tal des Río Grande gibt es nicht.

Chichicastenango

Der Ort liegt 145 km von der Hauptstadt entfernt auf einer Höhe von 2080 m. Obwohl Chichicastenango nicht die *Cabecera* des Departaments ist, überragt es an wirtschaftlicher und kultureller Bedeutung Santa Cruz del Quiché bei weitem. Von den rund 6000 Einwohnern sind nur eine Minderheit Indígenas, doch kommen diese regelmäßig von den *Aldeas* nach Chichi, um dort auf den Markt oder in die Kirche zu gehen. Ihre soziale Bedeutung wird unterstrichen durch die Existenz eines indianischen Bürgermeisters, der sich zusammen mit den vielen *Cofradías* (Laienbruderschaften) des Ortes um die Belange der Indígenabevölkerung kümmert. Wie in Sololá teilen sie sich die Verantwortung mit einem Ladino-Bürgermeister.

Lange bevor die *Quiché* das Gebiet besiedelten, waren hier die *Cakchiqueles* ansässig, die sich nach Iximché zurückzogen, als es zu Auseinandersetzungen mit den feindlichen Nachbarn kam. Denn die beiden Zentren der Stämme, Chuvlá

und Utatlán, lagen nur etwa 20 km auseinander. Chichicastenango wurde von den Flüchtlingen aus Utatlán, der ehemaligen Hauptstadt der *Quiché* gegründet, nachdem 1524 *Pedro de Alvarado* "Cumarcaaj", wie sie ihre Festung selbst nannten, zerstört hatte. Der Name Chichicastenango ist mexikanischer Herkunft und rührt von der grünen Nesselpflanze her, der Chichicaste, aus der man einen aromatischen Tee zubereiten kann. Die *Quiché* nennen ihren Ort "Siguán Tinamit", was soviel wie "zwischen Barrancos" heißt. Die Einwohner von Santo Tomás Chichicastenango, so der vollständige Name des Städtchens, werden als "Maxeños" bezeichnet. Namensgeber war dabei die zweite Silbe des Schutzheiligen Tomás.

Chichicastenango ist eine Stadt der Magier und Mythen, *Cofradías* und *Costumbres*. Eines der wichtigsten Dokumente der frühen Maya-Kultur, das **Popol Vuh**, wurde Ende des 17. Jahrhunderts von dem jungen spanischen Pfarrer *Francisco Ximénez* im Archiv des Dominikanerklosters gefunden. Der sensible *Ximénez*, von der indianischen Kultur und Sprache begeistert, machte sich an die Übersetzung des Textes und erschloß damit der Nachwelt eine Quelle von unschätzbarem Wert, die einen genauen Einblick in das Denken und die Vorstellung der Maya von ihrer Welt erlaubt.

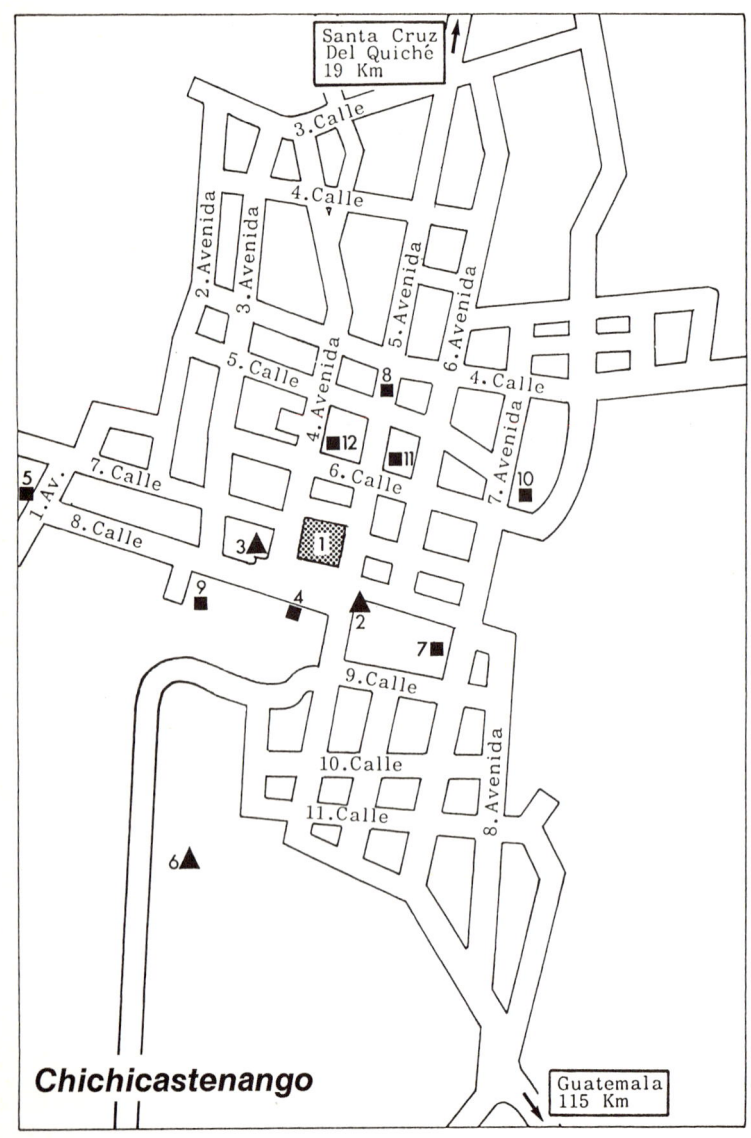

Santa Cruz
Del Quiché
19 Km

3. Calle

4. Calle

2. Avenida

3. Avenida

5. Avenida

6. Avenida

4. Avenida

4. Calle

5. Calle

8

7. Avenida

4. Avenida

12

11

5

10

1. Av.

7. Calle

6. Calle

8. Calle

3

1

9

4

2

7

9. Calle

8. Avenida

10. Calle

11. Calle

6

Chichicastenango

Guatemala
115 Km

Sehenswertes

An den ehemaligen Konvent auf der Ostseite der **Plaza** ist die bedeutendste Kirche von Chichicastenango angeschlossen: **Santo Tomás** wurde 1540 von den Dominikanern auf den Stufen eines alten Mayatempels erbaut. Um die in ihrem heidnischen Glauben verhafteten Indianer überhaupt in die katholische Kirche zu bringen, ließen sich die Missionare auf diesen schmerzlichen Kompromiß ein und hatten Erfolg. Auf den 18 holprigen Treppen wird wie zu vorkolumbischer Zeit Kopalharz verbrannt und den Göttern geopfert, es werden Kerzen angezündet und Gebete gesprochen. Immer raucht oder qualmt es auf irgendeinem kleinen Altar, *Brujos* murmeln geheimnisvolle Litaneien, und Indígenafrauen sitzen auf den untersten Stufen in einem Meer von Blumen, die als Opfergaben verbrannt oder in der Kirche verstreut werden.

Die *Costumbres* auf der Treppe von Santo Tomás gehören zu der publikumswirksamsten Szenerie in Guatemala. Kein Buch, kein Prospekt, kein Fotoalbum ohne eine Aufnahme weihrauchschwenkender Indígenas vor der weißgetünchten kolonialen Kirche als Kulisse. Es mag ein wenig von dem Zauber nehmen, wenn ich sage, daß ein Teil der Indianer an den Markttagen vom staatlichen Tourismusbüro *INGUAT* für ihre Zeremonien bezahlt werden, um den Touristen zu bieten, was sie erwarten.

Der Innenraum der Kirche, den man von der Seite des Schiffes betreten sollte, macht auf den ersten Blick einen verwüsteten, heruntergekommenen Eindruck. Die Gemäl-

Treppe zur Kirche

313

Die schönsten Masken gibt es auf dem Markt von Chichicastenango.

de des Haupt- und der Seitenaltäre sind geschwärzt vom Weihrauch und Ruß der Kerzen. Es sieht aus, als hätte vor kurzem ein Brand stattgefunden, und die Restauration wäre niemandem wichtig. Vor den viereckigen Plattformen auf dem Mittelgang sitzen Indígenas und streuen Kiefernnadeln, Rosenblätter und vieles andere mehr auf den Boden. Dabei hat jede Opfergabe und jede Farbe ihre ureigene Bedeutung. Kerzen und Opfergaben werden ständig mit Schnaps oder Weihwasser besprenkelt. Für die Indígenas ist eins so wichtig wie das andere. Alles, Farben, Laute und Gerüche gehören zu den indianischen *Costumbres* in Guatemala, die stets sehr sinnlich und gefühlsbetont vollzogen werden.

Den Ablauf der Zeremonie bestimmen meist die sogenannten *Chuchcajaus*, die die Verbindung des Irdischen zum Göttlichen herstellen. Sie besitzen die Macht, sich bei den Göttern Gehör zu verschaffen. Man erkennt sie an ihrem Zubehör und ihrer Kleidung. Daß die Indígenas von Chichicastenango ihre *Costumbres* auch in die Kirche hineinverlegen, beweist, wie eng hier indianische Tradition und katholischer Volksglaube beieinanderliegen. In der Kirche herrscht Fotografierverbot.

Der **Markt** breitet sich weit über die Plaza hinaus aus. Hier gibt es einfach alles, was man von einem guatemaltekischen Markt erwartet. Stoffe, Decken, Teppiche, *Huipiles*, Taschen, Schmuck, Keramik, Masken,

Gürtel usw. usw. Dicht an dicht stehen die mit Planen überdachten Stände. Die Händler wissen, was sie von den Touristen verlangen können und veranschlagen zunächst einmal Preise, die als Aufforderung zum Gegenangebot verstanden werden sollen. Diese Art des Kaufens und Verkaufens ist in Guatemala allgemein üblich. Unter den Holzfiguren und Masken kommt einer kleinen Reiterfigur besondere Bedeutung zu. Der *Tsijoláj* ist der Schutzheilige der Raketenhersteller und wird als Götterbote verehrt. Zu dem kleinen Reiter gehörte einst ein Äffchen. Doch als die Indianer *Alvarados* schnelle Pferde durch Kugelhagel und Flammen preschen sahen, ersetzten sie den Affen durch das Pferd, das von nun an Symbol des Feuergottes war. Die Raketen, die nach jeder großen Messe in Guatemala abgebrannt werden, sollen die Gebete schneller in den Himmel tragen. Noch Ende des 18. Jahrhunderts brachte es den damaligen Erzbischof schier an den Rand der Verzweiflung, als die Indianer den Heiligen Jakob zu Pferde verehrten wie ihren *Tsijoláj*, das Pferd mit Blumen bestreuten und es in Kopal-Weihrauch hüllten.

Nicht weniger bunt geht es hier während des Haupttages der **Fiesta** am 21.Dezember zu, wenn die *Cofradías* Chichicastenangos den *Tag des Santo Tomás* mit Prozessionen, Musik, Tänzen und Knallern feiern. Die Männer tragen dann schwarze knielange Hosen und kurze Jacken aus Wolle mit roten Stickereien und

einen bunten *Tzut* auf dem Kopf. In die aufgeschlitzten Seiten der Hosen sind Sonnensymbole eingenäht. Die Sonne steht für schöpferische Kräfte und ist Symbol des Mannes, während der Mond, dessen Zyklus das Leben der Frau bestimmt, das weibliche Pendant dazu bildet. Die farbenkräftige Zickzackweberei auf manchen Jacken entspricht dem Muster der *Huipiles* der Frauen, die dazu einen längsgestreiften blauen *Corte* tragen, dessen Stoffbahnen mit einer auffallend breiten Naht verbunden sind. Die Trachten der Indígenas aus Chichi sind außerdem voller Symbole, die etwas über den sozialen und gesellschaftlichen Stand der Trägerin verraten.

Außer den *Bailes* (Tänzen) gehörten die sogenannten *Voladores* zum Programm der Fiesta. Dabei ließen sich vier "fliegende Männer" von einem 30 m hohen Mast (ähnlich unseren Maibäumen) herab, die ein Seil um den Körper geschlungen hatten, das sich abwickelte, während die Flieger 13 Mal um den Stamm kreisten. Die Zahl 13 ist, wie wir uns erinnern, das Symbol des Himmels und die Anzahl der Wochentage im mythischen Kalender *tzolkin*. Multipliziert mit 4 ergibt sie 52 - die Anzahl der Jahre einer Kalenderrunde und kündigt das Ende einer Epoche bei den Maya an. Der *Palo Volador* (fliegender Mast) entstand um 500 n.Chr. und war ein Fruchtbarkeitstanz zu Ehren des Gottes *Xipe Totec* in Veracruz (Mexiko). Die *Voladores* verkörperten die toten Krieger und Geopferten, die bei ihrer Wiedergeburt als Vögel zur Erde schwebten. Der waghalsige Flug der *Voladores* ist wegen seiner Gefährlichkeit in vielen Gegenden Mexikos bereits verboten. Auch in Guatemala gibt es ihn kaum noch.

Auf dem Weg von der Kirche Santo Tomás zum gegenüberliegenden *Calvario* gelangt man auf der Südseite der Plaza zum kleinen **Museo Regional Arqueológico y Coleción de Jade** (im Gebäude der *Municipalidad*). Es stellt die Jadesammlung von Pater *Ildefonso Rossbach* aus, der bis zu seinem Tod in den 40er Jahren in Chichicastenango lebte. Zu sehen sind außerdem Keramikstücke, Weihrauchgefäße und anderes mehr. Das Museum hat außer Montag und Dienstag jeden Vormittag geöffnet, an Markttagen auch länger.

Die kleine **Capilla del Calvario** steht der Santo Tomás Kirche direkt gegenüber. Auch auf ihren Stufen werden Opfergaben dargebracht. Der Innenraum ist klein, aber belebt. Meist ist er mit bunten Girlanden geschmückt. Im großen Glasschrein liegt ein begrabener Christus, wie die Guatemalteken ihn lieben: blaß, blutend und tot. Wie in der Santo Tomás Kirche stört es ihn nicht, wenn die Chuchcajaus ihre unchristlichen Zeremonien mit Opfern, Kerzen und Weihrauch abhalten.

Zu jedem *Calvario* in Guatemala gehört der **Friedhof** des Ortes. Der von Chichi liegt nicht weit hinter dem *Calvario*. Da die Friedhöfe in Guatemala meist etwas erhöht liegen - damit die Toten näher am Himmel

sind - hat man von dort aus oft eine sehr schöne Sicht über das Dorf oder die Stadt. Ich habe während meiner Zeit in Guatemala eine ganz besondere Liebe zu den Friedhöfen der Dörfer entwickelt. Die Atmosphäre hier schien mir immer etwas von Totem und Lebendigem zugleich zu haben. An bestimmten Tagen im katholischen Kalenderjahr finden hier nämlich regelrechte Familientreffs statt, bei der Essen und Getränke mitgebracht werden und ein Teil davon auf dem Grab des Verstorbenen geopfert wird, damit er auf seiner langen Reise nicht verhungern möge.

Richtung Santa Cruz del Quiché überspannt der große **Arco Cucumatz** die Hauptausfallstraße, ein 1932 erbauter Bogen, den die "Gefiederte Schlange" *Cucumatz* in ihrer ganzen Spannweite und mit weit aufgerissenem Maul schmückt. Diese gar nicht liebliche Gestalt war der höchste Gott der Tolteken. Sein tol-

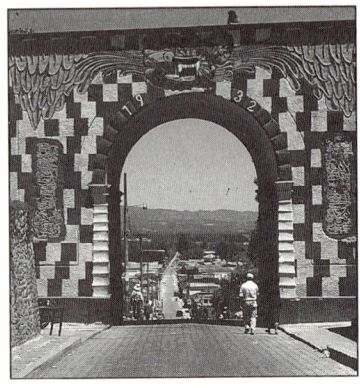

Der bemalte Arco Cucumatz

tekischer Name *Quetzalcoatl* wurde von den yucatekischen Maya in *Kukulcán* oder *Cucumatz* übersetzt. Er war Gott der Priesterschaft und Fruchtbarkeit. Bei den Maya symbolisieren die Federn den Himmel (und den Wind), die Schlange die Erde. Rechts und links sind Mayadarstellungen in den Stein gemeißelt.

Eine knappe Stunde Fußweg dauert der Spaziergang auf den Hügel *La Democracia*, wo sich der berühmteste **Opferplatz** der Region befindet: **Pascual Abaj**. Das *Idolo* ist ein schmaler Steinkopf, umgeben von Bruchstücken behauener Steine, die ein Halbrund bilden, wo zu Ehren des Gottes *Turkaj Kopal* verbrannt wird und Tiere geopfert werden. *Turkaj* ist zuständig für den Regen und eine gute Maisernte. Auf dem Weg nach Pascual Abaj (Richtung 5. Av.) gibt es schöne Aussichten auf Chichicastenango.

Chichicastenango ist trotz des großen Touristenaufkommens an den Markttagen einen Ausflug wert. Anders als Antigua und Panajachel hat sich Chichi zum Glück noch nicht in einen westlichen Aussteigerort verwandelt, so daß das Ambiente hier - sagen wir mal - guatemaltekischer ist als in den beiden anderen Städtchen.

Hotels und Hospedajes

•**Mayan Inn,** 8. Calle an der Plaza. Luxusklasse im Kolonialstil. Kaminzimmer mit antiken Möbeln eingerichtet. Komfortabel und teuer, aber eines der besten Hotels in Guatemala. In den Patios oft Marimbamusik.

•**Santo Tomás,** 7. Avenida am Eingang der Stadt. Ebenfalls noch Luxusklasse. Kolonialer Stil, gediegen, schöner Patio, Kaminzimmer. Bedienung in beiden Hotels von Indígenas in Trachten.

•**Pensión Chuguilá,** 5. Avenida Ecke 5. Calle beim Arco Gucumatz. Altbewährtes Hotel der Mittelklasse. Kolonial mit Patio und einigen Kaminzimmern.

•**Maya Lodge,** an der Plaza im Zentrum der Stadt. Kleines, einfacheres Hotel, aber sauber und empfehlenswert.

•Für Traveller mit weniger hohen Ansprüchen gibt es nicht sehr viel Auswahl in Chichi. Die einfachen Hospedajes befinden sich alle im Zentrum und sind vom Service her ungefähr gleich. Z.B. **Casa de Huéspedes Girón,** nördlich der Plaza; **El Salvador,** 10. Calle; **Martita, Pensión Katotok, Posada San Antonio** und **Hotel Pascual Abaj,** 5. Av. 3. Calle "A".

Wer in Chichci ankommt, wird meist sofort umringt von kleinen Jungs, die sich als Hotelsucher und Fremdenführer anbieten.

Restaurants und Kneipen

Wie immer ist das Essen in den **großen Hotels** ganz gut. Hier kann man auch mal einen Kaffee in gediegen-kolonialer Atmosphäre genießen und es sich bequem machen, wenn die Füße vom vielen Laufen weh tun.

In den **Mittelklasse-Hotels** gibt es günstigeres Essen. Ansonsten ist Chichi so klein, daß es kein Problem ist, irgendwo ein einfaches Mittagessen mit Huhn oder Fleisch und Reis oder Frijoles zu bekommen.

Auf dem **Markt** zu essen, fand ich immer am schönsten.

Verkehrsverbindungen

Nach Chichicastenango: von der Hauptstadt aus *Veloz Quichelense* oder *Reyna de Utatlán* ab Terminal Z 4, donnerstags und sonntags jede Stunde, sonst alle zwei Stunden. Oder jeden anderen Bus, auch die der komfortableren großen Pullman-Unternehmen, die ins Westliche Hochland fahren *(Galgos, Rutas Lima, Los Halcones)* bis Los Encuentros und dort umsteigen. An den Markttagen Donnerstag und Sonntag sind die Busse nach Chichi zum Teil gnadenlos überfüllt. Es empfiehlt sich, einen Tag vorher hinzufahren.

Von Chichicastenango: zurück nach Los Encuentros, auf Anschlußbus nach Quetzaltenango, Panajachel, Antigua oder in jede andere gewünschte Richtung fahren.

Nach Santa Cruz del Quiché mit *Veloz Quichelense* weiterfahren, mehrmals am Tag bis 18 Uhr.

Direkt nach Nebaj: *Veloz de las Clavelinas* nur Mittwoch und Samstag. Sonst einfach mal bis Santa Cruz und von dort aus weitersehen.

Santa Cruz del Quiché

Santa Cruz ist die Hauptstadt des Departaments El Quiché und liegt nur knapp 20 km nördlich von Chichicastenango. Kurz vor der Stadt liegt die kleine **Laguna de Lemoa.** Autofahrer können hier eine schöne Rast einlegen. Während Chichi ganz auf den Tourismus und das Marktgeschehen eingestellt ist, wirkt die Atmosphäre in Santa Cruz viel ruhiger und gelassener. Doch schon am Ortseingang weist das riesige Militärhauptquartier Nr.20 eindrücklich daraufhin, in welchem Departament der Reisende sich befindet. Es erinnert daran, daß der Quiché nie ein ruhiges, friedliches Gebiet war, sondern daß es auch heute noch immer wieder zu Zusammenstößen zwischen dem Militär und der Guerilla sowie der Bevölkerung kommt. Santa Cruz ist wichtiger Kreuzungspunkt der Straßen in das Quiché-Hinterland und Standort der ehemaligen Quiché-Hauptstadt Utatlán.

Auf der **Plaza** von Santa Cruz steht ein **Tecún Umán Denkmal.** Neu sind die Stadthalle und ein überdachter gebaut. Die Mittel für derartige Projekte stehen den Gemeinden Guatemalas seit 1989 zur Verfügung, als die Regierung beschloß, 8% des nationalen Steueraufkommens zur freien Verfügung an die Kommunen zu vergeben. Man kann darin einen kleinen Schritt zur Dezentralisierung und Demokratisierung des Verwaltungsapparates der Hauptstadt sehen. Ob die Plaza von Santa Cruz durch die neuen Gebäude schöner wird, möchte ich bezweifeln. Sie scheinen eine Nummer zu groß zu geraten.

Die mächtige, weiße koloniale **Kathedrale** und der **Konvent,** die im Sonnenlicht fast grell erscheinen, wurde von Dominikanern erbaut, die die Steine dazu aus dem nahegelegenen Utatlán benutzten. Davor steht ein altes Steinkreuz, das Ähnlichkeit mit dem in Antigua vor der La Merced-Kirche hat. Wahrscheinlich standen diese Kreuze einst in der Kirche.

Die **Municipalidad** besitzt einen dreistöckigen Turm, von dem aus ein schöner Blick über die Plaza möglich ist. Die "0". Avenida ist der Eingang in den **Mercado**, der sich hinter der Kathedrale befindet. Es ist ein einfacher, alltäglicher Markt, der nicht so sehr auf die Souvenirwünsche der Touristen ausgerichtet ist, sondern die Grundbedürfnisse der hiesigen Bevölkerung befriedigt. Die Preise hier sind im Gegensatz zu Chichicastenango dem guatemaltekischen Durchschnitt angeglichen.

Wer auf der Weiterreise in das Ixil-Dreieck hier **übernachten** muß, für den gibt es einige einfache Hospedajes wie die *Posada Calle Real,* 2. Avenida 7-36 oder das *San Pascual,* 7. Calle 0-43, beide in der Nähe des Terminals, und andere.

Die **Busse** fahren hauptsächlich von der Plaza ab. Die Fahrt nach Nebaj dauert einige beschwerliche Stunden, doch gehört die Strecke durch das Tal des Río Chixoy über Sacapulas zu den aufregendsten Guatemalas. Einer der ersten Busse startet gegen 2 Uhr nachts.

Umgebung von Santa Cruz del Quiché

Utatlán

Von der aus dem 13. Jahrhundert stammenden **Quiché-Festung** Utatlán, 4 km westlich der Stadt gelegen, ist nur noch wenig erhalten. *Pedro de Alvarado* ließ sie total zerstören, nachdem er einen Mordplan gegen sich aufgedeckt hatte. Die ersten, die später Utatlán besuchten,

waren *John L. Stephens* und *Frederick Catherwood* im Jahre 1840. Die beiden waren Pioniere der Erforschung von Mayastätten in Guatemala. Sie kartierten hier einen quadratischen Opferplatz und einige Pyramiden und Plazas, die einst mit Stuck überzogen und bunt bemalt gewesen sein müssen. Noch immer liegt das meiste unter bewachsenen Grashügeln verborgen, so daß man sich nur über ein Modell am Eingang der Stätte eine ungefähre Vorstellung vom Aussehen der Anlage machen kann. Alten Quellen zufolge aber muß der Palast von Utatlan an Reichtum und Pracht mit jenem Montezumas in Mexiko vergleichbar gewesen sein. Eine interessante Entdeckung ist der Tunnel zu einem Grab an der Westseite der Anlage. Eine Lampe wäre von Nutzen. Von Santa Cruz die 4. Av. Z 1, dann 10. Calle rechts hinunter.

San Antonio Ilotenango

Hinter Utatlán, weiter Richtung Westen, liegt San Antonio Ilotenango, das sich in einer der abgelegenen Gegenden des Quiché befindet und das stellvertretend für viele andere Dörfer des Departaments stehen kann. Die Bevölkerung besteht fast nur aus Indígenas, die sich der traditionellen Landwirtschaft widmen. Das Dorf scheint trotz Straßenverbindung von der Außenwelt abgeschnitten, und das Leben hier geht seinen gewohnten Gang Jahr ein, Jahr aus. Das *Municipio* leidet enorm unter der Abholzung seiner

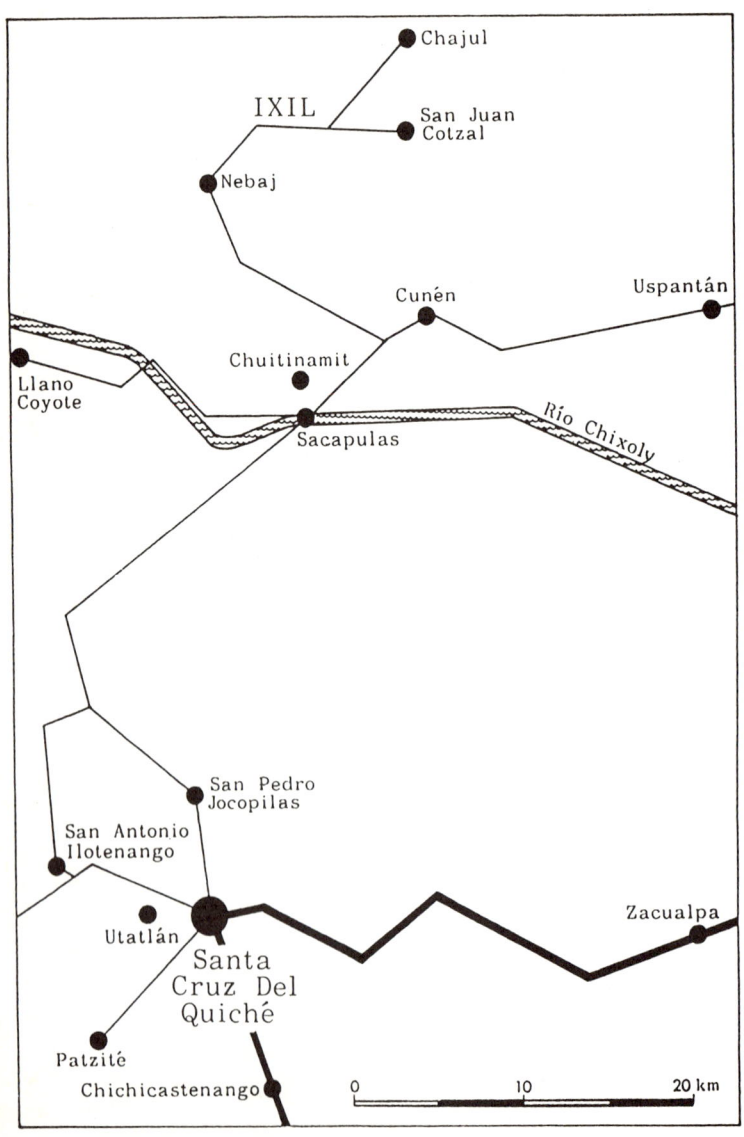

Chajul

IXIL

San Juan
Cotzal

Nebaj

Cunén

Uspantán

Chuitinamit

Llano
Coyote

Sacapulas

Río Chixoly

San Pedro
Jocopilas

San Antonio
Ilotenango

Zacualpa

Utatlán

Santa
Cruz Del
Quiché

Patzité

Chichicastenango

0   10   20 km

Die Totalrodung der Wälder hat katastrophale Folgen.

Wälder, doch Holz ist die einzige Feuerungsmöglichkeit in den Dörfern. Auch was noch nicht gefällt ist, besitzt nur noch ganz oben Äste. Das Bild von derart beschädigten Kiefern ist so alltäglich, daß ich tatsächlich einmal von Touristen nach der im Hochland vorherrschenden Baumart gefragt worden bin: Die mit dem langen, dünnen Stamm, den verkrüppelten Stümpfen an der Seite und der kleinen grünen Krone ganz oben ...

Zacualpa

Einen Ausflug ist das Dorf Zacualpa östlich von Santa Cruz wert. Der Name Zacualpa bedeutet "alte Stadt". Denn bei den Ruinen einer alten Verteidigungsanlage wurden präkolumbische Funde, wie Obsidianspitzen, Jadeschmuck, Keramik und andere Kunstgegenstände ausgegraben. Vieles davon stammt aus Costa Rica, Panama oder Peru, was auf einen enormen Einfluß von außen und weitreichende Handelsbeziehungen schließen läßt.

Busse nach Zacualpa fahren regelmäßig von Santa Cruz aus. Man sollte wie immer den frühesten Bus nehmen, um wieder nach Santa Cruz zurückzukommen.

Von Santa Cruz del Quiché nach Nebaj

Hinter Santa Cruz beginnt die Erdstraße ins nördliche Quiché und in das *Triángulo Ixil* (Ixil-Dreieck). Seit den weltweit Aufsehen erregenden Vorgängen in den 70er und 80er Jahren, als das Militär seinen Feldzug gegen Guerilla und Bevölkerung startete, ist auch das touristische Interesse an dieser Gegend enorm gestiegen. Abgesehen davon ist aber das kleine Dreieck "am Ende der Welt" auch vom natur- und kulturräumlichen Aspekt her sehenswert. Die **Busfahrt** ist eine mehr als fünfstündige Holperpartie. Mit Sicherheit ist die Camioneta überfüllt und quält sich dampfend und qualmend die Täler hinunter und wieder hinauf. Geduld, ein ruhiger Magen und ein bequemer Fensterplatz sind die besten Voraussetzungen für diese Tour.

Kurz nach Santa Cruz beginnen Obstplantagen, die Landschaft ist hügelig und wirkt durch ihren Wechsel von Wald und offener Kulturlandschaft fast lieblich. Bei gutem Wetter gibt der Weg weite Ausblicke auf die entfernte Sierra Madre im Westen frei. Nach 8 km ist **San Pedro Jocopilas** erreicht, ein stilles Dörfchen, wo eine Kirchenruine an die Zeiten erinnert, als hier spanische Missionare zugange waren. Sie ragt über das Dorf hinaus.

Die Besiedlung in dieser Region ist eher spärlich im Gegensatz zu den Gebieten des weiter westlich gelegenen Hochlandes. Die Trockenzeit ist extrem staubig, da der Quiché hier im Regenschatten der Sierra Madre und der Cuchumatanes liegt. Ausgedehnte Steinäcker, wie man sie auch in den wasserarmen Kalkgegenden Mitteleuropas findet, erschweren die landwirtschaftliche Arbeit der Campesinos in dieser Gegend. Aufgrund der klimatischen Bedingungen wachsen Agaven und Kakteen. Die Agaven werden abgehackt, und aus ihren Fasern fertigen die Indígenas Seile und ähnliches. Die roten Früchte der Kakteen *(Tunas)* schmecken sehr süß und fruchtig, aber es ist eine Kunst, sie zu essen, ohne sich zu verletzen.

Je näher Nebaj rückt, desto zerfurchter wird das Relief. Die Cuchumatanes nähern sich in der ihnen eigentümlichen Art als mächtige, starre Wand. Vor **Sacapulas** taucht der Bus auf engen Serpentinen hinab in das Tal des *Río Negro* oder *Chixoy*. Sein Verlauf bildet weiter östlich die Grenze zwischen dem Departament El Quiché und Alta Verapaz. Während der Trockenzeit liegen breite Kiesbänke offen. Dann ist dieser große Fluß zum Teil nur mehr ein Rinnsal. Die Flußauen am Río Chixoy sind während dieser Zeit fruchtbare Oasen inmitten braungefärbter, vegetationsloser Hänge. Der Höhenunterschied zu Santa Cruz beträgt fast 900 m. Kein Wunder also, daß hier Palmen und Zitrusfrüchte wachsen.

Sacapulas

Der indianische Name für Sacapulas ist *Tuhal,* was soviel wie "Dampfbäder" bedeutet, da es nahe des Dorfes heiße Quellen gibt. Sacapulas wurde 1537 in der Nähe der präkolumbischen Siedlung "Chuitinamit" gegründet, von der nur noch Reste vorhanden sind. Zu Berühmtheit gelangte das Dorf durch *Fray Bartolomé de Las Casas,* der hier im 16. Jahrhundert lebte. Der erste Bau der Brücke stammte von ihm und trägt heute noch seinen Namen. Von hier aus begann *Las Casas* sein Werk der friedlichen Missionierung der Indígenas.

Salzlagerstätten am Ufer des Río Chixoy erlaubten schon während der Kolonialzeit den Abbau von Salz. Es wurde als runde Laibe verkauft und galt bis spät ins 19. Jahrhundert hinein als Zahlungsmittel. Das Salz war fast gleichwertig mit dem Silber, aus dem die Einwohner Schmuck herstellten.

Friedhof von Sacapulas

In der **Kirche** Santo Domingo, die 1553 erbaut wurde und zu der steile Stufen hinaufführen, befanden sich filigrane Arbeiten aus echtem Silber.

Die Mitte der kleinen Plaza schmücken zwei außergewöhnlich schöne Exemplare einer *Ceiba*, die Schatten in der heißen Sonne von Sacapulas spenden.

Im **Konvent** neben der Kirche hatte sich bis vor wenigen Jahren das Militär einquartiert, das sich in dieser unruhigen Gegend als Dauergast empfiehlt. Doch nach Aussage des sonnenbebrillten Kommandanten war das Leben hier besonders angenehm und ruhig ... Das Militär hat sich nun aus dem Konvent zurückgezogen. Heute ist hier die Freiwillige Feuerwehr des Ortes untergebracht.

In Sacapulas gibt es eine einfache **Übernachtungsmöglichkeit.** Von hier aus gehen **Busse** in den Verapaz nach Cobán, eventuell mit Übernachtung in Cunén. Der Bus nach Huehuetenango fährt entlang der Cuchumatanes über Aguacatán. Von Nebaj aus gibt es keine Weiterreisemöglichkeit. Wer zuerst nach Nebaj will und von dort aus in den Verapaz, sollte sich bereits in Sacapulas erkundigen, wann der Bus die Kreuzung Ixil/Cobán passiert. Sie liegt ca. 25 km vor Nebaj. Man muß hierher zurück.

Unter Umständen kann es passieren, daß man an dieser Kreuzung sehr lange warten muß, bis ein Bus vorbeikommt. Dies sei nur zur Warnung gesagt!

Spektakulärer Blick in das Chixoy-Tal auf dem Weg nach Nebaj.

Hinter Sacapulas führt die Straße den steilen Talhang auf der anderen Seite wieder hinauf.

Der Blick, der sich nach nur kurzer Zeit in das Tal bietet, zeigt eines der unvergeßlichen Bilder Guatemalas. Unschwer ist die Lage von Sacapulas auf einer Flußterrasse zu erkennen, wo der Río Chixoy, von einer weiten Ebene kommend, die er mit weit ausgreifenden Mäandern durchschlängelt, in ein tiefes V-Tal eintritt. Sanft fallen die Hänge zum Flußbett hinab, bis sich im Hintergrund erneut ein Höhenzug hinter den anderen staffelt und diese stufenweise verblassen. Im Vordergrund schmiegt sich die rötliche Spur der Erdstraße an den Hang, der dramatisch steil über dem Tal hängt. Die Strecke nimmt nun Hochgebirgscharakter an und wird zum Abenteuer.

Etwa 10 km nach Sacapulas kommt eine Kreuzung. Rechts geht es nach Cunén, Uspantán und weiter in den Verapaz, geradeaus geht es hinein in das Ixil-Dreieck. Nur ein paar Meter hinter der Kreuzung bietet sich wieder eines der beeindruckenden Schauspiele, die die Natur Guatemalas bietet. Plötzlich wird die Gegend grün und feucht, die Nebel hängen in den Gipfeln der Cuchumatanes, die wie eine Barriere zum Greifen nahe vor einem stehen. Nach der langen staubigen Straße und der Trockenheit der Landschaft kommt dieser Wechsel überraschend. Selten ist das Phänomen einer **Klimagrenze** so unmittelbar zu erleben. Hier beginnt der Nebelwald,

Triángulo Ixil

Das *Triángulo Ixil* befindet sich zwischen den Osthängen der Cuchumatanes und den Westhängen der Sierra de Chamá. Die *Ixil* leben in einem Raum vergleichbar mit der Fläche des Saarlandes und siedelten hier schon vor der Conquista. Die gesamte Region ist voller archäologischer Reste. Ein Großteil der wertvollen Fundstücke ist im Archäologischen Museum der Hauptstadt ausgestellt. Das Gebiet wurde 1530 von den Spaniern erobert und im Zuge der Etablierung eines Dominikanerkonvents in Sacapulas von dort aus missioniert. Lange blieben die Indígenas unter sich. Erst Ende des 19. Jahrhunderts kamen die ersten Ladinos in die Gegend, um sich hier niederzulassen. Die Randlage und der geringe Einfluß von außen sind der Grund, warum die *Ixil* noch sehr traditionell leben, ihre *Costumbres* pflegen und die Akkulturation weniger vorangeschritten ist als anderswo. Auch die *Ixil-Sprache* ist noch lebendig, das als die älteste Abspaltung des *Mam* gilt. Die *Ixil* sind es seit je her gewohnt, ihr Land autonom und selbständig zu bebauen.

Das änderte sich mit dem Einzug reicher Finqueros, die in den tiefer liegenden Gebieten riesige Kaffeeplantagen aufbauten, sich dabei häufig das Land durch Erpressung und Raub stahlen und die Indianer auf ihrem eigenen Land zu Lohnarbeitern der untersten Klasse machten.

Als sich in den 70er Jahren die **Guerilla** in ihrem zweiten Anlauf zu etablieren begann, war die aktive und passive Unterstützung der *Ixil* im Kampf gegen die Großgrundbesitzer enorm. Man schätzt, daß Ende der 70er Jahre 60% der Campesinos bei der Guerilla waren. Das Militär schlug zurück. Es

antwortete mit Massenerschießungen nach Aufständen, Verschleppung, Vertreibung, Folter und Mord. Hunderte von Dörfern und *Aldeas* fielen den Zerstörungsfeldzügen des Militärs zum Opfer. Die Einwohner flüchteten oder organisierten sich in den "geheimen Widerstandsdörfern".

Anfang der 80er Jahre entstanden auf der Asche ehemaliger Siedlungen die ersten *"Modelldörfer"* mit der logistischen Hilfe der Amerikaner und Israelis. Sinn und Zweck war es, die Bevölkerung zu kasernieren und sie sich selbst kontrollieren zu lassen. Dazu wurden die Männer zum "freiwilligen" Dienst in zivilen Selbstverteidigungspatrouillen *(Patrullas de Autodefensa Civil / PAC)* gezwungen und mußten sämtliche Vorkommnisse in der Gegend umgehend melden. Die Bevölkerung mußte beim Bau neuer Zufahrtswege für Militärfahrzeuge mitarbeiten, sie wurde gezwungen, auf ihren Böden Agrarexportprodukte anzubauen und mußte sich einem politischen "Umerziehungsprogramm" unterwerfen.

So gibt es vor Nebaj Felder mit Intensivkulturen, und die Straße ins Dorf ist eine der besten Hochlandpisten, die ich kenne. Die Gebäude öffentlicher Einrichtungen sind unverhältnismäßig groß, dazu gibt es eine Reihe neuer Schulen. Wer also in dieser Gegend ein bißchen die Augen offenhält und sensibel ist für die Unterschiede zu anderen Hochlandregionen, dem wird sicherlich das eine oder andere auffallen. So ist es uns bei unserem Aufenthalt in Nebaj nicht nur einmal passiert, daß wir in den Gesprächen mit Indígenas das friedliche und gute Leben hier aufmerksam gemacht wurden, ohne uns explizit danach zu erkundigen...

der viel Ähnlichkeit mit dem im Verapaz hat. Nach 15 km taucht Nebaj in einer kleinen Talmulde auf, das zusammen mit Chajul und San Juan Cotzal jenes Dreieck bildet, wo die *Ixil* (sprich: *Ischil*) leben. Die **Ixil-Sprache** wird nur hier gesprochen und konnte sich durch die Abgeschlossenheit der Region erhalten.

Nebaj

Die **Plaza** Nebajs ist nicht besonders aufregend. Die **Kirche** ist neueren Datums, von der alten steht nur noch die Fassade. Ein Rätsel blieb mir der deutsche Gartenzwerg auf dem Brunnen des Platzes. Lebhafter geht es hier Ostern zu, wenn die Einwohner bereits Mitte März mit den Vorbereitungen beginnen und Buden rund um die Plaza aufstellen. Ebenso während der wöchentlichen **Markttage** Donnerstag und Sonntag. Das überdachte Marktgebäude liegt einen Block östlich der Kirche.

Die **Tracht der Frauen** aus Nebaj ist eines der indianischen Aushängeschilder Guatemalas. 1975 präsentierte sich die "Miss Guatemala" (selbstverständlich eine Ladina) im roten *Corte* und weißen *Huipil* von Nebaj. In die weiße *Manta* sind bunte Rauten, Zacken, Vögel, Pferde und andere Figuren einseitig sichtbar eingewebt. Die Zahl der Farben beschränkt sich streng auf 10. Das einen halben Meter breite und 3-4 m lange Haarband ist gestreift und wird als gedrehter Kranz so um den Kopf geschlungen, daß die dicken Quasten nach hinten hängen. Häufig sieht man auch *Huipiles*, die vorne und hinten jeweils zwei Quetzal-Vögel schmücken. Sie sind wirklich umwerfend schön! Wer einen *Huipil* kaufen will, hat keine Probleme, denn schon vor dem Dorfeingang stürzen junge Mädchen auf die Touristen zu und lassen sie nicht mehr ruhen, bis sie sich zum Kauf entschließen. Die Webarbeiten aus Nebaj werden im ganzen Land verkauft. In Antigua gibt es sogar eine Boutique, die nur Textilien aus dem Ixil anbietet.

Die Männer haben wie vielerorts den Schnitt des spanischen Offiziersjäckchen in ihre Tracht übernommen. Es heißt, die rote Wolle dafür sei "made in Germany".

Den schönsten Blick auf Nebaj hat man vom **alten Friedhof** aus. An einer kleinen überdachten Stelle brennen Kerzen und Kopalharzstückchen. Der Platz gleicht einem Opferplatz und strahlt eine mystische Atmosphäre aus.

Gut eine Stunde Fußweg entfernt liegt **Acul,** das 1983 unter *Mejia Victores* in Form eines "Modelldorfes" wieder aufgebaut wurde.

Übernachtungsmöglichkeiten in Nebaj gibt es im *Hotel Ixi* an der Hauptstraße, die komfortabelste Unterkunft. Sehr bescheiden, aber nett ist es bei den *Tres Hermanas*, wo ich meine billigste Nacht in Guatemala verbracht habe. Die Kinder von Nebaj spielen gerne Fremdenführer bei der Zimmersuche.

Busse nach Sacapulas und Santa Cruz zurück fahren mitten in der Nacht oder im Morgengrauen. Vorher genau erkundigen!

Chajul

ist bekannt durch seinen **Christus von Golgatha,** der das Dorf zu einem Wallfahrtsort gemacht hat. Anfang der 80er Jahre stellte das Militär dem Christus in Kampfanzüge gekleidete Puppen zur Seite. Diese ge-

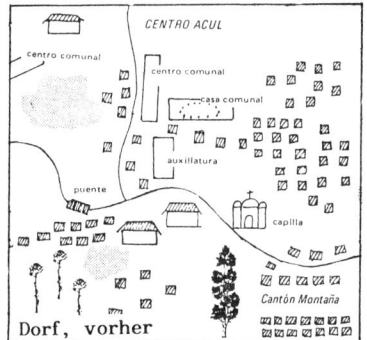

Dorf, vorher

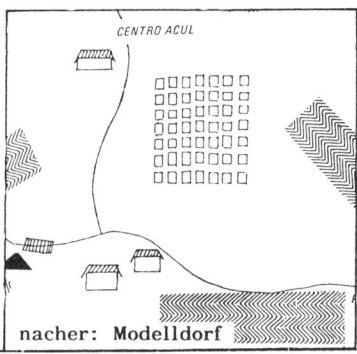

nacher: Modelldorf

schmacklose Aktion erregte Aufsehen und zeigte, daß das Heer nicht einmal mehr vor den christlichen Heiligtümern der Dörfer Respekt hat.

Wer nach Chajul oder *San Juan Cotzal* will, muß sich nach Bussen erkundigen, die in jedem Fall selten oder gar nicht fahren werden. Am besten mit Pick-ups fahren.

Übernachtungsmöglichkeiten in beiden Dörfern sind rar, und es ist fraglich, ob man am selben Tag wieder nach Nebaj zurückkommt. Deshalb Schlafsack mitnehmen!

Cunén

Wer vom Ixil-Dreieck in den Verapaz weiter möchte, muß zur oben erwähnten Kreuzung zurück und den Bus von Santa Cruz/Sacapulas nach Cunén abpassen. Das Dorf liegt herrlich gelegen auf 1765 m, eine kleine Serpentinenstraße führt in das warme, fruchtbare Tal hinunter. Wegen der zahlreichen **archäologischen Funde** wurde das Dorf 1931 zum *Monumento Nacional Precolumbino* ernannt. Der Name

Cunéns bedeutet in der Übersetzung "Platz der Tränen des Jesuskindes". Ich wage nicht anzunehmen, daß dies vielleicht mit dem ausgedehnten Anbau von Zwiebeln und Knoblauch in Cunén zusammenhängt. Wer im April reist, der riecht förmlich die Würze, die von den Feldern ausgeht, wo der gute Boden und die Bewässerung eine zweimalige Ernte im Jahr erlauben.

Die Frauen von Cunén tragen hier bereits die hübschen, kurzgeschnittenen *Huipiles* mit Spitzen, die für den Verapaz typisch sind.

Vom 30.1.-3.2. feiern die Einwohner die **Fiesta** der *Virgen de Candelaria* mit dem *Baile de Los Tantuques*, den es nur hier gibt. Mit Gewehren und dunklen Masken auf den Gesichtern spielen die Männer Jagdszenen und werden bei ihrem Tanz nur von einer alten Trommel *(tun)* begleitet.

Übernachtungsmöglichkeiten gibt es bei *Doña Hortensia Villatoro, Dona Julia de Leon* und *Don Francisco Taraceña*. Die Zimmer sind einfach und billig.

Uspantán

In Uspantán sprechen die Indígenas *Uspanteko*, ein Nebenzweig der Quiché-Sprache. Die Uspantecos sind die kleinste Sprachgruppe in Guatemala. Aus einem kleinen *Aldea* stammt die Friedensnobelpreisträgerin *Rigoberta Menchú*, die bekannteste Exil-Indígena, die während der *Violencia* ihre gesamte Familie verloren hat und heute als Vertreterin der Bauerngewerkschaft CUC auf weltweiten Vortragsreisen über die Menschenrechtssituation in Guatemala informiert. Uspantán war ein Zentrum der Gewalttätigkeiten von Seiten des Militärs und immer ein Stützpunkt der Guerilla.

Schon gegen die Spanier wehrten sich die Uspantecos hartnäckig. Im 19. Jahrhundert kamen dann Einwanderer aus Santa María Chiquimula (Dept. Totonicapán), die vom Präsidenten *Rufino Barrios* Land für ihre Schafherden zugeteilt bekamen. Trotzdem haben die Uspantecos ihre Sprache, Bräuche und Traditionen erhalten.

Seit 1982 sind auch die Deutschen hier. Nach einem regionalen Erdbeben nahm COGAAT (ein deutschguatemaltekisches Hilfsprojekt, das Lebensmittel für Arbeit ausgibt) hier in Uspantán erstmals seine Arbeit in Guatemala auf.

Die **Busfahrt in den Verapaz** ist eine der langen, holprigen Hochlandstrecken mit weiten Aussichten in die Täler und Becken. Die Ausläufer der Cuchumatanes werden im Alta Verapaz von der Sierra de Chamá abgelöst, die sich als Teil des großen Kettengebirges Guatemalas von Westen nach Osten erstreckt.

Der Jaguar von Ixcán

1975 wurde in San Luis Ixcán im Norden des Quiché der Großgrundbesitzer Luis Arenas auf seiner Finca von der Guerilla erschossen. Seine Kaffeeplantagen verdankte er der Putschregierung von 1954, die ihn damit für seine Unterstützung an der Niederschlagung der jungen Demokratie in Guatemala belohnte.

Arenas war ein Ausbeuter und Menschenschinder. Um die Indígenas während der Erntezeit an seine Finca zu binden, zahlte er ihnen einen Vorschuß, den sie abarbeiten mußten und ließ sie wie Tiere schuften. Für "ungehorsame" Arbeiter gab es auf der Finca Fußeisen. Wegen seiner Grausamkeiten verglichen ihn die Campesinos mit einem Jaguar, der im Dschungel von Ixcán heimisch ist und wegen seiner Raubzüge von den Bauern gefürchtet wird (im Spanischen wird Arenas als "tigre" bezeichnet, was sowohl Tiger als auch Jaguar heißt).

Unter der Führung von **Mario Payeras** gelang es der Guerillatruppe "Frente Guerillo Edgar Ibarra FGEI" am 7. Juni 1975 während einer Lohnauszahlung, bis in die Büros der Finca vorzudringen.

Payeras: "Als wir auf ihn zusprangen und ihn aufforderten, die Hände hochzunehmen, griff er instinktiv nach seiner Pistole. Aber gerade als er aus der Hüfte heraus auf uns schießen wollte, trafen ihn unsere Schüsse, und er brach zusammen."

Das Fest der Nachbargemeinde Llom dauerte zwei Tage. Das Militär antwortete mit einer Invasion von Fallschirmspringern, die über Monate hinweg die Gegend besetzt hielten und jeden Verdächtigen verhafteten.

Alta und Baja Verapaz

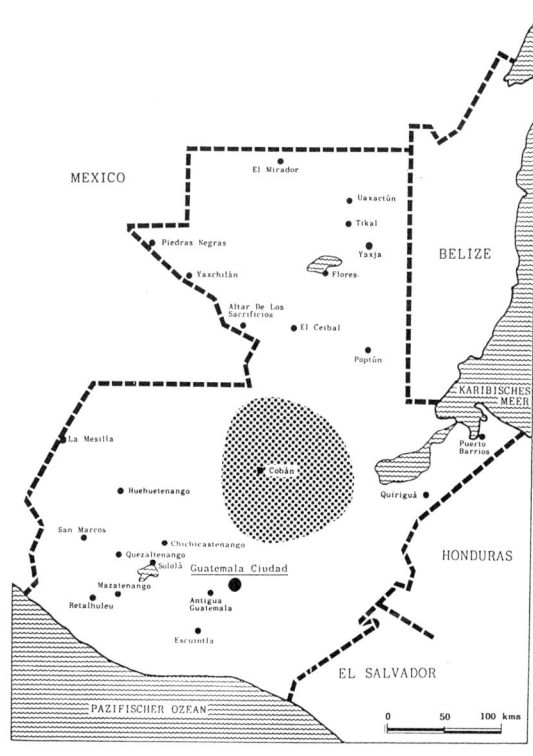

Die beiden *Departamentos Alta* und *Baja Verapaz* liegen im Herzen Guatemalas und stellen die naturräumliche Verbindung zwischen dem kalten Hochland im Westen und der heißen Karibik im Osten des Landes her. Im Norden der Region taucht das kuppige Relief gegen die ebene Kalktafel des Petén-Tieflandes ab. Die Klimata sind entsprechend unterschiedlich, doch überwiegt im zentralen Teil ein feuchtwarmes Klima mit viel Nebel und Regen. Man sagt, daß es im Alta Verapaz 13 Monate im Jahr regnet. Die Niederschläge gehen meist als äußerst feine Nieselregen nieder, die hier *Chipi Chipi* genannt werden.

Da die Verapaces im Vergleich zum Zentralen und Westlichen Hochland einen anderen *Landschaftstypus* darstellen, lohnt es sich, kurz auf die Unterschiede und Hintergründe einzugehen. Im Erdmittelalter wurden weite Teile des heutigen Alta Verapaz von Norden her überflutet, wobei mächtige Kalkschichten zur Ablagerung kamen. Die Sierra de Chamá setzt im Alta Verapaz die Cuchumatanes als Teil des Kalkkettengebirges fort, das sich von Chiapas bis an die Karibik erstreckt. Sie ist geprägt durch die typischen Merkmale einer tropischen *Karstlandschaft* mit riesigen Trichterdolinen, Höhlen, Kegeln, Schlucklöchern, Wasserfällen, Sintertreppen u.v.a.m. Ausreichende Niederschläge und hohe Temperaturen über tausende von Jahren hinweg haben außerdem einen dichten Nebelwald-Dschungel mit Orchi-

deen, Bromelien und Baumriesen entstehen lassen, die wie die roten Böden zum Bild der feuchten Tropen gehören. Hätten in Mitteleuropa vor 2 Millionen Jahren nicht die Eiszeiten eingesetzt, dann hätte beispielsweise die Schwäbische Alb in Südwestdeutschland heute vielleicht Ähnlichkeit mit dem Alta Verapaz. Doch die schöne Alb ist nur eine ganz bescheidene Karst-Ausgabe gegen den Formenschatz der Verapaces. Wer sich also für die naturräumlichen Schönheiten einer solchen Landschaft begeistert, der findet hier ein unerschöpfliches Reservoir vor. Am besten erforscht man die Gegenden durch ausgedehnte Wanderungen. Noch ist der Verapaz eine Region mit schwacher Infrastruktur und dünn besiedelten Finca-Ländereien.

Den *Namen* "Verapaz" (echter Friede) erhielten die beiden Departamentos aufgrund der friedlichen Missionierung durch den Dominikanermönch *Fray Bartolomé de Las Casas*. Er bekam vom spanischen König fünf Jahre Zeit, um die Kekchí- und Pokomam-Indianer dieser Region ohne die sonst übliche Waffengewalt vom christlichen Glauben zu überzeugen. *Las Casas* übersetzte die Bibel in die Sprache der ansässigen Indígenas, lernte deren Kultur kennen und verband so geschickt wie sensibel den heidnischen Götterglauben mit der neuen Lehre vom Christentum.

Die Verapaces sind Hauptproduzenten von Kaffee, Kardamom, Kakao und Achiote, einem roten Nahrungsmittelfarbstoff. In dieser Region steht man praktisch immer auf irgendeiner Finca, deren Besitzer sich das Land und dessen Ressourcen teilen. Angefangen hat der **Großgrundbesitz** mit den Deutschen, die ab Mitte des 19. Jahrhunderts in den Verapaz einwanderten, sich ein Areal absteckten und mit der Kultivierung des Kaffees begannen, der noch immer Hauptexportprodukt des Landes ist. Inzwischen besitzt alles was Rang und Namen in Guatemala hat eine, meist mehrere Kaffee- oder Kardamomfincas. Der Norden von Alta Verapaz gehört zur *Franja Transversal del Norte* und ist durch dubiose Erschließungsprojekte von Seiten der guatemaltekischen Regierung und durch die widerrechtliche Aneignung großer Gebiete durch reiche Militärs, Politiker und

andere einflußreiche Kreise ins Gerede gekommen.

Zum Verständnis: Ende der 60er Jahre wurde ein "Entwicklungsprogramm" für den Norden der Departamentos Huehuetenango, El Quiché, Alta Verapaz und Izabal ins Leben gerufen, das die ökonomische Erschließung eines ca. 6000 km^2 breiten Querstreifens dünnbesiedelten Landes vorsah. Als kurze Zeit später Erdöl,-Nickel- und Kupfervorkommen entdeckt wurden, begann eine beispiellose Vertreibung der kurz vorher umgesiedelten Kleinbauern aus dem Hochland. Besonders die Familie des damaligen Präsidenten *Lucas García* (1978-1982) verfolgten hier rücksichtslos ihre privaten Interessen. In der Bevölkerung heißt der nördliche Querstreifen deshalb schon lange "Zone

Bizarre Kegelkarstlandschaft in Alta Verapaz

der Generäle", womit klar ist, für wessen Entwicklung hier die Dollars ausgegeben werden.

Viele der Fincas in den Verapaces sind aber seit Generationen im Besitz einer Familie. Natürlich ist die **Landfrage** eines der Grundprobleme der guatemaltekischen Gesellschaft. An dieser Stelle liegt mir jedoch daran, die allgemein herrschende Ansicht vom "bösen Ausbeuter" in Frage zu stellen. So habe ich im Alta Verapaz die Bekanntschaft eines deutschstämmigen Kaffeefinqueros aus Tucurú gemacht, der trotz seines großen Besitzes ein

aufgeschlossener und bescheidener Mensch geblieben ist. Bemerkenswert war sein korrekter Umgang mit den Bauern und Arbeitern, die auf seiner Finca leben, und das Erstaunlichste für mich war, daß er die Sprache der Kekchí-Indígenas fließend sprach. Wir redeten offen über Grundbesitzprobleme in Guatemala, er erzählte von den Massakern der Militärs und zeigte uns Modelldörfer in der Nähe seiner Finca.

Vielleicht ist *Don Alfredo* nur eine von wenigen Ausnahmen, doch wenn dem so ist, verdient sie Erwähnung.

Rigoberta Menchú

Es ist kein Zufall, daß genau 500 Jahre nach der Entdeckung des amerikanischen Kontinents eine lateinamerikanische Indígena mit dem Friedensnobelpreis ausgezeichnet wurde. 1992 wurde *Rigoberta Menchú* weltbekannt und richtete das Augenmerk der Weltöffentlichkeit auf Guatemala

1959 in dem kleinen Aldea Chimél (Dept. Quiché), nur wenige Fußstunden von Uspantán entfernt, geboren, übernahm Rigoberta Menchú schon früh soziale Aufgaben innerhalb der Gemeinschaft des Dorfes. Es war die Zeit, als Großgrundbesitzer mit Hilfe der verbündeten Militärs begannen, den Indígenas das Land streitig zu machen, das sie rechtmäßig erworben und urbar gemacht hatten. Rigobertas Vater Civente gründete daraufhin 1977 die erste Bauerngewerkschaft Guatemalas *CUC*, der Rigoberta 1979 beitrat. In den folgenden Jahren entbrannte in weiten Teilen des Hochlandes ein erbitterter Kampf des Militärstaates gegen die Indianer Guatemalas.

Rigoberta Menchú verlor einen großen Teil ihrer Familie. Ihr Vater verbrannte mit 38 anderen Bauern bei der friedlichen Besetzung der spanischen Botschaft am 31.1.1980. Ihre Mutter Juana Túm wurde vergewaltigt

und zu Tode gefoltert. Ihren Bruder übergoß das Militär mit Benzin und richtete ihn öffentlich hin.

Nach Jahren gelang Rigoberta die Flucht ins Exil. Und nun begann sie einen beispiellosen Aufklärungskampf für ihr unterdrücktes Volk. 1983 gründete sie mit anderen ExilguatemaltekInnen die Vereinigte Guatemaltekische Opposition *RUOG*. 1987 nahm sie am Nationalen Dialog Guatemalas teil und erhielt neben vielen internationalen Auszeichnungen 1990 den UNESCO-Preis für "Erziehung zum Frieden".

Mit der Verleihung des Friedensnobelpreises an Rigoberta Menchú geht zum zweiten Mal ein Nobelpreis nach Guatemala (s.S. 96). Rigoberta ist die jüngste Preisträgerin in der Geschichte der Preisverleihung, doch ist sie bereits, so das Komitee, "ein starkes Symbol für Frieden und Versöhnung über ethnische, kulturelle und soziale Grenzen in ihrem eigenen Land, auf dem amerikanischen Kontinent und in der übrigen Welt hinweg".

Rückkehr der Flüchtlinge

Am 20. Januar 1993 war es soweit. Die ersten 2426 guatemaltekischen Flüchtlinge überquerten die mexikanische Grenze bei La Mesilla, um wieder nach Hause zu kommen. Doch dieses Heimkommen war alles andere als eine Rückkehr in klare und geordnete Verhältnisse.

Nach jahrelangen Verhandlungen zwischen der gewählten politischen Vertretung der Flüchtlinge CCPP (*Comisiones Permanentes*) und der guatemaltekischen Regierung konnte am 8. Oktober 1992 ein Abkommen unterzeichnet werden, das den Exilanten Rechte und Sicherheiten zugestand – zumindest auf dem Papier. Zehn Jahre und länger waren viele von ihnen nicht mehr in Guatemala gewesen, viele Kinder kamen in Mexiko auf die Welt und haben noch nie ihre Heimat gesehen, aus der ihre Eltern durch brutalen Militärterror Anfang der 80er Jahre vertrieben worden waren. 45.000 Menschen flüchteten damals ins benachbarte Mexiko, wo sie seither in großen Lagern lebten, niemals den Gedanken an die Rückkehr aufgebend. Und als die Karawane von fast 70 Bussen Mexiko hinter sich ließ, waren aus den *refugiados* (Flüchtlinge) *retornados* (Rückkehrer) geworden.

Lange wurde mit der Regierung über den Weg gestritten, den der Bus-Konvoi samt dem zahlreich anwesenden ausländischen Begleitpersonal zum Zielpunkt nehmen sollte. Dieser heißt Polígono 14, ist ein 46.000 ha großes "Vieleck" (*polígono*) und befindet sich in Ixcán (Dept. Quiché), einem heißen, relativ unerschlossenen Dschungelgebiet, dem jegliche Infrastruktur fehlt. Nachdem der Rückweg über die Hauptstadt jedoch beschlossene Sache war, gab es vielerorts große Empfänge und viel Jubel. Doch die Guatemalteken, besonders die "Mittelständler", sind geteilter Meinung, was die Rückkehrerproblematik betrifft. Erneute Auseinandersetzungen um Land sehen die einen auf Guatemala zukommen, bei den anderen ist die Propaganda der Regierung und des Militärs auf fruchtbaren Boden ge-

fallen, und sie betrachten die Retornados ohnehin als von der Guerilla und irgendwelchen Kommunisten infiltrierte Masse.

Schwieriger aber als die Überwindung der Vorurteile wird für die zurückgekehrten Familien das Problem der Wiedereingliederung zu bewältigen sein. Mit entscheidend für das Gelingen ist zweifellos die Einhaltung der von der Regierung und der staatlichen Flüchtlingskommission CEAR gemachten Zusagen. Daß die ersten Retornados durch die Schlammpisten kaum den Weg ins Polígono schafften, obwohl eine rechtzeitige Instandsetzung der Zufahrtsstraße garantiert worden war, ist kein gutes Zeichen. Entmilitarisierung, d.h. die Befreiung von den verhaßten "Freiwilligen Zivilpatrouillen" PACs, Bewegungsfreiheit und die Anerkennung aller im guatemaltekischen Grundgesetz verankerten Persönlichkeitsrechte für jeden zurückgekehrten Flüchtling sind andere Punkte, die noch lange keine Selbstverständlichkeit in Guatemala darstellen.

Natürlich wird man sich noch viele Jahre mit Mißtrauen begegnen, doch Polígono 14 könnte für Guatemala ein weiterer Schritt in die vielgepriesene Demokratie sein, die ihr wahres Gesicht vor allem in der Art und Weise der Behandlung der Schwächsten einer Gemeinschaft zeigt. Denn es warten noch viele in Mexiko mit gepackten Koffern.

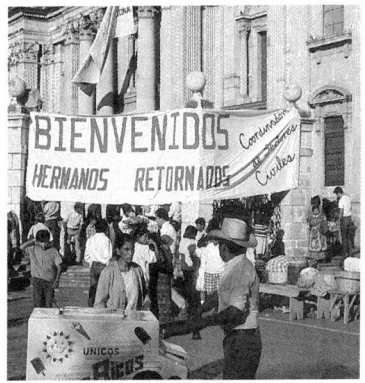

Empfang der Flüchtlinge in der Hauptstadt

Baja Verapaz

Von Guatemala Ciudad durch den Baja- in den Alta Verapaz

Eine andere Möglichkeit, in die Verapaces zu gelangen, ist jene direkt von der Hauptstadt aus. Die Fahrt führt über die CA 9 zunächst parallel zur Eisenbahn durch die nur spärlich besiedelte, heiße und trockene Gegend von El Progreso (nähere Beschreibung siehe *Von Guatemala Ciudad nach Puerto Barrios*). Bei Km 84 gabelt sich die Straße an der Kreuzung El Rancho, wo sie den großen Río Motagua überquert und wieder ansteigt. Langsam verändert die Landschaft ihr Aussehen. Die Vegetation wird üppiger, die Luft kühler. Kilometerweit reicht der Blick in die zerfurchten und zerklüfteten Regionen von El Progreso, die von hier oben den Anschein haben, als wären sie nach dem Schlag des letzten Baumes für immer verlassen worden. Rund 50 km weiter nördlich passiert der Bus die Kreuzung *La Cumbre* (der Gipfel). Die Gegend wirkt voralpenländisch mit ihren sanften Hügeln, fetten Wiesen und Mischwäldern. Kein Wunder

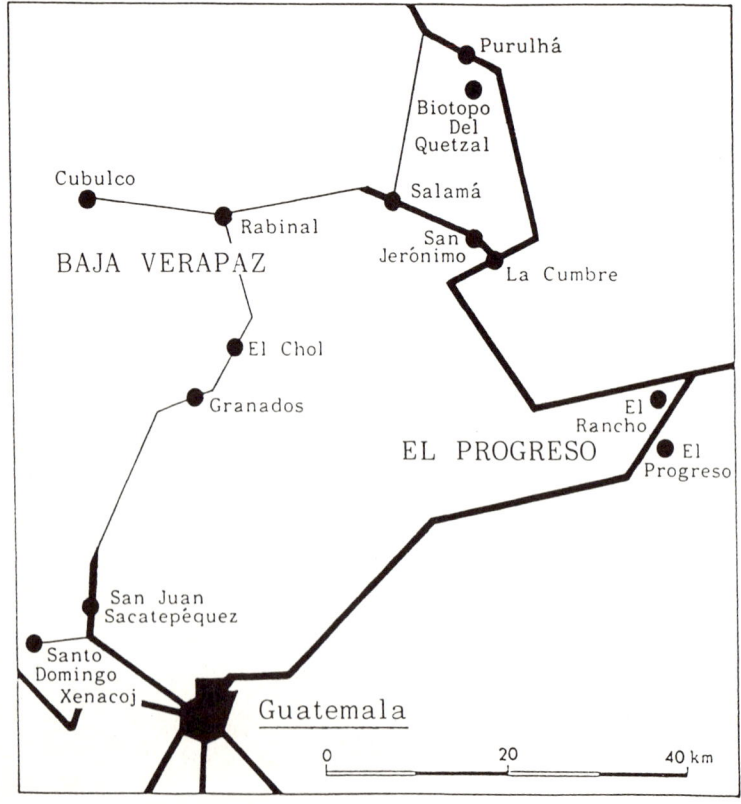

also, daß sich die Deutschen hier sofort heimisch fühlten! In La Cumbre besteht die Chance, in den Bus nach Salamá, der ca. 15 km entfernten Hauptstadt des Dept. Baja Verapaz, umzusteigen. Von La Cumbre führt der Weg steil in das Salamá-Tal.

Verbindungen: Von der Hauptstadt in den Baja Verapaz: nach Cubulco, Rabinal und Salamá fährt die *Salamateca* ab 9. Av. 19-00 Z 1. Einfacher über El Progreso mit der *Monja Blanca,* 8. Av. 15-16 Z 1 jede Stunde bis El Rancho, dort umsteigen.

In den Alta Verapaz am einfachsten mit *Monja Blanca* bis Cobán.

Salamá

ist ein kleines, sauberes Städtchen und liegt von Hügeln umgeben in einem Becken am Fuß der Sierra de Chuacús im Dept. Baja Verapaz. Bestimmend ist Salamás große **Kolonialkirche,** deren 11 geschnitzte Altäre mit Goldfarbe überzogen sind. Unter der blauen Kuppel leuchteten einst bunte Fresken. Die Kirche ist ein Nationaldenkmal Guatemalas und auf alle Fälle sehenswert. Die alte Brücke stammt aus der Zeit von *Las Casas.*

In Salamá gibt es regelmäßig im September eine **Orchideenausstellung,** bei der die schönsten Züchtungen prämiert werden. Die Nationalblume Guatemalas, die weiße Orchidee *Monja Blanca* (weiße Nonne), stammt aus dem Verapaz. Sie wurde 1934 als zweites Nationalsymbol neben dem Quetzal erwählt. Der Export der *Lycaste virginalis alba* ist streng verboten. Insgesamt gibt es über 750 Orchideenarten in Guatemala. Viele davon wachsen am Izabal See und am Río Dulce.

Anfang des Jahrhunderts siedelte die Familie *Asturias* für vier Jahre nach Salamá über, als der Vater von *Miguel Angel* Probleme mit dem Regime *Cabreras* bekam und seinen Job verlor. Während dieser Zeit kam der kleine Miguel mit der Indianerwelt in Berührung, die entscheidend für sein späteres Schaffen war.

Einfache **Übernachtungsmöglichkeit** im *Hotel Tezulutlán.* In der *Cafetería Central* auf der kleinen Plaza außerdem ein gutes *Almuerzo.*

Zwischen den Hügeln führt die Straße nach Salamá in die Sierra de Chuacús.

San Jerónimo

Kurz hinter der Kreuzung *El Rancho* liegt San Jerónimo. Sanft steigen die bewaldeten Hänge zu beiden Seiten des breiten und fruchtbaren Tales an, in dem intensiv gewirtschaftet wird. Ein bißchen erinnert die Talebene an unser Oberrheinisches Tiefland. Die Dominikaner legten bald nach der Gründung des Dorfes ein Bewässerungssystem für die trockenen Böden an und kultivierten Wein, der das gesamte Königreich Guatemala versorgte. Später kaufte ein Engländer das Terrain und verlegte sich auf die Herstellung von Schnaps aus Zuckerrohr, der bald so berühmt wurde wie vormals der Wein. Die Regierung unterhielt hier in San Jerónimo ein offizielles Schnapslager.

Der schönste Blick in das Tal von San Jerónimo bietet sich ein paar hundert Meter nach der Kreuzung *La Cumbre* Richtung Cobán. Wer auf den Bus nach Salamá wartet und Zeit hat, sollte sich die Aussicht von hier oben auf dieses liebliche Tal mit seinen Gemüsebeeten auf keinen Fall entgehen lassen!

Rabinal

Westlich von Salamá schlängelt sich eine steile Serpentinenstraße die Sierra de Chuacús nach Rabinal hoch. Die Gegend ist voll von **präkolumbischen Ruinen,** die aber wenig erforscht und restauriert sind, wie die kleine Festung nordwestlich von Rabinal, die von den Pokomchí-Indianern besetzt war. Heute treffen sich hier Indígenas, um ihre *Costumbres* abzuhalten.

Aus Rabinal stammt das einzige indianische **Tanzdrama**, das vor der Conquista entstand und durch die Übersetzung von *Brasseur de Bourbourg* überliefert wurde. *Rabinal Achí* wird jedoch nicht mehr aufgeführt.

Berühmt sind auch die feinen **Orangen** aus Rabinal und die bemalte Keramik. Beides gibt es Sonntags auf der Plaza zu kaufen. Hier steht die Kolonialkirche des Dorfes, die seit dem Erdbeben 1976 ohne Dach ist. Die Gemeinde hat eine Ersatzkirche errichtet, in der sich die alte zusammengeflickte Glocke befindet, die einst beim Herabsturz zerbrach. Seit Jahren beschweren sich die Bewohner Rabinals über die Verzögerung der Restaurationsarbeiten.

Wer mit dem Auto unterwegs ist, zurück in die Hauptstadt will und Zeit hat, dem empfehle ich eine **Tour nach El Chol und Granados** über die Sierra Chuacús. Eine Landschaft wechselt die andere ab, jede Überquerung eines Sattels bietet ein neues Bild. Die Vegetation wechselt je nach Höhenlage mit scharfen Grenzen, und das Licht läßt die Weite des Blickes als unwirklich erscheinen. Baja Verapaz pur! Für Abenteurer bietet sich von Rabinal aus eine Busfahrt an. Die ist jedoch sehr lang, und ich weiß nicht, ob es möglich ist, an einem Tag direkt in die Capital zurück zu fahren.

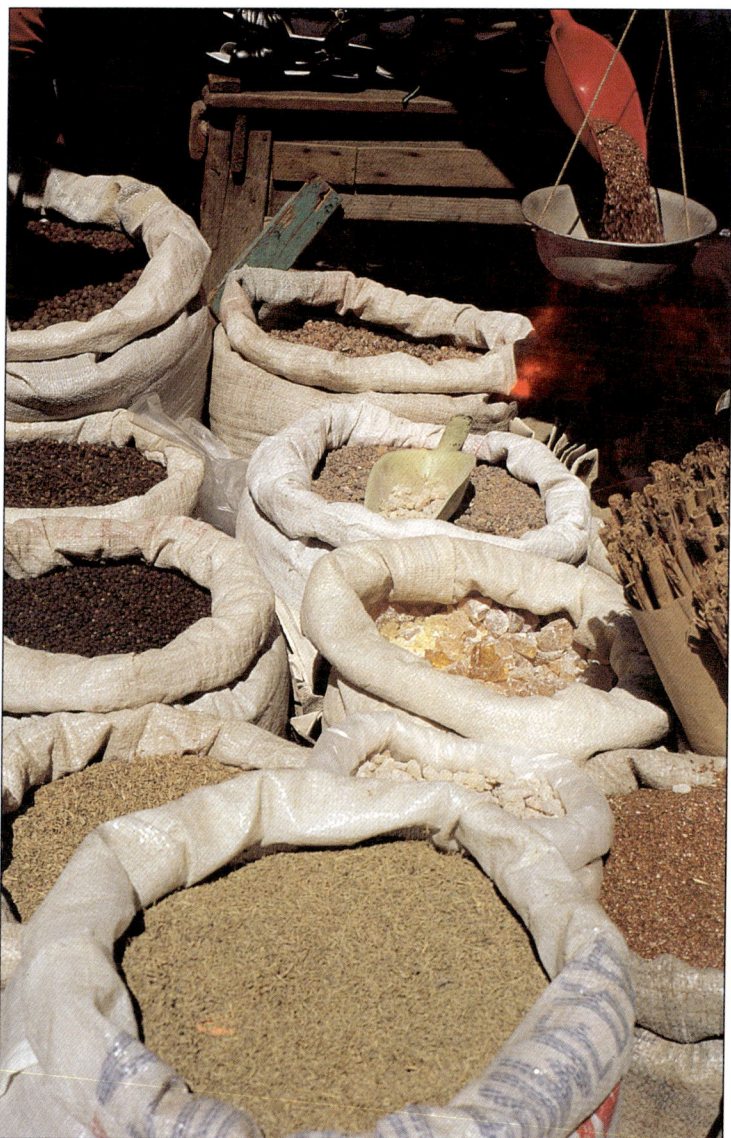

Kopal: Auf den Märkten Guatemalas gibt es neben aromatischen Gewürzen gelbes Kopalharz zu kaufen, das die Indígenas während ihrer Costumbres verbrennen.

Trachten: Die indianische Webkunst findet ihren schönsten Ausdruck in den bunten Trachten der Dörfer. Farben, Motive und Symbole sind genau festgelegt, und die Muster werden traditionell an die nächste Generation weitergegeben.

Quetzal: Sein Lebensraum sind die feuchten Nebelwälder des Landes. Wer den Quetzal beobachten möchte, muß früh am Morgen aufstehen und viel Geduld aufbringen. (Er nistet in hohlen Baumstämmen.)

Campesinos: Im Hochland von Guatemala leben die indianischen Bauern. Grundnahrungsmittel ist der Mais, der schon bei den Maya eine heilige Pflanze war.

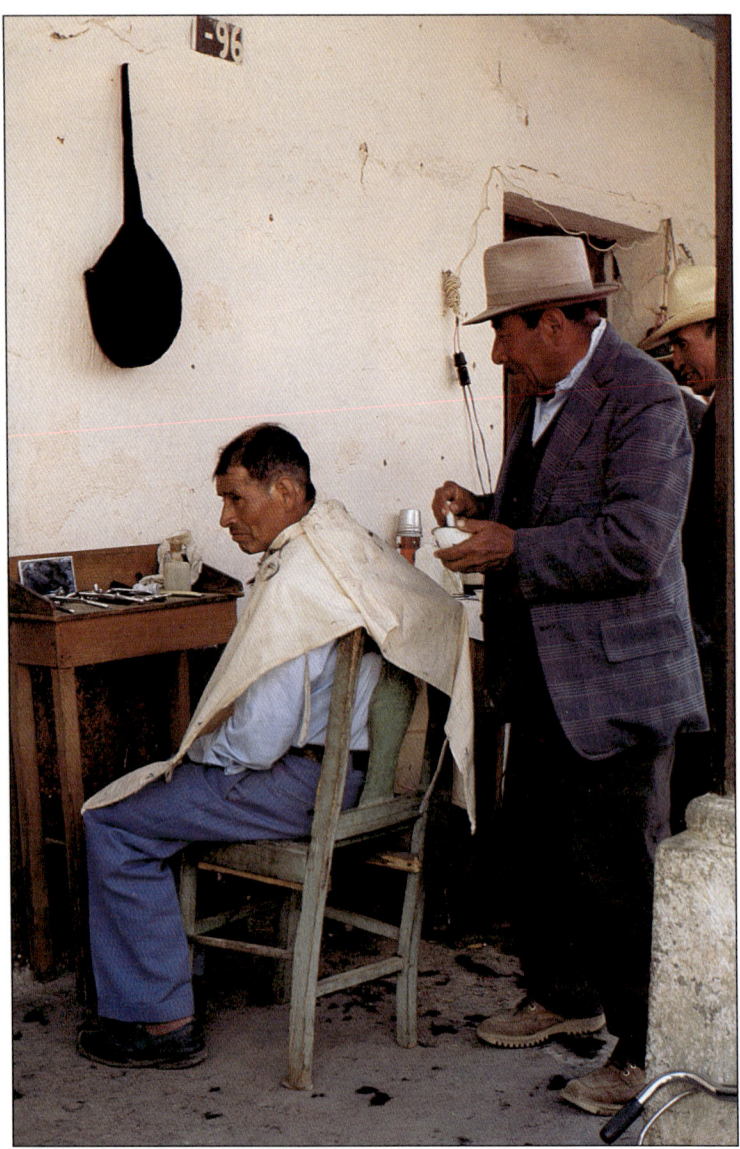

Friseur: Nicht so sehr der neueste Haarschnitt ist von Bedeutung, doch der Bart muß ab.

Biotop del Quetzal

Die Weiterfahrt Richtung Norden in den Alta Verapaz führt am *Biotopo del Quetzal* vorbei. Auffällig sind hier die extrem rot leuchtenden Laterit-Böden, die durch Oxidation der hohen Eisen- und Aluminiumanteile enstehen. Ein kleiner Teil des 4 km südlich von Purulhá ausgewiesenen Naturschutzgebietes ist zugänglich. Der Schutz der Flora und Fauna des Nebelwaldgebietes im Nordosten der Sierra Chuacús wurde 1977 von *Mario Dary Rivera*, dem ehemaligen Universitätsrektor der San Carlos Universität, initiiert. *Rivera* wurde 1981 ermordet.

Es gibt zwei verschieden lange, gut angelegte **Pfade** durch den Dschungel des Quetzal. Der kleinere Weg (2 km) führt mitten durch das Reservat, während der große (3,6 km) das Biotopo umrundet und für den man gut zwei Stunden einplanen sollte. Die Luft hier ist immer feucht, je nach Jahreszeit blühen Orchideen oder Bromelien. Moose, Farne und Palmenarten sind satt grün und verleihen dem Wald selbst an nebligen Tagen eine herrlich exotische Atmosphäre. Am Eingang des Biotopos weist eine Dokumentation mit Texten und Fotos auf das Leben in diesem Nebelwald hin. Das Biotopo zählt ca. 30.000 Besucher jährlich. An Wochenenden sind hier viele Leute unterwegs, so daß ein Aufenthalt unter der Woche zu empfehlen ist. Der Eintritt ist frei, die Öffnungszeiten sind täglich von 6.00 - 16.00 Uhr.

Übernachtungsmöglichkeit im großen *Hotel Posada Montana del Quetzal*, gute Mittelklasse, Km 156,5, ca. 5 km vor dem Biotopo. Hier gibt es gepflegte Bungalows und Zimmer, einen Pool (in dem bei dem kühlen Klima niemand badet) und ein Restaurant. Am Wochenende meist ausgebucht. Reservierungen in der Hauptstadt, Tel. 314181. Man muß selbst sehen, wie man von hier die paar Kilometer zum Biotopo kommt, zu Fuß, mit einem Bus oder einer Mitfahrgelegenheit.

Billiger und dem Eingang zum Biotopo näher sind die kleinen Holzhütten der damaligen San Carlos-Studenten, die das Reservat eingerichtet haben und die heute zu einer *Hospedaje* umfunktioniert worden sind. Ich war insgesamt dreimal dort. Beim letzten Mal war der Preis plötzlich teurer, die Hänge wieder einmal voll Müll, und Arbeiter begannen, aus Beton neue Häuschen zu konstruieren. Hierher kommt der Quetzal jeden Morgen, um sich in den hohen Bäumen sein Futter zu holen. Wenn hier allerdings der "Bauboom" ausbricht - womöglich werden auch noch die Futterbäume des Quetzal dafür geopfert - ist es mit der heimeligen Atmosphäre der urigen Holzhütten und dem morgendlichen Besuch des schönsten Vogels Guatemalas wohl endgültig aus.

Quetzal: oben Männchen, unten Weibchen

Quetzal *(Pharomachrus mocino)*

In Guatemala ist der Quetzal überall anzutreffen: Auf Denkmälern, Töpferwaren, Fir-
menschildern, Geldscheinen, Teppichen
und Textilien findet sich dieser berühmte
Vogel in allen nur erdenklichen Größen,
Farben und Formen. Er ist Erkennungszei-
chen und Legende, das Symbol des Landes
schlechthin. Doch lebend kann man diesen
kleinen Nebelwaldbewohner nur noch selten
bewundern. Seiner Schönheit und besonders seiner langen Schwanzfedern wegen
wurde er in der Vergangenheit viel gejagt
und getötet. Der Quetzal nistet in hohlen
Baumstümpfen. Während der Brutzeit zwischen Februar und April wechseln sich
Männchen und Weibchen ab. Nach etwa
zwei Wochen haben die Jungen ein vollständiges Federkleid, bleiben aber noch
einige Zeit in der Nähe des Nestes, bevor
sie sich selbständig machen.

Guatemala ist die ureigene Heimat des
Quetzal. Die Maya verehrten ihn als Götter-
boten, und in den alten Schriften der Indianer wird mit ihm die höchste Steigerung des
Schönen ausgedrückt. Je nach Licht schil-
lern seine Federn grün oder blau. Die mehr
als einen Meter langen Schwanzfedern des
Männchens verleihen seinem Flug etwas
Leichtes, fast Schwebendes. Über seine rote
Brust gibt es viele Legenden. So soll er sich
nach der Schlacht zwischen Pedro de Alvarado und den Quichés im Tal des heutigen Quetzaltenangos auf die blutende Brust
des gefallenen Indianerhäuptlings Tecún
Umán gesetzt haben, die die seine tiefrot
färbte.

Es heißt, ein Quetzal kann nur in Freiheit
leben. Wird er in einem Käfig gesperrt, stirbt
er. Bei den Maya war es deshalb verboten,
ihn in Gefangenschaft zu halten oder gar zu
töten. Nur seine Schwanzfedern waren damals schon Objekt der Bewunderung und
ein Zeichen der Herrschaft, mit denen sich
die höchsten Würdenträger schmückten. Im
Kunsthistorischen Museum in Wien ist das
einzigartige Stirnband des mexikanischen
Königs Moctezuma ausgestellt, das ganz
und gar aus den Federn des Quetzals gefer-

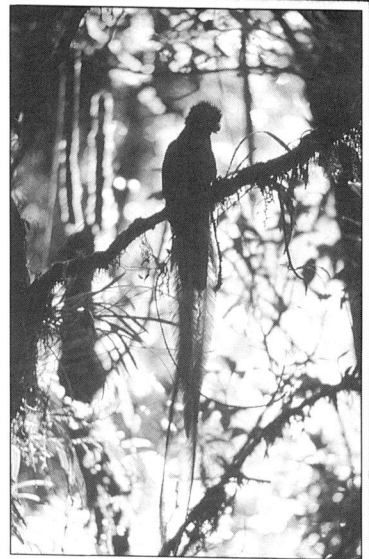

tigt ist. Unter den Spaniern kam ein regel-
rechter Handel mit den Schwanzfedern auf.
Nicht selten mußten damit die Indianer ihren
Tribut an die Lehensherren bezahlen. Geld-
gier und Jagdfieber der neuen Herrscher
dezimierten schon früh seinen Bestand.
Nach der liberalen Revolution 1871 wurde
der Quetzal als Symbol der Freiheit und Unabhängigkeit ins guatemaltekische Natio-
nalwappen aufgenommen, wo er zwischen
zwei gekreuzten Bajonetten thront. Womöglich veranlasste dieser Symbolgehalt die
Regierung von 1924, die Landeswährung
nach dem Quetzal zu benennen.

Es ist schon eigenartig: Wer sich länger in
Guatemala aufhält, für den wird der
Wunsch, einmal diesen Paradiesvogel zu
sehen, immer größer. Auf unseren Streifzügen durch den Baja Verapaz entdeckten wir
eines frühen Morgens ein Pärchen zwischen
den hohen Wipfeln der Bäume. Das Spiel
der beiden und der aufgeregte Zickzackflug
des Männchens, bei dem er seine grünen
Schwanzfedern kokett hinterher schwang,
war ein unvergeßliches Erlebnis.

Alta Verapaz

Vom Quiché in den Alta Verapaz

Wer nicht gerade vom Quiché aus in die Verapaces fährt, wird in aller Regel einen Erster Klasse-Bus von der Hauptstadt aus nehmen und über das Departament El Progreso zuerst in den Baja Verapaz, dann nach Cobán, der Hauptstadt des Dept. Alta Verapaz, fahren. Die Fahrt von Uspantán in den Alta Verapaz ist lang und anstrengend. Aber man sieht sehr viel von Guatemala auf diesen wenig befahrenen Wegen: Ananasfelder hinter Uspantán sowie Zuckerrohr- und Citrusfruchtplantagen. Und wo gerade

noch eine kleine Bananenplantage gepflanzt war, überrascht nach dem Überschreiten des nächsten Sattels plötzlich die Trockenheit der Gegend. Auf nur wenige Kilometer Distanz erzwingt der Klimawechsel einen völlig anderen Anbau. Die starke Reliefierung des Hochlandes bewirkt eine außerordentlich dichte Kleinräumlichkeit von Mikroklimata. Bei El Palacio sieht es aus, als würde es nie regnen, doch je näher der Alta Verapaz rückt, um so tropischer, feuchter und fruchtbarer wird die Gegend, bis kein Zweifel mehr besteht, daß der "Garten Eden", wie Alta Verapaz genannt wird, erreicht ist.

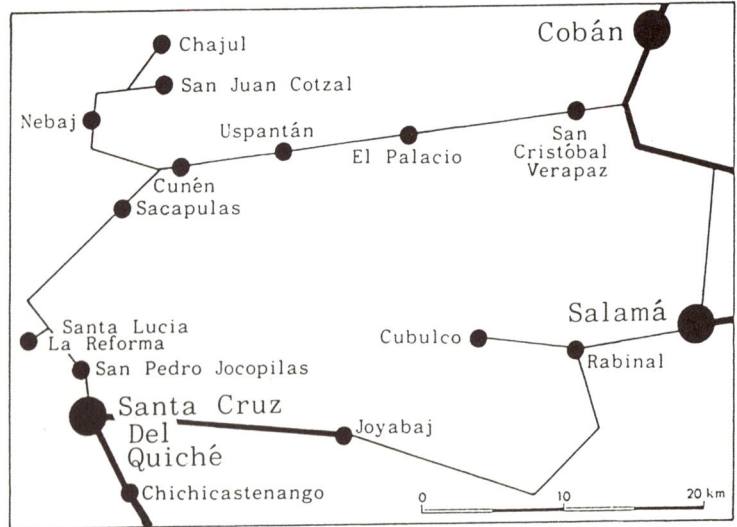

Cobán

Die Stadt (1371 m) wurde 1538 von *Fray Bartolomé de Las Casas* gegründet und erhielt kurz darauf von *Karl V.* den Titel einer "Ciudad Impe-

rial" (Reichsstadt). Durch seine zentrale Lage inmitten ausgedehnter Kaffee-, Kardamom- und Zuckerrohrplantagen wurde Cobán bald eine blühende und reiche Stadt, die vor allem von Deutschen geprägt wurde. Auffällig sind heute noch die vielen deutsch klingenden Namen.

Einzigartig in Cobán ist die dreiekkige **Plaza**. Die Gestaltung des kleinen Parques in der Mitte ist ebenso eigenwillig. Ein wenig befremdlich wirkt der **Musikpavillon**, der einer fliegenden Untertasse gleicht, von dem aus aber ein schöner Rundblick über die Plaza möglich ist.

Dahinter steht das **Denkmal** des großen Sohnes der Stadt, *Manuel Tot*, von *Galeotti Torres*. *Tot* war ein Kämpfer der Unabhängigkeitsbewegung Anfang des 19. Jahrhunderts. Seine Haltung verrät schon fast sein Schicksal. Niemand weiß genau, wann er an den Folgen der Folter durch die Spanier starb. Im Jahre 2077, hundert Jahre nach der Aufstellung, soll das Denkmal geöffnet werden. Wer weiß, was sich darin befindet...

In der **Kathedrale** von Cobán zu Ehren des Santo Domingo steht eine barocke Marienstatue, die eine nicht weniger schmerzhafte, für die Cobaneros sogar peinliche Behandlung im Laufe der Jahrhunderte über sich ergehen lassen mußte. Als man Mutter mit Kind Ende des 19. Jahrhunderts neu einkleiden wollte, entdeckten die Schneider, daß die beiden Holzfiguren ein siamesisches Paar waren. Was tun? Sie hieben dem Jesuskind kurzerhand Arme und Kopf ab, verdeckten die Wunden mit einem Tuch und legten der Mutter einen neuen Sohn auf die Reste des alten in den Arm. Die nächsten Kleiderwechsler 1972 verschwiegen diskret diesen "Unfall". Erst 1979

wurde die Marienfigur zu einem Restaurator gebracht, der der Mutter den ursprünglich sitzenden Sohn wieder zurückgab. Nachzulesen war diese Geschichte in der Kathedrale, wie auch ein Erlebnisbericht des amerikanischen Schriftstellers *William T. Brigham* aus dem Jahre 1883, der Cobán besuchte und fotografierte. Die Texte und Fotos wurden 1992 geklaut. Hinter der Kathedrale von Cobán befindet sich der **Markt**, der jeden Tag abgehalten wird.

Die *Feria de Cobán* in der ersten Augustwoche ist eine der größten Fiestas des Landes. Das **Folklorefestival** ist Jahr für Jahr ein nationales Ereignis, bei dem Presse und Fernsehen dabei sind. Größtes Spektakel ist die Wahl der *Reina Indígena* (Indianerkönigin), das indianische Pendant zur "Miss Guatemala". 1936 gab es die erste Indígena-Wahl. Zu einer nationalen Sache steigerte sich der Schönheitswettbewerb aber erst 1971 und steht seitdem im Kreuzfeuer der Kritik. Nicht zuletzt deshalb, weil in den Jahren der grausamen Ausrottungsfeldzüge gegen die indianische Bevölkerung die Zurschaustellung von hübschen Indígena-Mädchen aus dem ganzen Land den Gipfel des Zynismus darstellte.

Sehenswert ist das **Calvario** von Cobán, eine kleine koloniale Friedhofskapelle aus dem 16. Jahrhundert. 130 steile Stufen winden sich auf den Hügel *Chupanek*, von dem aus eine schöne Sicht auf die Stadt und die Umgebung möglich ist. Die Legende erzählt, daß eines Tages ein Indígena zwei schlafende Jaguare im Morgengrauen auf dem Hügel antraf. Wenig später erschien ihm an derselben Stelle das Bildnis des Gekreuzigten, das er in das größte Haus des Dorfes brachte. Doch kehrte Christus immer wieder auf den Hügel zurück, bis man sich entschloß, ihm 1559 eine Kirche zu errichten. Die Jaguare, heilige Tiere bei den Maya, sind (in Stein gehauen) immer noch anwesend.

Kleine Altäre begleiten den Aufgang zum *Calvario,* die vom Ruß der Kerzen schwarz gefärbt sind und in deren Opfernischen *Tamales,* Bohnen, Maisblätter, Federn und anderes liegen. Wenn die Indígenas beim Hinaufgehen mit einem Zweig gegen die Mauern des Treppenaufgangs klopfen und danach den Kopf ihres Kindes berühren, soll dieses Ritual gegen Kinderkrankheiten und Wachstumsstörungen helfen. Die Christusfigur in der Kapelle stammt von dem berühmten spanischen Bildhauer *Zuñiga.* Einen Block vom Calvario entfernt befindet sich der 82 ha große *Parque Nacional Las Victorias.* Er ist wunderschön angelegt.

Auffällig ist die **Tracht** der Cobaneras. Der schwarze Faltenrock mit den hellen Streifen ist sehr weit geschnitten. Darüber tragen die Frauen einen leichten, weißen *Huipil,* der mit bunten Stickereien an Kragen und Ärmeln versehen ist. Er wird lässig über dem Rock hängengelassen. Meistens schmücken sie sich noch mit allerlei Silberketten. Weiter draußen auf dem Land werden die *Huipiles* immer kürzer und gehen

grade noch bis zum Bauchnabel. Obwohl die dick gewebten *Huipiles* des Westlichen Hochlandes die Blusen aus dem Alta Verapaz bei weitem an Farben und Mustern übertreffen, haben auch diese ihren Reiz und wirken etwas weiblicher.

Die Aufteilung der **Stadtzonen** ist nicht wie sonst üblich zentral-peripher angelegt, sondern sie treffen an der Plaza zusammen.

Guatel (Telefon) befindet gegenüber der Stadtverwaltung auf der Plaza. Eine **Banco de Guatemala** ist in der Zone 2, die **Post** in der Zone 3 in der Nähe des Marktes hinter der Kathedrale. Ein **Kino** gibt es in der 1. Calle 3. Av., Z 3. Wem es besonders gut in Cobán gefällt, kann hier sogar einen **Sprachkurses** belegen. Informationen bei *Casa del Arco,* 2. Calle 16-91, Z 4, Tel.0511-755.

Hotels und Hospedajes

•**La Posada,** 1. Calle 4-12, Z 2, an der Plaza. Das Hotel und Restaurant war einst eine große Finca und ist im Kolonialstil erbaut. Die Zimmer, die sich um den schönen Patio gruppieren, sind mit antiken Möbeln eingerichtet. Man sollte sich unbedingt eine Nacht in dieser kolonialen Atmosphäre gönnen, aber darauf achten, nicht im "Anexo", einem Nebengebäude gegenüber, untergebracht zu werden. Am Wochenende ist die Posada meist ausgebucht. Tel. 0511(Cobán)-495. Das Management haben heute Amerikaner übernommen.
•**Oxib Peck,** 1. Calle 12-11, Z 1. Komfortabel, mit Möglichkeit zum Frühstücken.
•**Hacienda Imperial** 6. Av. 1-12, Z 1. Hotel und Restaurant. Komfortabel und sauber. Wie Oxib Peck gute Mittelklasse.
•**Rabin Ajau,** 1. Calle 5-37, Z 1. Hotel und Restaurant, Disco, Pizzeria. Relativ neu, aber etwas laut an der Hauptstraße gelegen.
•**Hotel Mansión Armenia** 7. Av. 2-18, Z 1.
•**Hotel Central** 1. Calle 1-79, Z 4, hinter der Kathedrale. Einfach, aber in Ordnung.
•**Hospedaje Maya,** 1. Calle 2-33, Z 4.
•**La Paz,** 6. Av. 2-19, Z 1. Viele Hotels befinden sich außerdem in der 6. Avenida unterhalb der Plaza.

Restaurants und Kneipen

•Am besten ißt man im Restaurant der **La Posada** (s.o.), ebenso im **Cobán Imperial**. Im **El Refugio** an der Plaza gibt es akzeptable Steaks. Das **La Cruz** 6. Av. 1-24, Z 2 hat leckere Spezialitäten, und in der **Talanquera** 6. Av. 2-13, Z 1 gibt es ein einfaches, aber gutes Mittagessen.
•Nicht versäumen sollte man einen Besuch im **Café Tirol** an der Plaza. Die Kaffeekarte ist ein Erlebnis, das Ambiente kolonial. Schön dort die Bougainvillen am Eingang, die einen blühenden Tunnel bilden.
•Wer Kaffee kaufen möchte, kann das direkt bei der Finca Dieseldorff 3. Calle 4-12, Z 2 tun.

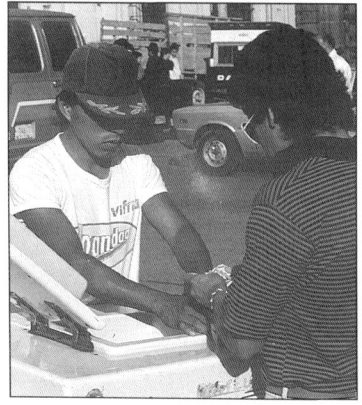

Verbindungen

Nach Cobán: von der Hauptstadt aus *Escobar-Monja Blanca*, 8. Av. 15-16, Z 1, stündlich bis zum Nachmittag. Mit Erster Klasse-Pullman fährt es sich bequemer. Sonst fahren auch Busse auf der 18. Calle 6. Av., Z 1 ab. Eine andere Möglichkeit bietet jeder Bus Richtung Puerto Barrios/Karibik, in El Rancho umsteigen.

Von Cobán: in die Hauptstadt zurück 2. Calle 3-77, Z 4, stündlich bis zum Nachmittag. In andere Richtungen ab Terminal in der Zone 4. Busse nach Lanquin gehen ebenfalls von hier ab. Sich dort umschauen!

Die Umgebung von Cobán

San Cristóbal Verapaz

Wer vom Quiché in den Alta Verapaz fährt, kommt 20 km vor Cobán durch San Cristóbal Verapaz. Der Name der präkolumbischen Siedlung an dieser Stelle lautete "Cak-Coj". Geblieben ist die Sprache der *Pocomchí* in dieser Region, während in Cobán die *Kekchí* leben. San Cristóbal ist ein ruhiges, liebenswertes Städtchen. Größter Arbeitgeber hier ist die Schuhfabrik am Ortseingang. Ledergeruch empfängt einen,

wenn man von Cobán her kommt.

Von der Kirche aus ist die **Laguna de San Cristóbal** zu sehen, von der die Legende erzählt, das sie 1590 entstanden sei, als sich spanische Priester und Indígenas wegen der Ausübung heidnischer *Costumbres* stritten. Daraufhin gab es ein Erdbeben, die Erde öffnete sich an dieser Stelle und füllte sich allmählich mit Wasser. Der kleine See ist leider nicht mehr zum Baden geeignet.

Die **Kirche** San Cristóbals enthält wie die von San Pedro Carchá kostbare Silberarbeiten. Bemerkenswert sind die zwei Säulenreihen, die das Kirchenschiff durchziehen. Der Silberaltar steht vor einer Holzwand,

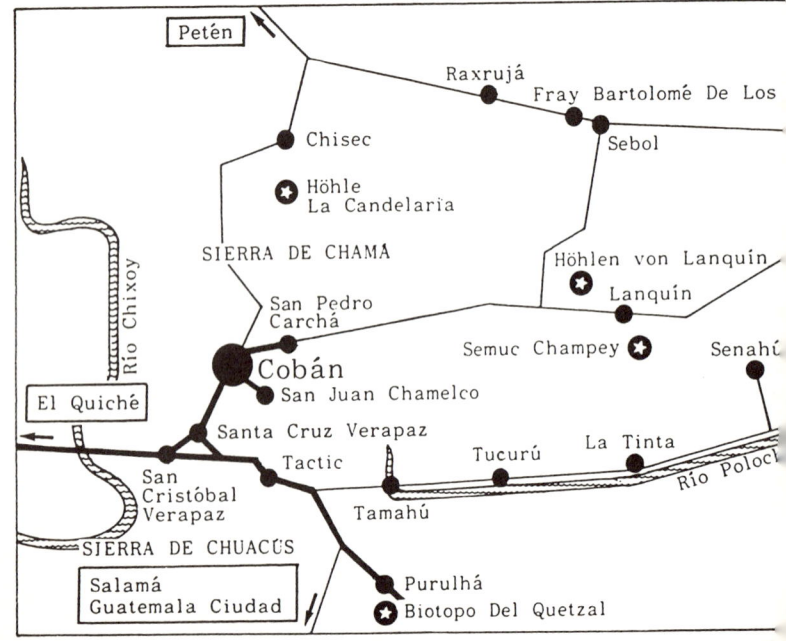

hinter der die Besucher unbeobachtet ihre Gebete verrichten. Die koloniale Kirche wurde mit Hilfe der Bundesrepublik nach dem Erdbeben rekonstruiert.

Busse fahren stündlich nach San Cristóbal Verapaz von Cobán aus.

In der Nähe befindet sich das skandalumwitterte **Wasserkraftwerk Chixcoy**, von dem 60% der nationalen Energieversorgung abhängt. Die gesamte Anlage besitzt eine Gesamtlänge von 46 km und kostete 700 Mio. $. Bei der Ausführung wirkte die deutsche Firma *Hoch-Tief* mit. Vor einigen Jahren entdeckte man

technische Fehler und gravierende Schäden an Tunnel und Stollen, die auf unsachgemäße Ausführung des Bauprojekts zurückzuführen waren. Seit Jahren streiten sich nun Politiker und Unternehmer um die Verantwortung. Tatsache ist, daß durch Korruption, Hinterziehung und Mißwirtschaft das Kraftwerk bis heute nicht voll in Betrieb genommen werden konnte. Chixoy ist nur ein Beispiel, wenn auch das teuerste in der jüngsten Geschichte Guatemalas, für die Art und Weise, wie schnell aus gemeinnützigen Vorhaben eigennützige Projekte werden können.

Ein kleiner Ausflug nach **San Juan Chamelco** lohnt sich allein wegen der kolonialen Kirche, um deren Glocke sich eigenartige Legenden ranken. Sie soll von dem Spanienfreundlichen Kaziken *Juan Matalbatz* aufgehängt worden sein. Es heißt, viele Jahre durfte sich keine indianische Frau der Glocke nähern, aus Angst, sie könnte Schaden an den hellen und klaren Tönen nehmen.

San Pedro Carchá

Die Teerstraße von Cobán nach San Pedro Carchá verläuft am Río Cobán entlang und endet hier. Der kleine Ort östlich von Cobán, den man gut in einem einstündigen Spaziergang erreicht, ist das **Silberzentrum** des Alta Verapaz und bekannt für seinen Schmuck und seine Keramik. Aufgrund der Durchgangslage und Nähe großer Fincas war der Markt von San Pedro schon immer einer der

Die Deutschen in Guatemala

Mitte des 19. Jahrhunderts begannen deutsche Einwanderer den Engländern die wirtschaftliche Vorherrschaft in Guatemala streitig zu machen. Die Industrialisierung mit all ihren Folgen für das In- und Ausland machte dies möglich. Es war die Zeit, als in Hamburg und Bremen der Überseehandel aufblühte. Die ersten Deutschen kamen um 1830 als Kaffeepflanzer nach Guatemala. Der Kaffee begann das damalige Hauptausfuhrprodukt Koschenille nach dem Durchbruch synthetischer Farbstoffe abzulösen. Schon 1852 wurden Freundschafts-, Handels- und Schiffahrtsverträge zwischen der guatemaltekischen Regierung und den Hansestädten abgeschlossen. 1868 gab es bereits eine "Asociación Alemana Beneficencia de Guatemala", die den Deutschen in Guatemala Hilfe in Notfällen garantierte.

1870 erfolgte während der liberalen Ära Guatemalas die größte Einwanderungswelle deutscher Pioniere, angelockt durch die Vergünstigungen, Privilegien und Garantien beim Erwerb von Grundbesitz in den dünnbesiedelten Gebieten der Verapaces und andernorts. Die berühmtesten Deutschen waren Rudolf Klee, Heinrich Dieseldorff, Franz Sarg und Richard Sapper, dessen Bruder Karl sich als Geograph und Landeskundler einen Namen machte. Viele dieser Familien besitzen auch heute noch riesige Ländereien.

Von Beginn an überließ Guatemala das Kaffeegeschäft ausländischem Kapital. Und die Deutschen reagierten schnell. Innerhalb weniger Jahre hatten sie den Umständen entsprechend ein perfektes Handels,-Verwaltungs- und Kommunikationsnetz aufgebaut, daß sie mit heimischen Waren versorgte, den Kontakt zum Mutterland aufrecht erhielt und nicht zuletzt für die Abnahme des Kaffees garantierte. In Hamburg lagen die Importmengen des guatemaltekischen Kaffees damals hinter dem brasilianischen an zweiter Stelle. 1897 gab es ca. 900 Deutsche in Guatemala, wovon 85% Männer waren. Sie besaßen allein im Alta Verapaz fast 1500 km² Land. Sie produzier-

Der Geburtsort Herrn Schleehaufs war sicherlich luxuriöser als sein Grab.

ten um die Jahrhundertwende ein Drittel des gesamten guatemaltekischen Kaffees (36%).

Den I. Weltkrieg überlebten die Deutschen in Guatemala fast unbeschadet, trotz großer Schwierigkeiten, die ihnen die Engländer bereiteten. Während des II. Weltkrieges begann auf Druck der Amerikaner die große Enteignungswelle. Deutsche wurden festgenommen und in den USA interniert. Nach Kriegsende gelang es vielen, ihren überschriebenen Besitz zurückzugewinnen. Ein Teil der Fincas ist aber bis heute unter den Bauern aufgeteilt.

Spannender und aufschlußreicher als alle wissenschaftlichen Untersuchungen über das deutsche Phänomen im Alta Verapaz finde ich das Tagebuch von Karl Sapper. Am 6. April 1890 schreibt er über das sozialkulturelle Leben der Deutschen in Cobán einen kleinen Abschnitt, der zum Schmunzeln, Kopfschütteln oder Ärgern Anlaß gibt: "...Angenehmere und reizvollere Anregung gewähren die Unterhaltungen und Gesellschaften, welche in den deutschen Familien oder im Deutschen Club stattfinden, und ich kann es mir nicht versagen, den Leser noch für einige Zeit nach dem Vereinslokale einzuladen, welches für die Deutschen Cobáns immerhin von Bedeutung ist. Man müßte in gänzlicher Unkenntnis unseres National-charakters befangen sein, wenn man an-nehmen wollte, daß sämtliche hier ansäs-sigen Deutschen diesem Vereine angehö-ren würden, denn Einigkeit ist noch niemals unsere Stärke gewesen. Immerhin aber hat sich der weitaus größere Teil der hiesigen Deutschen in diesem Club zusammenge-funden und sich so einen gesellschaftlichen Mittelpunkt geschaffen. Der Versammlungs-ort ist ein einfaches Gebäude (Eigentum des Vereins) im Innern der Stadt, eine Anzahl deutscher Zeitungen und Zeitschriften liegt hier zum Lesen aus, ein Billard bietet man-che angenehme Unterhaltung, und die Ke-gelbahn versammelt des öfteren eine grö-ßere Zahl von Mitgliedern zu gemeinsamem Spiele; unentwegt aber sitzen fast stets et-liche Herren Stunde um Stunde beim un-vermeindlichen Skat. Die Fechtgeräte (Schläger und Säbel), welche an den weiß-getünchten Wänden hängen, dienen nicht bloß zur Zierde, sondern auch zur Übung, und auch Gambrinus, dessen buntes Kon-terfei neben patriotischen Bildnissen und Emblemen die Wände schmückt, ladet nicht vergebens zum Trunke ein, obgleich der edle Gerstensaft hier ziemlich kostspielig ist (die Flasche Hackerbier kostet sechs Rea-les, das heißt etwa 2 Mark 40 Pfennig.) Bei Festlichkeiten pflegen sich sämtliche an-wesende Mitglieder des Clubs und etwa noch einige befreundete Gäste zu löblichem Tun zu versammeln und nach echter deut-scher Weise mit Gesang, Geplauder und gelegentlichen musikalischen oder poeti-schen Vorträgen sich zu vergnügen, wobei das Trinken natürlich nicht vergessen wird und das erquickende Naß in Gefäßen ver-schiedener Größe, vom kleinen Viertelliter-Gläschen bis zum echten Münchener Maß-kruge, in erheblicher Menge zum Munde ge-führt wird, was das Staunen etwa anwesen-der Landesangehöriger und der durchs Fenster zuschauenden Indianer in hohem Grade erweckt.

Man sieht, der Deutsche lebt hier recht behaglich in dem fremden Lande, und dies zu zeigen war der Zweck dieser Zeilen."

größten und wichtigsten. Cobán und San Pedro lebten daher lange Zeit in Konkurrenz nebeneinander. In dem von Dominikanern gegründeten San Pedro ist noch etwas von der kolo-nialen Atmosphäre zu spüren, wenn man über die alten, wuchtigen Steinbrücken geht oder vor der gro-ßen weißen Kirche steht.

Die **Plaza** ist weitläufig, der Parque in der Mitte ein Musterbeispiel an Sauberkeit und Ordnung. Die Pe-dreños halten etwas auf sich, wie sich auch an der 1950 errichteten Municipalidad erkennen läßt.

Das am Ortseingang angekündigte **Museo Regional** ist nicht mehr als der Raum Nr.1 in der Schule von San Pedro in der Nähe der Plaza. Ausgestellt sind Schmuckstücke, Keramiken, Textilien, Photos und allerlei regionaler Krimskrams.

Nicht weit vom Zentrum entfernt befindet sich der **Wasserfall** *Las Is-las*, in dessen eisigem Pool baden kann, wer sich traut.

Die **Busse** fahren stündlich von Cobán nach San Pedro Carchá. **Übernachtungsmöglichkeit** gibt es im Hotel *Shanghai* in der Zone 2 ne-ben weiteren kleinen Hospedajes.

Lanquín

Die Gegend um Lanquín ist eine ein-drucksvolle Kegelkarstlandschaft, die durch ihre vielen runden Hügel, die dicht an dicht stehen, von wei-tem wie eine riesige grüne Buckelpi-ste aussieht. Die Landschaft ist das Ergebnis intensivster Lösungsvor-gänge im Karbonatgestein. Leider wird auch hier in einem Umfang gerodet, der den Naturraum nachhaltig schädigt. Die guatemaltekische Regierung hat daher eine große Wiederaufforstungskampange gestartet.

Auf den fruchtbaren Böden der tiefen, steilwandigen Trichterdolinen bauen die Campesinos ihren Mais an.

Die Region ist durch eine ausgedehnte Fincawirtschaft geprägt, die Kaffee, Kardamom, Kakako, Achiote und anderes kultiviert. Die Hauptabnehmerländer für den **Kardamom** sind die arabischen Staaten, wo sich seit Alters her der Glaube erhalten hat, daß dieses wertvolle Gewürz eine stimulierende Wirkung auf Körper und Geist ausübt, wenn man darin badet. Außerdem soll es die Frauen schön machen... Bei uns wird Kardamom zu Weihnachten in den Lebkuchenteig gemischt. Ein Tip: ein paar gemahlene Körner im Kaffee oder Tee unterstreichen

wunderbar das Aroma. Kardamom ist ein Ingwergewächs und wächst als große Staude mit fingerförmigen Blättern. Sie blüht am Fuß der Pflanze und bringt eine Art Nüsse hervor, in denen sich die Kerne befinden. Die Kardamomernte ist deshalb kein Vergnügen und eigentlich steht die Größe der Pflanze in keinem Verhältnis zu den winzigen Körnchen. Kardamom ist auf dem gesamten Weltmarkt so teuer, daß er im Produktionsland Guatemala kaum erhältlich ist. Doch wie beim Kaffee hat sich auch die Ausfuhr von Kardamom in den letzten Jahren verringert. Noch aber ist Guatemala der größte Kardamomproduzent der Welt.

Übernachtungsmöglichkeiten im *Hotel Recreo* vor Lanquín oder im Dorf selbst. Es ist ein kleines Dorf mit kolonialer Kirche, etwas verschlafen, aber in schöner Lage.

Höhlen und Sinterterrassen

Der Osten des Alta Verapaz ist ein Gebiet mit smaragdgrünen Flüssen, die über Kalkterrassen fließen, aus Höhlen austreten, als Wasserfälle über Steilstufen herabstürzen, Wildwasserstrecken bilden oder manchmal in der Erde versickern, um als sprudelnde Quellen andernorts wieder zum Vorschein zu kommen. Hauptfluß ist der Río Cahabón, der sich bestens für ein Rafting durch den bizarren Karst des Verapaz eignet.

Blütenstand einer
Kardamom-Pflanze

Ein unvergeßlicher Ausflug ist der Besuch der *Tropfsteinhöhlen von Lanquín* und der *Kalksinterterrassen von Semuc Champey*, die das Wasser nach jeder Treppe in klaren Becken sammeln. Beide Sehenswürdigkeiten liegen ca. 70 km von Cobán entfernt. Nach Lanquín geht ein Bus, Semuc Champey liegt etwas versteckter und erfordert einen Fußmarsch.

Die *"Grutas de Lanquín"* sind ein weitverzweigtes Höhlensystem von fast 100 km Länge. Aus einem Nebentor tritt rauschend der Río Lanquín aus und fließt dann in ein von dichter Vegetation umgebenes, türkisfarbenes Becken. Weiter im Westen mündet dieser traumhafte Fluß in den Cahabón. Der Eingang zur Höhle wirkt wie ein großer schwarzer Schlund, den man durch einen Stalaktitenvorhang betritt. Das Innere ist atemberaubend! Riesige Dome erheben sich bis zu einer Höhe von 50 m. Bizarre Tropfsteine verleihen den Hallen ein unwirkliches Aussehen, und die tiefen Löcher zwischen den Kalkblöcken verraten, daß es soweit runter wie rauf geht. Früher wurde die Höhle von den Maya zu kultischen Zwecken benutzt. Heute beleben nur noch hunderte von Fledermäusen diese unterirdische Welt.

Die Begehung der Höhle ist nicht ganz ungefährlich. Die Wege sind durch den Verwitterungslehm extrem glitschig, es gibt praktisch nichts zum Festhalten. Das letzte Stück Weg führt über eine abenteuerlich angebrachte Stahlleiter unter das Dach der Höhle. Das ist wirklich nur was für Schwindelfreie!

Ein Besuch der Höhle lohnt sich doppelt, wenn man vorher in Lanquín (30 Min. Fußweg) bei der Municipalidad darum bittet, das Licht einzuschalten. Es kostet ein paar Quetzales. Denn selbst eine gute Taschenlampe versagt bei diesen Dimensionen. Falls am Wochenende die Verwaltung geschlossen ist, sich einfach im Dorf durchfragen, es ergibt sich immer eine Möglichkeit.

9 km südlich von Lanquín befindet sich ebenfalls auf ca. 360 m Höhe das *Naturwunder von Semuc Champey*, eine natürliche Kalkbrücke mit 300 m Länge, die vom Río Cahabón unterspült wurde. Auf ihr haben sich sechs Sinterterrassen herausgebildet und bilden Becken, in deren klare Wasser ein erfrischendes Bad möglich ist. Vorsicht beim Herumklettern auf den Kalkstufen! Sie sind glitschig und ihre Kanten sehr

Solche Erdpyramiden sind Erosionserscheinungen. Der aufsitzende Stein verhindert die vollständige Abtragung der schlanken Säulen.

scharf! Die Vegetation rundherum ist üppig und von einer exotischen Schönheit.

Nach Semuc Champey fährt von Lanquín aus ein Bus bis zur Cahabón-Brücke, von dort aus muß man zu Fuß weitergehen. Oder gleich von Lanquín aus zu Fuß los, da auf die Busse meist kein Verlaß ist. Früh starten, es ist keine leichte Tour! Wer ein Auto hat, braucht in dieser Gegend auf alle Fälle einen 4-Rad-Antrieb. Bei den Pools gibt es Campingmöglichkeiten. Eine Hängematte ist ein nützliches Requisit bei solchen Ausflügen. Nachts kommen oft Leute mit Fackeln über das Wasser, die nach Krebsen suchen. Also nicht gleich an einen Überfall denken!

In den Höhlen der Umgebung fanden französische Forscher farblose Lebewesen und Wandmalereien. Eine der größten Höhlen ist *La Candelaria* an der Grenze zum Petén. Auch von ihr wird angenommen, daß die Maya hier ihre Riten und Zeremonien abhielten. Für sie waren Höhlen geheiligte Stätten, da sie das Domizil der Unterweltgötter waren. La Candelaria ist noch wenig erforscht. Ohne Boot und Ausrüstung lohnt sich ein Besuch der Höhle kaum.

Die Geologie des Alta Verapaz wurde vor allem von ausländischen Wissenschaftlern erforscht. Die erste geologische Karte der Verapaces erstellten vor gut 20 Jahren die Deutschen.

Weiter in den Petén

Um von Lanquín in den Petén zu kommen, gibt es mehrere Möglichkeiten, die aber alle sehr abenteuerlich und bei brütender Hitze auch sehr beschwerlich sind. 12 km vor Lanquín passiert der Bus aus Cobán 1 x täglich am frühen Vormittag die Kreuzung *nach Sebol*. Sebol ist eigentlich eine Hacienda, hat sich aber durch seine Lage zu einem Kreuzungspunkt Petén (Norden), Izabal (Osten) und Cobán (Süden)

entwickelt. Sebol, d.h. die wenigen Holzhütten, liegen an kleinen rauschenden Wasserfällen und smaragdgrünen Flüssen, die sich hier teilen und wieder zusammenfließen. Hier kommt es darauf an, einen Bus in die gewünschte Richtung zu erwischen. Es empfiehlt sich, etwas zu essen mitzunehmen und sich in Geduld zu üben.

In *Raxrujá* gibt es wieder eine *Übernachtungsmöglichkeit* und zwei Busse täglich nach Sayaxché. Bei solchen Touren empfiehlt es sich, spontan zu sein und eine Mitfahrgelegenheit auf der Ladefläche eines schnelleren Pick-ups wahrzunehmen.

Von Sebol aus gibt es außerdem eine 70 km lange rote Erdstraße an die *Grenze von Belize* nach *Modesto Mendéz*, von wo aus regelmäßig Busse in den Petén über San Luis und Poptún fahren. Wir sind die Strecke nach Modesto Mendéz Mitte März gefahren (Trockenzeit!) und fuhren an umgekippten Schwertransportern vorbei, die in dieser endlosen Schlammwüste keine Chance hatten. Wir kamen durch, schwitzend, totmüde und um ein Abenteuer reicher. Die Busse nach Modesto Mendéz werden sich also nach den gegebenen Straßenverhältnissen richten, die aber nie so gut sein werden, daß man mit einer reibungslosen Fahrt rechnen kann. Die Gegend ist extrem lebensfeindlich. Die Sümpfe sind Brutstätten blutsaugender Stechmücken, die Sonne knallt unbarmherzig auf das flache Land, und eine Hängematte im Schatten scheint für die Menschen hier die einzige Wohltat zu sein.

Ca 10 km nördlich von Sebol liegt **Fray Bartolomé de Las Casas**. Hier lebten vor gut 50 Jahren nur *Kekchí*. Damals hieß der Ort "Tezutlán". Das Öl aus dem nahegelegenen Rubelsantos veränderte ihr Leben. Das Municipio wurde aufgrund eines Regierungsbeschlusses in den 70er Jahren ausgebaut und existiert als solches erst seit 1980. Viele Übersiedler sind seit der großen Kolonisierungskampagne wegen des Klimas und der Abgeschiedenheit wieder in ihre Heimatdörfer zurückgekehrt. Fray Bartolomé ist ein künstliches Produkt und ein Beispiel für die Veränderung eines indianischen Lebensraumes durch Kapitalinteressen.

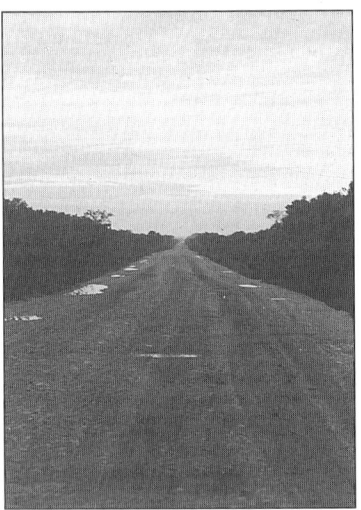

Schnurgerade geht's in den Petén

Die 75 km lange Strecke **von Cobán nach Chisec** dauert ca. 8 Stunden mit dem Auto. Die Durchschnittsgeschwindigkeit läßt sich leicht ausrechnen... Hier herauf fahren nur Lastwägen und PKWs. Wer das Abenteuer wagen will, muß sich an der Ausfallstraße Cobáns nach Chisec um eine Mitfahrgelegenheit kümmern.

Eine Besonderheit ist das kleine Dorf **Cuibil-Guits**. Nach Landvergabe des Besitzers hat sich hier innerhalb von wenigen Jahren ein kleines Handelszentrum entwickelt, das durch seinen Standortvorteil rasch an Bevölkerung zunahm. So findet man hier Leute aus allen Gegenden Guatemalas zusammengewürfelt.

Chisec liegt wie Sebol bereits mitten im Konfliktgebiet der Franja Transversal del Norte. Die Bohrtürme der Erölgesellschaften, wie die der *Hispanoil*, sind nicht zu übersehen. Schwere Lastzüge bringen den Rohstoff nach Puerto Barrios an den Karibikhafen. Militärkontrollen häufen sich, die "freiwilligen" Zivilpatrouillen auch. Noch immer ist die Guerilla sehr aktiv. 1985 wurde der Bürgermeister erschossen und die Municipalidad in Brand gesteckt. Der neue Alcalde läuft seitdem scharf bewaffnet durch sein Dorf.

Chisec ist ein heißes Nest und leidet unter einer ständigen Kakerlakeninvasion. Ganz am Ende des Dorfes steht eine **Hospedaje.** Das Ungeziefer gibt's gratis, dafür ist der Besitzer ein netter Mensch. Und

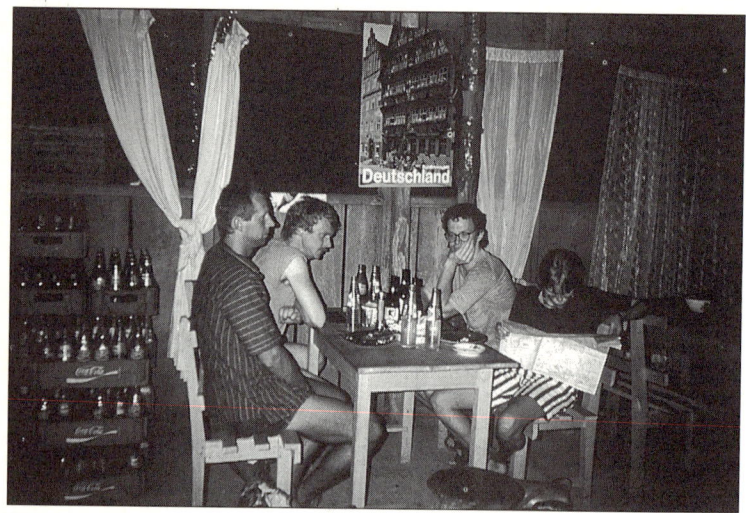

Kaum zu glauben!

wenn man dann im *Comedor Costa Sur,* 20 m entfernt, unter Deutschlandpostern (!) und einem Karl Marx-Plakat ein kaltes Bier serviert bekommt, scheint die Welt wieder in Ordnung zu sein. Der lustige Wirt hilft bei der Organisation der Weiterfahrt. (Petén siehe S. 373)

Durch das Polochic-Tal

Die Fahrt durch das Polochic-Tal von Cobán bis El Estor dauert mit dem Bus etwa 8 Sunden und überwindet einen Höhenunterschied von fast 1400 m. Lange Zeit war das warme Tal als natürlicher Durchgang zum Atlantik eine Handelsroute. Die deutschen Kaffeepflanzer initiierten aufgrund der bescheidenen Infrastruktur eine Straße von Cobán nach Panzós, die 1876 fertig gestellt wurde. Mit zweirädrigen Ochsenkarren transportierten die Indianer hier den Kaffee. Später betrieben die Dieseldorffs, Sargs und Sappers sogar eine Dampffahrtgesellschaft, die die Waren den Polochic hinunter bis zum Izabal See und von dort bis Lívingston weiterleitete. Parallel dazu gab es eine Zugverbindung, die *Ferrocarril Verapaz* von Pancajché bis Panzós, die Kaffee, Bananen, Post u.v.a.m. Richtung Osten beförderte. Ein Ausbau des Streckennetzes scheiterte an der finanziellen Belastung. Heute hat die große Fernstraße CA 9 an den Atlantik das Polochic-Tal in seiner Bedeutung als

Handelsweg abgelöst.

Von Cobán fährt der Bus zuerst durch Santa Cruz Verapaz, der Schwesterstadt von San Cristóbal Verapaz. Die Straße **nach Tactic** führt durch ein ungewöhnlich breites und ebenes Trockental. Die Gegend hat mit ihren Kiefernwäldern, Viehzäunen und schwarzweißen Kühen etwas ausgesprochen alpenländisches an sich. Man fühlt sich unweigerlich an die Schweiz erinnert.

Tactic besitzt eine schöne koloniale Kirche mit einem interessanten goldenen Altar, die einen Besuch lohnt. Außerdem befindet sich hier eine der ganz wenigen jüdischen Synagogen in Guatemala. Mit zwei Sehenswürdigkeiten wirbt Tactic: Am Ortsausgang liegt das *Balneario Cham-Che*. Ein kleiner Wasserfall stürzt über mehrere Kaskaden in ein Becken, in dem man baden kann. Das Ganze ist integriert in eine Park- und Gartenanlage, die Campingmöglichkeiten bietet.

Die zweite Attraktion von Tactic ist der *Pozo Vivo*, ein "lebender Brunnen", der von der Texaco-Tankstelle aus über sumpfige Wiesen zu erreichen ist. Die Legende erzählt, daß

Enttäuschend: Pozo Vivo schweigt.

dieser Brunnen zu "sprechen" anfängt, sobald man sich ihm nähert. Tatsache ist, daß es sich hier um einen Karstbrunnen handelt, der je nach Schüttung seiner unterirdischen Quelle ein wenig zu Blubbern anfängt. Meist schweigt er aber, und die Leute stehen etwas verloren vor diesem kleinen Teich. An erwähnter Tankstelle gibt es übrigens ein Buch zu kaufen, in dem Legenden und Sagen der Gegend gesammelt sind, einschließlich die des Pozo Vivo.

Vor *Tamahú* beginnen bereits die Kaffee- und Bananenplantagen. Die Temperaturen hier sind spürbar wärmer, die Vegetation wird exotischer und dichter. Das kleine Dorf liegt am Beginn des langen Polochic-Tales. In der Nähe gibt es Thermalquellen.

Etwas größer ist *Tucurú*. Die Dörfer hier sind mit dem Charme derer im Westlichen Hochland nicht zu vergleichen. Wellblechdächer sind die Regel, da diese leichter zu pflegen sind und weniger Ungeziefer beherbergen als die schöneren Palmdächern. In den Nebelwäldern von Tucurú hat ein deutscher Biologe während jahrelanger Forschungen den Quetzal beobachtet und für dieses Gebiet die höchste Quetzaldichte Guatemalas festgestellt.

Die Gegend hatte unter dem Militärregime bitter zu leiden. Wir besuchten hier das **"Modelldorf" Yalijux** und sprachen mit dem einzigen Lehrer dieses eigenartigen Dorfes. Das Militär, erzählte er uns, ließe sich nur noch selten sehen. Die Aufsichtsrolle habe die *Comisión Nacio-*

nal de Reconciliación / CNR übernommen, eine Kommission aus Ver-
tretern verschiedener Parteien und
der Kirche, die in ständigen Gesprächen mit der vereinigten guatemaltekischen Guerilla URNG steht. Viele
Familien seien von hier weggegan-
gen. Einige, denen man Kontakte
zur Guerilla vorwarf, sind sogar
zwangsausgewiesen worden. Das
Leben hier schien uns trostlos, keine
Tienda hatte offen, kein Markt wurde
abgehalten, und die Häuser lagen
versteckt hinter Gartenzäunen. In
Tucurú gibt es eine kleine Hospedaje.

Der Río Polochic verbreitert sich
rasch durch die große Zahl an Zu-
flüssen, die vom Süden her aus der
Sierra de Las Minas kommen. Vor
Telemán besteht die Möglichkeit,
einen **Abstecher nach Senahú** zu
machen. Viele der Indígenas waren
Einwanderer aus San Pedro Carchá,
weswegen hier Kekchí und Pocomchí gesprochen wird. In dem
kleinen Dorf gibt es eine Übernachtungsmöglichkeit. Ausgedehnte
Wanderungen durch die üppigen
Wälder bieten sich an, und vielleicht
ergibt sich sogar die Gelegenheit,
mit dem ein oder anderen Finquero
ins Gespräch zu kommen.

Panzós liegt am Rand der großen
Mündungsebene des Polochic. Die
Höhe beträgt nur noch 18 m. Ab
Panzós wurden die Exportprodukte
der Fincas Ende des 19. Jahrhunderts auf Dampfer verladen und bis
nach Lívingston verschifft. Hier beginnt die Gegend der Haciendas mit
ihren großen Viehherden. Typisch
für alle tiefergelegenen, heißen Regionen Guatemalas sind die aus

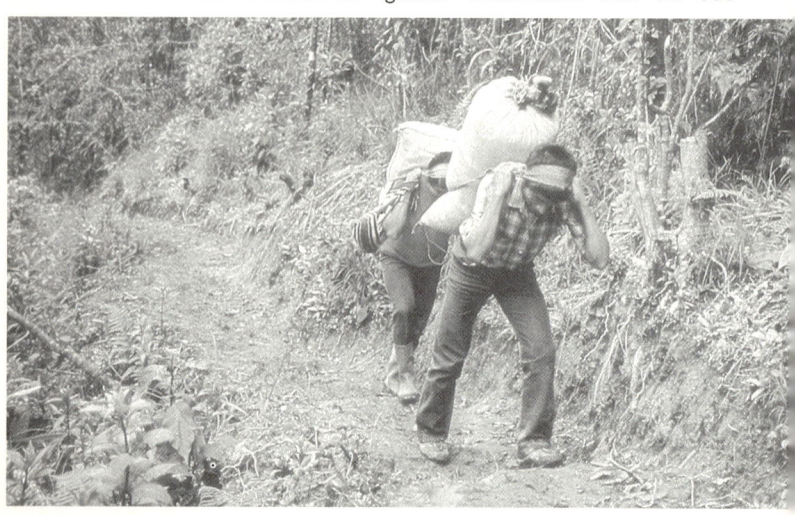

Indígenas mit Last

Afrika importierten weißen Zeburinder mit ihren langen Ohren und spitzen Höckern. Mit den schlanken weißen Garzas leben sie friedlich.

Den traurigsten Tag in seiner jüngsten Geschichte erlebte das Dorf am 12. Mai 1978, als hunderte von Campesinos gegen die Vertreibung von ihrem Land protestierten. Als sie eine Petition ins Rathaus bringen wollten, eröffneten die Soldaten das Feuer auf die Menge, die sich auf der Plaza versammelt hatte. Bei dem Massaker kamen 165 Männer, Frauen und Kinder ums Leben. Das Gemetzel wirkte wie ein Fanal. Kirchenvertreter verurteilten das brutale Vorgehen in der Presse, das *Comité de Unidad Campesina / CUC* trat zum ersten Mal an die Öffentlichkeit und in der Hauptstadt fand eine Protestdemonstration mit mehr als

60.000 Teilnehmern statt. Als *Lucas García* wenige Tage später die Macht übernahm, wurde schnell klar, daß dies erst der Anfang einer langen Zeit der *Violencia* war.

Kurz hinter Panzós beginnt das Departament Izabal. *El Estor*, die vorläufige Endstation der Polochic-Talfahrt, liegt bereits an den Ufern des größten Sees Guatemalas, dem Izabal See. Der Engländer *George Skinner* und der Hannoveraner *Karl Rudolf Klee* unterhielten Ende des letzten Jahrhunderts hier einen Gemischtwarenladen, der *The Store* genannt wurde. Die Einheimischen verdrehten das Wort zu "Estor". Ende der 60er Jahre erhielt eine kanadische Nickelgesellschaft die Konzession zur Ausbeutung der Erzvorkommen in dieser Gegend. Das Unternehmen wurde unter dem Namen EXMIBAL bekannt und löste eine Einwanderungswelle von Arbeitssuchenden aus. Vor allem *Kekchí* aus dem Verapaz kamen hierher. Die Zeiten von EXMIBAL in El Estor sind jedoch vorbei.

Im Hotel *Vista al Lago* gibt es eine akzeptable **Übernachtungsmöglichkeit.** Ebenso *Hotel Los Alamendros* am Ortseingang und *Hospedaje Santa Clara* am See.

Von El Estor fahren jeden frühen Morgen **Schiffe nach Mariscos** auf der gegenüberliegenden Seite des Sees, von wo aus eine Weiterreise in den Petén, an die Karibik oder zurück in die Hauptstadt (mit Umsteigen auf der Atlantik Fernstraße CA 9) möglich ist. Auch in Mariscos viele Übernachtungsmöglichkeiten.

Die riesigen Wasserfälle im Alta Verapaz gehören zu den großartigsten Naturschönheiten Guatemalas.

Die Karibik
und der
Izabal See

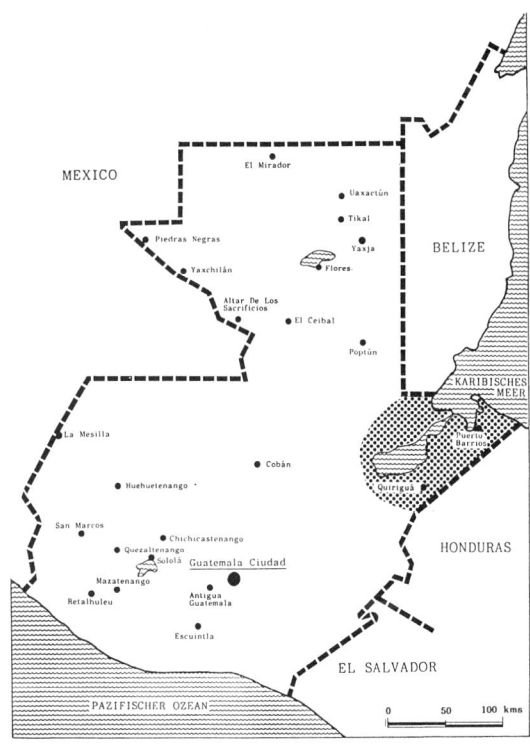

Als *Hernan Cortés* auf seiner Reise vom Petén nach Honduras am Izabal See vorbei kam, schrieb er dem spanischen König *Karl V.* begeistert seine Eindrücke von dieser Gegend. Wer heute aus dem Hochland in das Departament Izabal kommt, wird nicht weniger beeindruckt sein von den Naturschönheiten dieser nordöstlichsten Region Guatemalas, die auch kulturell ein Kontrastprogramm zum indianisch geprägten Altiplano darstellt.

Das *Departament Izabal* ist nach dem Petén das zweitgrößte Guatemalas und das einzige, das Anteil an der Karibikküste des Landes hat.

Der *Izabal See* ist mit 48 km Länge und 24 km Breite der größte See Guatemalas und befindet sich mitten im Departament, umgeben von den Höhen der Sierra de Las Minas, der Sierra de Santa Cruz und den Montañas del Mico. Hier gibt es die einzige Burg Guatemalas, die kunstvollsten Stelen, die größten Bananenplantagen, die längste Brücke, den wichtigsten Hafen, die schönsten Strände und schwärzesten Guatemalteken, kurz, ein Departament der Superlative und einen Besuch wert.

Das Departament war lange Zeit nur eine heiße, sumpfige Gegend, die während der Kolonialzeit außer wegen ihres Zugangs zum Atlantik wenig Bedeutung hatte. Der allerdings war umkämpft und die Achillesferse des kolonialen Handels. Immer im Blickfeld der Piraten und unter Beschuß, entschlossen sich die Spanier 1595 unter *José Busta-* *mante* an den Platz der späteren Burg, einen Festungsturm zu bauen.

Die *wirtschaftliche Entwicklung* der Region setzte erst Ende des 19. Jahrhunderts mit dem Bau der Eisenbahn unter Präsident *Justo Rufino Barrios* ein. Kurz darauf trat die United Fruit Company auf den Plan und baute ihre Bananenplantagen auf. Die Küste wurde zum Einwanderungsgebiet für Schwarze, Inder, Chinesen und Europäer, die bis in die Siedlungsplätze der Kekchí-Indígenas vordrangen. Nach dem Rückzug des nordamerikanischen Bananenimperiums und dem Bau der Atlantikfernstraße wurde die Landwirtschaft diversifiziert. Sie ist jedoch noch immer das Standbein des Departaments, nachdem eine Industrialisierung aufgrund der erfolglosen Suche nach Öl scheiterte. Heute ist das Dept. Izabal führend in der Reisproduktion, kultiviert Zuckerrohr und Kakao und besitzt große Viehherden.

Wer von der Hauptstadt aus über die CA 9 (Atlantikfernstraße) Richtung Puerto Barrios fährt, wird einen eindrucksvollen Wechsel der *Vegetation* und der Temperaturen feststellen. Das breite, trockene Tal des Motagua, der während des Hochwassers riesige Blöcke transportiert und an seinen Uferbereichen absetzt, wird zunehmend feuchter. Während im Nordwesten die Sierra de Las Minas steil ansteigt, ist der Blick im Südosten frei auf die sumpfige Schwemmlandschaft des Motagua.

Die *Sierra de Las Minas,* die sich

Am einfachsten sind die weißen Strände der Karibik mit dem Boot zu erreichen.

auf 130 km Länge von Dept. El Progreso bis zum Izabal erstreckt, ist eines der gefährdetsten Naturräume Guatemalas. Experten schätzen, daß mindestens 70% aller registrierten Tierarten Guatemalas leben, einschließlich des Quetzal. Schon lange fordern die *Defensores de la Naturaleza*, eine private Organisation von guatemaltekischen Naturschützern, die Ausweisung der Sierra de Las Minas als *Reserva de la Biosfera*, um die unkontrollierte und ungehemmte Rodung der 600 km² großen Waldfläche zu stoppen. Sie prophezeien noch vor dem Jahr 2000 eine Wüste in der Sierra, falls der Raubbau so weitergeht wie bisher. Mit Problemen dieser Art sieht sich nicht nur Guatemala konfrontiert. Doch Costa Rica beispielsweise hat gezeigt, daß der Schutz der Natur auch gegen den Widerstand wirtschaftlicher Interessen durchsetzbar ist.

Quiriguá

Ca. 6 km hinter **Los Amates** führt die Straße an dem kleinen Dorf Quiriguá vorbei, einem heißen Nest mit klapprigen Holzhütten und einem

Bahnhof, wo man sich unwillkürlich in die Zeit der United Fruit Company zurückversetzt fühlt. Das ehemalige *Tropen-Hospital* der UFCo soll das beste in ganz Zentralamerika gewesen sein und ist heute ein medizinisches Ausbildungszentrum. Hauptsehenswürdigkeit der Gegend ist die gleichnamige *archäologische Stätte Quiriguá*, zu der eine 3 km lange Schotterstraße führt, die einen Kilometer nördlich (Richtung Puerto Barrios) vom Dorf von der CA 9 abzweigt. Der Weg führt durch endlos scheinende Bananenplantagen. Zwischen den Pflanzreihen sind Seilzüge installiert, auf denen die grünen Stauden aufgehängt und in Verpackungshallen gebracht werden, wo sie eine Desinfektionsbehandlung bekommen, bevor sie zum Export weiter transportiert werden.

Die Ruinen von Quiriguá liegen inmitten dieser Plantagen, direkt an den Gleisen. Es ist heiß hier, die Schwüle drückt, und die Stechmücken, so scheint es, haben sich abgesprochen, jedem Besucher den Garaus zu machen. Trotzdem kann niemand von hier weg, ohne die schönsten Stelen Zentralamerikas gesehen zu haben. Denn nicht so sehr die Tempelanlagen sind die Sehenswürdigkeit dieser Stätte, sondern die über und über mit Hieroglyphen und Reliefs bedeckten hohen Steinquader, die senkrecht in die Erde gerammt wurden und wie ein offenes Geschichtsbuch von den Ereignissen der Mayahochkultur während des 5. und 6. Jahrhunderts berichten.

Entdeckt wurden die Ruinen von Quiriguá 1840 von *Frederick Catherwood*, dem zeichnenden Freund von *John Lloyd Stephens*. Er gab die Details so genau wieder, daß *Stephens* sofort ihre Bedeutung erkannte und Quiriguá als Tochtergründung des 50 km entfernten Copán identifizierte. Es folgten Ausgrabungen von *Alfred P. Maudslay* von 1881-1894 und *Sylvanus G. Morley* von 1915-1934 im Auftrag der Washingtoner Carnegie Institution, die eng mit der United Fruit Company zusammenarbeitete. In den 70er Jahren übernahm *William R. Coe* die Freilegung.

Heute befinden sich die Stelen und Zoomorphen, wie die schildkrötenähnlichen behauenen Sandsteinblöcke genannt werden, überdacht in einer parkähnlichen Umgebung mit hohen Urwaldriesen.

Quiriguá besteht aus *drei Gruppen* (A, B, C), die der dreimaligen Verlegung des Siedlungsplatzes entsprechen, wovon die Gruppe C am Eingang der Anlage die jüngste ist und die am besten erhaltenen Monumente besitzt. Archäologen haben herausgefunden, daß alle 5-10 Jahre eine Stele errichtet wurde. Jede davon wurde von den Wissenschaftlern mit einem Schild gekennzeichnet, das den Namen der Stele und drei Daten trägt.

Die *größte Stele E* mit einer Höhe von 10,60 m und einem Gewicht von 65 t trägt beispielsweise das Datum 24. Januar 771. Es bezeichnet den Tag der Aufstellung, der im mytischen Maya-Kalender *tzolkin* "13 *ahau*, 18 *cumhú*" entspricht. Seitdem sind 1.418.400 Tage seit Beginn der "Langen Zählung" verstrichen (siehe Kapitel Maya-Kalender).

Die meisten *Stelen der Gruppe C* sind rundherum behauen und zeigen Gesichter, Figuren, Würdezeichen und Hieroglyphen. Als schönstes Werk altamerikanischer Bildhauerkunst gilt die Stele D, die einen weltlichen Würdenträger mit Zepter und Schild zeigt, der mit Quetzalfedern geschmückt ist. Die Kleidung der Persönlichkeiten ist überladen mit Ornamenten und verschmilzt mit den geheimnisvollen Zeichen und Einzelheiten der Stele. Die Gesichter, oft mit Kinnbärten versehen, gleichen sich in ihrem Ausdruck, so daß anzunehmen ist, daß die Bildhauer es nicht auf einen Wiedererkennungseffekt angelegt haben, sondern der Textteil Aufschluß über Person, Zeit und Geschichte geben soll. Man weiß aber nur, daß ein 15jähriger Herrscher namens "Zweibeiniger Himmel" aus Copán die Dynastie in Quiriguá begründete. Gesichert sind bisher die Daten der Aufstellung oder Einweihung der Stelen. Das älteste Datum trägt die Stele T der Gruppe A mit 692 n.Chr., die jüngste Stele K der Gruppe C ist auf das Jahr 805 n.Chr. datiert.

Um 780 n.Chr. lösten große runde Steinblöcke die hohen, schlanken Quader ab. Einige werden als Altäre, die anderen als Zoomorphen bezeichnet, weil sie Ähnlichkeit mit stilisierten Tieren haben. Zoomorph G am Nordrand der Plaza wird als Jaguarkopf interpretiert. Zoomorph P trägt die früheste Datierung aus dem Jahr 780. Dieses mystische Wesen ist etwa 3 m hoch und zeigt eine menschliche Gestalt zwischen dem weitaufgerissenen Maul. Auch an Zoomorph O in der Nähe des Ballspielplatzes der Gruppe C ist ein menschliches Wesen zu erkennen, das in hockender Stellung verharrt. Die Deutung der vielen anderen Zeichen und Formen bleibt der Phantasie überlassen.

Im Süden der Gran Plaza befindet sich die *Akropolis,* das Zentrum jeder Zeremonialstätte mit Palast, Tempeln und einem Ballspielplatz. Viel ist von den Gebäuden nicht mehr zu erkennen, nur noch Treppenaufgänge und Plattformen lassen erahnen, daß hier einst ein großer Komplex stand.

Die Gruppen A und B befinden sich ein paar Kilometer entfernt von der Hauptausgrabungsstätte. Die *Gruppe B* besteht aus drei kleinen Hügeln, die ehemalige Fundamente andeuten. Nur eine rohe Plattform und die Stele S mit dem Datum aus dem Jahre 746 wurden freigelegt.

Die 1922 entdeckte *Gruppe A* und erste Anlage Quiriguás, besitzt die älteste, bereits erwähnte Stele aus dem Jahre 692. Mit ihren knapp 2 m wirkt sie im Gegensatz zu denen der Gruppe C winzig.

Es gibt ja immer noch viele Versuche, den Untergang der Maya-Kultur zu erklären. Eine interessante Theorie ist die der allmählich fortschreitenden Dekadenz, die sich in der Steigerung monumentaler Bauweise ausdrückt, wie das in Tikal am eindrucksvollsten zu beobachten ist. Auch die prächtigen und immer größer werdenden Stelen von Quiriguá könnten ein Anzeichen dafür sein, daß Macht und Selbstherrlichkeit an ihre Grenzen gestoßen sind. Wie stark die Bevölkerung darunter gelitten hat, ist nicht mit Bestimmtheit zu sagen. Doch darf man nie vergessen, daß wir nur die Reste einer kleinen Herrscherschicht bewundern und vom Leben des Volkes "auf dem Land" nur so viel wissen, daß sie für ihre Diktatoren schuften mußten.

Quiriguá ist geöffnet von 8-18 Uhr. In einem kleinen Comedor am Eingang der Anlage gibt es etwas zu trinken.

Übernachtungsmöglichkeiten sind im Dorf Quiriguá vorhanden. Die beste Wahl ist das *Hotel Royal*. In Los Amates das *Hotel Santa Mónica*, bei Kilometer 181 an der Straße die *Posada Doña María*. Alles sehr einfach.

Am schnellsten und bequemsten erreicht man Quiriguá von der Hauptstadt aus mit dem Erster Klasse Bus *Litegua* (Richtung Puerto Barrios) 15. Calle 10-40, Z 1.

Die Weiterfahrt Richtung Puerto Barrios verläuft weiterhin parallel der **Bahnlinie**. Ihr Bau sollte die Hauptstadt mit dem Atlantik verbinden. Fertiggestellt wurde sie erst 1904 mit Hilfe der "International Railways of Central America (IRCA)", einer Tochtergesellschaft der United Fruit Company, die dafür die Nutzungsrechte für 99 Jahre überschrieben bekam. Die hätte sie heute noch, wenn nicht 1968 Präsident *César Méndez Montenegro* die Hinfälligkeit der Konzession erklärt hätte. Heute nennt sich das immer noch unterentwickelte Eisenbahnnetz Guatemalas *Ferrocarriles de Guatemala (FEGUA)*.

Keine Reise in Guatemala ist langsamer, billiger und schöner als mit dem Zug. Allerdings kann man sich dabei weder auf Abfahrts- noch auf Ankunftszeiten verlassen. Von der Hauptstadt nach Puerto Barrios braucht die grüne Bummelbahn mehr als 12 Stunden! Aber die 300 km lange Fahrt ist ein unvergeßliches Erlebnis, das ich nur wärmstens empfehlen kann. Und das alles für 10 Quetzales. Die Schaffner der Eisenbahn heißen *brequeros,* was aus dem amerikanischen *brake* (Bremse) herrührt. Gebremst wird in der Tat sehr häufig. Geduld, Geduld, es kommt noch schlimmer! Es könnte nämlich durchaus auch sein, daß *cusucos* auf den Geleisen stehen und Reparaturen ausführen. Das Wort *cusuco* ist eines der *palabras guatemaltequismas* und bedeutet soviel wie Gürteltier. Diese rollen sich bei drohender Gefahr kugelartig zusammen und verharren reglos. Wichtig bei diesem Abenteuer ist also Gelassenheit und Proviant.

Die kleine Ortschaft **Bananera**, die mit **Morales** zusammengewachsen ist, gibt es erst seit den Zeiten der United Fruit Company, die hier für Angestellte der Firma ein paar Häuser amerikanischer Bauart hinstellte. Die Kreuzung **La Ruidosa** an der CA 9 ist ein wichtiger Kreuzungspunkt, wo Busse in die verschiedenen Richtungen fahren (Río Dulce / Petén / Puerto Barrios / Hauptstadt). Gute Umsteigemöglichkeiten gibt es auf dem Markt (= Terminal) von Bananera. In Morales gibt es einen Terminal des Pullman-Unternehmens Fuente del Norte. Die Straßenverhältnisse hier sind schlecht aufgrund der Überbelastung durch Schwertransporter, die Treibstoffe ins Landesinnere bringen. Die **Montañas del Mico** im Nordwesten sind das Gebiet der Haciendas, die viel Viehzucht betreiben und Zuckerrohr anbauen.

Die Herrschaft der Bananen

Mit dem Eindringen der United Fruit Company um 1900 begann der Imperialismus der Nordamerikaner in Guatemala und schuf eine neue Abhängigkeit mit neokolonialen Zügen. "Gesundes Investitionsklima", Arbeitskräfte und billiges Land erfüllten alle Voraussetzungen. Der Grundstein für die UFCo wurde bereits in den 70er Jahren des 19.Jahrhunderts gelegt, doch erst mit dem Ausbau der Infrastruktur in eigener Regie begann eine der Tragödien Guatemalas, die nur noch die "Herrschaft der Bananen" heißen sollte.

Um Kaffe zu exportieren, hatte Justo Rufino Barrios 1883 ein Schienennetz verlegen und in Puerto Barrios einen Hafen bauen lassen. Sein Nachfolger Estrada Cabrera (1898-1921), wie Barrios ein autoritärer, liberalistischer Diktator, überließ den US-Gesellschaften die Fertigstellung der Anlagen an der Pazifik- und Atlantikküste, die sie zur Produktion und zum Vertrieb ihrer Bananen benötigten. Wenig später wurde die UFCo zum Staat im Staat. Sie genoß Steuerfreiheiten, riß das Nutzungsrecht der Eisenbahn an sich, erlangte das Monopol über das Post-, Telegraphen- und Telefonwesen, kontrollierte den gesamten Schiffsverkehr und war Eigentümer von über 100.000 Hektar Land, von dem ein großer Teil brach lag. Außerdem übernahmen sie das Monopol über die Stromversorgung des Landes, das bis dahin die Deutschen inne hatten. Diese waren während des Ersten Weltkrieges unter politischen Druck geraten, was zur Enteignung des Elektrizitätswerkes führte. Die UFCo erhielt den Spitznamen "El Pulpo", die Krake. Das State Departement in Washington bestimmte in Übereinstimmung mit den amerikanischen Unternehmen die Politik Guatemalas.

Außer mit Bananen erzielte die UFCo mit dem Export von Ananas, Kakao, Vanille und Zucker ansehnliche Gewinne. Selbst beim Handel mit Tropenhölzer und bei der Ausbeutung von Bodenschätzen wie Zinn und Kupfer verdiente die UFCo mit. Der mächtige Hilfsapparat, den sie sich aufgebaut hat-

te, zu dem Büros, Hotels, Arbeitersiedlungen, Kühlhäuser, Läden, Schulen, Krankenhäuser etc. gehörten, machte dieses Millionengeschäft möglich. Ein Netz von Tochtergesellschaften mit eigenen Firmennamen konnte nicht darüber hinwegtäuschen, daß alle Fäden bei einer einzigen Firma in Boston zusammenliefen.

Die Ereignisse während und nach der Revolution (1944-1954) führten zur Entmachtung der Gesellschaft, gegen die in den USA ein Verfahren wegen des Verstosses gegen das Antitrust-Gesetzes angestrengt wurde. Heute beherrscht "Del Monte" das amerikanisch-guatemaltekische Bananengeschäft. Dazwischen geschaltet ist die guatemaltekische "BANDEGUA", die die gesamte Produktion an Karibik und Pazifik aufkauft und eng mit Del Monte verflochten ist.

Seiner Mächtigkeit und seines Einflusses wegen nannte Miguel Asturias die UFCo den "Grünen Papst". In seinem gleichnamigen Roman (1954) schildert er die Entwicklung des Imperiums und beschreibt die Methoden zur Durchsetzung seiner Ziele. Asturias ist es gelungen, eine genaue Analyse des Monopolisten zu erstellen, der mit den Mitteln des politischen Drucks, der Steuerhinterziehung, Korruption, Spionage, Verleumdung und Gewalt über Jahre hinweg den Weg Guatemalas in Zentralamerika beeinflußte.

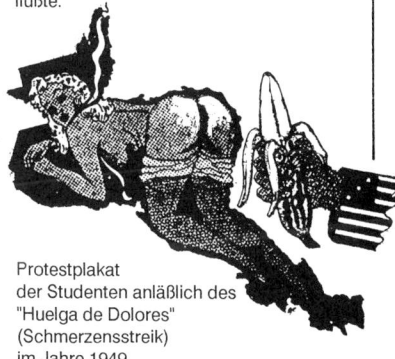

Protestplakat
der Studenten anläßlich des
"Huelga de Dolores"
(Schmerzensstreik)
im Jahre 1949

Puerto Barrios

Die Departamentshauptstadt Puerto Barrios an der *Bahía de Amatique* hat eine sehr junge Geschichte, die eigentlich erst so richtig mit dem Bau der Eisenbahn beginnt. Der Name erinnert an den Initiator des Projektes *Justo Rufino Barrios*. Als Hafen wurde der Platz jedoch schon von den Maya benutzt. 1864 wurde hier eine mit Zeichen und Darstellungen versehene Jadeplatte gefunden, die viel Ähnlichkeit mit den Reliefs von Tikal aufwies. Sie trägt das Datum 320 n.Chr. und heißt nach ihrem heutigen Ausstellungsort *Leydener Platte*.

Ende des 16. Jahrhunderts entdeckten die Spanier den Platz. 200 Jahre später entwickelte sich Puerto Barrios zum Umschlagplatz für den Export von Kaffee, Bananen und Chicle. Zu dieser Zeit begann die große Einwanderungswelle der Schwarzen aus der Karibik, die Arbeit auf den Plantagen suchten. Tropensonne, Hafen, Seemänner, Kalypso und Nachtbars - man kann sich leicht vorstellen, wie die Stimmung in Puerto Barrios gewesen sein muß.

Die kleine, stille **Bucht** der *Bahía de Amatique* erlebte 1843 eine Einwanderung belgischer Siedler. Das Klima und die Lebensbedingungen an der tropischen Küste beendeten jedoch bald den Traum von einer neuen Kolonie. Innerhalb vier Monate starben von 200 Kolonisten über 40. Heute erinnert nur noch das Viertel Maria Luisa an die Belgier, denn *Louise Marie* war der Name des ersten belgischen Schiffes, das am 9.November 1841 den Hafen von Ostende Richtung Guatemala verließ.

Hauptstraße ist noch immer die 9. Calle, die von den Einheimischen *Las Champas* genannt wird und zum **Hafen** führt, dessen Bedeutung heute die Anlage des nahegelegenen Santo Tomás de Castilla übernommen hat. Die klapprigen Holzhäuser mit Balkonen, von denen die Farbe abplättert, haben ihre besten Zeiten schon gesehen. Es herrscht eine Stimmung, als erwarteten die Leute nicht mehr viel. Man hängt rum und döst in der Hängematte. Die Kulisse wäre reif für eine Filmszene. Erst am Abend geht es auf den Straßen, in den Bars und anderen diversen Etablissements etwas umtriebiger und lebhafter zu.

Puerto Barrios ist das andere Guatemala. Durch die Straßen zu schlendern, die sich nach jedem Regen in Schlammpisten verwandeln, am Markt einen oder mehrere eisgekühlte *Liquados* schlürfen, irgendwo einen Fisch essen und die tropische Atmosphäre aufnehmen - mehr ist bei diesem feucht-heißen Klima ohnehin kaum machbar.

Nur ein paar Kilometer von Puerto Barrios entfernt liegt der moderne Hafen und die **Freihandelszone** *ZOLIC* von **Santo Tomás de Castilla**. Seit seiner Fertigstellung in den 50er Jahren wird hier der gesamte atlantische Im- und Export Guatemalas abgewickelt. Um die Anlage zu besichtigen, benötigt der

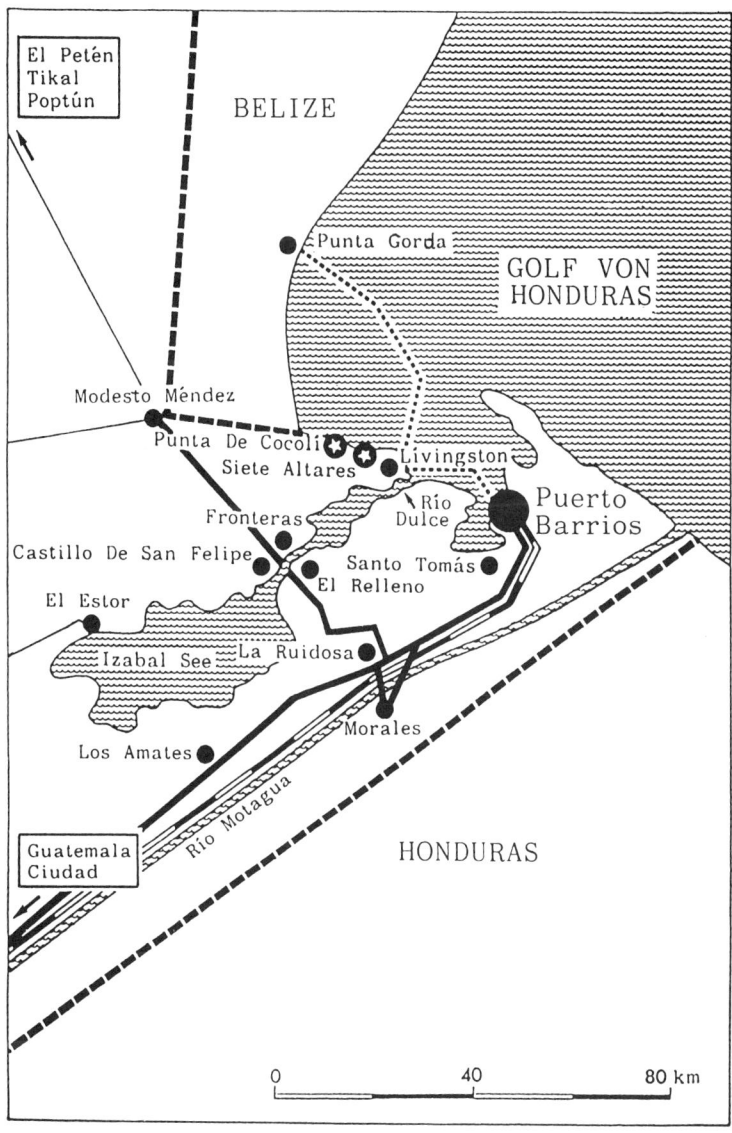

El Petén
Tikal
Poptún

BELIZE

Punta Gorda

GOLF VON
HONDURAS

Modesto Méndez

Punta De Cocoli
Siete Altares

Livingston

Río
Dulce

Puerto
Barrios

Fronteras

Castillo De San Felipe

Santo Tomás
El Relleno

El Estor

Izabal See

La Ruidosa

Los Amates

Morales

Guatemala
Ciudad

Río Motagua

HONDURAS

0   40   80 km

Besucher eine Genehmigung der *Base Naval* in Santo Tomás. Es ist nicht viel los. Der Ort wirkt so geplant wie er ist, die Straßen sind gepflastert, die Parks gepflegt. Die meisten Einwohner sind Hafenarbeiter.

Verkehrsverbindungen

Nach Puerto Barrios: von der Hauptstadt aus Erster Klasse mit *Litegua*, 15. Calle 10-30, Z 1, stündlich, gute 6 Std. Fahrt. Früh genug hingehen und Karten kaufen. Der teurere Bus von *Litegua* um 10 Uhr und 17 Uhr ist nicht unbedingt schneller.

Mit dem Zug: jeden Dienstag, Donnerstag und Samstag um 7 Uhr. Vorher auf dem Bahnhof in der Hauptstadt (18. Calle, Z 1) erkundigen, ob auch wirklich ein Zug fährt.

Von Puerto Barrios: Richtung Hauptstadt mit *Litegua*, fährt dort zurück, wo er ankommt, 6. Av. 8. Calle am Markt. Einfache Camionetas in die Hauptstadt, nach Chiquimula (Weiterfahrt nach Copán), Jutiapa und Mazatenango (Costa Sur). Nach Santo Tomás: Abfahrt bei Litegua-Station, es fahren auch billige Sammeltaxis. Busse in den Petén an der Kreuzung Bananera/La Ruidosa bei Km 245, 50 km anhalten.

Mit dem Zug zurück in die Hauptstadt: Mittwoch, Freitag und Sonntag.

Schiffe fahren nach Livingston jeden Tag um 10.30 Uhr und 17 Uhr von der *Muelle Municipal* am Ende der 12. Calle ab. Sonntags 10 Uhr! Spätestens um 9 Uhr da sein wegen der Tickets! Hier sind auch private Boote zu mieten. Nach Punta Gorda (Belize) Dienstag und Freitag 8 Uhr, zurück 14 Uhr. In der 9. Calle ist die *Migración* und die *Agencia Líneas Marítimas*, die den Papierkram für die Einreise regeln. Deutsche brauchen ein Visum nach Belize! Erhältlich bei der Englischen Botschaft in der Hauptstadt, 7. Av. 5-10, Edif. Centro Financiero, Z 4. Nach Honduras fahren keine Schiffe.

Hotels und Hospedajes

•*Hotel del Norte* am Ende der 7. Calle beim Parque Tecún Umán. Das schöne karibische Hotel mit Blick auf das Meer existiert seit 1904 und hat sich den tropisch-kolonialen Flair erhalten. Auch wer hier nicht übernachtet, sollte in das Restaurant zum Essen.

•*Hotel Puerto Libre* außerhalb der Stadt an der Abzweigung nach Santo Tomás. Teurer als das Hotel del Norte, aber nicht schöner, jedoch mit Pool und Klimaanlage. Restaurant.

•*Hotel Internacional*, 7. Av. zw. 16. und 17. Calle. Eines der neueren Hotels.

•*El Reformador*, 16. Calle 7. Av. Gute Mittelklasse.

•*Hotel Europa*, 8. Av. 9. Calle Nr.84.

•Einfachere und billigere Hospedajes in der Nähe des Marktes, wie das frisch renovierte *Hotel Xelajú*; *Hotel Caribeña*, 4. Av. zw. 10. und 11. Calle; *Pension Nineth*, in der Nähe der Litegua-Station, nur in den oberen Stockwerken mieten. Viele andere mehr.

Restaurants und Kneipen

Wie immer ißt man gut in den teuren Hotels. Das *Hotel Caribeña* hat ebenfalls eine gute Küche. Fischgerichte (guatemaltekisch zubereitet) gibt es im *El Tímon*, ansonsten ist das Angebot in Puerto Barrios so begrenzt und einfach wie im ganzen Land.

Unbedingt probieren sollte man einen *Tapado*, die berühmte karibische Fischsuppe mit Krebsen, Camarones u.v.a.m.

Was Kneipen anbetrifft, empfehle ich, einfach mal einen *Bummel durch die Nachtbars* zu machen. Frauen sollten allerdings nicht alleine gehen!

Lívingston

Lívingston, karibischer noch als Puerto Barrios, ist nur mit dem Boot zu erreichen. Anderthalb Stunden dauert die Fahrt vorbei an palmenbestandenen, weißen Stränden über die klare, türkisfarbene See. Die exponierte Lage des kleinen Städtchens auf einem Hügel an der Flußmündung des Río Dulce in den Golf von Honduras ist wohl auch der Grund, warum hier die **schwarze Bevölkerung** bis heute noch unter sich ist. Sie nennen sich *Garífunas, Moreños* oder *Caribes* und sprechen eine Mischung aus Spanisch, Englisch und karibischen Dialekten. Die Häuser von Lívingston sind mit bunter Farbe gestrichen und stehen zum Teil auf Stelzen. Die Balkone sind groß und ausgezeichnete Lo-

genplätze, um das Treiben auf der Straße zu beobachten. Hier ist alles ein bißchen gemütlicher, langsamer und gelassener. Die Arbeit ist nicht unbedingt das wichtigste, was es zu erledigen gilt.

Die schwarzen Kariben von Lívingston stammen ursprünglich von der Karibikinsel St. Vincent, deren Nordteil sie laut Vertrag seit 1773 als "freies" Staatsgebiet bewohnten. Die Ausbreitung der englischen Zuckerrohrplantagen führte jedoch zu Konflikten und schließlich zu Aufständen der Kariben. Die Engländer reagierten mit der Gefangennahme von 5000 Kariben, die sie 1796 auf die Insel Roatán vor der Küste von Honduras deportierten. Von dort aus sind sie nach Belize und Guatemala geflüchtet.

1802 gründete der Haitianer *Mar-*

Der Besuch bei den schwarzen Kariben ist der Besuch einer völlig neuen Welt.

cos *Sánchez* (offiziell wird der Name *Marcos Monteros* angegeben) den Ort, den die Einheimischen *La Buga* nennen. Von *Sanchéz* wird behauptet, er wäre ein Zauberer gewesen, der die Küste von Moskitos und *Zancudos* befreit hätte. Das muß schon lange her sein... Der Name Lívingston existiert seit 1832 in Anlehnung an den Juristen *Edward Livingston,* dessen Gesetzentwürfe für Louisiana (USA) einige Jahre adaptiert wurden.

Lívingston ist klein. Die Hauptstraße kennt man bald. Lohnenswert ist ein Besuch des **Friedhofs von Livingston,** vorbei am Hotel *African Place.* Er ist verwildert, und die alten Steinkreuze geben ein stimmungsvolles Bild ab.

Einen kleinen Strand gibt es in der entgegengesetzten Richtung von der Hauptstraße rechts ab.

Mit viel Glück erlebt man auch einmal einen der vielen **Tänze** der guatemaltekischen Kariben, die so schillernde Namen tragen, wie *Abai Ma Hani*, ein Trauertanz, *Shumba,* der die bösen Geister vertreibt, oder den berühmten *Yancunú,* der an Weihnachten getanzt und nur von Trommeln, die mit den Taschen der Pelikane überzogen sind, begleitet wird. Die Tänzer sind dabei oft mit Masken, Papageienfedern und Muschelketten geschmückt und kostümieren sich mit kurzen Frauenkleidern. Traditionell wird viel gesungen, wie bei der *música coral* der Frauen oder dem *canto de piedra.*

Da es **keine Bank** in Lívingston gibt, sollte man vorsorgen. Bardol-

lars hingegen werden gern gewechselt, natürlich mit Gewinn.

Über keinen anderen Ort in Guatemala habe ich so verschiedene Meinungen gehört wie über Lívingston. Vielen Touristen ist es zu dreckig, der Umgang der *Garífunas* mit den Besuchern zu kompromißlos und das Klima zu anstrengend. Mir dagegen hat es immer gut gefallen in Lívingston. Abends machen die Kariben die Nacht zum Tag, jede Kneipe bietet herrliche Liquados an, und der lässigere Umgangston ist eben Mentalitätssache.

Verkehrsverbindungen

Nach Livingston: von Puerto Barrios aus s.o. Oder von der großen Brücke in El Relleno über den Río Dulce. Empfehlenswert für Reisende, die vom Petén kommen und gleich nach Lívingston wollen.

Von Lívingston: zurück nach Puerto Barrios 2-3 x täglich. Über den Río Dulce nach El Relleno zum Castillo de San Felipe mit *Lancha*. (Beschreibung der Tour s.u.) Fahrer bieten diese und andere Touren an, Preis aushandeln.

Fähre nach Punta Gorda (Belize) macht Dienstag und Freitag gegen 9 Uhr einen Stopp in Lívingston. Nach allen Abfahrtszeiten vor Ort erkundigen.

Hotels und Hospedajes

•*Hotel Tucán Dugú,* ein Superluxushotel am Eingang von Lívingston, das seit Anfang der 80er Jahre existiert. Aufgrund der westlichen Spitzenpreise lebt das Hotel von Reisegruppen. Reservierung von der Hauptstadt aus: Tel. 318681, 314279, 11. Calle 2-72, Z 9.
•*Hotel African Place:* weiße, maurische Burg am Ortsende Richtung Friedhof. An der Ecke "Happy Corner" links runter. Teuer.
•Sehr schön und neu ist das *Hotel Garifuna.* Etwas versteckt hinterm Zentrum.
•*Hotel Flamingo:* gepflegt mit schönen Zimmern, gute Mittelklasse.
•*Casa Rosada:* kleine Bambushütten in schöner Umgebung. 800 m links von der Anlegenstelle am Fluß, ebenfalls Mittelklassepreise.
•*Hotel Río Dulce:* altes Karibikholzhaus mit viel Atmosphäre an der Hauptstraße im Zentrum. Großer Balkon, Travellertreff.
•*Hotel Caribe:* nach der Anlegestelle 50 m links kleinen Weg entlang. Einfach, sauber und ruhig.

Restaurants und Kneipen

In Lívingston gibt es guten Fisch, z.B. im *African Place,* das auch eine außergewöhnliche Atmosphäre bietet. Lívingston ist so klein, daß man schnell alle Bars kennt und sowieso bald seine Lieblingskneipe hat. Das *Bahia Azul* ist neuer Traveller-Treff.

Eine *Spezialität* ist *pan de coco* (Kokosnußbrot), das oft auf der Straße verkauft wird. Ein typisches Gericht ist *tapado,* Meeresfrüchtesuppe mit Kokosnuß. Auf keinen Fall darf man sich eine eisgekühlte Kokosmilch entgehen lassen und muß alle Sorten der cremigen *Liquados* einmal probiert haben.

Ausflüge

6 km nördlich von Lívingston befinden sich die *Siete Altares* (Sieben Altäre). Dabei handelt es sich um einen Urwaldfluß, der kurz vor seiner Mündung über sieben kleine *Wasserfälle ins Meer* fließt. In den dazwischenliegenden Becken läßt es sich herrlich baden mit Blick auf die smaragdgrüne Karibik. Der Fußweg durch den Dschungel ist sehr beschwerlich, aber machbar. Besser man mietet sich an der Anlegestelle eine Lancha und läßt sich am Strand entlang fahren. Am Nachmittag ist der Seegang allerdings heftig, und die Fahrt wird zu einem nassen Abenteuer.

Siete Altares

Wer einen ausgedehnten Karibik-badetag einlegen möchte, kann dies am **Punta de Cocolí**, nördlich von Lívingston, tun. Wichtig bei den Ausflügen ist, vor Einbruch der Dunkelheit wieder in Lívingston zu sein.

Eine **Rio-Dulce-Fahrt** für den nächsten Morgen macht man am besten schon am Tag vorher mit einem der vielen Lancha-Fahrer perfekt, die mit Anmeldelisten am Hafen stehen. Anfang 1993 kostete eine Fahrt pro Person 50 Quetzales.

Pirates Point in Punta Manabique bietet Cabañas und Camping an. Etwas für Sonnenanbeter.

Mit Captain John Clark und seinem traumhaften Boot kann man kleinere und größere Ausflüge machen. Informationen über Aventuras Vacacionales, 4. Calle 6-63, Z 13, Tel. 02/736253 in der Hauptstadt.

Am Nordufer des Izabal Sees, ca. 15 Bootsminuten vom Castillo entfernt, befindet sich die **Casa Guatemala**, ein Waisenhaus, das mit Hilfe von Spenden und der freiwilligen Arbeit von Travellern aus aller Welt existiert. Es besteht seit 1987, nachdem die 1976 von Kanadiern initiierte "Casa Canadá" in der Hauptstadt hierher verlegt wurde. Wer hier eine Zeit lang mitarbeiten möchte, sollte sich in der Hauptstadt an die *Amigos de los niños guatemaltecos*, 14. Calle 10-63, Z 1, Tel. 31 94 08 wenden.

Hotels und Hospedajes am Izabal See

Es gibt viele teure, wenig billige Hotels am Izabal See. Der See ist der Zweitwohnsitz der reichsten Guatemalteken. Die meisten Hotels sind nur per Boot zu erreichen. Fahrer warten am Anlegesteg, Preis aushandeln.

●*Turicentro Marimonte:* ein Luxushotelkomplex in El Relleno an der Shell-Tankstelle mit Restaurant, Pool, Golfplatz usw. Reservierung Tel. 314437 in Guatemala Ciudad.

●*Marilú:* nicht schön, aber günstig und eine Alternative zum Marimonte in El Relleno.

●*Hotel Catamarán:* Luxusklasse, flußabwärts auf einer kleinen Insel gelegen mit Restaurant, Pool und Anlegestelle. Reservierung Tel. 324829 in Guatemala Ciudad.

●*Hotel del Rio:* ein paar Kilometer flußabwärts. Teuer.

●*Mañana Marina:* gegenüber vom Catamaran. Ebenfalls kleine Bambusbungalows, wie das die meisten Hotels handhaben, günstiger und gemütlicher.

●Eine Alternative ist, sich gleich von Lívingston bis zum Castillo fahren zu lassen (4 km von der Brücke entfernt) und dort in der billigen Hospedaje *Don Humberto* zu übernachten. Ein kleiner *Comedor* liegt am Eingang des Parkes zur Burg, wo sich früher die Siedlung Jocoló befand. Etwas abgeschieden vom Rummel in Fronteras und El Relleno. *Lanchas* fahren in der Nähe des Castillos zur Brücke zurück. Im nahegelegenen Restaurant El Galeon am Flußufer erkundigen.

●Etwas weiter seewärts, vorbei an den Hütten von San Felipe liegt die Luxusherberge **Hotel Izabal Tropical** direkt am Seeufer mit hübschen Bungalows, Restaurant, Bar und Pool. Das Tropical ist zu einem deutsch/guatemaltekischen Treff avanciert. So erhält jeder Deutsche bei seinem zweiten Besuch 50% Ermäßigung. Wer einmal etwas mehr Geld ausgeben will (ca. 40 Dollar für 2 Pers.), sollte sich einen Tag bei *Federico Zosel* gönnen.

●Die **Finca El Paraiso** bietet seit 1992 Übernachtungen (teuer!) und einen Ausflug zu einem heißen Wasserfall an. Informationen im Hotel Izabal Tropical, beim Castillo San Felipe, 10 Min. Fußweg davon entfernt.

Bootsfahrt zum Castillo San Felipe

Ein Muß ist eine Bootsfahrt flußaufwärts über den *Río Dulce* bis zum Castillo San Felipe. Kurz hinter Lívingston, wenn sich der letzte Pelikan verabschiedet hat, taucht das Boot in eine grüne Schlucht ein, durch die der Río Dulce gemählich und ruhig mäandriert. Die steilwandigen Ufer sind zu beiden Seiten über und über bewachsen. Wo sie zurücktreten oder an Höhe abnehmen, liegen kleine Bambushütten von Fischerfamilien, die schon am frühen Morgen mit ihren Einbäumen hinausfahren und ihre Netze auswerfen. Zwischen den Stelzwurzelgerüsten der Mangrovengewächse ist eine vielfältige Fauna zuhause. Das schnurrende Motorengeräusch des Bootes vertreibt leider oft die scheuen Reptilien. Trotzdem ist die Stimmung auf dem Río Dulce geheimnisvoll und großartig. Die weißen *Garzas* sitzen auf dem äußersten Rand der Äste und kreuzen mit ein paar Flügelschlägen das Wasser, wenn sich eine *Lancha* nähert. Das bunte Geschrei der Vögel läßt nur erahnen, wieviele Arten hier leben. Nach jeder Flußbiegung eröffnet sich ein neues phantastisches Bild in üppigem, verschwenderischem Grün.

Bei der dreistündigen Fahrt sollte die Besichtigung von **"Aguas Calientes"**, ein Rundgang im **"Biotopo Chocón Machacas"** und ein Abstecher in eines der zahlreichen Lagunen inbegriffen sein. Ersteres ist eine heiße Quelle, wie es sie häufig auch am Izabal See gibt. Das *Biotopo Chocón Machacas* am Golfete, der seeartigen Erweiterung des *Río Dulce*, wurde zum Schutz der Süßwasserseekuh *(manatí)* eingerichtet, die hier einst lebte und wegen ihres wohlschmeckenden Fleisches heute fast ausgerottet ist. Ein präpariertes Exemplar dieser großen Tiere ist u.a. am Eingang des Reservats ausgestellt.

Nach der Überquerung des Golfetes verengt sich der *Río Dulce* ein weiteres Mal. Schon von weitem ist die große Brücke zu erkennen, die über den Fluß führt. Eine Río Dulce-Fahrt gehört zu den unvergeßlichsten Erlebnissen in Guatemala, und sie war da-

Die kleine Festung San Felipe schreckte die Piraten nicht ab.

mals mein schönstes Geburtstagsgeschenk.

Am Eingang zum Izabal See liegt auf einer kleinen Halbinsel das **Castillo San Felipe de Lara**, eine kleine verwinkelte Burg mit vielen Auf-, Ab- und Durchgängen, die 1652 zum Schutz gegen die Piraterie errichtet und nach dem spanischen König *Philip II.* und dem Erbauer *Antonio de Lara y Mongrovejo* benannt wurde. Doch weder die Kanonen noch die schwere Bronzekette, die durch die Flußenge gezogen wurde, konnten das Eindringen so berühmter Piraten wie *Sir Francis Drake* verhindern. Die Burg mußte nach Bränden mehrere Male wieder aufge-

baut werden, lag in späteren Zeiten lange als Ruine und wurde 1957 rekonstruiert. In einem der Räume befinden sich Relikte aus der Piratenzeit wie Anker, Ketten und Räder. Vom Dach aus sieht man in beide Richtungen (Río Dulce und Izabal See) und kann die strategische Lage des Castillos studieren. Seine wechselvolle Geschichte und der gelungene Wiederaufbau könnten mühelos den Hintergrund und die Kulisse eines Piratenfilmes abgeben.

Der **Ort San Felipe** besteht aus nicht mehr als ein paar Hütten, die sich am Ufer des Izabal entlangziehen.

Der heiße Wasserfall auf der Finca El Paraiso

Der Petén

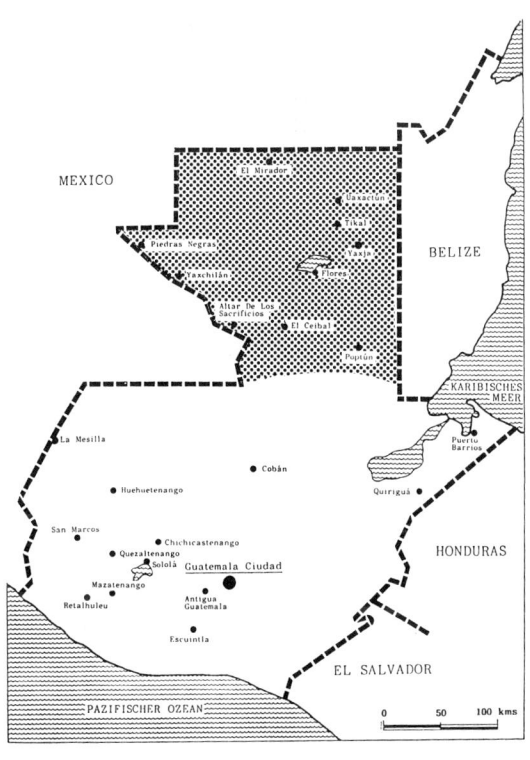

Mit seinen 35.000 km² nimmt das nördlichste *Departament El Petén* fast ein Drittel des gesamten Landes ein. Ein Blick auf die Karte genügt, um zu sehen, wie spärlich Straßen und Siedlungen gesät sind, und in der Tat leben hier "nur" ca. 215.000 Menschen. Insgesamt erwirtschaftet diese große Region weniger als 2% des Bruttosozialproduktes Guatemalas.

Der Petén ist die siebtgrößte *Regenwaldreserve* der Erde und war einst Lebens- und Kulturraum der Maya. Die jahrhundertelange Besiedlung hat dem Petén nicht so geschadet, wie dies derzeit durch die ökonomische Erschließung und den unkontrollierten Zuzug von Siedlern der Fall ist.

Gesteuert wurde die Kolonisation 1958 mit der Einrichtung von *FYDEP (Empresa Nacional de Fomento y Desarollo Económico de El Petén)*, deren Politik eine *Bevölkerungsexplosion* im Petén um das Dreifache innerhalb von nur zehn Jahren auslöste. Ungeachtet der weltweit bekannten Tatsache, daß die Regenwälder zu den labilsten Ökosystemen der Erde gehören, läßt die Regierung es immer noch zu, daß täglich neue Siedler im Petén brandroden, weiterhin an Erdölprojekten gearbeitet wird und der Straßenbau intensiviert wird. Die Regierung wirbt im Fernsehen regelmäßig für den Petén als "Quelle des Reichtums". Die Bundesrepublik hat inzwischen ihre großzügige Zusage von 100 Millionen DM zum Bau einer Asphaltstraße an massive Auflagen geknüpft. Wer mit dem Bus die lange beschwerliche Reise nach Tikal antritt, kann sich als aufmerksamer Beobachter selbst vom "Urwaldfraß" überzeugen.

Heute ist der Petén das *Problemgebiet Nr.1* in Guatemala. Wieder einmal spielt auch hier der Großgrundbesitz, das Unternehmertum und das Militär eine entscheidende Rolle bei der ungerechten Landverteilung, die soziale Spannungen auslöst und die Guerilla auf den Plan ruft. Hinzu kommt, daß der Petén zum größten Drogenanbaugebiet avanciert ist. Nirgends haben wir so viele Kontrollen passiert und Durchsuchungen mitgemacht wie im Petén. Gute Miene zum bösen Spiel hilft in den meisten Fällen.

Der *Name* "*Petén*" bedeutet Insel. Die kleine Insel im Petén Itzá See, auf der die Departamentshauptstadt Flores liegt, gab der Region den Namen, die sich früher *Mayab*, Land der Maya, nannte.

Der Untergrund des Petén wird wie die Halbinsel Yucatán in Mexiko ausschließlich aus Kalken aufgebaut. Was wie eine tischebene Tafel wirkt, ist in Wirklichkeit ein Plateau, das von ost-west streichenden Bergketten durchzogen wird, die sich im Süden bis 500 m herausheben. Das feuchtheiße *Klima* mit Durchschnittstemperaturen von 26°C und die jährlichen Regenmengen, die im Juni und September ihre Spitzenwerte erreichen, haben wie im Verapaz eine *Karstlandschaft* entstehen lassen, die Höhlenlabyrinthe im Untergrund formt, Kuppen

und Kegel aneinanderreiht und Flüsse verschwinden läßt.

Von den 27 Seen ist der erwähnte Petén Itzá See mit 48 km Länge und 10 km Breite der größte.

Der immergrüne tropische **Regenwald** des Petén weist bis zu 150 verschiedene Baumarten pro Hektar auf. Lianen, Tillandsien, Orchideen und reicher Unterholzbewuchs machen den Wald zu einem dichten Dschungel. Durch die Nachfrage nach den wurzellosen Tillandsien in Europa und den USA ist diese Pflanze seit Neuestem gefährdet. Säckeweise werden die Exoten eingesammelt und an große Unternehmen verkauft.

Zur **Tierwelt** des Petén zählen Raubkatzen, Affen, Reptilien, Wildschweine, Tapire, Hirsche und unzählige Vogel- und Insektenarten. Viele der Tiere spielten als Symbolgestalten in der Religion der Maya eine bedeutende Rolle, wie der Jaguar und die Schlange.

Neben den **Charakterbäumen** Mahagoni und Ceiba nimmt der *Chico Zapote (Manilkara zapota)* eine

besondere Stellung ein. Wegen seines extrem schwer verfaulenden Holzes benutzten ihn die Maya zum Palastbau. Das Harz des *Chico Zapote* ließ sich außerdem kauen und löschte den Durst. Ende des 19. Jahrhunderts begann die Ausbeutung des weißen Harzes, das bald *oro blanco* (weißes Gold) genannt wurde. Das gesamte *Chicle* wurde von der amerikanischen Firma *Wrighley* aufgekauft, die damit eine kaugummikauende Revolution auslöste. Ab 1930 verlief die Versorgung der *Chicleros* und der Export von *Chicle* nach Puerto Barrios zum großen Teil per Flugzeug. Auch heute noch ist die Gewinnung von durchschnittlich 10.000 Zentnern *Chicle* pro Jahr der Hauptproduktionszweig des Petén.

Neben dem traditionellen Anbau von Mais und Frijoles als Grundnahrungsmittel produziert der Petén Kaffee, Kakao, Tabak, Baumwolle, Zukkerrohr, Reis, Erdnüsse und Palmöle. Ausgedehnte Viehzuchtgebiete befinden sich vor allem im Südosten des Petén um Poptún und Dolores.

Von Modesto Méndez nach Flores

Bei dem kleinen Dorf **Modesto Méndez** treffen die Departamentos Izabal und Petén sowie Belize aufeinander. Die Gegend bis Dolores wird zur "Región Alta" gezählt, weil sich hier auf den südwestlichen Ausläufern der Maya Mountains die höchsten Erhebungen befinden. Die Landschaft ist noch relativ kuppig, die Straßen sind kurvig, aber das Klima ist schon heiß, und es empfiehlt sich, genügend Wasser oder Obst mit auf die Reise zu nehmen, da der Bus je nach Jahreszeit mindestens 8 Stunden unterwegs ist.

Die erste vernünftige **Übernachtungsmöglichkeit** gibt es in **San Luis**, wo eine wenig befahrene Erdstraße von Sebol (Alta Verapaz) in den Petén endet. Das Dorf existiert seit 1708 und wird von Ladinos und einigen Kekchí-Indianern aus dem Verapaz bewohnt. Wer durchhält, sollte aber in jedem Fall bis Poptún sitzenbleiben.

Poptún ist eine angenehm kühle Klimainsel inmitten riesiger Kiefernwälder auf 500 m Höhe gelegen und erinnert eher an einen amerikanischen Nationalpark als an eine Tropenregion. Wegen des gemäßigten Klimas und der günstigen Bedingungen für eine landwirtschaftliche Nutzung gab Präsident *Arévalo* 1945 den Anstoß zur Gründung einer *Colonia Agrícola*, die den Anfang Poptúns darstellte. Heute leben hier 15.000 Menschen.

Die Idylle wäre perfekt, gäbe es nicht ausgerechnet hier das zentrale Ausbildungslager der gefürchteten **Antiguerilla-Spezialeinheit.** Ein großes Schild weist auf das *Hogar de Los Kaibiles El Infierno Poptún* hin und verrät dem Besucher, daß "hier die besten Kämpfer Amerikas ausgebildet" werden. Durch ihre Brutalität im Kampf gegen das, was sie für subversiv halten, haben sie sich als Mordbanden des Militärs international einen Namen gemacht.

Für gewöhnlich übernachtet die Travellerszene auf der **Finca Ixobel** ein wenig außerhalb Poptúns in der Nähe des kleinen Flugplatzes. Den Busfahrer bitten, dort anzuhalten! Das amerikanische Ehepaar *Mike und Carol Devine* hat hier vor 20

Auf der Finca Ixobel

Jahren ein traumhaftes Anwesen gekauft, an das eine kleine Subsistenzlandwirtschaft angeschlossen ist. Die Mahlzeiten werden gemeinsam eingenommen, die Küche ist exzellent, und jeder stellt seine eigene Rechnung zusammen, so daß Vertrauen gegen Vertrauen herrscht. Schlafen kann man in Hütten, Zelten, Hängematten oder Baumhäusern. Die Finca bietet Ausritte, Höhlentouren und Flußfahrten bis zu vier Tagen an. Obwohl sie billig sind, werden die Angebote von den Travellern nur wenig in Anspruch genommen. Auf Ixobel besteht die Gefahr, faul und träge zu werden.

Ich lernte *Mike DeVine* Anfang Juni 90 während eines Gesprächs beim Frühstück kennen, als wir uns heftig gegen die Angriffe seiner zwei frechen Aras zur Wehr setzen mußten. Zuhause in Quetzaltenango erfuhren wir ein paar Tage später aus der Zeitung, daß Mike am Eingang seiner Finca verschleppt und dann auf bestialische Weise umgebracht wurde. Wenig später gab der damalige Präsident *Cerezo* zu, daß "Sicherheitskräfte" *(Kaibiles)* an diesem Verbrechen beteiligt waren. Inzwischen haben sechs "kleinere" Militärs lebenslänglich bekommen, trotzdem kann man immer noch über die wahren Hintergründe nur spekulieren.

In Poptún selbst gibt es ebenfalls Übernachtungsmöglichkeiten und die *Fonda Ixobel*, ein Restaurant, das zur Finca gehört. Tel. Finca: 0507-363.

Sehenswert ist der ***Río de la Cueva***, ein dunkelgrüner Fluß, der durch eine ***Tropfsteinhöhle*** fließt und breite Becken bildet. Ebenso die ***Höhle Naj Tunich***, die im 8. Jahrhundert von den Maya als Zeremonialstätte benutzt wurde, was Hieroglyphen und Fresken beweisen. Alle Ausflüge sind am besten von der *Finca Ixobel* aus zu organisieren. Im März, Mai und August weisen die Höhlen die niedrigsten Wasserstände auf.

Weiterfahrt nach Flores von Poptún aus mehrmals am Tag bis gegen 16 Uhr. An den Río Dulce mit Anschluß nach Guatemala Ciudad um 5, 9 und 14 Uhr. Auf der Finca genauere Abfahrtszeiten und viel Information.

Die ***weitere Busfahrt nach Flores*** führt durch ein paar kleine Dörfer hinein in die sanft welligen Ebenen

Militärkontrolle: Humor behalten!

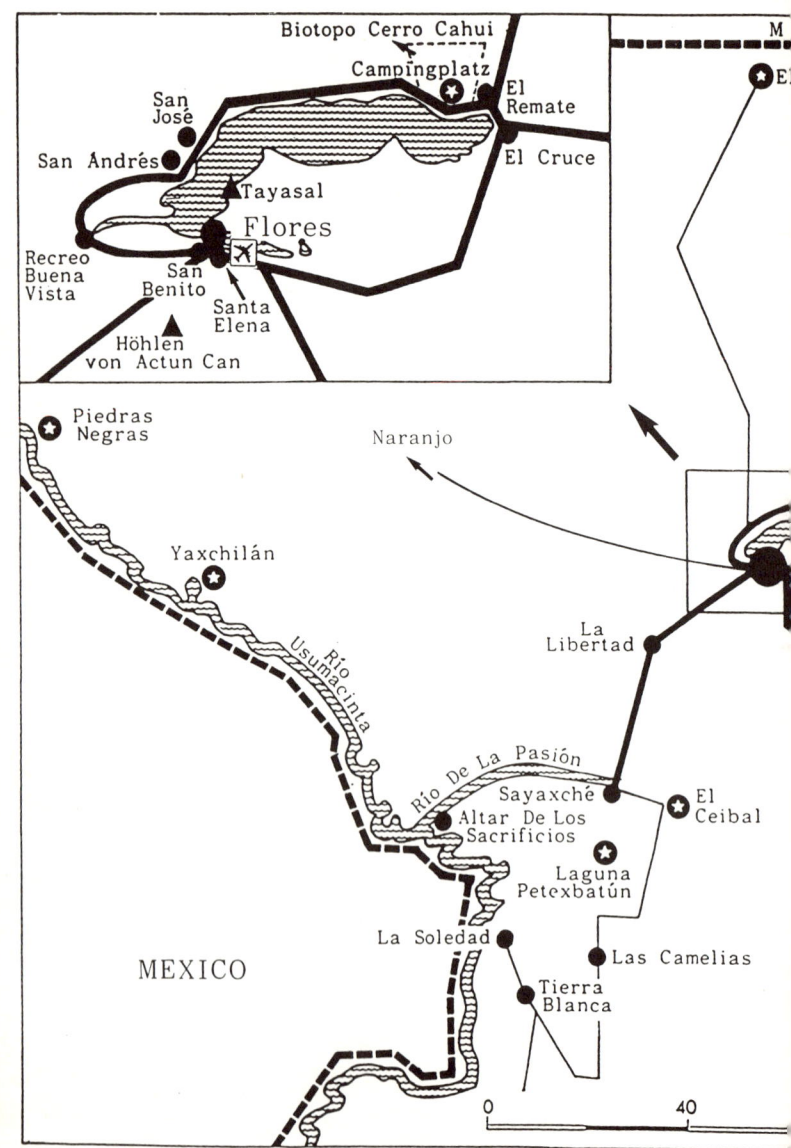

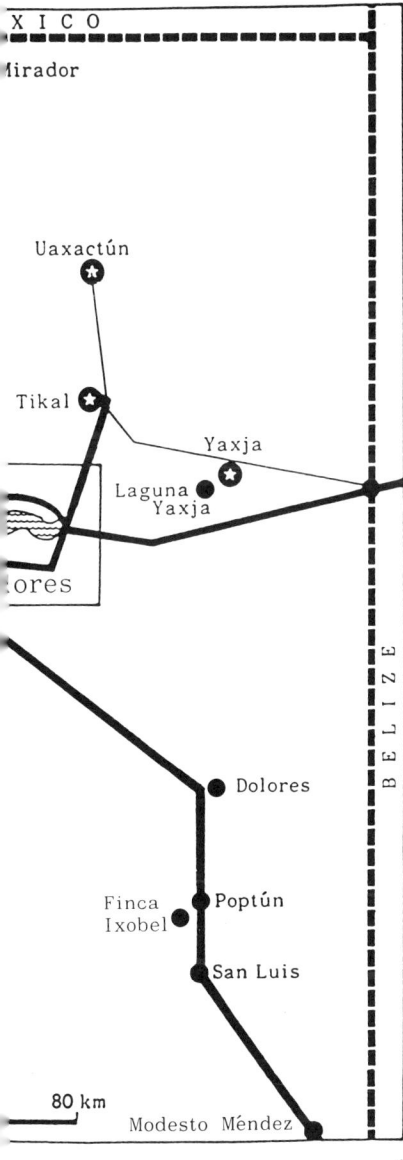

des Petén. Die Straße ist eine Durchhalteprobe für Bus und Passagiere und wird nur dort streckenweise besser, wo sich, wie im Aldea San Juan, ein großes Militärquartier befindet. Auf halber Strecke in **El Chol** gibt es eine Übernachtungsmöglichkeit. Von hier aus bietet sich ein herrlicher Blick zurück in die Kuppen- und Kegelkarstlandschaft der "Alta Región". Auffällig hier die vielen blonden und hellhäutigen Menschen. Den Rest der Strecke fährt der Bus über endlose, rote Straßen, rechts und links gesäumt von tropischer Vegetation einerseits und abgeholzten Weideflächen andererseits.

Flores

Die kleine Inselstadt **Flores** ist mit dem Festland durch einen Damm verbunden. Der Name hat nichts mit Blumen oder ähnlichem zu tun, sondern wurde zu Ehren des 1824 amtierenden Vizepräsidenten von Guatemala, *Cirilo Flores,* gewählt. Jenseits des Übergangs zur Insel liegen die Dörfer **Santa Elena**, auf desses Flughafen die kleinen Maschinen aus Guatemala Ciudad landen, und **San Benito** mit zahlreichen Hotels. An Attraktivität erreichen sie jedoch bei weitem nicht Flores, das durch seine kleinen, bunten Häuser wie ein südfranzösisches Dorf wirkt und schon lange hätte ein Travellertreff werden können, wenn hierfür die richtige Infrastruktur vorhanden wäre. Kurz vor Mitternacht schließen hier aber fast alle Restaurants und Kneipen.

Lange vor der Eroberung durch die Spanier siedelten hier die **Itzá** an einem Platz namens Tayasal. Nach dem gewaltsamen Sturz *Mayapáns* 1441 begaben sich die *Itzá* auf Wanderschaft und zogen sich in den Petén zurück, um auf der kleinen Insel des Sees Mitte des 15. Jahrhunderts ihre neue Hauptstadt zu gründen. Es gibt allerdings Vermutungen, die besagen, daß sich Tayasal dort befand, wo heute das Dorf San Miguel liegt und auf der Insel nur ein Mayaaltar stand, zu dem ein unterirdischer Gang führte.

Bereits 1525 kam *Hernán Cortés* während seiner Reise nach Honduras durch Tayasal. Er ließ dort sein verwundetes Pferd stehen, daß die Indianer wie einen Gott verehrten. Es heißt, sie gaben ihm Gold und Silber zu fressen, worauf es verhungerte. Später vergötterten sie zum Entsetzen der spanischen Mönche eine Nachbildung des Tieres und waren nur schwer von der Verwerflichkeit ihres Tuns zu überzeugen. Die Missionare zerstörten das Heiligtum und warfen es in den See, wo es heute noch liegen soll. Die rund

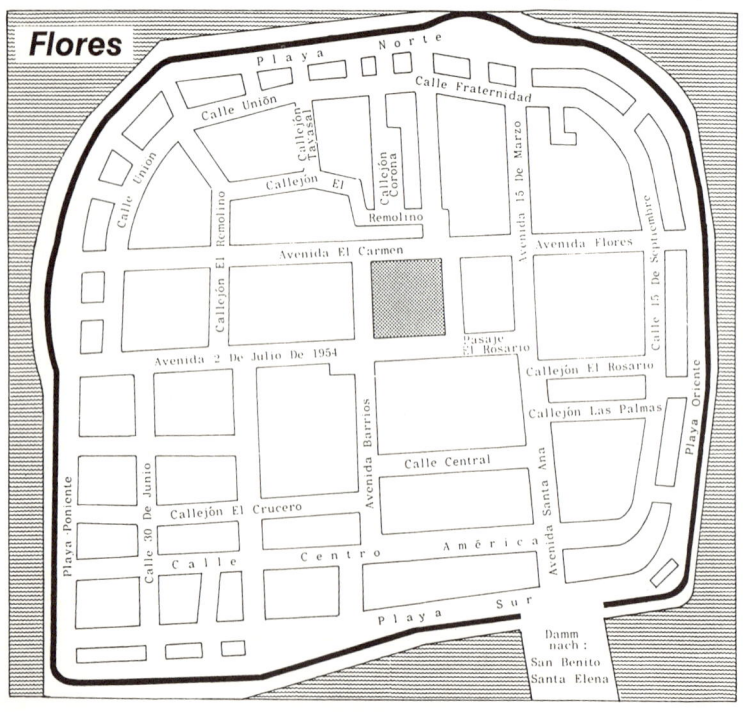

25.000 *Itzá* widerstanden lange den Spaniern. So endete ein früher Bekehrungs- und Eroberungsversuch 1621 mit der Ermordung des Missionars und seiner militärischen Gefolgschaft. 1697 wurden die Itzá jedoch endgültig unterworfen.

Bemerkenswert am **Petén Itzá See** sind die Wasserspiegelschwankungen. Eine der größten Überschwemmungen verzeichneten die Bewohner 1932. Nachdem von 1978-82 der Wasserspiegel abermals kontinuierlich stieg, sich dann stabilisierte, steht der äußere westliche Ring nun total unter Wasser. Die Gründe dafür hängen mit der undurchsichtigen Karsthydrologie des Kalktafellandes zusammen.

Nicht weit von San Benito (Taxi oder zu Fuß) befinden sich die **Grutas de Actun Can**. Viele der bizarren Erscheinungen tragen bezeichnende Namen wie "Elefantenfuß" oder "Schlund des Hai". Hier wurden außerdem Keramiken aus der Mayazeit gefunden. Große Sorgen macht man sich um die Zerstörung der Tropfsteinhöhle durch Touristen, die glauben, sie müssten ein Erinnerungsstück mitnehmen oder sich an den Wänden verewigen.

Das langgezogene **Nordufer des Sees** lohnt einen Ausflug. Die Straße wurde 1975 fertiggestellt und bietet schöne Aussichten auf den See.

Die Hügel bei **El Remate** sind Reste alter Zeremonialstätten. Das kleine Dorf liegt auf halbem Weg nach Tikal.

Auch das 1982 ausgewiesene **Biotopo Cerro Cahui** mit seiner außer- ordentlichen Tier- und Pflanzenwelt am Nordwestufer des Sees bei El Remate ist ein Besuch wert. Gavilane, Entenarten, Papageien, Tucane, Krokodile, Schildkröten und der *Pavo del Petén*, eine Truthahnart, stehen hier ebenso unter Naturschutz wie die exotischen Pflanzen im Biotopo. Geöffnet 7-17 Uhr. Ein Mikrobus fährt um 11 Uhr ab Markt in Santa Elena.

In der Nähe des Biotopo Cerro Cahui verleiht Novi in ihrem kleinen Unternehmen *Agua y Tierra* **Boote und Motorräder** für Ausflüge zu Wasser und zu Land. In der Posada el Mirador del Duende gibt es eine Übernachtungsmöglichkeit.

Gegenüber von Flores liegt **San Andrés**, das gut mit dem Boot zu erreichen ist. Von hier stammen die Steine, die als Stelen in Uaxactún aufgestellt worden sind. Hier wird im Sommer 1993 eine Spanisch-Schule aufmachen, die außer der Sprache den Schülern die Gegend, die Sehenswürdigkeiten und die Probleme des Petén näherbringen will.

Calle 30 de Junio unter Wasser

Hotels und Hospedajes

●In El Remate hat das Camino Real ein **Superluxushotel** in Form von Bungalows gebaut. Ich empfehle, in Flores zu übernachten, weil hier die Stimmung einfach schöner ist. Die Hotels in Flores sind schnell abgeklappert.

●**Hotel Petén:** Gepflegte obere Mittelklasse, teuer. Organisiert auch Touren.

●**Hotel La mesa de los Mayas.** Relativ neu, sauber und gepflegt. Mittelklasse.

●In der Calle de 30 junio und Calle Union am Westufer gibt es ein paar kleine Hotels, die bereits im Wasser stehen. Wie in Venedig ...

●**Hotel La Jungle**, gute Mittelklasse.

●**Hotel El Tucan:** Das Hotel wurde von Holländern im Sommer 1990 eröffnet, bietet eine angenehme Atmosphäre, Garten und Steg. Ist zu einem Travellertreff avanciert. Nur das Essen ist nicht besonders. Möglichkeit, Geld zu wechseln.

●**Hotel Sac-Nicté** in Santa Elena gleich am Damm. Neu und sauber. Gute Kneipe.

●**Hotel Don Quijote** in Santa Elena nahe des Damms. Einfach, aber günstig.

●**Hotel San Juan** in Santa Elena. Einfach und preiswert.

●Die **Hospedaje** und den angeschlossenen **Campingplatz Gringo Perdido** in El Remate sollte man möglichst schnell wieder vergessen. Vor ein paar Jahren übernahm ein reicher Hauptstädter das alte Gringo Perdido und verlangt nun astronomische Preise.

Restaurants und Kneipen

Die Restaurants in Flores sind dünn gesät und teuer. Sehr gut ißt man im **Bistro** von Michel. Erst ab 18 Uhr geöffnet.

Die netteste Kneipe von Flores ist das **Chal-tun-Ha**, so der alte Name des Sees, am Ufer beim *Anexo Hotel Petén.* Ein Feuer machte der Bar unterm Sternenhimmel vor ein paar Jahren ein Ende. Danach wurde ein kleines Häuschen gebaut, wo das Wasser nun bis zu den Fenstern reicht. Doch ist die Stimmung hier noch immer so romantisch während des herrlichen Sonnenuntergangs. Auch das Essen ist gut im Chal-tun-Ha.

Verkehrsverbindungen

Nach Flores: von Guatemala Ciudad mit *Fuente del Norte,* 17. Calle 8-64, Z 1, früh morgens. Mit *Pinita* vom Mercado Central Z 1 aus, mit *La Petenera* von 17. Calle 10-39, Z 1 aus.

Die nationale **Fluggesellschaft** Aviateca fliegt außerdem täglich Flores (Santa Elena) an. Informationen am Flughafen von Guatemala Ciudad oder in jedem Reisebüro.

Von Flores: Fast jedes Hotel (gut ist das Hotel Petén) organisiert und verkauft Bus- bzw. Flugtickets in alle Richtungen. Es ist also überhaupt kein Problem, von Flores aus die Weiterfahrt zu organisieren. Das *Pinita*-Büro im **Hotel San Juan**, Santa Elena (gleich am Damm) verkauft Tickets nach Tikal, Belize, Naranjo, Poptún, Sayaxché und

Calzada Mopán. Jedes Ziel wird täglich mindestens dreimal angefahren. Ausflüge spezieller Art in Hotels und Reisebüros erfragen.

Letzter offizieller Bus von **Tikal** um 16 Uhr zurück. Sonst Mikrobus nehmen.

Von Flores aus fahren **Boote** nach San Andrés und San José von 6-18 Uhr.

Nach Melchor de Mencos (Belize) 5, 8, 10 Uhr ab Santa Elena. Zusteigemöglichkeit auch in El Cruz am Westzipfel des Sees. **Melchor de Mencos** liegt 110 km von Flores entfernt und ist eine relativ neue Gründung. Wer einen frühen Bus nimmt, erreicht Belmopán oder Belize-City noch am selben Tag. Der belizianische Grenzort heißt **Benque Viejo.** An der Grenze gibt es Transit-Visa. In Melchor de Mencos sind Hotels vorhanden. Etwa auf halber Strecke ist ein

Abstecher zu der 8 km entfernten **Ruinenstätten Yaxjá und Topoxte** möglich. Yaxjá
liegt in der Mitte von zwei Dolinenseen und
wurde während der klassischen Epoche gebaut, während Topoxte als Inselstadt errichtet wurde und bis 900 bewohnt war. Ein
Boot ist nötig, um die Stätte zu besichtigen.
Nach Exkursionen in Flores fragen.
Nach El Naranjo (Mexiko) 4, 5, 11 und 13
Uhr. Nach fast 200 km Holperfahrt noch 4
Std. auf dem Río San Pedro bis an die mex.
Grenze nach La Palma. Hier Verbindungen
nach Tenosique und Palenque. Von **La
Palma** Boot nach Naranjo um 14 Uhr. Dort
erst 2 Uhr nachts Bus nach Flores.

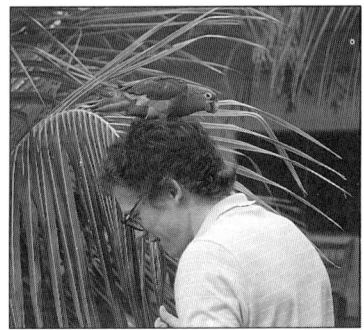

Belize

Die guatemaltekischen Landkarten zeigen
es deutlich: Belize ist Teil Guatemalas. Die
Grenze, die kerzengerade durch den Rand
des Petén verläuft, erklären die Guatemalteken als Departamentsgrenze, nicht als
Staatsgrenze. So war dies bis 1992.
Der Konflikt zwischen Guatemala und Belize ist so alt wie die Unabhängigkeit Guatemalas. Als das Kolonialreich 1821 zusammenbrach, erhoben Mexiko und Guatemala
Gebietsanspruch auf Belize. Dagegen wehrten sich die englischen Siedler und erreichten, daß Großbritannien Belize 1871 zur
Kronkolonie British-Honduras erklärte. 12
Jahre zuvor hatte Guatemala zwar die Grenzen des Settlements of Belize anerkannt,
jedoch nur unter der Bedingung, daß
England eine Straße von Guatemala Ciudad
nach Belize-City baut. Während Mexiko
1893 auf seine territorialen Ansprüche ver-
zichtete, bestand Guatemala weiterhin auf
seiner Gebietsforderung, nicht zuletzt deshalb, weil die Engländer den Vertrag über
den Bau jener Verkehrslinie zur Karibik nie
erfüllt hatten. 1964 erhielt British-Honduras
von den Engländern das Recht auf Selbst-
verwaltung zugesprochen, nannte sich neun
Jahre später offiziell Belize und wurde 1981
als neues Mitglied des Commonwealth endgültig in die Unabhängigkeit entlassen. Das

britische Militär blieb zum Schutz im Land.
Lange pochte Guatemala auf die Einhaltung des alten Vertrages und erkannte Belize nicht als unabhängigen Staat an. Die
Verbindung zum Atlantik ist für ein Export-
land wie Guatemala von wirtschaftlicher Bedeutung. Der Anschluß an Guatemala wäre
jedoch für die 170.000 Belizianer ein Rück-
schritt in militärdiktatorische Verhältnisse
gewesen. An eine parlamentarische Demokratie nach britischem Vorbild gewöhnt, haben sie ihre eigenen Vorstellungen von Freiheit und Zusammenleben entwickelt. In Belize gibt es weitaus mehr Volksgruppen und
Religionen als in Guatemala. Kreolen, Mestizen, Garífunas, Indígenas, Mulatten, Inder,
Chinesen, Araber und Weiße bilden ein buntes Völkergemisch in diesem tropischen Kü-
stenland, daß kulturell viel engere Beziehungen zum karibischem Raum besitzt als
zum Ladino- und Indígena-Land Guatemala.
Natürlich ist Belize keine Friedensinsel auf
dem mittelamerikanischen Kontinent. Auch
hier gibt es Rassismus und Landprobleme.
Besonders betroffen sind die Mopán-India-
ner im Distrikt von Toledo an der Südgrenze
zu Guatemala. Ihre Reservate sind durch
Profitinteressen gefährdet, was eine sukzessive Zerstörung ihrer Kultur, Sprache und
Costumbres nach sich zieht.

Tikal

Das Wunder von Tikal beginnt bereits hinter Santa Elena mit einer Asphaltstraße, die ihresgleichen im Land sucht. Wer mit einem Auto unterwegs ist, merkt zum erstenmal, daß es auch schneller als 60 km/h fahren kann. Verkehrsschilder, Kilometerhinweise, Randpfosten und Befestigung gehören wie selbstverständlich zu dieser Vorzeigestrecke Guatemalas.

Tikal ist zweifellos die am meisten besuchte Sehenswürdigkeit Guatemalas, und was der Tourist nicht weiß, die am meisten gefährdete zugleich. Die Zerstörung der Jahrhunderte alten *Tempel und Pyramiden* bei insgesamt 11 Mayastätten hat erschreckende Ausmaße angenommen. Am schlimmsten ist es in Tikal, wo das Symbol der Mayahochkultur, der Große Jaguar, kurz vor dem Zusammenbruch steht. Große Aufregung herrscht nun darüber, wie diese einzigartigen Kulturdenkmäler zu retten sind. Wenn es auch nicht an Schuldzuweisungen fehlt, die sich bis an die Adresse der University of Pennsylvania richten, die 14 Jahre lang die Ausgrabungen geleitet und bezahlt hat, so mangelt es in jedem Falle an Geld und dem nötigen Know-how für eine professionelle Restaurierung. Kurz, Guatemala sieht sich nicht in der Lage, seine Mayastätten zu erhalten, obwohl nach Aussagen von Mitarbeitern des *Instituto de Antropología e Historia (IDAEH)* jährlich 2 Millionen Quetzales dafür ausgewiesen sind

plus der Eintrittsgelder von 150.000 Touristen im Jahr, die jedoch niemals für ihren vorgesehenen Zweck verwendet wurden.

Es ist eine Tragödie guatemaltekischer Prägung. Das Kulturministerium hat nun bei der UNESCO eine Schenkung von 150.000 Dollar beantragt. Das Bittgesuch löste Wut, Angst und Scham bei einigen Guatemalteken aus, wie 1990 in der Presse zu lesen war: "Por decoro, por el prestigio de Guatemala, ya no se debe pedir dinero, porque todos sabemos cómo se gastado ... Repetir cansinamente que nada se puede hacer porque los norteamericanos 'no dejaron planos de sus trabajos de restauración' es el colmo del cinismo, de la incapacidad, de la ignorancia." (Der Schreiber warnt vor der Bitte um Geld, da jeder wisse, wie es ausgegeben wird ... Weiter bezeichnet er es als den Gipfel des Zynismus und der Beschränktheit, zu behaupten, die Restaurationsarbeiten könnten aufgrund des Mangels an Plänen nicht fortgeführt werden.) Fazit: Besuchen wir Tikal, solange es noch steht. Der Eintritt kostete 1993 30 Quetzales!

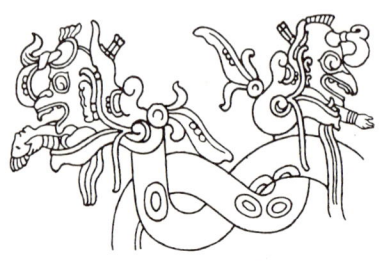

Tikal ist das größte *Zeremonialzentrum* des Maya-Landes und befindet sich inmitten der Urwälder des Petén. Heute liegt das Zentrum der archäologischen Stätte in einem 576 km^2 großen Nationalpark und ist 62 km nordöstlich von Flores entfernt. Zur Zeit der Entdeckung Tikals gab es nicht nur keine Wege, auch die Tempel, Pyramiden und Paläste waren vollständig überwachsen und nur als steile Hügel erkennbar.

Die *erste offizielle Expedition* fand 1848 unter Leitung des guatemaltekischen Colonel *Modesto Méndez* statt. 1877 folgte der Schweizer Botaniker *Gustav Bernoulli*, der reich geschnitzte Türschwellen aus dem Holz des Chico Zapote ins Basler Museum für Völkerkunde brachte. Einen ersten Plan der Stätte legte der berühmte Forscher *Alfred P. Maudslay* an, der 1881 und 1882 Tikal besuchte. Von unschätzbarem Wert waren die detaillierten Aufzeichnungen des Deutschen *Teobert Maler* aus den Jahren 1895 und 1904, der zusammen mit *Alfred Tozzer* die erste fundierte Veröffentlichung über Tikal herausbrachte. Die Ausgrabungen begannen 1950, nachdem das *Carnegie Institut* in Washington die Bedeutung

Alfred P. Mandslay

der Stätte geprüft und die ersten Vorarbeiten von *Sylvanus G. Morley* während der Jahre 1914-37 in Tikal und Uaxactún bereits vielversprechende Ergebnisse erbracht hatten. Zuerst unter der Leitung von *Edwin M. Shook*, der 1959 die älteste Stele aus dem Jahre 292 n.Chr. entdeckte, dann ab 1962 vom letzten großen Tikalforscher *William R. Coe*. Er übergab die restaurierte Stätte 1969 der guatemaltekischen Regierung. Seine Beschreibung von Tikal ist am Eingang zum Nationalpark erhältlich. Das Büchlein ist auf Englisch und Spanisch erschienen und ein nützlicher Führer durch die große Anlage.

Der Name Tikal bedeutet "Ort, an dem Geisterstimmen ertönen" und stammt von den am Petén Itzá See lebenden Indianern. Tikal liegt auf einer breiten Wasserscheide und war durch seine Wasserwege gut zu erreichen, was nicht unbedeutend für die Entwicklung Tikals als Handelszentrum des Tieflandes war. Besonders die enge kulturelle und wirtschaftliche Beziehung zu Teotihuacán, dem bedeutendsten Hochlandzentrum in Mexiko, war für Tikal von großer Wichtigkeit. Die Blütezeit erlebte Tikal während des Klassikums von 250-900 n.Chr., die erste Besiedlung begann aber schon 600 v.Chr. Heute weiß man, daß mindestens 50.000 Personen zu Tikal gehörten mit einer durchschnittlichen Bevölkerungsdichte von 300 E/km^2. Im Zentrum selbst stieg die Zahl sogar auf 600 E/km^2 an. Auf einer Fläche

Teobert Maler

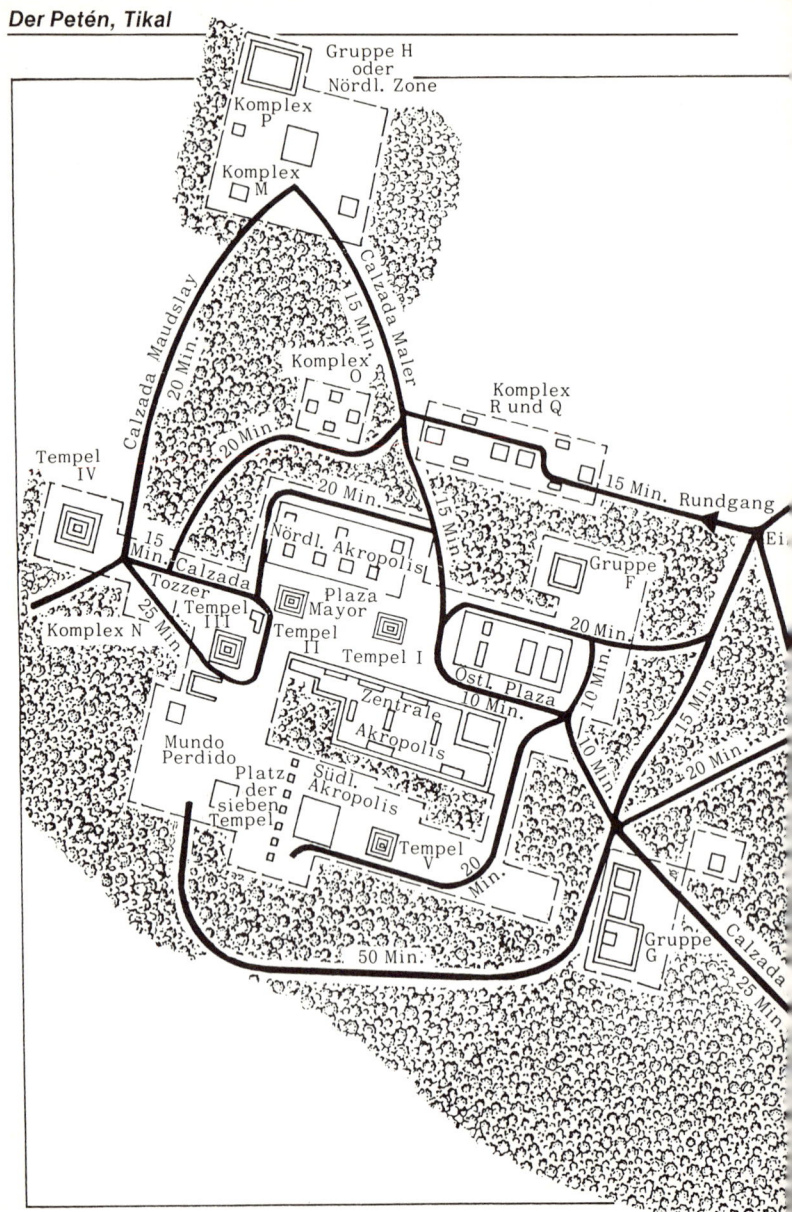

Gruppe H oder Nördl. Zone

Komplex P

Komplex M

Calzada Maler

15 Min.

Komplex O

Komplex R und Q

20 Min.

20 Min.

20 Min.

15 Min. Rundgang

Calzada Maudslay

Tempel IV

15 Min. Calzada Tozzer

25 Min.

Tempel III

Komplex N

Nördl. Akropolis

Plaza Mayor

Tempel II

Tempel I

Gruppe F

15 Min.

20 Min.

10 Min.

Ei

Östl. Plaza

10 Min.

Zentrale Akropolis

Mundo Perdido

Platz der sieben Tempel

Südl. Akropolis

Tempel V

20 Min.

10 Min.

10 Min.

15 Min.

20 Min.

50 Min.

Gruppe G

Calzada

25 Min.

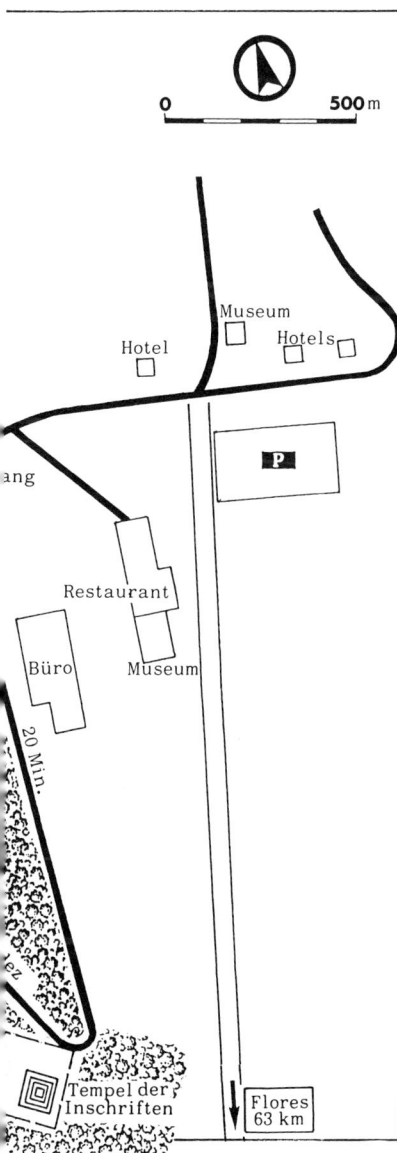

von 13 km² verzeichneten die Forscher 3000 Bauwerke. 151 Stelen wurden gefunden, davon 32 mit Hieroglyphen. Plaza, Akropolis, Tempel und Pyramiden von Tikal kennen im Tiefland des Petén keinen Vergleich.

Um Tikal zu besichtigen, folgt man am besten dem **ausgeschilderten Rundweg,** der auf die Plaza Mayor, dem Herz von Tikal, zusteuert und am Wärterhäuschen rechter Hand beginnt. Die ersten Bauwerke sind die **Komplexe Q, R und O** mit ihren Zwillingspyramiden. Charakteristikum ist die Identität beider sich gegenüberstehenden Gebäude, die eine kleine Plaza formen, auf der Stelen und Altäre aufgestellt wurden.

Die Plattform des **Komplexes Q** nimmt mehr als 2 Hektar ein. Die Stele 22 und der Altar 10 sind 1956 entdeckt worden und tragen wie die anderen kleinen Monumente in der Umgebung sehr späte Daten aus der Mitte des 8. Jahrhunderts, dem Spätklassikum.

Der Weg zum **Komplex R** führt an Stelen vorbei, die wie vergessene Grabsteine herumliegen. Unter den bewachsenen Hügeln sind noch immer Pyramidentempel begraben, und es ist nicht schwer, sich vorzustellen, wie es ausgesehen haben muß, als hier die Ausgrabungsarbeiten begonnen haben.

Über den Maler-Causeway gelangt man in die nördliche Zone Tikals, die auch **Gruppe H** genannt wird. Auch hier stammen die Gebäude aus dem Spätklassikum. Die Zwillingspyramiden P und M sind leider stark beschädigt und wären ein zukünftiges Restaurationsprojekt wert. Bemerkenswert sind die Räume der Tempel. Sie bestehen stets aus vier winzigen Kammern, die schmal und länglich sind. Unvorstellbar, daß hier jemand gewohnt haben könnte.

Vor **Komplex P** steht der Altar 8 aus dem Jahre 751, auf dem mit viel Phantasie ein zu Boden geworfener Gefangener zu erkennen ist. Die Darstellung von Gefangenen meist mit Seilen um Hals und Glieder ist ein sehr beliebtes Motiv in der Maya-Kunst. Selten dagegen ist die Erscheinung der Stele 30 vor Komplex M, die völlig ohne Text, d.h. ohne Hieroglyphen auskommt.

387

Der lange Maudslay-Causeway führt direkt auf **Tempel IV**, die größte Pyramide des Maya-Landes mit knapp 65 Metern Höhe. Die nördliche Zone wie dieser Weg wurden erst 1937 entdeckt.

Der Tempel IV, der auch Tempel der doppelköpfigen Schlange heißt, ist nach Osten gerichtet, und man schätzt, daß 190.000 Kubikmeter Material zu seiner Errichtung verbaut wurden. Eine abenteuerliche Treppe führt auf den Gipfel des Tempels, der eine atemberaubende Aussicht über den Petén und die anderen Tempel von Tikal bietet. Aus den Inschriften der hölzernen Türrahmen, die sich heute in Basel befinden, geht hervor, daß der Tempel IV um 741 erbaut worden ist. Ein exaktes Datum anzugeben ist schwer, da die Pyramidentempel häufig mehrmals überbaut wurden. Der Grund dafür waren wahrscheinlich Herrscherwechsel oder die visuelle Auslöschung von Erinnerungen an einen schlechten Regenten, wie uns einst die Ausgrabungsleiterin von Uaxactún erklärte. Genau wisse man es aber heute noch nicht.

Nicht weit von Tempel IV stehen die Zwillingspyramiden des **Komplexes N** aus dem Jahr 711 n.Chr. Stele 16 zeigt eine Person in Zeremonialtracht mit einem Kopfschmuck, der aus Quetzalfedern gefertigt ist. Besonders schön ist der Hieroglyphenkreis, der die beiden abgebildeten Personen auf Altar 5 begrenzt. In deren Mitte liegen auf einem Altar ein Schädel und Knochen, die als Oberschenkelknochen interpretiert wurden.

Richtung Osten vervollständigt der Tozzer-Causeway ein Dreieck, an dessen Südspitze das große Zentrum von Tikal liegt.

Zunächst aber erhebt sich **Tempel III** mit 55 m Höhe. Er zählt zum Spätklassikum, wie der Text der Stele 24 verrät. Der Tempel ist

auch bekannt unter dem Namen Tempel des Jaguarpriesters wegen einer in Zapoteholz geschnitzten Szene, die am Eingang zu den beiden Räumen gefunden wurde. Wer den Tempel besteigt, kann dieses kostbare Stück besichtigen, eines der wenigen, die noch an ihrem Originalort verblieben sind. Zu sehen ist ein mit einem Jaguarfell bekleideter korpulenter Priester, der von zwei Personen flankiert wird, die beide einen Stab halten. Der Kopfschmuck des Priesters ist überwältigend, und je länger man das Bild betrachtet, desto mehr Gesichter tauchen auf, die in die Ornamente integriert sind.

Nicht zu übersehen sind nun die Gebäude, die vom Herz von Tikal, der Plaza Mayor, gehören. Der erste Anblick ist überwältigend. Die **Plaza Mayor** Tikals wird beherrscht von den **Tempeln I und II**, von denen der Große Jaguar (Tempel I) mit 52 m Höhe das Wahrzeichen der gesamten Maya-Kultur ist und Tempel II direkt gegenüber steht. Die gesamte Anlage des Zentralplatzes zeugt trotz formaler Strenge von einem hohen architektonischen Stilempfinden der Maya während des 7. und 8. Jahrhunderts. Hier versammelte sich die Bevölkerung zu den Götterzeremonien, die wie bei den Indígenas heute mit viel Kopal zelebriert wurden. Der große Platz war einst gepflastert und wird im Süden von der Zentral-Akropolis, im Norden von der Nord-Akropolis eingenommen.

Der Große Jaguar besitzt neun stufenförmige Terrassen in deren Mitte eine steile Treppe bis zum Tempel führt. Hier oben müssen die schwindelfreien Götter-Priester gestanden haben, um dem eingeschüchterten Volk zu erklären, daß sie es wieder einmal geschafft haben, die Götter der Unterwelt zu beschwichtigen und gnädig zu

388

stimmen. Die drei Räume des Großen Jaguars sind ein besonders schönes Beispiel für die Anwendung des sogenannten "Maya-Bogens", ein wichtiges Charakteristikum innerhalb der Architektur, das auch als "falsches Gewölbe" bezeichnet wird. Die spitze Form der Bögen ist Ergebnis der Übereinanderschichtung vorkragender Blöcke, die so lange wiederholt wurde, bis sich die letzten zwei Steine berührten. Diese Art der Bauweise findet sich nur noch in Yucatán. Eine runde Sache war nicht die der Maya, die auch das Rad nicht kannten, erstaunlicher Weise aber noch vor den Arabern die Null erfanden.

1958 entdeckte man unter der Pyramide das Grab einer hochgestellten Persönlichkeit mit kostbaren Beigaben. Die Entschlüsselung der Hieroglyphen ergab, daß jener Herrscher *Ah Cacau* (Kakao) hieß. Sein Name könnte ein Indiz für seinen Reichtum sein. Denn die Kakaobohne war Handelsgut und Währung zugleich. Die Spanier vernichteten auf ihren Feldzügen durch den Kontinent viele Kakaopflanzungen, um den Indianern eine ihrer Lebensgrundlagen zu zerstören. Eine Nachbildung des Grabes ist im Museum von Tikal zu besichtigen.

Der **Tempel II** trägt auch den Namen *Tempel der Masken* wegen seiner kunstvoll bearbeiteten Fassade. Er erhebt sich 38 m über den Zentralplatz. Auch er besitzt drei Räume, die großartige Maya-Wandmalereien aus dem Klassikum und Postklassikum beinhalten, aber zum großen Teil durch zeitgenössische Kritzeleien touristischer Verewigungsmanie zerstört sind. Die Stufen beider Tempel sind extrem steil und schmal. Wie es aussieht, ist die Erklimmung des Großen Jaguar wegen seines bedauerlichen Zustandes bis auf weiteres verboten. Doch auch die Besteigung des Maskentempels ist nur Schwindelfreien zu empfehlen. Aus eigener Erfahrung kann ich sagen, daß der fast senkrechte Abstieg rückwärts und auf allen Vieren nicht grade zu den angenehmsten Erlebnissen zählt. Entschädigung verspricht nur der herrliche Blick und die unvergeßliche Stimmung hier oben, besonders am frühen Morgen bei Sonnenaufgang,

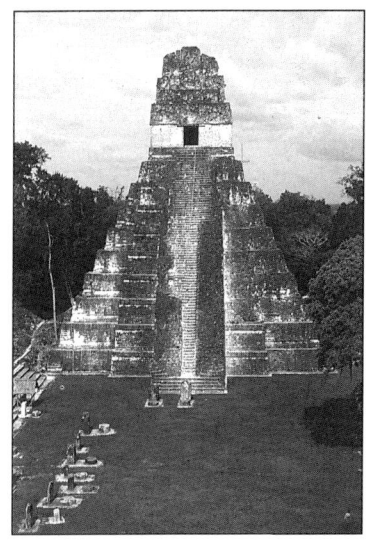

Der große Jaguar

wenn Hunderte von Tucanen, Papageien und anderer Paradiesvögel die Luft mit Kreischen erfüllen und an einem vorbeifliegen.

Die **Nördliche Akropolis** ist ein Gebäudekomplex auf unterschiedlichen Ebenen, der sich 13 m über dem Niveau der Plaza erhebt. Die einzelnen Bauwerke wurden als "Strukturen" kartiert, die die Identifikation erleichtern. Bei den Ausgrabungen wurde festgestellt, daß hier ebenfalls einzelne Gebäude mehrmals überbaut wurden. Bei der Freilegung der Stockwerke wurden verschüttete Stelen gefunden, die wie die Stele 31 noch heute die Darstellung von Figuren, Gesichtern, mytischen Wesen und Ornamenten genau erkennen lassen. Sie ist im Tikal-Museum zu besichtigen und gilt als eine der schönsten Bildhauerarbeiten des Frühklassikums. Auch unter der Nördlichen Akropolis entdeckte man Gräber, deren Beilagen die Beziehung zu Teotihuacán unterstreichen. Eigenartig ist die Beilage des Grabes unter dem frühklassischen Tempel der Struktur 5D-34 auf der linken Seite, wo die Archäologen außer den Knochen von Priestern Eidechsen und Schildkröten fanden. Ferner wurden hier eindrucksvolle Masken freigelegt, die die Tempel schmückten, jede einzelne mit eigener geheimnisvoller Bedeutung.

Gegenüber der Nördlichen Akropolis liegt die *Zentrale Akropolis*, deren Gebäudeteile sich grundsätzlich von den Tempeln und Pyramiden unterscheiden. Sie wurden deshalb Paläste genannt, um ihren profanen Charakter zu verdeutlichen, denn es wird angenommen, daß hier weltliche Herrscher residierten. Der gesamte Komplex besteht aus länglichen, winkligen Gebäuden auf mehreren Stockwerken, die durch ein kompliziertes System von Korridoren, Patios und Treppen miteinander verbunden waren. Von diesem Layrinth stehen heute nur noch die Grundmauern. Wahrscheinlich ist diese eigenwillige Architektur durch die verschiedenen Bauphasen zustande gekommen.

Südlich der Akropolis befindet sich der *Embalse del Palacio*, ein Staubecken, das der Wasserversorgung diente.

Hinter dem Großen Jaguar liegt die *Ost-Plaza* mit dem Mercado (Markt) im Zentrum.

Nicht weit davon liegt der *Ballspielplatz*, der in keiner größeren archäologischen Stätte des Maya-Landes fehlt. Es heißt, daß beim Ballspiel die schwere Kautschukkugel nicht mit den Händen berührt werden durfte. Ziel war es, den Ball durch Ringe zu treiben, wobei angenommen wird, daß hier im mythisch-sportlichen Verlauf des Spiels, die "Bewegung" der Sonne am Himmelsgestirn nachvollzogen werden sollte. Ob der Verlierer nun geopfert wurde oder dem Sieger die Kleider der Zuschauer zustanden, ist nicht mit genauester Sicherheit zu sagen. Allerdings läßt die Szene des Wandreliefs auf dem Ballspielplatz in Chichén Itzá (Mexiko) auf erstere Deutung schließen.

Dort, wo der Tozzer-Causeway in die Plaza Major mündet, liegt die *West-Plaza* mit einem großen, weiten Palast aus dem Spätklassikum. Auch er ist über eine Reihe früherer Konstruktionen gebaut worden. Grabbeilagen aus Jade, Obsidian und Feuerstein wurden hier in großen Mengen gefunden.

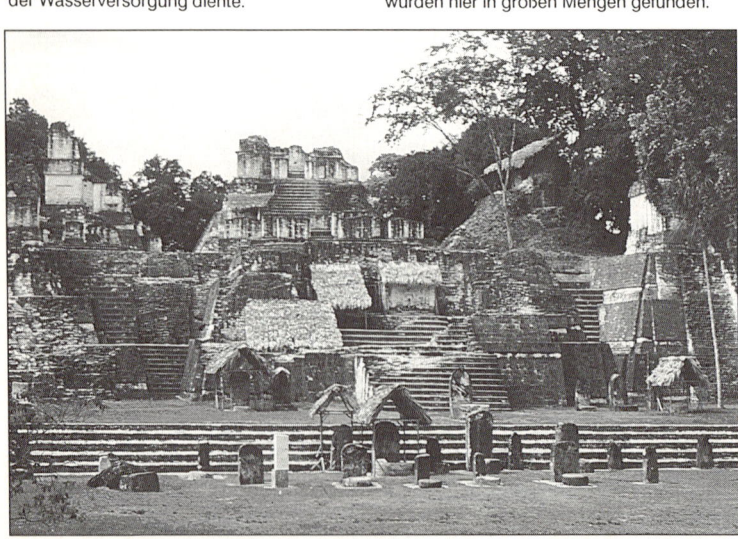

Ansicht der Nördlichen Akropolis

Südlich der Plaza Mayor befinden sich der 57 m hohe *Tempel V* und die *Plaza der sieben Tempel*, die vom Tempel III aus leicht zu erreichen ist. Die sieben kleinen Tempel stehen in Reihe, wovon der mittlere der größte ist. Seine Reliefs zeigen gekreuzte Knochen und Totenschädel.

Weiter westlich liegt ein Gebäudekomplex mit dem geheimnisvollen Namen *Mundo Perdido*, Verlorene Welt. Die Anlage ist groß, aber nur wenig restauriert. Sie besteht aus mehreren Plazas auf verschiedenen Niveaus. Die Tempel lassen zum Teil Masken auf ihren Fassaden erkennen.

Mundo Perdido ist meiner Ansicht nach der schönste Platz von ganz Tikal. Hier stimmt das Ensemble von Steinen und Vegetation.

Südöstlich der Plaza Mayor gelangt man über die Calzada Méndez zum *Tempel der Inschriften*, dessen Name alles über die Besonderheit des Bauwerkes sagt. Kurios ist hier die Entdeckung eines "metate" gewesen, eines Mahlsteines für Mais, wie ihn die Indígenas heute noch benützen. Dieser stammte von einem Teil der Stele 21, die wunderbare Hieroglyphen trägt und in das Jahr 736 n.Chr. datiert wird.

Der Tempel der Masken (Tempel II)

Über die Welt der Maya sind unzählige Bücher geschrieben worden, doch ist es bis heute niemandem gelungen, eine geschlossene Historie zu verfassen. Obwohl die Besiedlung Tikals lange nicht so weit zurückliegt wie die von Athen oder Rom in der Alten Welt, stellt die Entschlüsselung der Maya-Kultur die Archäologen vor schier unlösbare Rätsel. Der Schlüssel dazu wird die Entzifferung der Hieroglyphen sein, die vielleicht auch Auskunft darüber geben werden, warum es zum Untergang in nur 150 Jahren kam.

Das *Museo Silvanus G. Morley* vor dem Eingang nach Tikal stellt Fundstücke aller Art aus. Die Fotodokumentation über die Ausgrabungsarbeiten der University of Pennsylvania ist sehr empfehlenswert. Hier ist auch das berühmte Original der Knochenritzung des "Totenfloßes" zu sehen, das von den Göttern der Unterwelt gerudert wird. Der Eintritt ist allerdings überteuert.

Das neue Museum *Litico* an der Straße stellt 24 Stelen und ein großes Modell von Tikal aus. Der Eintritt ist frei.

Hotels und Hospedajes

Die Übernachtungsmöglichkeiten in Tikal sind unterschiedlich, aber teuer. Am billigsten übernachtet man in der Hängematte, die für eine Nacht vermietet werden. Überdachte Vorrichtungen sind auf einem kleinen Campingplatz vorhanden. Moskitonetz unbedingt erforderlich.

● Teuer ist es im *Tikal Inn* (DZ 40 $) und in der *Jungle Lodge* (DZ 47 $). Die Zimmer sind aber okay und sauber. Tikal Inn mit Swimming-Pool.

● Eine Alternative ist das *Jaguar Inn*, das Bungalows für 4 Pers. oder einen Platz in einem der zwei großen Zelte vermietet. Für 2 Pers. 40 $ incl. 3 Essen. Der Service ist aber schlecht.

Kneipen und Restaurants

Es gibt etliche einfachste *Comedors* in Tikal, z. B. Comedor Tikal. Essen sonst in allen Hotels und im *Restaurante del Parque Tikal*, beim Museum Litico.

Die Götter der Maya

Die Götterwelt der Maya ist für den Betrachter zunächst verwirrend und nicht leicht zu überblicken. Ihre Zahl im Pantheon läßt sich auch heute noch nicht mit Sicherheit angeben. Die Quellen sind lückenhaft oder noch nicht entschlüsselt und die spanischen Überlieferungen sind oft auf dem Hintergrund christlich-theologischer Kenntnisse interpretiert worden.

Eine der wertvollsten Quellen sind drei Maya-Handschriften, die der Bücherverbrennung der Konquistadoren entgangen sind: der Codex Dresdensis (Sächsische Landesbibliothek, Dresden), der Codex Tro-Cortesianus (Museo de América, Madrid) und der Codex Peresianus (Bibliotèque Nationale, Paris). Die Codices bestehen aus einem meterlangen, mit einer Kalkschicht überzogenem Papierstreifen, der als Leporello zusammengefaltet wurde. Niedergeschrieben sind hier Beschreibungen von bedeutungsvollen Tagen, astronomische Phänomene, Hinweise für verschiedene Zeremonien und anderes mehr.

Doch ebensowenig, wie sich eine lückenlose Chronik des Mayavolkes rekonstruieren läßt, ist es möglich, eine Saga der Göttergeschichte zu entwerfen. Die Zuordnung der Götter wird durch die Tatsache erschwert, daß viele von ihnen dualistische Züge zeigen, also gut und böse, männlich und weiblich zugleich sein können. Es gibt Götter, die in ihrer Wesenheit vierfach auftreten, wie die Gottheit der vier Himmelsrichtungen.

Die Götterwelt der Maya ist mehrheitlich eine Männergesellschaft. Beim Vergleich der Götter-Pysiognomien, die alles andere als sympathisch oder vertrauenserweckend wirken, hat sich eine alte und eine junge Generation ergeben. Während sich die alte Generation durch eine charakteristische Augenumrahmung und kantige Gesichtszüge auszeichnet, sind für die junge Generation mandelförmig nach oben verlaufende Augen und eine deformierte Stirn, die als Schönheitsideal galt, typisch. Letztere sollen die Maya durch das Aufbinden von Brettern künstlich erzeugt haben. Ebenso wie den

Itzamná   Chac

leichten "Silberblick", den eine auf der Nasenwurzel befestigte Perle hervorrief. Ein schielender Gott mit einem Brett vor dem Kopf - eine heitere Vorstellung!

Der Schöpfergott der Maya hieß **Itzamná**. Sein Name bedeutet soviel wie "Haus des Himmels", wobei das Haus den gesamten Kosmos umfaßt. Seine scharf gebogene Nase und die eingefallenen Wangenknochen sind Merkmale der alten Göttergeneration. Itzamná soll in Menschengestalt auf die Erde gekommen sein und den Maya die Schrift und das Kalenderwesen gebracht haben.

Der Regengott **Chac** ist der in den Codices am häufigsten abgebildete Gott. Charakteristisch und einzigartig ist seine lange rüsselförmige Nase und die aus dem Mund hängende Zunge. Chac war der Gott des Windes, des Donners und des Blitzes zugleich und wie Itzamná ein den Menschen wohlgesonnener Gott, der ihnen Leben schenkte. Der Regengott trat außerdem in vier Wesenheiten auf, die mit den Himmelsrichtungen assoziieren: als weißer Chac im

Norden, als gelber Chac im Süden, als schwarzer Chac im Westen und als roter Chac im Osten. In seiner Hand hält er ein Beil, das nach Maya-Glaube Donner erzeugt, sobald die Regengötter es zu Boden werfen.

Ebenfalls zu den guten Göttern zählt **Yum Kaax**, der Maisgott, dessen Physiognomie deutlich seine Zugehörigkeit zur jungen Generation beweist. Yum Kaax hält eine Maispflanze in der Hand, sein Kopfschmuck besteht aus einem Maiskolben mit Blättern. Am vollendetsten ist der Maisgott auf einer Stele in Copán (Honduras) abgebildet.

Ah Puch ist der Name des Todesgottes, dessen Gestalt eine der furchterregendsten des gesamten Pantheons ist. Sein Rücken ist skelettartig dargestellt, sein Kopf zu einem Schädel mit fleischlosem Unterkieferknochen reduziert, und schwarze Flecken auf seinem Körper deuten die fortgeschrittene Verwesung an. Der knochenartige Ohrschmuck ist ein Symbol des Todes und seit der klassischen Zeit Kennzeichen für zum Tode verurteilte Gefangene. Ah Puch ist eine

Yum Kaax   Ah Puch

alles Leben bedrohende Gottheit, die in enger Verbindung zu den Kriegs- und Opfergöttern stand.

Eine Mehrfachrolle spielt die alte Mondgöttin *Ixchel*, die gleichzeitig als die Göttin der Webkunst, der Liebe und Ausschweifung und als Verschütterin des Wassers verehrt wird. In den Codices ist sie als alte Frau mit einem Schlangenkopfschmuck dargestellt, die gerade einen Krug Wasser ausgießt. Das Verschütten des Wassers wird als zerstörende Gewalt gedeutet und ist Zeichen ihrer negativen Seite. Positiv dagegen tritt Ixchel als Göttin der Liebe und Geburten auf. Es heißt, sie sei die Frau des Schöpfergottes Itzamná gewesen und ihr Abbild unter das Bett einer Gebärenden gelegt, verhelfe zu einer leichten Geburt.

Zum Pantheon der Maya gehören eine lange Reihe weiterer Götter und Göttinnen. Die Identität vieler ist noch nicht gesichert, so daß es weiterer Forschergenerationen bedarf, um diese geheimnisvolle Götter-Welt zu enträtseln.

Ixchel

Uaxactún

25 km nördlich von Tikal liegt die **Ausgrabungsstätte** Uaxactún, die nur mit dem eigenen Auto oder einer Mitfahrgelegenheit zu erreichen ist. Außer der eigenen Hängematte gibt es **keine Übernachtungsmöglichkeit** dort. Im Dorf Uaxactún leben Chicleros und Arbeiter, die bei den Ausgrabungen beschäftigt sind. Eine kleine holprige Graspiste diente früher als Landebahn für den Transport von Chicle und Versorgungsgüter.

Über Uaxactún gibt es nur wenig Literatur. Entdeckt hatte es *Sylvanus G. Morley* 1916, der dem Platz den Namen "Acht Steine" *(Uaxactún)* gab, da acht Komplexe durch Straßen miteinander verbunden waren. Die Ausgrabungen fanden von 1926-1931 statt. Schon auf den ersten Blick erkennt man, daß die Bauweise in Uaxactún eine andere war als im nahegelegenen Tikal. In der Tat ist Uaxactún älter als Tikal, hat aber während seiner 600jährigen Besiedlung ebenfalls unterschiedliche Architekturepochen erlebt. Je älter die Epoche, desto schlechter die Statik, das Material und die Ausführung. Anders als in Tikal wurden hier richtige Häuser mit Zimmern und Steinbetten gefunden, wie bei **Gruppe B**, wo schmale und enge Türöffnungen auf die Statur der Maya schließen lassen.

Die Architektur der Maya war eng mit der Astronomie verbunden. Die Tempel der **Gruppe E** beispielsweise sind so aufgestellt, daß von der Treppe der Pyramide E-VII aus sich der Punkt des Sonnenaufgangs während der Sonnwendzeiten (21. Juni und 21. Dezember) und Tagundnachtgleichen (21. März und 23. September) genau hinter einem der drei gegenüberliegenden Tempel befindet. Für die Maya war die Gruppe E ein Observatorium, die der astronomischen Beobachtung diente.

An **Gruppe D** laufen im Moment Ausgrabungsarbeiten. Wir hatten das Glück in einige der "Stollen" hineinkriechen zu dürfen, die in ihrem Innern Reliefs, Treppen, Mauern, Vorsprünge und vieles andere mehr verbergen. Die Archäologen kartieren das Entdeckte, schütten jedoch die Bohrlöcher um die Hügel herum wieder zu, da der guatemaltekische Staat weder das Geld für eine vollständige Freilegung noch für die Konservierung der alten Bauwerke aufbringt. Uaxactún wird also nicht weiter ausgegraben werden, die Tempel und Paläste werden wie seit über tausend Jahren unter den Bäumen verborgen bleiben.

Der Petén ist voller Maya-Stätten, die nur spärlich erforscht sind, aber interessante Aufschlüsse vermuten lassen. 1930 wurde **Nakbé** 30 km südlich von El Mirador an der guatemaltekischen Nordgrenze zu Mexiko zum ersten Mal aus der Luft entdeckt. Doch erst 1987 begannen Untersuchungen, die bewiesen, das Nakbé aus der Zeit 1000-400 v.Chr. stammt, also zum frühen und mittleren Vorklassikum zählt. Die Archäologen fanden hier 96 km von der nächsten menschlichen Ansiedlung entfernt 75 Bauwerke bis zu einer Höhe von 45 m, geschmückt und verziert mit mytischen Figuren und Masken, desweiteren behauene Stelen sowie Kermikreste, die Aufschluß über die frühen Handelsbeziehungen im Vorklassikum geben sollen.

Eine **Zeremonialstraße** führt von **Nakbé nach El Mirador**, einem der größten und wichtigsten Zentren des späten Vorklassikums. Der Geograph *Herbert Wilhelmy* hat nachgewiesen, daß die Maya bereits das besaßen, was heute als "zentralörtliches System" klassische Theorie ist. Das heißt, das jedes Oberzentrum (z.B. Tikal, Palenque, Chichén Itzá) von Regionalzentren umgeben war (z.B. Tayasal, Nakum, Uaxactún und El Mirador im Falle Tikals) und diese wiederum Mittelzentren besaßen (Nakbé, Desquite, Uxul im Falle El Miradors). 12 große Pyramiden sind bereits im Mittelzentrum El Mirador kartiert worden, doch der extrem schlechte Zugang und knappe Finanzmittel haben eine ausgedehnte Forschungsarbeit bisher nicht zugelassen.

Uaxactún: Deutlicher Unterschied zu den Pyramiden von Tikal

Sayaxché

Wer genug Zeit für eine Entdeckung des Petén mitbringt, sollte einen mehrtägigen Ausflug in das 65 km von Flores entfernte Sayaxché planen. Die Fahrt von Flores aus führt in südwestlicher Richtung durch ein Savannengebiet, das ein Achtel der Gesamtfläche des Dept. Petén einnimmt und in dessen Mitte die Siedlung **La Libertad** liegt, die 1795 von Einwanderern aus Yucatán gegründet wurde. Die Besonderheit dieses Streifens liegt in der längeren Trokkenperiode von drei Monaten pro Jahr. So wurde für diese "Trockeninsel" mit 1000-1500 mm Jahresniederschlag die Hälfte der Regenmenge ermittelt, die sonst für den Petén üblich ist.

Der Name Sayaxché bedeutet soviel wie "Astgabel". Lagunen, Flüsse und Mayastätten lohnen den Abstecher hierher. Das kleine Dorf am Zusammenfluß des Río Petexbatún und Río de La Pasión mit dem kleinen Hafen hat sich innerhalb weniger Jahre zu einer stattlichen Größe entwickelt. Die Gegend ist heiß, die Luftfeuchtigkeit hoch.

Das **Tourismusbüro** *Don Pedro* am Fluß vermittelt Ausflüge und Führungen zu allen sehenswerten Plätzen der Umgebung. Von hier aus ist es auch möglich über den Río de La Pasión und den Usumacinta nach Mexiko (Echevería) zu gelangen. Der guatemaltekische Grenzort heißt Corozal. Die *Lanchas* sind allerdings je nach Benzinpreisen extrem teuer.

Es gibt **viele Hotels** in Sayaxché, die alle mehr oder weniger einfach sind. Das *Hotel Guayacán* befindet sich direkt am Flußufer, nicht weit davon das *Hotel Mayapán*. Eine Alternative ist weiter im Ortsinnern das günstige *Bed and Breakfast*, in der Nähe des Fußball- und Basketballplatzes.

Die Umgebung von Sayaxché

Laguna Petexbatún

Eine **Flußfahrt** zur Laguna Petexbatún lohnt sich für all diejenigen, die Spaß daran haben, Pelikane, Reiher, Leguane und anders Getier zu beobachten. Vor vielen Jahren startete die Regierung an der Laguna ein Ansiedlungsprogramm. Als der Boden nach drei Jahren für den Maisanbau unbrauchbar geworden war, begannen die Leute zu fischen - in Unkenntnis der Laichperioden. Der Reichtum der Laguna an seltenen tropischen Fischen gehört seither der Vergangenheit an.

Eine **Übernachtungsmöglichkeit** gibt es in der wunderschönen Lodge der *Expedición Panamundo*, die ihren Sitz in der Hauptstadt hat. Anmeldung erforderlich 6. Av. 14-75, Z 9, Tel. 02/317588

El Ceibal

17 km östlich von Sayaxché liegt die **Maya-Stätte** El Ceibal. Von der Kreuzung in dem kleinen *Aldea El Paraíso* aus sind es noch 11 km bis

Maya-Tempel in El Ceibal

nach Ceibal. Wer ein Auto zur Verfügung hat, kommt hier nur mit Vierrad durch die Sumpflöcher. Mit dem Boot sind die Ruinen ebenfalls von Sayaxché aus zu erreichen. Ceibal liegt versteckt mitten im Dschungel, und ähnlich wie in Quiriguá im Dept. Izabal verfolgen den Besucher Schwärme von Stechmücken. Eine Karte am Eingang zeigt das erstaunliche Ausmaß der Anlage, von der nur der geringste Teil restauriert ist. Archäologen fanden hier einerseits Spuren einer sehr frühen Periode der Maya-Kultur, andererseits weisen die Abbildungen auf Stelen und Tempeln auf toltekischen Einfluß hin, die bereits das Ende der Maya-Hochkultur ankündigen. Ceibal ist die einzige Maya-Stätte in Guatemala, die noch im 10. Jahrhundert besiedelt war. Ein kleiner Tempel ist sauber, beinahe etwas zu steril restauriert.

Ein gutes Stück Fußweg entfernt befindet sich der *Circular del Tigre,* eine Art Arena, die ein Jaguarrelief

zeigt (im Spanischen bedeutet *tigre* Jaguar und Tiger zugleich). Der Ausgrabungseifer in El Ceibal macht nicht den Anschein, als ob die vielen Gebäude unter den bewachsenen Hügeln in nächster Zeit freigelegt werden würden.

Altar de Los Sacrificios

Wo der Río de la Pasión westlich von Sayaxché in den Usumacinta fließt, liegt die **Zeremonialstätte** *Altar de Los Sacrificios*, die *Teobert Maler* 1895 entdeckte. Mit Ceibal gehört sie zu den ältesten bisher nachgewiesenen Siedlungsplätzen im Petén, und wie dort lebten hier etwa 2000-4000 Menschen. Es gibt noch eine Gemeinsamkeit der beiden Nachbarzentren. Beides sind Flußufersiedlungen, im Gegensatz zu den jüngeren Gründungen wie Uaxactún oder Tikal. Besonders imposant sind die großen Steinaltäre, nach denen Maler die Stätte genannt hat.

Yaxchilán

Wer eine Möglichkeit findet, von Sayaxché aus eine mehrtägige Bootsfahrt den Usumacinta hinunter zur **Mayastätte** *Yaxchilán* zu machen, sollte es tun. 1888 wurde sie von *Maudslay* entdeckt, der ihr den Namen Stadt der grünen Steine gab. Die Ruinen liegen in einer Mäanderschlinge des Flusses 70 km südöstlich von Piedras Negras auf der mexikanischen Seite mitten im Lacandón-Gebiet.

Yaxchilán war durch seine Lage am schiffbaren Oberlauf des Usumacinta ein reger Handels- und Umschlagplatz zwischen 300 und 900 n.Chr. 86 Bauwerke liegen auf mehreren Hügeln der Umgebung. Einige von ihnen sind berühmt wegen ihrer wunderschönen Reliefs auf den Türoberschwellen, die jene von Tikal noch übertreffen. Das kunstvollste Relief von Yaxchilán befindet sich allerdings im Britischen Museum. Eindrucksvoll ist *El Laberinto,* ein Gewölbe, von dem behauptet wird, das von ihm aus einst ein 25 km langer Tunnel in das benachbarte Bonampak führte. Bis heute opfern die *Lacandonen* in Yaxchilán den Göttern und zelebrieren ihre Riten.

"Falsches Gewölbe" (Maya-Bogen), siehe auch Seite 389.

Piedras Negras

Weiter flußabwärts auf der Höhe von Tikal liegt Piedras Negras, das man entweder mit dem Boot oder dem Flugzeug von Flores aus erreichen kann.

Wer sich für einen Wassertrip entscheidet, muß wissen, daß der Weg zurück nach Guatemala wegen der vielen Stromschnellen nur über Mexiko führt! Eine Möglichkeit zurückzukommen, bietet sich weiter nördlich bei La Palma (Mexiko) über den Río San Pedro. Bis El Naranjo muß man auf dem Fluß fahren. Vor Beginn dieser Tour in jedem Fall genauestens über alle Einzelheiten erkundigen! Denn die Fahrt nach Piedras Negras den Usumacinta hinunter ist recht abenteuerlich und nur für Leute, die etwas erfahren sind.

Die **Mayastätte** leitet ihren Namen *Schwarze Steine* von den dunklen Kalksteinen ab. Man hat durch die Interpretation der 35 datierten Stelen von Piedras Negras herausgefunden, daß hier eine Dynastie von sieben Herrschern zwischen 603 und 777 n.Chr. regierte. Zum Teil waren Regenten zur Zeit der Thronbesteigung nicht älter als 13 Jahre. Erinnerungen an den letzten Kaiser von China tauchen auf ...

Desweiteren stießen die Archäologen hier auf mutwillig beschädigte Stelen, bei denen vor allem die Darstellungen von Herrscherköpfen zerstört waren. Das erhärtet die Annahme eines sozialen Umsturzes innerhalb der Untergangstheorien. Die meisten der Stelen und geschnitzten Türsturze befinden sich heute im Museum von Guatemala Ciudad, so daß Piedras Negras an Spektakularität verloren hat.

Die Orchidee ist die Nationalblume Guatemalas.

Der Oriente

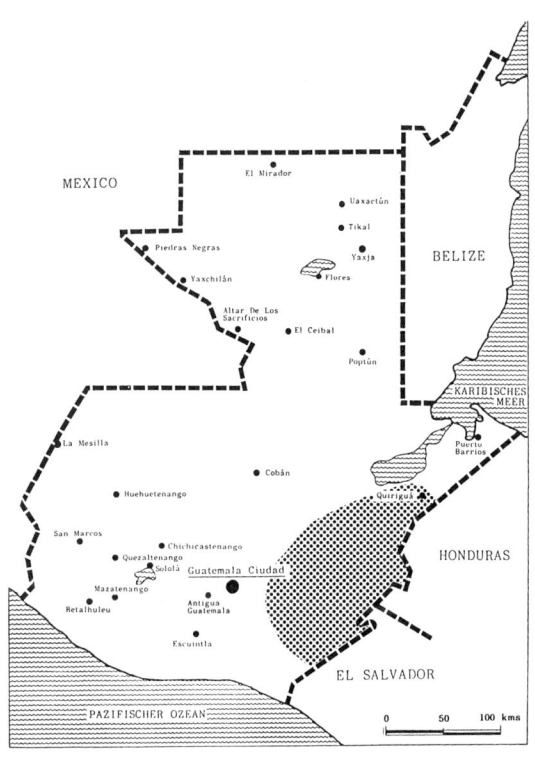

MEXICO

El Mirador

Uaxactún

Tikal

Piedras Negras

Yaxja

BELIZE

Yaxchilán

Flores

Altar De Los
Sacrificios

El Ceibal

Poptún

KARIBISCHES
MEER

La Mesilla

Puerto
Barrios

Cobán

Quiriguá

Huehuetenango

San Marcos

Chichicastenango

Quezaltenango

HONDURAS

Sololá   Guatemala Ciudad

Mazatenango

Retalhuleu

Antigua
Guatemala

Escuintla

EL SALVADOR

PAZIFISCHER OZEAN

0   50   100 kms

Zum "Oriente", dem Osten des Landes, zählen die Guatemalteken die **Departamentos** *El Progreso, Jalapa, Jutiapa, Zacapa* und *Chiquimula*. Zusammen sind sie so groß wie der Alta und Baja Verapaz und besitzen außer der Sierra de Las Minas im Norden von El Progreso und Zacapa keine nennenswerten Erhebungen. Das Klima ist entsprechend warm und trocken. Anders als im "Occidente", dem Westen Guatemalas, lebt im Oriente größtenteils eine Ladinobevölkerung, die als äußerst temperamentvoll gilt. Es fehlen daher die typischen Indígenadörfer mit ihren Adobehütten, die kleinräumliche Landwirtschaft, die unterschiedlichen Trachten, Sprachen und Kulturen.

Nur im Osten der Departamentos Zacapa und Chiquimula leben die *Chortis*, deren Kultur von dem berühmten Mayaforscher *Rafael Girard* untersucht worden ist, sowie die *Pocomam* im zentralen Teil, die eher ein Inseldasein führen.

Für den Reisenden ist die gesamte Region meist nur Durchgangsstation in die Verapaces, an die Karibik, nach Honduras oder nach El Salvador. Trotzdem gibt es auch aus diesem Teil Guatemalas Wissenswertes zu erzählen und einige Sehenswürdigkeiten, die es zu besuchen lohnt.

Dept. El Progreso

Das **Departament El Progreso** wirkt öde und verlassen, besonders während der Trockenzeit. Es fehlen geschlossene Wälder und ein dichtes Flußnetz, so daß weite Teile einen savannenähnlichen Charakter haben. Nur im Norden erhebt sich die *Sierra de Las Minas* mit dichter Vegetation. In der Regenzeit beginnen allerdings die leuchtend roten *Arboles del amor* zu blühen, die "Liebesbäume", deren Blüten so schnell verblühen wie die Liebe, sagt man hier.

Wer einen Bus von der Hauptstadt aus Richtung Oriente nimmt, wird wenig später kilometerlange Schlangen von schweren LKWs bemerken. Sie warten täglich am Straßenrand der CA 9 auf eine Zementladung aus dem großen Werk *Cemento Progreso*, für das der Staat die Monopolrechte besitzt. Die Fahrer verbringen oft Tage in der Hängematte unter ihren Lastwägen bis sie drankommen.

Die **Hauptstadt** des Dept. El Progreso wird noch immer bei ihrem alten Namen **Guastatoya** genannt, obwohl in den Karten des Landes "El Progreso" verzeichnet ist. Das kleine Städtchen liegt 75 km von der Hauptstadt entfernt. Während der Fiesta am 15. Januar wird hier ein Tanz aufgeführt, der *La danza del calambre* heißt (Wadenkrampftanz).

Kurz vor der Kreuzung *El Rancho*, die eine Umsteigemöglichkeit in die Verapaces bietet, befindet sich die **Zellstoffabrik** *CELGUSA*. 1981 begannen die Guatemalteken in dieser holzarmen Gegend dieses Werk zu bauen, das seit seiner Fertigstellung still liegt. Die Schulden für das

Die unfruchtbare Berglandschaft von El Progreso

Projekt sind inzwischen schwindelerregend hoch. Jetzt will Guatemala ans Ausland verkaufen, aber, wie der damalige Präsident Cerezo betonte, müssten die Besitzer für Kläranlagen sorgen (die nicht vorhanden sind), außerdem das Holz aus Kanada oder irgendeinem anderen Land importieren. *CELGUSA* ist zu einem Dauerthema in der guatemaltekischen Presse geworden.

Die **Weiterfahrt** in den Osten führt nun am wichtigsten Fluß Guatemalas entlang, dem *Motagua*. Sein breites Tal beschreibt gleichzeitig eine der wichtigsten geologischen Plattengrenzen des zentralamerikanischen Subkontinents und ist oft Epizentrum von schweren Erdbeben.

Das sehenswerteste Dorf im Departament ist zweifellos **San Augustín**

Acasaguastlán. Es war während der präkolumbischen Zeit von den Maya besiedelt, wie nahegelegene Ruinen und Keramikfunde beweisen. Der Ort liegt heute inmitten großer Zuckerrohrfelder nördlich des Motagua und der CA 9 kurz hinter El Rancho. Eine Glocke der kolonialen Kirche soll das Datum 1522 tragen. Das läßt sich nur so erklären, daß sie von den Spaniern mitgebracht wurde. Als Töpfer, Instrumentenbauer und Musiker haben sich die Indígenas des Dorfes einen Namen gemacht. Wer sich während der *Semana Santa* (Ostern) hier aufhält, wird bei den Festivitäten hervorragende *Chirimía*-Spieler erleben.

Das Dorf **Jícaro** südöstlich von San Augustín erhielt seinen Namen von der runden Frucht des *Jícaro-Bau-*

403

mes, die in der Maya-Mythologie eine Rolle spielt und seither Modell eines Gefäßes ist, das zu kultischen Zwecken benützt wird.

Verkehrsverbindungen

Von der Hauptstadt aus ins Dept. El Progreso: Bus *Guastatoya* ab 8. Av. 19-49, Z 1 alle 30 Min. bis 19.30 Uhr. *Litegua*, 15. Calle 10-42, Z 1. *Rutas Orientales*, 19. Calle 8-18, Z 1. Letztere zwei sind Erster Klasse Pullman-Busse. Sonst 8. Av. zw. 19. und 20. Calle, Z 1. Die Busse halten an wichtigen Zu- bzw. Aussteigemöglichkeiten entlang der CA 9.

Dept. Zacapa

Den Motagua entlang in nordöstliche Richtung durchquert die Atlantik-Fernstraße das **Departament Zacapa**. Das Tal enthält große Jadeit-Vorkommen, die einst von den Maya abgebaut wurden, die Spanier jedoch nicht besonders interessierten und heute wieder in der Schmuckindustrie verarbeitet werden, wie z.B. in der *Casa del Jade* in Antigua, die die edelsten und teuersten Jadeschmuckstücke herstellt.

Rund um die **Pasabien-Wasserfälle** nahe Teculután bei Km 126 haben sich eine Anzahl größerer Hotels etabliert. Das *Motel Longarone* sowie das *Hotel El Atlántico* haben Restaurants, Pools und sind komfortabel eingerichtet. Das Wasser des Río Pasabien, der in der Sierra de Las Minas entspringt, ist kalt, aber in dieser Hitze schön erfrischend.

Bei der **Kreuzung Río Hondo** (Km 135) gibt es Umsteigemöglichkeiten Richtung Süden nach Chiquimula, Esquipulas und Copán (Honduras). Río Hondo ist ein beliebter LKW-Halt. Wer hier am Abend hängenbleiben sollte, findet eine Übernachtungsmöglichkeit.

Eine Kuriosität Guatemalas befin-

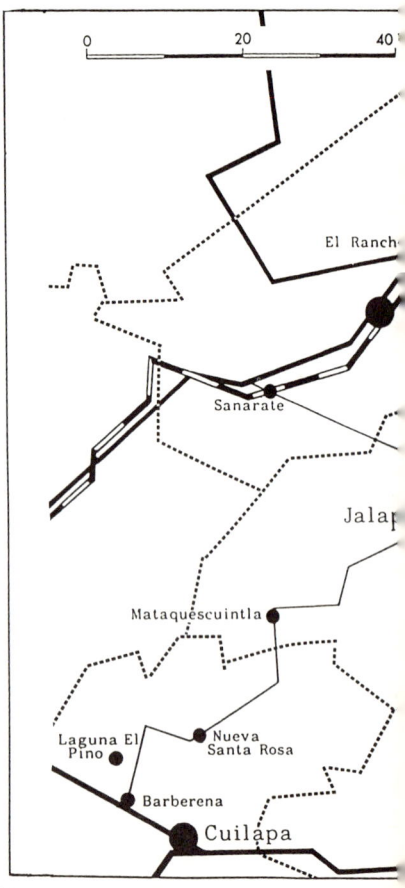

0   20   40

El Ranch

Sanarate

Jalap

Mataquescuintla

Laguna El Pino   Nueva Santa Rosa

Barberena

Cuilapa

det sich ca. 3 km nach der großen Kreuzung Río Hondo Richtung Zacapa. Beim schweren Erdbeben 1976, das hier sein Epizentrum hatte, wurde der Mittelstreifen der Straße um etwa einen Meter versetzt. Wenn man den Grund nicht kennt, könnte man meinen, die Arbeiter hätten einen Knick in der Optik ge-

habt, als sie die Linie zogen.

Die gleichnamige **Hauptstadt** des Departaments besitzt wenig internationalen Tourismus, obwohl **Zacapa** ein ausgesprochen hübsches Städtchen mit einer schönen Kathedrale ist und die Zacapanecos freundliche Leute sind.

Noch bevor Zacapa 1896 zum **Ei-**

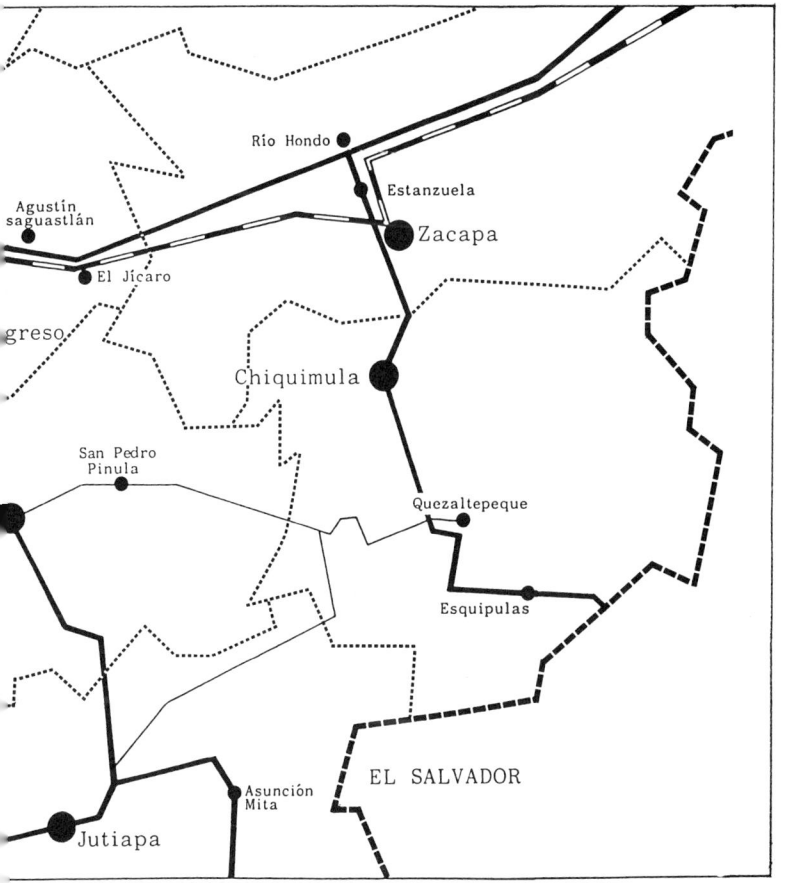

senbahnknotenpunkt (Guatemala Ciudad/Puerto Barrios/El Salvador) wurde, hatte es sich zu einem wichtigen Handelszentrum entwickelt. Landwirtschaftliches Hauptprodukt ist Tabak. In den fruchtbaren Auen des Motagua wird Obstbau betrieben, außerdem gibt es eine milchverarbeitende Industrie.

Berühmt ist Zacapa wegen der prähistorischen Funde aus dem Motagua-Tal, die im **Paläontologischen Museum von Estanzuela**, 9 km vor Zacapa gelegen, ausgestellt sind. Hier gibt es Skulpturen, Gräber und Werkzeuge aus der Maya-Zeit sowie Skelette von ausgestorbenen Riesentieren zu besichtigen, wie das eines etwa 30.000 Jahre alten Mastodonten aus dem Jungtertiär, ein Vorfahre der heutigen Elefanten. Das Museum ist geöffnet Di-So 9-17 Uhr. Ein Besuch lohnt sich.

Übernachtung in Zacapa im *Hotel Wong*, 6. Calle 12-53, andere Hospedajes sind vorhanden. Der Terminal befindet sich am Ortseingang.

Verkehrsverbindungen

Von der Hauptstadt aus ins Dept. Zacapa: Erster Klasse mit *Herrera*, 19. Calle 8-61, Z 1, mehrmals am Tag. Mit *Litegua* und *Rutas Orientales* (s. S. 141) bis Río Hondo, nach Zacapa umsteigen oder alle Busse nach Chiquimula und Esquipulas (s.u.).

Dept. Jalapa

Südlich von El Progreso liegt das **Departament Jalapa**. Nach dem Erdbeben von 1773, das Antigua zerstörte, dachte man daran, die neue Hauptstadt in das Tal von Jalapa zu verlegen, das in der Übersetzung "Überfluß an Sand" heißt. Wegen des Mangels an Trinkwasser entschied man damals anders.

Spätere Bewässerungsprojekte gaben der hiesigen Landwirtschaft entscheidende Impulse, so daß heute Tabak und Gemüse zu den Hauptanbauprodukten gehören.

Die **Stadt Jalapa** ist 173 km von der Hauptstadt entfernt. Auf ihrer

Mastodon

406

Plaza steht ein versteinerter Baum.

Bei **San Pedro Pinula** befindet sich der Wasserfall *Los Chorros*, der in Kaskaden herabstürzt und besonders gern von Einheimnischen besucht wird.

Verkehrsverbindungen

Von der Hauptstadt aus ins Dept. Jalapa: *Jalapaneca*, Busterminal Zone 4, 3 x täglich.

José
Milla

Dept. Jutiapa

Südlich schließt sich das **Departament Jutiapa** an, das auch Grenzgebiet zu El Salvador ist. Es ist eines der wichtigsten **Viehzuchtgebiete** des Landes, besonders was die Pferde- und Maultierzucht angeht.

Die Lage der gleichnamigen Hauptstadt an der Panamericana ließ den Ort zu einem Handelszentrum werden. **Jutiapa** ist der Geburtsort von *José Milla* (1822-1882), der in seinem Roman *Un viaje al orto mundo pasando por otras partes* die Figur des *Juan Chapin* erfand, der den Guatemalteken schlechthin charakterisiert. Wie Jalapa gehört Jutiapa zur Küstenkordillere und weist kleine Vulkane auf, die jedoch nicht mehr mit denen des Westlichen Hochlandes zu vergleichen sind.

Übernachtungsmöglichkeiten in Jutiapa gibt es in der *Posada Silvia* und im *Hotel España*.

Auf dem Weg nach El Salvador fährt der Bus an dem kleinen Ort **El Progreso** vorbei, in dessen Kirche die Jungfrau von Lourdes verehrt wird.

In **Asunción Mita** siedelten einst mexikanische Einwanderer aus Anáhuac, wie archäologische Reste bewiesen haben. Der Standort war lange Zeit von großer Bedeutung, da er an der alten Handelsroute nach Panamá lag.

An der *Laguna de Atescatempa* vorbei, erreicht die CA 1 (Panamericana) den Grenzort **San Cristóbal Frontera** nach El Salavador. Sie führt weiter nach Santa Ana und San Salvador.

Da das Departament Jutiapa im Süden einen kleinen Anteil an der Pazifikküste hat, zählen die Guatemalteken es eigentlich nicht mehr zum Oriente.

Verkehrsverbindungen

Von der Hauptstadt aus ins Dept. Jutiapa: Busse vom Terminal der Zone 4 mehrmals täglich. Nach San Cristóbal Frontera an die Grenze mit *Melva Internacional*, 4. Av. 1-20, Z 9 bis Mittag. Möglich ist auch ein Grenzübergang im weiter südlich gelegenen Valle Nuevo.

Dept. Chiquimula

Das **Departament Chiquimula** ist das am dichtest besiedelte des gesamten Oriente und Durchgang nach Honduras. Von Süden nach Norden zieht sich die *Sierra del Espíritu Santo* am Grenzgebiet entlang. Erinnerungen an das Hochland werden hier wach. Die reichen Erzvorkommen der Region wurden vor allem während der Kolonialzeit ausgebeutet.

Die *Cabecera* des Departaments gleichen Namens wurde 1765 zerstört. Nur noch die Ruinen der ehemaligen Kirche erinnern an dieses große Erdbeben. Heute ist **Chiquimula** eine umtriebige Stadt mit einem großen Markt.

Um den 15. Januar ist das 50 km entfernte **Esquipulas** Ziel von tausenden von Pilgern aus ganz Zentralamerika. Gegenstand der Verehrung ist der **"Schwarze Christus von Esquipulas"** *(Cristo Negro)* des Bildhauers *Quirio Cataño*, dessen Kunstwerk heute in der großen **Basilika Santuario** aufgestellt ist, die mit ihren mächtigen Türmen und Kuppeln zu den schönsten und prächtigsten Bauwerken Guatemalas gehört.

Die Frage, warum der Christus gerade schwarz ist, wird immer wieder gestellt. Es heißt, daß die Auftraggeber - Spanier oder Indígenas ist nicht gesichert - *Cataño* Ende des 16. Jahrhunderts baten, eine Statue aus dunklem Holz zu schnitzen, da die Indianer glaubten, ein hellhäutiges Wesen könne von Natur aus nicht gut sein. Der Ruß von Weihrauch und Kerzen über viele Jahrhunderte hindurch färbte den Christus noch dunkler. Weiterhin heißt es, daß die christianisierten Indígenas aus dem Verkauf von Baumwolle den Meister für das neue Heilig-

Esquipulas, Federzeichnung von F. Catherwood (Anf. 19. Jhd.)

Bohnenaussaat mit dem Pflanzstock auf den kargen Böden des Oriente

tum bezahlten. Lange Zeit stand es im *Calvario* von Esquipulas, bis 1737 der damalige Erzbischof *Pardo de Figueroa* zum Dank für die Heilung einer schweren Krankheit durch den Christus, den Bau für die imposante Basilika anordnete, um dem Wunderheiler einen angemessenen Platz zu garantieren.

Die Städtchen erhielt seinen Namen von dem Kaziken *Esquipulas*, der den Spaniern den Ort kampflos übergab. Zum Kampf blies dagegen 1954 der vom CIA bezahlte *Castillo Armas*, der mit einem Söldnerheer von Honduras nach Guatemala einrückte, um die Demokratie Guatemalas zu stürzen. Er kam dabei durch

Esquipulas. Der Ort war deshalb gut gewählt für die zentralamerikanischen Friedensverhandlungen (Mitte der 80er Jahre), auf denen sich die Präsidenten aller fünf Länder u.a. darauf einigten, die Demokratisierung auf dem Kontinent voranzutreiben.

Die teuerste *Übernachtungsmöglichkeit* ist das *Hotel Payaquí* 2. Av. 11-56, mit Restaurant und Swimming-Pool. Obere bis mittlere Preisklasse sind *Posada del Cristo Negro* bei Km 224 auf der CA 1; *Los Angeles,* 2. Av. 11-94; *Montecristo,* 3. Av. 9-12. Einfacher *Lemus,* 2. Av. 10-30; *Pensión Argentina,* 3. Av. 8-38 und viele andere billige Hospedajes.

Die Region um **Quetzaltepeque** wird von den Chortí-Indígenas bewohnt, die hier inmitten des ladinogeprägten Umlandes eine Kulturinsel bilden. Die Mayasprache Chortí bedeutet soviel wie "Sprache der Maiszüchter". Der bereits erwähnte Mayaforscher Rafael Girard führte hier in den 50er und 60er Jahren grundlegende ethnographische Untersuchungen über die Riten und Mythen der Chortís durch. Seine Ergebnisse veröffentlichte er im Buch "Die ewigen Mayas".

Verkehrsverbindungen

Von der Hauptstadt nach Chiquimula erster Klasse: *Guerra*, 19. Calle 8-39, Z 1,
nach Esquipulas erster Klasse: *Rutas Orientales*, 19. Calle 8-18, Z 1, bis gegen 18 Uhr, *Rutas Guatesqui*, 19. Calle 8-26, Z 1, mehrmals täglich.

Von Esquipulas aus kann man die **Grenze zu Honduras** bei Agaus Caliente passieren. Wer allerdings zu den Ruinen von Copán möchte, muß den Grenzübergang El Florido benützen, der sich weiter nördlich auf der Höhe von Chiquimula befindet. Von dort aus sind es ca. 15 km nach Copán. Mit *Rutas Orientales* bis Chiquimula fahren und dort einen Bus von Transportes *Vilma* nehmen (bis Mittag). Oder erst in Vado Hondo, einer Kreuzung 8 km hinter Chiquimula, den Bus nach Jocotán (Übernachtungsmöglichkeit in der einfachen Pensión Ramírez) und Camotán an die *Frontera* (Grenze) nehmen.

Hier gilt es, wie an allen Grenzen, nach Kleinbussen und Pick-ups Ausschau zu halten, falls der Bus nicht fährt.

Möglichst früh dort sein. Während der Regenzeit kann es einem auch passieren, daß der *Piloto* keine Lust mehr hat, seine Camioneta durch die Schlammpiste zu kurven und die restlichen Passagiere zu Fuß nach Honduras laufen läßt. Alles schon vorgekommen...!

Wer einen **1-Tages-Abstecher zu den Ruinen von Copán** plant, muß den frühesten Bus ab Zacapa oder Chiquimula nehmen. Je nach dem, wann der letzte Bus von Copán zurück an die Grenze (El Florido) fährt, wird die Besichtigung kurz ausfallen - zu kurz für diese große archäologische Stätte.

Eine Alternative ist, sich in Chiquimula ein Taxi für einen Tag zu mieten. Sogenannte Colectivos oder Mini-Busse fahren billiger. Auf sie wird man ohnehin von der Grenze ab nach Copán angewiesen sein.

Die beste Empfehlung ist aber, eine oder zwei Nächte in Copán zu bleiben.

Vorsicht! Bei einer erneuten Wiedereinreise nach Guatemala innerhalb von weniger als 72 Stunden könnte es an der Grenze Probleme geben. Wir hatten einmal den Beamten nur mit viel Mühe und Geduld überreden können, uns noch am selben Tag einen neuen Stempel zu geben. Einfacher ist es, ein spezielles Besucher-Visum zu verlangen. Es ist ein paar Tage gültig, berechtigt jedoch nur zum Besuch der Ruinen und des Ortes Copán Ruinas.

Die Costa Sur
- das Pazifische
Tiefland

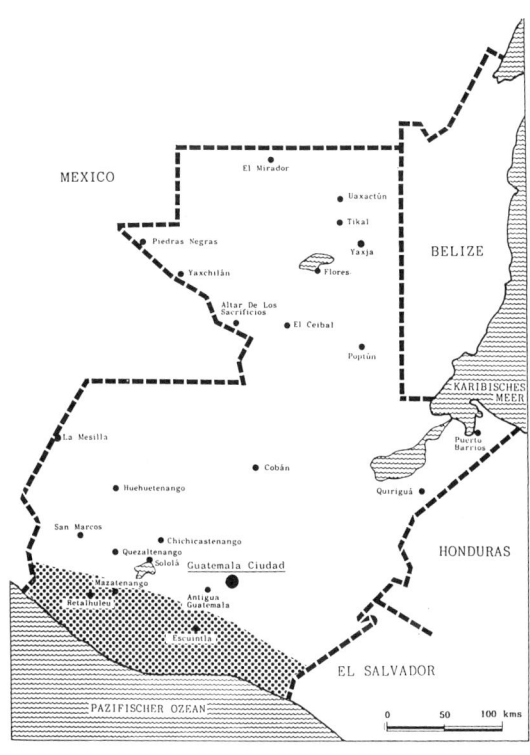

411

Die **Costa Sur** Guatemalas ist ein bis zu 50 km breiter Streifen, der einen Teil der pazifischen Flanke Zentralamerikas darstellt. Sie ist eine verkehrsfeindliche und wenig gegliederte Längsküste, die durch die lange Vulkankette nur schwer Zugang ins Hinterland zuläßt. Die Vulkane sind auch der Grund, warum die weißen Traumstrände Mexikos weiter südlich in Guatemala plötzlich schwarz sind. Die schwarze Farbe der Strände ist wenig anziehend für den Tourismus. Ein Umstand, den die Tourismusbehörde sehr bedauert.

Etwas verwirrend mag der guatemaltekische Umgang des Begriffs Küste für einen Europäer sein. Die Guatemalteken haben da ihre eigene Terminologie. So bezeichnen sie den Strandabschnitt als *orillas del mar* (Ufer des Meeres), den breiten, ebenen und heißen Streifen der Haciendas von Westen nach Osten *Costa Cuca*, *Costa Grande* und *Costa de Guazacapán*. Ab dreihundert Meter bis zum Fuß der Vulkankordillere (Kaffeegürtel) sprechen sie von der *Boca Costa*. Alle diese Abschnitte zeichnen sich durch tiefgründige, fruchtbare Böden aus, die sich durch die rasche Zersetzung des Gesteins und die Ablagerung mächtiger vulkanischer Aschelagen entwickelt haben.

Schon die Spanier erkannten beispielsweise für die **Viehzucht** den Wert der Küstenebenen. Heute ist die Küste das Rinderzuchtgebiet schlechthin in Guatemala. Ausgedehnte Zuckerrohr-und Baumwollfelder vermehren hier ebenso den Reichtum einzelner wie der Anbau von Reis, Kakao, Mais, Bananen, Mangos, Papayas u.v.a.m. Zwei Maisernten pro Jahr sind Durchschnitt, und wenn im indianischen Hochland die Felder der Campesinos während der Trockenzeit braun und dürr sind, wird eine Fahrt an die Küste wie eine Reise in eine andere Welt.

Das weitgehende Fehlen der indigenen Kultur im Küstengebiet Guatemalas läßt einen nur schwer nachvollziehen, daß gerade hier der Beginn der Maya-Zivilisation stattgefunden haben soll. Die vielen **archäologischen Zeugnisse** erhärten jedoch die Annahme, daß sich im pazifischen Raum der Übergang von einer nomadenhaften Lebensweise zur seßhaften vollzogen hat. Bei der Ankunft der Spanier war die Küstenebene sowie ein Teil der Boca Costa unter der Herrschaft der *Pipiles,* eines kriegerischen Chichimeken-Stammes, von dem *Girard* annimmt, daß sie Mitte des 7. Jahrhunderts Teotihuacán in Brand gesetzt haben, "das Symbol der Gewaltherrschaft, das sie unterdrückte." Es wird weiterhin angenommen, daß die nachfolgende "Invasion" der *Pipiles* von Zentralmexiko aus Richtung El Salvador zur Vertreibung mehrerer Kulturen geführt hat.

Die Überflutung der gesamten Maya-Kultur vom Petén-Tiefland bis zur Küste durch die *Pipil* löste eine ernste Krise aus, die zusammen mit anderen Faktoren den endgültigen Zusammenbruch der Mayahochkultur herbeiführte. Eines der Haupt-

Fischerboot am üppigen Ufer des Chiquimulilla-Kanals

siedlungsgebiete der *Pipil* in Guatemala war San Augustín Acasaguastlán.

Während der Kolonialzeit war die Küste vor allem das Produktionsgebiet der natürlichen Farbstoffe *Indigo* und *Kochenille.* Wie damals arbeiten auch heute Indígenas aus dem Hochland zur Erntezeit auf den Haciendas und Fincas. Wenn Indígenas erzählen, daß sie jedes Jahr an die Costa fahren, dann haben die meisten von ihnen trotzdem noch niemals das Meer gesehen. In Tiquisate entstanden in den 30er Jahren die Bananenplantagen der United Fruit Company, nachdem an der Atlantikküste eine Bananenkrankheit *(Sigatoka)* ausgebrochen war. Die Plantagen nahmen riesige Flächen der südlichen Hälfte des Dept. Escuintla ein. Ihr Besitz ging später in privaten **Großgrundbesitz** über. Es ist also kein Wunder, daß gerade hier an der Küste der Ruf nach Land besonders laut ist.

Unterstützt und getragen wird die Forderung besonders von einem Mann, der in Guatemala fast schon Legende ist: **Padre Andrés Girón.** Als 1986 in Guatemala die Demokratie "ausbrach", marschierte der Pfarrer aus Nueva Concepción mit 15.000 Campesinos in die Hauptstadt, um den damaligen Präsidenten *Cerezo* zu bitten, Kredite für den Kauf von brachliegendem Land zur Verfügung zu stellen. Die Bauern wollten sich zu Kooperativen zusammenschließen und ihren Gewinn gemeinsam erwirtschaften. *Cerezo* machte halbherzige Zusagen, die

Präsidentengattin unterstützte (wohl aus Prestigegründen) den Antrag, doch jeder wußte, daß es nicht der Präsident des Landes sein würde, der über die Zukunft der Campesinos entscheidet. Denn Regierung und Macht sind zwei sehr unterschiedliche Dinge in Guatemala, wie *Cerezo* seinerzeit beim Amtsantritt richtig erkannte. Inzwischen gehören der von *Girón* gegründeten *Asociación Nacional de Campesinos Pro Tierra* mehr als 200.000 Bauern an. Auf der *Finca Monte Llano* konnte der politisch engagierte Padre mit rund 250 Familien einen kleinen Teil seiner Idee umsetzen. Ein Wunder, daß *Andrés Girón* noch am Leben ist.

Die Küste zu bereisen ist nicht einfach. Die drückende Schwüle steigert sich in den vollbesetzten Bussen bis zur Unerträglichkeit. Obwohl der lange Pazifikstrand ein *Badeparadies* ist, gibt es aufgrund der bescheidenen Infrastruktur nur wenig Möglichkeiten für einen längeren Aufenthalt mit mitteleuropäischen Ansprüchen. Die größeren Städte wie Retalhuleu, Mazatenango oder Escuintla sind alles andere als einladend und empfehlen sich höchstens als Umsteigepunkte.

Trotzdem gibt es auch ein paar sehenswerte Ziele, und wer das Land ganz erforschen möchte, muß die Südküste Guatemalas gesehen und die *Costeños* kennengelernt haben. Die Guatemalteken lieben ihre Costa Sur. Hier verbringen sie ihre Wochenenden und machen Urlaub, im Gegensatz zum internationalen Tourismus, der mehr Interesse am

Hochland hat. Ich empfehle, die Ausflüge an die Küste mit kleinem Gepäck zu machen (Moskitonetz nicht vergessen!) und Rucksack sowie Schlafsack in einem Hotel in der Hauptstadt, Antigua, Panajachel oder sonstwo zu deponieren.

Von West nach Ost

Von Quetzaltenango aus schlängeln sich die Busse steile Serpentinenstraßen über **Colomba** und **Coatepeque** Richtung Pazifik hinunter. Wie bei allen diesen Fahrten vom Hochland in das Küstentiefland beeindruckt der schnelle Wechsel von Klima und Vegetation. Besonders während der Trockenzeit, wenn das Hochland karg und unfruchtbar erscheint, ist der Wechsel in die üppige und verschwenderische Pflanzenwelt der Boca Costa eines der aufregendsten Erlebnisse in Guatemala. (Beschreibung einer ähnlichen Fahrt von San Marcos über Pajapita nach Tilapa siehe San Marcos.)

Colomba

Das kleine Städtchen Colomba lebt von der Verarbeitung und dem Vertrieb von **Kaffee,** der unübersehbar das Hauptanbauprodukt dieser Zone darstellt. Früher fanden sich hier noch mehr Bananen, deren Anbau aber mit der Ausdehnung des Kaffees immer weiter nach unten verlegt wurde.

Colomba ist keine Gründung der Spanier. Trotzdem wird auch hier katholische Tradition gepflegt, besonders die Bräuche in der *Semana Santa* (Ostern) sind sehenswert.

So verkleiden sich die Männer am Mittwoch der **Osterwoche** als Frauen und verlangen an den Häusern ein Almosen, das bereitwillig gegeben wird. Am Tag darauf verkleiden sie sich als Judas und veranstalten zusammen mit den Kindern einen lärmenden Umzug durch die Straßen. Karfreitags schenkt man in ganz Guatemala einander Brot. Die Indígenas des Hochlandes backen an diesem Tag ein ganz besonders süßes und helles Brot. Allgemein wird während der Osterwoche zum Frühstück Brot gegessen und Schokolade getrunken. Am Karsamstag schließlich wird das große *Queman a Judas*, die öffentliche Verbrennung des Verräters (Puppe), gefeiert.

Coatepeque

Die Straße nach Coatepeque ist besser geworden, sie war eine anstrengende Slalomfahrt zwischen den Schlaglöchern hindurch, die mit jedem Darüberdonnern einer Camioneta größer wurden.

Coatepeque, der "Hügel der Schlange", wurde 1770 gegründet und ist heute eine wichtige Stadt für das guatemaltekische Kaffeegeschäft mit vielen *Beneficios* (Kaffeeverarbeitungsbetriebe).

Auf der hübschen Plaza steigt einem schon mal der Geruch von geröstetem Kaffee in die Nase, der sich über Coatepeque legt. Die knapp 20 Jahre alte **Kirche** der Stadt ist se-

henswert wegen ihrer halbrunden Form aus roten Ziegelsteinen. Coatepeque liegt an der Bahnlinie, die von Ciudad Tecún Umán an der mexikanischen Grenze bis nach Puerto Barrios am Golf von Honduras führt.

Übernachtungsmöglichkeiten

am besten im *Hotel Valleverde* 5. Av. 9 Calle, Z 1, sonst in der 6. Calle im *Hotel Europa, Hotel Baechli* oder in der *Posada Santander*. Alle recht einfach.

Ein guter **Restauranttip** ist das *Fuegos*, 5. Calle 4-14, Z 1, gegenüber der *Municipalidad* im zweiten Stock.

Verkehrsverbindungen

In das 30 km entfernte **Ciudad Tecún Umán** (hieß vorher Ayutla) an die mexikanische Grenze ab Terminal am Parque Central.

Von Tecún Umán bzw. Ciudad Hidalgo (Mex.) aus Verbindungen nach Tapachula. Die Grenze bildet der Río Suchiate, über den eine lange Brücke führt.

Galgos fährt mehrmals täglich nach Quetzaltenango. Zurück in die Hauptstadt ab Plaza von 6.30-19 Uhr. Selbstverständlich fahren auch Busse nach San Marcos und Retalhuleu.

Der CA 2 nach Osten folgend treffen die Busse auf eine große Kreuzung, die den Verkehr in alle vier Himmelsrichtungen verteilt (Guatemala Ciudad, Quetzaltenango, Retalhuleu, mex. Grenze). Sie heißt **El Zarco** und befindet sich nördlich von Retalhuleu bei Km 175. Wer hier auf eine Camioneta wartet, sollte folgendes wissen: Sind die Busse voll, fahren sie vorbei. Hält ein Bus, kennen die wartenden Guatemalteken kein Pardon und stürmen die letzten Stehplätze. Die verdutzten Touristen haben dabei meist das Nachsehen. Ich empfehle daher, alle Pick ups anzuhalten, als Ausländer hat man gute Chancen.

San Sebastián

Ein paar Kilometer vor Retalhuleu liegt San Sebastián, dessen stark zerstörte koloniale Kirche eine der ältesten Glocken in Guatemala aus dem Jahre 1801 besaß. In dieser Gegend befinden sich viele präkolumbische Zeugnisse, wie *Abaj Takalik*, 15 km von Retalhuleu entfernt im Municipio von El Asintal.

Retalhuleu

Die Departamentshauptstadt Retalhuleu liegt bereits in der Costa Cuca und ist das Zentrum einer Region, die reich an Zuckerrohr, Baumwolle und Viehherden ist. Zur Zeit der Gründung durch die Spanier gab es große Grenzprobleme zwischen den *Quiché* und *Mames,* so daß Alvarado mit seinem Schwert eine Linie zog, weswegen die Stadt heute "Zeichen auf dem Boden" heißt. In Guatemala wird sie allerdings nur "Reu" genannt.

Sie besitzt breite Straßen wie die Calzada Las Palmas, die palmenbestandene Allee und einige koloniale Gebäude, auf die die Retaltecos sehr stolz sind.

Übernachten: Im *Hotel Astor,* 5. Calle 4-60 oder *Posada Don José,* 5. Calle 3-67, nicht weit davon das *Hotel Modelo.*

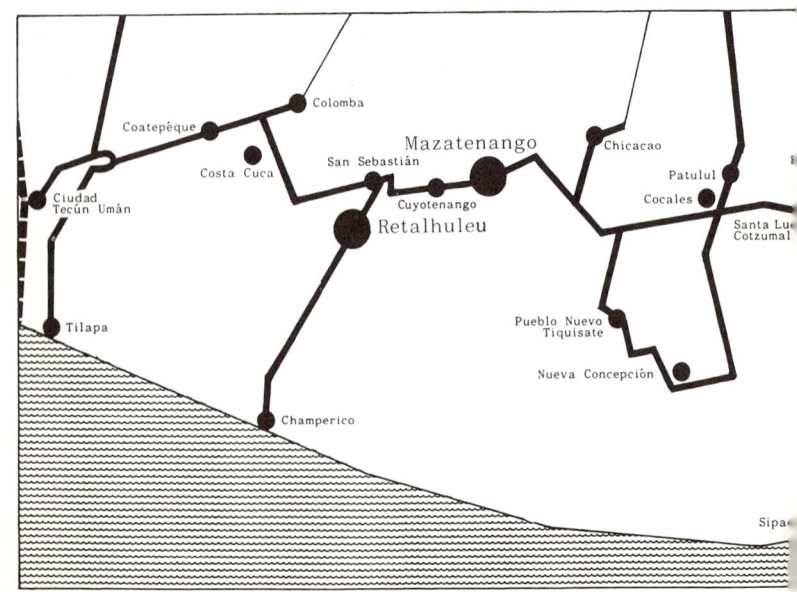

Verkehrsverbindungen

Nach Retalhuleu und weiter bis an die mexikanische Grenze von der Hauptstadt aus Erster Klasse mit *Galgos*, 7. Av. 19-44, Z 1 bis Talismán (El Carmen) und *Rápidos del Sur*, 20. Calle 8-55, Z 1

Nach Ciudad Tecún Umán und **Talismán** je nach Bus. Außerdem *Fortaleza*, 19. Calle 8-70, Z 1 bis Ciudad Tecún Umán.

Champerico

Von Retalhuleu nach Champerico ist die Straße kerzengerade durch die weite und heiße Ebene gebaut worden. Der kleine **Hafen** stammt aus den Zeiten von *Miguel García Granados* (sein Konterfei ist auf dem 10 Quetzal-Schein) Ende des 19. Jahrhunderts. Hier endet auch eine Nebenstrecke der Eisenbahn.

Die Bedeutung als wichtiger Import- und Exporthafen hat Champerico allerdings verloren. Heute ist es Ausflugsziel der Guatemalteken, die Sonne, Meer und Strand suchen. Letzterer ist nicht besonders, und auch Champerico selbst ist nicht gerade überwältigend.

Übernachtungsmöglichkeiten im *Hotel Posada del Mar* und anderswo.

Verkehrsverbindungen nach Retalhuleu mit Anschluß nach Quetzaltenango oder in die Hauptstadt zurück sind kein Problem.

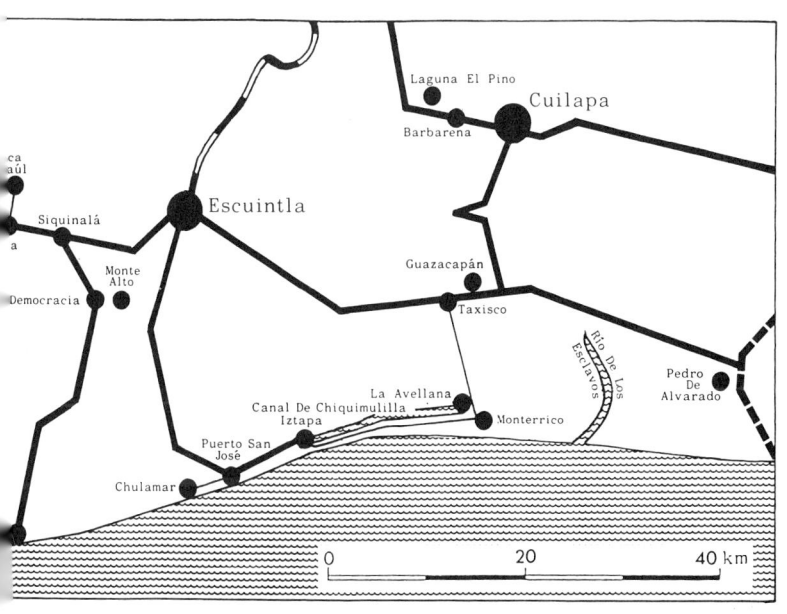

417

Mazatenango

Die *Hauptstadt* des Departament Suchitepéquez. Heute ein kleines Industriestädtchen, nicht besonders hübsch, aber bedeutend als regionales Zentrum für die Exportproduktion und die Abwicklung des Handels mit den Fincas. Bekannt ist die *Industrie- und Viehzuchtausstellung,* die hier während der Faschingsferia abgehalten wird.

Der *"carnaval"* von Mazatenango gehört zu den besonderen Ereignissen in Guatemala Ende Februar, Anfang März. Eine Woche lang wird dann getanzt, gefeiert, gesungen, es werden Umzüge veranstaltet und Schönheitsköniginnen gewählt.

Chicacao

Wer vom Atitlán See direkt an die Küste will, kann während der Trockenzeit von Santiago Atitlán aus einen Bus nach Chicacao nehmen. Dieses Dorf wurde 1889 von dem Atiteco *Francisco Chicajau* gegründet und ist ein Beispiel für die Wanderungsbewegung der Hochlandindígenas in die Nähe ihrer alljährlichen Erntearbeitsplätze auf den Kaffeefincas.

Der häufiger befahrene Weg ist der von San Lucas Tolimán über Patutul und Cocales, beides Dörfer inmitten des guatemaltekischen Kaffeegürtels.

Escuintla

Das Departament Escuintla ist eines der Hauptzentren der *landwirtschaftlichen Exportproduktion* und der *Viehzucht.* Rund 80% des Zuckers und der Baumwolle werden hier produziert.

Die meiner Ansicht nach *abschreckendste Stadt Guatemalas* ist die gleichnamige Hauptstadt Escuintla, an der Kreuzung der Pazifik-Fernstraße CA 2 und der CA 9 gelegen. Die Stadt ist heiß und dreckig. Innerhalb kurzer Zeit hat sich Escuintla aufgrund seiner verkehrsgeographisch günstigen Lage zu einem wichtigen Industrie- und Handelszentrum entwickelt. Keine andere Stadt in Guatemala, außer der Hauptstadt, hat diesen Bevölkerungszuwachs zu verzeichnen. Es gibt kein Museum, keine Sehenswürdigkeit, dafür aber jede Menge Nachtbars und offene Prostitution, wie man das eigentlich von Guatemala nicht gewohnt ist.

Als dies alles noch nicht so war, siedelten hier die *Pipiles.* Der Name Escuintla lautete vormals Iscuintepéque und bedeutet "Hügel der Hunde". Er verweist auf die *Tepeizcuintles,* eine Hundeart, die in präkolumbischer Zeit gegessen wurde.

Übernachtung: Hotel Sarita, Av. Centroamericana 15-32, Z 3 oder gleich in der Nähe das *Hotel Texas.* Hinter dem Markt auf der 10. Calle *Hotel Campo Real* als gute Alternative. Einfach ist die *Hospedaje Comodidad,* 5. Av. 9-49, Z 1.

Noch einmal Catherwood: Escuintla ("Schön war die Zeit!" Anm. d. A.)

Verkehrsverbindungen

Wer sich in Escuintla aufhält und **zurück in die Hauptstadt** möchte, dem empfehle ich, den **Zug** zu nehmen, der über Palín und den Amatitlán See fährt. In der Regel fährt der Bummelzug montags, mittwochs und freitags gegen 16 Uhr ab. Sollte er um 17 Uhr allerdings immer noch nicht da sein, lohnt sich die Fahrt wegen des frühen Einbruchs der Dunkelheit nicht mehr.

Von der Hauptstadt aus mit *Transportes Unidos,* 4. Calle 1. Av., Z 9 und *Esmeralda,* 4. Av. 2. Calle, Z 4. Auch alle Erster Klasse-Busse, die nach Retalhuleu fahren, halten in Escuintla.

Nueva Concepción

Im Westen des Departaments Escuintla, mitten in der Costa Grande, befindet sich der Ort Pueblo Nuevo Tiquisate, der einst das Zentrum der United Fruit Company war. Ihr gehörte auch das Land südwestlich davon, auf dem das heutige Nueva Concepción liegt, die Gemeinde von *Padre Girón.*

Im Zuge der Agrarreform unter der Präsidentschaft von Jacobo *Arbenz* 1951-54 wurde das Land der UFCo enteignet. Als die Demokratie 1954 gestürzt wurde, geriet Oberst *Castillo Armas* unter politischen Druck, so daß er letztendlich dieses Land den Bauern zur Verfügung stellen mußte. Die Kreditvergabe und die landwirtschaftliche Beratung waren jedoch so angelegt, daß viele der Campesinos im Laufe der Zeit ihren neuerworbenen Besitz zu Niedrigstpreisen wieder verkaufen mußten.

Santa Lucía Cotzumalguapa

Westlich von Escuintla auf der CA 9

419

liegt Santa Lucía Cotzumalguapa, in deren Umgebung reiche **archäologische Funde** gemacht wurden, die mexikanische Einflüsse zeigen. Die meisten Skulpturen, Steinmonumente und Reliefs liegen verstreut in den Zuckerrohrfeldern privater Fincas.

Übernachtungsmöglichkeiten in Santa Lucía Cotzumalguapa gibt es im einfachen *Hotel El Camino*. Teurer ist es im *Caminohotel Santiaguito* bei km 95,5 mit Pool und Restaurant.

Archäologische Funde

Auf der **Finca Las Illusiones**, in der Nähe der Esso-Tankstelle und dem Fußballfeld, gibt es sogar ein kleines **Museum** mit ausgestellten Keramikfunden und Reproduktionen von Skulpturen, die in der Gegend entdeckt wurden. Die kleinen Tempel und Pyramiden sind nicht restauriert.

Ein weiterer Fundort ist **Bilbao**. Am besten man läßt sich den Weg dorthin erklären. Hier steht das **Monumento 21,** ein behauener Stein im Flachrelief, das als ältester seiner Art in vorchristliche Zeit (600 v.Chr.) datiert wird und wegen seiner Fülle an Information eines der wichtigsten Steinzeugen der *Cotzumalguapa-Kultur* darstellt.

Das Thema des Reliefs ist Wohlstand und Reichtum. Die Zentralfigur, die *Gobernante 1* genannt wurde, ist bekleidet mit einem Schlangengürtel und empfängt Kakaonüsse. Da er sich von den anderen dargestellten Figuren unterscheidet,

nimmt man an, daß es sich hier um einen "ausländischen" Herrscher handelt, der den Tribut seiner Untergebenen entgegen nimmt. Die kleinere Figur links vom Betrachter wird aufgrund seiner magischen Attribute als Priester oder Ratgeber gedeutet. Auch die anderen Steinmonumente in Bilbao zeichnen sich durch ihren reichen erzählerischen Inhalt aus.

Auf der **Finca El Baúl,** 6 km nördlich von Santa Lucía Cotzumalguapa, die nur mit dem Auto oder unregelmäßig fahrenden Bussen zu erreichen ist, begannen die Ausgrabungen 1982. Hier fand man die **älteste Stele** mit dem Datum 36 n.Chr. In Tikal trägt die älteste Stele der Tiefland-Maya das Datum 292 n.Chr.

In der Kunst von *Cotzumalguapa* treten häufig Symbole auf, die mit dem Ballspiel in Beziehung stehen. So sind die Figuren oft mit einer Art Knieschützer bekleidet. Viele der Monumente auf der Finca *El Baúl* werden wie im Hochland von den Indígenas verehrt.

Auf der **Finca Monte Alto** und **El Transito** 30 km südlich von Santa Lucía Cotzumalguapa wurden Ende der 60er Jahre Basalt-Skulpturen gefunden, die Ähnlichkeit mit den Olmeken-Köpfen der mexikanischen *La Venta-Kultur* aufweisen. Sie wird als die Mutterkultur Mesoamerikas angesehen.

In **La Democracia** sind diese dikken, unförmigen Köpfe und untersetzten Körper mit ihren eng anliegenden Armen und Beinen auf der **Plaza** und in einem **Museum** ausgestellt.

Die *La Venta-Zeit* reicht zurück bis 1500 v.Chr. und erlebte ihre Blütezeit von 800-400 v.Chr. Es ist noch nicht ganz geklärt, wie dieser olmekische Einfluß an der Pazifikküste Guatemalas zustande kam und welche Wanderungsbewegung dieses Volk insgesamt vollzogen hat. Sicher ist jedenfalls, daß die *La Venta-Kultur* jener der Maya um rund 1000 Jahre vorausging, nachweisbare Spuren hinterließ und ebenso plötzlich zusammenbrach wie ein Jahrtausend später die Maya-Zivilisation.

Das sehenswerte **Museo Regional de Arqueología** mit vielen anderen Exponaten ist geöffnet Di-So 9-12 Uhr und 14-17 Uhr.

Übernachtungsmöglichkeiten gibt es im *Hotel Galeano* und *Hotel El Carmen*.

Verkehrsverbindung von der Hauptstadt nach La Democracia mit Bus *Chatia Gomerana* vom Terminal Zone 4 aus alle 30 Min. Der Bus fährt über Escuintla und Siquinalá weiter nach La Gomera und Sipacate am Pazifik.

Dept. Santa Rosa

Das Departament Santa Rosa ist das südöstlichste Guatemalas und besitzt eine abwechslungsreiche Topographie, die insgesamt einen Höhenunterschied von fast 2000 m aufweist. Zwei große und wichtige Straßen des Landes durchziehen das Departament: die Panamericana CA 1 und die Pazifikfernstraße CA 2. Hauptanbauprodukte in dieser Gegend, die von Touristen kaum besucht wird, sind Kaffee, Mais, Frijoles, Reis, Kartoffeln und Zuckerrohr. Auch hier ist Großgrundbesitz mit großen Viehzuchtbetrieben stark vertreten.

Bereits vor der Conquista lebten hier die **Xinca-Indígenas,** die ihre Sprache und Kultur weitgehend verloren haben. An ihre Sklavenzeit unter den Spaniern erinnert der Name des großen Flusses Río de Los Esclavos, der von Norden nach Süden durch das Departament fließt.

Eine Sehenswürdigkeit ist die gleichnamige **Brücke** vier Kilometer von der *Cabecera* Cuilapa entfernt. Die koloniale Steinbrücke mit ihren elf Bögen wurde Ende des 16. Jahrhunderts gebaut und ist ein historisches Juwel in dieser Gegend, die ansonsten nicht besonders viel zu bieten hat. Um die Brücke ranken sich Legenden und Geschichten. Sie ist der Stolz der Santaroseños.

Auf dem Weg nach Cuilapa befindet sich kurz vor Barbarena die kleine, sichelförmige **Laguna El Pino**. Sie liegt in einer herrlichen Hügellandschaft, besitzt (noch) unbebaute Ufer und (noch) sauberes Wasser. Die Laguna ist ein Naherholungsziel für die Capitaleños geworden, da ein kleiner Park außerdem Grill- und Picknickgelegenheit bietet.

Anreise: Am besten Bus nach Jutiapa nehmen, ab Terminal Zone 4 in der Haupstadt und sich bei Km 47,5 der Panamericana (CA 1) absetzen

Laguna El Pino: Ideal für ein kleines Picknick

lassen. Danach entweder zu Fuß 1,5 km gehen oder auf einen Bus nach **Los Rocitos** warten. Das ist das Dorf, das der Laguna El Pino am nächsten liegt. Busse zurück einfach an der CA 1 stoppen.

Cuilapa selbst bietet keine Sehenswürdigkeiten, und es lohnt sich kaum, hier länger zu bleiben. Übernachtungsmöglichkeiten sind vorhanden.

Rundreise

Eine kleine Rundreise von mindestens 5 Tagen durch den Südosten läßt sich von Escuintla oder der Hauptstadt aus starten. Busse fahren nach **Taxisco** vom Terminal der Zone 4 (Hauptstadt) ab. Bei den Bussen immer das glauben, was

vorne drauf steht, die Ayudantes werben einen sonst in den Petén oder sonst wohin ab!

Wer mit dem Auto fährt, kann einen Stop im Safari Park **Club Auto Safari Chapin** einlegen, 30 km hinter Escuintla. Die Zebras, Giraffen, Raubkatzen, Affen u.s.w. in diesem privaten Freigehe-Zoo erinnern eher an Afrika als an Guatemala. Geöffnet 9.30-17 Uhr. Montags geschlossen. Kontaktadresse in Guatemala Ciudad 8. Av. 14-10, Z 10, Tel. 371274.

Taxisco liegt im Dept. Santa Rosa und zählt streng genommen nicht mehr zur Costa Sur, obwohl es einen nicht geringen Anteil an der pazifischen Küstenebene besitzt. Taxisco ist die Geburtstadt eines Politikers, der nach Ansicht der Guatemalteken die Werte Freiheit, Gerechtigkeit, Wahrheit, Würde und Recht-

Der schwarze Strand von Monterrico könnte sauberer sein.

schaffenheit einst zu erklärten Zielen seiner Politik machte: *Juan José Arévalo*. Der Pädagogikprofessor war von 1945-51 Präsident Guatemalas, nachdem der größenwahnsinnige Militär *Jorge Ubico* nach fast 30 Jahren Amtszeit von der Oktoberrevolution gestürzt wurde.

Als *Arévalo* am 7.Oktober 1990 starb, weinte das Volk, und die Regierung ordnete für den ehemals als Kommunisten beschimpften und gehetzten Ex-Präsidenten drei Tage Staatstrauer an, während zur selben Zeit dasselbe Volk den Rechtsparteien im Wahlkampf zum Sieg verhalf.

In Taxisco gibt es einfache **Übernachtungsmöglichkeiten**.

Wer meiner kleinen Küstenrundreise nicht folgt, hat von Taxisco aus die Möglichkeit, weiter über **Guazacapán** nach **Ciudad Pedro de Alvarado** an die salvadorianische Grenze zu fahren. Dieser Grenzübergang ist zwar nur wenig frequentiert, demnach auch der Busverkehr hüben wie drüben nicht gerade berauschend, aber es ist möglich, nach El Salvador einzureisen.

Von Taxisco aus geht es weiter nach **La Avellana**. Die Busfahrt auf dieser kerzengeraden Strecke ist extrem heiß, und es heißt erst einmal durchhalten. In La Avellana wartet eine *Lancha* auf den Bus, die die Passagiere über den *Chiquimulilla-Kanal* nach Monterrico bringt.

Monterrico liegt direkt am Pazifischen Ozean inmitten eines 2800 Hektar großen **Mangroven-Reservats,** das 1977 eingerichtet wurde.

Unter der Woche ist Monterrico wenig besucht. Es ist ruhig, fast träge. Die Hitze kühlt man am besten mit eisgekühlter Kokosmilch. Abwechslung bietet der wilde Pazifik (Strömungen nicht unterschätzen!), der menschenleere Strand, Ausflüge mit dem Boot und ein Besuch bei der Reservatsleitung (in der Nähe des *Hotel Baule Beach*), die ein **Schildkrötengehege** besitzt und über die Flora und Fauna des Naturschutzgebietes informiert. Ein Besucherzentrum soll erst noch eingerichtet werden.

Das akzeptabelste Hotel mit einem halbwegs sauberen Strand ist zweifellos das **Hotel Baule Beach** (damals 20 Q pro Nase). Durch den Ort bis zum Strand gehen und von dort aus sich ca. 200 m links halten. Hier gibt es kleine Zimmer mit Dusche, eine Terrasse mit Blick auf das Meer und Hängematten. Travellertreff. Inzwischen gibt es auch ein italienisches Hotel in Monterico.

Erlebnisreicher als eine Busfahrt dieselbe Strecke wieder zurück nach Escuintla ist eine **Bootstour über den Chiquimulilla-Kanal** nach Iztapa. Der Kanal ist in seiner Gesamtlänge von Sipacate bis an die Grenze zu El Salvador ca. 100 km lang und wurde in den 30er Jahren parallel zum Küstenverlauf angelegt. Die Guatemalteken nennen diesen Streifen zwischen Meer und Festland *médano* (Düne).

Der erste Teil der Strecke von Monterrico aus führt durch eine offene, fast öde Ebene mit eigenartiger Stimmung. Hunderte von weißen

Die Fahrt auf dem Chiquimulilla-Kanal bietet abwechslungsreiche Natur.

Garzas (Reihern), Enten und andere Wasservögel leben hier in Eintracht mit Zebu-Rindern und Schweinen, die am Ufer weiden. Vegetationsreicher, dichter und üppiger wird es dann im zweiten Teil der Reise, wenn hohe Palmen und dicke Mangobäume die Ufer begleiten.

Der Preis für die *Lanchas* muß in Monterrico gut ausgehandelt werden. Dazu bedarf es Zeit, Humor und Sprachkenntnisse, wie immer und überall in Guatemala.

Iztapa wird durch den Kanal zweigeteilt. *Lanchas* fahren für ein paar Centavos Einheimische und Touristen auf die Meerseite. Der Strand ist einigermaßen sauber. Das Klima ist wie in Monterrico sehr heiß, man bewegt sich etwas langsamer, schlürft seinen Liquado und plaudert mit den Leuten, die hier sehr freundlich sind. Iztapa ist ein ruhiges Dörfchen, ein Platz zum Ausruhen, Fischer beobachten oder die Vogelwelt studieren.

Iztapa war der erste Pazifikhafen des Landes. *Alvarado* ließ hier ein Boot für eine Expedition nach Peru bauen. 1540 begann seine Reise nach Mexiko ebenfalls von Iztapa aus, doch Mitte des 19. Jahrhunderts wurde der Hafen in das nahegelegene San José verlegt.

Übernachtungsmöglichkeiten gibt es im Dorf ausreichend, z.B. *Hotel Brasilia*. Die Zimmer sind einfach, der Hof ist *Comedor*, Wohnzimmer, Garage und Werkstatt in einem. Am Strand gibt es kleine Hütten zu mieten.

Verkehrsverbindungen von Es-cuintla nach Iztapa: Bus nach Puerto San José nehmen und dort nach Iztapa umsteigen. Die letzte Camioneta in umgekehrter Richtung von Iztapa nach Puerto San José geht gegen 17 Uhr, sonst alle 30 Minuten.

Puerto San José

Puerto San José lohnt einen Abstecher. Das Städtchen selbst ist zwar nicht besonders schön, aber zur Atmosphäre tragen hier nicht nur die alten Anlagen des ehemaligen Hafens bei, sondern auch die temperamentvollen *Costeños* und das Leben, das sich hier auf der Straße abspielt. Die Bevölkerung stammt ursprünglich aus Escuintla und Amatitlán und ist im Zuge des Hafenbaus nach San José gekommen. Es findet immer ein kleiner **Fischmarkt** am alten Hafen statt, Fischer leeren hier ihre Netze, und die Händler verkaufen Haifischöl, das für die Lungen gut sein soll.

Die **eiserne Hafenrampe,** heute verrostet und so gut wie funktionslos für den Schiffahrtsverkehr, wurde 1868 gebaut. Der erste Schoner allerdings legte bereits 1853 hier an und kam aus Costa Rica. Zwölf Jahre nach Befestigung der Rampe folgte der Bau der Eisenbahn, die ab 1884 San José mit der Hauptstadt verband. 1982 verursachte der Hurrikan David irreparable Schäden am Kai, der für die Einwohner aus San José mehr als nur ein Erinnerungsstück aus alten Zeiten ist.

Rechts neben den Resten des

Die alte Hafenmole: verrottet und trotzdem stimmungsvoll

Bahnhofs steht das zweistöckige blaue Gebäude des Zolls, das unter *Ubico* Ende der 30er Jahre errichtet wurde. Heute steht dieser Bau leer, nur die *Guardia de Hacendia*, die grüne Privatpolizei Guatemalas, ist hier untergebracht. Daneben steht die *GRANELSA* mit ihren schönen Balkonen, von der aus heute eine Zuckerexportfirma ihre Geschäfte betreibt. Auf der Tafel am Eingang liest man Zielorte wie Bangkok, Seoul oder Loire.

Seit 1985 thront die **Virgen del Mar** (Heilige Jungfrau des Meeres) am Kai auf einem Globus-Sockel, den ein Rosenkranz schmückt. Sie ist die Schutzheilige der Fischer und ihr Blick ist auf das Meer hinaus gerichtet. Im Arm hält sie das Kind, das durch seine Geste die Seemänner

empfängt, die "Tag für Tag den Ozean durchqueren auf der Suche nach dem täglichen Brot" - Originalton Guatemala.

Empfehlenswert ist San José unter der Woche während seines normalen Alltags. Am Wochenende wird San José von den badehungrigen Großfamilien aus der Hauptstadt bevölkert.

Wer sich für den neuen, seit 1983 in Betrieb befindlichen **Pazifikhafen** Guatemalas, **Puerto Quetzal,** interessiert, muß sich bei der 2 km vom Hafeneingang entfernten *Base Naval* eine Besichtigungsgenehmigung holen. Der Hafen befindet sich wenig außerhalb von San José Richtung Iztapa. Es ist ein eher kleines und unscheinbares Gelände, wird aber von den Sicherheitskräften ebenso aufmerksam kontrolliert, wie Puerto Santo Tomás an der Atlantikküste. Man kann die Verladung von riesigen Mengen Zucker, Baumwolle, Kaffee und anderen Exportprodukten beobachten. Verschifft wird von hier aus vor allem nach Asien und an die Westküste des amerikanischen Kontinents. Nur selten kommen hier auch Passagierschiffe an.

Verkehrsverbindungen

Von der Hauptstadt aus *Transportes Unidos,* 4. Av., 1. Calle, Z 9 über Escuintla und weiter nach Iztapa. Sonst entsprechenden Bus auf dem Terminal Zone 4 suchen, es wird sich immer einer finden.

Von Monterrico aus mit dem Boot über den Chiquimulilla-Kanal am Pazifik entlang.

Hotels und Hospedajes

Hauptstraße zum Alten Hafen

Ein gutes Hotel zu finden, ist sehr schwer in San José.
●Das mit Abstand teuerste Hotel (über 100 Q für 2 Pers.) ist das **Posada del Quetzal** Av. 30 de Junio auf der Hauptstraße am Ortseingang. Es ist eher für reiche Capitaleños gedacht.
●Den krassesten Gegensatz dazu bieten die vielen **Casetas** direkt am Strand. Sie sind aber nicht mehr als feuchte und mufflige Löcher.
●Die beste Alternative derzeit ist zweifellos das **Hotel Viña del Mar**, Barrio Miramar. Das Miramar-Viertel befindet sich westlich vom Militärhauptquartier (bis zum Ende der Hauptstraße, dann rechts) und zieht sich am Strand entlang. Bei der Ankunft in San José also am besten an der Endstation des Busses aussteigen. Über den Preis der einfachen Zimmer läßt sich verhandeln. Das Hotel besitzt einen kleinen Pool und direkten Zugang zum Strand.
●Noch vor dem *Viña del Mar* kommt man an den neuen Bungalows der **Posada del Quetzal** vorbei. Hübsch, aber teuer.
●*Hotel Santa Maria del Mar* km 5, Aldea Chulamar.
●5 km östlich, hinter Puerto Quetzal, liegt das **Turicentro Likin**, eine Ansammlung von Bungalows, von denen ein Teil durch die Flut bereits schwer beschädigt wurde.

Restaurants und Kneipen

San José ist eine Stadt der *Comedors* und Bars. Zwei gute Restaurants sind das **Papillon** in der Nähe des Hotels *Viña del Mar* mit Blick aufs Meer und das gemütliche Restaurant **Costa Grande** neben dem Militär mit einer großen Auswahl an Fischgerichten.

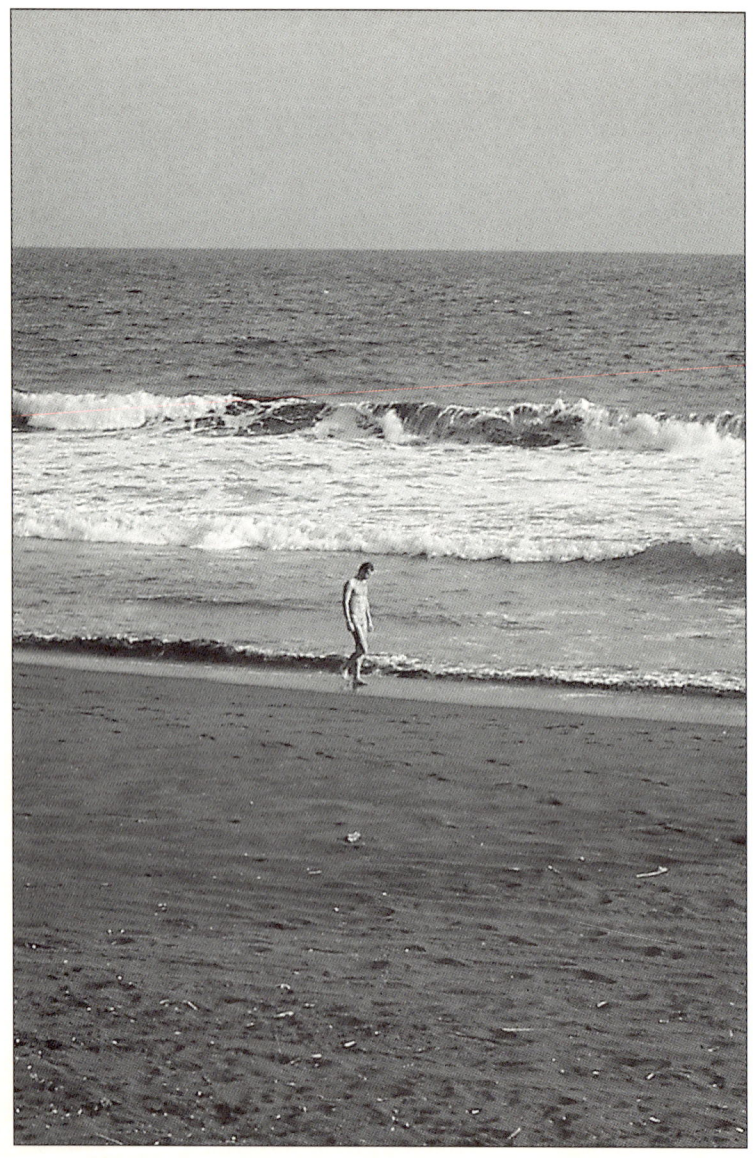

Anhang

Inhalt

Lese- und Literaturliste

Über die Geschichte und Kultur der Maya

Girard, Rafael: **Die ewigen Mayas.** Zivilisation und Geschichte. Wiesbaden o.J. Der Anthropologe Girard hat sich in seiner Untersuchung vor allem mit der Mythologie und den Costumbres der Chortí-Indígenas beschäftigt.

Wilhelmy, Herbert: **Welt und Umwelt der Maya.** Aufstieg und Untergang einer Hochkultur. München 1981. TB Serie Piper Bd. 1139. München 1990. Der Tübinger Geograph Wilhelmy stellt sich die Frage nach den Voraussetzungen und Gegebenheiten für das Überleben der Maya im Tiefland und untersucht mögliche Ursachen des Untergangs dieser Zivilisation. Ein sehr empfehlenswertes Buch!

Popol Vuh: **Das Buch des Rates.** Mythos und Geschichte der Maya. Aus dem Quiché übertragen und erläutert von Wolfgang Cordan. Köln 1990, 6.Aufl. Das Popol Vuh schildert den Mythos der Weltschöpfung und Menschwerdung sowie den Aufstieg und Untergang der Quiché-Indianer. Der Text gehört zu den großen Dokumenten der Menschheitsgeschichte.

Chactun - **Die Götter der Maya.** Quellentexte, Darstellung und Wörterbuch. Hg. von Christian Rätsch. Köln 1986. Das Buch ist eine gute Einführung in die Kosmologie und die Bedeutung der Göttergestalten der Maya.

Helfritz, Hans: **Guatemala,** Honduras, Belize. Die versunkene Welt der Maya. DuMont Kunst-Reiseführer. Köln 1977.

Stierlin, Henri: **Architektur der Welt.** Maya. Berlin, o.J.

Die Welt der Maya. Mainz 1992. Das Buch zur Hildesheimer Maya-Ausstellung 1992. Ein phantastisches, reich bebildertes und interessantes Buch zur Geschichte der Maya. Wärmstens zu empfehlen!

Reiseschilderungen

Durch das Land der Azteken. Berichte deutscher Reisender des 19. Jahrhunderts aus Mexiko und Guatemala. Berlin (Ost) 1978, 4. Aufl. Neben Alexander von Humboldt, Ernst von Hesse-Wartegg und Caecilie Seler-Sachs erzählt Karl Sapper von seinen Eindrücken, Untersuchungen und Forschungen in Guatemala und Mexiko. Der Bruder Karl Sappers gehörte zu den ersten deutschen Kaffeepflanzern im Alta Verapaz. Die Familie zählt heute noch zu den wohlhabendsten Guatemalas.

Fryd, Norbert: **Lächelndes Guatemala.** Berlin (Ost) 1962. Der Tschechoslowake bereiste Guatemala in den 50er Jahren nach der Oktoberrevolution. Er beschreibt unterhaltsam Land und Leute zu einer Zeit, als es noch sehr wenig Tourismus gab.

Caecilie Seler-Sachs: **Auf alten Wegen in Mexiko und Guatemala.** Promedia-Frauenfahrten, Wien 1992.

  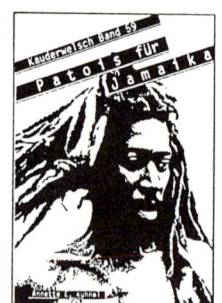

Sachbücher

Galeano, Eduardo: **Die offenen Adern Lateinamerikas.** Die Geschichte eines Kontinents von der Entdeckung bis zur Gegenwart. Hannover 1988, 6. Aufl. Die offenen Adern sind *das* Einstiegs- und Nachschlagewerk für alle, die sich für die Geschichte der Unterdrückung seit der Eroberung durch die Spanier und Portugiesen interessieren.

Boris, D./Rausch, R: **Zentralamerika. Guatemala, Nicaragua, Honduras, Costa Rica, El Salvador.** Köln 1986, 3. Aufl. Das Buch vermittelt eine politische Gesamtdarstellung Zentralamerikas. Beschrieben werden die strukturellen Probleme der einzelnen Länder vor dem Hintergrund ihrer historische Entwicklung.

Guatemala. Der lange Weg zur Freiheit. Herausgegeben von der Informationsstelle Guatemala e.V. Mit einem Vorwort von Helmut Frenz. Wuppertal 1982. Aus dem Spanischen übersetzt. Beinahe schon ein Standardwerk über Guatemala. Es enthält einen Abriß der historischen Entwicklung, Analysen der gesellschaftspolitischen Struktur sowie Dokumente und Materialien guatemaltekischer Emanzipationsbewegungen.

Gross, Horst-Eckart: **Guatemala.** Bericht über einen verdeckten Krieg. Dortmund 1986. Durch Berichte, Dokumentationen, persönliche Eindrücke und Interviews mit Widerstandskämpfern vermittelt Gross dem Leser einen politischen Situationsbericht aus Guatemala, der leider auch viele Jahre später durchaus die gegenwärtige Lage widerspiegelt.

Painter, James: **Guatemala:** False Hope, False Freedom. London 1987. Zu beziehen über: Edition NAHUA, Postfach 10 13 20, Wuppertal 1.

Castano, Camilo: **Und sei es mit Gewalt.** Die Revolution in Guatemala. Mit sechzehn Exempeln von Heinz Rudolf Sonntag, Nachwort von Gerhard Debus. Wuppertal, 1986.

Gabriel, Leo: **Aufstand der Kulturen.** Konfliktregion Zentralamerika: Guatemala, El Salvador, Nicaragua. dtv., Allgemeine Reihe Nr. 10956. München 1988, 2. Aufl. Gabriel beschäftigt sich vor allem mit der Geschichte und dem Kampf zentralamerikanischer Emanzipations- und Widerstandsbewegungen. Empfehlenswert.

Nuhn, Helmut (Hrsg.): **Krisengebiet Mittelamerika.** Interne Probleme, weltpolitische Konflikte. Braunschweig 1985. Experten erläutern die Hintergründe der spannungsgeladenen Region Mittelamerika.

Cordova, A. u. Michelena, H.: **Die wirtschaftliche Struktur Lateinamerikas.** Drei Studien zur politischen Ökonomie der Unterentwicklung. Frankfurt 1974, 4.Aufl.

TAZ-Journal Nr.2. **Ein Vulkan - Zentralamerika.** Politische Reisen durch Guatemala, El Salvador und Nicaragua.

Länderbericht Guatemala. Statistisches Bundesamt Wiesbaden. Erscheint jährlich neu.

Melville, Thomas y Marjorie: **Tierra y Poder en Guatemala.** *Educa* 1982. Der katholische Pfarrer Thomas Melville und die Nonne Marjorie Peters vom Maryknoll-Orden (beide USA) lebten zehn Jahre in Guatemala, bis sie 1967 wegen angeblicher Unterstützung der Guerilla des Landes verwiesen wurden(und später heirateten). Das Buch schildert die Ereignisse

Kauderwelsch-Spezialbände
für die Staaten Lateinamerikas

●Auf Wunsch vieler Reisender starten wir nun mit speziellen Sprachführern zu den einzelnen Ländern Mittel- und Lateinamerikas. Die Grammatik des Castellano wird jeweils in verständlicher Form so erklärt, daß der Sprachneuling schnell mit dem Sprechen beginnen kann. Im Konversationsteil, in den Kapiteln über Verhaltensregeln, Speisen und Getränke, Transportmittel oder bei geographischen, zoologischen und botanischen Ausdrücken usw., aber auch bei Höflichkeitsfloskeln und Flüchen wird die ganze Vielfalt des sprachlichen Lokalcolorits deutlich.

Barbara Honner und Fridolin Birk: *Spanisch für Guatemala*
Barbara ist die Autorin des Reise Know-How Handbuchs GUATEMALA. Sie verbrachte lange Zeit in Guatemala und kennt die sprachlichen Besonderheiten des Landes aus eigener Erfahrung. Der Band enthält Kurzkapitel zu den Indiodialekten Quiché, Cakchiqué, Kekchi um Mam. Kauderwelsch-Band 83, ISBN 3-89416-274-0, DM 14,80
●*Tonband-Kassette dazu:* ISBN 3-89416-145-0, DM 14,80

O'Niel V. Som: *Spanisch für Argentinien*
O'Niel (Autor des Kauderwelsch-Sprachführers "Spanisch für Globetrotter") hielt sich fast ein Jahr in Argentinien auf und hatte genug Zeit, sich mit den sprachlichen Besonderheiten Argentiniens auseinanderzusetzen. Der Band enthält ein Kurzkapitel zur Indianersprache Tupí-Guarani. Kauderwelsch-Band 84, ISBN 3-89416-275-9, DM 14,80
●*Tonband-Kassette dazu:* ISBN 3-89416-146-9, DM 14,80

Olivia Gordones und Diethelm Kaiser: *Spanisch für Venezuela*
Die Autoren sind bekannt durch ihr Reisehandbuch VENEZUELA, das in der Reihe REISE KNOW-HOW erschienen ist. Sie kennen das Land wie ihre Westentasche. Kauderwelsch-Band 85, ISBN 3-89416-276-7
●*Tonband-Kassette dazu:* ISBN 3-89416-147-7, DM 14,80

Bände zu weiteren Staaten sind in Vorbereitung.

von der Oktoberrevolution 1945 bis Mitte der 60er Jahre. Ein sehr empfehlenswertes Buch, das es auch in Englisch gibt. In Guatemala erhältlich.

Schlesinger, S. u. Kinzer, S.: **Bananenkrieg.** CIA-Putsch in Guatemala. München 1984. Die beiden Autoren beschreiben die Rolle der USA und der United Fruit Company beim Sturz der demokratischen Arévalo/Arbenz-Regierung 1954.

Guerilla

Payeras, Mario: **Wie in der Nacht die Morgenröte.** Tagebuch einer guatemaltekischen Guerilla. Zürich 1985. Der Kommandant des "Guerillaheers der Armen" EGP erzählt in diesem lesenswerten Buch vom Land, vom Aufbau, Kampf und Leben der guatemaltekischen Guerilla in den frühen 70er Jahren.

Andersen, Nicolas (Pseudonym): **Guatemala, Escuela Revolucionaria de Nuevos Hombres.** Mexiko 1982. Das Buch könnte man als Fortsetzung des Tagebuchs von Payeras lesen. Niedergeschrieben wurden Erfahrungen, Zeugnissse und Reflexionen über die revolutionäre Schule der EGP in den Jahren 1981-82.

Indígenas

Spahni, Jean-Christian: **Los Indios de América Central.** Guatemala 1981. Spahni schildert die Geschichte der Indígenas von Guatemala bis Panamá und beschreibt deren Kultur, Religion, Brauchtum, Künste usw. In Guatemala erhältlich.

Pogrom Zeitschrift für bedrohte Völker. Schwerpunkt Guatemala. Nr.104, 1983. Göttingen. Sehr gute Nummer mit interessanten Reportagen, Analysen und Berichten.

Maya News. **Informationen, Berichte, Dokumente über die Mayas heute.** Nr. 6, April 1988. Gesellschaft zur Förderung der Selbstbestimmung der Maya e.V., Bonn. Das Heft enthält eine Sammlung von internationalen Presseberichten.

Eroberung und Kolonisation

Las Casas: **Bericht von der Verwüstung der Westindischen Länder.** Hrsg. von Hans Magnus Enzensberger. Insel TB Nr. 553. Frankfurt a. M. 1981. Der Dominikanermönch und Verteidiger der Indianer beschreibt die Greueltaten der Spanier bei der Eroberung der Neuen Welt Anfang des 16. Jahrhunderts.

Gage, Thomas: **Los Viajes de Tomás Gage en la Nueva Espana.** Guatemala 1979. Der irische Dominikanermöch Gage berichtet von seinen Eindrücken der Reise durch Mexiko und Guatemala im Jahre 1625. In Guatemala erhältlich.

Das Fünfhundertjährige Reich: Emanzipation und lateinamerikanische Identität 1492-1992. Medico International 1990. Sammlung von Vorträgen, Essays und Aufsätzen über die Folgen der Entdeckung und Kolonisierung Amerikas. Sehr empfehlenswert.

Todorov, Tzvetan: **Die Eroberung Amerikas.** Frankfurt 1985. Der Sprachphilosoph Todorov aus Paris schildert in diesem spannend zu lesenden Buch den Zusammenprall der Denkweisen und Kulturen Europas mit jenen Mittelamerikas im 16. Jahrhundert.

Wer in tropischen und subtropischen Ländern reist, weiß, daß die dortige medizinische Versorgung nicht mit der von zu Hause gewohnten vergleichbar ist.

Dieses Buch gibt Anleitung zur Hilfe und Selbsthilfe in allen Situationen, die die Gesundheit und Hygiene betreffen und orientiert sich dabei an den realen Gegebenheiten unterentwickelter Länder. Es vermittelt nicht nur Grundlagen der medizinischen Diagnose, Behandlung und Verhinderung typischer Krankheiten unterwegs, sondern bietet darüber hinaus umfassendes Hintergrundwissen zu allen Aspekten der Gesundheit.

Der Autor qualifizierte sich durch 20jährige Gesundheits-Fürsorge-Arbeit in den Bergregionen Mexikos. Sein Buch wurde mittlerweile in über 20 Sprachen übersetzt und in der ganzen Welt verbreitet. Die vorliegende deutsche Erstausgabe orientiert sich an den Bedürfnissen von Reisenden, die Gegenden besuchen, in denen es lebenswichtig sein kann, sich selbst und anderen helfen zu können.

Inhaltsübersicht
Vorbeugen: Hygiene, richtige Ernährung, Sonnenschutz usw. **Grundwissen:** Wie man Kranke untersucht, wie man sie pflegt, wie man Medikamente gebraucht; Antibiotika, was sie sind, wann sie helfen; Heilen ohne Medizin; wie und wann man Spritzen gibt; Hausmittel und Aberglaube in der 3. Welt; Krankheiten, die man oft verwechselt...

Krankheiten der Tropen: von Durchfall bis Allergie, von Erkältung bis Höhenkrankheit, Würmer und Parasiten, schwere Erkrankungen (Malaria, Typhus, Tetanus u.a.).

Hautkrankheiten: Identifikation, Behandlung, Ursachen.

Sonstige Krankheiten: Augenkrankheiten, Zahnprobleme, Erkrankungen der Blase und Genitalien usw.

Erste Hilfe: Was tun bei Fieber, Schock, Ohnmacht, Unfällen, Hitzeschäden? Behandlung von Wunden, Knochenbrüchen, Verrenkungen, Vergiftungen, Bissen, Transport von Verletzten usw.

Anhang für Fernreisende: Impfkalender, Adressen, Reise-Apotheke, Erste-Hilfe-Ausrüstung, Literaturangaben, Sach- und Stichwortregister, Malariaresistenz-Liste.

Über 300 erläuternde Abbildungen, Tabellen, Fieberkurven und vieles mehr.

David Werner
Wo es keinen Arzt gibt
Medizinisches Gesundheitshandbuch zur Hilfe und Selbsthilfe auf Reisen.

328 Seiten
überarbeitete Auflage
mit Malariaresistenz-Liste
ISBN 3-922376-35-5, DM 26.80

Belletristik

Lateinamerikanische Literatur der Gegenwart in Einzeldarstellungen hg. von Wolfgang Eitel. Stuttgart 1978. Anhand von 28 futoren (u.a. Pablo Neruda, Miguel Angel Asturias, Jorge Amado, Gabriel García Marquez, Octavio Paz, Ernesto Cardenal) schildert Eitel die Entwicklung, Grundzüge, Merkmale und Tendenzen der lateinamerikanischen Litertur. Ein hervorragendes Buch für diejenigen, die viel Lateinamerikaner lesen.

Burgos, Elisabeth: **Rigoberta Menchú. Leben in Guatemala.** Lamuv TB Nr. 33. 1989, 2. Aufl. Die Widerstandkämpferin im Exil Rigoberta Menchú erzählt von ihrem Dorf, ihrer Familie, der indianischen Kultur und dem Aufbaukampf der guatemaltekischen Bauerngewerkschaft CUC.

Marroquin, Carlos: **Miguel Angel Asturias.** Leipzig 1988. Beste Einführung in das Leben und Werk von Asturias. M.A. Asturias ist der wohl berühmteste Schriftsteller Guatemalas. Die meisten seiner Bücher sind ins Deutsche übersetzt.

Asturias, Angel Miguel: **Die Maismänner.** Berlin (Ost) 1985, 2. Aufl.
ders.: Legenden aus Guatemala. Frankfurt a.M. 1982, erw. Ausgabe.
ders.: Der Herr Präsident. Zürich 1984.
ders.: Weekend in Guatemala. Zürich 1988.
ders.: Der Spiegel der Lida Sal. Frankfurt 1983.
ders.: Sturm. Göttingen 1990.
ders.: Der böse Schächer. Frankfurt 1981.

Cardoza y Aragon, Luis: **Guatemala: Las Lineas de su Mano.** Mexiko 1986.

Castillo, Otto Rene: **Selbst unter der Bitterkeit.** Gedichte. München 1983.

Monterroso, Augusto: **Der Frosch, der ein richtiger Frosch sein wollte.** Leipzig 1986.

Jörgensen, Leif: **Der lange Marsch der Männer von Patzun.** Eine Geschichte aus Guatemala. Reinbek 1989. Ein Rowohlt-Kinderbuch über einen Demonstrationszug guatemaltekischer Campesinos in die Hauptstadt.

Tourismus

Tourismus in die Dritte Welt. **Klar schön war's, aber...** Hrsg. von Aktion Dritte Welt e.V. (iz3w), Freiburg 1986, 2. Aufl. Das Buch setzt sich kritisch mit den Auswirkungen des Dritte Welt-Tourismus auseinander.

Ludwig, K.; Has, M.; Neuer, M.: **Der neue Tourismus.** Rücksicht auf Land und Leute. München 1990. Die Autoren diskutieren anhand von Fallbeispielen ein neues Tourismus-Konzept.

Glassman, Paul: **Guatemala Guide.** New York, 1988, 5. Aufl. Stark auf den amerikanischen Geschmack ausgerichtet, lexikalisch, wenig über Geschichte, Politik, Wirtschaft, Soziales usw. Dennoch ist Glasman ein guter Kenner Guatemalas.

Helmut Hermann

Mexiko

Das komplette Handbuch für individuelles Reisen und Entdecken

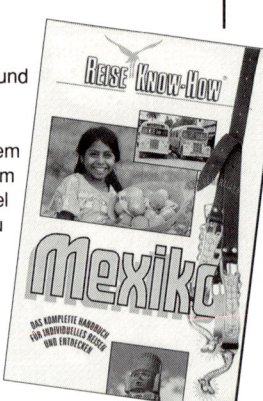

Mit diesem Reiseführer sind Sie in Mexiko auf dem richtigen Weg! Alles Wichtige und Notwendige, um Mexiko zwischen der Baja California und der Halbinsel Yucatán unabhängig und individuell bereisen zu können.
Alles Sehenswerte, alle Routen, alles Schöne. Übersichtlich, aktuell, kompetent.

480 Seiten, über 100 Farb- und SW-Fotos,
Karten und Illustrationen
ISBN 3-9800975-6-0, DM 36.80

Reisebuchverlag Helmut Hermann
7145 Markgröningen Untere Mühle

Helmut Hermann

Die Welt im Sucher

Handbuch für perfekte Reisefotos

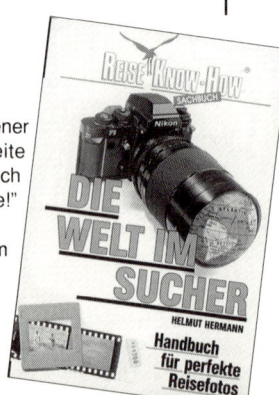

Machen Sie mehr aus Ihren Reisefotos - ein erfahrener Foto-Profi und Globetrotter sagt wie. Weltweite Aufnahme- und Praxistips. "...dieses Taschenbuch gehört zum Besten, was ich auf diesem Gebiet kenne!" (OUTDOOR).
Ein Fotohandbuch, das Ihre nächste Reise zum kreativen Abenteuer werden läßt.

286 Seiten, 50 Farb- und 70 SW-Fotos,
ISBN 3-9800975-2-8, DM 24.80

Reisebuchverlag Helmut Hermann
7145 Markgröningen Untere Mühle

Central American Handbook. Das große *South-American-Handbook* ist gesplittet worden. Ein alter Klassiker mit Schwerpunkt quadratisch, praktisch, gut.

Rudisch-Gissenwehrer, H.: Guatemala. "Dritte Welt" Reisehandbuch. Moers 1990. Erlebnisbericht eines dreiwöchigen Aufenthaltes, angereichert mit dürftigen Reiseinformationen. Obwohl die Ereignisse über die jüngste Vergangenheit Guatemalas gut recherchiert wurden, haben sich viele Fehler über Land und Leute eingeschlichen.

Werner, David: Wo es keinen Arzt gibt. Peter Rump Verlag, Bielefeld 1989, 26.80 DM, Paperback. Medizinisches Gesundheitsbuch für unterwegs.

Hanewald, Roland: Das Tropenbuch. Jens Peters Verlag, Berlin 1984, 24.80 DM, Paperback. Gute Tips vom Leben und Überleben in tropischen und subtropischen Gebieten.

Hermann, Helmut: Die Welt im Sucher, Reise Know-How, Verlag Helmut Hermann, Markgröningen, 1987. Ein ausgezeichnetes Handbuch für bessere Fotos und sensibles Fotografieren. Ein Muß für alle Fotointeressierten und Liebhaber der Reisefotografie, DM 24.80 DM.

Adler, Christian: Achtung Touristen, Reise Know-How, Peter Rump Verlag, Bielefeld 1988. "Anmerkungen eines Verhaltensforschers zum Thema Ferntourismus nebst Anregungen zum besseren Verhalten im Ausland". Eines der wichtigsten Bücher zum Thema "Sanftes Reisen".

Spanisch für Guatemala, Kauderwelsch-Reihe, Rump Verlag, Bielefeld. Der ideale Sprachführer für Globetrotter, Traveller und sonstige Touristen. Geht auf die spezielle Situation in Guatemala ein. Für Spanisch-Anfänger, aber auch für die, die schon etwas sprechen. Eine Begleitcassette gibt es ebenfalls.

Sonstiges

Cocina Guatemalteca. arte, sabor y colorido. Guatemala 1986, segunda edición. Ein guatemaltekisches Kochbuch. Kochbücher gehören für mich zu den originalsten Mitbringseln.

Riedinger, R. u. H.: Einfaches Weben. Eine Anleitung nach den Mustern und der Technik der Indianer Guatemalas. Bern 1980. Ein schönes, buntes Buch mit allem Wissenswertem rund um die guatemaltekische Webkunst.

Webkunst der Maya. Mainz 1992. Das Buch zur Ausstellung in Hildesheim 1992.

Correos de Centroamerica. Berichte zu Zentralamerika - Informationen zur Solidaritätsarbeit. Postfach 1203, 8036 Zürich. Derzeit beste Monatszeitschrift über Zentralamerika.

Die guatemaltekischen Antiquariate in der Hauptstadt sind herrliche Fundgruben, die das Herz eines jeden Bücherwurms höher schlagen lassen. Wer etwas für alte Bücher über Guatemala übrig hat, sollte hier ausgiebig stöbern. Die Bücher sind in der Regel sehr billig.

REISE KNOW-HOW Bücher werden von Autoren geschrieben, die Freude am Reisen haben und viel persönliche Erfahrung einbringen. Sie helfen dem Leser, die eigene Reise bewußt zu gestalten und zu genießen. Wichtig ist uns, daß der Inhalt unsere Bücher nicht nur im reisepraktischen Teil „Hand und Fuß" hat, sondern daß er in angemessener Weise auf Land und Leute eingeht. Die Reihe REISE KNOW-HOW soll dazu beitragen, Menschen anderer Kulturkreise näher zu kommen, ihre Eigenarten, und ihre Probleme besser zu verstehen. Wir achten darauf, daß jeder einzelne Band gemeinsam gesetzten Qualitätsmerkmalen entspricht. Und um in einer Welt rascher Veränderungen laufend aktualisieren zu können, drucken wir bewußt kleine Auflagen.

SACHBÜCHER:

Die Sachbücher vermitteln KNOW-HOW rund ums Reisen: Wie bereite ich eine Motorrad- oder Fahrradtour vor? Welche goldenen Regeln helfen mir, unterwegs gesund zu bleiben? Wie komme ich zu besseren Reisefotos? Wie sollte eine TransSahara-Tour vorbereitet werden? In der Sachbuchreihe von REISE KNOW-HOW geben erfahrene Vielreiser Antworten auf diese Fragen und helfen mit praktischen, auch für Laien verständlichen Anleitungen bei der Reiseplanung.

REISE STORY:

Reise-Erlebnisse für nachdenkliche Genießer bringen die Berichte der REISE-KNOW-HOW Reise-Story. Sensibel und spannend führen sie durch die fremden Kulturbereiche und bieten zugleich wertvolle Sachinformationen. Sie sind eine Hilfe bei der Reiseplanung und ein Lesevergnügen für jeden Fernwehgeplagten.

WELT

Motorradreisen
DM 32,80 ISBN 3-921497-20-5

Um-Welt-Reise
REISE STORY
DM 22,80 ISBN 3-9800975-4-4

Achtung Touristen
DM 16,80 ISBN 3-922376-32-0

Die Welt im Sucher
DM 24,80 ISBN 3-9800975-2-8

Wo es keinen Arzt gibt
DM 26,80 ISBN 3-922376-35-5

Fahrrad-Weltführer
DM 36,80 ISBN 3-9800975-8-7

Auto(fern)reisen
DM 34,80 ISBN 3-921479-17-5

Äquatour
REISE STORY: Rad & Bike
DM 28,80 ISBN 000000000000

STADTFÜHRER:

Die Bücher der Reihe REISE KNOW-HOW CITY führen in bewährter Qualität durch die Metropolen der Welt. Neben den ausführlichen praktischen Informationen über Hotels, Restaurants, Shopping und Kneipen findet der Leser auch alles Wissenswerte über Sehenswürdigkeiten, Kultur und „Subkultur" sowie Adressen und Termine, die besonders für Geschäftsreisende wichtig sind.

EUROPA

Portugal-Handbuch
DM 29,80 ISBN 3-923716-05-2

Mallorca
DM 29,80 ISBN 3-927554-15-8

Mallorca für Eltern und Kinder
DM 24,80 ISBN 3-927554-15-4

Madrid und Umgebung
DM 26,80 ISBN 3-89416-201-5

London und Umgebung
DM 26,80 ISBN 3-89416-199-x

Rom und Umgebung
DM 26,80 ISBN 3-89416-203-1

Berlin – grenzenlos mit Potsdam
DM 26,80 ISBN 3-89416-202-3

Ungarn
DM 32,80 ISBN 3-89416-188-4

Paris und Umgebung
DM 26,80 ISBN 3-89416-200-7

Prag und Umgebung
DM 26,80 ISBN 3-89416-204-X

Warschau/Krakau und Umgebung
DM 26,80 ISBN 3-89416-209-0

München
DM 24,80 ISBN 3-89416-208-2

Frankfurt/Main
DM 24,80 ISBN 3-89416-207-4

Schweden-Handbuch
DM 36,80 ISBN 3923716-10-9

Oxford und Umgebung
DM 26,80 ISBN 3-89416-211-2

Budapest und Umgebung
DM 26,80 ISBN 3-89416-212-0

EUROPA

Ostdeutschland individuell
DM 32,80 ISBN 3-921838-12-6

Ostseeküste/ Mecklenburg
DM 19,80 ISBN 3-89416-184-1

Sachsen-Anhalt/ Thüringen
DM 24,80 ISBN 3-89416-192-2

Land Sachsen
DM 24,80 ISBN 3-89416-177-9

Rügen/Usedom
DM 19,80 ISBN 3-89416-190-6

Land Thüringen
DM 24,80 ISBN 3-89416-189-2

Türkei-Handbuch
DM 32,80 ISBN 3-923716-02-8

Türkei West &Südküste
DM 29,80 ISBN 3-923716-11-7

Zypern-Handbuch
DM 26,80 ISBN 3-923716-04-4

Skandinavien - der Norden
DM 32,80 ISBN 3-89416-191-4

Irland-Handbuch
DM 36,00 ISBN 3-89416-194-9

Schottland-Handbuch
DM 36,00 ISBN 3-89416-179-5

Baltikum – Estland, Lettland, Litauen
DM 39,80 ISBN 3-89416-196-5

Litauen mit Kaliningrad
DM 29,80 ISBN 3-89416-169-8

Estland
DM 26,80 ISBN 3-89416-215-5

Lettland
DM 26,80 ISBN 3-89416-216-3

Oberlausitz
DM 24,80 ISBN 3-89416-165-5

AFRIKA

Durch Afrika
DM 56,80 ISBN 3-921497-11-6

TransSahara
DM 29,80 ISBN 3-921497-01-9

Marokko
DM 34,80 ISBN 3-921497-81-7

Ägypten individuell
DM 34,80 ISBN 3-921838-10-x

Kairo, Luxor, Assuan
DM 24,80 ISBN 3-921838-08-8

Kenya
DM 39,80 ISBN 3-921497-45-0

**Agadir
und die Königsstädte
Marokkos**
DM 29,80 ISBN 3-921497-71-x

Zimbabwe
DM 34,80 ISBN 3-921497-26-4

Westafrika
DM 39,80 ISBN 3-921497-02-7

**Madagaskar, Sey-
chellen, Mauritius,
Réunion, Komoren**
DM 36,80 ISBN 3-921497-62-0

Tunesien
DM 39,80 ISBN 3-921497-74-4

Die Wolken der Wüste
REISE STORY
DM 24,80 ISBN 3-89416-150-7

**Nigeria – hinter den
Kulissen**
REISE STORY
DM 26,80 ISBN 3-921497-30-2

Afrikanische Reise
REISE STORY
DM 26,80 ISBN 3-921497-91-4

Sprachbuch
Afrika
Französisch, Arabisch, Kisuaheli
DM 24,80 ISBN 3-922376-13-4

Tonführer:
**Ägypten:
Luxor, Theben**
DM 29,80 ISBN 3-921838-90-8

Tonführer:
**Ägypten:
Kairo**
DM 32,00 ISBN 3-921838-91-6

ASIEN

**Jemen
Reisehandbuch**
DM 39,80 ISBN 3-921497-09-4

Myanmar (Burma)
DM 29,80 ISBN 3-9800464-3-5

Phuket/Thailand
DM 29,80 ISBN 3-89416-182-5

Thailand Handbuch
DM 36,80 ISBN 3-89416-171-X

**Bangkok
und Umgebung**
DM 26,80 ISBN 3-89416-205-8

China Manual
DM 39,80 ISBN 3-89416-167-1

Sri Lanka
DM 36,80 ISBN 3-89416-170-1

Pakistan
DM 36,80 ISBN 3-921838-13-4

Sprachbuch
Himalaya
Nepali, Tibetisch, Hindi
DM 24,80 ISBN 3-922376-23-1

Sprachbuch
China
Hoch-Chinesisch (Mandarin),
Kantonesisch, Tibetisch
DM 24,80 ISBN 3-922376-68-1

Sprachbuch
Südostasien
Indonesisch, Thai, Tagalog
DM 24,80 ISBN 3-922376-33-9

ASIEN

**Malaysia & Singapur
mit Sabah & Sarawak**
DM 36,00 ISBN 3-89416-178-7

Singapur
DM 26,80 ISBN 3-89416-210-4

**Bali & Lombok
mit Java**
DM 36,80 ISBN 3-89416-173-6

Sulawesi (Celebes)
DM 36,00 ISBN 3-89416-172-8

**Reisen mit Kindern
in Indonesien**
DM 26,80 ISBN 3-922376-95-9

Vietnam-Handbuch
DM 36,00 ISBN 3-89416-195-7

Nepal-Handbuch
DM 36,00 ISBN 3-89416-193-0

Ladakh und Zanskar
DM 36,80 ISBN 3-89416-176-0

AUSTRALIEN
NEUSEELAND

Neuseeland
DM 34,80 ISBN 3-923716-09-5

Australien-Handbuch
DM 32,80 ISBN 3-923716-03-6

Neuseeland
REISE STORY
DM 24,80 ISBN 3-921497-15-9

AMERIKA

USA/Canada
DM 39,80 ISBN 3-927554-00-6

**Durch den Westen
der USA**
DM 36,80 ISBN 3-927554-16-2

**Durch Canadas
Westen (mit Alaska)**
DM 36,80 ISBN 3-927554-03-0

**Durch die USA mit
Flugzeug und
Mietwagen**
DM 36,80 ISBN 3-927554-10-3

**Als Gastschüler in
die/den USA**
DM 22,00 ISBN 3-97554-14-6

Amerika von unten
REISE STORY
DM 22,80 ISBN 3-9800975-5-2

**"Und jetzt fehlt nur
noch John Wayne ..."**
REISE STORY
DM 22,80 ISBN 3-927554-01-4

Mexiko
DM 36,80 ISBN 3-9800975-6-0

Guatemala
DM 36,80 ISBN 3-89416-214-7

Peru/Bolivien
DM 34,80 ISBN 3-9800376-2-2

**Traumstraße
Panamerikana**
REISE STORY
DM 24,00 ISBN 3-9800975-3-6

**Venezuela
Reisehandbuch**
DM 36,80 ISBN 3-921497-40-x

Sprachbuch
Lateinamerika
Spanisch, Quechua, Brasilianisch,
DM 24,80 ISBN 3-922376-18-5

Brasilien
DM 36,80 ISBN 00000000000

SPRACHFÜHRER:

REISE KNOW-HOW
Sprachbücher sind Sam-
melausgaben (Sampler)
mehrerer „Kauderwelsch"-
Sprechführer. Allen, die
mehrere Sprachregionen
besuchen, bieten sie auf
verblüffend einfache Art die
Möglichkeit, sich ohne
komplizierte Grammatik-
paukerei mit Einheimischen
in deren Sprache zu unterhalten. Die jeweiligen Einze-
lbände sind in der Reihe
„Kauderwelsch-Sprachfüh-
rer für Globetrotter" er-
schienen.

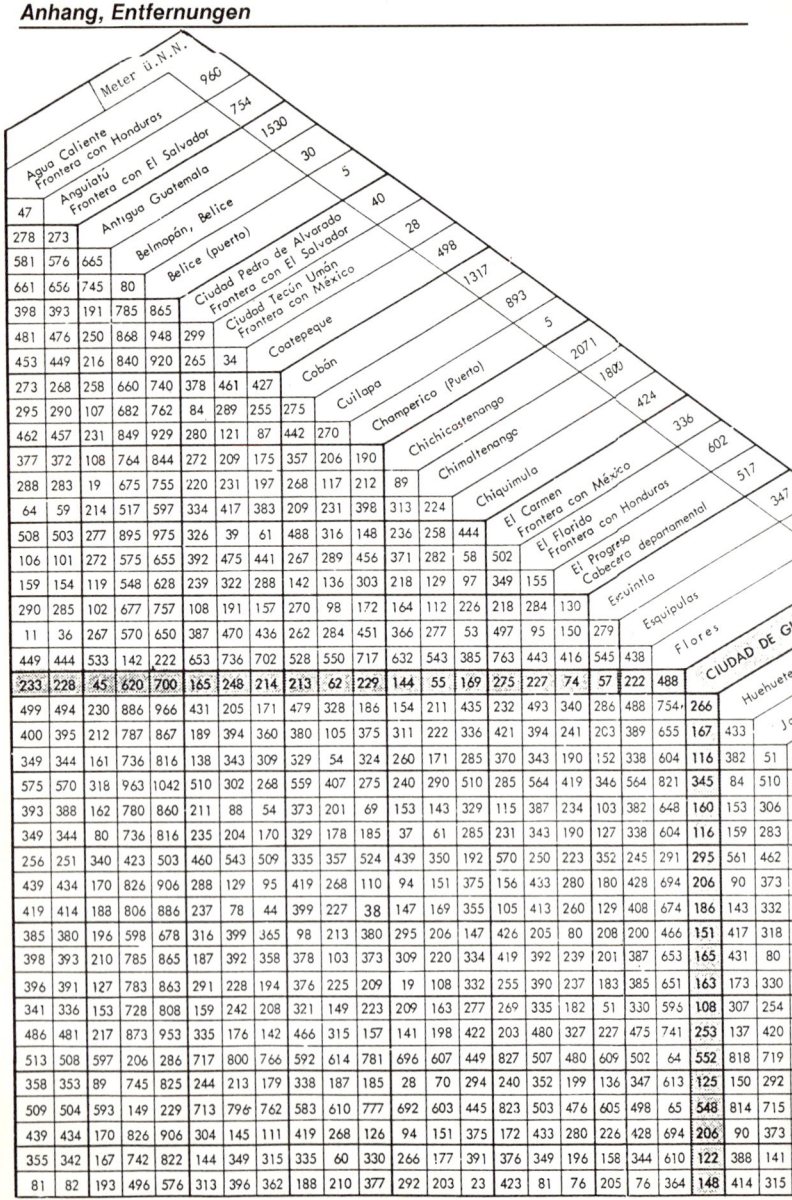

442

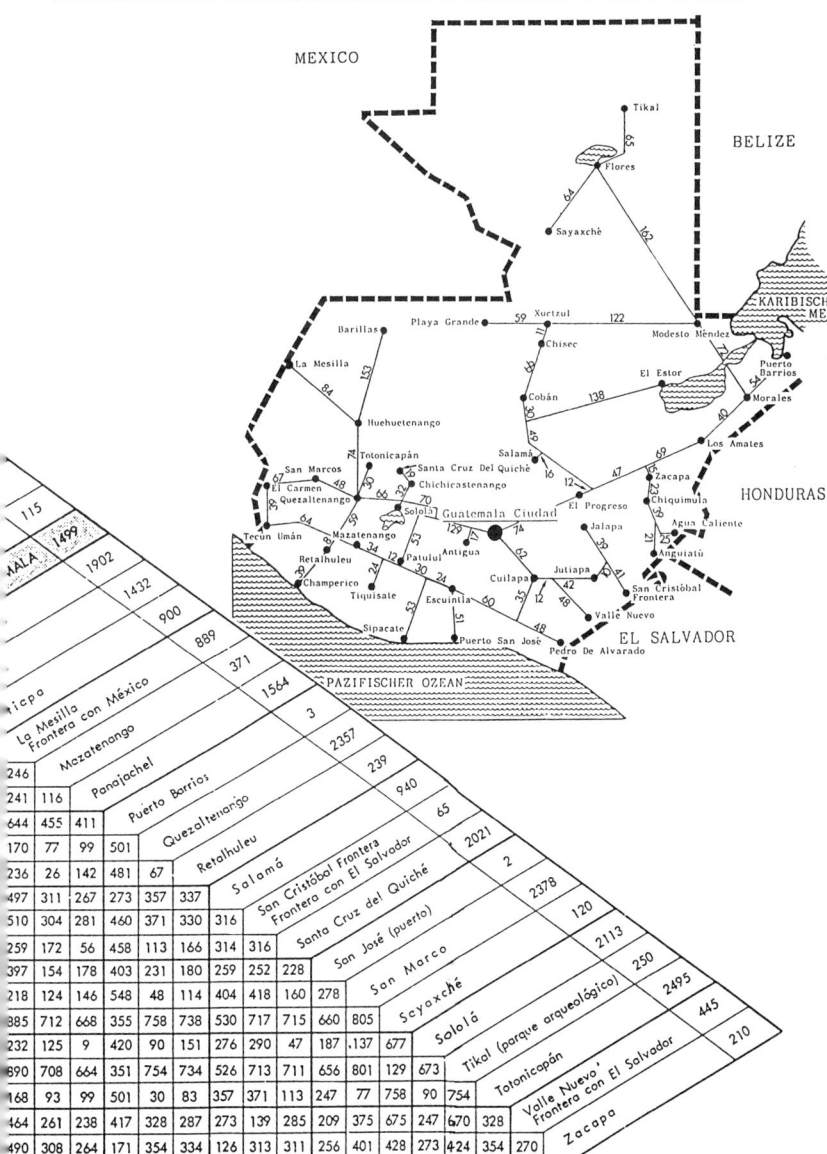

Billigflüge nach Guatemala

Die nebenstehende Liste bietet eine Übersicht aller wichtigen **Billigflüge nach Guatemala**. Die Daten wurden uns freundlicherweise von der Firma *Travel Overland* in München zur Verfügung gestellt. Natürlich ohne Gewähr, Stand April 1993.

Bei Nachfragen an *Travel Overland*: Barerstr. 73, 8000 München 40 (neue PLZ: 80799), Tel.: 089/272760.

Zur Tabelle:
● **Abflugorte:** Aus Platzgründen haben wir für die unterschiedlichen deutschen Flughäfen lediglich Nummern angegeben: Dresden (02), Leipzig (03), West-Berlin (1), Hamburg (2), Kiel (23), Bremen (28), Hannover (3), Düsseldorf (4), Münster (44), Dortmund (46), Frankfurt (6), Stuttgart (7), München (8), Nürnberg, Bayreuth (858).

● **Gültigkeit:** Wie lange ein Ticket gültig ist, wird in Tagen angegeben. Wenn eine Zahl "von/bis" aufgeführt ist, nennt die erste Zahl die Mindest-Aufenthaltsdauer.

● **Preis:** Angegeben ist immer der niedrigste und höchste Hin- und Rückflugpreis der billigsten Klasse für die angegebene Gültigkeitsdauer. Die unterschiedlichen Preise sind saisonbedingt und manchmal auch vom jeweiligen Abflugort abhängig.

● **Business Class** und **First Class** sind bei allen Gesellschaften preisgleich, sofern sie eine solche Klasse anbieten: Business Class 6090 DM und First Class 9655 DM.

Fluglinie (Land)	Abflugort
American Airlines (USA)	1/4/6/8
Avianca (Kolumbien)	6
	02/03/1/2 23/28/44, (*)
Continental Airlines (USA)	3/8
Iberia (Spanien)	1/2/4/6/8
KLM (Niederlande)	1/2/3/4/0 28/85
United Airlines (USA)	1/2/4/6/7

(*) von allen Orten Anreise mit Ra

● **Kinderermäßigung:** Kinder bis zu zwei Jahren haben keinen Anspruch auf einen Sitzplatz; für sie braucht aber auch nur der angegebene Preis (in DM) bzw. das, was nach Abzug

444

	gültig (Tage)	Preis von / bis	Kinder -2 / -12		Reisezeit (Std.)	Flüge / Woche
	6-90	1899,- - 1998,-	frei / 33%		14,5 / 19	tägl.
	6-360	1998	90% / 50%			
	7-35	1760,- -1860,-				
	14-180	1899,- - 2099,-	248,- / 50%	16,5 /28	2
3/4/8/ 6/858	7-35	1960,- -2080,-				
	14-180	2099,- - 2299,-				
	6-180	1665,- -1799,-	150,- / 25%		15 / 25,5	tägl.
	6-90	1599,- -1899,-	90% / 50%		14 / 20	3
7/8/	6-180	1940,- -2050,-	90% / 50%		15 / 17,5	3
3	6-90	1330,- -1550,-	248,- / 33%		20,5 / 26	tägl.

& Fly zum Flughafen Frankfurt. Preis dafür im Flugpreis enthalten.

der angegebenen Prozentzahl übrigbleibt, gezahlt werden. Kinder über zwei bis zwölf Jahre haben Anspruch auf einen Sitzplatz und erhalten die angegebene Ermäßigung.

● **Reisezeit:** Die erste Zahl zeigt die reine Flugzeit, die zweite die reale Reisezeit, also incl. Stops, Umsteig- und Wartezeiten unterwegs.

Zeittafel

2000 v. Chr.	Erste Anzeichen einer *Basiskultur* an der pazifischen Küste Guatemalas
800-400 v. Chr.	Olmekische *La Venta-Kultur*
100 n. Chr.	Im nördlichen Belize werden die ersten *Pyramiden* errichtet.
300-650 n. Chr.	*Blütezeit von Teotihuacán* in Mexiko. Kaminalyujú wird als Kolonie gegründet.
seit 250 n. Chr.	Im Petén etablieren sich wichtige *Maya-Zentren*.
300-900 n. Chr.	*Klassische Maya-Kultur*. Errichtung großer Zeremonialzentren, die theokratisch regiert werden. Tikal wird zum Mittelpunkt des Maya-Reiches. Die Maya perfektionieren Kalender und Schrift.
um 950 n. Chr.	*Untergang der Maya*. Die letzten Zentren (El Ceibal, Altar de Los Sacrificios) werden verlassen.
14. Jh.	Die aus Mexiko eingewanderten *Quiché* übernehmen die politische Vorherrschaft im Hochland. Stämme, wie die Cakchiquel, werden tributpflichtig.
bis 1523	*Kriege und Auseinandersetzungen* zwischen den Indianerstämmen.
1523	*Pedro de Alvarado* wird von Hernán Cortés beauftragt, nach Süden zu marschieren und erobert daraufhin Guatemala.
1773	Ein *Erdbeben* zerstört die Hauptstadt (heute Antigua Guatemala). Ende der klerikalen Macht der Klöster und Orden.
bis 1821	Guatemala ist *spanische Kolonie* mit einem exportorientierten Wirtschaftssystem (Kakao, Indigo, Koschenille). Politische Auseinandersetzungen zwischen liberal-bürgerlichen und konservativen Kreisen.
15. Sept. 1821	*Guatemala wird unabhängig*.
1823	Föderalistischer Zusammenschluß von 18 Provinzen zu den "*Vereinigten Provinzen von Zentralamerika*".
1839-1871	Konservatives Regime unter *Rafael Carrera*. Durch die Erfindung synthetischer Farbstoffe bricht die Produktion von Indigo und Koschenille in Guatemala zusammen.
1871-1885	Mit Hilfe der liberalen Bewegung "modernisiert" der Reformer *Justo Rufino Barrios Guatemala*. Säku-

446

larisierung kirchlichen Grundbesitzes. Die Zeit des Kaffees (Deutsche) und der Bananen (Nordamerikaner) beginnt.

1898-1921   Unter Estrada Cabrera weitet sich der Einfluß der USA im Land aus. Die **United Fruit Company** wird zum "Staat im Staat".

1929   **Weltwirtschaftskrise** erschüttert Guatemala. Die internationalen Kaffeepreise sinken, die Arbeitslosigkeit im Land steigt.

1931-1944   **Jorge Ubico** wird Präsident und führt das alte Vagabundengesetz wieder ein, das Indígenas zur Zwangsarbeit verpflichtet. Oppositionelle werden umgebracht.

Oktober 1944   **"Oktoberrevolution"**, die von liberalen Teilen des Militärs, der Kleinbourgeoisie und Intellektuellen getragen wird.

1945   Präsiden **Juan José Arévalo** führt **ödemokratische Rechte**, wie Presse-, Meinungs- und Versammlungsfreiheit ein. Gewerkschaften werden gegründet, eine Agrarreform vorbereitet.

1950-1954   Präsident **Jacobo Arbenz** verabschiedet die **Agrarreformgesetze** und enteignet die United Fruit Company. Das amerikanische Außenministerium startet daraufhin eine internationale **Hetzkampagne** und denunziert Guatemala als kommunistisch.

1954   Mit Hilfe der CIA marschiert **Oberst Castillo Armas** von Honduras nach Guatemala ein. Die Amerikaner greifen die Hauptstadt aus der Luft an. Arbenz muß abdanken.

bis 1957   Armas macht sämtliche **demokratische Errungenschaften rückgängig**. 1957 wird er ermordet.

1957   **Miguel Ydígoras Fuentes** gewährt ausländischen Investoren steuerliche Vergünstigungen.

1960   Gründung des **Gemeinsamen Mittelamerikanischen Marktes** (MCCA). Nach einem gescheiterten Putschversuch entsteht die erste **Guerillabewegung MR 13**.

1963   **Oberst Peralta Azurdia** stürzt Ydígoras Fuentes.

1966   Der Zivilist **Méndez Montenegro** übernimmt die Macht. Die Amerikaner verstärken ihre militärische Hilfe gegen die wachsende **Guerillabewegung** im Land. Als der Guerillero Turcios Lima bei einem

	Autounfall ums Leben kommt, zieht sich die Guerilla für einige Jahre zurück.
1970	Unter dem Militärregime *Arana Osorios* verstärkt die Guerilla wieder ihre Aktivitäten. Der gnadenlosen Verfolgungsjagd fallen Tausende zum Opfer.
1974	General Kjell Laugerud setzt die *Unterdrückungswelle* im Land ungebrochen fort.
4. Febr. 1976	Schweres *Erdbeben* in Guatemala. Fast 30.000 Tote sind zu beklagen. Viele obdachlos gewordene Menschen vom Land strömen in die Hauptstadt.
1978	Unter *General Romeo Lucas García* nimmt die *Korruption* unerträgliche Ausmaße an. Politiker, Studenten, Intellektuelle und Oppositionelle werden entführt und ermordet. In Panzós werden 100 Indianer nach einer Demonstration vom Militär niedergemetzelt. Im selben Jahr *Generalstreik* gegen Fahrpreiserhöhung in der Hauptstadt.
1980	*Erstürmung der Spanischen Botschaft*, nachdem dort 32 Quiché-Indígenas Zuflucht gesucht hatten. Alle sterben im Kugelhagel. Beginn der Verfolgungswelle von Priestern und Katecheten aus dem In- und Ausland. Die USA verstärkt ihre *Militärhilfe*.
1981	Die große *Flüchtlingswelle* nach Mexiko setzt ein. Tausende auch im Land (desplazados) unterwegs.
1982	Durch einen *Militärputsch* gelangt der Sektierer *Rios Montt* an die Regierung. Das Land wird zum Massengrab. Das Ausland ist schockiert über die Vorgänge in Guatemala. Erste "Modelldörfer.
1983	*Militärputsch. Mejia Victores* übernimmt die Macht und verspricht freie Wahlen.
1985/86	*Demokratische Wahlen*. Unter dem Zivilisten und Christdemokraten *Vinicio Cerezo Arévalo* wird nach über 40 Jahren erstmals wieder eine demokratische Verfassung in Kraft gesetzt. Während seiner Amtszeit bis 1990 übersteht Cerezo zwei Militärputsche. Trotz Wirtschafts- und Sozialreformen bessert sich die Situation der ärmeren Bevölkerungsschichten praktisch nicht. Eine *Nationale Versöhnungskommission* nimmt Gespräche mit der Guerilla auf.
1990/91	*Demokratische Wahlen*. Der Evangelist *Jorge Serrano Elías* übernimmt nach Stichwahl die Macht.
1993	2500 Flüchtlinge kehren zurück.

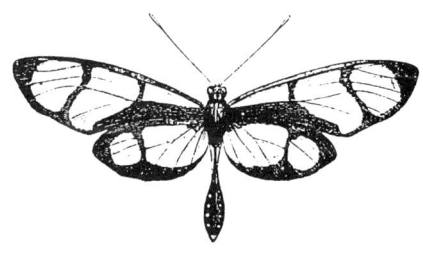

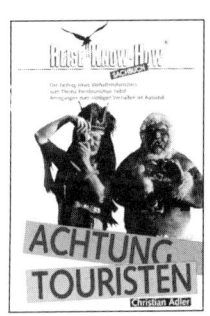

Ortsregister

Kartenregister

Die Autorin

Barbara Honner, Jahrgang 1961
lebt in Tübingen, wo sie Geographie
und Germanistik studiert hat. Nach
ihrem Examen absolvierte sie eine
Verlagsausbildung und arbeitet heute als Lektorin in einem Stuttgarter
Verlag.

Im Sommer 1986 reiste sie zum
ersten Mal nach Guatemala und arbeitete dort an einem Entwicklungs-
hilfeprojekt im Westlichen Hochland
mit. In demselben Jahr lernte sie
auch Mexiko, Honduras, Costa Rica
und Kolumbien kennen. Drei Jahre
später entstand der Plan für einen
Reiseführer. Sie lebte über ein Jahr
in Quetzaltenango und bereiste von
dort aus das Land.

Inzwischen sind die deutsch-gua-
temaltekischen Freundschaften so
eng geworden, daß Guatemala für
sie mehr ist als nur eines der schönsten Reiseländer der Welt.